成功者たちの誘惑術

9つのキャラクターと24のプロセス

ーン
Robert Greene
ユースト・エルファーズ
Joost Elffers
齋藤 千春【訳】

The *Art of Seduction*

The Art of Seduction
by Robert Greene
A Joost Elffers Book

Japanese translation rights arranged
with Joost Elffers Books, New York
through Tuttle-Mori Agency, Inc., Tokyo

Grateful acknowledgment is made for permission to reprint excerpts from the following copyrighted works:

Falling in Love by Francesco Alberoni, translated by Lawrence Venuti. Reprinted by permission of Random House, Inc.

Seduction by Jean Baudrillard, translated by Brian Singer, St. Martin's Press, 1990. Copyright © New World Perspectives, 1990. Reprinted by permission of Palgrave.

The Decameron by Giovanni Boccaccio, translated by G. H. McWilliam (Penguin Classics 1972, second edition 1995). Copyright © G. H. McWilliam, 1972, 1995. Reprinted by permission of Penguin Books Ltd.

Warhol by David Bourdon, published by Harry N. Abrams, Inc., New York. All rights reserved. Reprinted by permission of the publisher.

Behind the Mask: On Sexual Demons, Sacred Mothers, Transvestites, Gangsters and Other Japanese Cultural Heroes by Ian Buruma, Random House UK, 1984. Reprinted with permission.

Andreas Capellanus on Love by Andreas Capellanus, translated by P. G. Walsh. Reprinted by permission of Gerald Duckworth & Co. Ltd.

The Book of the Courtier by Baldassare Castiglione, translated by George Bull (Penguin Classics 1967, revised edition 1976). Copyright © George Bull, 1967, 1976. Reprinted by permission of Penguin Books Ltd.

Portrait of a Seductress: The World of Natalie Barney by Jean Chalon, translated by Carol Barko, Crown Publishers, Inc., 1979. Reprinted with permission.

Lenin: The Man Behind the Mask by Ronald W. Clark, Faber & Faber Ltd., 1988. Reprinted with permission.

Pursuit of the Millennium by Norman Cohn. Copyright © 1970 by Oxford University Press. Used by permission of Oxford University Press, Inc.

Tales from The Thousand and One Nights, translated by N. J. Dawood (Penguin Classics, 1955, revised edition 1973). Translation copyright © N. J. Dawood, 1954, 1973. Reprinted by permission of Penguin Books Ltd.

Emma, Lady Hamilton by Flora Fraser, Alfred A. Knopf, 1987. Copyright © 1986 by Flora Fraser. Reprinted by permission.

Evita: The Real Life of Eva Peron by Nicolas Fraser and Marysa Navarro, W. W. Norton & Company, Inc., 1996. Reprinted by permission.

The World's Lure: Fair Women, Their Loves, Their Power, Their Fates by Alexander von Gleichen-Russwurm, translated by Hannah Waller, Alfred A. Knopf, 1927. Copyright 1927 by Alfred A. Knopf, Inc. Reprinted with permission.

The Greek Myths by Robert Graves. Reprinted by permission of Carcanet Press Limited.

The Kennedy Obsession: The American Myth of JFK by John Hellman, Columbia University Press 1997. Reprinted by permission of Columbia University Press.

The Odyssey by Homer, translated by E. V. Rieu (Penguin Classics, 1946). Copyright © The Estate of E. V. Rieu, 1946. Reprinted by permission of Penguin Books Ltd.

The Life of an Amorous Woman and Other Writings by Ihara Saikaku, translated by Ivan Morris. Copyright © 1963 by New Directions Publishing Corp. Reprinted by permission of New Directions Publishing Corp.

"The Seducer's Diary" from *Either/Or, Part 1* by Søren Kierkegaard, translated by Howard V. Hong and Edna H. Hong. Copyright © 1987 by Princeton University Press. Reprinted by permission of Princeton University Press.

Sirens: Symbols of Seduction by Meri Lao, translated by John Oliphant of Rossie, Park Street Press, Rochester, Vermont, 1998. Reprinted with permission.

Lives of the Courtesans by Lynne Lawner, Rizzoli, 1987. Reprinted with permission of the author.

The Theatre of Don Juan: A Collection of Plays and Views, 1630-1963 edited with a commentary by Oscar Mandel. Copyright © 1963 by the University of Nebraska Press. Copyright © renewed 1991 by the University of Nebraska Press. Reprinted by permission of the University of Nebraska Press.

Don Juan and the Point of Horror by James Mandrell. Reprinted with permission of Penn State University Press.

Bel-Ami by Guy de Maupassant, translated by Douglas Parmee (Penguin Classics, 1975). Copyright © Douglas Parmee, 1975. Reprinted by permission of Penguin Books Ltd.

The Arts and Secrets of Beauty by Lola Montez, Chelsea House, 1969. Used with permission.

The Age of the Crowd by Serge Moscovici. Reprinted with permission of Cambridge University Press.

The Tale of Genji by Murasaki Shikibu, translated by Edward G. Seidensticker, Alfred A. Knopf, 1976. Copyright © 1976 by Edward G. Seidensticker. Reprinted by permission of the publisher.

The Erotic Poems by Ovid, translated by Peter Green (Penguin Classics, 1982). Copyright © Peter Green, 1982. Reprinted by permission of Penguin Books Ltd.

The Metamorphoses by Ovid, translated by Mary M. Innes (Penguin Classics, 1955). Copyright © Mary M. Innes, 1955. Reprinted by permission of Penguin Books Ltd.

My Sister, My Spouse: A Biography of Lou Andreas-Salomé by H. F. Peters, W. W. Norton & Company, Inc., 1962. Reprinted with permission.

The Symposium by Plato, translated by Walter Hamilton (Penguin Classics, 1951). Copyright © Walter Hamilton, 1951. Reprinted by permission of Penguin Books Ltd.

The Rise and Fall of Athens: Nine Greek Lives by Plutarch, translated by Ian Scott-Kilvert (Penguin Classics, 1960). Copyright © Ian Scott-Kilvert, 1960. Reprinted by permission of Penguin Books Ltd.

Love Declared by Denis de Rougemont, translated by Richard Howard. Reprinted by permission of Random House, Inc.

The Wisdom of Life and Counsels and Maxims by Arthur Schopenhauer, translated by T. Bailey Saunders (Amherst, NY: Prometheus Books, 1995). Reprinted by permission of the publisher.

The Pillow Book of Sei Shonagon by Sei Shonagon, translated and edited by Ivan Morris, Columbia University Press, 1991. Reprinted by permission of Columbia University Press.

Liaison by Joyce Wadler, published by Bantam Books, 1993. Reprinted by permission of the author.

Max Weber: Essays in Sociology by Max Weber, edited and translated by H. H. Gerth and C. Wright Mills. Copyright 1946, 1958 by H. H. Gerth and C. Wright Mills. Used by permission of Oxford University Press, Inc.

The Game of Hearts: Harriette Wilson & Her Memoirs edited by Lesley Blanch. Copyright © 1955 by Lesley Blanch. Reprinted with permission of Simon & Schuster.

亡き父に捧げる

謝辞

はじめに、アンナ・ビラーへ、本書に対する計り知れない貢献に感謝の言葉を述べたい。リサーチを行ない、何度も議論を重ね、文章そのものに関しても非常に有益な手助けをしてくれた。忘れてならないのは、彼女の持つ誘惑術についての知識である。私も、何度もその〝幸福なる犠牲者〟となった。

母、ロレットに、このプロジェクトの最初から最後まで力強く支え続けてくれたこと、そして、最も熱烈なファンでいてくれることを感謝したい。

カトリーヌ・ルゾンには、数年前、私を『危険な関係』とヴァルモン子爵の世界に導いてくれたことに感謝したい。

デビッド・フランケルには、その編集の腕前と、貴重なアドバイスに感謝したい。ヴァイキング・ペンギン社のモリー・スターンは、このプロジェクトを監督し、具体的な形にする手助けをしてくれた。ラダ・パンチャムは、プロジェクト管理の実務をこなし、いつも寛容でいてくれた。ブレット・ケリーは、現場でプロジェクトを進めてくれた。一人ひとりに感謝を伝えたい。

愛猫のボリスへ、悲しみに沈む心で、哀悼の意を捧げたい。十三年間、私の作家生活を見守ってくれた。ここにいないのが本当に寂しい。彼の後継者、ブルータスについては、立派なミューズ（訳注：文芸を司る女神）であることが判明している。

最後に、亡き父に敬意を表したい。私がどれほど父に会いたいと思っているか、そして私の仕事に関して、彼がどれほど多くの示唆を与えてくれたか、言葉では言い表せない。

目次

はじめに

何千年も昔、権力(パワー)は、主に暴力によって獲得され、粗暴な力により維持された。巧妙さが求められることは稀であり、王や皇帝は非情でなければならなかった。権力を持っていたのはほんの一握りの選ばれた猛者たちだったが、このような仕組みの世の中で一番苦しんだのは女性だった。彼女たちには立ち向かう術も、自由に使える武器もない。政治的にも、社会的にも、家庭においてさえも、男を思いどおりにすることはできなかった。

もちろん、男には一つ弱点があった。飽くことのない性への欲望である。女はいつでもこの欲望を弄ぶことはできたが、いったん身体を許してしまうと、また男が手綱を握るようになった。もしセックスを避けたとしても、男にとっては、他を当たればいいだけの話だ。あるいは腕ずくで行為に及べばよかった。女にとって、そんな一瞬の頼りない権力が何の役に立つというのだろう。それでもこの状況を受け入れるより他に選択肢はなかった。しかしながら、女性の中には権力への渇望が並外れて強い者たちもいた――何年もかけて、豊かな知恵と創造力で力関係を逆転させ、もっと長続きする効果的な権力形態を生み出したのだ。

彼女たち（その中には、旧約聖書に登場するバト・シェバ、トロイのヘレン、中国の〝セイレン〟（訳注：誘惑者のタイプの一つ。詳細は「セイレン」の章を参照）である西施(せいし)、そしてとりわけ偉大な存在のクレオパトラがいた）は、誘惑という技術を発明したのである。まずは魅力的な容姿で男たちを引きつける。化粧や装身具で、地上に降りてきた女神かと見紛(みまが)うばかりのイメージを作り出した。肌をほんのわずかしか見せないことで、男の妄想をかき立て、セックスへの欲望だけでなく、もっと大きな欲望も刺激した。夢のような女を所有するチャンスであると。

女たちは、ターゲットの興味を引きつけるとすぐに、戦争と政治に明け暮れる男の世界から彼らを引き離し、贅沢とスペクタクルと快楽で満たされた女の世界で時を過ごさせた。男を旅に連れ出して、文字どおり道に迷わせることもあっただろう。クレオパトラがナイル川を下る旅にユリウス・カエサル（ジュリアス・シーザー）を誘い出したように。男たちは、そういった優雅で官能的な喜びに、徐々に溺れていった――恋に落ちたのだ。ところが、である。女はそのあと決まって冷たく無関心になり、犠牲者たちを面食らわせた。男にしてみれば、欲望に火がついた途端、お楽しみをおあずけにされたのだ。彼らは追いかけるより他なく、一度知ってしまった蜜の味を取り戻すためなら何でもするようになり、徐々に精神的に弱く、感情に流されやすくなっていった。たくましく、社会的権力をほしいままにできる男たち（ダビデ王、トロイのパリス、ユリウス・カエサル、マルクス・アントニウス、呉王夫差（ふさ）のような男たち）が、いつのまにか、一人の女の奴隷に成り下がっていたのだ。

男の暴力や残忍性に直面して、女たちは誘惑という行為を、洗練された技術に変え、究極の力（パワー）と説得力を得たのだ。彼女たちはまず、心に影響を与えることを学んだ。幻想を抱かせ、もっと欲しがらせておいて、希望と絶望のパターン（誘惑の本質）を作り出した。彼女たちのパワーは物理的ではなく心理的で、強引で押しつけがましいものではなく、間接的で抜け目がなかった。最初の偉大なる誘惑者となった彼女たちは、敵に対する破壊工作を計画する将軍のようであり、実際、古い文書の記述で、誘惑はよく戦闘にたとえられた。これは女性にとっての戦闘行為であると――。クレオパトラにとっては帝国の統治を固める一つの手段だった。誘惑の技術によって、女性は受け身の性的対象ではなく、パワーを持つ能動的な存在となったのだ。

若干の例外（古代ローマの詩人オウィディウスや、中世の吟遊詩人たち）を除いて、男たちは誘惑などという軽薄なやり方にあまり関心がなかった。ところが、一七世紀に大きな変化が起きる。男たちは、若い娘のセックスに対する抵抗感を弱める手段として、しだいに誘惑に興味を持つようになる。歴史上の最初の偉大なる男性誘惑者たち（ローザン公爵や、ドン・ファン伝説誕生のインスピレーションとなった何人ものスペイン人たちである）が、これまで伝統的に女性によって培われてきた手法を取り入れはじめた。見た目で魅了することを覚え（もともと中性的なタイプが多かった）、想像力をかき立て、コケトリーを演じることを学んだ。また、新しい男の武器も一つ、手に入れた。〝誘惑の言語〟である。女が甘い言葉に弱いことに、彼らは気づいたのだ。外見を利用する女のやり方と、言葉を利用する男のやり方。この誘惑の二つの形は、しばしば性別の境界線を越えた。カサノヴァは衣装で女たちの目を奪い、ニノン・ド・ランクロは言葉で男たちを魅了したのだ。

男の誘惑術が発展していくと同時に、この技術を社会的野心のために使おうとする者たちも現われた。ヨーロッパの封建制度がもはや過去のものとなり、廷臣たちは宮廷において、武力を行使せずに、自分の言い分を通す必要に迫られた。彼らは心理的な駆け引きや、甘い言葉や、軽いコケトリーによって、目上の人間やライバルたちを誘惑し、力を手に入れることを学んだ。文化が〝民主化〟されると、俳優や芸術家などのダンディたちは、観客や社交界を魅了し引きつける方法として、誘惑の戦術を使うようになった。一九世紀に、再び大きな変化が訪れた。ナポレオンのような政治家たちが、意識的に、自分たちをスケールの大きい誘惑者と捉えた。こうした政治家たちの最大の武器は人を引きつける弁論術だったが、彼らはまた、かつて女のものとされていた戦術も使いこなした。演劇テクニックを使い、エネルギッシュな肉体的存在感を示して、壮大なスペクタクルを演出した。彼らは学んだのだ。これがカリスマの本質であると――そして、それは今日まで変わらない。彼らは大衆を誘惑することで、武力を行使せずに巨大な権力を手にしていったのである。

今日、誘惑術の進化は最高地点に到達した。強引さ、残忍さを否定する声がかつてないほど高まりつつあるいま、相手を怒らせず、押しつけがましくならずに説得できる能力が、社会生活のあらゆる領域で求められている。男と女の戦術をブレンドした誘惑のさまざまな形態が至るところで見られる。広告やコマーシャルは遠回しに人々に語りかける。ソフト・セル（訳注：間接的なアプローチによる売り込み手法。詳細については、付録Bを参照のこと）が主流となった。もし世論を変えようとするなら（人の意見に影響を及ぼすことは誘惑の基本である）、巧妙に潜在意識に語りかけるようなやり方でやらなければいけない。今日、誘惑術なしに政治キャンペーンを成功させることはできない。ジョン・F・ケネディの時代から、政治家には、カリスマ性、すなわち、聴衆の注意を引きつけておく魅惑的な存在感が必要であり、戦いの半分はそれで決まる。映画界やマスメディアは、キラキラ光る魅力的なスターを大量に生み、そのイメージを描き出す。われわれは誘惑の世界にどっぷり浸かっている。だが、昔と比べてその程度と範囲に大きな変化があったとしても、誘惑の本質は変わらない。決して強制的、直接的にならないこと。その代わり、快楽をおとりにし、人々の感情を刺激して欲望と混乱を引き起こし、心理的降伏に追い込んでいく。今日実践されている誘惑でも、クレオパトラの手法が依然として有効なのだ。

常に誰かがわれわれに影響を与えようとし、何をすべきか教えようとする。そしてわれわれもほぼ毎回のように耳を塞ぎ、その説得の試みに抵抗する。しかしながら、人生、誰にでも耳を塞ごうとしない瞬間がある――恋をしているときだ。一種の魔法にかかるのだ。われわれの頭は普段、自分自身の関心事でいっぱいである。それが、恋する相手への思いで埋まるのだ。感情的になり、理路整然と考えることができなくなり、恋をしていなければ絶対にしないような愚かな行動を取る。その状態が続くと、そのうち心の中で何かが崩れる。恋する相手の意志と、相手を手に入れたい自分の欲望の前に屈服するのだ。

誘惑者というのは、そんな降伏の瞬間をもたらす途方もないパワーを理解している人々である。彼らは、人が恋をしているときに何が起きるか分析し、その過程の心理的要素を観察する。何が想像力を刺激するのか、何が相手をとりこにするのか。勘と実践から、彼らは人々に恋心を抱かせる技術を習得する。最初の誘惑者となった女たちも知っていたように、情欲より恋心を抱かせたほうがずっと効果的だ。恋をしている人間は感情に左右されやすく、従順で、簡単に誤った方向に導かれる（「誘惑（セダクション）」という言葉の語源は「迷子にさせる」という意味のラテン語である）。情欲を抱いている人間というのはそれより操るのも難しいし、一度満足すると、あっさり離れていってしまうだろう。誘惑者たちは、じっくり時間をかけて相手を魅了し、愛の絆を作る。だから、その後セックスに発展しても、犠牲者はさらなる深みへとはまっていくだけである。愛と魅力を生み出すことが、あらゆる誘惑（性的、社会的、政治的）の原点なのである。恋をしている人間は、恋におぼれてしまうものだから。

そういったパワーについて、反論してもムダである。興味がないとか、邪悪で醜いなどとイメージすることにも意味はない。誘惑の魅力に抗おうとすればするほど、引きつけられてしまう自分に気がつくだろう。誘惑は、概念としても、パワーの形態としても魅力的だからである。その理由は単純だ。たいていの人間は、誰かに自分のことを好きにさせるものとして、そのパワーを経験しているからだ。自分の言うこと為すことすべてが、相手にプラスの影響を及ぼす。自分の何が正しかったのか完全には理解していなくても、パワーを手にした感覚は人を酔わせる。自信がつき、さらに魅力を増すことができる。社交の場や職場でも、同じ経験をするかもしれない。ある日、気分は爽快、何だかいつもより周りの反応がいい、自分が人を惹きつけているのがわかる、というような経験だ。そういう一過性のパワーはすぐに消えてしまうが、自分の記憶の中で繰り返し鮮明に蘇ってくる。あのパワーを取り戻したいと思う。誰だって、バツの悪い思いをしたり、引けめを感じたり、人と距離を感じたりするのは嫌なものだ。誘惑に抗いがたい魅力があるのは、そのパワーに魅力があるからであり、現代社会において、人を誘惑できる能力以上にパワーをもたらすものはないからである。誘惑したいという欲求を抑え込むのは、ある種のヒステリー反応であり、心の底では強く引かれていることを示している。ますます欲求は強くなるだけだ。いつかはそれが表面化する。

誘惑のパワーを手に入れるのに、性格をがらりと変える必要はないし、身体的な改善をしてルックスを変える必要もない。誘惑は心理的ゲームであり、美を競い合うゲームではない。そして誰でもこのゲームの達人になることができる。必要なのは世の中の見方を変えること――誘惑者の目を通して見ることだけである。

誘惑者はパワーのスイッチを入れたり切ったりしない――どんな社会的、個人的交流も、誘惑に発展する可能性があると考えているからだ。ムダな時間などまったくない。そう言うのには理由がいくつかある。誘惑者たちは、性的な要素を捨てずにトーンダウンする方法を学んでいるため、彼らが男または女の心を操るパワーは、社会環境においても有効に作用する。周りの人間は彼らの正体を見抜くかもしれないが、とにかく、一緒にいてとても楽しい相手であるので誰も気にしない。人生を、誘惑する瞬間と誘惑しない瞬間に分けようとしても、自分を混乱させ、行動を制約するだけである。エロティックな欲望と愛情は、出会う人間のほぼすべての内面に潜んでいる。誘惑のスキルを使う場所を寝室だけに制限しようとしないで、心の向くまま自由に発揮すべきである（実際、誘惑者は世の中を自分の寝室であるかのように思っている）。こうした姿勢が誘惑に大きな弾みをつけ、人は誘惑するたびに経験を積み、上達していく。社会的あるいは性的誘惑を一つ経験するたび、次の誘惑は前より簡単になる。自信が増し、さらに魅惑的になる。誘惑者のオーラに包まれて、さらに多くの人を引きつけるようになるのだ。

誘惑者たちの人生観はまるで戦士のようである。相手を城壁に囲まれた城のようなものとして捉え、自分はその城を包囲していると考えるのだ。誘惑は城へ侵入するプロセスである。まず始めに、第一の防衛拠点である、ターゲットの心に侵入する。いったん心に入り込み、ターゲットが自分について空想に耽るようになれば、抵抗力を奪って身体的降伏を導くのは簡単だ。誘惑者は行き当たりばったりで行動しない。この過程を成り行きに任せることはない。優れた将軍が皆そうであるように、彼らは計画し、戦略を練り、ターゲットの弱点に狙いを定める。

誘惑者になる上で一番の障害となるのは、「愛やロマンスというのは何か神聖で不可思議な世界であり、その世界においては、運命によって物事は正しい場所に収まる」という、ばかげた先入観である。ロマンティックで風情があるように聞こえるかもしれないが、実のところは、ものぐさであることの体（てい）のいいごまかしにすぎないのである。人は何に誘惑されるのかといえば、自分のために注がれた相手の努力に誘惑されるのであり、自分がどれほど思われ、どれほど価値のある存在かを示されることに誘惑されるのである。誘惑者が事を成り行きに任せるというのは、惨事を招く行為であり、愛やロマンスをあまり真剣に捉えていない証拠である。カサノヴァにあれほどの罪深き魅力があったのは、情事一つひとつに対する、彼の努力と巧妙さゆえである。人が恋に落ちるのは、魔法のせいではなく、心理的な要因があるのだ。ターゲットの心理を理解し、それに合わせて戦略を練りさえすれば、よりうまく〝魔法〟をかけることができる。誘惑者は愛を神聖なものとして考えるのではなく、戦いであると考える。そして戦いにおいては、勝ったほうが正義なのだ。

誘惑者は決して自分のことに夢中にならない。彼らの視線は常に、内ではなく外を向いている。人と会うと、彼らはまず相手の頭の中をのぞき、相手の目で世界を見ようとする。これにはいくつか理由がある。第一に、自分のことばかり考えるのは自信のなさの表れであり、非誘惑的（アンチセダクティブ）である。自信のなさは誰にでもあるものだが、誘惑者たちにはそれが無視できる。自己不信が頭をよぎっても、外の世界に夢中になることで気にならなくなる。これが彼らに快活で明るい雰囲気を与える。一緒にいたいとわれわれに思わせるのだ。第二に、誰かの内面に入り込んでその人になった気分を想像することは、貴重な情報を集めるのに役立つ。何がその人を動かすか、どうしたらその人の思考力を奪い、罠に落とすことができるか、知るための手助けとなる。このような情報を武器にして、個人に焦点を絞ったアプローチをすることができる。これは、たいていの人間が先入観を通してしか相手を見ないこの世の中において、希少である。ターゲットの頭の中を知ることが、〝城攻め〟における最初の重要な戦術である。

誘惑者は自分のことを、花から花へと花粉を運ぶハチのような、快楽の提供者であると思っている。子供の頃、われわれは毎日、遊ぶこと、楽しいことに一生懸命だった。大人は時おり、そんなパラダイスから切り離されてしまった自分や、責任の重さに潰れそうになっている自分を感じる。誘惑者は、人々が快楽を待っているのを知っている――友人や恋人からどれだけ与えてもらってもまだ足りない、一人では手に入れられないもの。人々は、自分の人生に冒険やロマンスをもたらそうとしている人間には抵抗できない。

快楽とは、他の人間から得られる一つの経験である。それは、自分の限界の向こうに連れていかれる感覚、圧倒される感覚だ。人々は圧倒されることを求めている。いつもの頭の固い自分から解放されたくてたまらないのだ。時に、抵抗は〝誘惑してほしい〟という意味になる。誘惑者たちは、快楽への期待感で人は自分についてくること、そして快楽を経験することで人は心を開き、触れられることに抵抗できなくなることを知っている。また誘惑者は自分も快楽に敏感になるように訓練を怠らない。自分自身が喜びを感じることで、周りの人々に影響を及ぼしやすくなることを知っているのだ。

誘惑者は、この世のすべてを芝居と見なし、誰もが俳優であると考える。たいていの人間は人生において限られた役割しか与えられないと感じていて、それが面白くない。それに対して誘惑者は誰にでもなることができ、いろいろな役割を演じることができる（その典型に、ギリシャ神話のゼウスがいる。飽くことなく若い娘を誘惑しつづけた彼の武器は、人間であれ動物であれ、彼の犠牲者にとって一番魅力的なものの姿に変身できる能力だった）。誘惑者たちは演じることに喜びを感じ、自分のアイデンティティに悩むことも、また本来の自分や自然体でいる必要性に悩むこともない。この自由さ、肉体と精神の変化の容易さが、誘惑者を魅力的にする。

人々の人生に欠けているのはより多くの現実体験ではなく、幻想であり、ファンタジーであり、遊びである。誘惑者の服装、誘惑者が相手をエスコートしていく場所、誘惑者の言葉や行動には、少しだけ普通と違った感覚がある。ひどく芝居じみているというほどではないが、ワクワクするような、ぎりぎりの非現実感があるのだ。まるで二人が一片の物語の中から出てきたか、映画の登場人物であるかのような。誘惑は現実の世界における一種の芝居であり、幻想と現実が出会う場所なのだ。

最後に、誘惑者の人生に対するアプローチは根本的に道徳とは無関係である。彼らにとって誘惑は単なるゲームであり、遊び場にすぎない。誘惑者は、しかめっ面をした欲求不満の道徳家が密かに自分のパワーを妬んでいるのを承知している。たしかに道徳家たちは、自分のもたらす害悪をあれこれうるさく言い立ててくる。しかし、誘惑者は、他人の意見には関心がないのだ。彼らは道徳的判断（これほど色気のないものはない）に興味がない。すべては移ろいゆくものである。人生そのもののように。誘惑は人を欺く手段ではあるが、人々は道に迷わされたい、誘惑されたいと思っている。そうでなければ、進んで犠牲になろうとする人間がこれほど多くいるわけがない。道徳的な考えに走りがちな自分に決別し、誘惑者の遊び心ある哲学を取り入れよう。そうすれば、これから本書で紹介するプロセスが、あなたにとって容易で自然なものになるだろう。

本書の目的は、あなたに説得力と魅力を身につけてもらい、あなたの周りの人間がどうしてそうなるのかわからないまま、徐々に抵抗力を失っていくようにすることだ。これはデリケートな時代に戦うための〝兵法〟なのである。

どの誘惑にも、分析し、理解しなければならない二つの要素がある。一つは、あなた自身について、あなたのどんなところが魅力的なのか。もう一つは、あなたのターゲットについて、どんな行動が、ターゲットのガードを突き破り、降伏を導くのか。二つの面は等しく重要だ。もし、自分の性格のどんなところが人を引きつけるのか注意を払わずに戦略を練れば、あなたは、下劣で人を操りたがる、つまらない誘惑者だと思われてしまう。もし、自分が魅惑的な人間であることにあぐらをかいて相手に注目しなければ、とんでもない失敗を犯し、あなたの可能性を狭めてしまうだろう。

したがって、本書は大きく二つに分かれている。

第1部「誘惑者のキャラクター」では、誘惑者(セデューサー)を九つのタイプに分けて解説し、それに「アンチセデューサー――誘惑者に向かないタイプ」の項を加えた。これらのタイプを学習することにより、あなたのどういった性格が本質的に人を引きつけるのかという、すべての誘惑における基本構成要素を知ることができる。

第2部「誘惑のプロセス」では、二四項目の戦略を順に解説し、いかにして人々を魅了し、抵抗力を奪い、誘惑に〝動き〟と〝力〟を加え、降伏へと誘導していくかを教えている。

第1部と第2部のあいだには、橋渡しのような役割をする章を設けてあり、そこでは誘惑者の獲物(誘惑の犠牲者）を十八タイプに分けて解説している――十八あるどのタイプも何か人生に欠けた部分があり、あなたが埋めることのできる〝むなしさ〟を心に秘めている。どのタイプを相手にしているのかがわかると、1部と2部、両方のアイデアを実践するのに役立つ。本書のどの部分も無視しないでほしい。そんなことをしたら完璧な誘惑者にはなれないのでご注意を。

本書の中のアイデアと戦略は、歴史上もっとも成功を収めた誘惑者たちの自著や、彼らについての歴史記述に基づいている。出典には、誘惑者本人の回想録（カサノヴァ、エロール・フリン、ナタリー・バーネイ、マリリン・モンロー）、伝記（クレオパトラ、ジョセフィーヌ・ボナパルト、ジョン・F・ケネディ、デューク・エリントン）、誘惑の手引書（中でも注目すべきはオウィディウスの『恋愛指南』）などがあるが、加えて、誘惑のフィクション（コデルロス・ド・ラクロ『危険な関係』、セーレン・キルケゴール『誘惑者の日記』、紫式部『源氏物語』）もある。こうした文学作品の主人公たちは、概して実在の誘惑者をモデルにしている。主人公たちの用いる戦略は、〝フィクション〟と〝誘惑〟、すなわち〝幻想を生み出すこと〟と〝人をその気にさせること〟の密接な関係を明らかにしている。本書の教えを実行すれば、もっとも偉大なる達人たちの歩んだ道をたどることができる。

最後に、本物の誘惑者になりたいと思うのであれば、本気で本書を読むべきである。フランスの作家、ドゥニ・ディドロがこう書いている。「最初に浮かんでくる賢明な考え、あるいは愚かな考えを追いかける自由を、私は自分の心に与えている。ちょうどフォワの並木道で、放蕩息子たちがどこかの娼婦のあとにくっついて歩き、その女のもとを離れたと思ったらまた別の娼婦にくっついていき、しまいにはすべての娼婦にちょっかいを出すのだけれども、結局、誰にも執心はしないというのと同じである。私の思考、それは私の娼婦たちなのだ」。ディドロの言わんとしたことは、彼は浮かんだ考えの誘惑に逆らわない、どんな考えであれ、気に入ったものに従い、それよりいい考えが浮かべばまたそちらに従えばいいのだし、そうやって彼の思考は一種の性的興奮のようなもので満たされる、ということである。

この本を読み進めるなら、あなたもディドロのアドバイスに従うこと。心を開き、思考の流れを止めず、物語や観念の誘惑に身を委ねよう。あなたの内面に毒が染み込んでくるのを徐々に感じるようになるだろう。そしていつのまにか、すべてを誘惑だと考えるようになるだろう。あなたの考え方、世界の見方も含めて。

最高の美徳とは、それ以上に大きな誘惑を必要とするものだ。

――ナタリー・バーネイ

新たに社会が変わっても、女たちには抑圧と蔑みが付いてまわり、それは今日に至るまで変わっていないにちがいない。実に長い間その状態は続いたが、ようやく彼女たちは、何世紀にもわたる経験から、武力ではなく能力を使うことを学んだ。女たちはついに気づいたのである。弱い立場の自分に唯一できることは、誘惑することだと。男が力によって女を支配しているのであれば、女は快楽によって男を支配できる。男よりも不幸だったために、女のほうが先に深く考えたにちがいない。先に気づいたのは女だった。快楽というものは、いつだって想像していたほどのものではなく、想像のほうが実際を上回るものだと。この根本的真理に気づいて、女たちはまず好奇心をそそるために自分の魅力をベールに包むことを学んだ。また、たとえ同意したいと思っても拒絶するという難しい技を実践した。それからというもの、女は、どうやって男の想像力をかき立てるか、どうやって欲望を目覚めさせ、意のままに操るのかわかるようになった。こうして、美と愛が生まれたのである。今日、女の立場の厳しさは和らいだが、だからといって、弱さゆえに耐え忍ばなければいけなかった抑圧状態から自分たちを完全に解放できたというわけではない。依然として続いている、女と男の間の恒常的な戦争状態において、世の女たちは、自ら考えついた愛撫の力を借りながら、絶えず戦い、時には男を征服し、時にはもっと巧妙に立ち回って、自分たちに向けられた力をうまく利用してきた。だが、時として、女が男と戦うために苦労して作った武器を男が女に向けることで、彼女たちの服従はいっそう苛酷なものになった。

コデルロス・ド・ラクロ『女子教育論』

愛の営みには、兵を率いるより、ずっと多くの才能が必要である。

ニノン・ド・ランクロ

メネラオス殿、あなたが本当にあの女を殺すつもりなら、ぜひそうされるとよい。ただし、今すぐやるのです。あの女の目に心を揺さぶられて、気持ちが変わらぬうちに。あの女の目は軍隊のようなもの。あの女が見ただけで町は焼け、やがて灰になって、あの女のため息で吹き飛ばされるのです。私はあの女を知っています。メネラオス殿、あなたも知っておられるでしょう。そしてあの女を知る者は、誰も彼もが苦しむのです。

エウリピデス『トロイアの女たち』

女の狡猾さを封じる力を持つ男はいない。

マルグリット・ド・ナヴァル

女性が男性の力から逃れ、女性の権力を確かなものにすることに成功したことは、重要な変化だったが、歴史家による相応の注目は受けていない。女性が群衆から離れ、完成した個体となって、力ずくでは得られず、甘言によってしか得られない喜びを提供するようになった時から(中略)、愛の使徒である女性の支配が始まった。それは文明史のなかで深い意味を持つ進歩だった。(中略)愛の技法を使った遠回りの方法でしか、女性は権威を確立することはできなかった。そして、このことは男性の奴隷となっているまさにそのときに、自らの権利を主張することで成し遂げられた。女性は、情欲の力、愛の技法における極意、人工的に駆り立てられ、決して満たされることのない感情の持つ悪魔的な力を発見した。こうして解き放たれた力は、以後、地球上の最も強い力の一つとなり、ときには生と死すら左右するようなものになったのだ。(中略)

意図的に男性の正気を失わせることには魔法のような効果がある。世の女性たちは、無限に広がる興奮に火をつけ、霊感を受けた夢によって駆り立てられるかのごとく刺激を与えつづけた。

アレクサンダー・フォン・グライフェン・ルスヴルム『誘惑する女たち』

まずあなたが信じるべきことは、どんな娘だって捕まえられるということ——網をきちんと張りさえすれば捕まるということだ。恋する男の優しい誘惑を、女が拒絶するなどということは、春に鳥が鳴かなくなるとか、夏に蝉が鳴かなくなるとか、はたまた猟犬が野うさぎに背を向けるとか、そういうことよりもっとありえない。渋っているように見える相手でも、実は誘われたいと思っているものなのだ。

オウィディウス『恋愛指南』

それゆえに、この二つの要素、〝魅了すること〟と〝身を委ねること〟の組み合わせが、われわれが論じている〝愛〟には不可欠なのだ。(中略)愛にあるのは、魅了されたことに起因する、降伏である。

ホセ・オルテガ・イ・ガセット『愛について』

善とは何か？——人間における〝パワーの感触〟を、〝パワーへの意志〟を、〝パワーそのもの〟を高めるすべてのもの。
悪とは何か？——弱さから生じるすべてのもの。
幸福とは何か？——パワーがしだいに増していくという感情。抵抗を克服したという感情。

フリードリヒ・ニーチェ『アンチ・クリスト』

精神分析が直面する、嫌悪感、ノイローゼ、苦悶、欲求不満といったことは、疑いなく、愛したり愛されたりすることができず、喜びを与えたり与えられたりすることができないことに起因する。だが、激しい幻滅感は、誘惑とその失敗に起因する。たとえ愛したり、愛し合ったりすることが十分に可能なままでも、誘惑のまったく外側にいるものだけが、病気なのである。精神分析は性と欲望の障害を治療するものと信じられているが、実際には誘惑の障害を治療しているのである。（中略）不足していると極めて深刻な問題となるのは、〝魅力〟であり〝快楽〟ではないし、〝魅了する（される）こと〟であり、〝生命的満足感や性的満足感〟ではない。

ジャン・ボードリヤール『誘惑』

何であれ、愛のためになされることは、善悪を越えたところで起こる。

フリードリヒ・ニーチェ『善悪を越えて』

もし、ここローマに、口説きの手腕が欠けている者がいるのならば、私にまかせなさい——私の著書を読みなさい。結果は保証する！　秘訣はテクニックである。御者も船乗りも船の漕ぎ手も、みなテクニックが必要だ。テクニックによって愛そのものもコントロールできる。

オウィディウス『恋愛指南』

第1部　誘惑者のキャラクター

引き寄せる力（人を引きつけ、自分に夢中にさせる能力）は誰にでもある。しかし、すべての人間がこの潜在的な能力に気づいているとはとても言えない。それどころか、引き寄せる力というのはほとんど神がかった素質であり、一部の人間だけに生まれつき備わっているため、それ以外の人間には自由に操ることなどあり得ない、とみんな思っている。だが、本当は誰でも、その潜在能力を現実のものに変えることができる。必要なのは、自分の性格のどんなところが人に刺激を与えるのかを理解し、自分の隠れた資質を開発することだけなのだ。

誘惑するときに、いきなりあからさまな策略や戦略的な工夫を弄しても、うまくいくことはまずない。そんなことをすれば怪しまれる。誘惑を成功させるためには、まず誘惑者のキャラクターを理解することからスタートする。誘惑者が自分の長所を発揮して人々を魅了し、相手の感情を、本人がコントロールできなくなるほどに揺さぶるところから始まる。誘惑者の魅力的な性格によって魔法にかけられた犠牲者は、そのあとに続く操作に気づかない。ここまで来れば、あとは道に迷わせて誘惑することなど簡単である。

世の中には九タイプの誘惑者がいる。各タイプにそれぞれ特有の、本質的な性格特性があり、誘惑の引力を生み出す。「セイレン」はあふれるほどの性的エネルギーを持ち、その使い方を知っている。「レイク」は貪欲なまでに異性を崇拝し、自分の欲望を相手に伝染させる。「理想の恋人」には美的感性があり、それをロマンスのために働かせる。「ダンディ」は自分のイメージを好きなように操り、はっとするような両性具有的な魅力を作り出す。「ナチュラル」は自然体でオープンだ。「コケット」は自己充足的なうぬぼれ屋で、その芯には惚れ惚れとするようなクールさがある。「チャーマー」は人を喜ばせるのが好きで、その方法を知っている――チャーマーは社会的生き物である。「カリスマ」は並外れた自信を持っている。「スター」は浮世離れした雰囲気を持ち、自分を神秘のベールに包んでいる。

各章で、九つのタイプそれぞれの内面へとあなたを案内しよう。少なくともその中の一章が、あなたの心に訴えかけるはずである。なぜなら、それがあなた自身の重要な部分だからである。その章が、あなた自身の「引き寄せる力」を開発するカギとなる。たとえば、あなたにコケティッシュな性向があるとしよう。「コケット」の章は、あなたの自己充足性をどう発展させ、いかに熱さと冷たさを交互に使ってターゲットを陥れるのか、その方法を教える。あなたはそれにより、生まれ持った資質をさらに高めて、人が奪い合いをするような偉大なコケットとなる。魅力的な資質について臆病になっていては意味がない。人々が心を奪われるのは臆面もないレイクであり、行き過ぎに対しては大目に見るが、中途半端なレイクには興ざめする。ひとたび、自然があなたに与えてくれたものに技術を加え、決め手となる特性を伸ばすことができれば、あとは二つ目、三つ目の特性を発展させ、あなたのペルソナ（訳注：ユング心理学で仮面の意）をさらに深く神秘的なものにすることができる。最後に、第1部、第10章、「アンチセデューサー――誘惑者に向かないタイプ」を読むことで、自分の中にある正反対の潜在能力（遠ざける力）に気づくことができるだろう。あなたが持っているかもしれない誘惑者に不向きな傾向を、是が非でも、根絶やしにしてもらいたい。

九つのタイプを影やシルエットとして考えよう。まずは、その一つに足を踏み入れ、自分の中でイメージを膨らませていくだけでいい。さあ、無限の力をもたらしてくれる魅力的なキャラクターを開発していこう。

セイレン

男はときに、自分が演じるべき役割というものに、人知れず苦しむ。男は常に責任を持ち、冷静で、理性的でなければならないのだ。セイレンは、男の夢をかなえてくれる究極のファンタジーだ。彼女は、行き詰まった人生から男を完全に解放してくれる。その存在は常にオーラに包まれ、官能に満ち、男を純粋な快楽の世界へといざなう。セイレンは危険だ。彼女を追うことに力を注ぐあまり、男は自分を見失ってしまい、何がしたいのか分からなくなってしまう。セイレンは幻想である。外見や物腰を磨くことで、男たちを誘惑する。世の女性の多くは臆病すぎて、そんなイメージを打ち出せないでいる。男の願望を体現し、彼らの性的欲望（リビドー）を支配できるようになろう。

スペクタクルなセイレン

紀元前四八年、エジプトのプトレマイオス十四世（訳注：正しくは十三世）は、姉であり妻であるクレオパトラ女王を、まんまと退位・国外追放に追い込んだ。彼女の帰還を阻むべく国境を固め、単独統治を開始した。同じ年、ユリウス・カエサルが、こうした国内の権力抗争のさなかであるにもかかわらず、ローマに忠実であることをエジプトに誓わせようと、アレクサンドリアにやって来た。

ある晩、カエサルがエジプトの宮殿で配下の将軍たちと戦略について話し合っていると、番兵が入ってきて、「ギリシャ商人が一人、ローマの指導者に大きくて価値のある贈り物を献上したいと戸口にやって来ている」と告げた。カエサルは余興を楽しむのも悪くないと、商人を部屋へ入れることにした。男が、大きな、巻いたカーペットを肩に担いで入ってきた。彼がカーペットを巻いていた紐をほどき、両手で一気に広げてみせると――中から、若きクレオパトラが姿を現わした。カエサルたちの前にすっくと立ち上がる半裸に近いその姿は、波間から出現したヴィーナスのようだった。

まるで夢のように突然目の前に現われた、若く（このときまだ二一歳）美しい女王の姿は、誰の目にも眩しかった。彼らはクレオパトラの大胆さと芝居がかった振る舞いに度肝を抜かれた――たった一人の護衛を連れて、夜、こっそりと港に忍び込み、すべてを賭けて大胆な行動に出たのだ。カエサルほど深く魅了された者はいなかった。ローマの文筆家、カッシウス・ディオはこう書いた。「クレオパトラは人生の盛りにあった。素晴らしい声の持ち主で、彼女の声を耳にした者を一人残らず魅了した。見た目と話し方があまりにも魅力的なので、この世でいちばん心の冷たい、徹底した女嫌いでさえも、彼女の罠に引きずり込まれた。カエサルは、彼女の姿を目にし、彼女の言葉を耳にした瞬間、心を奪われたのだ」。その夜のうちに、クレオパトラはカエサルの恋人になった。

カエサルはそれまで、戦闘の苛酷さから気を紛らわせるために大勢の愛人を持ちつづけてきた。しかし、女たちはいつもすぐに用済みになり、彼は、政治的陰謀、軍事問題、ローマ劇場といった本当に自分を興奮させるものに戻っていった。カエサルは、女たちが彼を引きつけようと、あらゆる手を使うのを見てきた。それでも、クレオパトラのすることには驚かされた。ある晩のこと、クレオパトラはカエサルを相手に、アレクサンダー大王の栄光をいかにして二人で蘇らせ、神々のように世界を支配するのか語っていた。だが、次の瞬間には女神イシスに扮し、周りに華やかな宮廷人たちをはべらせて、彼をもてなすのだった。クレオパトラは、この上なく退廃的な乱痴気騒ぎにカエサルを招き入れ、自らの肉体でエジプトのエキゾティックな魅力を表現した。カエサルにとって、クレオパトラとの生活は駆け引きの連続であり、戦争と同じように挑戦のしがいがあった。彼がクレオパトラに安心感を抱いた途端、彼女は冷たくなり、怒りを見せる。そしてカエサルは、あの手この手で機嫌を取らなければならなくなるのだ。

数週間が過ぎた。カエサルはクレオパトラ以外の女たちと縁を切り、口実をつくってエジプトに滞在しつづけた。あるとき、クレオパトラは、ナイル川を下る贅沢な歴史探訪の旅にカエサルを連れ出した。カエサルは、想像を絶する豪華船に乗ってピラミッドを眺めた数少ないローマ人の一人となった。その船は、水面からの高さが十六メートルもあり、段々になったフロアがいくつもあって、支柱のあるディオニュソス神殿までついていた！　しかしながら、彼がエジプトに長く留まり、統治者としての務めから遠ざかっているあいだに、ローマ帝国全土で、あらゆるたぐいの混乱が起きていた。

紀元前四四年にカエサルが暗殺されると、後継者たちによる三頭政治が始まった。三人のうちの一人は、勇敢な兵士であり、快楽とスペクタクルを愛し、自分はローマ版ディオニュソスだとうぬぼれる、マルクス・アントニウスだった。数年後、アントニウスがシリアに滞在しているあいだに、クレオパトラは、「エジプトの町、タルサスで会いましょう」と彼を誘った。十分待たせておいたこともあって、タルサスにおけるクレオパトラの登場は、カエサルの前に初めて現われたときと同じくらい衝撃的だった。紫の帆をつけた見事な金色の船が、シドナス川に姿を現わした。優美な音楽の伴奏に合わせて男たちが船を漕ぎ、船上は、ニンフ

（精霊）や神々に扮した美しい娘でいっぱいだった。クレオパトラは甲板に座り、自分を囲んだキューピッドに扇であおがれながら、女神アプロディーテーを気取っていた。大衆が、熱心に、彼女の名前を繰り返し叫んだ。

クレオパトラの他の犠牲者も皆そうだったが、アントニウスの気持ちは複雑だった。彼女が与えてくれるエキゾティックな楽しみには抗いがたい。一方で彼女を服従させたい気持ちもあった――誇り高きこの女傑を跪かせれば、自分の偉大さを証明することになる。こうして彼はその場にとどまり、カエサルと同じように、徐々に彼女の魅力のとりことなっていったのである。クレオパトラは、アントニウスの好きでたまらないものばかり（賭け事、乱痴気騒ぎ、手の込んだ儀式、贅をつくした見せ物）を催して彼を存分に楽しませた。三頭政治のもう一人のメンバー、オクタウィアヌスは、アントニウスをローマに呼び戻そうとして、彼に妻を娶らせた。それはオクタウィアヌスの姉、オクタウィアで、ローマで最も美しい女性の一人だった。美徳と善良さで知られる彼女なら、間違いなくアントニウスを〝エジプトの娼婦〟から遠ざけておくことができるはずだ。はかりごとは、しばらくのあいだうまく進んだが、アントニウスはクレオパトラを忘れることができずに、三年後、彼女の元へ戻ってしまった。今度は永久に――。アントニウスは、実質的にクレオパトラの言いなりとなり、彼女に巨大な権力を与え、エジプトの装束と習慣を受け入れ、ローマのしきたりを捨てたのである。

現存するクレオパトラの肖像は一つしかない。かろうじて見える、硬貨に刻まれた横顔だ。だが、彼女についての記述は実にたくさん残っている。細長い顔に、いくぶん尖った鼻。そして彼女をひときわ際立たせたのは、その驚くほど大きな目だ。しかしながら、人を誘惑する彼女のパワーは、外見にあったのではなかった。実際、アレクサンドリアには彼女より美しいとされた女性が大勢いた。他の女性より優れていたのは、男の心をかき乱す能力なのだ。実際には、クレオパトラの外見はごく普通で、政治的権力もなかったのに、カエサルとアントニウスという勇敢で賢い男たちにはそれが見えなかった。彼らが見たのは、次から次へと目の前で変身する女であり、女一人が演じるスペクタクルだった。衣服も化粧も毎日変わったが、常に気高い、女神のような印象を与えていた。どの著述家も言及している彼女の声には、軽く弾むような抑揚があり、聞く者をうっとりさせた。話の内容は特別面白くなかったかもしれない。だが、話し方があまりにも魅力的で、聞き手は知らず知らずのうちに、彼女が〝何を〟言ったかではなく、〝どう〟言ったかを記憶しているのだった。

　クレオパトラは、次から次へと様々な遊興（数々の貢ぎ物、模擬戦、探検旅行、仮装の儀式（オルギア））を提供した。一つひとつにドラマ性があり、それをやり遂げるのに大変なエネルギーが注がれた。彼女の隣で枕に頭を沈めるころには、様々なイメージや空想で、男の心は混乱していた。そして、彼がこの変幻自在のとてつもない女をものにしたと思った瞬間、彼女はよそよそしくなり、腹を立て、すべては彼女しだいであることをはっきりさせるのだった。クレオパトラは誰のものにもならない。彼女は崇拝の対象である。こうして、かつて国から追放され、早死にする運命だった一人の女が、まんまとすべてをひっくり返し、エジプトを二〇年近くも支配することになる。

　クレオパトラから学べることは、セイレンを作るのは美しさではなく、むしろ男の夢を体現する〝芝居っ気〟であるということだ。男はどんなに美しい女にも飽きる。違う快楽を欲しがり、冒険を欲しがる。飽きさせないためには、そんな快楽や冒険を自分なら提供できるという幻想を抱かせればいい。男は見た目で簡単に騙される。彼らは視覚に訴えられると弱い。セイレンの化身となろう（性的魅力を増し、そこに女王のような威厳と芝居っ気を加えること）。そうすれば男はもう逃げられない。男が退屈しないかぎり、捨てられることはない。男に気晴らしを与えつづけよう。自分の本当の姿を見せてはいけない。男は溺れ死ぬまで、あなたについてくる。

官能のセイレン

ノーマ・ジーン・モーテンセンは、幼少期の一部をロサンゼルスの孤児院で過ごした。のちのマリリン・モンローである。孤児院では雑用に追われる毎日で、遊ぶ時間はなかった。学校では他人と交わらず、めったに笑わず、夢うつつでぼんやりしていることが多かった。十三歳のある日、学校に行くために着替えていると、孤児院から与えられた白いブラウスが破れている。しかたなく年下の少女からセーターを借りた。そのセーターはサイズがかなり小さかった。その日、突然、どこに行っても男子が周りに集まってくるようになった気がした（彼女は年齢に比べて発育が極端によかった）。ノーマは日記に書いた。「男子は宝の山でも見るような目でセーターを見つめていた」

単純な発見だったが、衝撃的だった。これまで他の生徒から無視され、ばかにされることさえあったノーマ・ジーンが、このとき、注目を集める方法、もしかしたらパワーさえ手にできるかもしれない方法に気づいたのだ。彼女はとても野心的だった。もっと笑うようになり、メイクをし、服装も変えた。そしてまもなく、同じくらい衝撃的な事実に気づいた。何も言わなくても何もしなくても、男子は彼女に夢中になるのだった。「取り巻きの男子たちはみんな、同じことを違う言葉で言った」と彼女は書いた。「キスしたり抱きしめたりしたくなるのは私が悪いんだって。ある男の子は、彼を見るときの情熱に満ちた目つきのせいだという。別の子は私の声に引かれたって。他に、私の色気にやられたって子もいたわ」

それから数年後、マリリンは何とか映画界で一花咲かせようとしていた。プロデューサーたちはみな同じことを言った。実物は十分魅力的なのだが、映画で通用するほどきれいな顔ではないと。彼女はエキストラとして仕事をもらっていた。彼女がスクリーンに登場すると客席の男たちは大喜びし、館内は野次や口笛で大騒ぎになった。それが、たとえ数秒だったとしても、である。だが、そこにスター性があると思う者はいなかった。

一九四九年、まだ二三歳のマリリンは、キャリアに行き詰まりを感じていた。ある日、ダイナーで会った男から、グルーチョ・マルクスの新作『ラヴ・ハッピー』をキャスティングしているプロデューサーが、セクシーなブロンド娘役を演じる女優を探していると聞く。グルーチョ本人の言葉を借りれば、「彼女が横を通り過ぎるときに、私の年老いたリビドーが刺激され、思わず耳から煙が吹き出るような、そんな歩き方のできる女性」だ。マリリンはオーディションを受けさせてもらい、言われたとおりに歩いてみた。グルーチョは「メイ・ウエスト、セダ・バラ、ボー・ピープが一つになった」と、彼女のゆったりした歩き方を見たあとで言った。「明日の朝、このシーンを撮ろう」。こうして、マリリンはあの有名なモンロー・ウォークを生み出した。自然な歩き方とは言い難いが、無邪気さと色気の混じった不思議な魅力があった。

それから数年のあいだ、マリリンは試行錯誤しながら、どうしたら男性に及ぼす影響を大きくできるか一人で研究した。魅力的な声には昔から自信があった——少女の声だった。ところが映画の中ではそれを生かし切れていなかった。あるとき、「声を低くして深みのある、吐息の混じったトーンを作り出すようにしたら」と助言してくれる人がいた。少女と悪女の入り混じったようなその声は、魅惑的なトレードマークとなった。

撮影現場に入る前に、あるいはパーティにおいてさえも、マリリンは鏡の前で何時間も費やす。たいていの人はこれを虚栄心と取った——自らの姿に恋をしているのだと。本当は、その姿を作り出すのにそれだけの時間がかかったということだ。マリリンは何年もかけてメイクの技術を学び、実践した。声、歩き方、顔とその表情、それらはすべて努力して作り上げたものだ。いわば見せかけだった。人気の絶頂期に、彼女は化粧もせず、艶やかな衣装もまとわずニューヨークのバーに入り、スリルを楽しむのだった。誰にも気づかれずにすむかしら、と。

マリリンは、ついに成功を手に入れた。だが、それにはひどく不愉快なおまけがあった。映画会社は、セクシーなブロンド娘の役しか与えてくれない。彼女はシリアスな役がやりたかった。だが、彼女がどれだけ自分の作り上げたセイレン的素質を抑えようとしても、それ以外の役を真剣に考えてくれる人はいなかった。ある日、マリリンが『桜の園』の一場面を稽古していると、演技指導者のマイケル・チェーホフが訊ねた。「この場面を演じながら、君はセックスのことを考えていた？」。彼女が否定すると、彼は続けて言った。「この場面を一緒に演じているあいだずっと、僕は君からの性的な波動を受け取っていた。まるで君が情欲に溺れた女であるかのように……今、映画会社とのあいだで問題があるのはわかっている、マリリン。君は性的な波動を放ってしまう女性なんだよ――君が何をしていようと、何を考えていようと。世界中がすでにその波動に反応してしまっている。君が映画のスクリーンに映し出されると、その波動が観衆に伝わってしまうんだ」

マリリン・モンローは、自分の肉体が男のリビドーに与える影響を気に入っていた。楽器を調律するかのように肉体の存在感を調整し、色気をふりまき、グラマラスな、実像以上の見せかけを手に入れた。ほかの女性たちもセックスアピールを高めるための秘訣など同じぐらい知っていただろうが、マリリンとほかの女性を分かつものは、無意識的な要素だった。彼女の生い立ちは、彼女から、決定的に重要な意味を持つものを奪っていた。〝愛情〟である。彼女の一番根底にある欲求は、愛され、望まれていると感じることだった。それが絶えず彼女を、守って欲しがっている小さな女の子のように、傷つきやすい人間に見せた。彼女はカメラの前で愛情への飢餓感を表出したが、それはたやすいことだった。心の奥底に本当にあるものから出ているのだから。欲望をかき立てるつもりなどないという表情や仕草は、倍の威力をもって欲望をかき立てる。まさに意図的ではないという理由だけで――。その無邪気さこそが男を刺激するのである。

スペクタクルなセイレンより、官能のセイレンの及ぼす影響のほうが、切迫感、即効性がある。性と欲望の化身である彼女は、わざわざ関係のない感覚に訴えたり、芝居のような盛り上がりを演出したりしない。仕事や雑用に追われることなど皆無のように見える。快楽のために生きていて、いつでも相手をしてくれるという印象を与える。娼婦や尻軽女との違いは、純真さと脆さである。官能のセイレンのもつ矛盾したこの二面性が、男を喜ばせる。自分は父親のように守ってやる存在であるという、危うい幻想を男に抱かせるのだ。実際には、彼女のほうが力関係をコントロールしているにもかかわらず――。

官能のセイレンを演じるのに、マリリン・モンローのような特徴を生得的に備えている必要はない。肉体的な要素のほとんどは作られたものである。大切なのは、少女のような純真さを感じさせる雰囲気だ。激しい愛欲を感じさせる一方で、自分が及ぼしている影響をまるで理解することができないとでもいうような、うぶで内気な面があること。歩き方、声、仕草のチグハグな感じが魅力となる――経験豊かな欲望する女でもあり、無邪気なおてんば娘でもあるのだ。

> あなたはこれからセイレンに遭うことになる。あの女たちは、近寄る男すべてに魔法をかける。（中略）セイレンは、歌の甘い調べで男を魅惑する。セイレンの周りには、男たちの骸骨が高く積まれている。骨には、まだしなびた皮膚がへばりついているが、やがて朽ち果てるだろう。
>
> ――キルケからオデュッセウスへ、『オデュッセイア』第十二歌

セイレンになりきる秘訣

セイレンは、最も古い時代から存在する誘惑者である。女神アプロディーテーがこの典型だ（超自然的な性質はセイレンの特徴である）。だが、彼女を時代遅れとか、伝説とか、過去のものだなどと思ってはいけない。セイレンは、〝強い男〟というファンタジーを表現する。非常に官能的で、自信に満ち、無限の喜びを与えつつ、ちょっと危険な香りも漂わせる男になれるのだ。今日の社会において、このファンタジーは男心をいっそう強く引きつける。なぜなら、今の世の中は、何もかもを〝安全で安心〟にすることにより、男の攻

撃本能を封じ込めるからである。男にとって今の世の中は、かつてないほどに、冒険や危険を冒すチャンスのない世界へと変わってしまったのだ。昔は、戦闘、外洋航海、政治的陰謀といった、男の衝動のはけ口があった。性の世界においても高級娼婦や愛人は事実上の社会制度であり、男の移り気も狩猟本能も満たされていた。はけ口がなければ男の衝動は内に向かい、彼らを絶えず苦しめ、それゆえにいっそう爆発しやすくなるのだ。時に、権力を持つ男ほど、ひどく理にかなわないことをする。まったくその必要性がないのに不倫をするのは、ただスリルを味わうためなのだ。そこにあるのは、危険だからという理由だけである。不合理なことにどうしようもなく引かれてしまうことはある。常に合理性を求められる男なら、なおさらである。

もしあなたが求めているものが誘惑力なら、セイレンが一番効果的だ。セイレンは、男のもっとも基本的な感情に影響を及ぼす。セイレンになりきれば、いつもは強くて責任感のある男を、子供っぽい奴隷に変えることができる。セイレンは、頑固な、男らしいタイプ（兵士とか英雄とか）の扱いがうまい。ちょうどクレオパトラがマルクス・アントニウスを、マリリン・モンローがジョー・ディマジオを手玉に取ったように。だが、セイレンはそういうタイプしか相手にできないと思ったら大間違いである。ユリウス・カエサルは文筆家であり思想家で、自分の知的能力を戦場や政治の舞台でも発揮した人物だ。脚本家のアーサー・ミラーも、ディマジオと同じくらいモンローにすっかり夢中になった。知的なタイプほど、セイレンの、他意のない肉体的快楽の誘惑に弱かったりする。彼らの人生にそれが足りなさすぎるせいである。セイレンは〝正しい犠牲者〟を見つける心配をしなくていい。彼女の魔法は万人向けである。

セイレンが何よりもまず先にすべきことは、自分と他の女との違いをはっきりさせることだ。セイレンはもともとたぐいまれな生き物であり、マドンナ的存在で競争相手はいない。他の男たちと闘って奪い取るにふさわしい価値を持つ女でもある。クレオパトラは、見せ場を作るセンスで他の追随を許さなかった。皇后ジョセフィーヌ・ボナパルトの武器は、最高に物憂げな雰囲気であり、マリリン・モンローにおいては、少女のようなあどけなさであった。セイレンの身体つきに、人は思わず目を見張る。それを利用しない手はないだろう。カリカチュアの域に達するほど女っぽく、官能的な存在感を示せば、すぐに他の女性との差は歴然となる。なぜなら、そのようなイメージを打ち出す勇気のある女性は、ほとんどいないからである。

違いをはっきりと示すことができたら、あと二つ、手に入れなくてはならない重大な資質がある。男に我を忘れるほど激しく自分を追いかけさせる能力と、危険な香りを漂わせる能力である。危険には、驚くべき魅力がある。男に自分を追いかけさせるのは、比較的簡単だ。巧みなセックスアピールがうまく仕事をしてくれる。だが、娼婦や尻軽女のように見えてはならない。男はそういう女性を追いかけはしても、結局すぐに興味を失ってしまう。反対に、セイレンはどことなく距離感があって簡単には捕まらない、夢のような存在なのだ。

ルネサンスの時代、トゥリア・ダラゴーナのような偉大なるセイレンたちは、当時の憧れの対象だった古代ギリシャの女神の外見や振る舞いを真似た。いまなら、映画界の女神たちを手本にしてもいい。他にも、堂々としていて近寄りがたいくらいの存在感を放つものなら何でもいい。そういったレベルの高い存在を真似ることで、男に激しく追いかけさせるのだ。そして追いかければ追いかけるほど、男は自分の意志で行動しているように感じる。男に、自分がどれだけ相手の意のままに操られているのかわからなくさせる、素晴らしい方法である。

〝危険〟〝挑戦〟ときには〝死〟などというイメージは古臭いかもしれないが、〝危険〟は誘惑において、絶対に必要な要素である。今日の男は、いつも非常に理性的で自制心が強い。そんな男は、特に〝危険〟という精神的刺激に魅力を感じるのだ。

セイレンの伝説にも、もともと〝危険〟がある。ホメロスのオデュッセイアの中で、英雄オデュッセウスは、セイレンたちが歌をうたい、船乗りたちを招き寄せて殺してしまうという、岩礁の傍を船で進んでいかねばならなかった。セイレンは過去の栄光を歌い、子供時代のような、責任のない、純粋な喜びの世界を歌った。彼女たちの声は流れる水のようで、とても甘かった。船乗りたちは、セイレンのところへ行こうと水に飛び込んで溺れ死ぬか、声に気を取られ、うっとりしているうちに進路を誤り、岩に突っ込むかのどちらかだった。自分の水夫たちをセイレンから守るために、オデュッセウスは彼らの耳に蜜ろうを詰め、自分自身はというと、セイレンの歌を聴くことができ、同時に死なずにすむように、身体を帆柱に縛りつけさせた。これは矛盾した欲求だった。セイレンのスリルは、その甘い誘惑に身を委ね、彼女たちについていくことなのだから――。

大昔の船乗りたちは、何があっても脇目を振らず、船を漕ぎ、まっすぐ進んでいかなければならなかった。同様に、今日の男も、せっせと働き、人生をまっすぐ進んでいかなければならない。〝危険なもの〟〝感情的なもの〟〝馴染みのないもの〟は、許されないがゆえに、いっそう強く人を引きつける。

歴史上の偉大なるセイレンたちの犠牲者を思い出してみよう。パリスはトロイのヘレンのために戦争を引き起こし、カエサルはクレオパトラのためにローマ帝国を危険にさらし、アントニウスは失脚して命を落とす。ナポレオンはジョセフィーヌが原因で物笑いの種になり、ディマジオは生涯マリリンを忘れられず、アーサー・ミラーは何年も執筆できなくなる。セイレンに破滅させられる男は多いが、男はそれでも彼女から離れられない（マゾ的傾向のある権力者は珍しくない）。危険な要素を匂わせるのは簡単だし、危険な要素は、他のセイレン的特性を高める役割もしてくれる――たとえば、マリリンに漂う狂気が男を引き寄せたように。セイレンはときに見事なまでに感情の赴くまま行動する。自分自身の、道理をわきまえた理性に潰れそうになっている男には、たまらなく魅力的である。不安を感じさせる要素も重要だ。男が自分に近づきすぎないよう、適度な距離を保つこと。そうすることで、男はセイレンを尊重するようになり、彼女の心の中や、弱点を見抜けるような近さまでずけずけと入ってくることがなくなる。不安を与えるために、突然、気分を変えて動揺させたり、ときには気まぐれに振る舞って怖気づかせたりしよう。

セイレンを目指す者にとって最も大事な要素は、〝肉体〟である。セイレンにとって、これは最大の武器だ。化粧によって、あるいは、凝った服装や、魅惑的な服装によって増大する〝女らしさ〟や〝匂い〟が武器となる。このような身体的資質は、他意を持たないだけに、かえって男に対して大きな影響を及ぼす。その直接性ゆえに、合理的なプロセスを無視して、動物をおびき寄せるおとり（デコイ）や、闘牛におけるマントと同じ影響を及ぼすのである。セイレンにふさわしい姿は美しい身体であると、勘違いされることが多い。特に、顔は混同されやすい。実のところ、美しい顔はセイレン向きではない。それどころか、冷たくて近寄りがたい雰囲気を作ってしまう（クレオパトラとマリリンという、歴史上最も偉大なる二人のセイレンたちも、顔の美しさで有名になることはなかった）。笑顔や誘うような目つきというのはこの上なく魅力的ではあるが、それが目立ちすぎるのは絶対に避けたい。あまりにも露骨で直接的だからである。セイレンたるもの、欲望全般を刺激しなければならない。そのために一番いい方法は、全体的な印象を作り上げることだ。相手の心を乱すと同時に引き寄せるには、決まった一つの特徴ではなく、いくつもの資質の組み合わせがものを言うのである。

〔声〕伝説が示すとおり、紛れもなく重要な資質である。セイレンの声は、その途方もない暗示力により、聞く者の動物的本能に強い衝撃を与える。それは聞く者を退行させる力なのかもしれない。まだ言葉もわからない子供をなだめたり、喜ばせたりできる母親の声の力に似ているのかもしれない。セイレンにはエロスをほのめかす、思わせぶりな声が必要だ。ただし、あからさまにやるより、ほのめかしを多くするとよい。クレオパトラに会ったほとんどすべての人間が、彼女の感じのいい、美しい声について言及している。それは人を恍惚とさせる声だった。一八世紀の偉大なる女性誘惑者の一人、皇后ジョセフィーヌは、物憂げで官能的な声の持ち主だった。男たちは彼女の声にクレオールの血を感じ、エキゾティックな魅力を感じた。マリリン・モンローは生まれつき吐息の混じったような子供っぽい声だったが、それを低くすることで本当に魅惑的にすることを学んだ。ローレン・バコールの低い声は天性のものだ。彼女の声の魅力は、そのゆっくりとした、挑発するような話し方から生まれる。セイレンは決して早口になったり、攻撃的な口調になったり、あるいは、ベッドを出ることなどないような、そんな声である。
甲高い声になったりしない。静かで、ゆったりとした、まるではっきりと目が覚めることなどないような――

〈肉体と装い〉 セイレンの声が〝癒し〟なら、肉体と装いは〝輝き〟である。ボードレールがエッセイ『化粧礼讃』の中で述べている〝女神のイメージ〟を生み出すために、セイレンは衣服を利用する。「女性は、自分を魅力的、神秘的に見せる権利があり、そう努力することである種の義務を果たしている。女性は驚きを与え、魅了しなければならない。女神として崇められるために身を飾らなければならない。あらゆる技巧を用い、持って生まれた資質を超えて自らを高めなければならない。よりいっそう男たちの心を支配し、魂を目覚めさせるのだ」

服と装飾に才覚のあったセイレンといえば、ナポレオンの妹、ポーリーヌ・ボナパルトだ。ポーリーヌは、意識して女神のイメージを作ろうとし、愛の女神ヴィーナスの装いと雰囲気を再現する髪型、化粧、衣装を作り上げた。彼女に匹敵する衣装持ちは、その豊富さにおいても意匠を凝らしたデザインにおいても、古今を通じて誰もいない。

一七九八年、舞踏会に入場してきたポーリーヌの姿は人々をあっと言わせた。彼女は誰にも衣装を見られずに屋敷に入るために、主催者のペルモン夫人に、屋敷内で着替えさせてもらえるよう頼んでいた。ポーリーヌが階段を降りてきたとき、誰もが驚きのあまり言葉を失った。彼女は酒神バッカスの巫女のヘアスタイルをしていた――古代ギリシャ風に結い上げられ、金のブドウの房が編み込まれている。金の刺繍で縁取られた古代ギリシャのチュニカが、女神のような姿をことさらに強調していた。胸の下には光り輝く金の帯を巻いていて、見事な宝石で留めてあった。「彼女の姿の美しさは言葉では言い表せない」とダブランテス公爵夫人は書いた。「彼女が入ってきた途端、部屋がぱっと明るくなった。てっぺんから爪先まで、すべてがあまりにも美しく調和しているのだ。彼女の登場は感嘆のざわめきをもって迎えられ、他の女性はみな完全に無視された」

ポイントをまとめよう。すべてが輝いていなければならない。なおかつ全体の調和も取れていて、個々の装飾品が目立たないようにしなければならない。セイレンはエネルギーに満ち、威厳があって、夢のような存在でなければならない。装飾品は相手を魅了し、心を乱すために使う。セイレンはまた、服装で性的なほのめかしをすることもできる。時にはあからさまにするのもいいが、普通は控えめに匂わせるのがいい。露骨にやりすぎると、操られているように思われる。これに関連して、身体の一部分しか見せない（見せるのは、相手の想像力を刺激し、かき立てる部分に限る）、選択的開示という考えがある。

一六世紀の終わり頃、フランス王妃カトリーヌ・ド・メディシスの悪名高き娘、マルグリット・ド・ヴァロワは、胸元を大きく開けたドレスをワードローブに加えた最初の女性の一人となった。その理由は単純で、彼女が国で一番美しい胸の持ち主だったからである。ジョセフィーヌ・ボナパルトにとっては両腕がそうであり、いつも肌が見えるように気をつけていた。

〔身のこなしと物腰〕 紀元前五世紀、越王勾践（こうせん）は、国中の女の中から中国版セイレンを選び出し、彼女に宿敵である呉王夫差（ふさ）を誘惑させ、破滅させようとした。西施（せいし）という名の女性である。この目的のために、若い西施は誘惑の技術の手ほどきを受けた。技術の中で一番重要なのが身のこなしであった。いかに優雅で思わせぶりな動き方をするかである。西施は宮廷服をまとい、床から浮いているのかのごとく軽やかに歩くようになった。ついに夫差のもとへ放たれると、彼女はたちまち王をとりこにした。王は、西施のように歩いたり動いたりする女をこれまで見たことがなかった。彼女の儚（はかな）げな姿、物腰、つれない素振りに心をすっかり奪われてしまった。夫差は西施に入れ揚げ、自分の国が崩壊するのを止められなかった。勾践の侵攻を許し、抵抗することなく征服されてしまうのである。

セイレンの動きは優雅でゆったりとしている。セイレンにとって、仕草や動き、物腰は、〝声〟のようなものだ。何かワクワクすることをほのめかし、露骨になることなく欲望をかき立てる。物憂げな雰囲気が大事である。まるで愛と快楽のための時間はいくらでもあるというように――。純真でもあり、官能的でもある何かを示唆するような、あいまいに見える身のこなしがよい。すぐに理解できないことは何であれ最高に魅惑的なのである。それが物腰に染み込んでいれば、なおさらである。

イメージ

水。セイレンの歌は水のように滑らかで、男心をそそる。セイレン自身も、水のように自由に形を変え、手で掴むことができない。セイレンは海のようだ。無限の冒険と快楽を約束し、男たちを誘惑する。過去も未来も忘れ、セイレンを追って、はるか沖へ出た男たちは、そこで溺れ死ぬのだ。

危険性

どれだけ時代が進もうとも、快楽が人生のすべてというイメージを、まったく何の問題もなく背負いつづけられる女性はいない。それに、節操がないという汚点は、どれほど遠ざけようと努力しても、常にセイレンにつきまとう。クレオパトラは、ローマでは〝エジプトの娼婦〟と呼ばれ、嫌われていた。その憎しみが最終的に彼女の転落をもたらした。オクタウィアヌスとローマ軍は、ローマ男児の顔に塗られた泥を拭い取ろうとして、クレオパトラを滅ぼしたのである。

とは言っても、男は、ことセイレンの評価に関しては往々にして甘い。それより危険なのは、多くの場合、セイレンが他の女性に芽生えさせてしまう嫉妬心である。クレオパトラに対する強い嫌悪感がローマに芽生えたのは、彼女が町の厳格なご婦人たちを怒らせてしまったことが、そもそもの始まりだった。純真さを強調し、自分は男の欲望の犠牲者であるかのように見せることで、女性の妬みの影響を多少鈍らせることはできる。だが、概してセイレンにできることはほとんどない――彼女のパワーは男性に及ぼす影響から生まれるものだからである。他の女性たちの妬みは、諦めるか、あるいは無視することを覚えなければならない。
最後に、セイレンにも自分が引きつける熱い視線が疎ましくなることはある。耐えられない思いもするだろう。ときには、人の視線から解放されたくてたまらなくなるし、ときには、性的でない関心が欲しくもなるだろう。また、残念ながら、肉体的な美しさは衰える。セイレンのイメージは美しい顔だちではなく、全体的な印象によって決まるとはいえ、ある一定の年齢を過ぎると、その印象を作り出すのも難しくなる。その二つのどちらもが、マリリン・モンローの自殺を引き起こす要因となってしまった。ルイ十五世の愛人、ポンパドゥール夫人ぐらいの才覚がないと、非肉体的な魅力によって、なおも誘惑しつづける生き生きした年上の女性、という役割に移行することは無理である。クレオパトラにはそんな知性があった。もし彼女の死があれほど早くなければ、その後何年も、強力な誘惑者のままでありつづけただろう。セイレンは、なるべく肉体に頼らない、美しさが色褪せはじめてもパワーをもたらしつづけてくれる心理的な手法（後述するコケトリーの手法など）に、若いうちから注目するようにして、年を取ることに備えなければならない。

そうこうしているうちに、栄えある我らが船は、完璧な凪に押され、瞬く間にセイレンの島に近づいた。すると、風はぴたりとやみ、波は何かの力によって鎮められ、凪が訪れた。部下の男たちは立ち上がり、帆をたたんで船倉に放り込むと、腰を下ろして船を漕ぎ始めた。磨かれた松の櫂の先端が水を白く波立たせた。そのあいだに、私は大きな丸いろうの塊を手に取り、刀で細かく切って、指の力をすべて使って一つひとつこねた。太陽神の光の助けもあり、ろうは、すぐに温かくなった。私は一人ひとり順番に、部下の耳にろうを詰めていき、そのあと彼らの手により我が船の捕虜となった。部下たちは、私を帆柱の足元に立たせて手と足を縛り、縄の両端を帆柱に結びつけた。それが済むと、彼らはふたたび腰を下ろし、灰色の海を櫂で打った。

船が順調に進み、陸から呼べば声が届くところまで来たとき、セイレンたちは、船が勢いよく自分たちに迫ってくることに気づいて、流れるような歌声を張り上げた。
「さあ、こちらへ」と女たちは歌った。「その名も高きオデュッセウス、アカイアの騎士の鑑、私たちの声が聞こえるように、船をこちらで休めなさい。この唇から流れ出る甘い調べを聴かぬまま、この場所を通り過ぎた船乗りはいない。（中略）」
うっとりするような声が海を渡って聞こえてきた。私は聴きたくてたまらなくなり、首を縦に振り、顔をしかめ、縄をほどくように、部下に合図を送った。

ホメロス『オデュッセイア』

（クレオパトラと）一緒にいることには抵抗しがたい喜びがあり、その人柄や会話にも、独特な性格の強さと相まって、人を引きつける魅力があった。その性格の強さは、彼女の一言一句、一挙手一投足に染みわたり、まわりにいる者すべてをその魅力のとりこにした。彼女の声は、その声色だけで聞く者に喜びをもたらすほどであり、彼女はその声を使って、弦がいくつもあるような楽器のように、一つの言語から別の言語へと、話す言葉を変えていくことができるのだった。

プルタルコス『ローマ建国の英雄たち』

歌、声、匂い、といったものの直接的な魅力。芳しい香りを放つヒョウの魅力。（中略）古代人は、ヒョウは良い匂いを発する唯一の動物であると信じていた。ヒョウは、獲物を引きつけ、捕えるためにこの匂いを使う。（中略）だが、匂いの何が誘惑するのか？（中略）セイレンの歌において、顔の美しさにおいて、地の底において、誘惑するものは何なのか？（中略）それは、記号や意味を持たない、純粋にありのままのものなのである。誘惑する眼は意味をもたない。見つめることが最終目的である。同じように化粧をした顔の最終目的は、純粋に化粧をした顔そのものなのだ。（中略）ヒョウの匂いもまた意味をもたないメッセージである――そして、ヒョウ自身はそのメッセージの陰に隠れて見えない。化粧をした女性の素顔が見えないのと同じように。セイレンもまた、その姿を見たものはいなかった。魔力は隠されたものの中にあるのだ。

ジャン・ボードリヤール『誘惑』

われわれは、女性的な装飾品を身につけた外見に目がくらむ
全身に黄金と宝石
その娘の真の姿は、ほんの一部しか目に入らない
そして、（あなたは尋ねるかもしれない）
こんなに大勢の中から
われわれの情熱の対象が見つかるというのか
目はだまされてしまうのだ
賢く偽装された愛に

オウィディウス『愛の治療』

パリスはイダ山中の最高峰、ガルガロス山で牛の放牧をしていた。そこへヘルメスが、ヘラとアテナとアフロディーテを伴いやっ

て来た。そして、黄金に輝くリンゴを差し出し言った。

「パリス、ゼウス様からのお達しだ。おまえは情事にはよく通じているし、美男でもあるから、この女神たちの中で誰が一番美しいか決めるようにとな」

(中略)

パリスはため息をついて言った。

「かしこまりました。ただ最初にお願いしておきますが、選ばれなくても怒らないでください。私はただの人間です。間違いを犯すこともあります」

女神たちは同意した。

「いまのままのお姿で判断すればよろしいでしょうか？　それとも、身につけたものを脱いでいただきましょうか？」

「おまえの好きにするがいい」

ヘルメスはそう言って微笑んだ。

「それなら、お召しものを脱いでいただきたいのですが」

ヘルメスはそのことを女神たちに伝え、礼儀正しく後ろを向いた。

アフロディーテはすぐに用意した。しかしアテナは、アフロディーテがその魔法の帯も取るべきだと言った。魔法の帯をつけていると、誰でも恋をしてしまうから不公平ではないかと言うのだ。

すると、アフロディーテは冷ややかに言った。

「いいですとも、そうしましょう。その代わり、あなたも兜をお取りになったらいかがかしら。兜を脱いだあなたといったら、とても見られたもんじゃありませんからね」


「では、気が散らないように、お一人ずつ審査いたします」とパリスは言った。

「女神ヘラ、どうぞこちらへ。あとのお二人は、しばらくのあいだ離れてお待ちください」

「よく見てちょうだい。私が一番美しいと言ってくれたら、あなたを全アジアの君主とし、この世でいちばん裕福な人間にしてあげましょう」

と、ゆっくり回りながら、そのすばらしい身体を見せてヘラは言った。

「私を買収することはできませんよ。……結構です、ありがとうございました。すべて拝見いたしました。次は女神アテナ、どうぞ」

アテナは勢いよく進み出た。

「パリス、おまえがきちんと判断を下して、私にリンゴをくれたら、おまえをあらゆる戦闘に勝たせあげるわ。そして、世界中でいちばん美男で、いちばん賢い人間にしてあげる」

「私はしがない牧夫で、戦士ではありません」とパリスは言った。

(中略)「しかし、もちろんあなたのお申し出は考慮いたします。さあ、お召しものと兜をつけてくださって結構です。最後に女神アフロディーテ、準備はできましたか？」

アフロディーテはパリスに歩み寄った。いまにも身体が触れそうなほど近づいたので、パリスは思わず顔を赤らめた。

「さあ、よく見てちょうだい。何一つ見逃さないように。……私はおまえを見たとたんに思ったわ。これほどの美男子はフリギアの国中を捜したっていやしないと。それなのになぜこんな荒野で牛などを追って暮らしているの？　ねえ、どうしてなの、パリス？　どうして都会でもっと洗練された暮らしをしないの？　たとえばスパルタのヘレンのような美人と結婚したら、何か問題でもあるの？　ヘレンは私に劣らず美しいし、情熱的でもあるわ。（中略）私の息子のエロスが案内するわ、ギリシャに来ない？　スパルタに来たら、ヘレンがおまえに首ったけになるように、エロスと私が取り計らうわ」

「誓ってお約束いただけますか？」パリスは興奮してたずねた。

アフロディーテが誓うと、パリスはためらうことなく黄金のリンゴを彼女に与えた。

ロバート・グレイヴス『ギリシャ神話』

美しく神聖なイゾルデに見劣りしないのは、磁石の力で船を自分のほうへと引き寄せるセイレンをおいてほかにないだろう。セイレンと同じようにイゾルデは、恋の悩みなど大したことではないと思っていた多くの人々の心を引きつけたのだ。この二つのもの、錨のない船と恋心はよく似ている。どちらも一定した道を進むことはほとんどない。不安定な海に弄ばれるように、あちらこちらと揺れ動く。こうして行くあてのない欲望、定まらぬ恋心は、錨のない船と同じように漂うのである。若く気品あふれる聡明な王女イゾルデは、セイレンが歌っているあいだに、船を引き寄せる磁石のように、多くの人の思いを引き寄せたのだ。彼女は耳や目から、あからさまに、あるいは密かに、多くの人の心に自分の歌を忍び込ませた。その歌とは、彼女の甘美な歌声、また彼女の奏でる快い弦の響きのことである。それらは高らかに耳を通って、胸の奥深くへ響いた。しかし、密かな歌というのは、彼女の驚くべき美しさのことだった。それは情愛に満ちた響きをもって、目の窓から数えきれないほどの高貴な方々の心の中へ忍び込み、その魔力で一瞬のうちに人々の思いを捕え、憧れとその苦しみを縛りつけた。

ゴットフリート・フォン・シュトラスブルク

『トリスタンとイゾルデ』

大昔の男たちにとって、彫像や絵画は性的な妄想の対象であり、恋をしたり、性行為にまで及んだりすることもあった。これは、ルネサンス時代によく見られたことである。ジョルジョ・ヴァザーリは、『（美術家）列伝』の導入部において昔の芸術について書いており、いかに男たちが法を犯し、夜、寺院に忍び込み、ヴィーナスの彫像を相手に愛の営みを行ったか教えてくれる。朝になり、司祭たちはその神聖な場所に入って大理石の彫像の上についたシミを見つけるのである。

リン・ローナー『クルチザンヌ列伝』

レイク

女はいつも男の求愛行動に物足りなさを感じている。自分を見ていてほしいのに、男は、ともすれば注意散漫で反応が鈍い。レイクは女性の甘い夢を叶える最高のファンタジーだ――心変わりは早いかもしれないが、惚れた女のためなら世界の果てまで飛んでいく。浮気者で、ウソつきで、道徳観念のかけらもないが、それすら魅力にしてしまう。世間一般の用心深い男たちと違って、潔いまでに何ものにも縛られず、女たちのために愛の奴隷となる。悪評もまた女を引き寄せるエサとなる。あれほど大勢の女が彼に屈したのだ。理由(わけ)があるにちがいないと。女は言葉に弱い。レイクは誘惑的な言葉を操る天才だ。危険と快楽をミックスさせて巧みに操るレイクに学び、女の抑圧された願望を目覚めさせよう。

情熱のレイク

ルイ十四世の宮廷にとって、王の晩年は暗い時代だった――年老いた王は、周囲を苛立たせるほど信仰深くなり、人間的にも面白味を失った。退屈した宮廷の人々は、何か目新しいものが欲しくてたまらなかった。それゆえ、一七一〇年、小悪魔のような美貌と魅力に溢れた十五歳の若者が出現すると、貴婦人たちはとりわけ強い影響を受けた。若者の名前はフロンサックといい、後のリシュリュー公爵である（かの悪名高き宰相リシュリューは彼の大おじにあたる）。若者は生意気でウィットに富んでいた。女性たちは玩具と戯れるかのように彼と接したが、それに対して彼のほうは唇へのキスで応じ、経験の浅い少年とは思えない大胆さで相手の身体に触れた。その手が、あまり寛大でない公爵婦人のドレスの裾をめくり上げたことで、王は激怒し、罰として彼をバスティーユ送りにした。だが、ご婦人方は、あれほど自分たちを楽しませてくれた若者が宮廷にいないことに耐えられなかった。宮廷の堅物たちとは比較にならないほど大胆な性格、見つめられると穴が開きそうなその眼差し、誰も無事でいられないほどの手の早さ――。何も彼を止められない。その斬新な魅力には抗えない。宮廷の女性たちの嘆願により、彼のバスティーユでの生活は短縮された。

数年後、うら若きマドモワゼル・ド・ヴァロワは、彼女のそばを片時も離れない年上のお目付役の婦人と一緒に、パリの公園を散歩していた。ド・ヴァロワの父君であるオルレアン公は、宮廷の誘惑者たちからこの末娘を守り抜き、無事に嫁がせることを固く決意していた。そのために、一分の隙もない貞操観念と気難しさを備えたこのお目付役を張りつけたのだ。だが、ド・ヴァロワは公園で一人の青年の視線に気づき、ハートに火をつけられてしまう。青年は立ち止まらずに歩いていったが、その眼差しは熱く、澄み切っていた。彼の名前を教えてくれたのはお目付役だった。今や悪名高きリシュリュー公爵、神の冒涜者、女たらし、罪作りな男。あの方には絶対に近寄ってはいけないと。

数日後、お目付役がド・ヴァロワを別の公園に連れていくと、驚いたことに、再びリシュリューと出くわした。このとき彼は物乞いの格好に変装していたが、その眼差しは彼女の記憶に焼きついていた。ド・ヴァロワは彼を見つめ返した。ついに、彼女の単調な人生に、胸がときめくようなことが起きたのだ。厳格な父親に怖気づいて、いままで近づく者はいなかった。それなのにいま、この悪名高き廷臣は、宮廷のあまたの淑女たちを差し置いて、彼女を追いかけているのだ――なんというスリル！　ほどなく、彼女への抑えられない気持ちを綴った美しい手紙が、こっそり届けられるようになった。彼女はおそるおそる返事を送っていたが、すぐにその手紙のことばかり考えて暮らすようになった。そのなかの一通に、もし一晩一緒に過ごしてくれるなら、すべて自分がうまく取り計らうと約束する、と書いてあった。彼女はそんなことを実現できるはずがないと思いながらも、彼の大胆な提案に調子を合わせるのも悪くないだろうと同意した。

ド・ヴァロワには、彼女の夜着の支度をし、夜は隣室で眠るアンジェリクという名のメイドがいた。ある晩、お目付役が隣で編み物をしているとき、読んでいた本からド・ヴァロワが目を上げると、アンジェリクが彼女の夜着を持って寝室へ入っていくのが見えた。ところがどういうわけか、アンジェリクは彼女を見つめ返して微笑んだ――何と、リシュリューではないか！　巧みにメイドに化けているのだ！　ド・ヴァロワはあまりの恐怖に喘ぎそうになったが、自分の置かれた危険な立場に気づいて、ぐっとこらえた。彼女が何か言えば、手紙のことも、この件への関与も、家族にばれてしまう。どうしたらいい？　彼女は若き公爵を説得し、この常軌を逸した危険な企てをやめさせようと決心した。お目付役におやすみを言い、寝室に入ったものの、彼女が用意した言葉はまるで役に立たなかった。リシュリーを説得しようとしたが、あの眼差しで見つめ返され、両手で抱き寄せられてしまった。叫ぶこともできず、もうどうしたらいいのかわからなかった。情熱的な言葉、愛撫、そして危険すぎるこの状況――頭がくらくらし、彼女は自分を見失った。貞操も、以前の退屈な生活も、宮廷一の悪名高き色事師と過ごす一夜に比べたら、どれだけの価値があるというのか。そして、お目付役がせっせと編み物をしているあいだに、公爵は色事師の愛の儀式へと彼女を導いたのだった。

何か月も経ってからド・ヴァロワの父親は、何本も張ってあった防衛線がどうやらリシュリューに突破されたらしいと考えるようになった。お目付役はクビになり、警戒体制は二倍に強化された。オルレアン公は、リシュリューにとってそのような方策は挑戦心をかき立てるだけであり、挑戦は彼の生きる糧であることを知らなかった。リシュリューは偽名を使って隣家を買い、オルレアン公宅の調理場の貯蔵庫に通じる壁に秘密の抜け穴を掘った。この貯蔵庫の中で、その後、数か月にわたり――新鮮さが失われるまでのあいだ――ド・ヴァロワとリシュリューは絶え間ない逢瀬（おうせ）を楽しんだ。

パリの誰もがリシュリューの冒険譚を知っていた。本人が率先して、可能なかぎり派手な宣伝をするからだった。毎週、新しい噂が宮廷中に広まった。ある紳士は、公爵が自分の妻を狙うのを恐れて、夜は上階の部屋に妻を閉じ込め、鍵を掛けた。ところが公爵は暗闇の中、上階の二つの窓のあいだに渡した薄い板の上をそろそろと進み、妻へとたどり着いたという。未亡人と信仰心の篤い既婚女性、同じ家で暮らす二人の女性がいた。二人は、お互いに腰を抜かすような事実を知ることになった。公爵が同時に二人と関係を持っていて、真夜中に一方のもとを去り、もう片方と会っていたというのだ。二人が彼を問い詰めても、詫びるわけでも手を引くわけでもない。悪魔の舌を持ち、常に新しい刺激を求めている公爵は、二人の傷ついた虚栄心につけ込んで、言葉巧みに〝三人婚〟へと話を持っていってしまった。どちらの女性も、彼がもう一方を選ぶという考えには我慢できなかったのだ。

毎年、彼の驚くべき誘惑の数々が広く話題になった。ある女性は彼の大胆さを褒め、別の女性は夫と対決する勇敢さを讃えた。女たちは競うように彼の気を引いた。もし彼が誘惑しようとしないとしたら、その女にはどこか問題があるにちがいない。いまや彼の求愛のターゲットになることは大いなる憧れだった。二人の淑女が公爵を巡ってピストルによる決闘を行ない、一人が重傷を負ったこともある。リシュリューの仇敵、オルレアン公爵夫人はこう書いている。「もし魔法というものがあると信じるなら、公爵には何か神秘的な力があると思わざるをえないでしょう。なぜなら、彼に少しでも抵抗しようとする女性を、私は一人も知らないからです」

誘惑という行為には、ときにジレンマが生じる。誘惑するためには計画と打算が必要だ。だが、下心があるかもしれないと思えば、ターゲットはガードを固くする。それに、誘惑者があまりに落ち着き払った様子だと、相手は欲望ではなく恐れを抱いてしまう。情熱的なレイクは、実にうまいやり方でこのジレンマを解決する。もちろん彼らだって計算も計画もしなければならない――嫉妬深い夫をはじめとして、どんな障害物であれ、回避する方法を見つけなければならないのだ。非常に骨の折れる仕事である。だが、レイクにはコントロール不能の性的衝動という、生まれつき備わった強い味方もある。彼らは女に言い寄るとき、本当に熱い欲望でメラメラと燃えている。ターゲットはそれを感じ取るがゆえに、たとえ理性に反するとしても、心に火がついてしまうのだ。実は彼が薄情な女たらしで、いつか自分を捨てるなどと、いったいどうしたら想像できるだろう。これほどの情熱を持って危険に立ち向かい、障害を乗り越え、彼女のところまでたどり着いたというのに？　彼の女性遍歴や、救いがたい節操のなさを知っていたとしても問題ではない。なぜなら、彼の弱さもわかっているから。彼は自分を抑えられないのだ。実のところ、彼はすべての女性の奴隷なのだ。だから女は恐れを抱かないのだ。

情熱的なレイクが教えるのは単純なことだ。激しい欲望には女心を乱す力がある。セイレンの存在が男に及ぼす影響と同じように。女は多くの場合、ガードが固く、口先だけの言葉や打算に勘づいてしまう。ところがあなたの求愛に圧倒され、あなたが彼女のためにどんなことでもすると確信すると、他のことは目に入らなくなる。あるいは気づいたとしても、あなたの過ちを許す方法を見つけてくれる。これこそ誘惑者にとって完璧な隠れ蓑だ。ポイントは、ためらいを見せないこと、そして、すべての束縛から自由になること。あなたが自分をコントロールできない、根本的には弱い人間であるのを思い切って見せてしまおう。不信感を抱かせてしまうことを恐れるな。あなたが相手の魅力の奴隷でいるかぎり、相手も事後のことは考えない。

魔力のレイク

一八八〇年代初頭、ローマの上流社会では、ガブリエーレ・ダヌンツィオという、新進気鋭のジャーナリストがよく話題にのぼるようになった。イタリアの王族は、自分たちの輪の外にいる人間に対してひどい軽蔑しか抱いていなかった。そのため、身分の低い社交界担当の一新聞記者が話題になること自体、奇妙なことだった。実際、高貴な生まれの男たちは、ダヌンツィオにほとんど注意を払わなかった。彼は金がなく、有力なコネもほとんど持たない、正真正銘の中流階級育ちであった。その上、まったくもって醜い男、と思われていた。ずんぐりむっくりの体型、浅黒い、シミだらけの肌、ギョロ目。男たちはダヌンツィオの魅力のなさを確信しており、パーティなどで妻や娘たちが彼と話をするのも一向に構わぬ様子だった。彼らはこの醜い怪物なら安全だと信じきって、ゴシップを漁ることを生業としているこの男を野放しにしておいた。そう、ダヌンツィオの話をしたのは男たちではなく、彼らの夫人たちだったのである。

夫からダヌンツィオを紹介され、公爵夫人や侯爵夫人たちは、この見た目の奇妙な男をもてなす羽目になるのだが、二人きりになったとたん、突然ダヌンツィオは態度を変える。数分のうちに、女性たちは魔法にかかってしまうのだ。第一に、これまで耳にしたことがないような素晴らしい美声である――穏やかな低音、一つひとつの音節の明瞭な発音、流れるようなリズム、音楽的と言ってもいい抑揚。ある女性は彼の声を、遠くで鳴り響く教会の鐘の音になぞらえた。彼の声には〝催眠〟効果があるという女性たちもいた。話の内容自体も面白かった――頭韻を踏んだフレーズ、チャーミングな言葉遣い、詩的なイメージ表現、女心をとろけさせる褒め方。ダヌンツィオはお世辞の技法を習得していた。女性一人ひとりの弱点がわかっているようだった。ある女性を「自然の女神」と呼び、別の女性を「類まれなる芸術家の卵」と呼び、また別の女性を「物語から出てきたような甘美な人」と呼んだ。

女性はダヌンツィオに、自分が彼にどんな作用を及ぼしているか聞かされて、心をときめかせる。すべてが暗示的で、セックスやロマンスをほのめかしていた。夜、女性はダヌンツィオの言った言葉についてあれこれ考える。といっても、彼の言葉を具体的に思い出せるというわけではなかった。それは実際には彼が何も具体的なことを言っていないからであり、正確に言えば、彼の言葉が自分にもたらした感覚を思い出しているのであった。翌日、ダヌンツィオから、自分のためだけに書かれたと思われる一編の詩を受け取るのである（実際には、彼は似たような詩をたくさん書いていて、狙った獲物に合わせて少しずつ修正を加えていたのだった）。

社交界担当記者として仕事を始めてから数年後、ダヌンツィオはガレーレ公爵夫妻の娘と結婚した。それからまもなくして、社交界の婦人たちの確固たる支持のもとに、彼は小説や詩集を出版するようになる。彼に口説き落とされた女性の数は驚嘆に値するが、驚きはその数だけでなく、口説き落とされた女性の質にもあった。その中には、侯爵夫人たちだけでなく、たとえば、彼が立派な劇作家となり、文学界の名士となる手助けをした女優のエレオノーラ・ドゥーゼのようなアーティストもいたのである。また、後にダヌンツィオの魔法にかかる舞踏家のイサドラ・ダンカンは、彼の魔力についてこう説明していた。「おそらく現代の最も注目すべき恋人はガブリエーレ・ダヌンツィオでしょう。背が低く禿頭で、情熱に輝いているとき以外は不細工であってもね。でも、意中の女性と話すとき、彼の顔はがらっと変わって突然アポロンになるのよ。（中略）彼が女性に及ぼす影響には驚くべきものがあるわ。彼と話をしていると女性は突然、まさに身も心も熱くなるのを感じるのよ」

第一次世界大戦が勃発すると、五二歳のダヌンツィオは軍隊に入った。軍隊経験はなかったが、彼には、ドラマティックなことを好む性分があり、自分の勇敢さを証明したいという激しい欲求があった。飛行機の操縦を学び、危険だが極めて実効性の高い任務の先頭に立った。戦争が終わる頃にはイタリアでもっとも多くの勲章を授与された英雄となっていた。彼はその手柄により国中で愛される人物となり、戦争が終わると、イタリア中どこへ行っても彼の滞在するホテル前に大勢の人々が集まるようになる。彼はバルコニーから群衆に話しかけた。政治を語り、当時のイタリア政府を非難したのである。演説の一つを実際に聴いたアメリカ人作家のウォルター・スターキーは、ヴェネツィアでバルコニーに出てきたダヌンツィオを見て最初がっかりした。彼は背が低く異様な感じがした。「だが少しずつ彼の声が私の意識に浸透していき、私を陶酔させた。（中略）落ち着き払った物腰。（中略）彼は大衆の感情を、最高のバイオリニストがストラディバリウスを演奏するかのように操った。何千という目が、まるで催眠術にかかったかのようにその姿に釘づけになっていた」。ここでもやはり大衆を誘惑したのは声であり、言葉の持つ詩情である。ダヌンツィオはイタリアがローマ帝国の偉大さを取り戻すべきときだと主張した。そして、巧みにスローガンを作って聴衆に唱えさせ、感情たっぷりに誘導的な質問を投げかけて聴衆からの答えを待った。聴衆をおだて、芝居の役を演じているような気にさせた。すべてがあいまいで暗示的だった。

その日の演説の争点は、国境を越えたところにある、隣国ユーゴスラビア領、フィウメ市の所有権についてだった。多くのイタリア人が、先の大戦で連合国に味方したイタリアへの報酬はフィウメの併合であろうと考えていた。ダヌンツィオはこれを支持しており、戦争の英雄という彼のステータスゆえに、軍には彼の味方をする準備があった。政府は一切の軍事行動を認めていない。にもかかわらず、一九一九年九月、彼のもとに集まった兵士たちとともに、ダヌンツィオは悪名高きフィウメへの行進を率いた。行進の途中、イタリア人将軍に止められ銃で脅されると、ダヌンツィオは上着の前を開けて勲章を見せ、堂々たる声で言い放った。「私を殺すなら、まずこいつを撃て！」。将軍はその場に立ちすくみ、それから泣き崩れた。彼はダヌンツィオの一行に加わった。

ダヌンツィオはフィウメに入ると解放者として迎えられた。翌日、彼が自由都市フィウメの指導者となることが宣言される。やがて町の中央広場を見下ろすバルコニーから毎日演説をするようになり、拡声器という強い味方がなくても魔法のような力で何万という人々を魅了した。ローマ帝国を彷彿とさせる様々な祝典や儀式が行なわれるようになった。フィウメ市民はダヌンツィオを見習うようになり、とりわけその飽くなき性的欲求が真似されたために、フィウメの町は巨大な売春宿と化す。彼の人気があまりにすごいので、イタリア政府はダヌンツィオのローマ進軍を恐れるようになった。もしその時点でダヌンツィオがそう決心していたら実際に成功していたかもしれない――軍部の大半からの支持も得ていたのだから。ダヌンツィオがムッソリーニを出し抜いて、歴史の流れを変えていたのかもしれないのだ（ダヌンツィオはファシストとは違う、一種の審美的社会主義者だった）。だが、彼はフィウメに留まることを決心し、やがてイタリア政府がフィウメを爆撃してダヌンツィオを追い出すまで、十六か月のあいだ統治した。

誘惑の心理作用は性別を超越しているが、いくつかの重要な領域で男女それぞれ特有の弱点がある。男は昔から見た目に弱い。相手の望みどおりの外見を作り出せるセイレンは、数多くの男たちを誘惑する。女の弱点は言葉である。ダヌンツィオの犠牲者の一人、フランス人女優のシモーヌが書いている。「驚異的な言葉のパワー、美しい旋律のような声、それを使いこなす類まれな雄弁術、それ以外に彼の女を征服する力を説明できるものはないでしょう？　女は言葉に弱いし、言葉に引かれるし、言葉に支配してもらいたがっているのよ」

レイクはどんな女とでも関係を持つように、どんな言葉でも使いこなす。レイクは、暗示する力、ほのめかす力、催眠術をかける力、盛り上げる力、伝染させる力を発揮するために言葉を選ぶ。レイクの言葉はセイレンの装飾品と同じである。パワフルで官能的な目くらましであり、一種の麻薬なのである。レイクの言葉遣いは悪魔的だ。彼の言葉はコミュニケーションや情報の伝達を目的としているわけではなく、相手を説得したり、おだてたり、情緒不安にさせたりすることがその目的だからである。エデンの園でイヴを誘惑するために言葉を使ったヘビと同じだ。

ダヌンツィオの例は、女を誘惑する官能的なレイクと、大衆を誘惑する政治的なレイクが繋がっていることを示している。どちらも言葉しだいである。レイクの性格に自分を合わせよう。そうすれば、わずかな毒として使う言葉には無限の用途があることに気づくだろう。忘れないでほしい。重要なのは〝形〟であって〝中身〟ではない。あなたが何を言うかではなく、あなたの言葉で自分がどんな気持ちになるのか――そのことにターゲットの関心が向けば向くほど誘惑は効果的になる。高尚でスピリチュアルで文学的なフレーバーをあなたの言葉に加えて、何も知らない犠牲者に欲望を少しずつ植えつけよう。

しかし、それなら、ドン・ファンが誘惑に使うこの力は何なのだろう？　それは欲望のエネルギーである。彼はどの女のなかにも、女としての要素すべてを求める。このとてつもない情熱への反応が、女を美化し、彼の望む発展を遂げさせる。そして、彼の目に映る女はますます美しく光り輝くのだ。情熱の炎が誘惑的な輝きとなって、彼と特別な関係を持たない者たちをも照らすのだから、深い意味において、ドン・ファンはすべての女を輝かせるのだ。

――セーレン・キルケゴール『あれかこれか』

レイクになりきる秘訣

正直さや誠実さのかけらもなく、結婚にもまったく興味のない男に対して女が少しでも魅力を感じるということが、最初は奇妙に感じられるかもしれない。だが、歴史全体を通して、またあらゆる文化において、このタイプは、女性に対してきわめて重大な影響力を持っている。レイクは社会が普通、女性に対して認めていないものを提供する。たとえば純粋な快楽のための情事、危険な火遊び。女性が自分の演じるべき役割に抑圧されることは多い。社会の中で、女性は優しく、洗練された勢力であり、男性の献身と生涯にわたる誠実さを求めていると思われている。だが多くの場合、結婚や恋愛関係が女性にもたらすものは、ロマンスや献身的な愛ではなく、判で押したような日常といつも取り乱している亭主だ。たとえ短いあいだであっても、自分に全身全霊を捧げてくれるような男に出会うことは、いまも変わらぬ女の願望である。

女の欲望に潜むこの抑圧された暗黒面は、ドン・ファン伝説となって表出した。伝説は最初、男のファンタジーだった。女を好きなように口説き落とせる冒険好きな騎士。だが、一七世紀と一八世紀のあいだに、ドン・ファンは男らしい冒険家から、もっと女性受けする人物へと少しずつ進化していった。つまり、それは女一筋に生きる男であった。この進化は、女性たちが物語に興味を持つようになったことに起因するものだが、欲求不満の結果でもあった。彼女たちにとって、結婚は年季奉公の一つの形だった。だが、ドン・ファンは、ただ楽しむためだけに快楽を提供し、しがらみも後腐れもなく欲望を満たしてくれる。彼は女に出会うと、その女のことしか考えない。あまりに激しく求められるために、女には考える時間がなく、あとのことを心配する余裕もない。彼は夜、やって来る。そして忘れられないひとときを与えると姿を消す。これまでに数えきれないほどの女性を征服したのかもしれないが、それにより彼への興味はますます膨らむばかりだ。そのような男には、欲望を持たれないより、捨てられたほうがいい。

偉大なる誘惑者たちは、社会が容認するようなマイルドな快楽は提供しない。彼らは相手の潜在意識、自由を求めて叫んでいる抑圧された欲望に働きかける。女のことを一部の男たちが望んでいるような優しい生き物だとは思わないほうがいい。女も男と同じように禁じられたこと、危険なこと、少し邪悪なことにすら強く引かれるものだ（ドン・ファンは最後、地獄に落ちる。〝レイク〟という言葉も地獄の石炭を熊手（レーキ）でかき集める男〝レイクヘル〟から来ている。邪悪な要素というのは、間違いなく、ファンタジーの重要な一部分である）。いつも忘れないでいてほしい。レイクを演じるのであれば、そのリスクや邪悪さを相手に感覚として伝えなければならないということを。あなたのターゲットに、めったにないスリリングなこと――彼女自身のレイク的欲望を実行するチャンス――に足を踏み入れようとしているのだということを示唆しよう。

レイクを演じるのにもっとも必要な条件は明らかだ。すべての足かせから自分を解放し、純粋に官能的な、過去も未来も意味を持たなくなる一瞬に、女を引き入れる能力である。その一瞬に身を委ねることができなければならない（一八世紀にラクロが書いた小説『危険な関係』において、レイクであるヴァルモン子爵――リシュリュー公爵をモデルにした登場人物――が、彼の選んだ獲物であるトゥールベル夫人に、何らかの影響を及ぼすように企まれていることが明らかな手紙を送ったとき、夫人はすぐに手紙の意味を見抜く。だが、彼の手紙から本当に強い情熱を感じると、彼女の心は解けはじめる）。

この資質にはもうひとつの利点がある。自分の感情をコントロールできなくなっているように見えることで、女が喜ぶ男の弱さを表現できるのだ。誘惑の相手に夢中になれば、相手はあなたが自分のためだけに存在していると思うようになる――一時的なものではあっても、あなたの気持ちにウソはない。円熟したレイクであるパブロ・ピカソは、長いあいだに数えきれないほどの女を誘惑したが、彼女たちのほとんどが、本当に彼が愛したのは自分だけだと感じていた。

レイクは女に抵抗されてもまったく気にしない。ついでに言えば、彼の行く手を邪魔するどんな障害も気にしない――夫も、物理的な障壁も。彼にとって、抵抗は欲望の火に油を注ぐものなのだ。ますます燃え上がるだけである。実際にピカソは、フランソワーズ・ジローを誘惑しているときに抵抗してほしいと懇願した。スリルを増すために抵抗が必要だったのだ。いずれにせよ、行く手を阻む障害は、レイクが自分を証明する機会となり、恋愛で発揮すべき独創性を与えてくれる。

女官の紫式部によって書かれた一一世紀日本の小説『源氏物語』の中で、レイクの皇子、匂宮は、彼の愛する女性、浮舟が突然、姿を消しても動揺しなかった。浮舟が逃げた理由は、匂宮に興味を引かれてはいるけれども愛し合う別の男がいたからだ。だが、彼女がいなくなったがために、匂宮はどんなことをしてでも彼女を見つけ出そうとする。浮舟は突然、目の前に現われて森の奥深くにある館に自分を連れ去った匂宮に、またそのときの彼の勇ましい姿に圧倒される。覚えておこう。もし何の抵抗にも障害にもぶつからなかったら、自分で作り出さなければいけない。障害なくして誘惑を先に進めることはできないのである。

レイクは極端な人格である。厚かましく皮肉好きで、痛烈なウィットがあり、誰がどう思おうと、まったく意に介さない。矛盾したことに、それが誘惑力をいっそう高める。

黄金期のハリウッドには宮廷のような雰囲気があった。ほとんどの俳優が従順な羊のようにふるまう中、偉大なるレイク、エロール・フリンの傲慢さは目立った。スタジオの責任者に公然と反抗し、行き過ぎた悪ふざけに興じ、ハリウッドの究極の誘惑者と言われるのを大いに楽しんだ――どの行動も彼の人気を高めることになった。レイクにはしきたりという〝背景幕〟が必要だ。間の抜けたものに見える宮廷、つまらない結婚、保守的な文化などである。しきたりを背景にレイクは輝き、彼がもたらす新鮮な息吹も価値を上げるのだ。行き過ぎることを恐れるな。レイクの本質は誰よりも遠くまで行くところにある。

一七世紀イギリスの非常に悪名高きレイクであり、詩人のロチェスター伯は、もっとも多くの求愛者を持つ若き宮廷婦人の一人、エリザベス・マレットを誘拐し、その後しかるべく罰を受けた。だが驚いたことに数年後、若きエリザベスはロチェスターを夫として選んだ。国でもっとも結婚相手にふさわしい独身男性たちから求婚されていたにもかかわらずにだ。大胆不敵な欲望の表現が、大勢の中で彼を目立たせたのである。

レイクの過激主義は、その人間性に危険やタブー、そしておそらく残酷さの片鱗すら感じさせる。これがもう一つのレイクの魅力である。歴史上もっとも偉大なレイクの一人である、詩人のバイロン卿はどんなしきたりも嫌い、嫌っていることを喜んで吹聴した。異母姉と関係を結び、彼女が子供を身ごもったときにはそれをイギリス中に知らしめた。彼はとんでもなく冷酷になることがあり、妻に対してもそうだった。だが彼のしたことすべては、彼の価値をその分、上げただけだった。危険やタブーは、上品で道徳的な文化を作る勢力と見なされている女性たちの抑圧された側面にアピールする。男が男としての責任感から解放されたいという願望のためにセイレンの餌食になり得るのと同じように、女も美徳と良識の制約から自由になりたいという切ない思いからレイクに屈服することがある。たしかに、もっとも深くレイクを愛してしまう女性が、もっとも貞節な女性であることは多い。

レイクの非常に誘惑力の高い特性の中に、彼を更生させたいと女性に思わせる能力がある。何人の女性が

「バイロン卿をおとなしくさせるのは自分だ」と考えただろう。ピカソの女たちの何人が、「最終的に彼が残りの人生を過ごす相手は自分だ」と思っただろう。あなたはこの傾向を最大限に利用しなければならない。放蕩の現場を見つかったら、あなたの弱点を楯にすること——変わりたいと強く思うのに変われないのだと。足元に跪(ひざまず)いている女がこんなにいるのにどうしろと？　自分こそが犠牲者なのだ、自分には助けが必要なのだと訴える。女たちはこの状況に飛びつくだろう。女性はレイクに非常に寛大である。それだけレイクが魅力的ないい男なのだ。

　レイクを更生させたいという願いの陰には、女性の欲望の本質、彼から得られる秘密のスリルがある。ビル・クリントン大統領のレイクぶりが暴露されて彼が追いつめられたとき、弁護に駆けつけたのは女たちであり、彼女たちはあらゆる言い訳を彼のために考えようとした。彼なりの変わったやり方ではあるが、女性をこれほど愛しているという事実が、彼を愛すべき魅力のある存在にしているのだ。

　最後に、レイクの最大の味方は世間の評判である。悪評を軽んじてはいけない。悪びれた様子を見せてもいけない。反対に喜んで受け入れよう。もっと言ってもらおう。悪評が女性をあなたに引き寄せてくれるのだ。レイクが手に入れるべき悪評がいくつかある。〝女にとってたまらない魅力〟、〝歯止めが利かない快楽への情熱〟（これはあなたを弱い人間のように見せるが刺激的にも見せる）、〝しきたりの軽視〟、〝危険を感じさせる反体制的な傾向〟——この最後の要素は若干隠したほうがいいかもしれない。それから、うわべは礼儀正しくすること。その一方で裏では手に負えない男だということを知らしめるのだ。リシュリュー公爵は女を口説き落とした話をできるだけ公にし、〝リシュリューに誘惑された女たち〟に加わりたくなるよう、女の競争欲を刺激した。自分から進んでバイロン卿の餌食になった女たちは、彼の悪評に引き寄せられた。クリントン大統領の評判について相反する感情を抱く女性もいるかもしれないが、そのどっちつかずの気持ちの根底には興味が隠れている。あなたの評判をうわさ話の成り行きに任せてはいけない。あなたの評判はあなたの人生をかけた芸術作品なのだから、芸術家らしく丹念に作り、磨きをかけ、展示しなければならない。

イメージ

火。レイクは欲望に燃え、その炎で誘惑する女性を燃え上がらせる。火は激しく、コントロール不能で危険だ。レイクは地獄に落ちるかもしれない。だが、炎（愛人たち）に包まれたレイクはいっそう女性にとって魅力的になる。

危険性

セイレンと同じように、レイクに対する脅威の大半は同性からのものだ。男たちはレイクがひっきりなしに女の尻を追い回すことに対して、女性よりずいぶんと手厳しい。昔のレイクは特権階級の人間が多く、彼らは何人傷つけようが、たとえ殺してしまおうが、最後には罰を免れた。今日、何のお咎めもなくレイクを演じられるのはスターか大金持ちくらいである。われわれ残りの人間は気をつけないと大変なことになる。

エルヴィス・プレスリーは、もともとシャイな若者だった。早くにスターの座を手に入れ、自分が女に対してどんな力を手に入れたのかを知るとタガが外れ、ほぼ一夜にしてレイクになった。多くのレイクと同じように、エルヴィスはすでに誰かのものになっている女性を好む傾向があった。頭に血がのぼった夫やボーイフレンドに追い詰められて、切り傷やあざを負うこともよくあった。こんなことを書くと、夫やボーイフレンドの近くでは、特にレイクになって日が浅いうちは静かにしているべきだと言っているように思われるかもしれない。だが、レイクの魅力はそのような脅威を気にしないところだ。怖がったり、用心深くなったりしていてはレイクになれない。たまにボコボコにされることもゲームの一部である。どちらにせよエルヴィスの場合は、その後、人気が最高潮に達すると、あえて手を出そうとする夫はいなくなった。

レイクにとって怒り狂う夫よりも危険なのは、ドン・ファンのようなタイプに脅威を感じる精神的に不安定な男たちである。本人たちは認めないだろうが、彼らはレイクの快楽に満たされた人生を妬んでいる。他人を妬む人間のご多分に漏れず、彼らは隠れて攻撃してくる。自分たちの嫌がらせを道徳的戒めであると言ってごまかすことも多い。レイクとしてのキャリアは、そういう男たちによって危険にさらされるかもしれない（たまに女性から攻撃されることもある。同じように精神的に不安定で、レイクに相手にされないために傷ついた女性である）。レイクが妬みを買わずに済む方法はほとんどない。誰もがレイクのようにうまく女性を誘惑できたら社会は機能しない。

したがって、妬みは名誉のしるしだと思って諦めよう。甘い考えは捨て、用心を怠らないことだ。道徳家の迫害者に攻撃されたときは、彼らの〝聖戦〟に騙されてはいけない。彼らの動機は単純に妬みなのだ。相手の攻撃力を鈍らせるために、レイクの要素を減らしたり、謝ったり、改心の態度を示したりすることはできる。だが、レイクとしての評判に傷がつくし、愛すべき放蕩さにも陰りが差すことだろう。結局、攻撃されても尊厳を失わず、誘惑者でありつづけたほうがいい。誘惑がレイクの力の源なのだし、女性の果てしない寛容さはいつだって当てにできるのだから。

（船が難破したあと、ドン・ファンは海岸に打ち上げられ、若い女性に発見される。）

ティスベア：目をあけて、うるわしいお方。しっかりなさってください。

ドン・ファン：海が私に死をもたらすとしたら、あなたは私に生をもたらすのだ。だが、ほんとうのところ、海が私を生かしておいたのは、あなたに殺させるためだったのだ。おお、海は私にさらなる苦悩を与えたもうた。なぜなら、水から逃れるやいなや、私はセイレンに出会ってしまったのだから――きみのことだよ。私の耳にろうを詰める必要はない。きみにその瞳で殺されるのだから。私は海で溺れ死ぬのだと思っていたが、今日からは恋の病で死ぬであろう。

ティスベア：溺れて死にかけたにしては饒舌でいらっしゃること。ずいぶん苦しまれたのね。でもあなただって、私にどんな苦しみを用意していらっしゃるのか、わかったものじゃありませんわ。（中略）あなたは私の足元ですっかりずぶ濡れになっていらしたのに、いまや炎のごとく燃えていらっしゃる。濡れているときに燃えるのであれば、再び乾いたときにはどういうことになるのでしょう。神様、どうかウソではありませんように。あなたは熱く燃える思いを誓ってくださった。

ドン・ファン：お嬢さん、神は、きみが私を黒焦げにしてしまう前に、私を海に沈めるべきだった。もしかしたら愛は賢くて、身を焦がすほどのあなたの魅力に触れる前に、私をずぶ濡れにしたのかもしれない。だがあなたの炎が強すぎて、私は濡れていても燃えるのだ。

ティスベア：こんなに冷たいのに、それでも燃えていると？

ドン・ファン：あなたの炎がそれだけ強いのだ。

ティスベア：おしゃべりが過ぎますわ！

ドン・ファン：あなたがそうさせるのだ！

ティスベア：神様、どうかウソではありませんように。

ティルソ・デ・モリーナ『セビーリャの色事師』

私ははじめての試みがうまくいったことに満足して、この円満な和解を大いに利用することに決めた。私は二人のことを〝愛しい妻たち〟〝忠実なる仲間〟〝私を幸せにするために選ばれし二人〟と呼んだ。彼女たちの注意を引きつけ、その内なる欲望を引き出すことに努めた。私は欲望の力を知っていたし、欲望は私の計画の妨げになる〝よく考える〟という行為を、彼女たちの頭から追い払ってくれた。身持ちの非常に堅い女の五感に、徐々に愛の熱を伝える術を知っている者は、遠からずその女の心と身体の完全なる支配者となる。人はのぼせているときに〝よく考える〟ことはできない。そしてまた、正しい生き方の法則というものは、どれだけ深く脳裏に刻まれていようとも、心が快楽しか求めていないときには消えてしまう。そうなれば命令するのも従うのも快楽が基準だ。女を口説き落とした経験のある男は、ほとんど毎回うまくいくものだ。一方で、臆病なだけの男は恋をすると失敗する。

（中略）

こちらの思惑どおり、私の愛しい妻たちを自暴自棄の状態に追い込んだところで、私は前より激しい欲望を口にした。二人は目をぱっと輝かせ、私の愛撫に反応した。いまから彼女たちに要求することに対しても、二人とも抵抗をしないのは明らかだった。私は提案した。一人ずつ順番に私について、いまいる部屋の隣の、私が二人に見せたいと思っている魅力的なクローゼットの中に入ることを。二人とも押し黙ったままだった。

「気が進まないのかい？」、私は言った。「さて、どちらのほうが私に強い愛情があるか、拝見するとしよう。私をより深く愛していれば、相手より先に従い、自分の愛を確信させたいと思うはずだ……」

私の信心深い恋人。彼女はしばらく迷った末に、今という瞬間に完全に身を任せたのがわかった。今回も彼女はいままでと同じくらい楽しめたようだった。私をルノー夫人と共有していることも忘れていた。（中略）

（自分の番になったとき）ルノー夫人は恍惚とした表情を見せたので、満足していることがわかった。ようやく彼女は居間を出ていったが、その時ひっきりなしに呟いていた。「なんてお方！なんてお方！　とんでもないお方だわ！　あの方がもし誠実なだけの人だったら、一緒にいて幸せだと、めったに思えないわ！」

リシュリュー公爵『リシュリュー元帥の私生活』

この小柄ではげ頭でパンチみたいなかぎ鼻をした誘惑者が、他ならぬ愛において成功したのは、その驚くべき〝声〟によるのだった。さらに、成功という言葉では片付けられず、彼の後ろには彼に魅せられ、裕福ではあるが苦しんでいる女たちの長い行列ができていた。ダヌンツィオは見事にバイロンの伝説を蘇らせたのである。ボルディーニが描くような真珠の首飾りをしたグラマーな女性たちが、行く手に立ちはだかるが、ダヌンツィオがその横を通り過ぎるとき、彼女たちは――王女、皇女、女優、ロシアの偉大なる貴婦人、そしてボルドーの中流階級の夫人までもが――彼に近寄り、身を捧げるのである。

フィリップ・ジュリアン『耽美主義者モンテスキュー伯爵』

つまり、抵抗する美しい女を口説き落とすことほど甘美なことはないのだ。その点において私には征服者の野心がある。征服者たちは絶えず勝利から勝利へと飛んでいき、自分の欲望に歯止めをかけようなどと決して思わない。私の激しい欲望を抑えようなんて無理な話だ。私には地球上のすべての女を愛せる心があるのだからね。アレクサンダー大王のように新世界に行きたい気分だよ。そこでさらなる〝恋の征服〟を進めるためにさ。

モリエール『ドン・ジュアン』

ドン・ファンが女性に与える影響を論じた数ある解釈の中で、悩殺的なヒーローというモチーフは選別するに値する。というのは、それが私たちの感受性についての興味深い変化を示しているからだ。ドン・ファンが女性にとって悩殺的だと言われるようになったのはロマン派時代になってからのことで、そうなったのは女性の想像力の変化によるのではないかと思われる。女性が自己主張をしはじめ、さらに、もしかすると、文学が普及しはじめたとき、ドン・ファンは進化し、男性の理想というより女性の理想となった。（中略）いまやドン・ファンは女性にとって、捕えがたく、情熱的で、大胆な、完璧な恋人である。彼は女性に、一度だけの忘れがたい瞬間、実の夫からは与えられることがほとんどない性欲における最高の高揚感を与える。夫にとって男は粗野なものであり、女は気高いものなのだ。運命のドン・ファンになることはほんの一握りの男たちの夢かもしれない。しかし彼に出会うことは多くの女性の夢である。

オスカー・マンデル『ドン・ファンの演劇』

理想の恋人

たいていの人間は青春時代に夢を抱く。だが、夢は打ち砕かれたり、年とともに色褪せたりする。人間関係も出来事も、若かりし日の理想のとおりにはならない。そのような現実に、いつのまにか失望している自分がいる。理想の恋人は、人々の壊れた夢を糧として成長していく。壊れた夢は生涯消えることのないファンタジーとなる。あなたが待ち焦がれているのはロマンス？　冒険？　それともスピリチュアルな共体験？　理想の恋人はあなたのファンタジーを映し出す。相手が必要としている幻影を創り出す芸術家なのだ。世の中は幻滅と卑俗さに満ちている。理想の恋人の道を進んでいけば、際限なくあふれる誘惑力を得られるのだ。

ロマンティックな理想の恋人

一七六〇年頃のことである。ある晩、ケルンのオペラハウスで若く美しい夫人がボックス席に座り、観客を眺めていた。隣にいるのは夫であり、この街の市長であった——中年で、十分に好感は持てるが精彩に欠ける風貌だった。若い夫人は、オペラグラスの向こうに洒落た身なりの美男子がいるのに気がついた。どうやら向こうも夫人の視線に気づいたようで、オペラが終わると挨拶にやって来た。彼は、ジョヴァンニ・ジャコモ・カサノヴァと名乗った。

この風来坊は夫人の手にキスをした。彼女は翌晩、舞踏会に行くことになっていた。彼に言った。「あなたもいらっしゃいませんこと?」。「不躾な願いを口にすることをお許しいただけるのであれば、マダム」。彼は答えた。「私とだけ踊っていただきたい」

翌夜、舞踏会が終わると、夫人はカサノヴァのことばかり考えていた。彼女が何を考えているのか、彼にはわかるようだった——なんて楽しく、なんて大胆な人。数日後、カサノヴァは彼女の家で夕食を食べた。夫が就寝すると、夫人は彼を案内して家の中を見せて回った。私室に入ると彼女は窓のすぐ外に見える、屋敷から袖のように伸びた礼拝堂にカサノヴァの目を向けさせた。カサノヴァは、まるで彼女の心を読んだかのように翌日のミサにやって来た。その晩、劇場で夫人に会うと、「礼拝堂の中でドアを見つけました。きっとあなたの寝室に続いているに違いありません」と告げた。彼女は笑って、驚いたふりをした。彼はこの上なく無邪気な声で「明日、礼拝堂に隠れる方法を見つけるつもりです」と言った——夫人はほとんど何も考えずに、「皆が寝静まったら会いに行くわ」と囁(ささや)いた。

そしてカサノヴァは礼拝堂の小さな告解室に隠れ、一日中待った。ネズミがいたし、身体を横にすることもできない。それでも市長の妻が夜遅くになってようやくやって来ると、彼は文句も言わず静かにあとについて寝室へと向かった。その後、数日間、二人は逢瀬(おうせ)を楽しんだ。昼のあいだ、夫人は夜が待ち遠しくてたまらなかった。ついに生きる楽しみ――アヴァンチュールを手に入れたのだ。礼拝堂での長く退屈な時間を少しでも楽に過ごせるように、食べ物や本やろうそくを置いておいた。礼拝の場所をこのような目的に使うのは間違っているような気がしたが、そう思うと逢瀬がいっそう刺激的なものになるのだった。しかし数日後、夫人は夫と一緒に旅に出かけなければいけなくなった。家に戻ると、カサノヴァは来たとき同様、潔く跡形もなく姿を消していた。

数年後、ロンドンでポーリーヌという名の娘が地方紙の広告に目を留めた。一人の紳士が自宅の一部を借りてくれるレディを探していた。ポーリーヌはポルトガル出身で貴族の出だった。恋人と駆け落ちをしてロンドンまでやって来たのだが、彼は国に戻らざるをえなくなり、彼女は母国で彼と合流できるまで、しばらく一人で暮らさなければならなかった。そのとき彼女は所持金もあまりなく、孤独で惨めな状況に落ち込んでいた――とは言っても、彼女はレディとして育てられている。広告主に連絡をした。

紳士というのはカサノヴァであった。何という紳士であったことか！　彼が提供した部屋はいい部屋で家賃も安い。要望はたまに彼の相手をしてほしいということだけだ。ポーリーヌは部屋を借りることにした。二人はチェスをしたり、馬に乗ったり、文学について話し合ったりした。彼は教養があり、礼儀正しく、寛大だった。真面目で気高い娘であったポーリーヌは、二人の友情を頼りにするようになっていた。カサノヴァは何時間でも話ができる相手だった。そんなある日、カサノヴァは人が変わったように興奮し、取り乱した。そして彼女を愛していると告白した。彼女はまもなくポルトガルに戻り、恋人と再会することになっていた。それは、彼女の聞きたい話ではなかった。馬に乗って気持ちを沈めるべきだと彼に言った。

その日遅く、彼女に知らせが来た。彼が馬から落ちたというのだ。事故の責任を感じた彼女は、彼のもとへ駆けつけた。ベッドに横たわる姿を見るやいなや、自制心を失い、その胸に飛び込んだ。二人はその夜結ばれ、ポーリーヌの残されたロンドン滞在のあいだ、ずっと恋人でありつづけた。だが、彼女がポルトガルに発つときが来ても、彼は引き留めようとしない。それどころか彼女をなだめ、「孤独という病に、効きめは一時的だけど完璧に効く特効薬をお互い提供し合ったのだし、これから先も一生、友人でいられる」と説得した。

何年か後、スペインの小さな町で、イグナシアという若くて美しい娘が懺悔を終えて教会を出ようとしていた。カサノヴァが彼女に近づいた。彼はイグナシアの家まで一緒に歩きながら、自分はファンダンゴを踊るのがたまらなく好きなのだと言い、翌晩の舞踏会に一緒に行ってくれるよう彼女を誘った。彼女はこの町で暮らすのに、ひどく退屈していた。この人はこの町の誰とも違う——何としても一緒に行きたい。彼女の両親は反対したが、イグナシアは母親にお目付役をやってくれるよう頼み込んだ。忘れられない舞踏会の夜が終わり（カサノヴァのファンダンゴは異国人にしては見事だった）、彼はイグナシアへの熱い愛を告白した。彼女はすでに婚約者がいると（とても悲しそうにではあるが）返事をした。カサノヴァはそれ以上何も言わなかったが、それから数日間にわたって、イグナシアを別の舞踏会や闘牛に連れ出した。彼は、友達である一人の公爵夫人にも彼女を紹介した。公爵夫人が平然と彼にまとわりつくのを見て、イグナシアは激しく嫉妬した。彼女はすでにカサノヴァに激しく恋をしていたのだが、義務感と信仰心がそれを許さなかったのだ。

苦しい日が何日も続いたあと、とうとうイグナシアはカサノヴァを探し出してその手を取った。「わたしの告白を聴いた司祭さまは、わたしが二度とあなたと二人きりにならないよう約束させようとしたの」と彼女は言った。「でもわたしが約束できなかったものだから赦罪をくださらなかった。こんなことは生まれて初めてよ。神様の御手に身を委ねるわ。決心したの。あなたがここにいるかぎり、あなたの望みどおりにするって。悲しいことだけど、あなたがスペインを去るときが来たら、また別の司祭さまを見つけるわ。結局、あなたを好きな気持ちは麻疹みたいなものでしかないのだもの」

カサノヴァはおそらく歴史上もっとも成功を収めた誘惑者だろう。彼を拒絶できる女性はほとんどいなかった。彼の手法は単純である。女性をよく観察する。女性の気分に付き合い、その人生に欠けているものを突き止め、それを提供する。彼は理想の恋人となった。退屈していた市長夫人には冒険とロマンスが必要だった。彼女が望んでいたのは、彼女を手に入れるために時間を犠牲にし、居心地の悪さに耐えてくれる誰かであった。ポーリーヌに欠けていたのは友情であり、高尚な思想であり、真面目な会話であった。教養があり寛大で、彼女をレディとして扱ってくれる男が必要だった。イグナシアに欠けていたのは悩みであり、悩みの種であった。彼女の人生は気楽すぎてつまらない。生きていることを実感し、本当の意味で懺悔するためには罪を犯すことが必要だった。カサノヴァは、それぞれのケースにおいて相手の理想に合わせて自分を適応させ、女たちの夢を現実にしたのだ。いったん彼に魅力を感じるようになれば、あとはちょっとした策略や計算（ネズミに囲まれた一日、故意の落馬、イグナシアにやきもちを焼かせるための他の女性との出会い）で女は落ちる。

理想の恋人というのは努力を要する役柄であり、いまの世の中めったにお目にかかれないものだ。誘惑したい相手に強く集中し、その人に欠けているものは何か、何に失望させられたのかを探り出さなければならない。多くの場合、相手の仕草や声のトーン、目に浮かんだ表情などでそれとなくわかるものである。相手に欠けているものとあなたが重なれば、あなたは相手の理想にぴったりの人間になれる。

効果を上げるには忍耐と細かい部分への気配りが大事である。ほとんどの人は自分自身の欲望で頭がいっぱいだし、あまりにも忍耐力に欠けている。理想の恋人になるのは無理である。これを無限のチャンスと捉えよう。自分自身に夢中な者ばかりの〝砂漠〟でオアシスになろう。自分の欲望にぴったり合わせて、暮らしの中にファンタジーをもたらしてくれる人間についていく――このような魅力に抵抗できる者は少ない。それからカサノヴァの場合がそうであったように、あなたがどれほどの喜びをもたらす者であるのかという評判は、あなたより先に広まるものであり、その分、誘惑を容易にしてくれるだろう。

いつ、いかなるときも、肉体の喜びを培うことが私の人生における一番の目的だった。私自身が女性を喜ばせるために創造された人間なのだと理解し、女性に対しては常に感じよくできるよう努力した。

――カサノヴァ

美しい理想の恋人

一七三〇年、ジャンヌ・ポワソンがわずか九歳のとき、占い師が「この娘はいつの日かルイ十五世の側室になる」と予言した。この予言はかなり、ばかげていた。というのもジャンヌは中流階級の生まれであり、王の側室は貴族階級から選ばれるというのが何世紀も前からの伝統だったからである。さらに不利なことに、ジャンヌの父親は悪名高きレイクで、母親はもと高級娼婦（クルチザンヌ）であった。

ジャンヌにとって幸運だったのは、母の恋人の一人がとても裕福で、かわいいジャンヌを気に入り、教育費を払ってくれたことだった。ジャンヌは歌とクラヴィコード（訳注：鍵盤楽器の一種で、一六世紀から一八世紀にかけて広く使用された）の演奏を習い、非凡な乗馬技術を習得した。芝居とダンスも学んだ。男子と同じように文学と歴史の教育を受けた。劇作家のクレビヨンに会話術を教わりもした。その上、ジャンヌは美しく、その魅力と気品がまだ幼い頃から彼女を際立たせていた。

一七四一年、彼女は下級貴族と結婚した。デティオール夫人となったジャンヌは大きな夢を実現できる身分となり、文学サロンを開いた。当時の偉大な作家や哲学者がこぞって通ったが、多くは女主人に夢中になったからだった。その中の一人はヴォルテールで、二人は一生を通じての友人となる。

次々に成功を収めていく中で、ジャンヌが占い師の予言を忘れたことは一度もなかった。結婚した後でも、いつか王の心を射止める日が来ると信じていた。夫の田舎の領地の一つがたまたまルイ国王のお気に入りの猟場と隣接していた。彼女は垣根越しに王の動向を探ったり、どうにかしてばったり出会うように画策したりした。そしてそんなとき、彼女は必ずエレガントで、なおかつ人目を引く服を着るのだった。やがて王は狩りの獲物を贈り物として彼女に届けるようになる。一七四四年、王の側室が亡くなると、宮廷の美女たちは後釜を狙って競い合った。しかし、王はデティオール夫人とますます多くの時間を過ごすようになり、彼女の美しさと魅力に夢中になっていった。同年、王はこの中流階級出身の女を側室とし、彼女にポンパドゥール侯爵夫人の爵位を与え、宮廷の人々を驚かせた。

王の新しもの好きは有名だった。側室の見た目の良さに引かれてもすぐに飽きてしまい、また別の女に移るというのが常だった。王がジャンヌ・ポワソンを選んだというショックが収まると、宮廷の人々は今回も続くはずがないと平穏を取り戻した――中流階級出身という目新しさで彼女を選んだのだろうと。彼らは夢にも思わなかっただろうが、ジャンヌのこの最初の誘惑は、彼女の考えている誘惑のほんの始まりにすぎなかったのである。

時が経つにつれ、王はますます頻繁にジャンヌを訪れるようになった。ヴェルサイユ宮殿内の自分の居住区から彼女の居住区へと通じている隠し階段を上るとき、王の胸は階上で彼を待ち受けている楽しみへの期待に高鳴った。まずその部屋はいつも暖かく、芳しい香りで満ちていた。それから目を楽しませてくれる物がいろいろあった。ポンパドゥール夫人はいつも違う衣服を身につけていたが、どれもエレガントで一つひとつに新鮮な驚きがあった。彼女は美しい物が大好きだった。見事な磁器、中国扇子、金の植木鉢――。そして王が訪れるたびに、何か新しい物が用意されていて、目を楽しませてくれるのだ。彼女はいつも明るく朗らかで、身構えたり怒ったりすることがまったくない。すべては楽しむためにあった。さらに二人には会話があった。それまで王には、女性と本当の意味で語り合ったり笑い合ったりした経験がなかった。だが、侯爵夫人はどんな話題でもうまく合わせられたし、その声は耳に心地よかった。そして会話が途切れると、彼女はピアノに移動し、素晴らしい演奏と歌声を聴かせるのだ。

王が退屈そうだったり、悲しそうに見えたりするようなことがあれば、ポンパドゥール夫人は何か新しい計画を提案する――たとえば、田舎に新しい邸宅を建築するといった具合に。すると王は、屋敷のデザイン、庭のレイアウト、装飾様式のことなどについてアドバイスしなければならなくなるのである。ヴェルサイユ宮殿では、ポンパドゥール夫人が宮廷内で行われる娯楽の指揮を執った。さらには、私設劇場を設立して、夫人自ら監督する芝居を毎週、上演した。俳優陣は宮廷の人々から選ばれたが、女性の主役については、フランスの最も素晴らしいアマチュア女優の一人であるポンパドゥール夫人本人が必ず演じるのだった。王はすっかりこの芝居にのめり込み、上演を心待ちにした。王の関心が高まるにつれ、芸術にかかる出費がどんどん増え、哲学や文学に関わる時間も増えていった。同性の取り巻きと過ごす時間がどんどん少なくなっていき、狩りと賭け事にしか関心のなかった男が偉大なる芸術のパトロンとなった。さらに言えば、彼は〝ルイ十五世様式〟として知られることになる美術様式で、一つの時代を特徴づけることになった。これは高名な彼の前任者、ルイ十四世の美術様式にも匹敵するものである。

一年また一年と歳月は過ぎたが、王がポンパドゥール夫人に飽きることはなかった。それどころか彼女に〝公爵夫人〟の称号を与えたのである。彼女の権力と影響力は文化的な範囲をはるかに超えて政治の領域へと拡大していった。二〇年のあいだ、ポンパドゥール夫人は宮廷と王のハートの両方を支配した。それは一七六四年、夫人が四三歳という若さで亡くなるまで続いた。

ルイ十五世は強い劣等感を持っていた。フランス史上最強の王であったルイ十四世の後継者として、王位につくための教育と訓練を受けてはいた――だが、前任者のように国を治めることなど誰にできるであろう？結局、彼は努力することをやめてしまい、代わりに肉体的快楽に耽るようになった。それによって彼が〝どう見られるか〟が決まってしまった。周囲の人々は、彼に影響を及ぼしたければ、彼の性格の最も卑しい部分に訴えればいいということを知ったのだ。

誘惑の天才、ポンパドゥール夫人には、ルイ十五世が本当は素晴らしい人間であり、自分のあるべき姿に変わりたがっているのがわかった。きれいな若い娘たちに夢中になるのも、彼が、より長く美しくありつづけるような種類の美を渇望していることを示しているのだと理解した。彼女は最初のステップとして、ひっきりなしに起きる王の〝倦怠〟の発作を治療することにした。王である人間に退屈するなというほうが難しい――欲しいものは何でも手に入るのだから。持っているもので満足することを学ぶ機会はまずないのだ。これに対するポンパドゥール夫人の対処方法は、ありとあらゆる種類のファンタジーを暮らしの中で実現し、王を絶えずハラハラさせておくことだった。彼女には多くのスキルや才能があり、その使い方が実に巧妙で効果的だったために、王は彼女の限界というものを見たことがなかった。夫人は王をより洗練された快楽に慣れさせておいてから、彼の心の奥底にある〝打ち砕かれた理想〟に訴えかけた。王は、彼女が目の前にかざした鏡の中に、偉大な王になりたいという自分の強い願望を見た。フランスで偉大な王になろうと思ったら、必然的に文化面で指導力を発揮できなければならない。これまでの愛人たちは彼の感覚的欲望をくすぐるだけだった。ポンパドゥール夫人は自分の重要さを気づかせてくれる女性だった。他の愛人たちの代わりはいくらでもいたが、ポンパドゥール夫人の代わりを見つけることは不可能だった。

たいていの人間が、自分は傍から見るより内面的に優れていると思っている。実現されていない理想で満ちあふれている。芸術家にだって、思想家にだって、指導者にだって、崇高な人物にだってなれる可能性があったのに、世の中に押しつぶされ、能力が花開くチャンスを逃したと思っている。ここが彼らを誘惑するカギとなる――と同時に、誘惑を長い期間持続させるためのカギなのだ。理想の恋人は、この種の魔法を生み出す方法を知っている。未熟な誘惑者によくあるように、人々の肉体的側面のみに訴えてしまうと、相手は自分のもっとも卑しい本能を刺激されたことに不快感を覚える。反対に、相手のより良い精神面や、より高い美意識に訴えれば、相手は誘惑されていることにもほとんど気づかない。相手の気分を高揚させ、精神の高まりを感じさせよう。そうすれば、あなたは無限の支配力を手にするだろう。

愛は、恋人の隠れたすばらしさに光をあてる――彼のたぐいまれなる特性に。したがって彼のふだんの性格はうわべだけのものかもしれないのだ。

――フリードリヒ・ニーチェ

理想の恋人になりきる秘訣

われわれはめいめい、それぞれの〝理想〟を内に秘めている。自分がこうなりたいと思う理想の姿、あるいは自分のために他の誰かにこうなってほしいという理想の姿である。この理想は幼少期に端を発する――かつて自分の人生に欠けていると感じていたものに。そして、他の人々から与えてもらえなかったもの、自分が自分自身に与えられなかったものに。もしかすると、安楽な暮らしに息苦しさを感じていたために危険なことや反抗することに憧れているのかもしれない。危険なことがしたいけれど怖いというときには、危険を恐れない誰かを求めているのかもしれない。おそらくわれわれの理想はもっと高いところにあるのだろう――いま可能なレベルよりもっと上に行きたいのだ。もっとクリエイティブに、もっと立派に、もっと優しくなりたい、と。理想とは、自分に欠けていると感じる何かである。

理想は失望とともに、心の奥底に埋もれているかもしれない。だが、心の底に沈んだまま密かに刺激されるのを待っている。もし自分以外の人間がその理想とする性質を持っているようだったり、あるいは自分にその理想の性質をもたらしてくれそうだったりすると、人は恋に落ちる。それが理想の恋人への反応である。理想の恋人は相手に欠けているもの、相手をワクワクさせるファンタジーの世界を感じ取り、理想を映し出す。すると、あとは何もしなくても、相手が自分の一番根底にある欲望や憧憬を、理想の恋人というスクリーンに投影する。カサノヴァとポンパドゥール夫人は、自分たちのターゲットを単なる情事へと誘惑したのではない。恋に落ちるように仕向けたのだ。

理想の恋人の道を進めるかどうかの決め手となるのは観察力である。ターゲットの言葉や意識的な行動には気を留めず、声のトーンに注意すること。また顔が赤くなったり、目つきが変わったりという、ふとした瞬間に見せる表情に注目すること。それは言外の意味を無意識に伝えるサインだ。理想が反対の形で表されることも多い。ルイ十五世はシカと若い娘を追い回すことにしか関心がないように見えたが、実際はそうすることで自分自身に対する失望を隠していたのだ。本当は自分のもっと立派な面がもてはやされることを心から望んでいた。

理想の恋人を演じるのに今ほどいい時代はない。その理由は、いまの世の中では、すべてが高潔で善意から出たものであるように見えなければならないからだ。とりわけ権力(パワー)を話題にすることは禁物である。現実には日々、人間関係で苦労しながら権力と向き合わざるをえないのだが、そこには高潔さや自己犠牲の精神、崇高さはまったく感じられない。理想の恋人は相手に人格が高まるのを感じさせ、官能的で性的なものが崇高で美的なものであるように思わせる。理想の恋人も誘惑者のご多分に漏れずパワーを弄ぶ。だが、彼らは理想という立派な外見の裏で巧みに操作する。彼らを見抜ける人は少なく、その誘惑は長く続く。

理想の恋人の中には、ユングの〝元型〟と共通点を持つ者もいる。元型はわれわれの文化に昔から存在したもので、われわれはほぼ無意識にその影響を受けている。勇敢で礼儀正しい騎士に夢を感じるのもその一つである。中世の騎士道的な愛の形では、一人の吟遊詩人(騎士)が一人のレディ(たいてい既婚者)に出会い、家来となって仕える。彼女の代わりとなって恐ろしい試練をくぐり抜け、彼女の名のもとに危険な巡礼の旅を敢行し、愛を証明するためにひどい拷問にも耐える(爪を引き剥がすとか、耳を削ぐなどの残虐な仕打ちもありえた)。また彼女のために詩を書き、美しい歌もうたう。何らかの美的あるいは精神的な特質で女主人を感心させられなければ、立派な吟遊詩人とはいえまい。この〝元型〟に近づくための秘訣は、〝絶対的献身〟の感覚を持つことだ。求愛のファンタジーに戦争や名声や金銭といった問題を持ち込まない男は無限の力を持つ。自分自身や自分の利益を優先しない人間は本当にまれであり、その意味で吟遊詩人は理想的な役柄である。そんな男の強い関心を引きつければ、女性はさぞかし虚栄心がくすぐられることだろう。

一八世紀の大阪で二三(にさん)という名の男が、太夫(たゆう)の出羽を散歩に連れ出した。その際、まずは小道沿いのハギの茂みに入念に打ち水をしたところ、朝露が降りたようになった。出羽はこの景色にいたく感動した。「聞いたところによると」と彼女は言った。「仲のいいシカの夫婦は、ハギの茂みの陰で横になるのが常だとか。本物を見てみたいものですわ!」。二三はそれだけ聞けば十分だった。その日、彼は出羽の屋敷の一角を取り壊させ、彼女の寝室の一部であったところにハギの灌木を何十本も植えさせた。その夜、彼は小百姓たちに命じて山から野生のシカを狩り集めて屋敷まで連れてこさせた。翌日、目を覚ました出羽が見たものは、まさに彼女が話してみせたその光景だった。二三は彼女が深く感動した様子を見ると、ハギとシカを外に運び出させ、屋敷をもとの状態に戻したという。

歴史上もっとも女性に礼儀正しい恋人の一人、セルゲイ・サルティコフは、不運にも歴史上もっとも手に入りにくい女性、のちのロシア女帝、エカチェリーナ大公妃と恋に落ちてしまった。エカチェリーナは夫のピョートルに一挙一動を監視されていた。ピョートルは妻が浮気しようとしているのではないかと疑い、召使いたちに彼女を見張らせたのだ。エカチェリーナは孤立させられ、愛されず、それをどうにもできなかった。ハンサムな若き陸軍将校、サルティコフは自分が彼女を救うのだと固く決心していた。一七五二年、彼はピョートルの友人になり、またエカチェリーナを見張る責任者の夫婦とも仲良くなった。こうしてサルティコフはエカチェリーナに会えるようになり、一言二言、言葉を交わす中で彼の決意を伝えた。二人きりで会うために、彼は極めて無謀で危険な策を実行した。中には皇族の狩猟の最中に彼女の馬を一行からはぐれさせ、二人で森の奥深くまで馬を走らせるというようなこともあった。彼は自分がどれほど彼女の窮状を気の毒に思っているかを話し、彼女を助けるためなら自分は何でもすると約束した。

エカチェリーナに言い寄っているところを見つかったら命はない。ついにピョートルが、確信はないままであったが、妻とサルティコフのあいだに何かあるのではないかと疑うようになった。しかしピョートルの敵意も、この勇ましい将校を思い留まらせることはできなかった。サルティコフはますます精力的にまた巧妙に、秘密の逢瀬(おうせ)を重ねる方法を見つけるだけだった。二人は二年間、恋人同士だった。サルティコフがエカチェリーナの息子、後のロシア皇帝、パーヴェルの父親であるのは間違いないだろう。ようやくピョートルがスウェーデンに赴任させる形でサルティコフを追い払ったとき、女性に対する彼の騎士道的な勇敢さは本人が姿を見せるより先に現地に伝わった。スウェーデンの女性たちは、サルティコフに口説かれることを夢見てうっとりした。あなたはここまで大変で危険なことをしなくてもいい。ただ、自己犠牲や献身的な気持ちを示す行動はかならず報われるものである。

一九二〇年代に理想の恋人を体現した人物といえば、ルドルフ・ヴァレンティノである。少なくともスクリーンに映る彼のイメージはそうである。彼の行動すべて（贈り物、花束、ダンス、女性の手の取り方）に細心の注意が払われているのが見える。それは彼がどれだけ相手のことを考えているかということを意味した。求愛にじっくりと時間をかけ、それを美的な経験に変えてしまう男というイメージだった。それ以後、女たちはヴァレンティノに象徴される〝忍耐と気配りの理想の恋人〟であることを男に期待するようになり、そのせいで彼は男たちから嫌われた。けれども忍耐強い気配りほど女を引きつけるものはない。それは情事を単なる肉体関係以上のもの、高尚で美的なもののように感じさせる。ヴァレンティノのような男の強みは、本当にまれなものであるということだ。現代においては特にそうである。女性の理想に応える演技手法はほとんど見られなくなった——その分、女性は余計にそそられるということだ。

騎士道的な恋人がいまも女にとって理想の恋人であるならば、男のほうもしばしば、官能的でありながら高い精神性や純真さを併せ持つマドンナ（あるいは娼婦）を理想化する。たとえばトゥッリア・ダラゴーナなど、イタリア・ルネサンス期の偉大なるクルチザンヌたちを思い浮かべてみよう。クルチザンヌは皆、本質的には娼婦であるが、詩人、哲学者としての評価を確立することにより、社会的役割を偽装することが可能だった。

　トゥッリアは当時〝宮廷クルチザンヌ〟と呼ばれる種類の娼婦だった。宮廷クルチザンヌたちは教会にも行く。しかし彼女たちには下心があった。男たちにとって、ミサに参列する彼女たちの姿は刺激的だったのだ。彼女たちの家は快楽の館であったが、その家を視覚的にとても心地よい空間にしているのは、彼女たちの芸術作品であり、ペトラルカやダンテの全集などがぎっしり詰まった本棚だった。官能的なのに理想的な母親のようでもあり、芸術家の精神と知性も持ち合わせている女と寝るということが、男にはスリルであり、ファンタジーであった。単なる娼婦が男の欲望を刺激すると同時に嫌悪感も抱かせてしまうのに対して、宮廷クルチザンヌはセックスがまるでエデンの園での出来事であるかのように、崇高で穢れのないものであると思わせた。こういった女は男に対して非常に大きな力を持っていた。今日に至るまで男の理想でありつづけているのは、彼女たちが実に多様な喜びを与えてくれるからこそである。そのカギは〝あいまいさ〟である――肉体的快楽に敏感そうな容姿と、純真さ、高い精神性、詩的感性が漂う雰囲気を併せ持つこと。その高尚さと低俗さが混じり合った感じが非常に誘惑的なのである。

　理想の恋人が持つ、人を動かす力には、エロティックな可能性にとどまらない無限の可能性がある。政治の世界においてタレーランがナポレオンに対して演じてみせたのは、基本的に理想の恋人の役割であった。閣僚であれ友人であれ、ナポレオンにとっての理想は、貴族の肩書を持ち、女性に対して口のうまい男であった。どちらもナポレオン自身にはないものだ。ナポレオンがイタリアで輝かしい軍事的勝利を収めた翌年の一七九八年、フランスの外務大臣だったタレーランは名将の栄誉を讃えてパーティを主催した。このパーティは人生最高のパーティだったとして、死ぬまでナポレオンの記憶にとどまることになる。それはたいそう豪奢な催しで、タレーランはローマ時代の胸像を屋敷中に配置したり、古代ローマ帝国の栄光の復活についてナポレオンに話をしたりして、この祝宴に巧妙なメッセージを織り込んだ。ナポレオンは大いに刺激された。実際、その数年後に彼は自身に皇帝の称号を与えている――ナポレオンが皇帝になることで力を増したのはタレーランだけだったが――。その秘訣は、ナポレオンの秘められた理想（皇帝という独裁者になる欲望）を見抜く洞察力だった。タレーランは単に、理想が現実になる可能性をナポレオンに気づかせてやったのだ。いつの時代も人は虚栄心をくすぐられるおだてには弱いものであり、これはほぼすべての人間の弱点である。あなたのターゲットが目指したくなるものをほのめかし、あなたは彼または彼女の持つ、未だ開拓されていない可能性を信じていることを伝えよう。やがて相手はあなたの言いなりになるだろう。

理想の恋人というものが、誘惑したい相手の高尚な面や彼らが大人になる前に失ってしまった何かに訴えることにより相手を陥落させる達人であるならば、政治家たちはこの技術を大規模に有権者全体に応用することで利益を得ることができる。ジョン・F・ケネディはまさに、かなりはっきりとそういう意図をもってアメリカ国民に自分をアピールした人物である。一番わかりやすいのは彼が漂わせていた〝キャメロット（訳注：牧歌的幸福に満ちた時代や場所のこと）〟オーラである。「キャメロット」という言葉自体は彼の死後初めて、彼の政権時代を指して使われるようになったが、彼が若さと恵まれた容姿によって意識的に作り上げた華やかな世界は、生きているあいだに十分印象づけられていた。彼はまたアメリカという国の〝素晴らしい大国〟というイメージと〝失われた理念〟というイメージを、こちらはもっと巧妙なやり方で自分の思うとおりにコントロールした。アメリカ国民の中には、一九五〇年代末期にアメリカが富と快適さと引き換えに失ったものは大きかったと考える人間はたくさんいた。つまり、ゆとりと調和を手に入れるために開拓者精神を捨ててしまったというわけだ。ケネディは〝ニューフロンティア〟という概念（たとえば、それは宇宙開発競争において示された）を通して、失われた理念に訴えかけた。彼はアメリカ人の冒険本能を満足させられる道筋を、たとえほとんどは象徴的なものであったとしても、何本も示したのである。その他にも、平和部隊の設立のような公共事業の必要性も訴えた。こういったアピールを通して、ケネディは第二次大戦後にアメリカから失われたままになっていた〝共有された使命感〟というものを蘇らせたのだった。また、彼が人々から引き出す反応は、大統領に対する反応としてはかなり感情がこもっていた。人々は本当に、ケネディとそのイメージに恋をしてしまったのだ。

政治家たちは一国の過去を調べて、捨てられたり抑圧されたりしたイメージや理念を見つけ、それを復活させることで大衆を引きつける力を得ることができる。彼らに必要なのは象徴だけである。象徴の後ろにある現実を再現することに、あまり意を払う必要はない。大衆に好感を与えることができれば、ポジティブな反応を得られることは約束されたも同然である。

イメージ

肖像画家。理想の恋人の手にかかれば、相手の肉体的欠点はすべて消えてしまう。相手の高い精神性を引き出し、神話の登場人物のように神々しく輝かせ、永遠の命を与える。このような幻想を与える能力の見返りに、理想の恋人は偉大なる力を得るのである。

危険性

理想の恋人を演じる上での大きな落とし穴は、現実が紛れ込んでしまうと、もうどうにもできなくなることだ。あなたが作り出す虚構の世界では、あなたの人格は理想化されていなければならない。だが、あなたは人間であり完璧ではないので、当然これは危険の伴うタスクとなる。あなたの欠点の醜さによっては、あるいは欠点が邪魔になる度合いによっては、あなたが膨らませた幻想の泡ははじけてしまい、あなたはターゲットから罵詈雑言を浴びせられることになるだろう。

トゥッリア・ダラゴーナは、ただの娼婦のような振る舞いを見つかるたびに（たとえば単なる金銭目的で情事を行っていたときなど）その町を離れざるを得なくなり、また別の土地で身を立てなければならなかった。精神性の高いマドンナとしての虚構の姿が崩れてしまったのである。カサノヴァも同様の危機に直面したが、たいていは、想像していた男とは違うと気づかれる前に縁を切る賢い方法を見つけている。口実を見つけて町を離れるとか、あるいはもっと都合がいいのは、獲物として選んだ女性自身がじきに町を離れることになっていて、つかの間の恋だとわかっているがために、なおさら激しく彼を美化してしまうというパターンである。

人が完璧さを保つ邪魔をするのは、〝現実〟と〝なれなれしさ〟である。一九世紀の詩人、アルフレッド・ド・ミュッセは作家のジョルジュ・サンドに誘惑された。サンドの豪快な性格がド・ミュッセのロマンティックな気質に響いたのだ。だが二人で訪れたヴェネツィアでサンドが赤痢にかかると、もはや彼女は理想の相手ではなくなり、健康に問題を抱えた魅力のない女になった。ド・ミュッセ自身もこの旅行でめそめそした赤ん坊のような側面を見せ、恋人たちは別れた。しかし二人はいったん離れると、またお互いを美化することが可能になり、数か月後に、よりを戻した。現実が邪魔をするとき、距離を置くことで解決することも多い。

政界においても似たような危険性がある。ケネディの死後、何年も経ってから一連の新事実（絶え間ない色恋沙汰、瀬戸際戦術スタイルによる危険すぎる外交等々）が暴露され、彼の作り上げた神話が偽りであることがわかった。しかし、名声を傷つけられてもケネディのイメージは生き延びた。世論調査が行なわれるたびに、彼が今も崇拝されていることがわかる。おそらくケネディは特別なケースなのだろう。暗殺により彼は殉教者に仕立て上げられ、すでに彼自身が進めはじめていた理想化のプロセスが強化されることになったのだ。しかしながら、不愉快な新事実が暴露されてもその魅力が消えなかった理想の恋人の例はケネディだけではない。そういった人物たちの作り出すファンタジーには強烈な魅力があり、彼らが売り込む神話や理想を求める大衆の飢えや渇きがあまりに強いために、彼らがすぐに許されることも多いのである。とはいっても、あなたの性格の〝とうてい理想とは言えない〟側面が人々の目に触れないように、用心するに越したことはない。

一目見ただけで理想に目覚めるほど強い感銘を与えなければ、その娘の実際はそれほど大したものではない。だが、もし彼女がそういう印象を与えるならば、どれほど経験豊かな男であろうと、たいていはかなり圧倒されるものである。

セーレン・キルケゴール『誘惑者の日記』

よい恋人というのは、夜明けにこそ上品に振る舞うものである。女は彼男は悲しそうな表情で、やっとの思いで床から這い出る。女は彼を急き立てる。「さあ、もう明るくなってきたわよ」。男は深くため息をつく。ここにいるのを誰かに見つかったら大変」。男は深くため息をつく。まるで、夜が短すぎる、もう行かなければならないなんてひどすぎる、とでも言いたげに。起き上がってもすぐには指貫を穿こうとしない。その代わりに女のそばに来て、何であれ昨夜言わずにおいた言葉を耳に囁いている。衣服を着てからも名残惜しそうに、何となく帯を結んでいるふりをしながらそこにいる。

やがて格子を上げて、二人は一緒に妻戸のところに行き、男は女に、二人が一緒にいられない昼間が不安だと言う。それからこっそり去っていく。女も男の後ろ姿をじっと見つめる。そしてこの別れの瞬間は、彼女のもっとも愛しい記憶の一つとなるのだ。

確かに女の男に対する愛着は、男がいとまごいするときの振る舞いでかなり変わってくる。男が布団から飛び起きて、部屋をばたばたと動き回り、指貫の紐をきつく縛り、直衣、上の衣、狩衣などの袖をまくり上げ、自分の持ち物を懐に押し込んで、帯を手際よく固く絞める――これでは女も興ざめである。

清少納言『枕草子』

一九七〇年代初め、ベトナム戦争におけるアメリカ介入の大失敗や、ウォーターゲート事件におけるリチャード・ニクソン大統領の失脚といった政治的激動を背景にして、「ミー・ジェネレーション」が現われた――そしてアンディ・ウォーホルが鏡を持ってそこにいた。一九六〇年代の、社会の問題すべてを変えようと叫んだ急進的な抗議活動参加者と違って、自分のことしか頭にない「ミー」の人々は、肉体を改良し、自分の感情と〝連絡を取る〟ことに努力を注いだ。彼らは自分たちの容姿、健康、生活様式、そして銀行口座に対して情熱的に関心を向けた。ウォーホルは、肖像画家としての仕事をすることによって彼らの自己中心性や膨張した自尊心に応えた。七〇年代の終わりには、彼はその時代における肖像画家の第一人者として世界的な評価を受けるようになる。(中略)

ウォーホルは依頼人にとって、とても魅力的な作品を提供した。自らが折り紙付きのセレブである有名アーティストによる、お洒落で、魅力を引き立ててくれる肖像画。もっとも高名な人物の顔にさえ花形アーティストの存在感を添え、題材を華やかな幻影へと一変させ、彼らがどのように見られたいか、覚えられたいかを想像して表現した。モデルの魅力的な顔立ちをシルクスクリーンで表現し、快活さを誇張することによって、彼らがより伝説的で高尚な存在に到達できるようにした。財産や権力を手に入れれば日常の生活は十分かもしれないが、ウォーホルに肖像画を依頼するとなれば、そのモデルは死後の名声をも求めているという明確な意思表示だった。ウォーホルの肖像画は、時代の表情を実際に記録したものというよりは、後世における崇拝を待つ偶像だったのだ。

デビッド・ブルドン『ウォーホル』

女は何世紀ものあいだ、魅力的な魔法の力で、男の姿を本来の二倍に映す鏡の役目を果たしてきた。

ヴァージニア・ウルフ『自分自身の部屋』

ダンディ

ほとんどの人間には、世間から求められる限定された役割があり、それを窮屈と感じている。われわれは自分より自由に変化できる人間や自分よりあいまいな人間に、一瞬にして引きつけられる——自分の思いどおりの人格を創りあげる人間に。われわれは自由を渇望している。ダンディが刺激的なのは、型にはまらない人間だからであり、自由の匂いがするからだ。彼または彼女は、男らしさや女らしさを自由に操り、彼ら特有の肉体的イメージを身にまとう。それは常に衝撃的だ。彼らはミステリアスで、とらえどころがない。それぞれの性に対するナルシシズムも彼らの魅力だ。女性に対しては、心理的に女性になり、男性に対しては男性になる。ダンディは多くの人々を引きつけ、誘惑する。ダンディのパワーを使って、あいまいで誘うような存在感を放ち、ダンディ人々の抑圧された願望を目覚めさせよう。

女性的ダンディ

一九一三年、イタリアからアメリカに移住した十八歳のロドルフォ・グリエルミは、美貌とダンスの腕前以外、特に何のスキルも持っていなかった。彼はその二つの長所を生かすために、マンハッタンのティーダンスというダンスホールでタクシーダンサーとして働きはじめた。そこは若い娘が一人で行ったり友達と行ったりして、タクシーダンサーを雇い、つかの間の興奮を味わう場所だった。タクシーダンサーはわずかな料金で娘をダンスフロアじゅう巧みにくるくる回し、いちゃついたり、おしゃべりしたりする。グリエルミは、ほどなくして最高のダンサーの一人として評判になった――とても優雅で落ち着きがあってきれいだと。

タクシーダンサーとして働くあいだ、グリエルミは女たちに囲まれて、かなりの時間を過ごした。彼はすぐに何が彼女たちを喜ばせるのかを学んだ――それとなく女たちを真似できるようになり、どうしたら彼女たちを安心させられるか（度が過ぎない程度にだが）わかるようになった。彼は自分の服装に気を遣うようになり、彼自身にふさわしい魅力的なスタイルを生み出した。引き締まった体型になるようシャツの下にコルセットをつけて踊り、腕にはこれ見よがしに時計をはめ（腕時計は当時男らしくないと思われていた）、自分は侯爵であると言い張った。一九一五年、高級レストランでタンゴのデモンストレーションをする仕事にありつき、さらに人の感情に訴える、ロドルフォ・ディ・ヴァレンティナという名前に変えた。その一年後、彼はロサンゼルスに引っ越した。ハリウッドで一旗揚げようと考えたのだった。

その後、ルドルフ・ヴァレンティノとして知られるようになったグリエルミは、いくつかの低予算映画にエキストラとして出演した。やがて彼は、一九一九年の作品『若き人の眼』でそこそこ大きな役柄を手に入れた。彼の役柄は誘惑者だったのだが、それがまったく普通と異なる誘惑者だったことから女性の注目が集まった。優雅で繊細な身のこなし、きめ細かい肌、あまりにきれいな顔立ち。そのため彼が自分の獲物に襲いかかり、彼女の抗議をキスで抑え込んだとき、その姿は邪悪な男というより、ぞくぞくさせてくれる男に見えたのだ。次に来た仕事は『黙示録の四騎士』で、ヴァレンティノは男の主役、プレイボーイのジュリオを演じ、ダンスのリードをしながら若い女を誘惑するタンゴのシークエンスで、一夜にしてセックスシンボルとなった。そのシーンに彼の魅力のエッセンスが要約されていた。滑らかで流れるような足の動きと女性的と言えるような身のこなしに、抑制の利いた雰囲気がうまく重なっている。既婚女性の両手を取って自分の唇に持っていったり、恋人と一緒にバラの香りを嗅いだりする姿に、観客の女性たちは無我夢中になった。彼は女に対して、他の男たちよりはるかに丁重であるように見えた。だが、彼の繊細さの中には冷酷さと危険がほんのわずかに混じり合っていて、それがまた女たちを興奮させるのだった。

ヴァレンティノが彼の代表作『シーク』で演じたのは、アラブの王子だった（赤ん坊のときにサハラ砂漠に置き去りにされた、スコットランドの貴族であることが最後に明かされる）。王子は砂漠でプライドの高いイギリスの貴婦人を助けるのだが、その後、レイプすれすれのきわどいやり方で彼女を征服する。彼女に「どうして私をここに連れてきたの？」と聞かれ、「女なのだからわかるだろう」と答えている。それにもかかわらず、結局、彼女は恋に落ちる。いや実際、映画を見た世界中の女が同様に恋に落ち、男らしさと女らしさがブレンドされたような彼の一風変わった魅力に興奮し、身を震わせたのである。

『シーク』のワンシーンでイギリスの貴婦人がヴァレンティノに銃を向ける。それに対し彼は少しも動じることなく、上品なシガレットホルダーの吸い口を彼女に向けてドアまでエスコートするのだ。彼女はズボン姿だが、彼は長く緩やかに垂れたローブを着てアイメークもたっぷりである。後期の作品では、ヴァレンティノが服を着たり脱いだりするシーンが見られる。引き締まった身体をちらりと見せる一種のストリップショーのようである。ほとんどの作品で彼はどこかエキゾティックな役柄（スペインの闘牛士、インドのラージャ、アラブの族長、フランスの貴族）を演じた。彼は宝石で飾り立てたり、ぴったりした制服に身を包んだりするのを楽しんでいるように見えた。

一九二〇年代、女たちは新しい性的自由を享受しはじめていた。男が自分に興味を抱くのを待つのではなく、自分から誘いをかけられるようになろうとした。それでもまだ最終的には男に奪われたいと思っていた。ヴァレンティノはこれを完璧に理解していた。彼は映画のイメージどおりの実生活を送った。腕にブレスレットをつけるなど、身だしなみは非の打ち所がなかったが、伝えられるところによれば、冷酷な夫で妻をよく殴ったという（彼を熱愛するファンたちは二度の結婚が失敗に終わったことも、どうやら性生活が存在しなかったらしいことも巧みに見て見ぬふりをした）。そして彼が突然死んだとき（一九二六年八月、ニューヨークにて、享年三一歳、死因は胃潰瘍手術後の合併症）、人々の反応はそれまでにないほど大きなものだった。一〇万人以上が彼の柩に列を作り、死を嘆く大勢の女性が狂乱状態になり、国全体が魔法にかかってしまったかのようだった。一介の俳優のためにこのようなことが起きたことはいままでなかった。

ヴァレンティノの映画に『ボーケール』という作品がある。彼の役どころは嫌味なほど気取った男で、通常演じる役柄よりはるかに女性っぽく、いつもの危険な雰囲気もなかった。それはただの気取った映画だった。女たちは、なよなよとしたヴァレンティノには反応しなかった。女たちを興奮させたのは、彼が女たち自身のものである女性的な特質をたくさん共有しながらも、やはり男でありつづけるという〝あいまいさ〟なのである。ヴァレンティノは女性らしいファッションで女性的な演技をしたが、イメージは男性的だった。彼の口説き方は、女が男になったらそういうふうに口説くだろうというような口説き方だった——ゆっくり、相手を気遣いながら、細かい部分にも気を配って、リズムを整え、急いで結果を出させるようなことはしない。それでいて、いざ大胆に相手を奪うべき時がやって来ると、非の打ち所がないタイミングで獲物を圧倒し、抵抗する隙を与えない。作品の中でヴァレンティノは一〇代の頃、ダンスフロアで習得したのと同じ、女をその気にさせるジゴロの誘惑術を実践した——おしゃべりをし、恋愛の真似事をし、喜ばせる。いつも主導権は握ったままで——。

ヴァレンティノは今日も謎の人物でありつづける。彼の人格や私生活は秘密のベールに包まれ、そのイメージは彼が生きていた頃と同じようにいまも人を引きつける。エルヴィス・プレスリーもこのサイレント映画のスターに夢中になった。エルヴィスだけではない。ヴァレンティノは、性別を超えて危険と冷酷さを感じさせる現代の男性ダンディたちの手本となったのである。

誘惑というのは、過去、現在、未来において、〝パワー〟と〝戦い〟の女性的な形態でありつづける。元をたどれば、誘惑は強姦や暴力への対抗手段であった。このパワーの形を女に対して使う男は、要するにゲームを引っくり返し、女の武器を女に向かって使用しているのである。男としてのアイデンティティを失うことなく、身につける女性らしさが微妙であればあるほど、誘惑する力が強くなる。圧倒的な男らしさが何より女を引きつけるのだと信じている連中の仲間入りをしてはいけない。女性的ダンディのほうがはるかに邪悪な効果があるのだ。女性的ダンディはまさに女の望むもの（親しみのある、感じのいい、気品ある存在）をエサにおびき寄せるのである。女性的ダンディは女の心理を反映して、身だしなみに気をつけていること、細かい部分に気がつくこと、わずかにコケティッシュな雰囲気があることを表現する――ただし、男性的な冷酷さも匂わせながら。女性はナルシストであり、自分と同じ性の持つ魅力に恋をする。男は女に女性的な魅力を見せることで魅了し警戒を解き、無防備な状態にしておいて、いざというときに大胆な男性的行動を仕掛けるのである。

女性的ダンディには、スケールの大きな誘惑ができる。一人の女が彼を独り占めすることはできないが、どの女もそれを夢見ることはできる。彼はあまりにも捕まえどころがない。秘訣は〝あいまいさ〟である。性的には間違いなく異性を指向しているが、肉体と精神は男女二極のあいだを漂い、行ったり来たりする。そこに魅力が生まれるのである。

私は女だ。芸術家は誰しも女であり、また他の女たちを好むものである。ホモセクシュアルな芸術家は真の芸術家ではありえない。なぜなら、彼らは男が好きなのであり、彼ら自身は女なのであるから、逆説的に正常ということになるのである。

——パブロ・ピカソ

男性的ダンディ

一八七〇年代、ヘンリク・ギロット牧師はサンクトペテルブルクのインテリ層の人気者だった。若くハンサムで、哲学と文学に精通し、一種の進歩的キリスト教を説いていた。大勢の若い娘が彼に熱を上げていて、彼を見たいがために説教に押し寄せた。しかし一八七八年、彼は自分の人生を変えることになる少女に出会う。彼女の名前はルー・フォン・ザロメ（のちにルー・アンドレアス・ザロメとして知られるようになる）といい、十七歳だった。彼は二二歳であった。

ザロメは、きらきら輝く青い目をしたきれいな娘だった。彼女は、その年齢の女子にしてはたくさんの本を読んでいて、もっとも難解な哲学と宗教の問題に興味を持っていた。彼女の熱意や知性、機転がギロットを魅了した。彼女は討論のために彼の執務室を頻繁に訪れるようになっていく。彼女が部屋に入ると、その場がぱっと明るくなり活気づくようだった。もしかしたら彼女は若い娘にありがちな、無意識的なやり方で誘いかける態度を取ったのかもしれない。だが、ギロットが彼女を愛していることを認めて結婚を申し込んだとき、彼女はひどくショックを受けてしまう。牧師は混乱し、その後も完全にルー・フォン・ザロメを忘れ去ることができなかった。満たされない熱い思いを一生彼女に抱きつづける、最初の一人となったのだ。その後、多くの著名人が同様の思いを抱くことになるのだが。

一八八二年、ドイツの哲学者、フリードリヒ・ニーチェはイタリアを一人で放浪していた。ジェノアにいたとき、敬愛するプロイセンの哲学者であり、友人のパウル・レーから手紙を受け取った。手紙には、注目すべき若きロシア人女性、ルー・ファン・ザロメとローマで議論を重ねたことが詳しく書かれていた。ザロメはそこで母親と休暇を過ごしていた。レーはお目付役なしで彼女と一緒に街じゅうを散歩し、何度も語り合っていた。彼女の神とキリスト教についての考え方は、ニーチェのそれとかなり近かった。レーが、その有名な哲学者は自分の友人であると話すと、彼女はレーに、ニーチェをローマに呼んでくれるように強く求めたのだ。後便でレーは、いかにザロメが不思議な魅惑に満ちているか、どれだけ彼女がニーチェに会いたがっているかを説明した。哲学者はほどなくしてローマへ向かった。

ニーチェはやがてザロメに会い、圧倒された。見たこともないような美しい目。二人が初めて長い会話を交わしたとき、その目があまりに強い輝きを放つので、ニーチェは彼女の興奮した様子に何か官能的なものを覚えずにはいられなかった。しかし、彼は当惑もしていた。ザロメは打ち解けず、どこか他人行儀で彼からの賛辞にも反応しなかった。何と残酷な娘だろう。数日後、彼女が自作の詩を彼のために朗読すると、ニーチェは涙を流した。彼女の人生観は彼自身のものであるかのようだった。ニーチェは好機を逃すまいと心を決め、結婚を申し込んだ（レーがすでに同じことをしていたのは知らなかった）。ザロメは丁重に断った。彼女の関心事は哲学と人生と冒険であり、結婚ではなかった。ニーチェはくじけず求愛しつづけた。レー、ザロメ、ザロメの母と一緒にオルタ湖へ小旅行に出かけたとき、ニーチェはザロメと二人きりになることに成功し、他の二人をあとに残してモンテ・サクロを歩いて登った。後日、ニーチェは彼女への手紙の中で、この散歩のことを「僕の人生で最も美しい夢」と表現した。いまや彼は取り憑かれた男であった。眺めの良さとニーチェの言葉が功を奏し、どうやら彼女に強い感情を呼び起こしたらしい。ザロメと結婚して彼女を自分だけのものにすること以外、何も考えられなかった。

それから数か月して、ザロメはニーチェを訪ねてドイツにやって来た。二人は長い散歩に出かけ、夜を徹して哲学について語り合った。彼女の言葉はニーチェの最も深い思考を反映するかのようであり、彼の宗教観を読み取っているかのようだった。それでもやはり彼に再び結婚を迫られると、ザロメは彼が社会的慣習に縛られて〝型にはまっている〟と苦言を呈するのだった。何といっても、日常的道徳を超越した人間〝超人〟の哲学的弁護論を展開させたのはニーチェである。だが、ザロメは生まれながらに、ニーチェよりはるかに〝型にはまらない〟人間なのだ。彼女の断固として妥協しない態度がさらに深くニーチェを魅了した。ほのかに感じられる残酷さもまた、彼を魅了するのだった。やがて彼女が結婚する意思はないとはっきりさせた上で彼のもとを去ると、ニーチェは打ちのめされた。心の痛みを紛らわすために、彼は『ツァラトゥストラはこう語った』を執筆する。これは彼女との会話から着想を得た作品であり、昇華されたエロティシズムに満ちていた。それからというもの、ザロメの名はニーチェを振った女としてヨーロッパ中に知れ渡ることになる。

ザロメはベルリンに引っ越した。街のもっとも優れた文化人たちが、彼女の自立心と自由な精神のとりこになっていった。劇作家のゲアハルト・ハウプトマンとフランク・ヴェーデキントが彼女に夢中になった。一八九七年、オーストリアの偉大なる詩人、ライナー・マリア・リルケが彼女に恋をした。それまでに彼女の評判は広く伝わっており、彼女は小説家として作品が出版されるまでになっていた。その事実がリルケの誘惑に一役買ったことは間違いないが、一方で彼はいままで一度も女性に感じたことのない、一種の男性的エネルギーを彼女の中に見出し、そこに魅了されたのであった。リルケはそのとき二二歳、ザロメは三六歳である。彼はラブレターを書き、詩を贈り、どこまでも彼女のあとをついていった。やがて恋愛関係が始まり、それは数年のあいだ続くことになる。彼女は彼の詩を修正し、あまりにもロマンティックな情景描写に規律を与え、新しい詩への着想を与えた。だが、彼の子供じみた甘えや、弱さにうんざりもしていた。いかなる種類の弱さであれ、彼女は我慢ならなかった。結局、ザロメは彼と別れた。彼女との思い出に縛られて、リルケは長いあいだ彼女を追いかけつづけた。一九二六年、彼は死の床に横たわり、医者たちに懇願した。「ルーに訊いてほしい。私のどこが悪いのか。それがわかるのは彼女だけなのだ」

ある男がザロメについてこう書いている。「彼女の抱擁にはどこか恐ろしいところがあった。あの輝く青い目で相手を見つめて言うのだ。『精液を迎え入れるときが私にとっては最高のエクスタシーなの』。彼女には飽くことのない性欲があった。完全に道徳を超越していた。（中略）彼女はヴァンパイアなのだ」。比較的後期に彼女に誘惑された男の一人、スウェーデンの心理療法士、ポウル・ビエレはこう書いている。「ニーチェが、ルーは完全なる悪女だと言っていたのは正しいと思う。悪ではあってもゲーテ的な意味における悪だ。善を生み出す悪なのだ。（中略）彼女は大勢の人生や結婚生活をめちゃめちゃにしたかもしれないが、その存在は刺激的だった」

ルー・アンドレアス・ザロメを前にして、ほとんどすべての男が感じた二つの感情は当惑と興奮である。これは誘惑を成功させるために欠くことのできない二つの感情だ。人々は彼女の男らしさと女らしさが不思議に交錯する魅力に酔わされた。彼女は晴れやかな笑顔と、優雅で誘いかけるような物腰を持つ美しい女性だった。だが、自立心と分析好きな性格が、彼女を妙に男性的に見せた。彼女の目はコケティッシュでもあり、何かを探るようでもあった。その表情に、〃あいまいさ〃が表れていた。当惑させられたために、男たちは彼女に興味と好奇心を抱きつづけたのである。こんな女は他にいなかった。男たちはもっと知りたがった。興奮をもたらしたのは、男たちの抑圧された欲求を刺激する彼女の能力である。

彼女はまったくの〃異端児〃であり、彼女と関わりを持つことは、あらゆる種類のタブーを破るということだった。彼女の男らしさは、二人の関係をどことなく同性愛のように思わせた。ちらりとのぞくほのかな残酷さ、ほのかな傲慢さが、ニーチェの例にあるように、マゾヒスティックな願望を刺激することもあった。ザロメは禁断の性に溢れていた。彼女の男たちへの強力な影響――一生続く盲目的な情熱、自殺（数人あり）、創造力の爆発、ヴァンパイアや悪魔という描写――は、彼女が人の魂の奥底にある闇に包まれた部分に触れ、かき乱すことができたという証明である。

男性的ダンディは、恋愛や誘惑に関して、通常の男性優位のパターンを逆転させることによって成功する。男のはっきりとした自立性、つまり超然とした態度は、男と女の力関係において多くの場合、男を優位に立たせるように思われる。純粋に女らしい女は男心をそそるが、男のいつ起こるかわからない興味喪失に対して弱い。他方、単に男性的な女性については、そもそも男心が刺激されない。しかしながら男性的ダンディの道を進めば、男のパワーをそっくり無力化できる。決して自分のすべてを与えてはいけない。情熱的で官能的である一方、常に自立心と冷静さを感じさせる雰囲気を持つこと。あなたは次の男へと移るつもりでいるかもしれない。少なくとも相手はそう思う。あなたには仕事など他にもっと重要な関心事がある。男たちは、男の武器を使う女とどう戦っていいのかわからない。彼らは興味をそそられ、興奮し、武器を捨てる。男性的ダンディから提供される禁断の快楽を拒める男はそうそういない。

性別不詳な人、あるいは性別を隠している人から仕掛けられる誘惑は、強力である。

――コレット

ダンディになりきる秘訣

今日われわれの多くは、近年になって性の解放が進んだと思っている――良かれ悪しかれ、すべてが変わったと。だが、その大部分は誤解である。歴史を紐解いていくと、好色の時代があったことがわかる（帝政ローマ、一七世紀末のイギリス、一八世紀日本の「浮世」）。そこにはわれわれの経験をはるかに超えた性の自由があった。性役割（ジェンダーロール）は今たしかに変化しているが、過去にも変化はあった。社会は常に変化するものなのだ。だが、中には変化しないものもある。つまり、いつの世も圧倒的多数の人々が、何であれ、その時代において〝正常〟とされることに従うということだ。彼らは与えられた役割を果たすのだ。人類は絶えずお互いを真似る社会的な動物であり、〝調和〟は普遍的なものである。歴史のある一つの時点において、人と違ったり、反抗的になったりすることが流行するかもしれない。それでも、もし大勢の人々がその役割を果たしているのなら、何も人と違わないし、反抗的でもない。

だが、われわれは決して、大多数の人々がやみくもに調和を求めることに文句を言うべきではない。というのは、そのおかげで、多少の危険を厭わない者たちはパワーと誘惑の計り知れない可能性を与えられるからである。ダンディたちはどの時代にもどの文化にも存在した（古代ギリシャのアルキビアデス、一〇世紀末日本の藤原伊周(ふじわらのこれちか)）。どこへ行ったとしても、ダンディたちは他の人々が体制に順応する役割を果たしてくれるおかげで、のびのびとダンディであることを楽しめる。ダンディと他の人々のあいだには、根本的な相違がある。見た目も違うし、振る舞い方も違う。われわれのほとんどは自由がないことに内心押しつぶされそうになっている。そのため、自分たちより自由で、人との違いを堂々と見せつけている人間に関心を持たずにはいられないのだ。

ダンディは恋愛における誘惑だけでなく、社会的な誘惑もする。彼らの周りには人が集まって集団ができる。彼らのスタイルは熱心に真似される。宮廷中が、あるいは集団全体が彼らと恋に落ちる。ダンディの性格をあなた自身の目的に適合させる際には、ダンディが生まれながらに珍しく、美しい花であるということを忘れないように。人目を引くと同時に、美的感覚に訴えるというやり方で他との違いを作り出そう。下品には絶対ならないように。最新トレンドやスタイルを鼻で笑い飛ばし、いままでにない方向に進もう。そして、他人のしていることには完璧に無関心でいること。たいていの人間は自信がない。人々は、あなたが何をしているのか知りたくなる。そして、徐々にあなたのことを素晴らしいと思うようになり、真似をするようになる。それは、あなたが絶対の自信を持って自己表現しているからである。

昔からダンディの特徴といえばその服装であり、たいていのダンディは視覚に訴える独特のスタイルを生み出している。中でもとりわけ有名なダンディのボウ・ブランメルは自分の身支度、特にタイの結び目を真似のできないようなスタイルに整えるのに何時間も費やしたという。彼は一九世紀初頭のイギリスで、このタイの結び目のために国中に名前を知られていた。しかしながら、ダンディのスタイルは決してあからさまなものであってはいけない。ダンディは繊細で神秘的な人間であり、注目されるために自ら努力することなどない――努力しなくても注目されてしまうのだ。周囲から浮くほど服装が違う人間には想像力がないか、センスがないのだ。ダンディの場合、服装の微妙なタッチで違いを出す。それは彼らの社会的慣習への侮蔑のしるしでもある。テオフィル・ゴーティエの赤いチョッキ、オスカー・ワイルドの緑のベルベットジャケット、アンディ・ウォーホルの銀髪のかつら。偉大なるイギリスの首相、ベンジャミン・ディズレーリはとびきり上等のステッキを二本持っていて、一本を午前用に、もう一本を午後用にしていた。どこにいようとも正午になるとステッキを取り替えたという。

　女性のダンディも同様だ。たとえば、ある女性のダンディが男物の服を取り入れるとしよう。もし取り入れるならば、あちこちに彼女のタッチを加えることでその姿は真に際立ったものになる。ジョルジュ・サンドのような着こなしをやってのけた男はいない。丈が長すぎる帽子をかぶり、乗馬靴でパリの街を歩く彼女の姿は目を見張るものだった。

　覚えておいてほしいのだが、何事にも基準となる点（レファレンスポイント）が必要である。もし、あなたの視覚に訴える服装がものすごく変わったものであれば、人々のあなたへの印象は、よくて〝注目を集めるのが好きな人〟、悪ければ〝変人〟になってしまう。そうならないように一般的なスタイルを基準点とし、そこからあなたに合わせて変えていくことで、あなた自身のファッションセンスをものにし、人々の目を釘づけにするのだ。これがうまくできれば、人々はあなたを熱心に真似するようになる。

　一八三〇年代から一八四〇年代にかけての偉大なるロンドンのダンディ、ドルセー伯爵は、お洒落な人々から注目を浴びていた。ある日、ドルセー伯爵はロンドンで突然の暴風雨に遭ってしまい、オランダの水夫が着ていた〝パルトロック〟という重い、フードのついたダッフルコートのような上着を買い取った。パルトロックはたちまち〝一番流行りの〟コートになった。人々があなたの真似をするということは、当然あなたに誘惑するパワーがあることを示しているのだ。

しかしながら、ダンディがしきたりに従わないのは身なりに限ったことではない。彼らを他者と分けるのは彼らの人生に対する態度であり、その態度を身につければ、あなたの周りには追随者たちの輪ができるだろう。

ダンディは極めて厚かましい。彼らは他人のことはどうでもよく、機嫌を取ろうなどとは夢にも思わない。フランスの作家、ラ・ブリュイエールはルイ十四世の宮廷で、あることに気づいた。人の機嫌を取ろうと懸命になる人間は、決まって下降の道をたどる。ご機嫌取りほど非誘惑的（アンチセダクティブ）な人間はいない。バルベー・ドールヴィイが書いたように、「ダンディは女の機嫌を損じることによって機嫌を取る」のである。

厚かましさはオスカー・ワイルドの魅力の基盤であった。ある晩、ロンドンの劇場でワイルドの芝居の初演が終了し、熱狂した観客が作家に向かって舞台に上がるよう大声で求めた。ワイルドは観客を待たせに待たせた。そのあと、ようやく煙草を吸いながら軽蔑しきった表情を浮かべて姿を現わした。「煙草を吸いながらここに上がるのは失礼なことかもしれませんが、私が煙草を吸っているのを邪魔するほうがはるかに失礼なことなのですよ」とファンたちを説教した。ドルセー伯爵も同じように厚かましかった。ある晩、ロンドンのクラブで、ケチで有名なロスチャイルド家の一人がうっかり金のコインを床に落とし、探そうとして腰を曲げた。伯爵はすぐさま一〇〇〇フラン紙幣（コインよりはるかに価値がある）を取り出すと丸めてろうそくのように火をつけ、明るく照らして探すのを手伝うかのように四つん這いになった。こんな無礼が許されるのはダンディくらいである。

レイクの傲慢さは、女を口説き落としたいという欲求と結びついている。つまり、彼にとって他のことはどうでもいいのだ。一方、ダンディの傲慢さは、社会とその慣習をターゲットにしている。ダンディが征服したいのは一人の女ではなく、集団全体、実社会全体なのだ。人々はだいたいにおいて、常に礼儀正しく献身的であるべきだという義務感に抑圧されているため、そんなお上品さを鼻で笑う人間の周りで時間を過ごすのは楽しいものだ。

ダンディは人生の達人だ。彼らは仕事のためではなく、快楽のために生きる。美しいもののなかに身を置き、服の着こなしと同じように飲み食いを楽しむ。古代ローマの偉大なる作家、ペトロニウスは、だから皇帝ネロを誘惑することができたのである。ストア派の偉大なる思想家であり、ネロの家庭教師であった面白みのないセネカと違って、ペトロニウスは宴会から何ということのない会話まで、日々の細々としたすべてのことを素晴らしい美的冒険に変える方法を知っていた。これは周りの人間に無理に押しつけるようなことではない（うっとうしがられてはいけない）。それでも、あなたが自分のセンスに確固たる自信があるように見えるだけで、人々は引き寄せられるのだ。その秘訣は、すべてを美的感覚で選択することである。人生をアートにすることで倦怠感を緩和する能力があれば、人々はあなたとの親交をかけがえのないものと思うだろう。

　異性という存在はよくわからない未知の国のようであり、その〝わからない〟という感覚が人々を興奮させ、適切な性的緊張を生み出す。だが、それは苛立ちと不満のもとでもある。男には女の考え方が理解できないし、その逆もまた然り。お互い相手に自分と同性の人間のように振る舞うことを求める。ダンディは機嫌を取ってはくれない。だが、この一領域においては人を喜ばせてくれる。彼らは異性の心理的特性を自分に取り入れることにより、本来誰もが持っている自己愛に訴える。女はルドルフ・ヴァレンティノの、相手を口説くときに見せるデリカシーと細かい気遣いに共感する。男はルー・アンドレアス・ザロメのコミットする気などさらさらない冷徹さに共感する。

　一一世紀日本の平安朝において『枕草子』の作者の清少納言は、男たち、特に文学好きなタイプにとって強烈に魅力的だった。彼女は確固たる自立の道を歩んでいて、圧倒的な文才があり、少し離れたところから物事を見ているような感じがあった。男たちはまるで彼女が一人の男であるかのように、単なる友人や話し相手のような関係以上のものを求めた。彼女の男性心理への共感に魅せられて、男たちは恋に落ちた。この種の精神的倒錯は、誘惑の重要な要素になり得る。異性の心に入り込み、彼らの考え方に馴染み、彼らの好みや物事に対する姿勢を反映すること——これはあなたの獲物を魅了する一つの方法なのである。

フロイトによると、人間の性的衝動（リビドー）は本来バイセクシャルであり、たいていの人々は同じ性別の人間にある程度引かれているのだが、社会的制約（文化や時代によって異なる）により、そういった衝動は抑え込まれるという。ダンディはそうした社会的制約からの解放を象徴する。シェイクスピア劇のいくつかに共通するこんな話がある。若い娘が変装して（当時、芝居の女役は、実際は男性俳優によって演じられた）少年の格好にならなければいけなくなり、男たちにあらゆる種類の性的興味を引き起こすのだが、あとで実は少年が娘であったことがわかって男たちも喜ぶという話だ（たとえば『お気に召すまま』のロザリンドを思い浮かべてほしい）。ジョセフィン・ベーカー（チョコレート・ダンディとして知られる）やマレーネ・ディートリヒなどのエンターテイナーたちは、自分のショーなどで男装して爆発的人気を得た——男たちのあいだで。

一方、やや女性化された男性、すなわち美少年は、いつの世も女を魅了してきた。ヴァレンティノはその特性を体現した。エルヴィス・プレスリーは女性的な特徴（顔や腰）を持ち、フリルのついたピンクのシャツとアイメークで早い時期に女性の注目を集めた。映画監督のケネス・アンガーは、ミック・ジャガーのことを「バイセクシャルな魅力が、若い女性に対する彼の魅力の重要な構成要素となっていた。（中略）そして、それは彼女たちの潜在意識に影響を与えた」と言っている。実際、西洋文化では何世紀ものあいだ、女性の美は男性の美よりはるかに熱狂的に崇められてきた。そう考えると、モンゴメリー・クリフトのような女性的に見える顔のほうが、ジョン・ウェインの顔より誘惑する力が強かったというのも納得がいく。

ダンディタイプの人間には、政界においても活躍の場がある。ジョン・F・ケネディは男性的な要素と女性的な要素が不思議に混ざり合っていた。ソ連への対応で見せた強靭さやホワイトハウスの芝生で行なうサッカーの試合では男性的だったが、上品で颯爽とした容姿は女性的だった。この〝あいまいさ〟が彼の魅力の大きな部分を占めていた。ディズレーリは、服装においても態度においても正真正銘のダンディだった。そのために彼を疑う者たちもいたが、他人がどう思おうと気にしない剛胆さに尊敬も集まった。もちろん女たちはディズレーリを崇拝した。女性はいつでもダンディを崇拝する。女性には彼の物腰柔らかな態度、美的感覚、服が大好きなところ（言い換えれば、女性的資質）の良さがわかったのだ。実際、ディズレーリの最大の支持者はヴィクトリア女王であった。

あなたがダンディの態度をとると表面上は非難されるかもしれないが、それに振り回されてはいけない。社会は、両性具有に対する不信を訴えるだろう（キリスト教神学では、サタンはしばしば両性具有として表される）。だが、そこには強い興味が隠れているのだ。魅惑的なものほど抑圧されるというのはよくあることだ。遊び心のあるダンディズムを学べば、あなたは人々の闇の中にある、まだ認識されていない願望を引き寄せるマグネットとなるだろう。

そのようなパワーを手に入れる秘訣は〝あいまいさ〟である。誰もがわかりやすい役柄を演じている社会において、どんな基準にも従わないという姿勢が興味をかき立てるのだ。男性的であると同時に女性的であること。厚かましさと同時に感じのよさもあること。繊細であると同時に奇抜であること。社会的に許されるかという心配は、他の人間に任せよう。そういうタイプは、どこにでもいるありふれた人間なのだ。あなたは、彼らには想像もつかないような偉大なパワーを追い求めているのだから。

イメージ

蘭の花（オーキッド）。蘭の花の形と色は、奇妙にも両方の性を連想させる。繊細で非常に洗練されていながら、香りは甘く退廃的である。邪悪な熱帯の花であり、手に入りにくく珍重されている。他に類を見ない花である。

危険性

ダンディの強みであり、問題でもあるのは、彼（または彼女）がしばしば、慣習的な性的役割に逆らう感情の中に深く入り込んでいくことである。この行動は非常に刺激的で誘惑的だが、同時に危険でもある。それは強い不安感を生み出すもとになるものに触れるからである。さらに、もっと大きな危険が同性からもたらされることも多い。ヴァレンティノは女にとって途方もなく魅力的だったが、男からはひどく嫌われた。なよなよとして、まともな男ではないという中傷が絶えずつきまとい、彼は深く傷ついた。ザロメも同様に女から嫌われた。おそらくニーチェの一番近しい友人でもあった彼の妹はザロメを邪悪な魔女とみなし、哲学者(ニーチェ)の死後ずいぶん経ってからも、彼女に対する憎悪に満ちたキャンペーンを新聞紙上で展開した。このような反感を前にしてできることはほとんどない。

ダンディの中には自分で作り上げたイメージと戦おうとする者もいるが、これは賢明ではない。ヴァレンティノは男らしさを証明しようと、ボクシング対決を皮切りに男らしさを見せられるものなら何でもやろうとした。そして結局、悲惨な目に遭った。ときに社会が愚弄してきたら、慇懃無礼な態度で受け流したほうがいい。何といってもダンディの魅力は、他人にどう思われようと構わないというところなのだから。それがアンディ・ウォーホルのゲームの戦い方だった。人々が彼の異様な行動に飽きたり、何かスキャンダルが勃発したりしたら、弁解しようとしたりせず、ただ次のイメージに向かって突き進む――退廃的なボヘミアン、ハイソサエティーの肖像画家などに向かって。かすかな軽蔑の表情を浮かべ、まるで問題は彼にあるのではなく、人々の飽きっぽさにあるのだと言わんばかりに――。

もう一つ、ダンディが気をつけなければいけないのは、傲慢さには限度があるということだ。ボウ・ブランメルには誇りを持っていることが二つあった。引き締まった身体と辛辣なウィットである。彼の最大の後援者は、後年肉づきが良くなった皇太子であった。ある晩、ディナーの最中に皇太子が呼び鈴を鳴らして執事を呼んだ。すると、ブランメルが小馬鹿にしたような口調でコメントした。「鳴らしたまえ、ビッグベンくん」。皇太子は笑わなかった。ブランメルを屋敷から追い出し、二度と口をきかなかった。ブランメルは王室の庇護を失い、貧困と狂気へと落ちていった。

つまり、たとえダンディであっても、調子に乗り過ぎないように気をつけなければいけないということだ。

本物のダンディなら、茶目っ気たっぷりに権力側の人間をからかうことと、本当に相手を傷つけたり怒らせたり侮辱したりすることとの違いは知っている。あなたを傷つけることができるポジションの人間は、侮辱しないようにすることが特に重要だ。要するにダンディの態度をとることが最高に効果的なのは、他人を怒らせても不利益を被らない人間（芸術家、ボヘミアン等々）だけかもしれない。仕事の世界では、おそらくいくぶん形を変え、ダンディのイメージを抑えなければならないだろう。属している集団のしきたりに楯突いて人々に不安を与える人間になるより、他者と違うことが好印象に繋がるような楽しい人間を目指そう。

あるとき、メルクリウスと女神ウェヌスに息子が生まれ、イダ山の洞窟で水の精たちに育てられた。彼の顔を見ると、父親と母親が誰なのか容易に想像できた。名前も両親からもらっていて、ヘルマプロディトスといった。十五歳になるとすぐに、自分が生まれ育った土地をあとにして、辺鄙な場所を訪れては純粋に旅を楽しんだ。（中略）彼はリュキアの町にたどり着き、さらに近くのカリア人の住む土地へ向かった。ここで彼は、底が見えるほど水がとても澄んでいる池を見つけた。（中略）水は水晶のように透き通っていて、池の縁は青々とした芝と草で囲まれていた。そこには、一人の妖精（サルマキス）が住んでいた。（中略）彼女はよく花を摘んでいたが、ある日たまたま、ヘルマプロディトスの姿が目に入った。彼女は一目見た瞬間に、彼を自分のものにしたくなった。（中略）サルマキスは彼に声をかけた。「なんてかわいい人、神様のような人だわ。もし神様なら、もしかしてキューピッド？（中略）もし許嫁（いいなずけ）がいるのなら、内緒で私を愛してくださらない？　もしいないのなら、どうか私をお嫁さんにしてちょうだい。私と結婚しましょう」。妖精はそれ以上言わなかったが、少年の頬は真っ赤に染まった。彼はまだ愛が何かを知らなかった。赤くなった顔さえ魅力的だった。彼の頬は日当たりのいい畑で枝からぶら下がっている、熟れたリンゴのようだった。色をつけた象牙のような、あるいは月食のときに、輝きの下に赤みを帯びた色合いを見せる月のようだった。（中略）それならせめて姉妹にするようなキスだけでもと執拗に迫り、妖精は象牙のような彼の首に腕を回そうとした。「やめてくれ！」、彼は叫んだ。「やめなければ僕はこの場所からも君からも逃げ出すからね！」。サルマキスは不安になった。「この場所はあなたに譲るわ、見知らぬお方、お邪魔はしませんし」。そして彼に背を向け、離れていく振りをした。（中略）一方、少年は一人きりになり誰にも見られていないと思って、ふさふさの草地をあちこち散策していた。そして、そのうちに爪先をぽちゃんと水につけてみた――ついで足首まで入れた。するとと何とも気持ちのよい冷たい水にそそられて、すぐにその若々しい身体を包んでいた、柔らかい衣服を脱ぎ捨てた。その光景に、サルマキスは魔法にかけられたかのようにうっとりとした。あの剥き出しの美しさを自分のものにしたいと彼女の心は燃え上がり、彼女の目は鏡に反射して目も眩む太陽のようにぎらぎらと輝いた。（中略）彼女はもう彼を抱きしめたくて、どうにかなりそうだったが、なんとか自分を抑えていた。ヘルマプロディトスは、くぼんだ手の平で身体を叩くと、池に思い切り飛び込んだ。片方ずつ腕を上げて水をかきながら、彼の身体は透き通った水の中で光を放っていた。まるで誰かが、象牙の像か真っ白な百合の花を透明なガラスのケースに入れたかのように見えた。「私の勝ちだわ！彼は私のものよ！」、妖精は叫んだ。荒々しく服を脱ぎ捨てると、池に飛び込んだ。少年は懸命に抵抗したが、彼女に捕まり、無理やりキスを奪われた。彼女は両手を彼の下に置いたり、嫌がる胸を撫で回したり、彼の身体のあちこちにしがみついた。

逃れようと彼が必死にもがいたにもかかわらず、とうとう彼女はヘビのように彼の身体に巻きついてしまった。ワシによって空高く連れ去られたヘビが、そのくちばしからぶら下がったまま、相手の頭とかぎ爪に身体を巻きつけ、羽ばたく翼にも尾を巻きつけているかのように。（中略）「暴れるがいいわ、バカね。でも逃げられないわよ。どうか神様、私の願いを叶えてください。未来永劫、彼を私から引き離さず、私を彼から引き離さないでください！」。彼女の願いは神々に聞き入れられた。というのも、ともに横たわる二人の身体がくっついて一つになり、二人の人間だったのが一人の人間になってしまったのだ。庭師が木に枝を接木したときに、成長にともなって二つが一つになり、ともに生育していくように。こうして二人の手足がぴったりくっついてしまうと、もはや妖精と少年は二つではなく一つの身体で、それは男とも女とも呼べない、二面性を持つものとなった。それは男と女のどちらでもあると同時に、どちらでもなかった。

オウィディウス『変身物語』

ダンディズムとは、考えのない人々が思うような、身だしなみや物質的な上品さに過度の関心を持つこととは、ほど遠いものだ。身だしなみや気品は、真のダンディにとって、精神の貴族的優越性を単に象徴するものでしかない。（中略）

では、こういった人の信条となり、優れた君主を生み出す抑えきれない情熱とは何なのか。高慢な社会階層を作り上げたこの不文律とは何なのか。それは、何よりも、慣習という枠の中で独創性を出そうとする激しい欲求である。それは一種の自己崇拝であり、一般に錯覚と呼ばれるものすら不要にする。それは人を驚かせる快楽と、決して人に驚かされないという尊大な満足感なのである。

シャルル・ボードレール「ダンディ」

アルキビアデスは、政治手腕、雄弁さ、それに高貴な野望などを示す一方で、ひどく贅沢な暮らしぶりを見せ、酒や色恋におぼれ、着るものは女っぽく、紫色の衣をぞろぞろと引きずって広場を歩き、金を好きなだけ使いまくった。そのうえガレー船に乗れば、寝具を堅い板の上に敷く代わりに、寝心地がよいように甲板を切り取り綱で吊り下げるし、盾を作れば、それに黄金を散りばめて、家代々の紋章の代わりに、いかずちをふるう愛の神エロス像をつけるといった調子だった。こんなありさまを見た町の指導者たちは、腹立たしくやりきれない思いがしたし、人を食ったような無法者ぶりを、君主じみた奇怪なふるまいだと嫌悪した。しかし、民衆が抱いていたアルキビアデスへの思いを、アリストファネスの次の言葉がうまく言い表している。「慕ってはいるが、憎んでもいる。だがやっぱり街にはいてもらいたい。(中略)」と。

実際、アルキビアデスの献金、ショーの後援、街に対する気前のよさ、先祖の名声、弁舌の力強さ、身体つきの美しさ、たくましさ(中略)などには、アテネの町衆はうっとりするばかりで、そのほかのことは大目に見て事を荒立てなかった。そして、アルキビアデスが過ちを犯しても、「若気の至りさ」とか、「意図は立派だ」とか、遠回しな言い方で弁護した。

プルタルコス『プルタルコス英雄伝』

アベ・ド・ショワジーの日記は、ペチコートをはいた男の魅力というものに、さらなる光を——赤裸々な光を——当て、その本質を明らかにしている。アベ・ド・ショワジーは歴史上もっとも素晴らしい男おんなの一人であるが、彼については、後ほどたっぷり話をすることにしよう。この、パリの聖職者であるアベ(師)は、常に女装をしていた。彼はルイ十四世の時代に生き、ルイ十四世の弟の親しい友人であり、女物の服が大好きだった。シャルロットという若い娘が、彼と一緒にいるうちに激しい恋に落ちた。二人の関係が一夜の過ちではないものに発展すると、アベはなぜ自分を愛するようになったのか彼女に訊ねた。(中略)

「他の男の人と違って、用心をする必要がまったくなかったの。私の目には一人の美しい女性以外の何ものでもなかったわ。それに、あなたを愛してはいけないわけなどないでしょう。女物の服のおかげで、あなたはすごく得をしていると思うわ! 心は男だということがすごくいい印象を与える一方で、さまざまな女性の魅力で夢中にさせるの。それも、私たちをすっかり油断させておいてね」

C・J・ブリエット『ヴィーナス・カスティーナ』

ボウ・ブランメルは、日々の身支度にかける情熱が常軌を逸していると世間に思われていた。儀式のような朝の身支度には五時間以上かけた。ぴちぴちのバックスキンの膝丈ズボンに身体を少しずつ押し込むのに一時間、髪を整えるのに一時間、それからまた二時間かけて、糊のきいたクラバットを〝しわくちゃに〟しながら完璧に美しい結び目を作った。しかし、まず最初の二時間で、ミルクと水とオーデコロンの風呂に浸かり、熱心に頭から爪先までごしごし洗ってからの話である。(中略)ひざ丈のブーツを磨くのにはシャンペンの泡しか使わないと、ボウ・ブランメルは言った。彼は嗅ぎタバコ入れを三六五個持っていた。夏にふさわしいタバコ入れを冬に使うことなど問題外である。手にぴったり合う手袋を作るために、裁断は二つの店に依頼した——一つは人差し指から小指用で、もうひとつは親指用である。だが、優雅さを保つことは、時にとても苛酷でどうにも耐え難いものになった。ブースビー卿は自らの命を断ったのだが、あとに残された遺書には、ボタンを留めたり外したりということのつまらなさに、自分はもはや耐えられない、と書いてあった。

レスリー・ブランチ編
『愛の遊戯——ハリエット・ウィルソンの回想録』

(ダンディが) 高めた真の気品ある優雅な立ち居振る舞いは、女性から得たものである。そのような役目が自然と備わっているのは女性だけのようである。女性の態度や作法を使うことによって、ダンディはいくらか優位に立ったのである。そして、このように女らしさを横取りすることで、ダンディは女性自らに気品を認めさせる。(中略) ダンディにはどこか普通ではなく両性具有的なところがあるが、だからこそダンディが魅惑的であり続けることができるのだ。

ジュール・ルメートル『現代人』

ナチュラル

子供時代は〝黄金のパラダイス〟だ。われわれは常に意識的あるいは無意識的に、その子供時代を再現しようとする。ナチュラルは、のびのびしていて、正直で、自分を飾らない。われわれの憧れる子供時代特有の性質を体現している。ナチュラルと一緒にいると、気持ちが安らぎ、その遊び心に引き込まれて、古き良き時代(ゴールデンエイジ)へと戻っていける。また、ナチュラルは自分の弱さを美点にしてしまう。彼らの試練を目にすると、われわれは同情心を引き出され、守ってあげたい、助けてあげたいと思うのだ。まるで子供と一緒にいるように、ほとんどの振る舞いは自然のものである。しかし、なかには誇張された振る舞いもあり、巧みな誘惑を意図的に含んでいる。ナチュラルの態度を取り入れて、人々の警戒心を解き、こみ上げる喜びに抵抗できなくしてしまおう。

ナチュラルの心理的特性

子供というのは、われわれがそうあってほしいと思うほど無邪気な生き物ではない。子供は自分の無力さにつらい思いをし、早い時期に気づくのだ――自分の持つ自然な魅力には、大人の世界での自分の弱い立場を改善するパワーがあるのだと。彼らはゲームを学習する。あるとき、子供の自然な無邪気さに親が負けて、彼の要求が通る。すると、その子供は別のときにそれを戦略的に使う。タイミングを見計らい、大げさにやって思いどおりにするのだ。もし、子供の傷つきやすさや弱さにそれほどの魅力があるのなら、彼らがそれを効果的に使うのも当然だろう。

われわれはどうして子供の自然な姿に魅了されるのか？　まず、何であれ自然なものは、われわれに神秘的な影響を与える。古来、われわれ人類は、自然現象（雷雨や、日食・月食といったもの）に、不安を伴う畏怖の念を植えつけられてきた。文明が進めば進むほど、そういった自然の出来事がわれわれに与える影響力は大きくなった。製造されたものや人工的なものでいっぱいの現代世界に生きるわれわれは、何か予期せぬ、説明のつかないことに強く引きつけられる。子供にもこの自然のパワーがあるが、彼らは恐ろしくないし、人間なので、畏敬の念を起こさせるというより、むしろチャーミングである。たいていの人間は努力して人を喜ばせようとするが、子供は何の努力もせずに人を喜ばせる。それは論理的に説明できるものではない――そして、筋の通らない理不尽なことというのは、しばしば危険なほどに人を魅了するのだ。

もっと重要なことは、子供はわれわれが永遠に追放されてしまった世界の象徴であるということだ。大人の人生は退屈なことや妥協すべきことばかりで、われわれは一種の黄金時代として子供時代の幻想を心に抱く。もちろん実際には、ひどく混乱した苦難ばかりの子供時代を過ごした人もいるだろう。しかしながら、子供時代には確かな恩恵が存在し、子供だったわれわれが毎日を楽しもうとしていたことは否定できない。特別チャーミングな子供に出会うと、どこか懐かしい気分になることも多い。自分自身の黄金の過去を思い出し、自分が失ってしまった資質、取り戻せたらと思う資質を思い起こす。子供を前にすると、その黄金の一部を少しだけ取り戻すことができるのだ。

ナチュラルな誘惑者というのは、自分の中の子供の特性が大人の経験と入れ替えに追い出されるのを、どういうわけか避けられた人々である。そういう人々には、どんな子供にも負けないくらいのパワフルな魅力がある。なぜならそのような特性を維持できたのは、不可思議で驚くべきことのように思えるからである。もちろん、彼らは文字どおり子供のような人間なわけではない。もしそうなら、それはひどく不快なことか、あるいは気の毒なことである。

もっと正確に言えば、彼らが持ちつづけているのはその精神（スピリット）である。この子供っぽさが彼らのコントロールできない何かだと思ってはいけない。ナチュラルな誘惑者たちは、早い時期に、ある特定の資質に人を誘惑する力があり、それを持ちつづけることには価値があることを学ぶのだ。彼らは何とか維持した子供のような特性を、自分の成長に合わせて調整し、その力を巧みに操るのである。まさに子供がその自然な魅力を操ることを学ぶように。そこが大事なところである。同様の力があなたにもある。解放されたくて、うずうずしているいたずら好きな子供が、われわれすべての中に潜んでいるのだ。これをうまくやり遂げるには、自制心をかなぐり捨て、自分を解き放てるようにならなければならない。躊躇しているように見えることほど、不自然なことはないのだから。かつて持っていた気持ちを思い出そう。

かつての気持ちが意識せずとも戻ってくるようになろう。子供っぽい性格が見え隠れする中途半端な大人よりも、手に負えないほど分別がなさそうな、とことんまで行く人間に対してのほうが世間は寛容である。今みたいに礼儀正しく控えめになる前の自分がどんな人間であったか思い出そう。ナチュラルの役割を担うためには、どのような人間関係においても、心のなかで自分を子供、または年下の人間として位置づけること。

大人のナチュラルの主なタイプは次のとおりである。心に留めておいてほしいのは、もっとも偉大なナチュラルは、多くの場合、二つ以上の資質を併せ持っているということだ。

〈イノセント〉イノセンスの基本は、〝弱さ〟と〝世間知らず〟である。厳しくて冷酷な世界において、イノセンスは失われる運命にあるために〝弱い〟。子供には自分のイノセンスを守ることも、そこにしがみつくこともできない。子供は善悪がわからず、曇りのない瞳を通して物事を見るために〝世間知らず〟なのである。子供の弱さは同情を誘う。子供の世間知らずな様子は笑いを誘う。笑いと同情の混合ほど魅力的なものはない。

大人のナチュラルは、本当にイノセントなわけではない――実社会で揉まれた大人が、完全にイノセントでありつづけるのは無理である。それでもナチュラルは、心の底から自分のイノセントな物の見方を失いたくないと思っているために、イノセンスの幻影に包まれたままでいられる。彼らは自分の弱さを誇張し、それにふさわしい同情を引き出す。彼らは未だに曇りのない瞳で世の中を見ているように振る舞う。大人がそれをやると、いっそうユーモラスなのである。意識的にやっている部分がほとんどだが、効果を上げるには、さりげなく、自然な行動に見えなくてはいけない。もしイノセントを装おうとしていると知れたら、哀れな人間だと思われるだろう。自分の弱さを伝えるためには、何事もあからさまにせず、顔や目の表情、あるいは自分が陥った状況を通して、遠回しに伝えたほうがいい。このタイプのイノセンスは、ほぼ〝ふり〟なので、あなたの目的に合わせて調整しやすい。本当の弱さや弱点があれば、それを強調することを覚えよう。

〈わんぱく〉わんぱくな子供はわれわれ大人が失ってしまった、恐れを知らない心を持っている。それは、彼らが自分の取る行動のために起こり得る結果（誰かを怒らせるかもしれないとか、行動の過程でケガをするかもしれないとか）を考えないからである。わんぱくな子供は図々しい。あっぱれなほど思いやりがない。彼らの快活な精神は、周囲を明るくする。そういう子供たちは、行儀よく礼儀正しくしろと叱られて意気消沈した経験がまだ少ないのだ。われわれはひそかに彼らを羨む。大人だって、やんちゃをしたいのだ。

大人のわんぱくは魅力的である。あまりにも他の人間と違うからである。慎重さが求められる世の中で、爽やかな風のように感じられる。まるで制御不能であるかのようにパワー全開で行動する。だからこそ自然なのだ。もしあなたがこの役柄を演じるのであれば、ときどき人々を怒らせてしまっても気にしないように――人々はあなたを愛さずにはいられないのだから。必ず許してくれるだろう。ただし謝ったり、後悔しているような素振りを見せたりしないこと。そんなことをすれば魔法が解けてしまう。何を言おうとも何をしようとも、いたずらっぽく目を輝かせて、何事も真面目に受け取る気などないことを示そう。

〔奇才〕 神童と呼ばれる子供は、特別な素質を持っている。音楽、数学、チェス、スポーツといったものに対する天賦の才である。溢れんばかりの能力を生かせる活動をしているとき、神童たちは、まるで取り憑かれたように没頭する。苦労など何もないかのように自然である。彼らがモーツァルトのようなタイプの芸術家や音楽家なら、その作品は、何か生まれ持った衝動から飛び出てくるかのようであり、意外なほど頭を使っている様子がない。一方、身体的な素質を持つ子供には並外れたエネルギーや器用さ、自発性が備わっている。どちらの場合においても、子供たちはとてもその年齢とは思えない才能の持ち主だ。それが、われわれを強く引きつける。

多くの場合、大人の奇才は昔、神童だった人々で、珍しいことに子供ゆえの〝直情性〟と〝即興のスキル〟を失わずにいられた人々である。真の〝自発性〟は貴重なものだが、それを持っている大人は珍しい。普通は人生のいろいろなことが重なり合って、われわれから自発性を奪ってしまうからだ――われわれは慎重に意図的に行動するようにしなければならない。他人の目に自分がどう見えるか考えるようにしなければならない。奇才を演じるには〝即興のスキル〟とともに、あなたにとって簡単で自然に見える何らかのスキルが必要である。もし、実際に練習が必要だったら、それについては隠しておき、努力の必要がないように見せよう。あなたが苦労を隠せれば隠せるだけ、あなたのすることは、より自然に魅力的に見えるだろう。

〈身構えない恋人〉 人は年を取るにつれて自分の中に閉じこもり、つらい経験から自分を守ろうとするようになる。その代償として、肉体的にも精神的にも柔軟性を失っていく。ところが、子供というのは本質的に無防備であり、新たな経験を容易に受け入れる。この〝受容力〟は非常に魅力的である。子供を前にすると、彼らのオープンな雰囲気につられて、われわれも少し柔らかくなれる。だからこそ、われわれは子供の近くにいたいと思うのだ。

身構えない恋人は、このような自己防衛のプロセスをたどることなく、子供の遊び心とともに受容の精神を失わなかった人間である。多くの場合、この精神は外見に現われる。優雅で、他の人々より年の取り方がゆっくりであるように感じられる。ナチュラルの持つ性質の中でこれが一番役に立つ。自分を守ろうとすることは、誘惑では命取りなのだ。あなたが自分を守れば、他の人々もあなたに対して身構えるようになる。身構えない恋人は自分のターゲットのガードを低くする。誘惑には欠かせない部分である。身構えるような反応をしないことが大切だ。抗うのではなく屈しよう。他人からの影響を受け入れよう。そうすれば彼らをもっと簡単に魅了することができるだろう。

代表的なナチュラルたち

1 イングランドで育ったチャールズ・チャップリンは子供のころ、何年もひどい貧乏暮らしをした。特に母親が施設に収容されてからは大変だった。一〇代前半から生きるために働かざるを得ず、寄席演芸(ヴォードヴィル)での仕事にありつき、やがて喜劇役者として多少の成功を経験した。チャップリンは非常に野心的だった。一九一〇年、映画業界で勝負がしたいと、十九歳という若さでアメリカに移住した。ハリウッドへの道を進む中で、たまにちょっとした役がもらえることはあったが、競争は激しく、成功は遠い夢のように思えた。チャップリンにはヴォードヴィルでものにしたギャグのレパートリーがあったものの、サイレント・コメディにおいて決定的に重要な部分である、身体を使ったユーモアに秀でたものが特になかった。彼はバスター・

キートンのような〝体操選手〟ではなかった。

一九一四年、彼は『成功争い』という短編映画で主役の座を手に入れた。役柄は詐欺師。役のための衣装をあれこれ考える中で、何サイズも大きなズボンを穿き、そこにダービーハット、左右逆に履いたとんでもなく大きな靴、ステッキ、付け髭を加えてみた。この衣装からまったく新しい役が浮かび上がってくるようだった――まずはおかしな歩き方、それからステッキをくるくる回す動き、それから次々とあらゆるギャグが誕生した。撮影所の所長、マック・セネットは『成功争い』を面白く感じなかったため、チャップリンに映画界での将来があるのか疑わしいと思っていた。しかし、何人かの映画評論家はそれとは逆の感想を持った。業界誌のレビューの一つは「この作品の中で厚かましく洒落っ気たっぷりの詐欺師を演じるこの才気ある俳優は、第一級の喜劇役者である。天賦の才能を持つ、生まれながらの天才だと思わせるような演技である」と書いた。観客も好反応を示した――この作品は高収益を上げた。

『成功争い』のいったい何が観客の琴線に触れ、サイレント映画で働く大勢の喜劇役者からチャップリンを際立たせたのかといえば、それは彼が演じた役柄の哀れなほどの天真爛漫さである。これはものになるかもしれないと感じたチャップリンは、あとに続く作品の中でさらなる役作りを進め、その天真爛漫さに磨きをかけていった。大事なのは、子供の目を通して世界を見ているかのように見せることだった。『チャップリンの掃除番』で、チャップリンは銀行の掃除夫を演じている。銀行に押し入った強盗を自分がやっつける白昼夢を見る男の役である。『チャップリンの番頭』では、おじいさんの時計をバラバラに壊してしまう未熟な店員を演じている。『担え銃』では、第一次世界大戦中の劣悪な環境の塹壕内で生活する一兵卒の役であった。戦争の恐ろしさに対して、純真な子供のような反応を見せる兵士を演じている。チャップリンは、彼の作品に必ず自分よりも身体の大きな役者を選ぶようにしていた。潜在的に彼らを大人のいじめっ子、自分を無力な幼い子供と位置づけていたのだ。役作りに深みが増すにつれ、不思議なことが起きた。役柄と現実の世界にいる彼が同化しはじめたのである。苦労の多い少年時代を過ごしたのにもかかわらず、彼の心にはいつもその思い出があった（『チャップリンの勇敢』のために、彼はハリウッドに子供の頃のロンドンの街そっくりのセットを作った）。彼は大人の世界を信用せず、若者や、気持ちが若い人々と一緒にいるほうが好きだった。彼の妻となった四人のうち三人が、結婚当時ティーンエイジャーであった。

チャップリンは他のどの喜劇役者より、笑いと涙が入り混じった反応を人々から引き出した。人々は犠牲者である彼の役柄に共感し、迷子の犬に抱くような哀れみの気持ちを持った。人々は笑いもしたし、泣きもした。チャップリンが演じた役柄は、彼の内面のどこか深いところから生まれたものだ――観客は、そう感じていた。彼の偽りのない気持ちがこもっていると。そして、本当は自分自身を演じていたのだと。『成功争い』から数年のうちに、チャップリンは世界で最も有名な俳優となっていた。チャップリンの人形、コミック、おもちゃ、流行歌が出回り、彼について書かれた短編小説が刊行された。彼は世界共通の偶像（アイコン）となった。一九二一年、ロンドンを離れてから初めての帰郷を果たすと、まるで偉大な将軍の凱旋であるかのように、おびただしい数の群衆に出迎えられた。

大衆・国家・世界を誘惑するもっとも偉大な誘惑者たちは、人々の潜在意識を刺激し、反応を引き起こす術を知っている。誘惑される者は、自分の反応を理解することもコントロールすることもできない。チャップリンがこのパワーにふと思い当たったのは、自分の弱さを強調することにより、また自分は大人の身体の中に子供の心を持っているのだとほのめかすことにより、彼が観客にもたらすことのできる影響を発見したときだった。二〇世紀初頭、世界は本質的かつ急激に変化していた。人々の労働時間がどんどん長くなり、機械的な仕事がどんどん増えていった。第一次世界大戦による荒廃が明らかにしたように、世の中は着実に人間味を失い、無情になっていった。革新的変化の真っただ中で身動きが取れなくなった人々は、黄金のパラダイスである、失われた子供時代を恋しく思った。

チャップリンのように〝大人になりきれない人〟は、非常に強い誘惑の力を持つ。かつて人生はもっと単純で生きやすかったという幻想や、少しのあいだ、あるいは映画を観終わるまではその人生を取り戻せるのだという幻想を、彼は与えてくれる。残酷で道徳観念のない世界において、天真爛漫であることは、人の心を動かすとてつもなく大きな力となるのだ。大切なのは大真面目に天真爛漫になることである。スタンダップコメディで突っ込み役が大真面目に突っ込むように。だが、それよりもっと大事なことは、同情を引き出すことだ。いかにも強そうな、権力を持っていそうな態度が魅力的に見えることはまずない——それは人々を恐れさせるか、あるいは羨(うらや)ましがらせる。誘惑への近道は、あなたの傷つきやすさや無力さを強調することである。

だが、露骨にやってはいけない。同情を引こうとしているように見えるということは、愛情に飢えているように見えるということであり、これはまったく非誘惑的(アンチセダクティブ)である。自分は犠牲者だとか負け犬だとか、声高に訴えてはいけない。あなたの態度や、戸惑いを通して伝わるようにすること。〝自然な〟弱さを見せれば、あなたはたちまち愛すべき存在になる。人々の警戒心を解き、彼らに心地いい優越感を持たせるのだ。誰か他の人に有利で、あなたが弱く見える状況に身を置こう。いじめっ子といたいけな子羊の関係である。あなたのほうで努力をしなくても、人々はあなたに同情する。いったん人々の目が感傷という靄(もや)で曇ってしまえば、いかにあなたに操られているのか、彼らにはわからない。

2

一八四二年にイングランドのプリマスで生まれたエマ・クラッチは、中流階級のきちんとした家柄の出身だった。父親は作曲家であり音楽教授で、オペレッタの世界での成功を夢見ていた。子供がたくさんいる中で、エマが彼のお気に入りだった。彼女は素晴らしい子供だった。溌剌として、人にじゃれつくのが好きで、髪は赤く、顔にはそばかすがあった。父親は彼女を溺愛し、演劇の世界での輝かしい将来を約束した。あいにく父親には影の側面があった。彼は山師であり、賭博師であり、レイクであった。一八四九年、彼は家族を置き去りにして、アメリカへと旅立ってしまった。クラッチ家はいまやひどい困窮ぶりであった。エマは父親が事故で亡くなったと聞かされ、修道院に送られた。父親を失ったことが彼女に根深い影響を与えてしまう。年月が経つにつれて、彼女は過去の思い出から抜け出せなくなり、まるでいまも父親に溺愛されているかのように振る舞うのだった。

一八五六年のある日、エマが教会から歩いて帰る途中、身なりの立派な紳士がケーキをご馳走すると言って彼女を家に誘った。エマは紳士の家までついていった。だが、彼が次に取った行動は、自分の欲望を満たすために彼女を利用することだった。翌朝、ダイヤモンド商であるこの男は、彼女のための家を用意すること、彼女を大事に扱うこと、お金に不自由はさせないことを約束した。彼女はお金を受け取ったが、男とは別れ、ずっとやりたいと思っていたことをやろうと決心した。二度と家族に会わない、二度と誰にも頼らない。そして父親が彼女に約束した、一流の生活を送るのだ。

ダイヤモンド商からもらったお金で、エマは素敵な服を買い、安いフラットを借りた。コーラ・パールという派手な名前を使うことに決め、ロンドンのアーガイル・ルームズに足繁く通うようになった。アーガイル・ルームズというのは高級ジン・パレスで、娼婦と紳士が親しくなる場所であった。アーガイルの経営者、ビッグネルは、彼の店に来るようになったこの新顔に気づいていた。彼女は若い娘にしては非常に厚かましかった。四五歳の彼は（ずっと年上だったが）、彼女の恋人兼庇護者になることを決め、お金を惜しみなく与え、最大限の配慮をした。翌年、彼は第二帝政の栄華を極めるパリに彼女を連れていった。コーラはパリに夢中になり、その名所すべてに魅せられた。中でも一番感動したのは、ブローニュの森で見た、豪華な四輪馬車の行列だった。ここは上流社会の人々が散歩に来る場所だった――皇后、皇女たち、そして何と言っても一流の高級娼婦（クルチザンヌ）たち。彼女たちの馬車が中でも一番豪奢だった。これこそ、父が彼女に望んでいた種類の生活を手に入れる方法だった。彼女はすぐにビッグネルに話をした。彼がロンドンに帰るとき、自分は一人ここに留まると。

コーラはあちこちの〝適切な〟場所に足繁く通い、ほどなくして、裕福なフランス紳士たちの知るところとなった。人々は彼女が鮮やかなピンクのドレスで街を歩くのを見た。ドレスの色が彼女の燃えるような赤い髪、青白い顔、そばかすを美しく見せていた。人々は、彼女が右へ左へと鞭を打ち、ブローニュの森を荒々しく駆け抜けていくのを見た。人々は、彼女がカフェで男たちに囲まれて、ウィットに富んだ無礼な言い回しで彼らを笑わせているのを見た。人々はまた、彼女の素晴らしい話も耳にした――だれにでも喜んで身体を見せてくれるという話を。パリ社交界のエリートたちが彼女を口説きはじめた。とりわけ年齢が上の男たちは、冷ややかで計算高いクルチザンヌにうんざりして、コーラの少女のような気質を素晴らしいと思った。彼女が陥落させた様々な男たち（オランダ王室の継承者であるモルニー公爵や、皇帝の従兄弟のナポレオン公）からどんどんお金が入るようになると、コーラはそれをとんでもなく突飛なもの――クリーム色の馬たちに引かせた虹色の馬車、彼女のイニシャルの金の象眼が施された、ローズ色の大理石のバスタブ――に使うのだった。紳士たちは他の男に負けじとばかりに彼女に贅沢をさせた。全財産を彼女につぎ込んで、わずか八週間で使い切ってしまったアイルランド人の恋人もいた。しかし、コーラの愛情はお金では買えない。彼女はほんのちょっとした気まぐれで男を捨ててしまうのだ。

コーラ・パールの無軌道ぶりと礼儀作法を軽んじる態度は、パリ中の人々をピリピリさせた。一八六四年、彼女はオッフェンバックのオペレッタ『地獄のオルフェ』の中のキューピッド役で舞台に立つことになった。世間の人々は、センセーションを起こすために彼女がどんなことをするのか見たくてうずうずしていた。やがてその時が来た。彼女は裸同然の姿で登場した。一応、高価なダイヤモンドがあちらこちらにつけられていたが、身体を隠す役目はほとんど果たしていなかった。彼女が舞台の上で飛び跳ねると、ダイヤモンドが落ちてきた。どれも大変値打ちのあるダイヤモンドである。彼女は屈んで拾い上げたりせず、フットライトのほうに転がっていくままにしておいた。観客席の紳士たちは熱狂的に拍手喝采した。その中には転がったダイヤモンドを彼女に贈った男たちもいた。このような風変わりで滑稽な行動が、コーラをパリの人気者にした。彼女は、一八七〇年の普仏戦争により第二帝政が終わるまで、一〇年以上にわたり、この街の最高級クルチザンヌとして君臨したのである。

肉体的な美しさや気品、あるいはあからさまな色気が、人を誘惑的にするのだと誤って信じてしまうことはよくある。けれども、コーラ・パールに劇的な美しさはなかった。身体つきは少年のようだったし、彼女のスタイルはけばけばしくて悪趣味だった。それでもヨーロッパ中の最高にいい男たちが、彼女に好かれようと争い、その過程で身を滅ぼす者たちもいた。男たちの心を奪ったのは、コーラの気質であり、態度であった。父親に甘やかされて育ったために、人が自分を甘やかすのは自然なことだと思っていた――男はみんな同じようにすべきだと。その結果、子供と同じように、彼女は人の機嫌を取らなければならないと思ったことがなかった。コーラの他人に依存しないという強い姿勢が、男たちに彼女を所有して手懐けてみたいと思わせたのだ。彼女は一度もクルチザンヌより上の人間のふりをしたことはない。だから、彼女の厚かましさも、淑女が同じことをしたら礼儀を知らないと思われるだろうが、彼女にあっては自然で楽しいことのように見えた。そして甘やかされた子供と同様、自分の条件を呑まない男とは付き合わなかった。男が彼女を変えようとしたとたん、彼女は興味を失った。これが彼女の驚くべき成功の秘密なのだ。

甘やかされた子供というのは、不当に悪く言われるものだ。たしかに物品面で甘やかされた子供には、鼻持ちならない人間が多い。しかし、愛情たっぷりに甘やかされた子供は、自分に深い魅力があることを知っている。これは彼らが成長したとき、明らかに有利である。フロイトによると（これは彼が自分の経験から言ったことである。彼は母親に溺愛された）、甘やかされた子供は生涯消えない自信を持つという。この自信が周囲に影響を及ぼし、人々を自分に引き寄せる。そして好循環のプロセスの中で、さらに周囲が自分を甘やかすように仕向ける。彼らの精神と天性のエネルギーは、しつけをする親に抑えつけられたことがないため、大人となった彼らは冒険好きで大胆で、いたずら好きだったり厚かましかったりする。

教訓はシンプルだ。親から甘やかされるには遅すぎるかもしれないが、他の誰かがあなたを甘やかすように仕向けるのに遅すぎるということは決してない。すべてはあなたの態度しだいである。臆病で、いつもおどおどしていて人生に多くを求めない人間は軽視されがちだ。一方で、人生に多くを求める人間に人々は引き寄せられる。向こう見ずな独立心には人を挑発する力がある。われわれは興味を引かれると同時に、挑戦状を突きつけられる――自分こそがじゃじゃ馬を手懐ける人間になりたい、その気骨ある人間を自分に依存するように仕向けたいと思う。誘惑の半分は、そんな競争心に火をつけることである。

3

一九二五年、一〇月、パリの人々は「ルヴェ・ネーグル」の初演をいまかいまかと待ちわびていた。ジャズは、というより、アメリカの黒人社会発祥のものすべてが最新の流行であった。ルヴェ・ネーグルを構成するブロードウェイのダンサーやパフォーマーは、アフリカ系アメリカ人だった。初演の夜、ホールはアーティストや上流社会の人々でいっぱいだった。ショーは人々の期待どおり素晴らしかったが、ラストナンバーは観客のまったく予期せぬものだった。パフォーマーは非常に魅力的な顔をした、足長でいささかアンバランスな肢体の女性、ジョセフィン・ベーカーだった。イーストセントルイス出身の二〇歳のコーラスガールである。彼女は胸を剥き出しにして、サテンのビキニボトムの上に羽根で作ったスカートを穿き、首と足首の周りにも羽根をつけた格好で舞台に現われた。彼女のナンバー『ダンス・ソヴァージュ』には、もう一人の、やはり羽根を身体中につけたダンサーがいたのだが、すべての観客の目が彼女に釘づけになっていた。彼女の全身には、いままでに見たこともないような躍動感が漲っていた。脚の動きは猫のようにしなやかで、尻を旋回させる動きは、ある批評家からハチドリの動きにたとえられた。ダンスが進むにつれ、彼女は観客の熱狂的な反応に乗せられて、まるで何ものかに取り憑かれたかのようになっていった。そして、その顔の何ともいえない表情。彼女は最高に楽しんでいる。彼女の放つ喜びが、その官能的なダンスを妙に無邪気な、いくぶんコミカルでさえあるように見せた。

翌日には噂が広まっていた。スター誕生である。ジョセフィンはルヴュ・ネーグルの看板ダンサーとなり、パリは彼女の魅力にひれ伏した。一年経たないうちに、そこら中のポスターに彼女の顔が載るようになる。ジョセフィン・ベーカーの香水、人形、洋服がちまたに溢れた。流行に敏感なフランス女性たちは、〝ベーカーフィックス〟という商品を使ってベーカー流に髪をなでつけた。彼女たちは肌の色まで変えようとしていた。

急に有名になったことで、彼女の置かれた状況はがらりと変わった。ほんの数年前までは、アメリカでもっとも悲惨なスラム街の一つ、イーストセントルイスで暮らす一人の少女だった。八歳で働きはじめ、白人の女に雇われて家々の掃除をした。その女は、事あるごとに彼女をぶった。ネズミがはびこる地下室で眠ったこともあった。冬に暖房があったことはない（彼女の野生的なスタイルのダンスは、身体を暖めるために彼女が考え出したものである）。一九一九年、ジョセフィンは家出をし、パートタイムのパフォーマーとしてヴォードヴィルに出るようになった。二年後、金もなく、何の伝手も持たずに彼女はニューヨークにたどり着いた。道化役のコーラスガールとして、寄り目と顔をくしゃっとさせる芸風でコミックリリーフをやり、多少の成功を経験した。だが、決して抜きん出た存在ではなかった。その後、パリに誘われる。フランスはアメリカよりさらに自分たちに厳しいかもしれないという不安から、話を辞退した黒人パフォーマーたちもいたが、ジョセフィンはチャンスに飛びついた。

ルヴュ・ネーグルでの成功にもかかわらず、ジョセフィンが思い違いをすることはなかった。パリっ子たちは気紛れなことで有名である。彼女は自分の立場を逆転させることにした。まず、彼女はどのクラブとも提携することを拒否し、自分の意のままに契約を破棄するパフォーマーという評判を立てた。そして、いつでもすぐにフランスを立ち去る用意はできているということをはっきりと示した。彼女は子供の頃から、相手が誰であれ人に頼ることを恐れてきた。しかし、もう誰も彼女を軽く見る者はいない。これにより興行主はますます彼女を追いかけるようになり、彼女に対する世間の評価はますます上がったのだった。

そして、黒人文化がもてはやされるようにはなったものの、フランス人は一種のカリカチュアと恋に落ちたのだと彼女は感じていた。成功するために必要なことなら、それはそれでいい。だが、ジョセフィンは自分がその誇張されたイメージを真面目に受け止めていないことをはっきりと示した。むしろそれを逆手に取り、彼女は〝流行の最先端を行くフランス女性〟になっていった。黒人文化の滑稽化（カリカチュア）を、白人文化の滑稽化（カリカチュア）に逆転させたのだ。すべては演じるべき役柄だった――喜劇女優、半裸のダンサー、超スタイリッシュなパリっ子。彼女は何をするにしても、本当にのびのびとしていて少しも気取るところがない。だからこそ世慣れたフランス人たちを何年も魅了しつづけたのである。一九七五年の彼女の葬儀は、フランス全土でテレビ放送された。大々的な文化的催しとされたのである。彼女の埋葬は、通常、国家元首にしか示されない種類の物々しさをもって執り行なわれた。

物心ついた頃から、ジョセフィン・ベーカーは、世の中には自分の力ではどうにもできないことがある、と感じることに耐えられなかった。といって、見込みのない境遇にいる彼女に何ができただろう？　すべての望みを夫にかける若い女たちもいた。だが、ジョセフィンの父親は、彼女が生まれてまもなく母のもとを去った。彼女は結婚を、自分をいま以上に惨めにするだけのものであると考えた。彼女の解決策は、子供がよくやることだった。絶望的な状況に直面した彼女は、自分自身が作り出した世界に閉じこもり、周りの嫌なことなど気にしなくなったのだ。その世界では踊ったり道化をしたり、素敵な夢を見たりするのに忙しい。嘆き悲しむのは他の誰かに任せよう。にっこり笑い、自信を失わず、独立独歩を貫くのだ。彼女に会ったことのあるほとんどの人が、いかにその資質が誘惑的であったかコメントしている。妥協することへの、あるいは人の期待どおりの人間になることへの拒絶が、彼女のすることすべてを本物で自然なことに見せたのである。

子供は遊ぶのが大好きで、小さな自己充足的な世界を作り出すのが得意である。ごっこ遊びに夢中になっている子供はたまらなくチャーミングだ。彼らは大真面目に感情たっぷりに想像上のもので遊ぶ。大人のナチュラルもそれと似たようなことをする。とりわけアーティストの場合はそうである。彼らは自分自身の空想の世界を作り上げ、まるでそれが本物の世界であるかのようにその中で暮らす。空想は現実よりはるかに心地よいものだが、たいていの人間はそんな世界を作り出すパワーや勇気がない。だからこそ、それができる人間のそばにいることが好きなのだ。

覚えておいてほしい。人生においてあなたが与えられた役割というのは、あなたが受け入れなければいけない役割ではない。あなた自身が作り上げた役割を、あなたの空想にふさわしい役割を、いつでも生きることができるのだ。あなたのイメージを操れるようになろう。決して真剣になりすぎてはいけない。その秘訣は、子供のように確信を持って気持ちを込めて演じ、自然に見えるようにすることである。あなたが喜びに満ちた世界に夢中になっているように見えれば見えるほど、誘惑する力は強くなる。中途半端にしてはいけない。あなたの住む空想の世界を可能なかぎり過激でエキゾティックにしよう。そうすれば、あなたは磁石のように注目を集めるだろう。

4

一〇世紀末の日本、平安御所で桜の宴が催された。夜も更けて、宮中の廷臣たちは皆、酔っ払っているか、正体なく眠っているかであったが、帝の義理の妹である若き姫君は、一人起きて歌を詠んでいた。「春の朧月夜（おぼろづきよ）ほど美しい月夜はない」。その声は淀みがなく、透き通っていた。彼女は部屋の戸口に近づき、月を見ようと思った。すると突然、何か甘い香りがしたかと思うと、誰かに着物の袖を掴まれた。「誰？」。びっくりして彼女は言った。「何も怖がることはありません」と男の声がした。男は続けて自身の歌を詠んだ。「私たちは夜更けの朧月夜を美しいと思う。二人にはおぼろげではない前世の契りがあるからでしょう」。それだけ言うと、いきなり姫君を引き寄せ、抱き上げて、部屋の外の回廊に連れ出し、後ろ手に戸を閉めた。彼女は恐怖に襲われ、助けを呼ぼうとした。暗闇の中、さっきより少し大きな声が聞こえた。「そんなことをしてもムダですよ。私は何をしても許される身なのです。ただ静かにしていらっしゃい」

姫君は声の主に思い当たった。その甘い香りにも。帝と、いまは亡き側室のあいだに生まれた若き皇子、源氏の君である。彼の衣服からは独特の香りがした。その男が自分の知っている人だったことで、いくぶん気持ちが落ち着いたものの、一方で、彼の評判も知っていた。源氏は宮中一救いようのない誘惑者であった。何者も彼を止めることはできない。しかも彼は酔っている。もうすぐ夜が明けると、じきに見回りの者たちがやって来るだろう。彼女は源氏と一緒にいるところを見つかりたくなかった。だがそのとき、彼の顔の様子がうっすらと見えはじめた――なんて美しい、なんて誠実そうなお顔。悪意など微塵も感じられない。彼がうっとりするような声で、さらにいくつか歌を詠んだ。その言葉には強い暗示が込められていた。魔法にでもかけられたかのように、彼の作り出したイメージで頭がいっぱいになり、彼の手から注意が逸れていく。もはや彼女は抵抗できなかった。

辺りが明るくなりはじめると、源氏は立ち上がった。彼は姫君に二言三言、優しい言葉をかけ、扇を交換し合うと、すぐに立ち去った。この頃には女房たちが参内しはじめていた。女房たちは、源氏が香の匂いをあとに残しながら急ぎ足で立ち去っていく姿を目にすると、またいつもの悪い癖だと笑った。けれども、まさか帝の正妻の妹に手を出すとは夢にも思っていなかった。

その後何日も、姫君は源氏のことしか考えられなかった。他に何人も女がいるのはわかっていた。だが、彼を頭から追い出そうとすると、手紙が届き、また振り出しに戻るのだった。真夜中の来訪を忘れることができず、手紙のやり取りを始めたのは、実は彼女のほうだった。もう一度会わずにいられなかった。見つかるリスクに加えて、帝の正妻である姉の弘徽殿(こきでん)が源氏を憎んでいるという事実があるにもかかわらず、姫君は自室でのさらなる逢瀬(おうせ)の手筈を整えるのだった。だが、ある夜、嫉妬深い家人に、二人でいるところを見られてしまう。それはすぐに弘徽殿の知るところとなり、激怒した彼女は、源氏を宮中から追放することを要求する。帝は同意するより仕方がなかった。

源氏は遠くへ去り、事態は収拾した。その後、帝が崩御し、第一皇子があとを継いだ。宮中に虚しさが立ちこめた。源氏に口説き落とされた女たちは、彼がいないことに耐えられず、大量の手紙を送りつけた。一度も彼と親しくなったことのない女たちまでが、いまも彼の香の匂いが残る衣服など、彼が残した物を見ては嘆き悲しんだ。新帝も、源氏のひょうきんさを恋しく思っていた。女たちは彼の琴の音を聴きたいと願った。姫君は彼の真夜中の来訪を思って胸を焦がした。とうとう弘徽殿まで気分が滅入ってしまい、彼女も源氏には抗えないことを悟った。こうして源氏は宮中に呼び戻された。彼は許されただけでなく、大歓迎を受けた。若き帝みずからが、目に涙を浮かべてこの不埒者を出迎えたのである。

★★★

平安朝の女性、紫式部によって書かれた、一一世紀の小説『源氏物語』の一節である。源氏の君という主人公は、おそらく実在の人物、藤原伊周（ふじわらのこれちか）をもとにしている。たしかに、同時代のもう一つの書物、清少納言の『枕草子』の中に、この女流作家と伊周との出会いの記述があり、彼の素晴らしい魅力と、女性に対する、ほとんど魔法のような影響力が明らかにされている。源氏はナチュラルであり、身構えない恋人である。生涯にわたって女性に執着するが、女性への理解と愛情が、彼にたまらない魅力を与えている。物語の中で彼が姫君に言うように、「私は何をしても許される身」なのだ。この自分を信じる心が源氏の魅力の半分を占める。抵抗されても彼はむきにならない。優雅に引き下がって少しばかり歌を詠む。香の匂いをあとに残して彼が立ち去ってしまうと、彼の獲物は、自分はなぜ彼をそれほど恐れていたのだろう、彼を拒絶したことで何を手に入れそこなったのだろうと考える。そして、次は同じようにはならないことを何とかして彼に伝えようとするのである。源氏にとってすべては他人事で、何事も真剣に受け止めなかった。四〇歳という、一一世紀においては、たいていの男がすでに年老いてくたびれた様子を見せる年齢になっても、彼は依然として少年のようである。彼が人を誘惑する力を失うことはないのだ。

人間は非常に暗示にかかりやすい。人の気分は簡単に周りの人間に広がるものだ。実際、誘惑を左右するのは〝模倣（ミメーシス）〟である。すなわち、誘惑者が意識的につくりだした雰囲気や気分を、別の人間がコピーするのである。だが、ためらいやぎこちなさも、人から人へ広がりやすい。そしてそれが誘惑者にとって命取りとなる。肝心なときに、あなたが優柔不断だったり、自意識過剰だったりするとどうだろう。相手は、あなたが自分自身のことを考えていて、相手の魅力に夢中になっていないと感じる。魔法は解けてしまうだろう。しかし、身構えない恋人として、あなたは反対の効果を生み出せる。あなたの獲物はためらったり不安になったりするかもしれないが、確固たる自信を持ち、ごく自然に振る舞うあなたを前にすれば、彼（または彼女）はその雰囲気に巻き込まれざるをえないだろう。これは、ダンスフロアでパートナーをリードして踊ることのように、学ぶことができるスキルである。長年にわたって、あなたのなかで大きくなっていった不安やぎこちなさを、一掃することさえできればいい。相手にアプローチするときはより優雅に、相手の抵抗にはよりおおらかになれればいいのだ。多くの場合、相手が抵抗するのはあなたを試す一つの手段であり、もしあなたがぎこちなさやためらいを見せれば、あなたは失格するだけでなく、自分に対する疑いを相手に伝染させるリスクを負うのである。

イメージ

子羊。なんとも柔らかで愛らしい。生まれて二日で優雅に跳びはねることができる。一週間経たないうちに〝真似っこ遊び〟をしている。子羊の弱さは魅力のうちだ。子羊は純粋無垢である。その汚れのなさゆえに、われわれは子羊を自分のものにしたくなる。貪り食いたくさえなるのだ。

危険性

子供っぽい性質は魅力にもなるが、人をイライラさせるものにもなり得る。イノセントは世間知らずであり、その愛らしさがうっとうしいものになってもおかしくない。ミラン・クンデラの小説『笑いと忘却の書』

の中で、主人公は子供の集団と一緒に島に閉じ込められてしまう夢を見る。まもなく子供たちの素晴らしい特性がひどく彼の気に障るものに変わる。数日間の裸の付き合いのあと、彼は子供たちを受け入れることがまったくできなくなる。夢は悪夢に変わり、彼は大人のたくさんいるところへ、意味のある行動や意味のある会話ができるところへ戻りたくてたまらなくなる。完全な子供っぽさはすぐにうっとうしくなり得るのだ。そのため、本当に魅力的なナチュラルになるには、ジョセフィン・ベーカーのように、大人の経験と知恵を併せ持つことが必要である。子供と大人の特性の混じり合いが最高に誘惑的なのだ。

社会が受容できるナチュラルの数には限界がある。コーラ・パールやチャールズ・チャップリンがたくさんいたら、彼らの魅力はすぐになくなる。どちらにせよ、とことんまでナチュラルになれる人間は、アーティストか、暇な時間がたくさんある人だけだ。ナチュラルのキャラクターを生かす一番いい方法は、特定の状況下で使うことである。ちょっとした無邪気さや茶目っ気があなたのターゲットの警戒心を解くのに役立つ。ペテン師は知っていることでも知らないふりをして相手を信用させ、優越感を抱かせる。この種の見せかけのナチュラルには、日常において無限の使い道がある。隣の人間より賢く見えることほど危険なことはない。ナチュラルな態度は、あなたの賢さを隠すためにうってつけの方法なのだ。だが、もしあなたがコントロールできないほど子供っぽく、スイッチを切ることもできないのであれば、情けない人間に見られるというリスクを負うことになる。その結果得られるのは同情ではなく、哀れみと嫌悪感である。

同じように、ナチュラルに見える十分な若さがまだ残っているうちのほうが、ナチュラルの人を誘惑する特質は、より効果を発揮する。ナチュラルの特質は、年齢が上になると使いこなすのがずっと難しくなる。ひらひらのついたピンクのドレスを五〇代になっても着ているコーラ・パールは、あまりチャーミングには見えなかった。一六二〇年代、イングランド宮廷において誰彼構わず誘惑した（同性愛者だったジェームズ一世自身を含む）バッキンガム公は、見た目にも態度にも非常に魅力的な子供っぽさがあった。だが、年を取るにつれ、それは鼻持ちならない不快なものとなった。彼はそのせいで敵をたくさん作り、しまいには暗殺されてしまうのである。よって、年を取ったら、開放的で何でも受け入れる子供心を連想させるような特性に重点を置き、もはや誰も納得させられない無邪気さについては、できるだけ隠したままにしておこう。

遠くはるかな時代は、人間の想像力をかき立て、ときには謎めいた吸引力を持つ。人間は常に現実世界に不満を抱き、そのあげくに過去を振り返り、消せない黄金時代の夢を今度こそはかなえられるように、と望む。おそらく人間はいつも幼い頃の不思議な力に支配されている。そしてこの幼少時代は、公正とは言えない記憶によって、傷ひとつない至福の時代として描かれている。

ジークムント・フロイト『モーセと一神教』

ヘルメスがキュレーネ山中で生まれると、母親のマイアは、彼を帯で巻いて箕(みの)の上に置いた。ヘルメスは恐るべき早さで成長して、みるみるうちに少年となり、母親が彼に背をむけているうちに、箕から抜け出し、冒険の旅に出てしまった。ピエリアに着くと、アポロンが見事な牛の群れを連れていたので、これを盗むことにした。しかし、牛の足跡からあとをつけられないようにと、倒れた樫の木の皮で何足かのわらじを手早く作り、草紐を使って牛にそのわらじをはかせ、夜の闇に紛れて逃げた。

牛のいないのに気がついたアポロンは、ヘルメスの計略にうまく引っかかり、西の方はピュロス、東の方はオンケストスの辺りまで探し回った。そしてとうとう最後には、盗人を捕えた者には賞金を出すと言い出す始末だった。シーレーノスと彼の家来であるサテュロスたちは、この賞金欲しさに四方八方に広がり、盗人を追いつめようとした。しかし、簡単には成功しなかった。この一隊がアルカディアの国を通りかかったとき、彼らはいままで一度も聞いたことのないようなくぐもった楽器の音を耳にした。すると洞窟の入り口にいたニンフのキュレーネが、彼らに言った。

「ついこの間、ここで才能あふれる男の子が生まれました。私は、その子の子守です。その子は、亀の甲羅と牛の腸で、とても上手におもちゃの楽器をこしらえました。そしてそれを奏でて、お母さんをぐっすりと眠らせたのです」

「その子は、いったい誰からその牛の腸をもらったのかね？」目ざといサテュロスたちは、洞窟の外に広げてある二枚の皮に目を留めて尋ねた。「まあ、ひどい。あなた方は、あの子が泥棒でもしたと言うの？」とキュレーネが言い返し、激しい言い争いとなった。

ちょうどそのとき、アポロンが姿を現した。翼の長い鳥の怪しげな動きを見て、盗人の正体を見破ったからだ。洞窟に入ると彼は眠っているマイアを揺り起こして、ヘルメスに盗んだ雌牛を返させなさいと厳しく責めた。マイアは、帯にくるまって眠った振りをしている赤ん坊を指して、「なんてバカバカしい言いがかりをつけるの！」と叫んだ。しかし、アポロンは見覚えのある皮を見つけ、すでに見破っていたのである。彼はヘルメスを抱き上げ、オリンポス山に連れていくと、例の皮を証拠品として提出して彼が盗みを働いたと正式に訴え出た。ゼウスはさすがに、生まれたばかりのわが子が盗人だとは認めたくなかったので、彼に無実だと言い張るように勧めた。けれどもアポロンがどうしても容赦しなかったので、ヘルメスもついに根負けして白状した。

「よろしい。僕についてきてください」と彼は言った。「そうすれば、あなたの家畜をお返ししましょう。僕が殺したのは二頭だけで、その肉を十二等分して、神様にいけにえとして供えました」

「十二人の神様だって？」アポロンが尋ねた。「その十二番目の神というのは、誰だ？」

「はい、この僕です」ヘルメスはうやうやしく答えた。「僕はおなかがすいていましたが、自分の分け前以上には決して手をつけないで、残りは焼きました」

二人の神（ヘルメスとアポロン）はキュレーネ山に戻った。ヘルメスは母親にあいさつしてから、羊の皮の下に隠しておいたものを取り出した。

「それは何だい？」と、アポロンがたずねた。

すると、ヘルメスは彼が新しく作った亀の甲製の竪琴を見せ、これも自分で作ったばちで絶妙な調べを奏でた。と同時に、アポロンの気品と知恵と寛容を称える歌を歌ったので、すぐにその罪を許された。そして、洞窟の中に隠してあった残りの家畜をアポロンに返した。

「取引しよう！」とアポロンが大声で言った。

「君に牛はあげよう。私は竪琴をもらおう」

「承知しました！」とヘルメスは答え、二人は握手を交わした。

（中略）赤ん坊のヘルメスをオリンポスへ連れ戻したアポロンは、これまでのいきさつをすべてゼウスに報告した。ゼウスはヘルメスを厳しくたしなめ、今後は所有権を尊重し、あからさまなウソをついてはならないと申しつけたが、内心とても愉快だった。「若いくせに、おまえはなかなか頭がよく、口の達者な説得力のある奴だな」と彼は言った。

「それなら、お父さん、僕をあなたの使者にしてください」と、ヘルメスは言った。「そうすれば、神様の財産は一切、僕が責任をもって守りますし、ウソも決してつきませんから。もっともいつも本当のことばかり言うとは限りませんが」

「そんなことが、おまえにできるとは思えんがね」と、ゼウスは笑いながら言った。（中略）ゼウスは、誰もが尊重すべき白いリボンのついた使者の杖と、雨をしのぐための円形の帽子、風のような速さで飛べる翼のついた黄金のサンダルを彼に与えた。

ロバート・グレイヴス『ギリシャ神話』

ある男が一人の女に出会い、その醜さにショックを受けたとする。もしその女が気取らない素直な人柄であれば、そのうち、その表情が顔の欠点を気にならなくさせる。男は女に魅力を感じるようになり、愛するに値する女かもしれないと思う。一週間後、彼は期待に胸をふくらませる。次の週、すげなくされて絶望する。その次の週には、男は正気を失っている。

スタンダール『恋愛論』

航空路の発達により、地理的な現実逃避はむずかしくなった。残されたのは、進化的現実逃避、つまり成長過程を逆行することである。それは〝黄金の少年時代〟の考え方や感情へ戻ることである。すなわち、〝幼児期退行〟つまり、個人的で子供っぽいものへの逃避と考えられる。

厳しく規制された社会では、厳密な規範に従って生きることが定められており、当然、このような〝固定化された社会原理〟の連鎖から自由を求めて逃げようとする傾向が増大する。(中略)

彼ら(喜劇役者)の中でもっとも完成の域に達した人は、よりその傾向が強い。なぜなら、彼(チャップリン)はその独自の繊細さで彼の考えを表している。それは、模倣するという幼児性の〝見本〟で示されていて、その幼児性に憧れる観客を、幼児性の楽園という黄金時代に引き込み、心理的に惹きつけるのである。

セルゲイ・エイゼンシュテイン『エイゼンシュテイン全集』

ゴルチャコフ侯爵が言っていた。彼女(コーラ・パール)ほど贅沢な女は他にいないと。彼女の気まぐれを一つでも満足させられるなら、彼は太陽を盗もうとさえしただろうと。

グスタフ・クローディン

ユーモアがあるというのは、明らかに、特徴のある習慣的行動を持つということである。

この習慣的行動の最初は、純粋に情緒的な、おどける(はしゃぐ)ことである。人間はどうしてお調子者であることに喜びを感じるのだろうか。それには二つの理由がある。第一に、おどけた振る舞いが子供時代や青春時代と結びついているからである。はしゃぎ、おどける人には、若い頃の活力や喜びが、まだ残っている証拠である。(中略)

しかしさらに深い意味がある。ふざけたり、おどけたりすることは、同時に、ある程度自由であることを意味している。その人はその瞬間、仕事、道徳、家庭、社会で必要とされる束縛から解放されているのである。

(中略)思うがままに生活を創造する自由を妨げるのは、固定化した規範にほかならないと、われわれは思い込んでいる。しかし、何よりもまず、欲するままに自分の人生を創造したいとわれわれは思っている。これができれば、たとえどんなにささやかであっても、われわれは幸福である。遊びの中でわれわれは、自分自身の世界を創造するのである。

H・A・オーヴァストリート教授
『人間の行為にたいする影響力』

再び辺りは静まり返った。源氏が掛金を試しに外してみると襖が開いた。部屋に入ってすぐに几帳が立ててあり、ほのかな灯りで唐櫃やいろいろなものがごたごたと置かれているのがわかる。

その中を通り抜けて女に近づいた。小柄でほっそりとした女が一人で横になっている。彼女は人の気配にかすかにうるさそうな素振りを見せたが、源氏が上掛けをめくるまで、どうやら先ほどの女、中将と間違えていたようだ。(中略)

何とも穏やかで言葉巧みな様子に、たとえ鬼神でも彼に抗うことはできないだろうと思えた。(中略)

女はとても小柄なので、源氏は軽々と抱き上げた。襖を通って自分の部屋へ向かう途中、先ほど呼ばれていた中将に出くわした。彼は驚いて声をかけた。今度は中将が驚いて、暗闇の中で目を凝らした。源氏の衣服から煙のように漂ってくる香の匂いで、中将は彼が誰なのか理解した。(中略)中将はあとを追ったが、彼女の懇願に源氏が心を動かされる気配はまったくなかった。

「朝になったら迎えに来なさい」、そう言うと、彼は襖を閉めた。

女は汗でびっしょりになり、中将や他の者たちが何と思うだろうかと気がおかしくなりそうだった。源氏は気の毒に思わずにはいられなかったが、それでもやはり、溢れるような甘い言葉と、あらんかぎりの手管でもって、女を口説き落とそうとした。(中略)

源氏は女を慰めるために、いろいろと親切な約束をしたのではないだろうか。(後略)

紫式部『源氏物語』

コケット

相手をじらす能力は、究極の誘惑術だ――ターゲットは待たされているあいだ奴隷となる。コケットはこのゲームの達人であり、相手は希望と失望のあいだを行ったり来たりさせられる。目の前をちらつくご褒美――肉体的快楽の予感、幸福、知り合いになることで得られる名声や権力――におびき寄せられるが、どのご褒美もなかなか手に入らない。ところが、手に入らないことがわかっても、相手はさらに欲しくなるだけなのだ。コケットは総じて自己充足した様子に見える。彼または彼女はあなたを必要としていない――あるいはそう言っているように見える。そうしたナルシシズムがこの上なく魅力的なのだ。あなたがコケットを征服したいと願っても、切り札は相手の手の内にある。コケットの戦略は、完全な満足を決して与えないことだ。熱さと冷たさを交互にみせるコケットをお手本に、ターゲットを意のままに操ろう。

熱くて冷たいコケット

一七九五年秋、パリの街は、くらくらするような奇妙な感覚に包まれていた。フランス革命に続いて始まった恐怖政治が終わりを告げ、ギロチンの音が止んだ。パリ市民はいっせいに安堵のため息をもらし、その後、飲めや歌えの狂気じみたパーティや、いつ終わるともしれないお祭り騒ぎが始まった。

当時二六歳の若きナポレオン・ボナパルトは、そういった馬鹿騒ぎには興味がなかった。彼は地方の反乱を鎮圧し、聡明で恐れを知らない将軍としてすでに名を上げていたが、その野望はとどまるところを知らず、新たな征服への欲望にうずうずしていた。そんな中、同年一〇月、三三歳の悪名高き未亡人、ジョゼフィーヌ・ド・ボアルネが彼のオフィスを訪ねると、彼はまごつかずにはいられなかった。ジョゼフィーヌはなんともエキゾティックで、気だるく官能的な魅力を身体じゅうから発散していた。（マルティニーク出身の彼女は自分の異質性をフルに利用した）。一方で彼女にはふしだらな女という評判があり、結婚の価値を信じているナポレオンは、疑り深く慎重に振る舞った。それでも、彼女が毎週開いている夜会に招待されると、彼はいつのまにかそれに応じているのだった。

夜会では完全に場違いな思いをした。パリ中の偉大なる作家や才人たちがその場に集まっていた。恐怖政治を生き残った貴族たちも何人かいた――ジョゼフィーヌ自身も子爵夫人であり、危うくギロチンを免れていた。男たちは全員、ジョゼフィーヌの周りに集まっていた。女たちは皆まばゆいばかりで、中には夜会のホステスより美しい者もいたが、ジョゼフィーヌの優雅な存在感と女王のような物腰に引き寄せられたのだ。彼女は何度も男たちから離れてナポレオンのそばに行った。その気遣いほど、彼の不安定になっている自尊心をくすぐるものはなかった。

ナポレオンは彼女を訪問するようになった。ときには彼女に無視され、腹を立てて帰ってしまうこともあった。それでも、次の日、ジョゼフィーヌから情熱的な手紙が届くと、彼は急いで会いにいく。まもなく、彼はほとんどの時間を彼女と過ごすようになっていた。彼女が悲しげな表情をときおり見せることも、発作的に怒ったり泣いたりすることも、ナポレオンの彼女に対する愛情をより深くするだけだった。一七九六年三月、ナポレオンはジョゼフィーヌと結婚した。

結婚の二日後、ナポレオンは、北イタリアへ旅立った。オーストリアに対する軍事行動を率いるためである。「私はいつもあなたのことを考えている」――彼は妻に手紙を書いた。「あなたが何をしているのか想像ばかりしている」――。ナポレオン軍の将軍たちは、彼が集中力を欠いていることに気づいていた。会議を早々に抜ける、手紙を書くのに何時間も費やす、首にかけているジョゼフィーヌのミニチュア肖像画をじっと見つめる。彼をこの状態に追い込んだのは、二人のあいだの耐え難い距離であり、また、最近感じるようになった、彼女のちょっとした冷たさであった――彼女はめったに手紙を送ってこなかったし、たまに届く手紙にも強い愛情は感じられなかった。彼に会いにイタリアに来るわけでもなかった。彼女のもとに帰れるように、早く戦争を終わらせなければならない。彼は異常なほどの熱意で敵と戦い、ミスを犯しはじめた。「ジョゼフィーヌのために生きること!」。ナポレオンは彼女への手紙に書いた。「私はあなたのそばにいるために働く。あなたに手が届くなら私は死ぬ」。彼の手紙はさらに情熱的に、エロティックになった。手紙を見たジョゼフィーヌの友人が書いている。「ほとんど判読不能な筆跡だった。綴りもいい加減だし、文体は異様で意味不明……。一人の女にとって、ちょっと考えられないような状況ね――フランス軍を勝利に導く原動力が自分だなんて」

ナポレオンがジョゼフィーヌにイタリアに来るよう懇願し、ジョゼフィーヌが次から次へと口実を考え出すうちに、何か月も過ぎた。だが、ついに彼女はイタリア行きに同意し、パリを発って、ナポレオンが本部を置いているブレシアに向かった。しかしながら、途中で危うく敵と遭遇しそうになり、遠回りをしてミラノに行かざるをえなくなった。ナポレオンは戦闘でブレシアから離れており、戻ってきて彼女がまだいないことがわかると、それを敵の元帥、ヴルムザーのせいだと非難し、復讐を誓った。それからの数か月間、彼はまったく同じ精力をかけて二つのターゲットを追いかけているかのようだった。ヴルムザーとジョゼフィーヌである。彼の妻は、彼女のいるべきところにいたためしがなかった。「私はミラノに着き、急いであなたの家まで行った。あなたをこの手で抱きしめるために、何もかも放り出して行ったのだよ。なのに、あなたはいない！」。ナポレオンは腹を立て、嫉妬したが、ようやくジョゼフィーヌをつかまえると、ほんの少し彼女に優しくされただけで彼の心は溶けてしまうのだった。ナポレオンは中を暗くした馬車で彼女と遠乗りに出かけ、軍議をすっぽかした。指令や戦略も間に合わせで、彼の将軍たちを苛立たせた。「絶対に」。後日、彼は手紙に書いた。「かつてこれほど完璧に人の心を支配した女はいない」。それにもかかわらず、二人がともに過ごした時間はとても短かった。一年近く続いた軍事行動のあいだ、ナポレオンが新妻と過ごしたのはたったの十五日間だった。

後にナポレオンは、彼がイタリアにいるあいだにジョゼフィーヌが愛人を作ったという噂を耳にした。彼女に対する気持ちは冷め、ナポレオン自身も次々に愛人を持った。それでもジョゼフィーヌは、夫に対する支配力を脅かすこの事態をそれほど憂慮してはいなかった。少し泣いて、ちょっと芝居がかった仕草で応じ、彼女のほうからは少し冷たくする。そうすれば彼はジョゼフィーヌの奴隷でありつづけた。一八〇四年、ジョゼフィーヌは皇后となった。もしジョゼフィーヌがナポレオンの息子を産んでいたら、彼女は離縁されず、最後まで皇后でいつづけただろう。ナポレオンが死の床に横たわり、最後に口にした言葉は「ジョゼフィーヌ」だった。

フランス革命の中で、ジョゼフィーヌは、数分後に断頭台の露と消えるところまで追い詰められた。この経験により、もはや幻想を抱くこともなくなった彼女は、心に二つの目標を定めた。楽しい人生を送ること、そしてそれを提供できる最良の男を見つけること。彼女は早くからナポレオンに狙いを定めていた。彼は若く、輝かしい未来があった。ジョゼフィーヌは、彼の落ち着いた外見の下に、非常に感情的で攻撃的な性質を感じていた。しかし、彼女が怖気づくことはなかった——単に自信のなさと弱さを表しているだけだと理解していたからだ。彼を夢中にさせるのは簡単だ。まず、ジョゼフィーヌは彼の気分に寄り添い、女性的な優雅さで彼を魅了し、その容姿と物腰で彼を興奮させた。ナポレオンは彼女を自分のものにしたくなった。いったん彼をその気にさせておいてから、喜びを与えるのを先送りにし、身を引いて、がっかりさせるというところに彼女の非凡さがある。実際、この追いかける苦しみが、ナポレオンにマゾヒスティックな喜びを与えたのだ。ナポレオンはまるで彼女が敵であるかのごとく、彼女の独立心を挫いてしまいたいと思った。

人間は生まれつき、あまのじゃくである。簡単に征服できる相手は、困難な相手より価値が低い。われわれを本当に興奮させるものは、禁じられたものや、すべてを手中に収めることができないものだけである。誘惑においてあなたの最大の力となるのは、相手に背を向ける能力であり、相手に自分を追いかけさせる能力であり、喜びを与えるのを遅らせる能力なのだ。たいていの人は、相手が興味を失うのを恐れる。また、相手が望むものを与えることによって自分に一種の権限が与えられるのではないかと思う。そうして、計算を誤り、時期尚早に降伏してしまう。

真実はその逆である。いったん誰かを満足させてしまえば、もはやあなたは主導権を持たない。そして、ほんのちょっとした弾みで相手が興味を失う危険にさらされるのである。忘れないでほしい。愛において、虚栄心は欠くことのできないものなのだということを。あなたのターゲットに、あなたは離れていこうとしているかもしれないと思わせよう。それほど興味を持っていないのかもしれないと思わせよう。人が本来持っている自己不安を呼び起こし、自分がどういう人間かわかってしまって、あなたにはもう前ほど刺激がないのかもしれないという恐れを抱かせるのだ。こういった不安には、ものすごい効果がある。ひとたび相手を、疑心暗鬼の状況に追い込んだら、もう一度、彼（または彼女）の期待感に火をつけて、望まれていると感じさせるのだ。熱く、冷たく、熱く、冷たく——こういったコケトリーは相手に倒錯的な喜びを与える。そして、あなたの支配力を強化し、主導権を確実なものにする。ターゲットが腹を立てても、あたふたしないこと。それは、あなたのとりこになっているという確かな証しなのだから。

女性が恋人への支配力を長く保つためには、ひどい仕打ちをすることが必要である。

――オウィディウス

冷たいコケット

一九五二年、文学界と社交界において名士の仲間入りをしたトルーマン・カポーティは、一人の若者からファンレターを、ほぼ毎日受け取るようになった。若者の名前はアンディ・ウォーホル。靴のデザインやファッション雑誌関連の仕事をするイラストレーターだった。ウォーホルが描いていたのは図案化されたきれいなイラストで、カポーティの小説で使ってもらえることを期待して、いくつか作品を送ってきた。カポーティは返事を書かなかった。ある日、彼が家に帰ると、同居している母親としゃべっているウォーホルを見つけた。以来、毎日のようにウォーホルから電話がかかってくるようになった。ついにカポーティは、やめるように釘を刺した。「彼は、その辺によくいる、永遠に何も起こりそうにない人生を歩む哀れな人間に見えた。救いようのないただの負け犬に見えたよ」。作家は後にそう語った。

一〇年後、野心に燃えるアーティスト、アンディ・ウォーホルは、マンハッタンのステーブルギャラリーで最初の個展を開いた。壁にかけられていたのは、キャンベルのスープ缶とコカ・コーラのボトルをモチーフにした一連のシルクスクリーン印刷による版画だった。オープニングとエンディングに催されたパーティの最中、ウォーホルは部屋の隅でぼんやりと宙を見つめ、ほとんど口を開かなかった。旧世代の芸術家である抽象表現主義者たちとは何とも対照的だった。抽象表現主義者は、そのほとんどが大酒飲みの女たらしであり、虚勢と攻撃性の塊だった。ウォーホル以前の十五年のあいだ、芸術シーンを支配したほら吹きどもだった。そしてウォーホル自身、カポーティや美術商やパトロンをうるさく悩ました昔の彼とは、何とも違って見えた。評論家たちはウォーホルの作品の冷たさに当惑もし、興味もそそられた。彼らはウォーホルが自身の題材についてどう感じているのか理解できなかった。彼の立場は何なのか？　彼は何を言おうとしているのか？　ウォーホルに訊ねると「好きなことをやっているだけです」とか、「スープが好きなんです」と言うだけである。評論家たちは夢中になって様々な解釈を展開した。「ウォーホルのようなアートは、必然的に時代の神話に依存している」とか、「〝何も決めない〟ことを決めるというのはパラドックスであり、〝何も表現しない〟ものに形を与えるという考えも同じである」とか。個展は大成功を収め、ウォーホルは、ポップアートという新しい芸術運動の中心人物として名声を確立した。

一九六三年、ウォーホルは、マンハッタンにある建物の広い屋根裏スペースを借り、そこを〝ファクトリー〟と呼んだ。まもなくファクトリーは大勢のアントラージュ（取り巻きや、俳優や、野心的なアーティストたち）の集まる場所となった。ここでウォーホルは、とりわけ夜になると、ただブラブラと歩き回ったり、部屋の片隅にじっと立ったりしていた。彼の周りには人が集まり、彼の気を引こうとして争い、質問を投げかける。それに対して彼はどっちつかずの返事をする。だが肉体的にも精神的にも、誰も彼に近寄ることはできなかった。彼がそれを許さないのだ。そのうえ、彼がいつもの「ああ、どうも」を言わずに自分の横を通り過ぎたりすると、取り巻きたちはひどく打ちのめされた。ウォーホルに気づいてもらえなかった。自分はもう落ち目なのかもしれない、と。

ウォーホルはしだいに映画製作に強い興味を持つようになる。彼は、友人たちに役を与え、自分の映画に出演させた。ウォーホルは事実上、友人たちに一瞬の名声を提供していたのである（「十五分だけの名声」──ウォーホルの言葉だ）。友人たちは争うように役を求めた。彼はとりわけ女性たちに役を与えた。イーディ・セジウィック、ヴィヴァ、ニコは、スターの座を手に入れた。ウォーホルの周りにいるだけで、一種のセレブになることができる。ファクトリーはいまやもっとも〝旬な〟社交の場であった。ジュディ・ガーランドやテネシー・ウィリアムズといった大スターもファクトリーのパーティにやって来て、ウォーホルの仲間と交流した。セジウィックやヴィヴァといった、最下層のボヘミアンたちとも親交を深めたのである。人々はウォーホルを自分のパーティに呼ぶために、リムジンを迎えに寄こすようになった。彼がそこにいるだけで、いつもの社交の夕べが、人々の目を引きつける場面へと変わった――彼は自分の殻に閉じこもったままほとんど無言で過ごし、早々に帰ってしまうのではあったが。

一九六七年、ウォーホルは様々な大学から講演の依頼を受けた。彼は話すことが嫌いで、とりわけ自分のアートについて語るのを嫌がった。「言うことが少ないほど、完璧に近づく」と彼は感じていた。だが、報酬はよかったし、ウォーホルは断るのがどうも苦手だった。彼の解決策は簡単だった。俳優のアラン・ミジェットに、替え玉になってくれるよう頼んだのである。ミジェットはチェロキー族の血が混じっており、黒っぽい髪に黄褐色の肌をしている。ウォーホルとは似ても似つかない。だが、ウォーホルと友人たちは彼の顔に白粉をはたき、スプレーで髪を銀髪にし、色の濃いメガネをかけさせ、ウォーホルの服を着せた。ミジェットは芸術のことはまったくわからない。学生の質問に対する彼の返答は、ウォーホル自身のと同じくらい短く、不可解なものになりがちだった。替え玉は成功した。ウォーホルはたしかに偶像(アイコン)だったかもしれない。だが、誰も彼のことを本当には知らなかったのだ。それに、彼が色の濃いメガネをよくかけていたこともあり、顔さえも細かいところまではっきりと知られていなかった。講演会の聴衆は、彼の風貌があれこれ気になるほどの距離にはいなかったし、変装がわかるほど近づいた者もいなかった。正体を見破られずに済んだのである。

★　★　★

若い頃、アンディ・ウォーホルは心の中の相反する感情に苦しんだ。有名になりたくてたまらないのに、生まれつき消極的で人見知りだった。「いつも葛藤があった」と、彼は後に語っている。「僕は人見知りで、パーソナルスペースをたくさん取りたいんだ。母がいつも言っていた。『強引になるのはダメだけど、あなたがそこにいるってことはみんなに知らせなさい』とね」。ウォーホルは最初、もっと積極的になろうとして、懸命に人を喜ばせたり機嫌を取ったりした。しかし、うまくいかなかった。ムダに一〇年が過ぎ、彼は努力するのをやめ、自分が消極的であることを受け入れた――その結果、〝引きこもる〟ことで自由に使えるようになるパワーがあることを発見したのだった。

ウォーホルは、製作活動の中でこのプロセスに着手した。一九六〇年代初め、彼の作品が劇的な変化を遂げたのだ。スープ缶や、グリーンスタンプや、その他のよく知られたイメージによる彼の新しい作品は、見る者にその意味を押しつけてこなかった。実際、何を意味しているのかまったく謎だった。だが、結局そのために作品の魅力は増した。作品の持つ直接性、視覚に訴えかける力強さ、冷たさに、人々は引きつけられたのである。自分のアートを一変させたウォーホルは、彼自身も変えた。自分の作品と同様に、実に表層的で内面を出さない。彼は本心を言わないことに、しゃべらないことに慣れていった。

世の中は、自分をぐいぐい押しつけてくる人間で溢れている。彼らはいっときの勝利を手にすることはできるかもしれないが、長く一緒にいればいるほど、人は彼らに反発したくなる。彼らは自分の周りに余白を残さない。余白がなければ人を誘惑することはできない。冷たいコケットは正体を明かさないことで余白を作り、他の人間に自分を追いかけさせる。コケットのクールさは余裕を感じさせ、周りにいる人々をワクワクさせる――本当は余裕などまったくないかもしれないが。彼らが沈黙すると、相手は話がしたくなる。コケットの自己充足した様子や他人を必要としていない様子をみると、逆に人々は、彼らのために何かをしたくなり、彼らの好意や承認のどんな些細なしるしでも欲しがるようになる。冷たいコケットというのは、ひどくイライラさせられる相手かもしれない。決してコミットしないが「ノー」とも言わない、親密になる隙も与えないのだ。だが、たいていの人は、コケットの醸し出す冷たさが忘れられずに、また彼らのもとへ戻っていく。忘れてはいけない。誘惑とは、相手を引きつけて、自分を追いかけ所有したいと思わせるプロセスなのだ。あなたがよそよそしくすれば、相手はあなたに気に入られようと必死になるだろう。自然と同様に、人間も真空を嫌う。心理的距離や沈黙があると、何とかして言葉や熱い思いで隙間を埋めようとする。ウォーホルのように、一歩引いて、人々があなたを奪い合うのを傍観しよう。

（自己陶酔的な）女性は、男性にとって最高に魅力的だ。（中略）子供の魅力の大部分は、そのナルシシズムや、自己充足性や、近づきにくさにある。子供はわれわれのことなど気にかけていないように見える。たとえば猫のような動物と同じように。（中略）まるでわれわれが、最高に幸せな精神状態を維持する子供たちの力を羨（うらや）んでいるとでもいうようだ――われわれがとうの昔に捨ててしまっている、確固たるリビドー・ポジションを。

――ジークムント・フロイト

コケットになりきる秘訣

通俗的な考え方によれば、コケットというのは思わせぶりな女のことであり、挑発的な外見や、誘惑するような態度で男の欲望を刺激するエキスパートである。だが、実はコケットの本質というのは、相手を罠にはめ、精神的に自分から離れられなくする能力であり、欲望をくすぐるだけでなく、そのあともずっと獲物を支配できる能力である。このスキルによって、彼らはもっとも実力のある誘惑者の地位を得ているのだ。彼らが本来、冷淡でよそよそしい人間であることを考えると、誘惑者としての成功は少々奇妙に感じられるかもしれない。人はコケットを深く知るにつれて、彼または彼女の核心にある、他人に対する無関心と自己愛に気づくだろう。そんな性質にいったん気づいてしまえば、当然、コケットの小細工も見抜けて興ざめになるように思えるが、実際は反対になることが多い。ジョゼフィーヌのコケティッシュなゲームに何年も踊らされて、ナポレオンは彼女がいかに操作的な人間か、つまり手練手管を弄する人間であるか十分わかっていた。それなのに、この懐疑的で皮肉屋の世界征服者も、彼女と別れることができなかった。

コケットの特異な支配力を理解するには、まず愛情や欲望の重大な性質を理解しなければならない。人は誰かを追い求めていることが明らかになればなるほど、相手を遠くへと追いやってしまう可能性が高い。誰かが自分に関心を持ちすぎると、しばらくはそれを面白がるかもしれないが、そのうちにうんざりするようになり、しまいには息がつまり、恐怖を感じるようになる。相手の弱さや、愛されたい、依存したいという雰囲気が伝わってくるのだ。弱さと依存は、非誘惑的な組み合わせである。われわれは、ずっと一緒にいることで安心できると思いこみ、何度この間違いを犯してしまったことか。

ところがコケットには、こうした人間関係のダイナミクスに関して、本能的な理解力が備わっている。コケットはタイミングよく相手から離れる天才であり、冷たさを漂わせながら、ときおり姿を見せずに獲物を不安にさせ、驚かせ、好奇心をかき立てる。姿を消すことでミステリアスな雰囲気が生まれ、人々は想像の中で彼らのイメージを作り上げる（反対に、〝慣れ〟は築き上げたものを弱体化する）。一時的に距離を置くことで、さらに気持ちを強く引きつける。相手は怒りではなく、不安を覚えるようになる。それほど好きじゃないのだろうか、興味がなくなってしまったのだろうか、と。虚栄心が危険にさらされると、自分にまだ価値があることをただ確認したいがために、人はコケットに屈するのである。忘れないでほしい。コケットの真髄は、思わせぶりな振る舞いで相手をその気にさせることではなく、その気にさせたらいったん後退し、心理的に引きこもることにあることを。それが、相手を欲望の奴隷にするための秘訣である。

コケットのパワーを自分のものにするためには、コケットのもう一つの特質、ナルシシズムについて理解しなければならない。ジークムント・フロイトは〝自己陶酔的な女〟（ほとんどの場合、自分の外見に捕われている）を、男にもっとも大きな影響を及ぼすタイプと特徴づけた。彼の説明によると、われわれは子供のときに、幸福感に満ちた自己陶酔的な段階を経験する。自己充足的で自分の関心事に夢中であり、他者を精神的に必要とすることがほとんどない。その後ゆっくりと社会に適応していき、他人に注意を払うことを教えられる——だが、われわれは密かにその最高に幸せだった日々を恋しく思っている。自己陶酔的な女は、男にその時代を思い出させ、羨ましいと思わせる。おそらくその女との関係が、子供時代の〝自我関与〟の感覚を取り戻させるのだろう。

男はまた、女性コケットの自立性にも挑発される——彼女を依存させる男になりたい、彼女だけの世界から彼女を引っぱり出す男になりたいと思うのだ。だが、おそらく彼のほうが奴隷となり、彼女の愛情を得るために脇目も振らず求愛しつづけたあげくに失敗する。そういう可能性のほうがずっと高い。自己陶酔的な女は、感情的に依存しない。彼女たちは自己充足的である。そして、それは驚くほど魅力的なのだ。自己肯定感は誘惑に不可欠である（あなたが自分自身にどんな態度を取っているか、相手は無意識のうちに何となく読み取っている）。自己肯定感の低さは、人に不快感を与える。自信と自己充足性が人を引きつける。あなたが他人を必要としていないように見えれば見えるほど、他人はあなたに引き寄せられるようになるのだ。すべての人間関係において、これが重要であることを理解してほしい。あなたの依存性を隠すことがいっそう容易になるからだ。しかしながら、自分に夢中になることを、誘惑的なナルシシズムと混同しないこと。自分のことばかり延々と話しつづけるのは極めて非誘惑的であり、自己充足性ではなく、自分に対する不安感をさらけ出すことになる。

コケットは伝統的に女性であると考えられている。確かに何世紀ものあいだ、コケットの戦略は、男を引きつけ欲望の奴隷にする、女の数少ない武器の一つだった。コケットの手法の一つに、相手に性行為を期待させておいて拒絶するというものがある。歴史を通して脈々と使われてきた手である。偉大なる一七世紀フランスの高級娼婦、ニノン・ド・ランクルは、フランス中の優秀な男たちから求愛されていたが、彼女が本当のパワーを獲得したのは、今後仕事として男と寝ることはないと表明したときである。彼女の崇拝者たちはひどく落胆したが、彼女はその落胆をさらに大きくさせる方法を知っていた。一人の男を一時的に特別扱いして、数か月間、自分の肉体へのアクセスを許したあとで、他の満たされない男たちの中に戻したのである。イギリス女王エリザベス一世のコケットぶりは極端だった。彼女はわざと求愛者たちの欲望を刺激しておいて、その中の誰とも寝なかった。

長いあいだ、女が社会的影響を及ぼす道具として使われてきたコケットの特性は、しだいに男たち、特にそうした女の力を羨ましく思った一七、一八世紀の偉大なる誘惑者たちによって、形を変えて使われるようになっていった。一七世紀の誘惑者の一人、ローザン公は女の感情を高ぶらせる名人だった。彼は女をその気にさせると、突然よそよそしくなる。女たちは彼に夢中になった。今日、コケトリーに男女の境目はない。思わせぶりな態度、冷たさ、選択的なよそよそしさは、コケット自身の持つ攻撃性を見事に隠している。直接的な対決をよしとしない現代において、これが間接的なパワーを構成しているのである。

コケットは何よりもまず、自分が関心を持っているターゲットの血を騒がせることができなくてはならない。性的な魅力でもいいし、セレブリティの魅力でもいいし、とにかく何が何でも気を引くことだ。同時にコケットは反対のシグナルも送り、反対の反応を引き出し、獲物を混乱状態に陥らせる。マリヴォーの一八世紀フランス小説『マリヤンヌ』に出てくる、タイトルと同じ名前のヒロインは、極めつきのコケットだった。マリヤンヌは教会に行くのに、きちんと身だしなみを整えるのだが、髪を少しだけ梳かさずに残しておく。礼拝の真っ最中、いま気づいたというように彼女は髪を直しはじめる。すると、腕が露わになるのだ。一八世紀の教会で起こるべきことではなく、その瞬間、男たちの目は釘づけになった。同じことを外でされるより、あるいはふしだらな格好でされるより、はるかに強い緊張状態がもたらされた。忘れてはいけない。露骨に誘いかけるような態度は、あなたの意図をはっきりと示してしまう。あいまいにしておいたほうがいい。もっと言えば、矛盾するぐらいの態度を見せて、相手を刺激すると同時に失望を与えるのだ。

スピリチュアル界の偉大なる指導者、ジッドゥ・クリシュナムルティは、自覚のないコケットだった。〝世界教師〟として神智学徒たちから崇拝されたクリシュナムルティは、ダンディでもあった。洗練された着こなしが好きで、恐ろしくハンサムだった。一方、彼は禁欲生活を送っており、身体に触れられるのがものすごく苦手でもあった。一九二九年、クリシュナムルティは、自分は神ではないし、グルですらなく、追随者など一人もいらないと宣言して、世界中にいる神智学徒たちに衝撃を与えた。これが結局、彼の魅力を高めることになった。大勢の女たちが恋に落ち、助言者たちはいままで以上に献身的になった。クリシュナムルティは物理的にも心理的にも相反するシグナルを送っていた。普遍的な愛と受容を説く一方で、私生活では人々を避けた。彼の魅力と外見に対するこだわりは、人々の関心を引きつけたかもしれないが、それだけで女性が恋に落ちることはなかっただろう。彼の禁欲と善行の教えは、信奉者を生むことはあっただろうが、それだけで肉体的な恋愛を生みはしなかったであろう。しかしながら、その両方の特性が組み合わさったために、人々は引きつけられると同時にがっかりさせられた。これが人間関係に作用するコケットの心理的パワーであり、感情的にも肉体的にも人を遠ざけているこの男に、人を引き寄せた力である。クリシュナムルティが世の中から引きこもったことは、結果として、彼の追随者をさらに深く傾倒させることとなった。

コケトリーの誘惑は、相手を不安定にしておくパターンをいかに増やしていくかにかかっている。この戦略は非常に効果的だ。人は一度知った喜びをまた味わいたいと思うものだ。コケットは喜びを与え、そしてそれを引っ込める。熱さと冷たさを交互に使うのが一般的なパターンであり、バリエーションがいくつかある。

八世紀、中国のコケット、楊貴妃は、優しさと辛辣さのパターンで玄宗皇帝を完全にとりこにした。優しさで皇帝を魅了しておいてから、突然怒り出し、ほんの小さな間違いで彼を厳しく責めた。彼女の与える喜びなしに暮らせない皇帝は、彼女が怒ったりイライラしたりすると、機嫌を取ろうとして、宮廷中が引っくり返るような騒ぎになるのだった。彼女の涙も似たような効きめを持っていた。私は何をしてしまったのだ？　なぜあのように悲しげなのだ？　彼女の幸せを守ろうとするあまり、ついに皇帝は、自分自身も国も破滅させてしまうことになる。

涙、怒り、罪悪感を植えつけること、これらはすべてコケットのツールである。恋人同士の痴話ゲンカでも、同じような人間関係のダイナミクスが表れる。ケンカをしてもそのあと仲直りすれば、仲直りの喜びによって結局、二人の結びつきは強くなる。また、悲しみはどんなたぐいのものであれ誘惑的である。とりわけその悲しみに甘えや惨めさがなくて、深遠で崇高な感じさえするものなら、なおさらだ――誰もがあなたに引きつけられる。

コケットは決して嫉妬しない――コケットの基盤である自己充足性のイメージに傷がつく。しかし、彼らは嫉妬心を煽る達人ではある。第三者への関心を示すことにより、欲望の三角関係を作り出し、獲物に対して、それほど興味深い存在ではないかもしれないというシグナルを送るのだ。この三角関係は、性愛だけでなく社会的な状況でも非常に誘惑的である。自己陶酔的な女に興味のあったフロイトだが、彼自身も自己陶酔的であり、彼のよそよそしい態度のせいで弟子たちは気がおかしくなりそうだった（弟子たちはそれに名前までつけた――〝ゴッドコンプレックス〟と）。フロイトは、救世主か何かのように振る舞う。安っぽい感情に付き合うには自分は高尚すぎるとでもいうように、いつも自分と弟子たちとのあいだに距離を置くのだ。たとえば、彼らを夕食に招くなどということはほとんどなく、私生活は謎に包まれたままだった。それでもときには、信用できる相手として、付き人を一人だけ選んだりもする――カール・ユング、オットー・ランク、ルー・アンドレアス・ザロメ。その結果、弟子たちはフロイトに気に入られて〝選ばれし者〟になろうと血眼になった。フロイトが不意に一人を贔屓したときに他の者たちが抱く嫉妬心は、結局はフロイトの支配力を強くした。人が本来持っている自己に対する不安感は、集団の中にいると強くなる。コケットはよそよそしい態度を保つことにより、寵愛をエサにした競争をスタートさせる。もし、第三者を使ってターゲットを嫉妬させる能力が決定的な誘惑スキルの一つだとすれば、ジークムント・フロイトは一流のコケットであった。

コケットの戦術はどれも、政治指導者たちによって、大衆を口説き落とすために利用されてきた。そういう指導者たちは大衆を煽りながらも、彼らとのあいだに一定の距離を置くことで支配を保っている。政治学者のロベルト・ミヒェルスは、そうした政治家たちを〝冷たいコケット〟と呼んだ。ナポレオンはフランス国民に対してコケットを演じた。イタリア遠征の大成功により国民の愛すべき英雄となったナポレオンは、エジプト征服に向けてフランスを出発したとき、すでにわかっていたのだ。彼が不在のあいだに政府が崩壊し、国民が彼の帰還を強く望むようになることを。そして、国民の愛が自分の権力拡大の土台の役割を果たすことになることを。毛沢東は、力強い演説で大衆を刺激したあと、何日も姿を現わさず、カルト的崇拝の対象となった。そして、誰よりもコケット的だったのは、ユーゴスラビア指導者のヨシップ・チトーだ。彼は、国民から遠ざかってはまた熱い一体感で結ばれる、ということを交互に繰り返した。これらの政治的指導者たちはすべて真性のナルシストだった。動乱の時代、人々が不安を感じているときには、そうした政治的コケトリーは、よりいっそうの効果を発揮する。コケトリーが集団に対して非常に効果的であることを理解するのは重要だ。コケトリーは集団の中で、嫉妬心を刺激し、愛情や献身を引き出す。もし、あなたが集団に対してコケットの役割を演じるなら、感情的にも肉体的にも距離を置くことを忘れてはいけない。それによりあなたは泣いたり笑ったりといった感情表現を操ることが容易になり、自己充足のイメージを醸し出すことができる。そのような超脱した雰囲気を身にまとうことで、あなたはピアノを演奏するように、人々の感情を操ることができるだろう。

イメージ

シャドウ。〝影〟は掴むことができない。自分の影を追いかけると影は逃げ、影に背を向けると影はついてくる。〝陰〟はまた人間の暗黒面でもあり、人をミステリアスにするものだ。自分に喜びをもたらした人の〝名残(シャドウ)〟は、嫌でもその人にもう一度会いたいという気持ちを刺激する。太陽を恋しいと思わせる雲のように。

危険性

爆発寸前の感情を操作するのだから、コケットには、当然危険がつきまとう。振り子が振れるたびに愛情は憎しみへと変わる。だから、すべてを慎重に調整しなければならない。不在の時間は長すぎてはいけない。怒りのあとは速やかに笑顔を見せなければならない。そうすれば、コケットは獲物を長いあいだ騙しておくことができる。だが、何か月、あるいは何年も経てば、コケットの心理的パワーに踊らされる人間関係に相手はうんざりするようになる。

後に毛沢東夫人として知られることになる江青は、毛沢東の心を掴むためにコケットのスキルを使った。だが、一〇年経ち、口論、涙、冷たさがひどく気に障るものになった。毛沢東は、愛情より苛立ちが勝った時点で離れることができた。コケットとしてさらに上をいくジョゼフィーヌは、丸一年、媚びを売ることもナポレオンを避けることもしないで過ごし、状況に対応することができた。タイミングがすべてである。だが、その一方で、コケットが強い感情を引き出すために、仲たがいが一時的なもので終わり、よりが戻ることも多い。コケットには中毒性があるのだ。毛沢東の〝大躍進政策〟が失敗に終わったあと、精神的に打ちのめされている夫に対して、夫人は支配力を回復することができたのである。

冷たいコケットはとりわけ深い憎悪をかき立てることがある。ヴァレリー・ソラナスは、アンディ・ウォーホルに魅せられた若い女性だった。彼女が書いた脚本をウォーホルが面白がったため、彼がそれを映画にするかもしれないという印象を受けた。そして、自分が有名人になることを想像した。彼女はまた女性解放運動にも関与していたのだが、ウォーホルにいい加減にあしらわれていたことに気づくと、増大する男への激しい怒りが彼に向かって爆発した。一九六八年六月、ソラナスは、彼を拳銃で三発撃ち、瀕死の重傷を負わせた。冷たいコケットが、感情を痛く刺激してしまったのだろう。それは性的というよりはむしろ知的で、色情というより興味と言える感情であり、深い愛情によって相殺されることがないため、いっそう陰湿で危険な憎悪をかき立てる恐れがある。コケットはゲームの限界を理解しなければならない。そして、不安定な人間に及ぼす憂慮すべき影響についても。

実際に、従われるより抵抗されるほうが愛情が深まるという男はいるし、無意識のうちに変わりやすい天気を好む男もいる。快晴だと思ったら、突然、雲行きがあやしくなって稲妻が走り、また陰りのない愛のような青空になるような天気だ。われわれが忘れてはならないのは、ジョゼフィーヌは征服者を相手にしなくてはならなかったということと、その彼の愛は戦争に似ていたということだ。彼女は降伏しなかった。彼女は自ら征服されてあげたのだ。もし彼女がもっと優しく、思いやりがあり、愛情深い女だったとしたら、おそらくボナパルトはあれほど彼女を愛さなかったであろう。

フィリップ・W・サージャント『皇后ジョゼフィーヌ』

コケットは愛し方ではなく喜ばせ方を知っている。だから男はコケットのとりこになるのである。

ピエール・マリヴォー

不在にすること、食事の誘いを断ること、何気なく無意識に厳しい態度を取るといったことのほうが、世界中の化粧品や上等な衣服よりも有益である。

マルセル・プルースト

世渡りの才能がない若者は、夜ごと危険に出会うものであり
これは恋や結婚と同じではないものの、
それでもやはりさげすまれる理由は充分にある。
たとえ身持ちの悪い女でも、
上品に見せかけようとすることを責める気は
これまでもなかったし、今もない。
私が非難してやまないのは
水陸両棲の娼婦たち、白くもないが赤くもない
桃色の女たちだ。
冷たく色っぽい女（コケット）がまさしくそれで、
「ノー」でもなければ、「イエス」でもなく、
風下の岸辺につかず離れずして君を放置し、
風がいざ吹きだすと、内心あざけりながら、

君の心が遭難するのを見やるのだ。
そうして感傷的苦悩を大盛りにして、
年ごとに新たなウェルテルたちを
棺のなかに送りこむ。
とは言いながら、
これはただ邪気なくいちゃついているだけで、
姦通とはほど遠い、粗悪な言動にすぎないのだ。

バイロン『ドン・ファアン』

自らの主義を説明しながら、大衆を慇懃無礼に扱い、それでいて彼らを喜ばせるためにしているのではない、と大衆自らに気づかせる方法がある。原則は常に、自らは与えるものを何も持たず、われわれからすべてを一方的に奪い取ろうとする者に譲歩しないことである。たとえ非常に長い期間かかろうとも、彼らがひざまずいて許しを請うまで、われわれは待つことができる。

ジークムント・フロイトから弟子たちにあてた手紙より
P・ローゼン『フロイトの社会思想』

見目麗しい妖精が、十月十日を経て男の子を産んだ。揺りかごの中にいるときから妖精たちに愛されるほどかわいらしいこの子は、ナルキッソスと名づけられた。（中略）

すでに十六歳を迎えた河の神の子ナルキッソスは、子どもと大人が同居しているような年頃となっていた。多くの若者や娘たちが、彼に恋心を抱いた。だが、そのきゃしゃな体には頑なな自尊心が隠れていて、一人の若者も、一人の娘も、彼の心に触れることはできなかった。

その彼が、おびえたシカを網の中へ追い込んでいるときだった。おしゃべりな妖精、人がしゃべっているときには黙っていられず、かといって自分のほうから話の口火を切ることもできない、あのこだまの妖精エコーが、彼に目をとめた。（中略）

彼女は、辺鄙な野山で猟をしているナルキッソスを見て、恋の炎を燃えたたせて、こっそり彼のあとをつけた。あとを追えば追うほど、間近に見える彼が恋の炎をたきつける。まるで、たいまつの先端に塗りつけられた硫黄が、火を近づけるとぱっと燃え上がるように。ああ、甘い言葉で彼に近づき、胸の熱い思いを伝えることができたなら！

そのとき、親しい仲間たちとはぐれた少年は、こう尋ねた。「誰かいないかい？」。すると、「ここに」とエコーが答えた。ナルキッソスは驚いて四方を見回すが、誰もいないので再び叫ぶ。「どうして僕から逃げるんだ？」すると、彼の言葉がこだまとなって返ってくる。身動きできず、人の声だと信じ込んでさらに言う。「ここで、会おうよ」。すると、これ以上ないほど喜んで、エコーは「会おうよ」と答える。そして自分の言葉に誘われるように森から出てきて、憧れの少年の首に腕を巻きつけようとする。

しかし、彼は逃げ出した。逃げながら「手を放せ！　抱きつかれるのはごめんだ！」と叫ぶ。「触れられるなら、いっそ死にたいよ！」（中略）

拒絶された彼女は、森にひそみ、恥ずかしい顔を木の葉で隠し、それ以来、人里離れた洞窟で暮らしている。だが、それでも恋心はまったく消えず、拒絶された分、恋心はつのるばかり。（中略）

ナルキッソスは、こうして彼女をコケにした。水や森に生まれた妖精たちや、大勢の男たちも同じ目にあっていた。そして、彼に愚弄された若者が、手を天にかざして祈った。「彼も、僕らと同じように、恋に落ちますように！　そして彼もまた、恋する相手を自分のものにはできませんように！」この正当な願いを、復讐の女神が聞いた。（中略）

暑さの中、狩りで疲れ切ったナルキッソスは、澄みきった泉のほとりに身を投げ出した。辺りのたたずまいと、泉の美しさに引かれてやって来たのだ。喉の渇きを静めようとしていると、別の渇きが頭をもたげた。水を飲んでいるうちに、泉の水面に映った自分の姿に魅せられたのだ。実体のない、影でしかないものに憧れた。自らの美しさに呆然として、パロス産の大理石で作られた像のように、身じろぎもせず見つめつづけた。（中略）不覚にも、彼は自らに恋い焦がれた。称えている相手が実は自分なのだ。求めていながら、求められ、たきつけていながら、燃えている。

何度、偽りの水面に虚しく口づけをしたことだろう！　水に映った首に抱きつこうと、何度、水の中へ腕を沈めたことか！　しかし自分自身を捕えることはできず、自分が何を見ているのかもわからないまま、自分が見ているものによって燃えている。自分の目を欺いている迷妄によって燃え立たされているとは。浅はかな少年よ、なぜ、はかない虚像を捕まえようとするのか？　おまえが求めているものは、どこにもありはしない。おまえが背を向ければ、おまえの愛しているものは消えてしまう。おまえが見ているのは、水に映ったおまえの影でしかない。それは実体を持たず、おまえとともに来て、おまえとともにとどまっているだけだ。おまえとともに立ち去りもするだろう。おまえに立ち去ることができるならば！（中略）

彼は頭を垂れ、青草の上にぐったりと横たわった。やがて、自分の美しさに感嘆していた自分の眼を、死が閉ざした。冥界へ迎えられてからも、彼は三途の川に映る自分を見つめていた。

彼の姉妹の水の精たちは、兄弟の死を悲しみ、髪を切って供えた。森の精たちも嘆き悲しんだ。その嘆きにエコーが答える。すでに、火葬の薪や、打ち振られるたいまつや、棺が用意されていた。だが、死体がなくなっていた。その代わりに、白い花びらが黄色い花心を囲んだ、水仙の花が見つかった。

オウィディウス『変身物語』

「わがまま」は、ともすれば愛を目覚めさせせがちな資質の一つである。

ナサニエル・ホーソーン

ご承知のように、ソクラテスは美少年が大好きで、いつも一緒にいて、にやにやしている。（中略）だが、ふたを開けてみると、その内側にどれだけの節度が満ちあふれていることか。（中略）彼は生涯、人々とたわむれながら、あるいはたわむれる振りをして生きてきたのだ。

彼が真剣になり、ふたを開けたとき、中にある宝物を見たことのある人がいるかどうか、僕は知らない。（中略）

僕は、彼が僕の若い魅力のとりこ虜になっていると思い、これこそ驚くべき幸運だと考えた。僕がソクラテスに身をゆだねれば、彼が知るすべてのことを聞くことができると思ったからだ。実際、その頃の僕は、若さという自分の魅力に絶大な自信をもっていたのだ。

そんなふうに考えた僕は、それまでソクラテスと過ごすときには、いつもお伴の召使いをそばに置いていたのだが、それからは、召使いは先に帰し、一人で彼と過ごすことにした。――僕は、真実を洗いざらい話そうと思う。だから、注意して聞いてほしい。そして、ソクラテス、もし僕が事実に反することを言ったなら、どうかそれを否定していただきたい。――僕はソクラテスと二人きりで過ごした。そして、彼は、愛する少年と二人きりになったときに語り合うようなことを、すぐさま僕と語り合うだろうと想像した。ところが、どうだろう。そのような嬉しいことは、何も起こらなかった。日がな一日、彼はいつもと同じようなことを語り、帰っていったのだ。

その後、僕は彼を誘い、一緒に運動した。そうすれば、そこで何かが起こるに違いないと考えたのだ。僕たちは一緒に運動やレスリングをした。そのとき周囲に人影はなかった。……しかしながら、僕が考えていたようなものは、まったく手に入らなかった。

こんな作戦ではらち埒があかないとわかった僕は、強硬手段を取らなければならないと考えた。やり始めたからには、もうあとには引けない。いったい何がどうなっているのか、突き止めねばならない。

そこで、彼を食事に誘った（まるで愛する相手に下心を抱いた恋人がやるように！）。最初は渋っていたソクラテスも、しばらくすると応じてくれた。はじめて来たときは、食事が終わるとすぐに帰りたがった。そのときは僕も強引に引き止めるわけにはいかず、帰ってもらった。しかし、僕は再び彼を誘い、今度は食事が済んだあと、夜が更けるまで彼と長々と語り合った。そして、彼が帰りたいと言い出すと、もう夜も遅いからと無理に引き止めたのだ。彼は僕の隣のカウチで寝た。そこは彼が食事をしたところだった。その夜、部屋の中で寝ているのは、僕とソクラテスだけだった。

（中略）天地神明に誓って証言する。僕はソクラテスと一緒に寝て、そして目覚めた。ところが、何も特別なことは起こらなかった。親父や兄貴と寝たときとまったく同じように！

さて、そのあと僕が何を考えたと思いますか？　確かに、一方では僕は侮辱されたと考えた。しかし、また他方では、彼の性格と節度と勇気に驚嘆したのだ。（中略）その結果、僕は腹を立てることも、彼から離れることもできず、さらには、彼を僕の意に従わせる策を見出すこともできなかった。（中略）ついに、万策尽きてしまった。そして僕は、この比類のない、得体の知れないソクラテスの奴隷に成り下がってしまったのだ。

プラトン『饗宴』

チャーマー

チャームとは、性別に関係なく人を誘惑する力である。チャーマーは人を操る天才。感じのいい、安心できる雰囲気を醸し出し、頭の良さを隠している。チャーマーの手法は単純だ。自分に注意が向かないようにして、ターゲットに意識を集中する。ターゲットの気持ちを理解し、痛みを感じ、気分に合わせる。チャーマーの存在は、相手の自己肯定感を高める。彼らは異議を唱えたり、口論したりしない。不平を言ったり、しつこくせがんだりすることもない――それ以上に誘惑的なことがあるだろうか？　甘やかすことで魅了し、相手を自分に依存させる。チャーマーの力は強まるばかりだ。チャーマーの魔法を学び、人間の根本的な弱点である〝自尊心〟と〝虚栄心〟を狙おう。

チャームの技法

性的魅力には強い破壊力がある。性的魅力が引き起こす不安や感動は、ときに、本来ならもっと深く、もっと長期に続くものになり得た関係を、突然終わらせてしまうことがあるのだ。チャーマーの解決策は、人を病みつきにする性的魅力の様々な面――相手から注がれる関心、高まる自己肯定感、求愛にともなう喜び、本物（あるいは見せかけ）の理解――を満たしながら、セックスそのものは取り除くというものである。だからといって、チャーマーが性を抑圧しているとか、否定しているというわけではない。誘惑の試みにはすべて、性的なニュアンスや可能性が隠されている。性的緊張が少しはないと、チャームは消えてしまう。しかしながら、セックスを遠ざけておかないかぎり、チャームを維持することはできない。

〝チャーム〟という言葉の語源は、ラテン語の〝カルメン〟で〝歌〟を意味する。〝カルメン〟にはもう一つ〝呪文〟という意味もあり、そこから〝魔法をかける（＝魅惑する）〟という意味に繋がっている。チャーマーは無意識のうちにこの歴史を理解し、相手の注意を引きつけるもの、相手の心を奪うものを提供し、魔法をかけるのだ。相手の理性を鈍らせると同時に相手の注意を引くための秘訣は、相手のもっともコントロールできない部分、つまり、エゴ、虚栄心、自尊心を狙うことである。「相手のことを話せ。そうすればその男は何時間でも耳を傾けるだろう」とベンジャミン・ディズレーリが言ったように――。戦略は絶対にばれてはいけない。巧妙さこそ、チャーマーのもっとも優れたスキルだ。ターゲットが試みを見抜くとか、不審を抱くとか、チャーマーに関心を持たれること自体が嫌になるとか、そういうことにならないようにするためには、さりげないタッチが肝心である。チャーマーとは、一条の光のようなものであるが、決してターゲットを直接には照らさず、拡散された柔らかい光となって降りかかるのだ。

チャームの技法は、個人相手だけでなく、集団に対しても使うことができる。指導者は大衆を魅惑（チャーム）することができる。個人でも集団でも、人間関係に及ぼす作用は同様のものとなる。次に挙げるのは、歴史上のもっとも成功したチャーマーたちの物語から抜き出した「チャームの法則」である。

〈ターゲットを関心の的にしよう〉　チャーマーは、自分の影を薄くして、ターゲットを話題の中心に持っていく。チャーマーになるには、耳を傾け、観察することを学ばなければならない。ターゲットに話をさせ、自分をさらけ出させるのだ。ターゲットについて多くのことを発見すればするほど（〝強み〟や、より重要な〝弱み〟など）、よりターゲットに合わせた気配りができ、ターゲット個人の願望や欲求に訴え、ターゲットの自信のなさを和らげるようなおだて方をすることができる。相手の気持ちに寄り添い、相手の身になって悩みを聴いてやることで、相手は気が大きく、楽になり、自分には価値があるという感覚を抱くことができる。ターゲットをショーの主役にしよう。そうすればあなたから離れられなくなり、あなたを頼るようになるだろう。ターゲットが集団の場合は、献身的な態度を示し（まったくの見せかけであっても）、あなたが彼らの痛みを分かち合い、彼らの利益、つまりは共有化された私利（エゴイズム）のために働いていることを見せよう。

〈喜びの源になろう〉　他人の抱えている問題や悩み事など、誰も聞きたくない。それでもあなたは、ターゲットの不平に耳を傾けよう。だが、もっと大切なことは、ターゲットに喜びを与えることにより、問題から気を逸らすことである（これを繰り返すうちに相手はあなたの魔法にかかる）。気楽で楽しい人間のほうが、真面目で批判的な人間より常に魅力的である。同様に、元気な人のほうが無気力な人より魅力がある。無気力というのは、退屈していることを言外にほのめかす、とんでもない社会的タブーである。たいていの人間は、何であれ高尚で洗練されているものと関わりたいと思うものだ。上品さや趣味の良さは、通常、野暮ったさに勝る。政治の世界においては、現実よりも幻想や神話を提供しよう。より良い社会のための自己犠牲を人々に頼むのではなく、崇高な道徳問題について話をしよう。人々をいい気持ちにする訴えは、得票と権力に繋がるものである。

〈反目を調和へと導こう〉宮廷は、敵意と羨望がぐつぐつと煮えたぎる大釜であり、くよくよ悩んでいるカッシウス（訳注：共和制ローマの軍人・政治家。カエサル暗殺の首謀者の一人とされる）一人の不機嫌さが、あっというまに陰謀へと変化を遂げる場所である。チャーマーは争いをうまく収める方法を知っている。決して敵意を煽ってはいけない。そんなことをすれば、あなたのチャームが効かなくなる。攻撃的な相手に直面したら、あなたは撤退し、相手に小さな勝利を収めさせることだ。敵になりそうな相手には譲歩し、意のままにさせ、戦意を失わせるのだ。表立った批判は絶対にしないこと――そんなことをすれば相手は自信を失い、変化することに抵抗するだろう。アイデアを植えつけ、少しずつ暗示にかけるのだ。あなたの外交的手腕に魅せられて、人々はあなたのパワーが増大していくのに気がつかないだろう。

〈獲物に心地よさを与えよう〉チャームは、左右に揺れる懐中時計を使った催眠術師のトリックのようなものである。ターゲットがリラックスすればするほど、彼または彼女をあなたの意向に従わせることが容易になる。あなたの獲物を居心地よくさせる秘訣は、あなたが相手の気持ちを映し出す鏡となって、寄り添うことである。人間はナルシストだ――だから、自分にもっともよく似た人間に引き寄せられる。相手の価値観や美的感覚を共有し、気持ちが理解できる、というふりをしよう。そうすれば相手はあなたの魔法にかかる。この方法は、あなたが外から来た人間の場合、特に効果が大きい。あなたがそのグループあるいは国の価値観を共有している（言語を習得している、こっちの習慣のほうが合っている、等々）ように見えると、非常に魅惑的である。なぜなら、この場合、ここで生まれ育ったからという理由ではなく、あなたが自分の意思でこっちのほうが合っていると決めたことになるからだ。決してうるさく言ったり、しつこくつきまとったりしないこと――そのような魅力に欠ける行動は、あなたが魔法をかけるのに必要なリラクゼーションの邪魔になる。

〈逆境に直面しても冷静沈着さを見せよう〉 逆境と挫折は、実のところ、チャームの絶好の見せ場を提供してくれる。いまわしい状況に直面したときに見せる冷静沈着な姿は、人々をほっとさせるものだ。運命がもっといいカードを配るのを待っているとでもいうような――あるいは運命そのものを魅了し好転させる自信があるとでもいうような、〝忍耐強さ〟を感じさせる。怒り、不機嫌、復讐心など、人々を身構えさせてしまう破壊的感情はいっさい見せないこと。大きな集団における駆け引きの場面では、逆境を、度量の大きさや落ち着きというチャームを示せるチャンスとして歓迎しよう。動揺したり動転したりするのは、他の人間に任せることだ――そのコントラストが、あなたに有利に働くだろう。泣き言を言わないこと。不平を言わないこと。自分を正当化しようとしないこと。

〈役に立とう〉 他の人々の生活を向上させる能力は、それがさりげなくできた場合、この上なく誘惑的である。ここでは、あなたのソーシャルスキルが重要になってくる。豊富な人脈を作ることで、人と人とを繋げるパワーが生まれる。人々はあなたと懇意になることにより、自分の人生がもっと楽になると感じるようになる。この魅力に抵抗できる者はいない。大事なのは、最後まで見届けることだ。もっといい仕事、新しいコネクション、多大な便宜――素晴らしいことを約束して、人を魅了する人間はたくさんいる。だが、最後までやり遂げなければ、友人ではなく敵を作ってしまうだろう。約束は誰にでもできる。あなたを別格の存在とし、より魅力的な人間にするのは、たしかな行動で約束を実行に移し、最後までやり遂げる能力である。逆に、誰かがあなたに便宜を図ってくれたら、具体的に感謝の意を伝えよう。虚勢とまやかしの世界においては、本物の行動や人助けこそが、究極の誘惑と言えるだろう。

代表的なチャーマーたち

1

一八七〇年代初め、イギリスのヴィクトリア女王は失意の底にあった。最愛の夫、アルバート公を一八六一年に亡くし、これ以上ないほどの悲しみを味わった。彼女はすべての決断において、夫の助言を頼りにしてきた。自分で決断するには教育も経験もなさすぎたのだ。少なくとも、周りの人間は彼女にそう思わせた。実際、彼女は、政治的な討論を行なうことや政策課題について意見を述べることに嫌気が差してしまった。ヴィクトリアは少しずつ公の場に姿を見せなくなっていった。その結果、王室は以前ほどの人気がなくなり、そのために影響力も以前ほどではなくなった。

一八七四年、保守党が政権を握り、党首である七〇歳のベンジャミン・ディズレーリが首相になった。彼は、就任の手続きのため、宮殿へ赴いて女王に謁見する必要があった。女王はそのとき五五歳だった。これほど接点のない二人もいないというような関係だった。ユダヤ人として生まれたディズレーリは、イギリス人の基準からすると、浅黒い肌とエキゾティックな顔立ちをしていた。若い頃は、まさにきらびやかと言えるような装いのダンディだった。彼はそれまでに、ゴシック風といってもいいくらいロマンティックな文体の大衆小説も書いていた。一方、女王は気難しく頑固な性格を持ち、しきたりに囚われがちで、好みはシンプルだった。女王を喜ばせるには、彼の天性である優雅な振る舞いを抑えるべきだと周りから助言を受けたが、ディズレーリはそれを無視して、豪奢な王子となって女王の前に現われた。片膝をついて女王の手を取り、キスをして言った。「寛大なる女王陛下にお誓い申し上げます」。ディズレーリは、自分のいまの仕事はヴィクトリア女王の夢を実現することだと固く約束した。彼女の人柄をこれでもかと言わんばかりに褒めちぎるので、女王は顔を赤らめた。それでも不思議なことに、彼のことを滑稽だとも不快だとも思わなかった。ディズレーリの期待どおり、女王は微笑んでいた。この風変わりな男にチャンスを与えてもいいかもしれない、と彼女は考えた。そして彼が次にどう出るか待った。

ヴィクトリアはまもなく、ディズレーリから手紙で報告を受けるようになった。内容は議会討論、政策課題等々であったが、他の大臣たちが書いたものとはまるで違っていた。彼女を〝妖精の女王〟と呼び、王室の様々な敵に対しては、いかにも邪悪そうな、あらゆる種類の暗号名をつけ、ゴシップ満載の手紙を送ってきたのである。ある新閣僚についての手紙に、ディズレーリはこう書いた。「彼は身長が一メートル九〇センチ以上あります。ローマのサン・ピエトロ大聖堂のように、最初は誰もその大きさに気づかないのです。ですが、彼にはゾウのような身体に加えて、ゾウのような深い知性が備わっているのです」。首相の陽気で形式張らない気質は、無礼とも言えるものであったが、女王は大いに喜んだ。彼女は報告書を貪るように読み、ほとんど自覚のないままに、政治に関する興味を取り戻していた。

二人の関係がスタートしたとき、ディズレーリは彼の小説を全巻、贈り物として女王に届けた。そのお返しに、彼女は自分が書いた『ハイランド日記』という一冊の本を与えた。それからというもの、彼は女王への手紙や会話の中に「われわれ作家」という言い回しを差し挟むようになった。女王は誇らしげに顔を輝かせた。また女王は、彼が他の誰かに彼女を褒めているのをふと耳にする――「女王の考え、常識、女性的本能が、彼女をエリザベス一世に匹敵する存在にしている」と彼は言った。ディズレーリが女王に異論を唱えることはほとんどなかった。他の大臣たちとの会議の途中で、突然、彼女のほうを向いて助言を求めることもあった。

一八七五年、ディズレーリは、負債に苦しむエジプト総督からスエズ運河をうまく買収することに成功した。すると、彼はこの功績を、まるでヴィクトリア女王自身が持つ大英帝国拡大の考えを実現したものであるかのように、彼女に献呈した。ヴィクトリアは、そうなる理由には気づいていなかったが、急速に自信をつけていった。

女王が首相に花を贈ったことがあった。後日、彼はお返しにプリムローズを贈った。あまりに平凡な花なので、人によっては気分を害したかもしれない。だが、花束にはメッセージが添えられていた。「あらゆる花のなかで、その美しさをもっとも長いあいだ失わずにいるのが、愛しきプリムローズなのです」。ディズレーリはヴィクトリアを幻想的な雰囲気で包み込んだ。その中ではすべてがメタファーであり、もちろんプリムローズの飾り気のなさは女王の象徴であった――そしてまた、二人の関係の象徴でもあった。ヴィクトリアはまんまとエサに食いついた。まもなくプリムローズは彼女のお気に入りの花となった。

実際、ディズレーリがすることは何もかも彼女の賛同を得るようになっていた。彼女の前で座ることも許された。前代未聞の特別扱いである。二人は毎年二月に、ヴァレンタインのカードを贈り合うようになった。あるパーティでディズレーリは何を話したのかと、女王が出席者たちに訊ねたこともある。彼がドイツ皇后のアウグステに少々気を配りすぎたため、やきもちを焼いてのことだった。廷臣たちは、彼らの知る、頑固で堅苦しい女王にいったい何が起きたのかと訝(いぶか)った――のぼせ上がった少女のようだった。

一八七六年、ディズレーリは議会での反発を押し切って法案を通し、ヴィクトリア女王は〝女王兼女帝〟であると宣言した。女王は有頂天になった。それに対する感謝の念と、間違いなく愛情から、女王はこのユダヤ人ダンディ兼小説家に貴族の爵位を与えた。ディズレーリはビーコンズフィールド伯爵になった。人生の夢が実現したのだ。

ディズレーリは、外見がいかにあてにならないか知っていた。人々はいつも彼を顔や身なりで判断する。そこから学んだ彼は、他人に対して絶対に同じことをしなかった。その外見の下には、自分の女としての側面に訴えかける男を待ち望んでいる一人の女――愛情深く、温かく、性的ですらある一人の女が潜んでいることが、彼にはわかったのだ。ヴィクトリアのこの側面がひどく抑圧されていたということは、いったん彼女の自己抑制を解いてしまえば、それだけ強い感情が呼び覚まされるということを示していた。ディズレーリは、それを見抜いて実行したのである。

ディズレーリのアプローチは、ヴィクトリアという人間の、他の人々に押しつぶされた二つの面に訴えかけるというやり方だった。つまり〝自信〟と〝性〟である。彼は人のエゴをくすぐる天才だった。あるイギリスのプリンセスが言った。「グラッドストンさん（訳注：自由党党首で、ディズレーリの好敵手。英国首相を四度務めた）の隣に座って食事をご一緒したあとは、彼はイギリスで一番賢い人だと思ったわ。でも、ディズレーリさんの隣に座ったあとは、私ってイギリスで一番賢い女だわと思ったのよ」。ディズレーリは、楽しく、リラックスした雰囲気を醸し出しながら、とりわけ政治に関しては、繊細なタッチで魔法をかけていった。ひとたび女王のガードが緩んだら、もう少し温かく、もう少し暗示的で、かすかに性的な雰囲気へと変えていく――だが、もちろん明らかに思わせぶりな言動はしない。ディズレーリはヴィクトリアに、自分は女として魅力があり、君主として優れていると感じさせた。どうしてその誘惑に抗えようか？　彼の要求を拒絶することなどできようか？

人の個性は、他の人間にどう扱われるかで〝型〟が決まっていくことが多い。親や配偶者が、自分に対してむきになったり、突っかかってきたりする人間だと、自分も同じように反応しがちである。人のうわべの特徴を本物だと思ってはいけない。表面的な特徴は、その人のもっとも近くにいた人間の単なる投影かもしれないのだ。あるいは、まるで反対の性質をごまかすための隠れ蓑なのかもしれない。ぶっきらぼうな外見は、温かさが欲しくてたまらない人間であることを隠すものかもしれない。見た目が地味な抑圧されたタイプは、実はコントロール不能の感情を必死で隠そうとしているのかもしれない。これがチャームの秘訣である――抑圧されたもの、否定されたものに栄養を与えるのだ。

甘やかして、自分を〝喜びの源〟とすることにより、ディズレーリは、よそよそしく、気難しくなってしまった一人の女の心をほぐすことができた。〝甘やかし〟は、誘惑の強力な手段である。自分の意見や好みに同意してくれそうな相手に対して、怒ったり身構えたりするのは難しい。チャーマーたちは、ターゲットより弱い人間に見えるかもしれないが、最後には彼らが支配する側になる。相手から抵抗力を奪ってしまっているからだ。

2

一九七一年、アメリカの銀行家で民主党の重鎮（パワープレイヤー）、アヴェレル・ハリマンは、自分の人生が終わりに近づいているのを感じていた。彼は七九歳で、長年連れ添った妻のマリーが亡くなったばかりだった。民主党は政権の座になく、彼の政治生命も終わったかのように見えた。老いを感じ、気持ちが落ち込んだハリマンは、引退を受け入れ、孫たちと最後の日々を静かに送ろうとしていた。

マリーが亡くなって数か月後、ハリマンは説得されてワシントンのパーティに出席した。そこで彼は旧友のパメラ・チャーチルに会った。パメラとの付き合いがあったのは第二次世界大戦中のロンドンで、彼はフランクリン・D・ルーズベルト大統領の特使として派遣されていた。彼女はそのとき二一歳で、ウィンストン・チャーチルの息子、ランドルフの妻だった。間違いなく街にはもっと美しい女がたくさんいたが、一緒にいてこれほど楽しい相手はいなかった。気配りの非常に行き届いた女性で、彼の抱える問題に耳を傾けてくれる。また、彼の娘と仲良くなり（同じ歳だった）、会えばいつでも彼の気持ちを和ませてくれた。マリーはアメリカに残っていたし、ランドルフは軍隊にいた。そんなわけで、爆弾の雨がロンドンに降るなか、アヴェレルとパメラは恋愛関係になった。戦後何年も二人は連絡を取り合った。彼は彼女の結婚の破綻を知っていたし、ヨーロッパの最も裕福なプレイボーイたちと次から次へと浮き名を流していることも知っていた。それでもアメリカの妻のもとに帰って以来、彼女には会っていなかった。人生のこの時点でばったり彼女に会うとは、何という不思議な巡り合わせだろう。

パーティで、パメラはハリマンを自分の殻から引きだした。彼の冗談に笑い、戦時下のロンドンでの輝かしい日々について語らせた。彼は昔の力が戻ってくるのを感じた――まるで彼が彼女を魅了しているかのようだった。数日後、彼女は別荘の一つに滞在している彼をふらりと訪ねてきた。ハリマンは世界で最も裕福な男の一人だったが、浪費家ではなかった。彼とマリーは質素に暮らしてきた。以前、パメラの家に招待されたとき、ハリマンはその生活がまばゆいばかりに輝いているのに気づかないわけにはいかなかった――至るところに飾られている花、ベッドには美しいリネン、素晴らしい食事（彼の好物を全部知っているかのようだった）。彼女がクルチザンヌだと言われているのは耳にしていたし、彼女にとって自分の富が魅力的なのも理解していた。それでも、一緒にいると活力が湧くのを感じた。パーティの八週間後、ハリマンは彼女と結婚した。

パメラはそこで止まらなかった。夫を説得して、マリーが収集した美術品をナショナル・ギャラリーに寄贈させた。また、財産の一部を手放させた――彼女の息子ウィンストンのための信託基金、新しい家々、絶え間なく続く改装。彼女のアプローチはさりげなく、辛抱強かった。パメラは、彼が彼女の望むものを与えると気分がよくなるように巧みに事を進めていった。数年で、二人の生活からマリーの痕跡がほとんど消えた。ハリマンは、子供や孫たちと過ごす時間が減った。彼は二度めの青春を生きているようだった。

ワシントンでは、政治家もその夫人たちも、パメラを問題視していた。自分には彼女の本性がわかっている、彼女の魅力は通用しない、と彼らは思っていた。一方で、彼女が頻繁に開くパーティには決まって顔を出し、有力者たちが来るパーティだからと考えることで自分を正当化していた。パメラのパーティは、くつろいだ親密な雰囲気を作り出すようにすべてが調整されていた。ないがしろにされたと思う者は誰もいなかった。末席の出席者たちさえも、ふと気づくとパメラと話をしていた。彼女の自分への関心が伝わってくるような眼差しに、誰もが心を開いているのだった。彼女は会話の相手に、自分は力があり、人に認められていると感じさせた。後日、参加者に個人的な手紙や贈り物を送り、その中で、パーティでの会話に出てきた話題に触れることもよくあった。彼女のことをクルチザンヌと呼んでいた（もっとひどい呼び方をしていた者もいた）夫人たちも、徐々に考え方を変えた。男たちは、彼女のことを魅力があって面白いと思うだけでなく、役に立つ存在であることに気づいた――彼女の世界的なコネクションは非常に有益だった。彼女はまさにいま会うのにふさわしい相手と接触させてくれる。それも頼む必要さえないのだ。ハリマン夫妻のパーティは、まもなく、民主党の資金集めのイベントに発展した。招待客たちはくつろぎながらも、パメラが作り出す貴族的な雰囲気に気分を高揚させる。そして、彼女から与えられた「自分が重要な存在である」という感覚を味わい、自分でもなぜだかわからないうちに、財布をすっかり空にするのだった。言うまでもなく、まさにこれが、彼女に魅せられた男たちのすべてがしてきたことであった。

一九八六年、アヴェレル・ハリマンが亡くなった。それまでにパメラは強い影響力と十分な財力を手に入れていたため、もう男は必要なかった。一九九三年、彼女は在フランス米国大使に任命され、彼女の個人的、社会的なチャームを政治や外交の世界に、いとも簡単に移し替えた。一九九七年に亡くなったとき、彼女はまだ在職中だった。

誰かがチャーマーだとわかるのは、相手の賢さを感じるからだ（きっとハリマンも、一九七一年に彼がパメラ・チャーチルに再会したのは偶然の産物ではないと気づいたことだろう）。そして、われわれは彼らの魔法にかかってしまう。その理由は単純だ。彼らが与えてくれる感情というのは、われわれの支払う対価に見合うほど希少なものだからである。

世の中は、自分のことに没頭している人々でいっぱいである。われわれは彼らを前にすると、自分と彼らとの関係のすべてが彼ら自身に向けられることを知ることになる――彼らの自信のなさ、彼らの依存性、彼らの注目されることへの渇望。そのせいで、われわれ自身の自己中心的な傾向も強まる。われわれは自分を守るようにして自分の中へ閉じこもる。それは一種のシンドロームであり、チャーマーの魅力を前にして、われわれはますます無力になるだけなのだ。

まず、チャーマーたちは自分についてあまり話さない。そのため彼らの神秘性が高まって、弱点がごまかされる。二つ目に、彼らはわれわれに関心があるようで、その眼差しに親身さが感じられる。われわれは気持ちがリラックスし、心を開く。最後に、チャーマーたちは一緒にいて楽しい。彼らにはたいていの人間にある、口やかましさ、不平の多さ、自己主張の強さなどの不快な欠点が何もない。何が人を喜ばせるか知っているようだ。柔らかいぬくもり、セックスなしの交わり（芸者はチャーミングであると同時に性的でもあると思うかもしれない。だが、芸者の真のパワーは、自分を表に出さない気配りの素晴らしさにあるのだ）。必然的にわれわれは離れることができなくなり、依存するようになる。依存はチャーマーの支配力の源だ。

美しい肉体を持ち、その美しさを利用して色気のある姿を作り出す人間は、最終的にはほぼパワーが枯渇する。花の盛りは長くは続かないし、もっと若く、もっと美しい人間は常にいるからだ。いずれにせよ、社交上のたしなみのない美しさは飽きられる。だが、人は自尊心が満たされる感覚に飽きることはない。相手をスターのような気分にさせ、パワーを使いこなせるようになろう。秘訣はあなたの色気を和らげることだ。人に見られても問題のない戯れ合いや性行動（コンスタントで、中毒性があって、完全な満足は与えない）を通して、よりあいまいで、より惑わされてしまうような、ワクワクする感覚を作り出そう。

3

一九三六年一二月、中国国民党指導者の蔣介石は、彼自身の兵士からなるグループによって捕えられた。兵士たちは彼の政策に憤慨していた。中国を侵略した日本と戦うのではなく、毛沢東率いる共産党との内戦を続けていたからである。兵士たちは毛沢東を脅威とは考えていなかった――蔣介石は共産党をほぼ壊滅状態に追い込んでいた。彼らは、蔣介石は毛沢東と協力して共通の敵と戦うべきだと信じていたのだ――国を愛するならそれ以外ないはずだ、と。兵士たちは、蔣介石を拘束すれば、強制的に考えを変えさせることができると思っていた。だが、彼は頑固な男だった。抗日の統一戦線を阻む最大の障害は蔣介石だった。兵士たちは、彼を処刑するか、あるいは共産党に引き渡すことを検討した。

牢獄に横たわった蔣介石は、最悪の事態しか想像できなかった。何日かして、周恩来の訪問を受けた――元友人であったが、いまは有力な共産党員だった。周恩来は、礼儀正しく敬意を払いながら、統一戦線に賛同する意見を述べた。抗日のための国共合作。蔣介石は、とうていそんな話に耳を貸すわけにはいかなかった。彼は共産主義者が大嫌いであり、どうしようもなく感情的になっていた。「この状況で共産党との合意書に署名することは屈辱である」と彼は大声で叫んだ。「そんなことをすれば、わが軍に対して面目丸潰れだ。問題外だ。私を殺さねばならぬのなら殺せ」と。

周恩来は耳を傾け、微笑み、ほとんど何も言わなかった。蒋介石の激しい言葉が止むと、この国民党指導者に向かって言った。「これが名誉の問題であるのは、自分にも理解できます。ですが、私たちの取るべき名誉ある行動とは、本当は、お互いの違いを忘れ、侵略者と戦うことではないのでしょうか。あなたが両方の軍を率いることもできるのです」と。最後に周恩来は言った。「どんな事情であれ、あなたのような偉大な男を処刑することなど、仲間の共産党員たちに、いや、それについては誰にも許すわけにはいきません」。国民党指導者は唖然とし、そして心を動かされた。

翌日、蒋介石は共産党の護衛に付き添われて牢獄をあとにし、彼自身の軍の飛行機によって自身の司令部へと送り返された。どうやら周恩来は、自分だけの判断でこの処置を行ったようだ。というのは、この知らせが他の共産党指導者たちに届くと、彼らは激怒したからだ。周恩来は蒋介石に、日本軍と戦うよう承諾させるはずだったではないか。そうでなければ彼の処刑を命じるべきだった——譲歩なしに彼を釈放するなど、愚行の極みである。周恩来には償ってもらう、と。周恩来は何も言わずに待った。数か月後、蒋介石は、内戦を停止して抗日のため共産党と手を組むという合意書に署名した。彼自身の意思で決断に至ったようであり、彼の軍はそれに対して敬意を表した——彼の真意は疑いようがなかった。

国民党と共産党は共に戦い、日本軍を中国から駆逐した。しかしながら以前、蒋介石にほとんど壊滅状態に追い込まれていた共産党は、この合作の時期を利用して勢力を取り戻してしまう。そして日本軍が撤退するとすぐに、国民党への攻撃を開始した。一九四九年、国民党は中国本土からの撤退を余儀なくされ、いまの台湾である美麗島へと逃れた。

それから毛沢東はソ連を訪問した。中国はひどい状態にあり、心底、援助を必要としていた。だが、スターリンは中国に対して用心深く、毛沢東に、これまで彼が犯した多くの間違いについて説教を始めたのだ。毛沢東は反論した。スターリンはこの成り上がりの若者に思い知らせてやることにした。中国には何も与えまい。緊張は高まった。毛沢東は大至急、周恩来を呼び寄せた。翌日到着した彼は、さっそく仕事に取りかかった。

長時間続く交渉の中で、周恩来は主人のウォッカを楽しんでいるように振る舞った。彼は決して言い争わなかった。それどころか、中国は多くの間違いを犯したと認め、自分たちより経験豊かなソ連に学ぶべきことがたくさんあると言った。「同志スターリン」と彼は言った。「われわれは、あなたの指導のもとに社会主義陣営に加わる、最初のアジアの大国です」。周恩来は、あらゆる種類の、きれいに描かれた図表やグラフを準備して持ってきていた。ロシア人がそういったものを非常に好むのを知っていたのだ。スターリンは彼を受け入れてもいいという気持ちになった。交渉は進展し、周恩来が到着して数日後に、双方が相互援助条約に署名した――ソ連よりも中国にとってははるかに有益な条約であった。

一九五九年、中国は再び大問題を抱えていた。毛沢東の大躍進政策（一夜にして中国に産業革命をもたらそうという試み）が、悲惨な事態を引き起こしていた。国民は怒っていた。北京の官僚がいい暮らしをしているあいだに、人々は飢えに苦しみ死んでいった。周恩来を含む大勢の官僚たちが、地元に戻って秩序を取り戻そうとした。そのほとんどが買収によって事態を収拾した――あらゆる種類の便宜をはかる約束をしたのだ。だが、周恩来はそれとは違う進め方をした。彼は先祖代々の墓地を訪れた。そこには何代にも遡る、彼の祖先が埋葬されていた。彼は墓石を取り除き、柩をもっと深く埋め直すように指示した。これでこの土地は耕作地にできると。儒教の観点から見れば（周恩来は教えに従順な儒者だった）、これは冒涜行為だが、誰もがそれが何を意味するかわかっていた。周恩来が自ら進んで苦痛に耐えるつもりだということだ。誰もが犠牲を捧げなければならない。たとえ、それが指導者であっても――。彼のジェスチャーは象徴として非常に大きな影響を及ぼした。

周恩来が一九七六年に亡くなったとき、国民の深い悲しみが、非公式に、誰かに組織化されたわけでもなく、国中からどっと押し寄せたことに政府は驚いた。舞台裏で仕事をしてきた、そして大衆から愛されるのを意図的に避けてきた男が、なぜそんなふうに人の心をつかむことができたのか、理解できなかったのだ。

蒋介石の捕獲が、内戦におけるターニングポイントであった。彼を処刑していたら、悲惨な結果になっていたかもしれない。国民党軍を団結させていたのは蒋介石であり、彼がいなくなれば、軍は派閥に分かれ、日本軍の侵略を許してしまっていたかもしれない。同様に、無理矢理、合意書に署名させることも役には立たなかっただろう。彼は自分の率いる軍隊に対して面子を失い、合意を守ることなど、とうていできなくなる。そして、屈辱を受けたことに対して為し得るかぎりの復讐をしてきただろう。周恩来は、捕虜を処刑しても服従させても、敵を煽ることになり、コントロールできない影響が広がることがわかっていた。それに対してチャームは、操作的であるということを隠して人を操作する武器であり、激しい復讐心を呼び覚ますことなく、あなたに勝利をもたらすのだ。

周恩来の蒋介石への働きかけは完璧だった。敬意を払い、下手に出て、処刑の不安から予期せぬ解放の安堵へと気持ちが移るのを見守った。蒋介石は威厳を損なうことなく立ち去ることが許された。周恩来は、これらすべてが蒋介石の心をほぐし、その心に「共産主義者も結局、それほど悪い奴らではない、彼らについて考え直しても、自分が弱く見えることはない。獄中にいるあいだではなく、自主的にそうするのだからなおさらだ」という考えの種を植えつけることがわかっていた。周恩来は、同じ哲学をすべての状況に適用した。威圧感のない、謙虚な、相手より下の人間を演じるという哲学だ。最終的に自分の望んだものが手に入るのなら、それの何が問題になるというのだろう。内戦から立ち直る時間が稼げて、合意が手に入り、大衆の好意が得られるのなら――。

あなたの持つ最高の武器は〝時間〟である。辛抱強く長期目標を心に留めておくのだ。そうすれば、人も軍隊もあなたになびかずにはいられないだろう。そして時間を稼ぐ一番いい方法、どんな状況でも選択の幅を広げられる一番いい方法は、チャームである。チャームを使えば、敵をそそのかして手を引かせることができ、効果的な対抗戦略を密かに計画するための心理的余裕ができる。大事なことは、相手を感情的にさせる一方で、あなたは冷静さを保つことである。相手は、感謝の念を抱いたり、喜んだり、感動したり、つけ上がったり、様々だろう――何かを感じてさえいれば、どんな感情でも構わない。感情的になっている人間は、気を取られやすい。相手の欲しいものを与え、利己心に訴え、優越感を抱かせよう。赤ん坊が鋭利な刃物をつかんでしまったら、それを取り上げようとしてはいけない。その代わりに、落ち着いてキャンディを差し出そう。そうすれば赤ん坊は、あなたがくれる美味しそうな一粒を受け取ろうと、刃物から手を離すだろう。

4

一七六一年、ロシアのエリザヴェータ女帝が崩御し、彼女の甥がピョートル三世として即位した。ピョートルの心はずっと小さな男の子のままだった――ふさわしい年齢はとっくに過ぎても、おもちゃの兵隊で遊んでいた。そしていま、ロシア皇帝として、ついに彼のしたいようにできる日が来た。世間が何と言おうと関係ない。ピョートルはフリードリヒ大王と講和条約を結んだ。相手国の支配者に非常に有利な内容だった(ピョートルはフリードリヒを崇拝していた。とりわけプロイセン兵士の統制の取れた行進は、彼の憧れだった)。これは実務上の大失敗だったが、それ以上に、ピョートルは感情やエチケットの問題で人々を苛立たせた。叔母である女帝の喪に服すことを拒否し、葬儀の数日後には、いつもの戦争ごっこやパーティを再開した。

彼の妻、エカチェリーナとは、何とも対照的だった。彼女は葬儀のあいだも礼儀正しく、何か月も経ったというのに喪服を着て、昼となく夜となく、エリザヴェータの墓のそばで祈り、涙を流す姿が見られた。彼女はロシア人ですらなく、ドイツの王女であった。一七四五年、ピョートルと結婚するために、まったくロシア語が話せないまま東の国にやってきたのだ。最下層の小作人でさえ、エカチェリーナがロシア正教会に改宗し、驚くべきスピードで美しいロシア語を話せるようになったのを知っていた。人々は、宮廷にいる気取り屋たちすべてより、彼女のほうがよっぽどロシア人らしい心を持っていると思った。

この困難な数か月間、ピョートルがほぼすべての国民に不快感を与えているあいだに、エカチェリーナは、こっそりと近衛隊の将校、グリゴリー・オルロフと愛人関係を続けていた。エカチェリーナの信仰心、愛国心、統治者に値する資質の噂は、オルロフを通じて広まったのだった。ピョートルに仕えるより、このような女性に従うほうがよっぽどましである。エカチェリーナとオルロフは夜遅くまで話し合った。そして彼は、軍が彼女を支持していることを伝え、クーデターを起こすようにと迫った。彼女は注意深く耳を傾けるのだが、決まって「いまはそのような時ではない」と答えるのだった。オルロフは一人であれこれ考えた。もしかするとエカチェリーナという人間は、これほど大きな一歩を踏み出すには穏やかで消極的すぎるのかもしれないと。

ピョートル政権は抑圧的で、逮捕者や処刑者を山のように出した。また、皇帝はいままで以上に妻に対して虐待的になり、彼女を離縁して愛人と結婚すると脅かした。ある晩、酔っ払ったピョートルは、エカチェリーナの沈黙と、自分が彼女を怒らせることができないことに苛立って、彼女の逮捕を命じた。ニュースはすぐに広まった。オルロフは急いでエカチェリーナのもとへ行き、すぐに行動しなければ投獄されるか処刑されるかだと警告した。今度はエカチェリーナも反論しなかった。彼女は一番シンプルな喪服をまとい、髪は半分乱れたままでオルロフのあとに従い、彼女を待つ馬車に乗り込み、兵舎へと急いだ。兵舎に着くと、兵士たちはひれ伏し、彼女のドレスの縁に口づけをした――彼女の噂は常々耳にしていたが、じかに見るのは初めてだった。彼らには、マドンナの像に命が宿ったかのように見えた。兵士たちは彼女に軍服を貸し、男の服を着たエカチェリーナのあまりの美しさに目を見張った。そしてオルロフの指揮のもと、冬宮殿へと出発した。サンクトペテルブルクの街を通過するうちに、あとに続く列が長くなっていった。誰もがエカチェリーナに声援を送り、誰もがピョートルは退位させられるべきだと思った。まもなく神父たちが到着した。彼らがエカチェリーナに祝福を与えると、人々の興奮はさらに高まった。そしてそのあいだずっと彼女は、まるですべてを天に任せたように沈黙し、威厳を保っていた。

この穏やかな反逆の知らせがピョートルに届くと、彼は異常なほど興奮し、そしてまさにその夜をもって退位することに同意した。エカチェリーナは一戦も交えることなく、というより一発の発砲すらなく、ロシアの女帝となったのである。

エカチェリーナは、利口で活発な子供だった。母親は、光り輝く娘より従順な娘を望んでおり、また娘が従順になることでより良い縁を得られるようにしようと、幼いエカチェリーナに絶えず小言を浴びせかけた。それに対して彼女は自分を守る方法を身につけていった。相手の攻撃を和らげる方法として、相手に完全に従っているふりをすることを覚えたのである。彼女が寛容になり、強引に決着をつけようとしなければ、相手は攻撃するどころか彼女の魅力のとりこになった。

エカチェリーナはロシアに来たとき（十六歳で、一人の友人も味方もいない国に！）、自分の難しい母に対応する中で身につけたスキルを適用した。宮廷の怪物たち（貫禄のあるエリザヴェータ女帝、幼稚な夫ピョートル、無数の陰謀家や背信者たち）を前に、彼女は膝を曲げてお辞儀をし、言われるとおりにし、待ち、そして魅了した。彼女は夫がいかに無能であるかわかっており、女帝として統治することをずっと望んでいた。だが、暴力で権力を手に入れたところで、どんな利があるというのか。権利を主張しても、正当性がないと考える人々は必ずいる。そうなったら今度は彼女が引きずり下ろされることを永遠に心配しなければならないのだ。そう、機は熟さなければならない。そして、人々が、彼女を権力の座に就かせるように物事をうまく運んでいかなければならない。これはいかにも女性的な革命のやり方である。消極的な態度と忍耐強さで、エカチェリーナは自分が権力に興味がないことを示唆した。効果はてきめんだった――まるで魔法にかかったかのように事が進んだのだ。

われわれは、難しい人間を避けて生きることはできない。慢性的な不安感のある人間、救いようのない頑固者、ヒステリックなクレイマー――。そういった人間の武装を解除できるあなたの能力は、非常に貴重なスキルとなる。だが、気をつけなければならない。もしあなたが消極的であれば、彼らはあなたをいいように踏みつけるだろう。もしあなたが積極的であれば、彼らの恐ろしい性質を助長することになる。チャームが最も有効な武器になる。見かけは愛想よくすること。相手のどんな気分にも合わせよう。相手の心に入り込もう。内面では計算し、待つこと。あなたの服従は戦略であって、生き方ではない。時が来れば（そしてそれは必ず来るのだが）、状況は逆転する。彼らはその攻撃性のために苦境に陥るだろう。そこであなたが彼らを救う立場になり、優位性を取り戻す（もうたくさんだと、相手を忘れるという選択肢もある）。あなたのチャームのために、彼らにはこれらを予測することも、不審に思うこともできない。暴力を一切使わずに、革命をやり遂げることもできるのだ。リンゴが熟し、木から落ちるのを待つだけでいい。

イメージ

鏡。あなたの心は鏡となって相手を映す。彼らがあなたを見るとき、彼らに見えるのは彼ら自身である。彼らの価値観、彼らの好み、彼らの欠点さえも映し出す。彼らと彼らのイメージとのあいだにある一生続く恋愛関係は、彼らを安心させ、夢心地にする。相手に満足感を与えよう。誰も鏡の裏をのぞきはしない。

危険性

チャーマーに対して免疫を持つ人々はいる。特にシニカルな人間と、他人からわざわざ認めてもらう必要のない、自信に満ちたタイプの人間である。これらの人間はチャーマーのことを、信用ならない中身の薄い人間であると考える傾向があり、あなたにとって厄介な問題を引き起こす可能性がある。解決策は、たいていのチャーマーが自然にやることである。つまり、できるだけ大勢の人間と仲良くなり、魅了することだ。数の多さであなたの影響力を確実にすれば、あなたが誘惑できない少数の人間の心配はしなくてよくなる。会う人すべてに見せたエカチェリーナ大帝の親切心は、大勢の人間の好意を生み出し、後々功を奏すことになった。また、戦略上の不備を明かすのも、ときには人を引きつける魅力となる。嫌いな人間が一人いる？　率直に認めてしまおう。そんな敵は魅了しようとしなくていい。人々はあなたをより人間らしく感じ、不信感が軽減されるだろう。ディズレーリにもそういうスケープゴートがいた。偉大なる宿敵、ウィリアム・グラッドストンである。

政治的なチャームの危険性はもっと始末が悪い。あなたの懐柔的で、次々に変化する柔軟なアプローチは、固い信念を持つ、融通のきかないすべての人間を敵に回すだろう。ビル・クリントンやヘンリー・キッシンジャーのような社交的な誘惑者は、個人的な魅力で、最も無情な敵を味方にしたことも多い。だが、彼らとて同時にあらゆる場所に行けたわけではない。英国議会の多くの議員は、ディズレーリのことを狡猾な謀略家だと思っていた。じかに接すると、彼の愛想のいい態度でそういう考えは払拭できたのだが、下院議員全員に一人ひとり話しかけるわけにはいかなかった。困難な時代、人々が実体のある確固たるものを切望しているときには、政治的チャーマーは危険な状態に陥るかもしれない。

エカチェリーナ大帝が証明したように、タイミングがすべてである。チャーマーは、引きこもるべき時期はいつで、説得力を発揮すべき時期はいつなのか、判断できなくてはいけない。柔軟性で知られるチャーマーは、ときには柔軟でない行動ができるほど柔軟になるべきである。完璧なカメレオンだった周恩来も、そのほうが都合よければ、筋金入りの共産主義者を演じることができた。決して自分自身のチャームが生み出すパワーに振り回されないように。しっかりコントロールして、意のままにオンとオフを使い分けられるようになろう。

鳥は自分の鳴き声に似た笛の音に引き寄せられる。人間は自分の考えに最も合ったことわざに引き寄せられる。

サミュエル・バトラー

曲がった枝もそっと扱えば樹の幹からたわむものだが、力任せに曲げると折れてしまう。川を泳いで渡るには、流れに逆らわないことだ。流れる方向に逆らって泳いだりすれば、川に打ち勝つことはできないだろう。優しく扱えば、虎や獅子も手なずけられる。気長にやれば、牡牛も鋤を引くようになる。（中略）

同様に、嫌がる女には折れて出るがいい。折れることで、結局は勝ちを収めることになるのだから。彼女が言う通りの役をやることが肝心だ。彼女が非難すれば、君も非難するがいい。彼女が褒めるものは、君も褒めるのだ。賛否を問わず、彼女の言葉は君の言葉。彼女が笑えば君も笑い、泣けば君も泣くがいい。彼女が浮かべる表情に常に従うがいい。彼女がボードゲームを楽しむとき、君はいい加減にサイコロを振るのだ。そうして不利な目を出して、でたらめに駒を動かすのが君の務めだ。

（中略）彼女の召使いのごとく鏡を捧げ持つことを、恥と思ってはならない。苦役であろうが、奉仕することこそが女を喜ばせるのだから。

オウィディウス『恋愛指南』

ディズレーリは昼食会に招かれ、緑のビロードのズボン、カナリア色のベスト、バックルシューズ、レースのカフスといういでたちでやって来た。この外見に最初は驚いたが、宴が終わる頃になると、客たちは、この昼食会のもっとも才気ある話し手はベストを着た男だったと互いに話した。実際、ベンジャミンの社交的会話力は、マレー家の晩餐会の頃から見るとかなり進歩していた。自分の決めた方法に忠実に、彼は一つ一つの段階を記録していた。「最初は話しすぎるな。無理に話すことはない。話す場合には自分を抑制して話せ。相手の目を見て抑えた声で話すこと。うまく一般的な会話の仲間入りができるようになるには、くだらないがおもしろい事柄をいろいろ知っておく必要がある。それは、よく聞き、よく観察すれば、たやすくできることだ。議論は禁物。相手と意見が違う場合には、相手に同調し、話題を変えよ。社交界では決して思考しないこと。そして、常に注意を怠らないこと。さもないと好機を逃したり、その場に合わないことを口にしてしまう。できるだけ女性と話すこと。女性の相手をするのは、滑らかな会話術を取得する最良の方法だ。自分の口にすることに注意を払う必要がなく、分別も不要だから。相手もいろいろ応戦してくるだろうが、女性ゆえに腹も立たない。これから人生を旅する若者にとって、女性から受ける批判ほど有益なことはない」。

アンドレ・モーロワ『ディズレーリ伝』

魅力とは何か。それははっきり問うことなく、「はい」と言わせる術でしょう。

アルベール・カミュ『転落』

聴衆の心を感動させる、拍手喝采をあびた演説も、多くの場合、それほど示唆に富むものではない。なぜならそれは、説得力を持たせようという意図が明らかだからである。会話をする人たちは、きわめて近くで、お互いに影響を与え合っている。使う言語だけではなくて、声の響きや目付きなどを適応させている。会話がうまい人のことを魔術的な意味で、魅了する人と言うのは理に適っている。

ガブリエル・タルド

本来、蠟は硬くてもろいが、少し温めれば柔らかくなって、思いどおりの形にできる。同じように、どんなに頑固で敵意に満ちた相手でも、礼義正しく友好的に接すれば、柔軟で好意的な態度に変えることができる。人間にとっての礼義は、蠟にとっての熱と同じだ。

アルトゥル・ショーペンハウアー
『ショーペンハウアー　大切な教え』

弁明をするな。不平を言うな。

ベンジャミン・ディズレーリ

カリスマ

カリスマの存在感は人を興奮させる。カリスマは、自信、性的エネルギー、目的意識、充実感といった内面的資質から生まれる。たいていの人間はこうした資質を欠いており、常に欲している。これらは外に向かって放出され、立居振る舞いにも浸透して、カリスマ的人物を非凡で他者より優れた存在に見せる。そしてわれわれに、目に見える以上のものを想像させる——そこにあるのは、神や聖人、スターの姿だ。彼または彼女は、鋭い視線や、熱弁、ミステリアスな雰囲気を身につけることで、カリスマ性を高めていくことを学ぶ。カリスマ的人物は、壮大な規模の誘惑ができる。クールな態度で強烈なオーラを放ち、カリスマ幻想を抱かせよう。

カリスマと誘惑

カリスマは、スケールの大きい誘惑力を持つ。カリスマ的人物は群衆の心を射止め、導く。群衆の心を射止めるプロセスはシンプルで、一対一の誘惑に似た道をたどる。彼らには強烈な魅力を放つ確かな資質があり、そのために人々の注目が集まる。それは自信だったり、勇敢さであったり、穏やかさだったりする。カリスマ的人物は、こういった資質の秘密を明かさない。彼らは自分の自信や充足感がどこから来るのか説明しないが、誰もがそれを感じる。彼らはカリスマのオーラを外に向かって放つが、意識してそうしようとする様子はない。表情はたいてい生き生きとしており、エネルギーや意欲に満ちていて、油断がない。即座に相手の心を掴み、どことなく性的ですらある。恋人同士が見せる表情だ。人々は喜んでカリスマ的人物についていく。なぜなら人は誰かに導かれるのが好きだし、冒険と成功を約束してくれる相手ならなおさらである。人々は彼らにのめり込み、執着するようになる。そして、彼らを信じることで〝生きている〟という実感が強くなる――みんな、恋に落ちるのだ。カリスマ的人物は抑圧された性衝動を刺激し、性的高揚感を与える。しかしながら、カリスマの語源は性的なものではなく、宗教に関するものであり、現代のカリスマにも宗教的な意味合いが深く残っている。

何千年も昔、人々は神々や精霊を信仰していたが、奇跡、すなわち神の力が具体的に何かするのをその目で見たと言える者はほとんどいなかった。しかし、神霊に取り憑かれたような人間（異言を語ること、忘我の喜悦、強烈な幻視の表現などがその〝しるし〟とされた）は、神々に選ばれし者として光彩を放った。そして、この人間（僧侶か、あるいは預言者）は、ほかの人々に対して強い支配力を手に入れたのである。

なぜヘブライ人はモーセを信じ、彼についてエジプトを脱出し、いつ終わるとも知れない荒地の旅を続けながらも彼に忠実でいたのだろうか？　モーセの眼差し。霊感によってもたらされ、今また人々に霊感を与える彼の言葉。シナイ山から降りてきたときの文字どおり輝いていた彼の顔――。これらすべてが、「モーセが神とじかに接触を持つ」と人々が思った理由であり、彼の権威の源であった。そしてそれらのことが、ギリシャ語の単語で、預言者やキリスト自身を指す、〝カリスマ〟という言葉の意味するところである。原始キリスト教において、カリスマは神の恵みによってもたらされた天分や才能のことであり、神の存在を表している。偉大な宗教のほとんどは、神から選ばれたしるしを体現した、カリスマ的人物によって基礎が築かれた。

年月を重ねるにつれて、世の中はより合理的になった。ようやく人々は神権によるのではなく、選挙で勝利したからとか、能力を証明したからという理由により、権力の座に就くようになった。しかしながら、二〇世紀初めのドイツの偉大なる社会学者、マックス・ヴェーバーは、われわれの進歩（だと言われているもの）にもかかわらず、これまでにないほどカリスマ的人物が増加しているのに気がついた。ヴェーバーによると、現代のカリスマ的人物を特徴づけるのは、類まれなる人格的資質があると思わせる風貌だ。それは神に選ばれし者の〝しるし〟に相当する。ロベスピエールやレーニンの支配力は、ほかに説明のしようがあるだろうか？　彼らを際立たせたのは、ほかの何より、磁石のように人を引きつける強烈な個性の力であった。またそれが彼らの支配力の源だった。彼らは神を口にすることはなかったが、大義を、未来社会のビジョンを口にした。彼らの訴えは感情的で、何かに取り憑かれたかのようだった。そして彼らの信奉者たちも、昔の信奉者たちが預言者に対して見せた反応と同じくらい最高に幸せそうな反応を示したのである。レーニンが一九二四年に亡くなったとき、人々は彼を偲び、神格化して、この共産主義の指導者を神の域へと高めたのだった。

今日、存在感のある人間、部屋に入るときに注目を集める人間は、誰でもカリスマを持っていると言われる。たしかにそこまで崇められてはいない。だが、このタイプの人々にも、言葉のもともとの意味により示唆される資質は感じられる。彼らのカリスマは謎に包まれ、不可思議で、決して明らかではない。彼らは並外れた自信を持っている。才能があり、言語を巧みに使いこなす能力を持つものが多い。その才能が彼らを周りから際立たせるのだ。彼らはビジョンを示す。われわれは気づいていないかもしれないが、彼らの前で、われわれは一種の宗教的経験をする。そうすべき論理的な根拠は何もないのに、われわれは彼らを信じる。カリスマ効果を生み出そうとするなら、そのパワーの宗教的な源を忘れないこと。あなたの聖人のような気高さ、あるいは崇高な精神性が感じられる内面的な資質を外に向かって放たなければならない。あなたの目は預言者の炎に燃えるのだ。あなたのカリスマは自然なものに見えなければならない。まるで、自分ではどうにもできない不思議な力によってもたらされた天の恵みであるかのように――。合理的な、夢を失った世界において、人々は宗教的な経験、とりわけ集団レベルでの経験を強く望んでいる。カリスマの〝しるし〟は、何かを信じたいというこの欲求を引きつける。人々に、信じ、従えるものを与えることほど、誘惑的なことはない。

カリスマは霊的な資質に見えなければならない。かといって、あなたにすでに備わっているカリスマを高める巧みな技、あるいはカリスマがあるかのような風貌を作り出す巧みな技というものがないわけではない。次に挙げるのは、カリスマであると錯覚させるのに役立つ基本的な資質である。

〈目的〉あなたには計画があって自分の進む道を知っている――そう信じる人々は、本能的にあなたに従う。その道がどこに向かうかは問題ではない。信念、理想、ビジョンを選び、あなたが目標から逸れない人間であることを示そう。人々は、あなたの自信が、内面にある本物の何かから来ているのだと想像する。まさに古代のヘブライ人が、モーセが外面的な〝しるし〟を見せたというだけの理由で、彼に神との接触があると信じ込んだように。

明確な目的を持っている姿は、困難に遭遇したとき、いっそうカリスマ性を高める。たいていの人々は大胆な行動を取る前に（そうするしかないときでさえも）躊躇するものだが、目的を一つに絞った、自信ある態度は人々の注目を集めるだろう。人々はあなたの気迫を感じることで、単純にあなたを信じるようになる。

フランクリン・デラノ・ルーズベルトが世界恐慌の最中に政権を握ったとき、国民の多くは、彼に状況を好転させる能力があると信じる気にはなれなかった。だが、最初の数か月間、国が抱える多くの問題に取り組む中で、彼が見せた自信、決断力、明晰さによって、国民は、強烈なカリスマ性を持つ救世主として彼を見るようになったのだ。

〈神秘性〉 神秘性はカリスマの中核にあるものだが、一種独特だ。それらは矛盾によって表される神秘性なのだ。プロレタリア的でもあり貴族的でもある（毛沢東）、冷酷でもあり優しくもある（ピョートル一世）、興奮しやすくもあり氷のような超然とした態度をとることもある（シャルル・ド・ゴール）、親密さもありよそよそしさもある（ジークムント・フロイト）。たいていの人間は予測可能なので、こういった矛盾が生み出す効果は、圧倒的なほどにカリスマ的である。それによって、あなたは予測できない人間になる。人格に深みが加わり、人々はあなたのことを話題にするようになる。たいていの場合、少しずつ、さりげなく、矛盾した性質を見せるようにしたほうがいい。二つを同時に出すと、人々はあなたの人格には問題があると思うかもしれない。神秘的な性質を少しずつ見せていけば噂は広まるものだ。さらに、見破られないようにするために、人々とのあいだに距離を置くことも大切である。

神秘性のもう一つの面は、不思議な力を感じさせることだ。預言者的な能力、あるいは霊的（サイキック）な能力があるように見えると、あなたのオーラはいっそう輝きを増す。威厳たっぷりに物事を予言すれば、人は多くの場合、あなたの言ったことが実現したように思い込むものなのである。

〈聖人のような気高さ〉 ほとんどの人間は生きるために常に妥協を迫られる。聖人はそうではない。彼らは結果を気にすることなく、理想を実現しなければならない。聖人のような印象はカリスマを生み出す。

聖人らしさは、何も宗教に限ったことではない。ジョージ・ワシントンやレーニンのような、本質的にほかと異なる政治家は、その政治的権力にもかかわらずシンプルな生き方を、つまり彼らの政治的価値観に合った私生活を送ることで、聖人に値するような名声を博した。二人とも、その死後、実質的に神格化されている。アルベルト・アインシュタインにも聖人のようなオーラがあった。自分の世界に没頭した、妥協したがらない子供のようなオーラが――。大事なのは、あなたがすでに何か確固たる価値観を持っていることである。この部分はごまかせない。少なくとも、イカサマを非難され、結局カリスマ性を完全に失うことになる危険性があっては無理である。次のステップは、あなたが自分の信念どおりの生き方をしている姿を、できるだけわかりやすく、さりげなく、見せることである。最後に、穏やかで控えめな外見も、あなたにまったく違和感を覚えさせるところがなければ、最後にはカリスマへと発展することを伝えておこう。ハリー・トルーマン、そしてエイブラハム・リンカーンでさえも、そのカリスマの源は〝ごく普通の人〟に見えるということだった。

〔雄弁さ〕　カリスマ的人物にとっては、言葉の力が頼りである。理由は単純だ。言葉は精神的な動揺を引き起こす、一番手っ取り早い手段だからだ。真実に言及することなく、相手の気分を高揚させることも、元気づけることも、怒りをかき立てることもできる。スペイン内戦中、〝ラ・パショナリア〟として知られたドロレス・ゴメス・イバルリは、親共産主義の演説を行ったが、それは感情を揺さぶる非常に強力なもので、内戦のいくつかの重大な節目に勝敗を決定づけるほどであった。この種の演説は、演説者が聴衆と同じくらい感情的になり、自分の言葉に夢中になるとうまくいきやすい。だが、雄弁さは学べるものだ。ラ・パショナリアが用いた技法（キャッチワード、スローガン、リズミカルな繰り返し、聴衆に復唱させるフレーズ）は容易に習得できる。穏やかで育ちの良さをうかがわせるタイプのルーズベルトは、ゆっくり、相手に催眠術をかけるような話し方と、頭韻法、比喩的表現、聖書のレトリックを実にうまく使うことの両方を通じて、ダイナミックな演説者となることができた。彼の集会に集まった人々は感動して涙を流すことも多かった。ゆっくりとした威厳のある話し方のほうが、情熱的な話し方より、長い目で見れば効果的であることは多い。そのほうがさりげなく人を魅了する力があるし、聞き手を疲れさせることも少ない。

〈演劇性〉 カリスマ的人物は実物より大きく見える。彼らには特別な存在感がある。俳優たちはこの種の存在感を何世紀も研究してきた。彼らは観衆でいっぱいのステージにどう立ち、どう注目を集めればいいのか知っている。驚いたことに、この魔法のかけ方が一番うまいのは、一番大きな声で叫び、身振り手振りが一番激しい俳優ではなく、落ち着きを失わず、自信に満ちた雰囲気を漂わせている俳優なのだ。やりすぎは逆効果である。〝自己認識〟を持つこと、他人の目で自分を見られることが不可欠である。ド・ゴールは〝自己認識〟が彼のカリスマの秘訣であることを理解していた。ナチスによるフランス占領、第二次世界大戦後の国家再建、アルジェリアでの軍の反乱など、極めて不穏な状況にあっても、彼は超然とした落ち着きを保ち、同僚たちのヒステリーを見事になだめることができた。彼が話しだすと、誰もが目を離すことができなくなった。ひとたびこのような注目の集め方を理解したら、刺激的なイメージでいっぱいの儀式的な行事に姿を見せ、自分を堂々とした神のように見せることにより効果を高めよう。けばけばしさは、カリスマには無関係である。それは間違った種類の注目を集めるだろう。

〈抑制されていないこと〉 たいていの人々は抑圧されていて、自分の無意識へのアクセスをほとんど持たない。この問題は、人々の密かな願望や憧れを、一種のスクリーンになって映し出すことのできるカリスマ的人物にチャンスを与える。まず、あなたはあなたの聴衆ほど抑制されていないということを示さなければならない。危険な性的魅力がみなぎっていること、死を恐れていないこと、素晴らしく型破りであること。そういった資質の気配を感じるだけでも、人々はあなたを実際よりパワフルだと思い込む。一八五〇年代、ボヘミアン的な要素を持つアメリカの女優、アダ・アイザックス・メンケンは、溢れるような性的エネルギーと大胆不敵さで一世を風靡した。半裸で舞台に登場し、命がけの演技を見せる。ヴィクトリア女王の時代にそんなことができる女性はほとんどいなかった。まったくぱっとしなかった女優が、カルト的崇拝の対象となったのだ。

抑制されていないことは、あなたが仕事や人間関係で夢のような個性を発揮することに繋がる。そしてそれは、あなたが無意識への扉を開いていることを示す。ワグナーやピカソといった芸術家は、そういった個性があったために、カリスマ的偶像になったのだ。これとよく似た性質に、肉体と精神の流動性がある。抑制されている人々は硬くて柔軟性がないのに対し、カリスマ的人物は精神が柔軟で適応能力があり、経験を受け入れる素直さがあることがわかる。

〔熱意〕 何かを信じる心が大切だ。それも、あなたのジェスチャーがすべて生き生きとし、目がきらきらと輝くくらい、強く信じることが必要である。信じているふりではいけない。政治家は一般大衆に向けて必然的にウソをつく。カリスマ的人物がほかの人間と違うところは、彼らは自分自身のウソを信じているということだ。よって彼らの言葉はそれだけ真実味を増す。熱く燃えるような信念を抱くためには、その信念のもとに集結するための大義が必要である――聖戦という大義が。人々の不満の結集地となろう。そして普通の人々を悩ます疑念を、あなたはまったく共有しないことを示そう。

一四九〇年、フィレンツェのジロラモ・サヴォナローラは、教皇とカトリック教会の腐敗を激しく非難した。彼は神の啓示を受けたと主張し、激しく躍動感溢れる説教をするようになり、信奉者を熱狂させた。サヴォナローラの支持者は大きく増え、一時的にフィレンツェの実権を握ったが、やがて教皇の命令によって捕えられ、火刑に処された。市民が彼を信じたのは、その信念の深さのためである。今日、彼の例はかつてないほど意味を持つ。人々はますます孤立し、共同体験に強い憧れを持っている。信じる対象は何でもいいのだ。あなた自身の熱い信念、ほかの人に伝染しそうな信念を示し、彼らに信じるものを与えよう。

〈傷つきやすいこと〉 カリスマ的人物は、自分が愛情や好意を必要としていることをさらけ出す。実際、彼らは信奉者たちに心を開いていて、彼らから愛のエネルギーをもらっている。すると今度は信奉者たちがカリスマ的人間からしびれるような感動を与えられる。双方の間を流れる電流は、行ったり来たりするあいだに強くなっていく。カリスマの傷つきやすい側面は、彼らの神がかったような恐ろしくもなり得る自信満々の側面を柔らかなものにする。

カリスマは愛と同種の感情を必要とするので、そのお返しに、あなたも信奉者たちへの愛を見せなければならない。これは、マリリン・モンローがカメラに向かって放ったカリスマの重要な要素の一つだった。「わたしは大衆のものなのだとわかっていた」と彼女は日記に書いた。「そして世界の人々のものなのだ」と。「才能があったからじゃなく、美しかったからということでさえもなく、わたしはほかの何にも、誰にも属したことがなかったから。大衆だけがわたしの家族であり、たった一人の王子様であり、わたしの夢見た、たった一つの家なのだ」。カメラの前に立つと、マリリンは突然、生気を取り戻し、見えない大衆に向かってちゃいちゃし、刺激を与えた。もし信奉者たちがあなたにこの資質を感じることができなければ、彼らはあなたに背を向けるだろう。その一方で、決して人を操作するタイプや、人に依存するタイプに見えてはいけない。大衆を、あなたが誘惑しようとしている一人の人間だと想像してみよう。人々にとって「自分が求められている」と感じることほど誘惑的なことはない。

〈冒険好き〉 カリスマ的人物は慣習に囚われない。彼らからは冒険と危険の香りがして、退屈した人間を引きつける。図々しく、勇敢に行動すること。ほかの人のために危険を冒す姿を見せよう。ナポレオンは戦闘中、カノン砲のそばにいる姿が間違いなく兵士たちの目に入るようにした。レーニンは、殺しの脅迫を受けていたにもかかわらず、大っぴらに街を歩いてみせた。カリスマ的人物は荒波を楽しむ。彼らは、危機的状況を利用して大胆不敵さを誇示し、オーラの輝きを増すことができる。ジョン・F・ケネディは、キューバ危機に対応する中で勢いを得た。シャルル・ド・ゴールはアルジェリアでの反乱と対峙したときだ。彼らはカリスマ性を得るために、それらの事件が必要だった。実際、冒険好きが高じて、事態を必要以上に混乱させたと非難する者まで現われた（たとえば、ケネディの瀬戸際外交とか）。英雄的資質を示し、一生消えることのないカリスマ性を手に入れよう。反対に、臆病さのほんのわずかなしるしでも見せてしまえば、あなたの持つカリスマがどんなものであったとしても、台無しである。

〈引きつける力〉 身体的特徴で誘惑に極めて重要なものがあるとすれば、それは目である。目は、興奮、緊張、無関心といったものを、一言も発することなく伝えてしまう。誘惑において、そしてカリスマにおいて、間接的コミュニケーションは重大な意味を持つ。カリスマ的人物の物腰は、物静かで落ち着いているかもしれないが、彼らの目は磁石のように人を引きつける。彼らは射抜くような視線でターゲットの心を乱す。何も言わず何もしなくても、相手を黙らせることができる。ターゲットはその力をはっきりと感じる。フィデル・カストロの攻撃的な視線はりと回すのだが、白目を剥くそのやり方が人々を怖がらせた。インドネシアのスカルノ大統領は、人の考えが読めるのかと思えるような視線を向けた。ルーズベルトは、瞳孔の大きさを好きなように変えることができた。それは催眠術をかけるような目でもあり、相手を射すくめるような目でもあった。カリスマ的人物の目は、決して恐れや神経質さを表さない。

これらのスキルはすべて習得可能である。ナポレオンは、同時代の偉大なる俳優、タルマの目つきを真似ようと、鏡の前で何時間も費やした。秘訣は自制心である。目つきは必ずしもアグレッシブである必要はなく、充足感を表すものであってもいい。忘れないでほしい。あなたの目はカリスマを発散させることもできるが、カリスマのふりをしていることをばらしてしまう可能性もある。そんな大事な部分を運任せにしてはいけない。練習をして狙いどおりの効果を挙げよう。

したがって、本物のカリスマというのは、過度の興奮を内面で発生させ、外に向けて表現する能力である。また、他人から強い関心を向けられ、他人に自分をそっくり真似させる能力である。

――リア・グリーンフィールド

タイプ別カリスマ――歴史上の実例

〈奇跡の預言者〉 一四二五年、フランスの村、ドンレミに住んでいる農民の娘、ジャンヌ・ダルクは、最初の幻視(ビジョン)を経験した。「十三歳のときに、神の声がわたしをお導きくださいました」。声は大天使ミッシェルのもので、神のお告げをもって現われた。ジャンヌは、いまやフランスの大部分を占領し、混乱や戦争を引き起こしている、イギリスの侵略者たちを追い払うために選ばれたのだという。さらに、フランス王位を正当な継承者である王子（後のシャルル七世である王太子）に取り戻さなければならないと。聖カトリーヌと聖マルグリットもジャンヌに話しかけた。彼女の幻視は驚くほど鮮明だった。彼女は大天使ミッシェルを見て、触れて、匂いを嗅いだのだ。

初めのうち、ジャンヌは自分の見たことを誰にも言わなかった。誰もが彼女のことをおとなしい農家の娘としか思っていなかった。だが、幻視はいっそう強烈になるばかりだった。一四二九年、ついに彼女は神に託された使命を果たす覚悟を決めて、ドンレミをあとにした。彼女の目的は、王太子のシャルルに、亡命中の王宮があるシノンの町で会うことだった。障害は途方もなく大きかった。シノンは遠く、旅は危険が伴う。それにたとえ彼女がシャルルのところにたどり着いたとしても、彼は怠惰で臆病な若者であり、イギリスに対する聖戦に加わるかどうか疑わしかった。それでもジャンヌは少しも怯むことなく、村から村へと移動していく。道すがら出会った兵士たちに自分の使命を説明し、シノンまで同行してくれるように頼んだ。宗教的なビジョンを見る若い娘はその当時どこにでもいたし、ジャンヌの外見に相手を納得させるようなところもなかった。

しかし、ジャン・ド・メスという一人の兵士が彼女の話に興味をそそられた。彼の心を捕えたのは、ビジョンの細部だった。彼女は、包囲されたオルレアンの町を解放するという。フランスの大聖堂で王の戴冠式を行なう。パリへ進軍する。彼女は自分がどこでどうやって負傷するのかもわかっていた。彼女が大天使ミッシェルから聞いたという言葉は、農民の娘が使うとはとうてい思えないものだった。彼女は穏やかな自信に満ち、その顔は信念で輝いていた。ド・メスは彼女に魅了された。彼は忠誠を誓い、シノンに向けて彼女とともに出発した。やがてほかにも手を貸す者たちが現われた。そして、シャルルのもとにも、風変わりな若い娘が彼に会いにシノンに向かっているという噂が届いた。

シノンまでは五六〇キロの道のりだ。一握りの兵士たちに付き添われただけで、無法者の集団がはびこる土地を通り抜けていく。しかしながら、ジャンヌは恐れも躊躇も見せなかった。数か月かかって、ついに彼女たちはシノンに到着する。王太子のシャルルは、相談役の重臣たちに止められたにもかかわらず、彼に王位を取り戻すと約束したこの娘に会うことを決めた。だが、彼は退屈していて余興が欲しかった。そこで彼女をからかってみることにした。ジャンヌは廷臣が大勢いる広間で彼に謁見することになっていた。彼女の預言能力を試すために、シャルルは廷臣の一人になりすまし、別の男を自身の姿に変装させた。だが、その場の誰もが驚いたことに、ジャンヌはまっすぐシャルルのところへ行き、膝を曲げてお辞儀したのである。「天の王の使いで伝言をお届けに参りました。王太子殿下は天の王の副官、つまりはフランス王におなりになるとのことです」。それに続く彼女の話は、まるで彼のもっとも個人的な心の声をそのまま聞かされているかのようであった。その上、彼女はまたしても、彼女の立てる手柄の驚くべき詳細を説明するのだった。何日か経って、この優柔不断で気まぐれな男は、自分が確信するに至ったことを表明し、彼女がフランス軍を率いてイギリスと戦うことを正式に認めた。

奇跡や聖人のような気高さはさておき、ジャンヌ・ダルクには、彼女を特別にする基本的な資質があった。彼女の幻視（ビジョン）は非常に鮮明だった。あまりに詳しく表現してみせたので本当だとしか思えなかった。詳細（ディテール）さにはこのような効果があり、最高に馬鹿げた発言にさえ現実感を与える。さらに、何もかもが混乱している時代に、彼女はこのうえなく耳目を集める存在だった。彼女の強さはまるでどこかこの世ではないところから来ているかのようだった。話し方には威厳があり、人々が望む予言をした。イギリスは敗れ、フランスに再び繁栄が訪れると――。

彼女にはまた、農民としての地に足がついた常識もあった。シノンへの道中、当然、彼女はシャルルがどんな風貌なのか聞いたことだろう。王宮に着くや否や、シャルルが自分を騙そうとしていることに感づいたかもしれない。そして自信満々に、彼の甘ったれた顔を大勢の中から見つけ出すことができたのかもしれない。次の年、幻視は訪れなくなった。自信も失った。多くのミスを犯し、イギリス側に捕まることになる。彼女は実に人間らしかった。

われわれはもはや奇跡を信じていないかもしれない。だが、不思議で超俗的な力を暗示するものはすべて、カリスマを生み出す。超能力でさえもそうなのだ。その心理は同じである。あなたには将来のビジョンがある。あなたが達成できる、驚くほど素晴らしい物事のビジョンだ。そのビジョンを極めて詳細に、威厳を感じさせる声で語ろう。すると突然、あなたは注目を浴びるようになる。そして、もしあなたの予言、たとえば繁栄に関する予言が、単純に人々が聞きたいことであるなら、彼らはあなたに魅了される可能性が高い。そしてその後起きることを、あなたの予言が現実になった証拠と捉える。並外れた自信を見せよう。人々はあなたが本当に知っているから自信があるのだと思うだろう。あなたは〝自己充足的な予言〟を作り出す。人々のあなたへの信頼が行動に繋がり、その行動があなたのビジョンの実現を助けるのだ。ほんの少しうまくいっただけでも、彼らは奇跡を、不思議な力を、カリスマの輝きを見たと思うだろう。

〔本物の獣〕一九〇五年のある日、イグナチェフ夫人のサンクトペテルブルクのサロンはいつになく盛況だった。政治家、社交界の淑女、廷臣たちがみな早々にやって来て、注目すべき主賓の登場を待った。グリゴリー・エフィモヴィチ・ラスプーチン。四〇歳のシベリア人僧侶であり、祈祷師として、ことによると聖人として、ロシア中で有名になっている人物だった。ラスプーチンが到着したとき、失望の色を隠すことができた者はほとんどいなかった。顔は醜く、髪は長くよれよれで、身体もひょろ長くて不格好だった。彼らは、来るんじゃなかったと思った。だがそのとき、ラスプーチンが一人ひとりに近づいて挨拶をはじめたのである。彼は、その大きな手で相手の指を包み込み、瞳の奥底をじっと見つめた。初め、彼の視線は、相手を落ち着かない気持ちにさせた。相手を頭から爪先まで眺め回し、探りを入れて、評価を下しているように見えた。だが突然、彼の表情が変わり、優しさ、喜び、理解がひしひしと伝わりはじめた。何人かの女性は実際、ひどく大げさな身振りで彼に抱きしめられた。このびっくりするようなコントラストは非常に効果的だった。

サロンの雰囲気はすぐに失望から興奮へと変わった。ラスプーチンの声は穏やかで深みがあった。言葉遣いは粗野だったが、その言葉によって表現される彼の思想は気持ちがいいほどシンプルで、偉大なる真実がそこにあるような気にさせた。だが、ちょうどゲストたちが、この汚い身なりの田舎者に対してリラックスしはじめたそのとき、突然、彼の態度が怒りへと変わった。「わかっているぞ、あんたがたの心はお見通しだからな。甘ったればかりだ……。きれいな服や芸術品は百害あって一利もない。人間はつつましくなることを覚えなければならん！　もっと質素にならなければいけない。もっとずっと質素に。そうなって初めて、神はあんたがたの近くにおいでになるのだ」。僧侶の顔には生気が溢れ、瞳孔が拡張し、まるで人が変わったかのようになった。その怒りの表情はひどく印象的で、金貸しを神殿から追い出すキリストを思い起こさせた。

それからラスプーチンは落ち着きを取り戻し、また愛想のよい顔つきに戻った。ゲストたちは、すでに彼のことを奇妙で驚くべき人物だと思っていた。次に、彼はゲストたちをリードして民謡を歌った。やがて街中のサロンで彼が繰り返すことになるこの一連の行為の中で、もっとも盛り上がる場面だ。ゲストたちが歌う中、彼は自分で作った、自分がやりたいようにやるダンスを踊りはじめる。その奇妙なダンスを踊りながら、彼はもっとも魅力的な女たちの周りを回り、その目で女たちを誘い、自分と一緒に踊らせた。踊りは何となく官能を漂わせるようになる。誘われた女たちがうっとりしてくると、彼はその耳に思わせぶりな言葉を囁(ささや)きかけた。だが、どの女も気分を害したようには見えないのだった。

その後の数か月間、サンクトペテルブルクのすべての階層の女性たちが、ラスプーチンを彼のアパートメントに訪ねた。彼は精神世界について話をする。だが、突然何の警告もなく、下品極まりない口説き文句を呟きながら、女性に性行為を迫るのだった。彼は宗教的ドグマを持ち出して、自分を正当化した。「罪を犯さずにどうやって悔い改めるのかね？　道を踏み外した者にしか救済は訪れないのだよ」。彼に迫られて拒否した数少ない女の一人は、友人に訊かれた。「どうしたら聖人に対して何かを拒否できるの？」。「聖人が罪深い愛を求めたりするかしら？」と彼女は答えた。友人は続けた。「あの方は自分のそばに来るものすべてを聖なるものにするのよ。わたしはもうあの方のものだわ。それを誇りに思うし、幸せなことだと思っているの」。「だけどあなた結婚してるじゃない！　ご主人は何ておっしゃるの？」。「大変な名誉だと考えているわ。ラスプーチン様が一人の女をご所望なら、それは恩恵であり、栄誉だと、みんな思っているの。わたしたち同様、夫たちもね」

ラスプーチンの魔力はやがて、ロシア皇帝ニコライ二世にまで及んだ。とりわけ彼の妻、アレクサンドラ皇后は、ラスプーチンが彼らの息子を命に関わる負傷から回復させたと言われる一件のあと、彼の奴隷となった。数年のうちに、ラスプーチンはロイヤルカップルに対する確固たる影響力で、ロシアでもっとも権力を持つ男になった。

人々は、社会でかぶっている仮面以上に複雑である。いかにも高潔で優しそうな人間は、おそらく負の側面を隠しているだろう。そしてその負の側面は、思いがけないことから明らかになったりする。もし、その人の高潔さや洗練された態度が実際は見せかけならば、遅かれ早かれ真実は明るみに出る。そしてその偽善は人を失望させ、遠ざける。その一方で、われわれは、自分の人間らしさを楽しんでいるような人間に引き寄せられる。彼らは自分の抱える矛盾をわざわざ隠そうとはしない。これがラスプーチンのカリスマの源である。正真正銘、本物の自分自身を生きる男、自意識または偽善意識があまりに欠けているその男は、非常に魅力的だった。彼の邪悪さと聖人らしさはあまりに極端だったので、実際よりも大きく見えた。その結果が、直接的で前言語的なカリスマのオーラだった。言葉を発する以前に、彼の目から、また彼の手の感触からオーラがひしひしと伝わってくるのだった。

たいていの人間は、悪魔と聖人、高潔さと卑劣さが混ざり合っているものだ。そして、負の側面を抑えようと努力をしながら一生を過ごす。ラスプーチンのように、どちらの面も全開にできる人間はほとんどいない。だが、自意識と、自分の複雑な性質についてほとんどの人間が感じている不安感を捨てることにより、ラスプーチンほどではないにせよ、カリスマを生み出すことができる。あなたがあなたであることはどうしようもない。それなら自分を偽らずに生きよう。われわれが獣に引きつけられるのはそこである。美しく残酷で、自己懐疑など全くない。その資質が人間にあると、魅力は倍増する。表面上、人々はあなたの負の側面を強く非難するかもしれないが、美徳だけがカリスマを生み出すわけではない。並外れたものなら何でもいい。謝ったり、途中で止めたりしないこと。あなたが勝手気ままに見えれば見えるほど、人を引きつける力は強くなるのだから。

〈魔力を持ったパフォーマー〉 エルヴィス・プレスリーは、幼少期を通じて、一人でいることが多い、変わった少年だと思われていた。テネシー州メンフィスのハイスクールでは、そのポンパドールヘアともみあげと、ピンクに黒の服で注目を集めたが、彼に話しかけた者たちはそこに何も見出さなかった。彼はひどくつまらないか、どうしようもなく人見知りであるかのどちらかであった。ハイスクールのプロムでも、彼はたった一人踊らなかった。自分だけの世界に入り込み、どこに行くのも一緒の大好きなギター以外、目に入らないようだった。エリス・オーディトリアムで、ゴスペルコンサートかレスリングがあった夜更けにはいつも、ステージに上がって歌う真似をし、想像上の観客に向かってお辞儀をしているエルヴィスの姿があった。ただ、劇場の支配人に見つかり、出て行くように求められると、彼はおとなしく従った。とても礼儀正しい若者だったのだ。

一九五三年、ハイスクールを卒業してすぐに、エルヴィスは最初の曲を地元のスタジオで録音した。そのレコードは自分の声を聴くために試しに作ってみたのだった。一年後、スタジオのオーナーのサム・フィリップスに呼ばれ、ブルースを二曲、二人のプロミュージシャンと一緒にレコーディングすることになった。彼らは何時間も練習したが、これはいけると感じさせるものは何もなかった。エルヴィスは緊張してガチガチだった。そしてもう今夜は終わりにしようかというときに、極度の疲労でふらふらになったエルヴィスは、突然たがが外れ、どういうわけかやけっぱちになって、歌いながら子供のように飛び回りはじめた。ほかのミュージシャンも加わった。曲はどんどん激しくなっていった。フィリップスの目が輝いた——何かを見つけたのだ。

一か月後、エルヴィスはメンフィス・パークで初めての野外公演を行った。レコーディング・セッションのときと同じくらい緊張していて、しゃべらなければいけない場面ではつかえながら話すのがやっとだった。だが、ひとたび曲が始まると、自然と言葉が出てきた。観客は盛り上がり、曲の、ある特定の部分でその盛り上がりが頂点に達する。エルヴィスはなぜなのかわからなかった。「俺は曲が終わってからマネージャーのところに行った」。後に彼は語った。「で、聞いたんだ。観客は何に興奮してたのかって。マネージャーは言った。『自信はないが、君が左足をくねくね動かすたびにみんな叫んでたと思う。それが何であれ、客が盛り上がるなら続けることだ』」

一九五四年にレコーディングしたシングル曲がヒットした。エルヴィスはすぐに売れっ子になった。ステージに立つと、彼は不安と感動で胸がつぶれそうになった。その影響で、何かが乗り移ったかのように人が変わった。「ほかのシンガーに聞いてみたら、彼らもちょっと緊張するけれども、始まってしまえば何となく落ち着くって言うんだ。おれは絶対に落ち着かない。何ていうかこのエネルギー……何か、たぶん、セックスみたいな」。その後、数か月のあいだに彼が発見したジェスチャーやサウンド（痙攣のようなダンスの動き、さらに魅力を増した震える声）は観客を、とりわけ一〇代の少女たちを熱狂させた。彼は一年で、アメリカでもっともホットなミュージシャンになった。彼のコンサートは集団ヒステリーの練習をしているかのようだった。

エルヴィス・プレスリーには、負の側面というべき秘密の人生があった（その原因が、彼の双子の兄弟が出産時に死んだことにあると考えた人々もいる）。若い頃の彼は、この負の側面を深く抑え込んでいた。そこにはあらゆる種類の幻想の世界があり、一人でいるときにだけ溺れることが許された。とはいえ、彼の型破りな衣装はその一つの兆候だったのかもしれない。だが、ステージの上では幻想の世界に棲む〝悪魔たち〟を解放してやることができた。それは危険かつセクシャルなパワーとして姿を現わした。彼は、ぴくぴくと激しく動く、両性的で、抑えの利かない、奇妙な幻想の世界を人々の前に描き出した。観客はエルヴィスの内面世界を感じ取り、興奮するのだ。エルヴィスにカリスマを与えたのは、派手なスタイルや外見ではなく、むしろ内面の混乱の、しびれるような表現行為であった。

群衆や集団は、その種類にかかわらず、独特のエネルギーを持っている。今にも溢れんばかりのエネルギー——すなわち社会的に受け入れられないために抑え込まれた欲望や絶え間のない性的興奮である。もしその欲望をかき立てることができるなら、群衆はあなたにカリスマを見る。大事なのは、あなた自身の無意識にアクセスできるようになることだ。エルヴィスが自制心から自由になったときのように――。あなたはワクワクした気持ちでいっぱいになる。その気持ちは、何か不思議な、内なるものに由来しているようだ。あなたの何ものにも縛られないありさまは、ほかの人々が心を開く誘因になり、連鎖反応を引き起こす。彼らの興奮が、今度はあなたにいっそうの活力を与える。あなたが現出させる幻想は、性的なものである必要はない。抑え込まれて、はけ口を求めているものなら、社会的タブーでも何でも構わない。あなたのレコーディング、作品制作、執筆にそれが感じられるようにしよう。依然として社会的圧力は大きい。抑圧された人々は、あなたに実際会ってもいないうちから、あなたのカリスマに引きつけられることだろう。

〔救世主〕 一九一七年三月、ロシア議会は、国の支配者ニコライ皇帝を退位させ、臨時政府を樹立した。ロシアは荒廃していた。第一次世界大戦への参戦は完全なる失敗だった。飢饉が広範囲で広がっていき、広大な国土は略奪や私刑によりズタズタにされた。兵士たちは大挙して脱走していた。国は、政治的に激しく分裂していた。主要派閥は、右派の社会民主主義のグループと、左翼革命主義のグループであり、どちらもそれぞれ内部の不和に苦しんでいた。

このカオスに現われたのが、四七歳のウラジーミル・イリイチ・レーニンである。マルクス主義革命派、ボリシェヴィキの指導者であり、ヨーロッパで十二年にわたる亡命生活を送ってきたが、カオスによるロシアの疲弊を、彼が長年待ち望んでいたチャンスと見て、急いで帰国した。そして大戦からの撤退を国に要求し、即時の社会主義革命を呼びかけた。彼が到着して初めの何週間かは、まったく馬鹿げた主張にしか見えなかった。一人の男としても、レーニンはぱっとしなかった。背が低く、平凡な顔つきだった。さらに、何年も遠くヨーロッパで暮らし、ほかの党員と切り離されて、書物と知的な議論に没頭してきた男だ。もっとも重要なのは、彼の党が小さく、緩く組織された左派連合内の分派でしかないことだった。彼を国の指導者として真面目に考える者はほとんどいなかった。

レーニンは怯むことなく仕事に取りかかった。彼はどこへ行ってもシンプルな同じメッセージを繰り返した。戦争を終わらせ、プロレタリアートの支配を確立させ、私有財産を廃止し、富を再分配する。人々は、自国の終わりのない内紛と抱える問題の複雑さに疲れ果て、彼の話に耳を傾けはじめた。レーニンの決意は固く、揺るぎない確信を持っていた。彼は冷静さを失うことがなかった。喧々囂々の論議の中で、彼は単純に、論理的に、敵対者の論点の誤りを一つずつすべて暴いていく。労働者と兵士たちは彼の断固とした態度に感銘を受けた。あるとき、いまにも暴動が起きそうな群衆の中で、彼の車が立ち往生したことがあった。レーニンは、車のステップに飛び乗り、かなりの危険を冒して車の進む道を示し、運転手を驚かせた。彼の思想には現実との接点がまるでないと言われたときには、彼はこう言った。「そりゃ、現実が悪いのだ！」

レーニンの、信念に対する救世主的確信は、彼の高い組織力に裏打ちされていた。ヨーロッパに亡命したとき、党は散り散りになり弱体化していた。党を団結させておくために、彼は計り知れない実務能力を身につけた。また、大勢の群衆の前では力強い演説者だった。第一回全ロシア・ソビエト会議における演説はセンセーションを巻き起こした。彼は叫んだ。「革命か、ブルジョワ政府か、そのどちらかだ。中間はない。左派が譲歩させられるのはもうたくさんだ」と。ほかの政治家たちが必死の形相で国家の危機に適応しようともがいているときに、レーニンは岩のように不動だった。彼の名声は響き渡り、ボリシェヴィキの地位も上がった。

とりわけ驚異的だったのは、レーニンが労働者、兵士、農民に与えた影響である。彼はどこであろうと、こういった普通の人々を見つけるたびに演説をした。街中で椅子の上に立ち、両手の親指を上着の襟の折り返しに入れて、イデオロギーと、農民の人生訓と、革命のスローガンを奇妙に織り交ぜた話をした。人々はうっとりと耳を傾けた。一九一七年の十月革命への道を単独で切り開き、圧倒的な勝利でレーニンとボリシェヴィキが政権の座についてから七年後、一九二四年に彼が亡くなったとき、ロシアの庶民は心から喪に服した。彼らは遺体が保存処理され公開されている霊廟を弔問し、祈りを捧げた。そして、レーニンについて語り合い、数多くのレーニン神話が生まれた。何千人もの女の赤ちゃんが「ニネル（Ninel）」という洗礼名を授かった。レーニン（Lenin）の綴りを逆にしたものである。レーニン信仰は宗教的な様相を呈するようになった。

カリスマというのは様々な誤解を受けやすい。矛盾しているように思われるかもしれないが、そのためにいっそう神秘的な雰囲気を漂わせている。カリスマは、刺激的な外見や派手な性格など、短期的な興味を引き起こす資質とはあまり関係がない。とりわけ困難に直面したとき、人々が求めるのは娯楽ではない。彼らが求めるのは、治安、生活の質の向上、社会的な一体性である。信じようと信じまいと、明確なビジョンと、ひたむきな心と、高い実務能力を持っている、平凡な見た目の男や女というのは、恐ろしくカリスマ的になり得るのだ。ある程度の成功が伴えばという条件つきではあるけれども。オーラを高めるのに、成功の力を見くびってはいけない。妥協的な人間や姑息な人間ばかりで、そういった人々の優柔不断さがさらなる無秩序を引き起こしている世界では、一人の明晰な頭脳を持つ人間が、注目を一身に集める磁石となる。そしてカリスマ的存在となるのだ。

一対一では、あるいは革命前のチューリッヒのカフェでは、レーニンにカリスマ性はほとんどなかった。いや、皆無だった（彼の自信は魅力的だったが、多くの人がその耳障りな話し方にイライラしていた）。彼がカリスマを手に入れたのは、国を救うことができる人間として見られたときだ。カリスマは、あなたの中にある、あなたのコントロールの及ばない不可思議な資質ではない。カリスマというのは、あなたが持っていると思う人々の目に映る幻影なのだ。とりわけ困難な時代には、冷静さ、意志の強固さ、実務に長けた明晰な頭脳などにより、その幻影をより強く鮮明にできる。魅惑的でシンプルなメッセージがあると、なおいい。これを〝救世主症候群〟と呼ぶことにしよう。あなたがカオスから救い出してくれると思ったとたん、彼らはあなたと恋に落ちる。助けてくれた人の腕のなかで溶けてしまいそうになる人間のように。そして集団的な愛は、カリスマを生み出すものなのだ。これよりほかに説明のしようがないではないか。ウラジーミル・レーニンほど感情を表さず、刺激的でない男に対してロシア庶民が抱いた愛情を――。

〔グル〕神智学協会の教義によると、およそ二〇〇〇年に一度、〝世界教師〟であるマイトレーヤの霊魂が人間の肉体に宿るという。最初にクリシュナがいて、彼はキリストの二〇〇〇年前に生まれた。それからキリスト本人。そして二〇世紀の初め、次の生まれ変わりがもうすぐやって来るとされていた。

一九〇九年のある日、神智学者のチャールズ・レッドビータはインドの浜辺で一人の少年に出会い、直感した。この十四歳の少年、ジッドゥ・クリシュナムルティこそ、世界教師の次なる媒体であると。レッドビータは、少年の心のシンプルさに感銘を受けた。彼には利己心のかけらもなかった。神智学協会のメンバーはレッドビータの判断に同意し、このぼさぼさ頭の栄養不良の少年、愚鈍さを理由に教師に繰り返しぶたれてきた少年を、引き取ることにした。彼らは少年に食事と衣服を与え、スピリチュアルな指導を開始した。みすぼらしかった少年は、恐ろしくハンサムな青年へと変貌を遂げた。

一九一一年、神智学者たちは、世界教師の到来に向けて準備を進めることを目的とする団体、〝東方の星教団〟を結成し、クリシュナムルティを教団のトップに据えた。彼はイギリスに連れていかれ、教育は継続された。彼はどこへ行ってもちやほやされ、崇められた。彼から漂ってくるシンプルさと充足感に、人々は感心しないではいられなかった。

やがてクリシュナムルティは幻視(ビジョン)を経験するようになった。一九二二年、彼は宣言した。「私は〝喜び〟の泉の水を飲んだのです、永遠の〝美〟の泉の水を。そして私は神に陶酔したのです」。彼はその後、数年にわたって霊的体験をする。神智学者たちはこれを「世界教師との対話である」と解釈した。しかし、実を言うとクリシュナムルティは、異なる種類の啓示を受けていたのである。宇宙の真理は内面から生まれるものだと知ったのだ。神やグルや教義によってそれが実現されることは永遠にない。彼自身、神でも救世主でもなく、ただの一人の人間なのだ。彼は、自分が人々に崇められていることに嫌悪感を抱いた。一九二九年、東方の星教団を解散し、神智学協会を脱会した。信奉者たちが衝撃を受けたことは言うまでもない。

こうしてクリシュナムルティは一人の哲学者として活動するようになり、彼の知り得た真実を広めようと固く決意した。人は、言葉と過去の経験の壁を取り払って、シンプルにならなくてはならない、と。この方法によって、誰でもクリシュナムルティのような自己充足感を得られる。神智学者たちは彼を切り捨てたが、彼の信奉者はかつてないほどに膨れ上がった。とくに彼が多くの時間を過ごすカリフォルニアでは、人々の彼への興味は、カルト的崇拝に近いものがあった。詩人のロビンソン・ジェファーズは、クリシュナムルティが部屋に入ってくると、必ずその場に光が満ちるのを感じると言った。作家のオルダス・ハクスリーは、彼にロサンゼルスで会い、その魅力のとりこになった。クリシュナムルティが話すのを聴いて「ブッダの説法に耳を傾けているかのようだった。何というパワー、何という威厳だろう」と記している。彼の教えは放射されるエネルギーのようだった。俳優のジョン・バリモアは、彼に、映画でブッダの役を演じてくれるよう頼んだ（彼は丁重に断った）。クリシュナムルティがインドを訪れたとき、民衆は手を伸ばして、車の開いた窓から彼に触れようとした。人々は彼の前にひれ伏したのだ。

クリシュナムルティは、こういった自分への崇拝すべてに強い嫌悪を感じ、ますます人から離れていった。自分について話すのに三人称を使うことさえあった。実際、自分の過去から自由になり、新たな視点で世界を捉える能力を持つことは彼の信条の一部だったのだが、またしても、彼の期待と反対の効果をもたらした。人々の愛情と畏敬の念は大きくなるばかりであった。信奉者たちは、少しでも彼に気に入られようと争った。とりわけ女たちは激しい恋に落ちた。彼は終生、禁欲主義であったのだが――。

クリシュナムルティには、グルやカリスマ的人物になりたいという希望はまったくなかった。にもかかわらず、彼は何気なしに、自分を悩ました人間心理の法則に気づいてしまったのだ。人々は彼のパワーが、長年の努力と修行の賜物であるとは信じたがらなかった。それよりも、彼のパワーは人格や資質から発生するものであり、持って生まれたものだと考えるほうを選んだ。さらに、人々はグルやカリスマ的人物に接近することで、そのパワーの恩恵にあずかることを期待した。クリシュナムルティの本を読まなければならないとか、彼の教えの実践に何年も費やさなければならないというのは彼らの意にそぐわない。単純に彼の近くにいて、オーラを吸収し、彼が話すのを聴き、彼とともに部屋に入ってくる光を感じたいのだ。彼は、シンプルであることが心を開いて真実にたどり着くための道であると説いた。だがそのシンプルさは、人々に、彼らが見たい彼の姿を見ることを許し、彼には生まれつきのパワーがあると思うことを許してしまった。実際の彼はそのようなパワーを否定するだけでなく、馬鹿にしていたのにもかかわらず――。

これがグル効果であり、驚くほど簡単に生み出せる効果である。あなたの追い求めるべきオーラは、たいていのカリスマ的人物に見られる激しい炎のようなものではなく、白熱光のオーラ、悟りのオーラである。悟りに達した人間は、自分を満足させる何かを理解したのであり、この充足感は外側に向かって光を放つ。それがあなたの求める外見である。あなたは何も、あるいは誰も、必要としない。あなたは満たされている。人は、幸福感の漂う人間には自然と引き寄せられるものだ。もしかしたら〝幸福菌〟が伝染するのかもしれない。あからさまでなければないほどいい。あなたが幸せであると、あなたの口から伝えるのではなく、人々に自分で結論づけさせよう。あなたの余裕のある態度に、穏やかな笑顔に、癒される雰囲気に、それが表れるようにしよう。あなたの言葉をあいまいなままにしておき、人々の想像に任せよう。

よそよそしさが効果を高めるということを忘れないでほしい。あなたとの距離を感じさせるのだ。人々は、あなたのどんなわずかな関心のしるしも逃すまいと争うだろう。グルには充足感があり、そして孤立している。それは恐ろしくカリスマ的な組み合わせである。

〈悲劇の聖女〉 初めはラジオだった。一九三〇年代後半から一九四〇年代前半にかけて、アルゼンチンの女性たちは、エバ・ドゥアルテの憂いを帯びた響きのいい声に耳を傾けた。彼女は、その当時大人気の、ふんだんに予算をかけたメロドラマの一つに出演していた。エバの声はリスナーを笑わせはしなかったが、いったい何度彼らを泣かせたことだろう。裏切られた恋人の泣き言や、マリー・アントワネットの最後の言葉。思い出すだけで気持ちが高ぶり、身体が震えてくるような声だった。エバは端正な顔立ちに、肩にかかる豊かなブロンドの美しい娘で、様々なゴシップ誌の表紙を頻繁に飾った。

一九四三年、それらのゴシップ誌が、非常にエキサイティングな記事を載せた。エバが新しい軍事政権の颯爽たる大物の一人、フアン・ペロン大佐と付き合っているという。アルゼンチン国民は、ラジオの政治宣伝で、未来に輝く〝新アルゼンチン〟を絶賛する、エバの声を聞くようになった。そしてついに、このおとぎ話は完璧な結末を迎える。一九四五年、フアンとエバは結婚したのである。翌年、このハンサムな大佐は、多くの試練と苦難の末（いっとき監獄に入れられたこともあったが、献身的な妻の尽力により解放された）、大統領に選出され、デスカミサドスの王者となった。デスカミサドスとは「シャツを着ていないやつら」という意味だ。まさに彼の妻のような、労働者、貧困者を指す言葉である。そのとき弱冠二六歳のエバ自身も、貧困家庭の出身だった。

共和国の大統領夫人となってから、このスターに変化が見られるようになった。彼女は痩せた。それは間違いない。服装の派手さが消え、極めて慎み深いと言えるほどになった。あの美しいたっぷりとした髪はきつく引っつめられた。残念なことに、若いスターは大人になったのだ。だが、アルゼンチン国民は、この新しいエバ、いまはエビータとして知られる彼女を見ているうちに、以前にも増して心を動かされるようになった。聖女のような思慮深いルックスであり、夫が自分と国民とのあいだの〝愛の懸け橋〟と呼んだ女性に実にふさわしかった。エバはラジオにひっきりなしに出るようになり、その声は相変わらず人の心を強く打った。そして、彼女は大勢の人の前でも堂々と話すようになっていた。声は低く、話し方はゆっくりになった。指で激しく空を突き、聴衆に触れようとするかのように手を伸ばした。彼女の言葉は人の心をまっすぐ突き刺した。「わたしは、ほかの人々の夢を見守るために、自分の夢を途中で諦めたのです……。いま、わたしは自分の魂をみなさんの魂のそばに置きます。わたしのエネルギーをすべて捧げましょう。わたしの身体が、すべての人々の幸福への懸け橋となるように。この身体を越えていってください……新しい祖国の至高の運命に向かって」

エバは自分を印象づけるのに、雑誌やラジオ以外の媒介も使うようになっていた。国民のほとんどが、何らかの形で彼女に直接、心を打たれていた。すべての国民が、彼女に会ったことのある人を知っていた。あるいは彼女に会うために事務所を訪れたことのある人を――。事務所では嘆願者の長蛇の列が廊下を埋めつくし彼女の部屋のまで続いていた。机の向こうに座る彼女は、非常に穏やかで愛情に満ちていた。彼女が慈善を施す様子を、撮影スタッフが記録に撮った。何もかも失った女性に、エビータが家を与える。病気の子供を抱える女性には、一流の病院における無料のケアを与えた。彼女は身を粉にして働いた。エビータが病気だという噂があっても不思議ではないほどに。彼女が貧民のためにスラム街や病院を訪れていることは、誰もが知っていた。彼女はそういった場所で、スタッフが止めるのも聞かず、あらゆる病気の人々（ハンセン病患者や梅毒の男性などもいた）の頬にキスをする。あるとき、この習慣にぞっとしたアシスタントが、エビータの唇をアルコールで拭いて消毒しようとした。すると、この聖人のような女性は、消毒の瓶を掴むと壁に叩きつけて割ってしまったのである。

そう、エビータは聖人だった。生身のマドンナであった。彼女が姿を見せるだけで病気を癒すことができた。そして、一九五二年に癌で亡くなったとき、彼女の残した悲しみと喪失感は、とてつもなく大きかった。アルゼンチン国民以外の人間にはとうてい理解できないほどだ。一部の人々にとっては、国はいまも傷ついたままなのである。

★　★　★

われわれのほとんどは半夢遊病状態で生きている。日課をこなし、月日は飛ぶように過ぎていく。これには二つ例外がある。子供時代と、恋をしているときである。どちらの場合も、われわれはより感情移入するようになり、心が開き、精神が活発になる。そしてわれわれは、感動することと、〝生〟を強く実感することを同一視しがちである。著名な人物が、これに似た効果をもたらすことがある。人々の感情に影響を与え、悲しみや喜びや希望の共有を感じさせることができるのだ。感情に訴えるほうが、理性に訴えるより、はるかに効きめが大きい。

エバ・ペロンは声優としてこの力に早くから気づいていた。彼女の震える声はリスナーを泣かせることができた。人々が彼女に偉大なカリスマを感じたのはそのためである。彼女はその経験を忘れなかった。彼女の公務のすべてにおいて、ドラマティックなモチーフや宗教的なモチーフが使われている。ドラマは感情の凝縮である。カトリックの信仰心というのは、人々の子供時代にまで手が届く、強い力である。人が自分では抑えられないところを突いてくるのだ。エビータの振り上げられた腕、演出された慈善行為、庶民のための犠牲、これらすべてが人々の心をまっすぐ打った。人徳あふれる聖人のような風貌は、それ自体、十分魅力的ではあるが、カリスマ性があったのは、それだけではない。カリスマをもたらしたのは、聖人としての自分をドラマ化することができた彼女の能力なのである。

あなたは、二つの偉大なる〝感情の供給源〟の利用方法を学ばなければならない。それは〝ドラマ〟と〝宗教〟である。ドラマは、人生の中の役に立たない平凡な事柄を全部カットし、同情や恐怖を感じさせる瞬間に焦点を当てる。宗教は、生きるか死ぬかの問題を取り扱う。あなたの慈善行為をドラマティックにしよう。あなたの愛情溢れる言葉に宗教的な意味を持たせよう。子供時代まで遡り、すべてを儀式や神話で包み込もう。あなたが揺さぶり起こした感情に夢中にさせるのだ。そうすれば、人々は、あなたの頭上にカリスマのオーラを見るだろう。

〔解放者〕 一九五〇年代初め、ニューヨークのハーレムでは、「ネーション・オブ・イスラム」という教団のことを知っている、あるいはその寺院に足を踏み入れたことのあるアフリカ系アメリカ人は、わずかしかいなかった。ネーションは、白人は悪魔の子孫であり、いつかアッラーが黒色人種を解放する日が来ると説いた。ハーレム居住者にとって、あまり意味のある教えではなかった。彼らは精神的な癒しを求めて教会に行き、実際的な問題は地域の政治家に届け出るのだ。だが、一九五四年、ネーション・オブ・イスラムの新しい指導者がハーレムに着任した。

マルコム・Xという名前の牧師だ。牧師は博識で雄弁だったが、彼のジェスチャーや言葉は怒りに満ちていた。たちまち噂が広まった。父親が白人にリンチにかけられて殺されたらしい。施設で育ち、その後、小さな犯罪を繰り返して生き延び、やがて強盗で捕まり、刑務所に六年入っていたらしい、と。彼の短い人生は(当時まだ二九歳だった)、ずっと警察との揉め事の繰り返しだった。だが、いまの彼を見てみろ、自信と教養に満ち溢れている。誰の手も借りてはいない。すべて一人で成し遂げたのだ。ハーレム居住者たちは、ビラを配ったり、若者に話しかけたりするマルコム・Xを、あちこちで見かけるようになった。マルコムは、教会の外に立ち、礼拝に集まった人々が帰る間際に、説教師を指差して言った。「彼は白人の神の代理人であり、私は黒人の神の代理人である」。好奇心から、ネーション・オブ・イスラムに、彼の説教を聞きに来る者が現われた。マルコムは彼らに、自分たちの生活の実態を見るように求める。「あなたがたの住んでいるところをしっかりと見たら、そのあとで(中略)セントラル・パークを歩いてみましょう」。彼は言う。「白人の住居を見てごらんなさい。ウォール街を見てごらんなさい!」。その言葉は、とりわけ聖職者から発せられる言葉としては、強烈だった。

一九五七年、六、七人の警官が酔っ払った黒人に殴る蹴るの暴行を加えているのを、ハーレムのある若いイスラム教徒が目撃した。イスラム教徒が抗議すると、警官たちは彼が気絶するまで殴り、強制連行して投獄した。怒った群衆が警察署の前に集まり、いまにも暴動を起こそうとしていた。警察署長は、未然に防ぐことができるのはマルコム・Xだけだと聞き、彼を連れてこさせ、群衆を解散させるように求めた。マルコムは断った。署長は前より穏やかな口調で、彼に考え直してくれるよう頼んだ。マルコムは冷静に、自分の協力に条件をつけた。殴られたイスラム教徒に医療行為を行なうこと、そして警官たちに相応の処罰が下されること。署長はしぶしぶ同意した。警察署の外でマルコムがこの合意について説明すると、群衆は解散した。ハーレムはもちろん、国内のあちこちで、マルコムは一夜にしてヒーローになった。ようやく行動を起こす人間が現われたのだ。彼の寺院は会員が急増した。

マルコムは国中で演説するようになった。原稿を読み上げたことは一度もなかった。聴衆を見渡し、目を合わせ、人差し指を突き立てた。そこには歴然たる怒りがあった。その怒りは、声にはそれほど表れなかった。常に自制がきいた明瞭な発音だった。それでも、彼の猛烈なエネルギー、首筋に浮き出る静脈が怒りの存在を物語っていた。それ以前の多くの黒人指導者たちは、どれほど不当であろうとも、忍耐強く礼儀正しく、自分たちの社会的境遇に対処するよう、控えめな言葉を使って説いた。マルコムのおかげでどれほど胸のすく思いをしたことか。彼は人種差別主義者を嘲り、自由主義者を嘲り、大統領を嘲った。彼の嘲りを逃れた白人はいなかった。マルコムは言った。「もし白人が暴力的なら、暴力的な言葉で応酬するべきだ。彼らの理解できる言葉はそれしかないのだから」、「敵意を見せよ！」。彼は叫んだ。「われわれは、敵意をあまりにも長く抑え込みすぎたのだ」。非暴力主義指導者、マーティン・ルーサー・キング・ジュニアの人気の高まりに対して、マルコムは言った。「座っていることは誰でもできる。老婆にもできる。臆病者にもできる。（中略）立ち上がるのが男というものだ」

マルコム・Xは、彼と同じ怒りを感じていたが、それを表現することを怖がっていた多くの黒人たちから支持された。一九六五年、演説している最中にマルコムは暗殺されてしまう。彼の葬儀で、俳優のオッシー・デイビスは、感情的になった大勢の群衆の前で称賛の言葉を送った。「マルコムは……、われわれ黒人の光り輝く王子様でした」と。

マルコム・Xは、モーセと同類のカリスマを持っていた。彼は〝解放者〟である。この種のカリスマ力は、長年の圧制のあいだに増殖した暗い情念を表現することから生まれている。そうすることで、解放者は、他人によって抑圧されていた感情を解放するチャンスを与える――見せかけの礼儀正しさや笑顔に隠された敵意を！　解放者は、苦しむ側の一人でなければならない。ただし、苦しみの程度はもっと上だ。彼らの苦しみは典型的なものでなければならない。マルコムの経歴は、そのカリスマに不可欠な部分だ。黒人は自分で自分を助けるべきであり、白人に抱え上げられるのを待つべきではない、という彼の教えが非常に大きな意味を持ったのは、自身に服役の経験があったからだ。また、独学して自力で底辺から這い上がることで、自身の原則に従ったからである。解放者は、自分の犯した罪をあがなう生きた手本でなくてはならない。

カリスマの本質は、ジェスチャーや口調や〝かすかなしるし〟に含まれる、圧倒的な感情である。これらは、口に出さないために、なおさら強力になる。ほかの人間より深い何かを感じるのだ。そして〝憎しみ〟ほど強力で、カリスマ的反応を生み出せる感情はない。それが抑圧の根深い感情から出たものであれば、なおさらだ。ほかの人々が怖くて口にできないことを口にすれば、彼らはあなたに強いパワーを感じるだろう。彼らが言いたくても言えないことを言おう。度を越すことを恐れるな。あなたが抑圧からの解放を示すのであれば、さらにパワーを高めるための行動の余地を手にできる。モーセは暴力を口にした。敵を一人残らず滅ぼすことを口にした。このような言葉は抑圧された人間を団結させ、彼らにもっと強く〝生〟を感じさせることができる。だがこの憎しみは、あなたにとってコントロールできないことではない。マルコム・Xは早いうちから激しい怒りを感じていた。だが、彼は刑務所に入ったのを契機に、独学で雄弁術を習得し、自分の感情を良い方向に導くことができた。誰かが自分の強烈な感情に単純に降伏せず、懸命に戦っていると感じさせることほど、カリスマ的なものはない。

〈神のような俳優〉　一九六〇年、一月二四日、当時まだ仏領だったアルジェリアで暴動が起こった。右翼のフランス軍人たちが主導したこの暴動の目的は、シャルル・ド・ゴール大統領が提案した、アルジェリアの民族自決権承認を阻止することだった。暴徒たちは、必要ならばフランスの名においてアルジェリアを占領することも辞さない覚悟である。

緊迫した数日間、七〇歳のド・ゴールは奇妙な沈黙を保っていた。そして一月二九日、午後八時、彼はフランス国営放送に出演した。彼が口を開く前に、視聴者は、彼が第二次世界大戦中の古い軍服を着ていることに驚いた。誰もが見覚えのある軍服であり、視聴者の強い感情的な反応を引き起こした。ド・ゴールはレジスタンスの英雄であり、もっとも暗い時代の救国者であった。だが、人々はそのユニフォームをかなり長いあいだ目にしていなかった。ド・ゴールは話しはじめた。冷静で自信に満ちた態度で、ドイツからフランスを解放するために自分たちがともに成し遂げたすべてのことを国民に思い出させた。彼の話は徐々に、この、人を熱くする愛国的な話題から、アルジェリアにおける反乱と、その反乱が解放の精神に対して与えた侮辱へと移っていった。そして一九四〇年六月一八日の演説で有名となった、彼自身の言葉を繰り返して、演説を締めくくった。「いま一度、すべてのフランス国民に、どこにいようと、何をしていようと、再びフランスと一つになることを求めます。共和国万歳！　フランス万歳！」

この演説には二つの目的があった。ド・ゴールが反逆者に対して一歩も譲る気がないことを示し、さらには、その決意がすべての愛国的フランス人、とりわけ軍にいる国を愛する者の心に届くようにした。暴動はすぐに下火になった。暴動が失敗に終わったこととド・ゴールのテレビ出演との関係を疑う者はいなかった。

翌年の選挙において、フランス国民の圧倒的多数がアルジェリアの民族自決を支持した。一九六一年、ド・ゴールは記者会見を開き、フランスが近いうちにアルジェリアの完全独立を承認することを明言した。それから十一日後に、アルジェリアにいるフランスの将軍たちが公式声明を発表する。その中で、彼らはアルジェリアを占領したことを伝え、非常事態を宣言した。これはもっとも危険な瞬間であった。アルジェリアの差し迫る独立に直面し、これら右翼の将軍たちはとことんまで戦うつもりであった。内戦が勃発し、ド・ゴール政権が倒されることもありえた。

次の日の夜、ド・ゴールはまたしてもテレビに出演した。このときも、昔の軍服を着ていた。彼は南アメリカのフンタ（訳注：アルゼンチンやチリの軍事政権のこと）を引き合いに出して、将軍たちを嘲笑った。冷静で、厳しい口調だった。そして演説がいよいよ終わるというときになって、突然、大きな、震えさえ感じられる声で視聴者に向かって呼びかけた。「フランス国民のみなさん、私に力を貸してほしい！」。彼のテレビ出演の中でもっとも感動的な瞬間だった。アルジェリアにいるフランス兵たちは、トランジスタラジオの放送を聴き、打ちのめされた。翌日、彼らはド・ゴールを支持する集団デモを起こした。二日後、将軍たちは投降した。一九六二年、七月一日、ド・ゴールはアルジェリアの独立を宣言した。

一九四〇年、ドイツのフランス侵攻後、ド・ゴールはイギリスに逃れ、いずれフランスに戻って国を解放するための軍隊を召集しようとした。初めは協力者もなく、彼のミッションは絶望的に見えた。しかし、ウィンストン・チャーチルが彼を支援した。チャーチルの賛意を得て、ド・ゴールは、BBCによるラジオ放送でフランスへの呼びかけを行った。彼の風変わりな、人を陶酔させるような声が、ドラマティックなトレモロ奏法の音楽とともに、夜ごとフランスの家々の居間に流れる。彼がどんな顔をしているのかさえ知らない者がほとんどだったが、その話し方は自信に満ち溢れ、非常に胸を打つものであった。彼の信奉者はどんどん増えていき、〝声なき軍隊〟が作られていった。実際のド・ゴールは陰気な男だった。その自信に満ちた態度ゆえに人を簡単に味方につけることができたが、同じくらい簡単に人の神経を逆撫ですることもできた。だが、ラジオから流れてくるその声には、強烈なカリスマがあった。ド・ゴールは、現代メディアを自由に操った最初の達人である。彼はその演技力をテレビでも存分に発揮させた。画面を通して伝わる氷のような冷たさ、落ち着き、完璧な冷静さが、視聴者を安心させ、同時に奮い立たせたのだ。

世の中は以前よりばらばらになった。国民はもはや、街の通りや広場に集まって団結しようとはしない。彼らは居間で団結に導かれる。居間にいながら、国中のテレビを見ている人々が、孤立することも、ほかの人々と団結することも、同時にできるのだ。カリスマ性はいまや電波を通じて伝わるものでなくては役に立たない。だが、ある意味、テレビに映し出すほうが簡単でもある。なぜなら、テレビなら直接相手に一対一で訴えかけることができるし（カリスマ的人物はあなたに話しかけているように見える）、また、カリスマというのは、カメラの前に立つ少しのあいだなら、結構ごまかしがきくものだからだ。ド・ゴールにもわかっていたように、テレビに登場するときは、冷静さと落ち着きを漂わせて、劇的効果は控えめに使うのが一番である。全体を通した冷淡さは、ド・ゴールが一瞬声を張り上げたり、辛辣なジョークを口にしたりするときのインパクトを二倍にした。冷静さを保ち、控えめな演技をすることで、視聴者を陶酔させたのである（うるさい声にならないようにすると、顔の表情がはるかに伝わりやすくなる）。彼は自分の感情を伝えるのに軍服や背景といった視覚を利用し、〝解放〟や〝ジャンヌ・ダルク〟という特定の感情に訴える言葉を使った。うまくやってやろうという力みがなければないほど、彼の態度はいっそう偽りのないものに見えた。

これらはすべて慎重に調整する必要がある。冷静さのところどころに驚きを差し挟むこと。クライマックスへと盛り上げること。〝短く、簡潔に〟を心がけること。たった一つ、ごまかしがきかないのは〝自信〟であり、これはモーセの時代から変わらずカギとなる要素である。万が一、カメラのライトが、あなたの不安をうっかり写してしまったら、どのようにごまかしても後の祭りだ。あなたのカリスマが元の状態に戻ることは、決してないだろう。

イメージ

ランプ。目で見ることはできないが、電線を通ってガラス球の中に入った電流が熱を発生させ、それが白熱に変わる。われわれに見えるのは光だけである。暗闇が広がる中、ランプは道を明るく照らしてくれる。

危険性

一七九四年、五月晴れのある日、パリ市民は、〝最高存在の祭典〟のために公園に集まった。彼らの注目を一身に集めているのは、公安委員会の首班である、マクシミリアン・ド・ロベスピエールだった。この祭典を最初に考えついたのは彼だった。その発想は単純で、祭典の目的は、無神論と戦い、〝最高存在と霊魂の不滅を、人類を導く力として認めること〟だった。

この日は、ロベスピエールの勝利の日であった。彼はスカイブルーの衣服と白いタイツ姿で民衆の前に立ち、祭典の幕を切って落とした。民衆は彼を崇拝した。何と言っても、彼はフランス革命後、懸命な政治活動により革命が目指したものを守ったのである。前年から恐怖政治を開始しており、反革命派を断頭台送りにして粛清を行っていた。また、国を導いて、オーストリア・プロイセン軍との戦争を切り抜けさせるのに一役買ってもいた。何が民衆、それも特に女たちを夢中にさせたかというと、それの清廉潔白な人柄であり（非常につつましい暮らしをしていた）、妥協を許さない姿勢であり、行動すべてにおいて明白な革命への情熱であり、そして聴く者を奮い立たせずにはおかない演説の情熱的な言葉であった。彼は神だった。その日は素晴らしい一日となり、革命の洋々たる前途を約束するかのようであった。

二か月後の七月二六日、ロベスピエールは演説を行った。彼はその演説が、歴史における自身の地位を確かなものにするだろうと思っていた。なぜなら、恐怖政治の終わりと、新たな時代の始まりをほのめかすつもりだったからだ。また噂では、彼は最後の一握りの人々を断頭台に送る指示を出すらしいということだった――革命を脅かす最後の敵を。国民公会で演説するために演壇に上がったロベスピエールは、祭典の日と同じ服を着ていた。演説は長く、ほぼ三時間にわたった。演説には、彼の尽力により守られた社会的価値観や美徳についての情熱的な描写があった。また、陰謀、裏切り、政敵についての話もあったが、特定の名前を挙げることはなかった。

演説は熱烈に迎えられたものの、いつもよりは多少控えめだった。演説は多くの議員を疲れさせていた。そこに一人の声が聞こえた。ブールドンという男だった。彼はロベスピエールの演説を印刷して公表することに異を唱えた。遠回しの非難である。突然、ほかの議員らも四方八方で立ち上がり、ロベスピエールの不明瞭さを責め立てた。陰謀や脅威について話をしたが、その罪を犯した者たちの名前を言わなかったではないかと。明確にするように要求されたが、彼は断り、あとで名前を明らかにすることを選んだ。翌日、ロベスピエールは自分の演説の正しさを主張するために演壇に立ったが、議員らの大声によって封じられた。その数時間後、断頭台送りになったのは彼本人だった。七月二八日、パリ市民が、最高存在の祭典のときよりいっそうお祭りムードを漂わせて集まる中、ロベスピエールの首は籠の中に落ち、歓声が響き渡った。恐怖政治が終わったのである。

ロベスピエールを崇拝しているように見えた人々の多くは、実のところ、絶えず反感を心に抱いていたのだ。彼はあまりに高潔で、あまりに優秀で、うっとうしかった。その中には彼への陰謀を企む者もいて、どんなわずかな隙でも見逃すまいと待ち構えていた。あの運命の日、最後の演説をしたときにそれは表れた。ロベスピエールは、政敵の名前を明らかにするのを拒んだ。しかしそのことで、流血を終わらせたいという彼の願い、あるいは政敵を処刑する前に彼らに攻撃されることを恐れる気持ち、そのどちらかを見せてしまったのだ。陰謀家たちに煽られて、この小さな火の粉が炎となって燃え上がった。二日間のうちに、まずは委員会が、そしてその次に国家が、二か月前には崇敬されていたこのカリスマ的存在に背を向けたのである。

カリスマというのは、カリスマがかき立てる感情と同じくらい不安定なものである。ほとんどの場合、カリスマは愛という感覚を引き起こす。だが、その感覚を持ちつづけるのは難しい。心理学者は〝性的倦怠感〟という言葉を使う。愛のあとにくる、嫌気が差す瞬間。現実が見えてきて、愛が憎しみに変わる。性的倦怠感は、すべてのカリスマ的人物にとって脅威である。カリスマ的人物は、救世主を演じ、人々を困難な状況から救い出すことで愛を勝ち取る。しかし、ひとたび安心すると、相手にとってカリスマ性は以前ほど魅力的ではなくなるのだ。カリスマ的人物には危険とリスクが必要である。彼らはこつこつ働くお役人ではない。カリスマ的人物の中には、意図的に危険性を維持する者もいる。ド・ゴールやケネディが常にそうしていたように。あるいはロベスピエールが恐怖政治のあいだ、そうしたように――。だが、人はそれに飽きる。そしてあなたに弱さの片鱗が見えた瞬間、彼らは牙を剥く。彼らがいま見せる憎しみは、彼らが以前見せた愛に匹敵するのだ。

唯一の自己防衛策は、あなた自身のカリスマを熟知することである。あなたの情熱、怒り、自信はあなたをカリスマ的にするが、強すぎるカリスマが長期間続けば、相手は疲弊し、落ち着きや秩序のある状態を求めるようになる。よりよい種類のカリスマは、意識的に作られるものであり、しっかりコントロールされている。必要なときには、自信と熱情に光り輝いて、大衆を大いに奮い立たせるといい。だが、冒険が終われば、いつものやり方に戻るのだ。火を消すのではなく、弱火にすること（ロベスピエールもそうしようとしていたのかもしれないが、一日遅かった）。人々はあなたの自制心と適応能力に感心するだろう。彼らのあなたへの恋愛感情は、夫婦のあいだの習慣的な愛情に近いものになる。あなたには、少しばかり退屈で単純な人間に見える余裕すら生まれてくるだろう。これもまた、正しく演じれば、カリスマ的に見える役柄である。

忘れないでほしい。カリスマは成功するかどうかにかかっている。そして、最初のカリスマの爆発のあとも、成功した状態を維持する一番いい方法は、現実的になることである。用心深いぐらいでもいい。毛沢東はよそよそしい得体の知れない男で、何年ものあいだ、畏怖の念を起こさせるカリスマを持ちつづけた。彼は何度も挫折を繰り返した。あれほど賢い男でなかったら、とっくに終わっていただろう。だが、彼は失敗するたびに後退し、現実的になり、寛容になり、柔軟になった――少なくともしばらくのあいだは。これが、愛が憎しみに変わる〝逆反応の脅威〟から彼を守ったのである。

もう一つ、別の手もある。〝武装した預言者〟を演じることである。マキャベリによると、預言者は、そのカリスマ的個性によって権力を手にするかもしれないが、それを後押しする戦力なしでは長く生き残ることはできないという。彼には軍隊が必要だ。民衆はいずれ彼にうんざりする。彼らを力で押さえつける必要がある。武装した預言者といっても文字どおり武器が関係するとはかぎらない。しかし、武装した預言者になるには、性格に強引な側面が必要であり、それを行動で示さなければならない。残念ながら、これは、あなたが権力を持ちつづけるかぎり、敵に対して無情になるということを意味する。カリスマ的人物ほど不倶戴天の敵を生み出す者はいない。

最後に、カリスマ的人物のあとを継ぐほど危険なことはない。彼らは個人特有の流儀を持ち、それには性格の無謀さがしっかり表れている。型破りな役柄であり、彼らが通った跡はめちゃくちゃになっていることも多い。カリスマ的人物のあとに続く者にその混乱した状況が押しつけられるのだが、周りの人間にはそれが見えない。彼らは自分を奮い起こしてくれた指導者を恋しく思い、後任者を悪く言う。何としてでもこの状況は避けること。もしそれが避けられないならば、カリスマ的人物が始めたことを引き継ごうとしてはいけない。新たな方向に進もう。実務的で信頼できる、ストレートな物言いの人間になることで、前任者とは対照的な、異なる種類のカリスマを生み出せることもよくある。そうやってハリー・トルーマンは、ルーズベルトの偉業を乗り越えただけでなく、彼自身のカリスマを確立したのである。

〝カリスマ〟とは、ある人に備わる、並外れた資質を指している。それを現実に持っているのか、持っていると主張しているのか、あるいは持っていると推測しているのかに関わらず。したがって〝カリスマ的権威〟とは、人を支配することを指している。外国に向けてだろうが、国内に向けてだろうが、特定の個人の非凡な資質を信奉して自ら服従するような被支配者に対する支配のことなのである。

マックス・ヴェーバー『社会学論集』

そして主はモーセに言われた、「これらの言葉を書きなさい。これらの言葉に従って、私はあなたおよびイスラエルと契約を結んだのだから」。モーセは主とともに、四〇日四〇夜そこにいたが、パンも食べず、水も飲まなかった。そして彼は契約の言葉、十戒を板の上に書いた。モーセはその証しの板二枚を手にしてシナイ山から下ったが、そのとき、モーセは先に主と語ったゆえに、顔の肌が光を放っているのを知らなかった。兄アロンとイスラエルの人々はみな、モーセの顔の肌が光を放っていたので、恐れて近づかなかった。モーセは彼らを呼んだ。アロンと信徒のかしらたちはみな、モーセのもとに戻ってきたので、モーセは彼らと語った。その後、イスラエルの人々がみな近寄ってきたので、モーセは主がシナイ山で語られたことを、すべて彼らに話した。モーセは語り終えたとき、ベールをかぶった。しかし主の前に行って主と語るときは、出るまでベールを取っていた。そして出てくると、主に命じられたことをイスラエルの人々に告げた。イスラエルの人々がモーセの顔を見ると、また顔の肌が光を放っていた。モーセは主と語るまで、またベールをかぶった。

旧約聖書　出エジプト記

あの厄介な男には、自分でも理解不能なのだが、魅了されてしまうのだ。神も悪魔も恐れぬこの私が、あの男の前では、まるで子供のように身体が震えだす。彼に命じられたなら、私は針の目をくぐり抜け、戦火に身を投じさえするだろう。

ヴァンダム将軍『ナポレオン・ボナパルトについて』

集団は真実を切に望むことはない。集団は常に幻想を求め、それがなければ何もできない。集団では、現実でないものが絶えず現実に優先され、真実でないものが真実とほとんど同じくらいに強い影響を与える。集団には、その両者を区別しないという明らかな傾向がある。

ジークムント・フロイト「集団心理学と自我の分析」
（『フロイト著作集』所収）

戦いの半分は接近戦で、狭い地域に集中しているような状況では、指導者が気概を見せ、自ら手本となることに価値があった。このことを覚えておけば、ジャンヌの存在がフランス軍にもたらした影響力の大きさを、容易に理解できようになる。指導者としての彼女の立場は類を見ないものだった。彼女は職業軍人ではなかったし、実のところ軍人などではなかった。男ですらなかったのだ。戦争については無知であった。軍服を着た普通の少女だった。しかし、自分が神の代弁者であると彼女は信じ、他の者もその信念を受け入れていた。

一四二九年四月二九日金曜日、オルレアンに知らせが広まった。〝ドンレミの乙女〟が率いる軍勢がオルレアン救出に向かっていると。その知らせは、歴史家が述べるように、彼らを大いに元気づけたのだった。

ヴィタ・サックヴィル＝ウェスト『聖ジャンヌ・ダルク』

中世ヨーロッパ社会の片隅に生きる余剰人口の中には、一般信徒や背教の修道士を指導者に祀り上げる傾向が常に強くあった。そして、その指導者は、自らを聖者と称するばかりか、預言者にして救世主、あるいは生ける神と名乗ることもあった。神から授かったと称する霊感や啓示を拠りどころにして、多元的で世界を震撼させるほどの重要性を持つ公的使命を信者たちに課したのである。そのような使命を与えられ、大いなる任務の達成を神に命じられたという自負が、生活の方向を見失って迷う貧民や挫折者たちに新しい方向と新しい希望を与えた。その自負は彼らにこの世における場所を与えたばかりでなく、独自の輝かしい世界を与えたのである。この種の宗教組織は、自分たちを一般人と全く区別し、凡人より上位に位置し、指導者の非凡な力を共有する、エリートだと考えた。

ノーマン・コーン『千年王国の追求』

「(ラスプーチンの)目が何とも特徴的です」と、彼からの影響に抵抗しようと努力した、ある女性が告白している。さらに彼女は、彼に会うたびに、その一瞥の持つ力に改めて驚いたと言う。それに長いあいだ耐えるのは不可能だった。この親切で優しい、同時にずる賢く狡猾な一瞥にはどことなく重苦しいところがあった。身体全体から溢れ出る強烈な意志の魔力のもとでは、人々は無力だった。この魔力にどれだけ飽きても、どれだけ逃れようとしても、なぜかまた引き寄せられ、そのとりことなってしまう。

この変わった、新しい聖者のことを耳にした、ある若い女性が、故郷から上京し、啓発と精神的教示を求めて彼を訪ねた。実際に会ったことも、肖像画を見たこともなく、彼の家で初めて面会した。彼が近づいてきて話しかけられたとき、故郷でよく見る田舎者の牧師だろうと彼女は思った。穏やかで修道僧のような眼差しと、有徳で素朴な顔にかかる無造作に分けられた薄茶色の髪が、即座に彼女に信頼感を抱かせた。しかし、彼がさらに近寄ると、たちまちまったく別の人間だと感じた。怪しげで悪賢く、ふしだらな男が、善良さと優しさを放つ眼の奥から見つめているのだった。

彼は向かいに座り、徐々にすぐそばまで近寄ると、淡青色の眼は深く暗い別の色に変化した。鋭い一瞥が一瞬で彼女を捕え、突き通すような視線で魅了した。大きく、皺の寄った、情欲で歪んだ顔がさらに近づくと、鉛のような重さが彼女の手足の力を奪った。彼女は頬に彼の激しい息づかいを感じ、彼の目が奥底から輝き、無力な彼女の身体全身を盗み見るのがわかった。そして彼はまぶたを閉じ、官能的な表情を浮かべた。彼の声は情熱的な囁き声へと変わり、奇妙で官能的な言葉を彼女の耳元で囁いた。

彼女が誘惑者に身を委ねかけたまさにそのとき、まるで彼方からのごとく、かすかに、彼女の中に記憶が呼び起こされた。神についての教えを求めて彼のところにやって来たということを思い出したのだった。

ルネ・フューロップ＝ミレー『ラスプーチン――聖なる悪魔』

まさにその本質から、カリスマ的権威の存在はとりわけ不安定である。それを持つ者が自らのカリスマ性を捨てるかもしれない。イエスが十字架の上で感じたように、〝神によって見放された〟

と感じるかもしれない。〝もはや何の力もない〟と支持者たちに判断されるかもしれない。この瞬間に彼の任務は消滅し、新たなカリスマ性の保持者への期待が高まり、探し求められる。

マックス・ヴェーバー『社会学論集』

彼はいまや兵士たちの神だ。万物創造の神ではなく、
特別な人間を造る別の神によって
生まれた者のように、見事な指揮ぶりだ。
彼に従う敵兵はわが軍をまるで子供扱いにしている、
その自信に溢れた態度は、夏の蝶を追いかける少年、
たかる蝿を殺す肉屋の姿そのままだ。

ウィリアム・シェイクスピア『コリオレーナス』

プレスリーがステージに上がると、屋根がたしかに浮いた。歌っていた二五分間、ヴェスヴィオ火山が噴火したように観衆は沸き返った。「あんな興奮と絶叫は人生で初めてだった、それまでも、それ以降も」。映画監督であるハル・カンターは言った。その様子を見ながら、彼はただ呆然とした。「目の前で繰り広げられる集団ヒステリー（中略）九〇〇〇人の観客から崇拝の念が波となって、ステージの両脇にいた警官の壁を越え、投光照明をも通り越し、歌っている人へ、さらにその先へと押し寄せ、彼は熱狂の極限まで高揚し観衆に応えた」

ピーター・ウィトマー
「一九五六年一二月一七日、ルイジアナ州シュリーヴポート、ヘイライド・シアターにおけるエルヴィス・プレスリーのコンサートについての記述」（『内なるエルヴィス――エルヴィス・アーロン・プレスリーの心理的足跡』所収）

考えの違う者を排除できる男は、ほかに誰もいなかったし、自らの意向を押しつけ、強力な個性で征服できる者もほかに誰もいなかった。一見とても普通だが、いくぶんがさつで、人を引きつける明らかな特徴のない男なのだが。（中略）プレハノフも、マルトフも、ほかの誰も、レーニンから放たれるような、人々を陶酔させる（人々を支配する、とさえ言える）秘密の力を持ち合わせていなかった。プレハノフは丁重に扱われ、マルトフは愛されたが、レーニンだけが、議論の余地がないただ一人の指導者としてためらいなく信奉された。なぜなら、レーニンだけが、あのめったにない、とくにロシアにおいては稀な、逸材であったからだ。彼は、鉄の意志と不屈の努力、主義に対する熱狂的信念、それに優るとも劣らぬ自分に対する信念を併せ持っていたのだ。

ダンコート・A・ラストー編
『哲学者と王――リーダーシップについての考察』
で引用されているA・N・ポトレソフによる記述

「わが党の山ワシに会えるのを、私は楽しみにしていた。肉体的にも政治的にも偉大なる男である。そのレーニンを威風堂々たる巨人として思い描いていた。したがって、極めて平凡な風貌で、中背以下の、どう見ても、文字どおりどう見たって、普通の人と

区別のつかない男を目の前にして、どれほど私が失望したことか」

一九〇五年、初めてレーニンに会ったときのことをジョセフ・スターリンが語る
（ロナルド・W・クラーク『レーニン──仮面に隠された素顔』における引用）

何よりもまず、威信に不可欠なのは神秘性である。なぜなら、人は知りすぎたものを見下す傾向があるからだ。（中略）指導者の構想、手段、精神活動には他人の窺い知ることのできない要素がなければならない。この要素が人を引きつけ、悩ませ、釘づけにするのである。（中略）ここぞというときに大胆に繰り出す人の意表を突く秘策は、常に胸に秘しておかねばならない。そうすれば、民衆は指導者の非凡な才能を信じ、全幅の信頼と希望を寄せてくるから、そのほかのことは彼らの潜在的にある信頼によってうまくいくものだ。

シャルル・ド・ゴール『剣の刃』

エビータの死からたった一か月で、新聞組合がエビータを聖者の列に加えようと提案した。ヴァチカンはこの願いをまともに請け合わなかったが、人々はなおもエビータを聖女だと考えていた。彼女を称える文学作品の出版に政府が助成金を出したことで、その思いはさらに強まった。街や学校や地下鉄の駅の名がエビータの名を取ったものに改名され、記念メダルが発売され、彫像が作られ、記念切手が発行された。ラジオの夜のニュース番組は、放送開始時刻を午後八時三〇分から、エビータが〝永遠の眠りについた〟八時二五分に変更され、毎月二六日には彼女の命日にちなんで松明を持った人々の行列ができた。

エビータの一周忌に、〝ラ・プレンサ〟に、「月面にエビータの顔が見えた」という読者の話が紹介されると、「私も見た」という多くの目撃談が紙面を飾るようになった。さすがに政府発行の公報としては、エビータを聖女と呼ぶことはなかったものの、そのような自制がいつも実行されるとは限らなかった。（中略）ブエノスアイレス新聞組合の一九五三年用のカレンダーには、エビータが描かれた。その姿は聖母マリアの伝統的な青いローブをまとい、両手を交差させて、悲しげに傾けた頭に後光が差しているものだった。

ニコラス・フレイザー、マリサ・ナヴァーロ共著『聖女伝説エビータ』

私には、人を奮い立たせる才能がある。

ピーテル・ヘイル『ナポレオン──肯定と否定』の中でのナポレオン・ボナパルトの言葉

自分が神聖なる人間のふりをするつもりはないが、神聖なる導き、神聖なる力、および神聖なる預言を私は信じている。私は教育を受けておらず、特定の分野における専門家でもない。しかし、私は誠実であり、私の誠実さが私の信用のあかしとなる。

ユージーン・ビクター・ウルフェンシュタイン『民主主義の犠牲者──マルコム・Xと黒人の革命』においてのマルコム・Xの言葉

スター

せちがらい世の中、たいていの人は事あるごとに、ファンタジーや夢の中に逃げ場所を求める。スターはその弱さを養分にして成長する。魅力的な独特のスタイルでひと際目立ち、見ていたいと人に思わせる。と同時に、どこか近寄りがたく、つかみどころのない浮世離れした雰囲気で、見る者に実際以上のものを想像させる。夢のように現実感のない姿が、人の潜在意識に影響を及ぼす。自分がどれほどスターの真似をしているのか気づくことさえないのだ。華麗であり、表現しがたくもあるスターの姿を自分自身に投影し、憧れの的になる方法を習得しよう。

呪物（フェティスティック）としてのスター

一九二二年のある日、ドイツのベルリンで、『愛の悲劇』という映画に登場する官能的な若い女性役のオーディションが行なわれた。助監督の注意を引くならどんなことでもしてもいい、脱いでも構わないという若手女優たちが何百人も集まった。その列の中に一人の若い女性がいた。しかし彼女は、シンプルな衣裳を着ていて、ほかの女優たちのような大げさな芝居はまったくしなかった。それでも彼女はひと際目立っていた。

彼女は革ひもをつけた子犬を連れており、その首には上品な首輪がつけられていた。助監督は、すぐに彼女に目を止めた。そして、列に並んで立ち、子犬をそっと抱きかかえる彼女の様子を見つめた。タバコを吸う姿はゆったりとして挑発的だった。助監督は彼女の脚や顔、しなやかな身のこなし、瞳の中に宿る冷たさに魅了された。彼女が前に進み出る頃には、もう配役は彼女でほとんど決まっていた。彼女の名前はマレーネ・ディートリヒといった。

一九二九年、オーストリア系アメリカ人の映画監督ジョセフ・フォン・スタンバーグがベルリンにやって来て、『嘆きの天使』を撮りはじめた。当時二七歳のディートリヒは、この映画でベルリン映画界だけでなく、世界中にその名を知られることとなった。『嘆きの天使』は、サディスティックに男を苦しめるローラ・ローラという女の物語である。ベルリン中の女優たちがこの役をものにしたいと考えていた——ただ一人、ディートリヒを除いて。この役は自分の名を傷つけるものであり、フォン・スタンバーグは別の女優を選ぶべきだと彼女は考えていた。ところが、フォン・スタンバーグはベルリンに到着するとすぐに、あるミュージカルへ足を運んだ。『嘆きの天使』でローラの相手の教授役を、と考えていた俳優が出演していたからである。そのミュージカルの主役がディートリヒだった。ステージに上がった彼女を目にするや、フォン・スタンバーグは彼女に釘づけになった。彼女はまるで男のように横柄な態度で、まっすぐフォン・スタンバーグを見据えていた。脚はすらりと長く、壁にもたれる姿が挑発的だった。フォン・スタンバーグは相手役の俳優のことなどすっかり忘れていた。ローラ・ローラを見つけたのだ。

フォン・スタンバーグは「この役を受けてほしい」とディートリヒを説得し、すぐに自分の中のローラ像と彼女を合わせる作業に取りかかった。髪形を変え、鼻が細く見えるようシルバーのラインを入れた。ステージで見せたように横柄な態度でカメラを見るよう指示した。撮影が始まると、彼はディートリヒのためだけの照明技術を編み出した。彼女がどこにいようと光を当てることで、靄や煙がかかっているような効果を演出し、彼女を際立たせるのだ。この〝創作〟が常に頭から離れず、ディートリヒがどこへ行くにも彼はついて行った。ほかには誰も彼女に近づくことはできなかった。

『嘆きの天使』はドイツで大成功を収めた。スツールに脚を広げて下着を露わにし、何のてらいもなく冷徹な視線をスクリーンに向けるディートリヒに、観客は魅了された。フォン・スタンバーグの取り巻きたちも、彼女に夢中になった。

癌で余命いくばくもないサッシャ・コロウラート伯爵には、最後に一つ望みがあった。それは、マレーネの脚をじかに見てみたいというものだった。ディートリヒはわざわざ病院へ彼を訪ね、スカートの下に隠れた脚を上げて見せた。伯爵はため息をついて言った。「ありがとう。これでいつ死んでもいい」。やがてパラマウント・スタジオがディートリヒをハリウッドへ連れてくると、すぐさま話題を一身に集めるようになった。パーティで彼女が現われるやいなや、全員の視線が注がれた。金のラメをあしらったパジャマ姿や水兵帽に水兵服といった美しく個性的な出で立ちで、ハリウッドでも指折りのハンサムな男たちにエスコートされるのだ。翌日には街中の女たちがこぞって彼女のファッションを真似し、雑誌がそれに飛びつき、新たな流行となって世界中に広まった。

しかし何より人々を引きつけたのは、間違いなく、ディートリヒの顔だ。フォン・スタンバーグをとりこにしたのは、その〝空虚さ〟だった。単純な照明で、彼の望むありとあらゆる表情を作り出すことができた。ディートリヒはしだいにフォン・スタンバーグとの仕事から遠ざかったものの、彼から教わったことは決して忘れなかった。一九五一年のある夜、『無頼の谷』でディートリヒを起用しようと考えていた映画監督のフリッツ・ラングは、事務所を通りかかったとき窓に明かりが灯っていることに気づいた。強盗が入ったかと思った彼は車から降りて、階段を這ってのぼり、ドアの隙間から中を覗いた。そこにいたのはディートリヒだった。彼女は鏡に自分の姿を映し、あらゆる角度から自分の顔を眺めていたのだ。

マレーネ・ディートリヒは自分を客観的に見つめることができた。自分の顔や脚や肉体を、まるで別の誰かのように見ることができたのだ。これによって外見をどんなふうにも変えられた。男を興奮させるようなポーズを取ることで、それがサディスティックであろうと、艶めかしく危険な香りが漂っていようと、彼女の空虚さは男性を幻想の世界へといざなった。彼女と実際に会った男たちも、映画を観た男たちもみな、絶えず彼女のことを空想することになった。女性についても同じことが言えた。ある作家は「性別を超越した存在」と評している。しかし映画でも実生活でも、この自己との距離感が彼女に冷たい印象を与えた。彼女は畏敬の念を抱かせる芸術品さながらの、美しい創造物のようだった。

呪物（フェティッシュ）は、感情的な反応を引き起こす〝対象物〟であり、われわれはそこに命を吹き込む。そこに自分が想像することを何でも投影できるのだ。多くの人は崇拝の対象としてそれらを見ることに、複雑でナーバスな感情を抱くものである。対象物となる能力を備えているからこそフェティシスティックなスターになれるのだ。人々が崇拝できるような、幻想を催すような対象でなければならない。フェティシスティックなスターは、ギリシャの神々や女神の像のように完璧だ。そこには、はっとさせられるほどの魅力がある。その上で何より大事なのは、自分を客観的に眺めることだ。自分自身を対象物と捉えれば、他人もそう見るだろう。この世のものとは思えない、夢のような雰囲気がより効果を高めるのだ。

あなたはまっさらなスクリーンである。ぼんやりと漂うあなたを人々は掴もうとし、どこまでも追い求めるだろう。身体の中でもっともフェティシスティックな注意を引くのは顔である。顔を楽器のように調律し、何とも言えない魅力を発すること。あなたは夜空に輝くどんな星々よりもひと際目を引く存在になるために、目立つ方法を編み出さねばならない。ディートリヒはこの達人だった。彼女には目のくらむような上品さがあり、人を引きつける不思議な雰囲気を醸し出していた。あなたのイメージや存在そのものは自分でコントロールできるのだということを覚えておこう。この種の芝居に入り込むことで、自分をより優れた、模倣する価値のある存在に見せることができるだろう。

彼女には生まれながらにもつ独特な身のこなしがあった……余計なしぐさを排除することで、モディリアーニの絵のような効果を醸し出したのだ……彼女はスターに不可欠な資質をもっていた。それは、何もしなくても気高く見えるということだ。

——ベルリンの女優リリイ・ダルヴァス、マレーネ・ディートリヒについて語る

神話的なスター

一九六〇年七月二日、民主党全米大会の数週間前、元大統領のハリー・トルーマンは公の場で、ジョン・F・ケネディは、若く経験不足だと述べた。ケネディが、予備選で大統領候補として党の指名を受けるほど大勝したのを受けての発言である。ケネディの反応は意外なものだった。七月四日、彼は記者会見を開いた。休暇中だったこともあり、誰もケネディの演説の内容を聞かされていなかったため、会見は注目を集めた。その様子は全国放送で生中継された。予定の時刻ぴったりにケネディはゆったりとした足取りで会見場に現われた。その姿はまるで、ダッジシティ（訳注：西部劇の舞台として有名な米カンザス州の町）に入る保安官のようだった。彼は各州の予備選挙でしたものと同じ内容の演説から始め、資金と努力を費やして公正に敵を打ちのめしてきたことを話した。民主党大会でトルーマンの前に立ちはだかったのは誰だったか？「この国は若

い」。ケネディはさらに大きな声で続けた。「若者によって作られ……若い心を持っている……世界は変化しつつあり、古いやり方は通用しないだろう……いまこそ新しい世代がリーダーシップを取り、新たな問題や新たなチャンスに取り組むときなのだ」。ケネディの敵でさえ、このスピーチに心を動かされ、賛同した。彼はまた、トルーマンの批判を逆手に取った。問題は自身の経験不足ではなく、上の世代が権力を独占していることなのだ、と。言葉だけでなく、その振る舞いも見る者を引きつけた。まるでその時代の人気映画を観ているようだった。牧畜業者と対決する『シェーン』のアラン・ラッドや、『理由なき反抗』のジェームズ・ディーンを彷彿とさせた。ケネディのクールで超然とした様子は、特にディーンに似ていた。

数か月後、民主党の大統領候補に指名されたケネディは、第一回目のテレビ討論で共和党候補のリチャード・ニクソンと対峙していた。ニクソンは手強かった。彼は質問への受け答えに精通し、自身が副大統領を務めたアイゼンハワー政権時代の統計を利用しながら冷静に討論した。しかし、モノクロテレビに映る彼の姿はまるで幽霊のようだった。夕方になって伸びかけた髭が顎を覆い、眉と頬には汗がにじんでいた。顔には疲労の色が浮かび、しきりにまばたきを繰り返した。身体は硬くこわばっていた。彼はいったい何を心配しているのだろう？　それとは対照的に、ケネディの姿は驚くべきものだった。ニクソンが己の敵だけを見つめている一方、ケネディは大衆を見ていた。視聴者に目を向け、リビングルームの彼らに語りかけたのだ。これまでの政治家にはなかったことだった。ニクソンが統計データの解説や討論の些細なポイントを話すのに対して、ケネディは自由や新しい社会の構築、アメリカの開拓者精神を取り戻すことについて論じた。彼の口調は誠実で力強かった。その言葉は具体的ではなかったものの、聞く者に素晴らしい未来を想像させた。

討論後、ケネディの支持率は急速に跳ね上がり、彼の行く先々で若い女性が群がって歓声を上げた。かたわらにはいつも美しい妻ジャッキーが寄り添う。彼はいわば大衆のプリンスだった。いまやテレビ出演は恒例となっていた。やがてケネディは大統領に選出された。その就任演説もまたテレビで放映され、話題となった。冬らしい寒い日のことだった。背後でコートとスカーフにくるまって座るアイゼンハワーは、年老いて打ちのめされているように見えた。一方、ケネディは帽子もコートも身につけていない。彼は、国民に向かってこう語りかけた。「われわれの誰一人として、ほかの国民やほかの世代と立場を交換したいと願う者はいない、と私は信じる。われわれがこの努力にかけるエネルギー、信念、そして献身は、わが国とわが国に奉仕する者すべてを照らす。そして、その炎の輝きは、世界を真に照らし出すことができるのである」

何か月ものあいだ、ケネディは無数のテレビカメラの前で記者会見を行った。これは、これまでの大統領があえてしてこなかったことだ。カメラのレンズを向けられ質問を浴びせられても、彼は臆することなく冷静に、ときには皮肉を交えて応対した。あの目の奥には、あの笑顔の裏にはいったい何があるのだろう？人々は彼のことをもっと知りたがった。雑誌はこんな見出しで読者を煽った――「妻子と過ごすケネディの写真を入手」「ホワイトハウスの庭でアメフトに興じる」「大スターと肩を並べる一方で、家庭的な一面が垣間見られるインタビュー」。そんなイメージは徐々に変わっていった。宇宙開発競争や平和部隊、そしてキューバ・ミサイル危機の間、ケネディはトルーマンと対決したときのようにソビエトと対峙した。

ケネディが暗殺された後、ジャッキーはインタビューでこう答えている。「彼は眠る前によくブロードウェイ・ミュージカルのサウンドトラックをかけていた。特に『キャメロット』の〈忘れてはならない／かつてそこに存在した／キャメロットと知られし輝かしい時代を〉という詞がお気に入りだった」と。「再び偉大な大統領が誕生する日は来るかもしれない」。ジャッキーは語っている。「それでも〝キャメロット〟が訪れることはないでしょう」と。〝キャメロット〟という名は、ケネディの一〇〇〇日の日々を神話としていつまでも残すものだろう。

アメリカ国民に対するケネディの誘惑は、意図的で計算されたものだった。ワシントン的というよりはハリウッド的なやり方であったが、驚くには当たらない。ケネディの父ジョセフはかつて映画プロデューサーであり、ケネディ自身もハリウッドで過ごした時期があった。俳優とも交流があり、彼らをスターにしようとしたこともあった。とりわけゲイリー・クーパー、モンゴメリー・クリフト、ケーリー・グラントらと親交が深く、グラントにはよく電話をかけてアドバイスを求めていた。

ハリウッドは、国中をあるテーマ、もしくは神話で結びつける方法を見出していた。それは西部開拓時代のアメリカ神話と呼ばれているものだ。偉大なスターたちがその神話を体現した。〝長老〟ジョン・ウェイン、〝プロメテウス的反逆者〟モンゴメリー・クリフト、〝気高きヒーロー〟ジミー・スチュアート、〝魅惑の女神〟マリリン・モンロー――。彼らは不死身ではなくとも、夢や幻想を与えてくれる神であり女神であった。ケネディの振る舞いは、こうしたハリウッドのスタイルをもとにしたものだった。ただ敵と言い争うのではなく、ドラマティックに対決した。また、妻や子供たちを伴うときでも、一人でステージに上がるときでも、人目を引くようなポーズを取った。ジェームズ・ディーンやゲイリー・クーパーの表情を真似た。細かい政策の話はせずに、分裂した国民を一つにするような壮大なテーマについて熱く語った。これらはすべて、テレビ向けに計算されていた。というのも、ケネディはテレビのイメージが強かったからである。だからこそ、そのイメージはわれわれの夢にまで入り込んでくるのだ。暗殺される前、ケネディはアメリカの失われた純粋性を取り戻すべく、開拓者精神の復興というニューフロンティア政策を掲げた。

あらゆるタイプの中で、神話的なスターがもっともパワフルかもしれない。人は人種、性別、階級、宗教、支持政党など、はっきりと認知されたカテゴリーに分類されている。したがって相手のアイデンティティを意識させることだけでは、大きな力を持つことも選挙に勝つこともできない。ある一つのグループにアピールすることは、他を排除することにほかならないのだ。しかし無意識のうちに、われわれが共有していることは多々ある。誰にでもいつかは死が訪れる。誰もが恐怖を抱いている。誰でも両親の面影を宿している。このようなことを神話以上に共有させるものはない。一方で無力感と戦いながら、もう一方で永遠を渇望することから生まれた神話は、われわれに深く刻み込まれているのだ。

神話的なスターは、この世に生を受けた神話の化身である。彼らの力を自分のものにするには、まずその肉体について学ばなければならない。生まれ持ったスタイルを、どのように見せて人目を引くのか。神話に登場する人物の態度についても、反逆的なのか長老的なのか、あるいは冒険家のようなものなのか見極める必要がある（神話の人物と共通点を持つスターの態度は、功を奏する可能性が高い）。これらの繋がりを意図的にあいまいにすること。あなたの言動は、その裏にあるものを想像させるものでなければならない。具体的、現実的なことを語るよりも、生死や愛憎、権力と混沌といったことを話題にしたほうがいい。同様に、対立者を単なるイデオロギーや競争の上での敵ではなく、悪党や悪魔と位置づけることである。人は神話に入れ込むものなのだ。自分自身を壮大なドラマのヒーローに仕立て上げよう。そして大衆とは一定の距離を取ること。たとえ触れられなくても、あなたがそばにいると感じさせるのだ。彼らはあなたを見るだけで、夢を見ることができるだろう。

ジョンの人生は、政治理論や政治学より、神話や魔法、伝説、冒険談（サガ）、そして物語と強く結びついていたのでしょうね。

――ジャクリーン・ケネディ、ジョン・ケネディの死後一週間に語る

スターになりきる秘訣

誘惑とは説得の一種であり、意識の迂回路を探して、無意識の心を刺激することである。その理由は簡単だ。われわれは注意を引かれるような刺激や、明らかなメッセージ、あるいは言葉巧みに政治的な発言をする人々に囲まれている。しかし彼らに魅力を感じたり、騙されたりすることはほとんどない。人はますますシニカルになっている。相手の意識に働きかけて説得したり、自分の望むことを率直に伝えたり、手の内をさらけ出すことによって、あなたは何を手に入れようというのか？　あなたはただ、新たに現われた厄介な

存在にしかならない。

これを避けるには、それとなくほのめかし、無意識に働きかける術を学ばねばならない。もっとも強く無意識に訴えかけるのは夢である。夢は神話と複雑に絡み合っている。夢から目覚めると、しばらくその印象やあいまいなメッセージに囚われることがよくある。それは、夢には現実と非現実が入り混じっているからだ。夢の中には顔見知りの人々が大勢現われる。その状況は現実的であることが多いが、現実を妄想の世界へ押しやるような、わけのわからない状況であったりすることもある。夢の中の出来事がすべて現実的だったら、われわれには何の影響も及ぼさないだろうし、逆にすべてが非現実的だったら、その喜びや恐怖に巻き込まれることも少なくなるだろう。現実と非現実が融合しているからこそ、夢は人を捕えるのだ。フロイトはこれを〝不可思議なもの（アンカニー）〟と名づけた。つまり奇妙なものであると同時に、馴染みのあるものということである。

目が覚めているときでも、このアンカニーな体験をすることがある。デジャヴュといって、子供時代に経験したことがあるような出来事に出くわすことだ。これと同じような影響を人に与えることができる。たとえば、ケネディやアンディ・ウォーホルのジェスチャーや言葉は、現実と非現実の両方を喚起する――彼らの存在そのものもそうだ。われわれはそれには気づかないかもしれない（実際のところ、どうしてわかるというのだろう）が、われわれにとって、彼らは夢のような存在なのだ。彼らには、誠実さや陽気さや妖艶さで自らを現実的に見せる才能がある。しかし、同時にほとんど超現実的とも思える、雲の上のような雰囲気を醸し出す才能もあり、映画の主人公が飛び出したような印象をわれわれに与える。

こういったタイプは相手を取り憑かれたようにさせるものだ。公私にかかわらず、彼らはわれわれを誘惑し、肉体的にも精神的にも彼らを所有したいと思わせる。しかし、どうすれば映画スターや大物政治家、それにアンディ・ウォーホルのような魅力的な、夢から出てきたような人を所有することができるのだろう？そもそも彼らと出会うことなどあるのだろうか？　彼らを所有できないとなると、人はますます執着する。やがて思考や夢、幻想にまで入り込んでくるのだ。われわれは無意識のうちに彼らの真似をする。精神分析医のサンドール・フィレンツィは、これを〝取り込み〟と呼んだ。対象者が自己のエゴの一部となり、同化するのだ。これはスターの危険な力である。あなたは自分自身を現実と非現実を織り交ぜた謎の存在とすることで、その力を手に入れることができる。たいていの人間は凡庸である。それはすなわち、あまりにも現実的であるということだ。あなたが為すべきことは、自分を霊妙に見せることである。あなたの言動が無意識のうちに現われたもののように見せること。ある種のあいまいさを見せるのだ。控えめに振る舞い、ときおり彼らにあなたのことを本当に知っているだろうかと思わせるような雰囲気を醸し出すのである。

スターは現代映画の産物と言える。これは驚くには当たらない。映画は夢の世界を再現するものだ。映画は暗いところで観るものであり、眠気を誘う。映像は十分リアルで、様々な描写は現実的ではあるものの、それらは光の中に投影されたイメージにすぎない。それが現実ではないことは誰もがわかっている。まるで誰か第三者の夢を見ているようなもの、それが映画であり、舞台とは違う。ここからスターが生まれるのだ。

劇場の舞台では、俳優は観客から離れたところにおり、はっきりとした現実的な姿を目にすることができる。映画がスターを作り出せるのは、クローズアップのおかげである。クローズアップを使用することで、俳優をストーリーから切り離し、彼らのイメージを観客に味わわせることができる。さらに、彼らが演じている役柄に関係なく、俳優そのものの内面が露わになったように思わせる。グレタ・ガルボの顔をアップで目にすることで、観客は彼女自身の内面が垣間見られる気がするのだ。自身をスターに仕立て上げるときには、このことを忘れてはいけない。まず、クローズアップでスクリーンいっぱいに映し出されるくらいにターゲットの心を満たすことができるよう、自身が大きな存在にならねばならない。そして、ほかの誰よりも際立つようなスタイルと存在感を身につけなければならない。現実とかけ離れた、夢のようにとらえどころのない存在となること。かといって、人々が関心を向けることのできない、もしくは覚えていることのできないような存在でいてはいけない。あなたがそこにいなくても、彼らの心の中で会えなければならないのだ。

スターになるための秘訣の第二は、顔だ。顔は、もっともスター性を発揮する。あなたの顔をとらえどころのない謎めいた雰囲気に見せること。これによって相手は自分の望みどおりにあなたを解釈し、あなたの性格やその魂までも想像することができる。感情を見せたり大げさに振る舞ったりせず、スターはその解釈の中に相手を引き込むのだ。ガルボやディートリヒの顔、あるいはジェームズ・ディーンの表情に影響を受けたケネディの顔――スターの顔には人々を強く引きつける力がある。

生物は活動的で変化するものである。その一方、対象（オブジェクト）やイメージは受動的である。しかし受動的であるからこそ、われわれの幻想は刺激されるのだ。人はある種の対象となることで、力を得ることができる。

一八世紀の偉大なペテン師（シャーラタン）サンジェルマン伯爵は、様々な点でスターの先駆者だった。彼は誰も自分の素性を知らない街に突然現われた。何か国語も操ったが、どこの国の訛りもなかった。年齢も定かではない。それほど若くないことは誰の目にも明らかだったが、その顔は健康的で艶やかだった。外出するのは夜だけで、いつも黒い服と高価な宝石を身につけていた。ルイ十五世の宮廷に現われたときには一躍脚光を浴びた。裕福な身なりをしていたが、誰も彼の出自を知らなかった。王とポンパドゥール夫人には不思議な力があると思い込ませ、金属を金（賢者の石の贈り物）に変えることまでできると信じさせた。しかし、彼が自分からそのような力を誇示することはなく、それとなく、ほのめかすだけだった。イエスともノーとも言わず、そうにちがいないと思わせたのだ。晩餐の席についてはいても、食べているところは決して見せなかった。ポンパドゥール夫人には、持ち方によって色と外見が変わる箱入りのキャンディをプレゼントしたこともあった。彼女は、「この素敵な箱を見るたびに伯爵のことを思い出すわ」と言って喜んだ。サンジェルマンは、それまで誰も見たことがないような不思議な絵を描いた。明るく輝くような色使いで、宝石を描くとまるで本物のようだった。画家たちはこぞってその手法を知りたがったものの、彼はそれを明らかにしようとはしなかった。そして、現われたときと同じように、突然、跡形もなく街を去っていった。彼の熱烈な崇拝者にカサノヴァがいる。サンジェルマンに出会って以来、カサノヴァは彼のことが忘れられなくなった。サンジェルマンが死んだときには誰も信じなかった。数年、数十年、そして百年が過ぎてもまだ、人々は彼がまだどこかに隠れていると思っていた。彼のような力を持った人間は死なないはずだ、と。

伯爵は、あらゆるスター性を兼ね備えていた。彼に関することはすべてあいまいで夢のようだった。彼は群衆の中で、ひと際目立っていた。人々は彼がまさに星のように不滅で、年を取らずこの世から消えることもないと思っていた。彼の言葉もまた、その存在そのもののように人を魅了した。その言葉は、一風変わっていて、あいまいで夢のようなぼんやりとした印象を与えた。このように自由自在に使えるパワーが、自分自身をキラリと光る対象（オブジェクト）に変えることで得られるのだ。

アンディ・ウォーホルは周囲の人間すべてを圧倒していた。シルバーのかつらという特徴的なスタイルで、顔はうつろで謎めいていた。彼の描く絵画と同じように、性格も表面上は純粋だったものの、何を考えているか誰にもわからなかった。ウォーホルやサンジェルマンは一七世紀の偉大なトロンプルイユ（訳注：実物と見紛うほど精細に描写する絵画）、あるいはM・C・エッシャーの絵画のようであった。現実と幻想の境目をわからなくさせるような、現実と非現実の入り混じった魅惑的な世界を思い起こさせるのだ。

スターは際立った存在でなければならない。それは、ディートリヒがパーティで見せたような、ドラマティックな天賦の才能を必要とするものである。しかしときには、タバコの吸い方や声の調子や歩き方など、些細なしぐさで夢のような効果をもたらすこともできる。たとえばヴェロニカ・レイクの右目にかかる髪の毛やケーリー・グラントの声、ケネディの皮肉っぽい笑顔など、ちょっとしたことで人を夢中にさせ、相手に自分の真似をさせることは可能なのだ。こういった微妙な特徴は、ほとんど意識にとどまることはないかもしれない。しかし、深層心理に働きかけるものであり、目を引く形や変わった色の対象物と同じくらい人を引きつけるものであり得る。われわれは、無意識のうちに魅力的な外見の向こうにある得体の知れないものに引かれるのだ。

スターはわれわれに、もっと知りたいと思わせる。あなたはプライベートを垣間見せたり、性格の一端を明らかにすることによって、相手の好奇心を煽らなければならない。空想を巡らせるように仕向け、想像させること。この反応を引き起こすにはスピリチュアリティが必要である。それはジェームズ・ディーンが熱中した東洋哲学やオカルトのように、この上なく誘惑的なものだろう。善良さや寛大さを想像させるものが同じような効果をもたらす。スターは愛と演劇に生きる、オリンポス山に座す神々のようなものである。あなたが愛するもの（人々、趣味、動物）には疑いようのない美しさがあり、人はスターの中にその美しさを見出そうとする。人々にあなたの日常生活や、何のために戦っているのか、あるいはどんな人に恋をしているのか（その時点で）を見せることで、この願望を利用するとよい。

スターにはもう一つ、誘惑法がある。それは、われわれに共感させ、自分のことのようにスリルを味わわせることである。ケネディはトルーマンについての記者会見の際に、この手法を用いた。年長の者に不当な扱いを受けている典型的な若者として自身を位置づけ、世代間の衝突を引き起こして、若者に共感させたのだ（抑えつけられ不満を抱えた若者を描いたハリウッド映画の人気も一役買っていた）。秘訣はケーリー・グラント演じる洗練された上流階級の男に対して、ジミー・スチュアートが演じた典型的な中産階級のアメリカ人のようなタイプになりきることである。あなたと似たようなタイプの人々があなたに引きつけられ、あなたの喜びや痛みに共感するだろう。その魅力は無意識のうちに、言葉ではなくポーズや態度でさりげなく伝わるものでなければならない。現代ではこれまで以上に、人は不安定で、アイデンティティも多様化している。彼らに人生での役割をしっかり与えれば、皆あなたに共感するだろう。自分をドラマティックに人目を引く存在にし、誰でも簡単に真似できるようにすること。このようにあなたの力を使えば、深く巧みに相手の感覚に影響を及ぼすことができる。

誰もが社会的な役割を演じる役者であることを覚えておいてほしい。あなたが何を考え感じているのか、誰にもわからない。人はあなたの外見から判断するのだ。あなたは俳優だ。もっとも印象的な俳優には、距離を置いて自分を見る力がある。ディートリヒのように、自分の肉体をまるで外から眺めるように形作ることができる。この客観性こそが、人々を魅了するのだ。スターには遊び心があり、常に自分のイメージを調整し、その時代に自分を合わせることができる。一〇年前に流行していて、いまは廃れたものほどお笑いぐさとなるものはない。スターはいつも自分を磨かねばならない。さもなければ、最悪の運命に直面することになる。忘却という運命に――。

イメージ

偶像。金や宝石が散りばめられた神が象（かたど）られた石。参拝者の目が石に命を吹き込み、実際にその石に力があると思わせる。それは見たいもの、つまり神を見させてくれるが、実際はただの石にすぎない。神は人の想像の中で生きているのだ。

危険性

スターは心地いい幻想を作り出す。危険なのは、人々に飽きられることである。もはや幻想がファンタジーではなくなり、人々は新たなスターを見出す。こうなったら、その世界で自分の居場所を取り戻すことは困難になるだろう。あなたは何としても、自分への注目を逸らさないようにしなくてはならない。

自分への悪評や中傷を気にしないこと。われわれはスターについては大目に見るものなのだ。ケネディ大統領の死後、彼についてのありとあらゆる不快な真実が明るみとなった。数え切れないほどの女性関係、危険やリスクへの依存といったものだ。彼の魅力を損なうような情報がどれほど流れても、大衆はなお、ケネディをアメリカ史上もっとも偉大な大統領の一人と見なしている。エロール・フリンが巻き起こした数々のスキャンダルやレイプ事件でさえも、かえって彼のレイクとしてのイメージを高めただけだった。大衆にいったんスターだと認められると、たとえ悪い情報が出てきても、想像をさらにかき立てる材料にしかならないのだ。もちろん、物事には限界がある。並外れた美しさを持つスターのような人や、あまりにも人間的な弱さを持つ人は、しだいに大衆に幻滅を与えることになるだろう。しかし、長いこと姿を見せなかったり、遠く離れたところで活躍するくらいなら、悪評を立てられるほうがましというものだ。あなたが姿を現わさなければ、人々の夢を捕えることはできない。同時に人々に親しみを感じさせたり、あなたのイメージを植えつけたりすることもできないのだ。人々を飽きさせれば、すぐに彼らはあなたには見向きもしなくなるだろう。退屈は究極の社会悪なのだから。

とはいえ、スターが直面する最大の危険は、人々から寄せられる絶え間ない注目である。度を越した注目は困惑の種になりかねない。魅力的な女性によくあることだが、始終見つめられることに辟易し、その影響が破壊的になる可能性があることは、マリリン・モンローの話からもわかる。その対処法としては、ディートリヒが試みたように自分との〝距離を取る〟ことである。自分への注目や崇拝を適度に受け流し、大衆と一定の距離を保つこと。自分のイメージに固執しないこと。一番大事なのは、あなたに対する人々の過度な興味を気に病まないことなのだ。

冷静で聡明な顔だった。何も要求せず、ただそこに存在し、待っている、うつろな顔。状況に応じてどのようにも変わる顔だ、と彼は思った。どんな夢でも見させることができる。床を覆うじゅうたんや壁を飾る絵を待つ、美しい空っぽの家のようだ。あらゆる可能性を秘めていて、宮殿にでも娼館にでもなり得る家。何になるかは、それを満たす人間しだいだ。これに比べると、すでに完成され、レッテルを貼られたものは、何と創造の余地のない、限定されたものなのだろうか。

エーリヒ・マリア・レマルク『凱旋門』

マレーネ・ディートリヒはサラ・ベルナールのような女優ではない。彼女は言わば、古代ギリシャのフリュネのような神話なのだ。

アンドレ・マルロー

ピグマリオンは、女性たちがあまりにもひどい生活を送っているのを目にし、女性が生まれ持った数多くの欠点に嫌悪感を抱いた。そのため、一度も妻を娶って同居することなく、独身生活を続けた。そんな中で、彼は芸術的才能を発揮し、雪のように白い象牙の彫像を創作した。それは、世にも美しい女性の像だった。そして、自ら創り出したこの女像に恋心を覚えた。像の外見はまるで血の通った少女のようで、慎み深さがなければ、いまにも動きだしそうなほどだった。まさに技を超える神技といえる。ピグマリオンはすっかり有頂天になって、この人間の形をした女体に胸を焦がした。そして、それが肉なのか、それとも象牙なのかを確かめるために、しばしば自分の作品に手を入れずにいられなかった。それでもなお、象牙でできているとは認められなかった。彫像に接吻をすると、接吻を返してくるように思われた。また、話しかけ、抱きしめてみた。指で押すと肉がへこむような気さえしたので、強く押さえたところが青あざにならないかと恐れた。時には、お世辞を言って話しかけたり、若い少女が喜ぶような品物を贈ったりした。また、美しい着物を着せ、指にはいくつも指輪をはめ、首には長い首飾りをかけてやった。それらはみなよく似合ったけれども、一糸もまとわぬ姿は、それ以上の魅力を湛えていると思われた。そこで、彼女をチリアンパープル紫に染めた布の掛かった長椅子に寝かせ、頭は柔らかい羽根マクラの上に乗せてやった。彫像は良さがわかっているように見え、ベッドを共にする人と呼ばれた。（中略）

そのうちに、キプロス島が全島をあげてヴィーナスを盛大に祭る日がやってきた。曲がった角に黄金をかぶせた牡牛の白い頸部に斧の一撃を浴びせて屠殺し、香が焚かれた。ピグマリオンは、供物を捧げ終わると、祭壇の前に立ち、はにかみながら、『もしあなたがた神々がどんな望みも叶えてくださるならば、どうぞあの象牙の少女に似た女を（さすがに、あの象牙の少女を、とは言えなかった）妻として与えてください』と祈った。すると、金色に輝くヴィーナスは、自らこの祭りに臨席していたので、ピグマリオンの祈りが何を意味しているかを悟り、神々の同意のしるしに、炎を三度明るく燃え立たせ、その火の先を空高く燃え上がらせた。

ピグマリオンは家に帰るとすぐに象牙の少女のそばへ行き、長椅子に身を屈めて接吻した。彫像の身体はまるで生きているかのように温かかった。彼は再び唇を近づけ、両の手をその胸に当てた。すると、象牙はいままでの固さがなくなり、柔らかくなった。

オウィディウス『変身物語』

ジョン・F・ケネディはテレビニュースとフォトジャーナリズムに、映画界にもっとも広く普及している要素を取り入れた。スター性と伝説的なストーリーである。テレビ映えのする顔立ちと巧みな自己演出、英雄的なイメージ、創意に富んだ知性で、ケネディは映画の主人公さながらだった。彼は大衆文化、とりわけハリウッドの話題について言及し、それらをニュースに作り替えた。この戦略によって、彼は夢のような、映画のようなニュースを作

り上げ、その中で、視聴者がもっとも望んでいるシナリオを演じたのだ。（中略）

実際の映画には登場しなかったものの、テレビというスクリーンの中で、彼は二〇世紀でもっとも偉大な映画スターとなったのだ。

ジョン・ヘルマン
『ケネディの消えない記憶――JFK、アメリカの神話』

すでにわかっていることだが、スターの歴史は総体的に捉えると、神々の歴史をそれなりに繰り返していると言える。神々以前には、分身の魔術を授かった幽霊や亡霊がたくさんいたのである。（つまりスター以前）においては、神話的宇宙（つまりスクリーン）（中略）

ところがしだいに、それらの存在のいくつかが肉体と実質とを備え、増幅し、神と女神の姿をとって開花する。こうして、古代のパンテオンの偉大な神々が救いのヒーローである神に変身するように、スターである女神たちが人間の姿を借り、夢の幻想世界と俗生活との新しい仲介者となるのである。

（中略）

映画のヒーローは、明らかに力は衰えたが、神話において神格化された英雄である。スターとは、スクリーン上のヒーローまたはヒロイン（すなわち、神格化された神話）に同化する男優や女優のことである。そして彼らは、自己の個性を加味することでその存在をより豊かにする。だから、スターの神話について語るときには、映画俳優がたどり、彼を大衆のアイドルにした神格化の過程が大事なのである。

エドガール・モラン『スター』

二二歳、女性、イギリス人、医学部学生：「ディアナ・ダービンはわたしが夢中になった最初で最後のアイドルでした。できるだけ彼女に似せようと思って、しぐさや洋服まで真似しました。新しい服を買いにいくときはいつでも、一番お気に入りのディアナの写真を取り出して、彼女が着ていたような洋服を探してみるんです。髪型も彼女と同じようにしました。自分がイライラしたり、腹が立ったときは、ディアナならどうするだろうと考えて、自分の態度を変えました」

二六歳、女性、イギリス人：「一度だけ映画スターに恋したことがありました。それはコンラート・ファイト。彼の魅力と性格のとりこになったのです。声や仕草にうっとりしました。わたしは彼を憎み、彼を恐れ、彼を愛しました。彼が死んだとき、わたしの想像力の核となる部分も死に、夢の世界は空っぽになりました」

J・P・メイヤーズ『イギリス映画と、その観客』

野蛮人は木と石から成る偶像を崇拝し、文明人は血と肉から成る偶像を崇拝する。

ジョージ・バーナード・ショー

瞳が発する目線は、何か輝きとつやのあるもの、たとえば磨かれた鉄やガラス、水や宝石、そのほか、きらきらと光り輝く物質に当たると、それらに反射され返ってくる。その次に、自分自身をよく観察すると、本来の自分を近くで見ることができる。これが鏡を前にしたときに見えるものである。そのとき、誰か別人の目を通して自分自身を見ているように感じる。

イブン・ハズム『鳩の頸飾り』

現代が生んださまざまな誘惑の集団のうち、唯一の重要なものは、映画のスターやアイドルである。(中略)神話や芸術に匹敵するような、誘惑という偉大な神話や象徴を生み出し得ない時代にあっては、スターだけがわれわれの神話となった。

映画の持つ力は、この神話によって生まれる。ストーリー、そのポートレート、その想像とリアリズム、意味ありげな印象、それらはすべて派生的であまり意味がない。神話だけに力があり、そして映画の神話の中心に誘惑が位置する。それは男優・女優(特に女優)という名高くて魅惑的な人間による誘惑であり、美しいが、うわべだけの映画の映像そのものの力と結びついている。

(中略)

スターは、高潔・崇高な理想的な人間性とは何ら無関係だ。スターは作り物である。(中略)むしろスターは、感性や表情を、中身のない儀礼的な魅力の下に隠したり、陶酔させる眼差しや効果のない微笑の裏に隠したりする存在である。こうしてスターは神話としての地位を獲得し、献身的な賛美という集団からの儀式を受けるのである。

映画のアイドル、すなわち大衆の神に昇りつめることは、これまでも、現在においても社会の大きな関心事である。(中略)その現象を衆愚の夢と片づけることはできない。それは、いつの世でも人の心を誘惑する事象なのだ。(中略)

たしかに、大衆の時代の誘惑は、もはや『危険な関係』『誘惑者の日記』の誘惑ではなく、さらに言うと、古代神話で語られるような、この上なく魅力的な誘惑でもない。この時代の誘惑は〝ホットな〟ものだが、一方、現代のアイドルによる誘惑は〝クールな〟誘惑である。それは、大衆というメディアと、映像というメディアの二つのクールなメディアの交差点にあるからである。

(中略)

偉大なスターや誘惑の女神は、その才能や知性によって輝くのではなく、その不在によって輝く。彼らはつまらなくて、クールであるからこそ輝いて見えるが、それはクールな化粧と聖職者の儀式に負うところが大きい。

(中略)

誘惑的なこれらの偉大な彫像はわれわれの仮面であり、それはイースター島の巨石像である。

ジャン・ボードリヤール『誘惑の戦略』

アンディ・ウォーホルのすべてを知りたいなら、僕の絵の表と映画、そして僕の姿を見るだけでいい。そこには僕がいる。裏には何もない。

アンディ・ウォーホル

アンチセデューサー
——誘惑者に向かないタイプ

誘惑者は、ターゲットを引きつけるために、相手への関心をはっきりと集中して示す。このタイプはその逆である。臆病で、自分のことばかり考えていて、他人の心理を理解することができない。文字どおり人を寄せつけないのだ。アンチセデューサーには自己認識力がなく、人にうるさくつきまとったり、押しつけがましかったり、しゃべり過ぎたりしていることにまったく気づかない。彼らには、誘惑に必要な〝喜びへの期待〟を生みだす繊細さが欠けている。あなたの内にあるアンチセデューサーの要素を一掃し、他人のもつその要素を見抜こう——アンチセデューサーに付き合っても、なんの喜びも利益も得られない。

アンチセデューサー類型論

アンチセデューサーにもいろいろな種類があるが、ほぼ全部に共通する一つの特性がある。それは、このタイプが不快な存在になる原因、〝自信のなさからくる不安感〟である。不安感は誰にでもあり、そのために悩みもする。それでもわれわれはその不安を克服できることもある。誘惑的な関わり合いが自我没頭の状態から引っ張りだしてくれるのだ。誘惑されたり誘惑したりするうちに、われわれは充電され、自信を感じるようになる。ところが、アンチセデューサーは不安感が強すぎて、誘惑のプロセスに引き込むことができない。彼らの依存心、心配事、自意識が、彼らを自我の中に閉じ込める。あなたのほんのわずかなあいまいさを自己への侮辱と解釈する。ほんのわずかでも離れる気配を見せると、それを裏切りと受け止める。そして激しく不平を述べる傾向が強い。

簡単なことだ。アンチセデューサーの不快さは人を遠ざける。それなら遠ざかるまでだ。彼らを避けよう。だが、残念なことに、一目見ただけではその正体がアンチセデューサーだとわからない人間もたくさんいる。彼らはより巧妙だ。気をつけないと、非常に不本意な関係に引きずり込まれてしまう。彼らの自我関与や不安感を示す手がかりを探さなければならない。寛大さに欠けるとか、主張が異常にしつこいとか、過度に批判的だとか――。あなたをやたらめったら褒めるかもしれないし、あなたのことを何も知らないうちに愛を宣言するかもしれない。あるいは、もっとも重要なことだが、細部にまったく注意を払わないかもしれない。あなたがほかの人間とどう違うのかわからないのだから、繊細な気遣いであなたを驚かせることもないだろう。

他人の資質だけでなく、自分自身が持っているアンチセデューサーの資質を認識できることが非常に大切である。ほとんどすべての人間に、アンチセデューサーの資質が一つや二つ隠れているものだ。その資質を意識的に根絶することができれば、人はいっそう誘惑的になる。たとえば、もしたった一つの欠点が寛大さに欠けることならば、それだけでその人がアンチセデューサーだと考える必要はない。だが、寛大でない人間が本当に魅力的であることは滅多にない。誘惑するということは当然、相手に対して心を開くことを意味する。たとえ騙す目的でしかなかったとしてもである。ケチくささを払拭しよう。金を使って何かを与えることができない人間は、たいてい何においても与えることができないものだ。それはパワーを手にするための障害となり、誘惑においてはひどいルール違反となる。

アンチセデューサーとは早いうちに関係を断つのが一番だ――愛を求めて伸びてくる触手に捕まる前に。そのためには彼らの気配が読めるようになること。主なタイプは次のとおりである。

〈野獣(ブルート)〉 誘惑が一種の儀式であるなら、誘惑の喜びの一部は、その時間の流れにある。誘惑にかかる時間。期待が膨らむ、待っている時間。だが、ブルートにはそれが我慢できない。彼らは自分の快楽にしか関心がなく、他人はどうでもいいのだ。〝忍耐強さ〟とは、あなたが相手について考えていることを表し、必ず好印象を与える。短気は逆の効果を生む。ブルートは、自分に夢中になっているあなたに待つ理由などあるわけがないと思い込み、自分本位な態度であなたを不快にする。また、その自分本位の下に強い劣等感が隠れていることも多く、あなたが拒絶したり待たせたりすると過剰反応する。もし相手にしているのがブルートかもしれないと思ったら、テストしてみよう。その人間を待たせてみるのだ。彼または彼女の反応が、あなたの知るべきことをすべて教えてくれるだろう。

〈息苦しい相手〉 息苦しい相手は、あなたがまだ彼らの存在に完全に気づいてもいないうちに、あなたに恋をする。この特性は見た目ではわかりにくい。あなたは、彼らがあなたの魅力に圧倒されたのかと思うかもしれない。だが実は、内面の虚無感に囚われているのだ。深い井戸が、愛情を求めて口を開けていて、決して満たされることがない。息苦しい相手には絶対に深入りしてはいけない。トラウマを負うことなしに、彼らから自分自身を解放することは不可能に近い。しがみつかれて、力づくで振りほどかざるをえなくなる。そのとたん、彼らはあなたを罪悪感で窒息させようとするのだ。われわれは愛する相手を理想化しがちである。だが、愛が成長するのには時間がかかる。相手がいかに早くあなたに夢中になるかで、息苦しい相手を見分けよう。あまりに高く評価されて、一瞬、自尊心がくすぐられるかもしれないが、あなたは心の奥で、彼らの強い感情が、あなたのこれまでにしてきたことと無関係であることに気づいているはずである。自分の勘を信じよう。

〝玄関マット〟と呼ばれるタイプは、息苦しい相手の変形であり、あなたをそっくりそのまま真似る人間のことだ。このタイプを早いうちに見分けるために、相手が独自の考えを持つことができるか確かめてみよう。あなたと意見を異にすることができないのは、よくない兆候である。

〈道徳を説く人〉 誘惑はゲームであり、気軽に行なわれるべきものである。恋と誘惑は手段を選ばないものだ。そこには道徳の出る幕はない。だが、道徳を説く人は手強い。彼らは固定観念に囚われていて、自分たちの尺度に合わせて、あなたの考えを曲げさせようとする。あなたを変えたい、あなたをより良い人間にしたいと思っている。そして際限なくあなたを批判し、裁きを与える――そこに彼らの生きる喜びがあるのだ。実のところ彼らの道徳観は、自身が幸せでないことから生じたものであり、周りの人間を見下したいという欲望を隠している。彼らは適応することや楽しむことができないので、見分けるのは容易である。彼らの心の硬さは、しばしば身体の硬直を伴うことがある。彼らの批判に傷つかずにいるのは難しいので、彼らのいるところは避け、毒入りのコメントは聞かないようにしよう。

〈ケチん坊〉 ケチくささがほのめかすのは、お金の問題だけではない。その人の人格における、締めつけられた何か――自由になること、あるいはリスクを冒すことを彼らに許さない何か――をほのめかしている。何よりも非誘惑的（アンチセダクティブ）な特性であり、絶対に自分自身にこれを許してはいけない。ほとんどの〝ケチん坊〟は自分に問題があることに気づいていない。それどころか、彼らはつまらないクズのようなものを誰かに与えて、自分は寛大であると思い込んでいる。自分をよく見つめてみること。人は自分で思うより、得てしてケチくさいものだ。お金も自分自身も、もっと惜しみなく与えてみよう。そうすれば、意図的に寛大に振る舞うことが誘惑の可能性をさらに広げることに気づくだろう。もちろん、自分の寛大さはコントロールしなければならない。与えすぎると、必死になっているように見えかねない。まるであなたが誰かを買おうとしているかのように見えてしまうかもしれない。

〈へまをする人〉へまをする人は人目を気にする。彼らの自意識の強さが、あなた自身の自意識をも強めてしまうのだ。あなたは初め、彼らがあなたのことを考えすぎているのだと思うかもしれない。だからギクシャクしてしまうのだろう、と。実のところ、彼らは自分のことしか考えていない。自分がどう見えるか、あるいは、あなたを誘惑する試みが失敗したら自分がどうなるのか、心配しているのだ。彼らの不安はたいてい感染する。そのうちあなたも、あなた自身のことが心配になってくる。へまをする人が誘惑の最終段階まで到達することは滅多にないが、もし到達できたとしても、やはりそこでへまをする。誘惑における重要な武器は、ターゲットに立ち止まって考える時間を与えない、大胆さである。へまをする人はいつもタイミングが悪い。彼らを訓練したり教育したりしてみるのも面白いと、あなたは思うかもしれない。しかし、ある一定の年齢を過ぎても、まだへまをしているようなら、たぶん望みはないだろう。彼らは自分の殻から抜け出すことができないのだ。

〈おしゃべり〉もっとも効果的な誘惑は、ルックスや、さりげない行動、肉体的な魅力によってなされるものだ。言葉にも役割はあるが、しゃべりすぎると、表面上の違いが強調され、面白みがなくなり、たいてい魔法は解けてしまう。よくしゃべる人間はほとんどの場合、自分自身の話をする。「あなたを退屈させていませんか?」という〝内なる声〟を学んで、心の中で自分に問いかけることを、彼らは決してやらない。おしゃべりだということは、根の深い身勝手さを持っているということだ。このタイプの人間には、決して話すのをさえぎったり、反論したりしてはいけない。彼らのムダ話を勢いづかせるだけである。ぜひとも、あなたは口の慎み方を覚えよう。

〈リアクター〉 あまりにも神経過敏な人々である。あなたに対してではなくて、自分のエゴに対して反応するのである。彼らの虚栄心を傷つけるサインを見逃すまいと、あなたの言動の一つひとつをくまなくチェックする。誘惑における鉄則どおり、あなたが戦略的に後退すると、彼らはうじうじと考え込み、あなたを激しく非難するだろう。彼らはともすれば、めそめそしたり、グチを言ったりする。この二つは非常にアンチセダクティブな特性である。軽い冗談や、彼らをダシにした話をして、テストしてみよう。われわれは皆、自分自身を少し笑えるぐらいの余裕を持つべきだ。だが、このタイプにはそれができない。彼らの目は内面の怒りを隠せない。あなた自身のキャラクターから過剰反応気質はすべて消し去ろう。それは無意識のうちに人を不快にする。

〈俗物〉 俗物には、誘惑で非常に重要な、細部(ディテール)への気配りというものがない。これは彼らの風采を見ればわかる。その服装はお世辞にも趣味がいいとは言えない。また、行動を見てもわかる。ときには自分を抑えて、衝動に屈しないほうがいいということを知らない。俗物は口が軽く、何でもかんでも人前でしゃべってしまう。彼らにはタイミングをはかるという感覚がなく、彼らの好みがあなたの好みと一致することはまずない。軽率な言動は、俗物であるたしかなサインである(たとえば、あなたとの関係を他人にしゃべるとか)。直情的なタイプに見えるかもしれないが、軽率さの本当の原因は、彼らの根っからの身勝手さであり、自分を客観視する能力のなさである。あなたはただ単に俗物を避けるだけでなく、彼らと正反対にならなければならない。如才なさ、独自のスタイル、ディテールへの気配りはどれも、誘惑者(セデューサー)の基本条件である。

アンチセデューサーの実例

1 クラウディウスは、偉大なるローマ皇帝アウグストゥスの義理の孫にあたる。若い頃の彼は、かなり愚鈍な人間であると見なされて、一族のほぼ全員からひどい扱いを受けていた。三七年に皇帝になった甥のカリグラは、クラウディウスに責め苦を与えるのを楽しんだ。愚鈍さの罰として宮殿の周りを全速力で走らせたり、夕食のとき、彼の手に汚れたサンダルをくくりつけたりした。クラウディウスは成長するにつれ、いっそう飲み込みが悪くなるように見えた。一族の者はみな絶えず暗殺の脅威にさらされながら暮らしていたが、彼は放っておかれた。さて、四一年に、カリグラが兵士の陰謀団に暗殺された。兵士たちは、なんとクラウディウスが皇帝の地位に就くと宣言したのである。クラウディウス本人も含めて、誰もが非常に驚いたことは言うまでもない。クラウディウスに国を支配したいという欲望はなく、治世のほとんどを腹心たち(解放奴隷の一団)に委任し、彼は自分の一番好きなことをして暮らした。つまり、食べる、飲む、打つ、買う、である。

クラウディウスの妻、ウァレリア・メッサリナは、ローマでもっとも美しい女性の一人だった。クラウディウスは妻が好きではあるようだったが、まったく放っておいたので彼女は浮気をするようになった。最初は控えめであったものの、何年も経つうちに夫が顧みないことに腹を立て、どんどん堕落していった。宮殿内に自分のための部屋を作らせ、そこで大勢の男をもてなした。ローマ一悪名高き娼婦を真似するために、最善を尽くしたのだ。部屋のドアにはその娼婦の名前が書かれていたという。彼女に迫られて拒絶した男は処刑された。ほとんどすべてのローマ市民がこの浮かれ騒ぎを知っていたが、クラウディウスは何も言わなかった。気にも留めていないようだった。

メッサリナのお気に入りの愛人にガイウス・シリアスという男がいた。彼に対するメッサリナの情熱はあまりに激しく、二人ともすでに結婚している身であったにもかかわらず、彼女は結婚を決めた。二人はクラウディウスがローマを離れているあいだに結婚式を挙げた。この結婚式は、クラウディウス本人が騙されて署名した婚姻契約書により、正式に認可されていた。結婚式が終わると、ガイウスは宮殿に移り住んだ。ショックと反感がローマ中に広がり、とうとうクラウディウスも行動を起こさざるを得なくなった。彼は、ガイウスだけでなくメッサリナのほかの愛人たち全員の処刑を命じた。メッサリナ自身は処刑を免れた。だが、スキャンダルに激昂した兵士の一団が彼女を追いつめ、刺し殺してしまう。この件が皇帝に報告されると、彼はただ「ワインをもっと持ってくるように」と言っただけで、食事を続けた。数日後、奴隷たちがびっくりしたことに、皇帝は、「なぜ皇后が晩餐の席にいないのか」と尋ねたという。

まったく無関心でいられることほど、腹立たしいことはない。誘惑のプロセスにおいては、ターゲットに一瞬不安を抱かせるために、ときに後退することも必要になる。だが、長々と構われない時間が続くと、誘惑の魔法が解けるだけでなく、憎しみを生み出すこともある。クラウディウスの行動はこの極端なケースだった。彼の鈍感さは不可避的に身についたものだ。彼は愚か者のように振る舞うことで野心を隠し、危険な競争相手の中で自分を守ったのである。だが、その鈍感さは第二の天性となってしまった。クラウディウスは無精になり、もはや自分の周りで何が起こっているのか気づかなくなった。彼の無関心さは妻に深刻な影響を与えた。彼女は思った。いったいどういうわけで一人の男——とりわけクラウディウスのような肉体的魅力のない男——が、私に注目しない、私がほかの男と浮気をしていることを気にしない、そんなことがあり得るの？　だが、彼女が何をしようと、彼に気にする様子はないのだった。

クラウディウスは極端な例だが、注意不足の分布範囲は広い。細部への注意、相手の出すサインへの注意が足りなさすぎる人は多いのだ。彼らの感覚は、仕事や苦難や自己陶酔のせいで鈍くなっている。こういったことで、二人のあいだ（とりわけ何年も一緒にいるカップル間）の誘惑的エネルギーが枯渇してしまうのをよく見かける。それがさらに進むと、怒りや恨みの感情がかき立てられる。パートナーに浮気をされた側の注意不足が、二人の関係を悪化させた、そもそもの発端であったりするものなのだ。

2

一六三九年、フランス軍はイタリアのトリノを包囲し、手中に収めた。二人のフランス人将校、騎士のグラモン（後に伯爵）と友人のマッタは、トリノの美しい女たちに目を向けた。街の有力者の妻たちの何人かはすぐに落とせそうだった。彼女たちの夫は多忙であり、愛人を囲ってもいた。妻たちの唯一の要求は、求愛する者が騎士道精神に則って行動するということだった。

グラモンとマッタは早速パートナーを選んだ。グラモンは、婚約が近いという美しいサンジェルマン嬢を選び、マッタは、年上のもっと経験豊かなスナント夫人に「お役に立ちたい」と申し出た。グラモンは緑色の服を、マッタは青色の服を、それぞれご婦人の好きな色だということで身につけるようになった。求愛活動の二日目、彼らはトリノ郊外の宮殿を訪れた。グラモンは、騎士としての魅力たっぷりに、機知に富んだ言葉でサンジェルマン嬢を大笑いさせていたが、マッタはそれほどうまくいかなかった。マッタは騎士道精神に則った、もったいぶったやりとりにしびれを切らし、スナント夫人と散歩に出たときに、彼女の手を握りしめて高らかに愛を謳った。夫人はもちろんびっくりして、トリノに戻ると彼と目を合わさずに立ち去っていった。マッタは、彼女の気分を害したことに気づかず、自分に圧倒されたのだろうと考え、一人悦に入った。しかし、グラモンは、どうして二人が別々に帰ったのか不審に思い、スナント夫人を訪問し、その日の首尾はどうだったのか尋ねた。彼女は真実を話した。マッタは形式的なものを省いて、いきなり彼女とセックスをしようとしたのだという。グラモンは笑い、もし自分がこの美しいマダムに求愛する人間だったら、まったく違ったやり方をするだろうに、と心の中で思った。

以後数日間、マッタは夫人のサインを読み違えつづけた。しきたりに倣ってスナント夫人の夫を訪問する

 こともなかった。彼女の好きな色の服も着ていなかった。二人で乗馬に出かけたときも、まるで野ウサギのほうが面白い獲物だと言わんばかりに追いかけ回し、嗅ぎタバコを嗅ぐときも彼女に勧めるのを忘れていた。その一方で、口説き方は相変わらず性急すぎた。ついに夫人は限界に達し、直接、彼に文句を言った。マッタは謝罪した。彼は自分の間違いに気づいていなかったのだ。謝罪に心を動かされ、夫人は進んで求愛活動の再開を受け入れた。だが数日後、何度かふざけ半分に口説いてみたあと、またもやマッタは彼女が自分と寝る気になったと思い込んだ。ところが前回と同じく拒絶され、彼は狼狽した。「女はそこまで嫌なわけがないと思う」。マッタはグラモンに言った。だが、スナント夫人には、もうこれ以上彼と関わりあう気持ちはなかった。グラモンは、「ときにはこっちがつまらないお遊びをやめて、いきなり本題に入ったとしてもさ」。これを逃すには惜しいチャンスと見て、彼女の不満を利用し、密かに彼女を礼儀正しく口説いた。そして最後にはマッタが強要しようとして得られなかった彼女の好意を勝ち取ることができたのである。

誰かに、「あなたは私のものだ、私の魅力に抵抗できるはずがない」と思われていると感じることほど、非誘惑的（アンチセダクティブ）なことはない。ほんのわずかでもこの種のうぬぼれが見えると、誘惑者にとっては致命的である。誠意を見せ、時間をかけて、ターゲットのハートを射止めることが必要だ。もしかすると、あなたはゆっくりしたペースのせいで、彼または彼女が気分を害したり、あるいは興味を失くしたりすることを恐れているのかもしれない。だが十中八九、あなたの恐れはあなた自身の不安感を反映するものなのだ。不安感は常にアンチセダクティブである。実のところ、あなたが時間をかければかけるほど、あなたの関心の深さを示すことになり、効きめの強い魔法を生み出すことになるのである。

伝統的な手続きや作法が消えつつある世の中で、誘惑は、古くからの型を維持している数少ない過去の遺物である。誘惑は儀式であり、儀式の一連の流れは遵守されなければならない。性急さはあなたの思いの深さを示すのではなく、あなたの自己陶酔の度合いを示す。ときには人を急き立てて恋愛に持ち込むこともできるだろうが、この手の恋愛は、本来与えられるべき喜びに欠けたものでしかないのだ。もしあなたが生まれつきせっかちなら、それを隠すためにできるだけのことをしよう。不思議なことだが、あなたが自分を抑えておくためにする努力は、あなたのターゲットの目には非常に魅惑的（セダクティブ）に映るかもしれないのである。

3 一七三〇年代のパリに、メイクールという名前の、ちょうど初体験をする年頃の若者が住んでいた。彼は小さい頃から、母親の友人で四〇歳前後のルルゼー夫人にのぼせ上がっていたが、自分の愛に応えてもらえると思ったことはなかった。彼女は、美しく魅力的だったが、「誰も触れることができない」という評判だったのだ。だからメイクールが年頃になって、彼女の優しい眼差しが母性本能的な興味以上のものを暗示しているらしいことに気づくと、ひどく驚くとともに、興奮して胸がワクワクした。

二か月ほどのあいだ、メイクールはルルゼー夫人の前に出ると身体が震えた。彼女が怖くて、どうしていいのかわからなかった。ある晩、二人は最近の芝居について話をしていた。ある俳優の、一人の女に対する愛の告白が素晴らしかった、と夫人は感想を述べた。メイクールがいかにも居心地悪そうなのを指摘して、彼女は続けた。「もしかすると、愛の告白をそれほど恥ずかしく感じるのは、あなた自身が愛の告白をしたいからに違いないわ」。ルルゼー夫人は、若者のぎこちなさの原因が自分自身であることは十分承知していたが、若者をからかって言った。「わたしに話してごらんなさい。誰が好きなの？」。結局、メルクールは告白する。「僕が好きなのは、実はあなたなのです」と。母の友人は、「自分のことをそんなふうに考えないように」と助言したが、ため息をついて、物憂げな眼差しで彼をじっと見つめもするのだった。彼女が言っていることと、彼女の目が伝えていることは違った。もしかしたら、思っていたほど「誰も触れることができない」わけでもないのかもしれない。だがその夜の別れ際に、ルルゼー夫人は、彼の気持ちが続くとは思えないと言い、彼の愛に報いることについては何も言わず、若きメルクールを悩ませたまま立ち去った。

以後数日にわたって、メイクールはルルゼーに自分を好きだと言ってくれと繰り返し求め、彼女は繰り返しそれを断った。とうとう若者は望みが叶うことはないと判断し、諦めることにした。しかし、その数日後、彼女の家の夜会に行くと、彼女のドレスはいつもより誘惑的な気がするし、自分を見る彼女の視線に彼の心はかき乱されるのであった。彼は彼女を見つめ返した。そして彼女のあとについて回った。一方の彼女は少し距離を取るように注意して、何が起こっているのか、ほかの人間に気づかれないようにした。そのかたわら、ほかの客が帰るとき、彼が怪しまれずに残れるようなお膳立てもしてくれるのだった。

やがて二人きりになると、彼女はソファにかけて彼を隣に座らせた。彼は何を話していいのかわからない。沈黙は気まずかった。彼をしゃべらせるために、彼女はまた例の話を持ち出した。彼の若さが、彼女への愛をいっときの気まぐれにしてしまうと。彼はそれを否定するどころか、しょげかえってしまい、礼儀正しい距離を保ちつづけた。彼女がついに、あからさまな皮肉を込めて大声で言った。「もし、わたしの同意のもとにあなたがここにいて、わたしが自分から進んであなたとそうするようにしたと人に知れたら……何と言われても仕方ないわ。でも、みんな誤解しているんじゃないかしら。だって、あなたはこれ以上ないほどにお行儀がいいんですもの」。その言葉に背中を押され、メイクールは行動を起こし、彼女の手をぎゅっと掴むと目を見つめた。彼女は顔を赤らめて、彼に帰ったほうがいいと言ったが、落ち着いた身のこなしと、彼を見つめ返すその眼差しが、反対の行動を取るべきだと示唆していた。それでもメイクールはまだ躊躇していた。彼女に帰れと言われたのに従わなかったら、彼女は騒ぎ出すかもしれない。そして二度と彼を許さないかもしれない。彼は笑い者になるだろう。そして、母親も含めてすべての人がその話を耳にする。すぐに彼は立ち上がり、一時的に厚かましくなったことを詫びた。彼女のびっくりした、いくぶん冷ややかな表情に、自分はやはり行き過ぎてしまったのだ、と彼は思った。挨拶をして彼は立ち去った。

メルクールとルルゼー夫人は、一七三八年にクレビヨン・フィスの書いた小説『心と精神の迷い』に登場する人物である。彼は自分の知っている、この時代のフランスの放蕩者(リバティーン)たちをモデルにした。クレビヨン・

フィスにとって、誘惑において何よりも大事なのはサインである。サインを送ること、読むことができるということ。何も性が抑制されているという理由で、暗号のようなやりとりが必要なわけではない。むしろ、言葉を使わないコミュニケーション（服装、ジェスチャー、行動によるもの）がもっとも楽しく、刺激的で、誘惑的な言語の形だという理由からである。

クレビヨンの小説のルルゼー夫人は、若者に手ほどきを授けることを楽しむ、頭のいい誘惑者だ。だが、彼女でさえ、メルクールの若さゆえの愚かさをどうにもできない。彼は自分の考えに心を奪われ、彼女のサインを読むことができない。ストーリーの中ではその後、彼女はメルクールを教育することに成功するのだが、現実の世界では、教育できない人間はたくさんいる。彼らは物事を額面どおりにしか受け取れず、誘惑のパワーを持つ細部に対してあまりにも鈍感である。彼らは不快感を与えて人を遠ざけるというよりは、絶えず誤った解釈をすることで、人をイライラさせ、ひどく怒らせてしまう。彼らは、常に自分のエゴで曇った眼鏡で世の中を眺めていて、物事の本当の姿が見えない。メルクールは自分自身に囚われすぎてしまい、夫人が彼に対して、屈服せざるをえなくなるような大胆な行動を起こすことを期待しているのがわからない。彼のためらいは、彼が夫人のことではなく、自分自身のことを考えていることを示す。また、彼女の魅力に圧倒されるどころか、自分がどう見えるか心配しているということを示す。これほど非誘惑的なことはない。このようなタイプを見分けられるようにしよう。そしてもし彼らが、言い訳にできるような若い年齢を過ぎていたら、彼らの不器用さに関わりあわないこと。彼らの不安が伝染して、あなたまで不安になってしまうからだ。

4　一〇世紀末日本の平安朝、高貴な生まれである薫の君は、偉大なる誘惑者、源氏の息子とうわさされていた。しかし、恋愛においてはまったく不運続きであった。彼は若き姫君、大君（おおきみ）に熱を上げるようになる。大君は父親が不運に見舞われ、田舎の荒れ果てた屋敷に住んでいた。ある日、彼は大君の妹、中の君と偶然にもしばしの時を過ごすことになり、自分が本当に愛しているのはこちらの姫君だと思い込んだ。彼は困惑したまま都に戻り、しばらく姉妹を訪問しなかった。そのうちに姉妹の父君が亡くなり、それからほどなくして、大君自身が亡くなった。

薫は自分の間違いに気がつく。自分はずっと大君を愛していたのだ。彼女は自分に放っておかれ、失望のあまり死んでしまったのだ。彼女のような女性に出会うことは二度とないだろう。彼は大君のことしか考えられなかった。父君と姉に先立たれた中の君が宮中に住むようになると、薫は大君とその家族が住んでいた屋敷を取り壊し、御堂を建てることにした。

ある日、憂いに沈んだ薫を見た中の君が言う。実は浮舟という三番目の妹がいて、彼の愛する大君に似ており、田舎で人目につかない暮らしをしているのだと。薫に活力が湧いてきた。汚名返上のチャンス、過去を変えるチャンスかもしれない。だが、どうやったらこの女に会える？　時が経ち、ある日彼が亡くなった大君を参るために御堂を訪れると、浮舟もその地を訪れていることが耳に入った。彼は動揺し、興奮しながらも、扉の隙間から、謎に包まれた彼女を一目見ることができた。その姿に思わず息を呑んだ。浮舟は平凡な容姿の田舎娘だったが、薫の目には大君の生まれ変わりのように見えた。その一方で彼女の声は、彼がやはり愛している、中の君の声のようだった。彼の目に涙が溢れた。

数か月後、薫は浮舟の住む山里の家を突き止めた。訪ねてみると、彼女は期待を裏切らなかった。「私はかつて、扉の隙間からあなたを一目見たことがあるのですよ」と彼女に言った。「それからというもの、あなたのことが頭から離れなくなったのです」。そう告げると、浮舟を抱き上げ、待たせてある牛車まで運んだ。彼は浮舟を御堂まで連れて帰ろうとしたのだが、そこまでの懐かしい道中が、大君のイメージを蘇らせた。再び彼の目が涙で曇った。浮舟を見つめ、心の中で大君と比べた。着物は見劣りがしたけれども、その髪は大変美しかった。

大君の生前、薫は彼女と一緒に琴を弾いたことがあり、御堂に着くとすぐに琴を持ってこさせた。浮舟は大君ほどうまく琴を弾けなかったし、身のこなしもそこまで洗練されていなかった。でも心配はいらない。自分が教育をして、貴婦人に仕立てよう。だがそこで彼は都に戻ってしまい、大君のときと同じように御堂に残された浮舟が憔悴していくのを防げなかった。かなり時が経ってからようやく戻ってみると、浮舟はより洗練され、さらに美しくなっていたが、彼は大君のことを考えずにはいられなかった。薫は、彼女を宮中に連れていくことを約束し、いま一度、彼女のもとを離れた。それからさらに何週間も過ぎて、浮舟がいなくなったという知らせが彼のもとに届いた。川へ向かう姿が最後に目撃されたのだという。おそらく入水したのであろう。

浮舟の葬儀で薫は罪悪感に苦しんだ。なぜもっと早く彼女のところに来なかった？　彼女にはもっと良い運命を生きる資格があったのに――。

薫とそのほかの人々は、一一世紀日本の小説、貴族出身の紫式部によって書かれた『源氏物語』に登場する人物である。登場人物は作者の周りの人々がモデルになっている。理想的なパートナーを探し求めているように見える男と女たちである。薫タイプの人間はどの文化、どの時代にも存在する。いまのパートナーに完全に満足するということがない。相手を一目見たときには血が沸き立つのだが、そのうち欠点に気づくようになり、新しい相手に出会うとそっちのほうがよく見えてきて、最初の相手は忘れ去られる。また、自分の血を沸かせるが、完璧ではない人間に手を加えて、文化的に、また道徳的に改善しようとする。だが、これはどちらにとっても極めて不満の残る結果となる。

実のところ、このタイプは、理想を探し求めているのではなく、自分自身に対してどうしようもない不満を抱えているのだ。あなたは彼らの不満を、完璧主義者のレベルの高さと混同するかもしれない。しかし実際には、彼らを本当に満足させるものは何もないのだ。それだけ不満の根が深いのである。このタイプは、長続きしない激しいロマンスを過去にいくつも経験していることで見分けられる。また、彼らはあなたをほかの人間と比較しがちであり、あなたを作り直そうとする。あなたは最初、自分が何に足を突っ込んでしまったのか気づかないかもしれないが、このような人々は、最終的には救い難いほど非誘惑的であることが判明する。なぜなら、彼らはあなたの価値を理解することができないからである。ロマンスが始まる前に関係を断ち切ろう。このタイプは〝クローゼット・サディスト〟であり、そのゴールが到達不能であるがゆえに、あなたをひどく苦しめるだろう。

5

一七六二年、イタリア、トリノの街でジョヴァンニ・ジャコモ・カサノヴァは、A・B伯爵という人物と知り合いになった。伯爵はミラノの紳士で、カサノヴァをたいそう気に入ったようであった。不慮の災難に遭ったとのことで、カサノヴァは彼にお金を貸した。感謝の気持ちとして、伯爵は、妻と住むミラノにカサノヴァを招待した。彼の妻はバルセロナの生まれで、その美しさであまねく称賛されているとのこと。彼はカサノヴァに妻からの手紙を見せた。それは好奇心をそそるウィットに富むものだった。カサノヴァは、彼女は誘惑するに値する獲物であると考え、ミラノに向かった。

A・B伯爵邸に到着するや、そのスペインのご婦人がたしかに美しいことはわかった。と同時に無口で、堅い女という印象を受けた。彼女には何か引っかかるところがあった。彼が旅の荷物を解いていると、伯爵夫人が、衣服の中に、黒貂の毛皮で縁取りされた美しい赤いドレスを見つけた。「それは、ミラノのご婦人のどなたかが自分の愛を勝ち得たときに差し上げる贈り物です」と彼は説明した。

翌日の晩餐で、伯爵夫人は突然親しげになり、カサノヴァと冗談を言ったり、からかい合ったりした。「あのドレスをちらつかせて、女性をたぶらかそうというおつもりでしょう」と彼女は言った。「とんでもない」、カサノヴァは答えた。「贈り物は感謝のしるしに、あとで差し上げるものです」。その夜、オペラ座から帰る馬車の中で、夫人は、自分の裕福な友人があのドレスを買うことができるかどうかカサノヴァに尋ねた。しかし、丁重に断られると、苛立ちを露わにした。彼女の誘いに乗るふりをして、「自分によくしてくれたら黒貂のドレスを差し上げましょう」とカサノヴァは言った。これを聞いて彼女はいっそう腹を立て、二人は口論となった。

結局、カサノヴァは伯爵夫人の不機嫌に嫌気がさし、一万五〇〇〇フランで彼女の友人にドレスを売った。その友人から夫人の手にドレスが渡り、夫人が最初から目論んでいたとおりになった。しかしカサノヴァは、お金に興味がないことを証明するため、一切の条件なしで「一万五〇〇〇フランを差し上げましょう」と夫人に言った。「あなたは悪い人ね」、彼女は言った。「でも、ここにいてもいいわよ、飽きないわ」。彼女はコケティッシュな態度に戻ったが、カサノヴァは騙されなかった。「奥様の魅力が私を引き寄せることができなくても、それは私のせいではありません」と彼は言った。「この一万五〇〇〇フランで、自分を慰めてくださ い」。テーブルにお金を置き、彼は立ち去った。残された伯爵夫人はかんかんに怒り、復讐を誓ったという。

カサノヴァがこのスペインの夫人に初めて会ったとき、彼女について不快に思ったことが二つあった。第一に、気位の高さだ。誘惑というギブ・アンド・テイクの関係に身を置かず、一方的な男の従属を彼女は求めた。気位の高さは自信の表れとも言え、他人にへりくだる意思がないということを示す。しかし、同じくらいの頻度で、気位の高さは劣等感に由来するため、他人に対して自分にへりくだるよう要求する。誘惑には相手への寛容さ、折れたり曲げたりすることを厭わない気持ちが必要だ。正当化するものが何もない高すぎる気位は、非常に非誘惑的である。

伯爵夫人についてカサノヴァが辟易した第二の性質は、欲の深さだ。彼女のコケティッシュな子供じみたゲームは、ただドレスを手に入れるためだけのものだった。彼女はロマンスにはまったく関心がなかった。カサノヴァにとって、誘惑とはお互いに楽しむための気楽なゲームなのだ。彼から見れば、女性がお金や贈り物を欲しがっても構わなかった。そういう欲望は理解できたし、彼は気前のよい男だった。しかし同時に、この欲望は女性が隠しておくべきものだと彼は感じていた。求めているのは快楽だという印象を与えるべきだと。あからさまにお金やほかの物質的見返りを手に入れようとする者は不快感をもよおさせるだけだ。もし金や権力が目的なら、つまり快楽以外のものを求めているのなら、決してそれを表に出してはいけない。秘めた動機が垣間見えるのは非誘惑的である。いかなるものにも幻想を打ち砕かせてはいけない。

6

一八六八年、イギリスのヴィクトリア女王が、新しい首相となったウィリアム・グラッドストンと初めて非公式な会談を催した。すでに面識はあり、今回はただの儀式、儀礼的な挨拶を交わす場となるはずだった。しかし、道徳絶対主義者であるグラッドストンにとって、そういったものは我慢ができなかった。この初めての会見の場で、彼は自らの王室論を女王に説明した。彼の信ずるところによれば、女王はイギリスにおいて模範的役割を果たさねばならないと。これは彼女がその頃には放り投げてしまっていた役割だった。というのも、夫を亡くして以来、私生活にこもりきりになっていたからだ。

この説教はその後に向けて険悪な流れを作ってしまい、事態は悪化するのみだった。じきにヴィクトリアはグラッドストンから手紙を受け取るようになるが、同じテーマについていっそう詳細に述べられているだけだった。半分は読みもせず、やがてはあらゆる手段を使って、自らの政府の長たる人物との接触を避けるようになった。面会しなければならないときは、できるだけ時間を短くした。彼くらいの歳の男であれば疲れて帰るだろうと期待して、自分のいる前では着席することを許さなかった。彼は、自分にとって大切な問題について一度語りだすと、聞き手の無関心な表情や、あくびとともに出る涙に気づかないのだ。もっとも単純な問題についてでさえ、彼からの覚書は難解で、仕えの者たちが平易な言葉に書き換えなければならなかった。一番まずかったのは、グラッドストンが彼女との議論の末に、彼女に自分が愚かであると感じさせてしまうことだった。やがて彼女は、彼が繰り広げるどんな論点にもうなずいて、同意するふりをするようになった。秘書への手紙の中で、自分を三人称で表して、女王はこう書いている。「彼女はいつも、（グラッドストンの）態度に高圧的な頑固さ、横柄さを感じていました。（中略）それはほかの誰からも受けたことがなく、極めて不快に思っておりました」。年月を経て、こういった感情は、決して消えることのない憎しみへと硬化していった。

自由党党首であるグラッドストンには、保守党党首ベンジャミン・ディズレーリという宿敵がいた。彼はディズレーリを、道徳観念のない、邪悪なユダヤ人と見なしていた。議会におけるある討論の際、グラッドストンは敵を激しく攻撃し、相手の政策の結果どうなるかを明らかにしながら次々と得点を重ねた。発言をしながら激昂のあまり（ディズレーリについて話すときにはいつもそうなったのだが）、演説台を強く叩きすぎて、ペンや書類が飛び散ってしまった。一方のディズレーリはその間ずっと、うとうとしていた。グラッドストンが話し終えると、彼は目を開け、立ち上がり、落ち着き払って演説台へと向かった。「ただいまのご発言は……」、彼は言った。「誠に情熱的で、雄弁で、さらに……えへん、乱暴でございました」。その後、長く間を取って、こう続けたのだ。「しかしながら、回復可能な傷でございます」。次に彼は台から落ちたものを拾い集め、元の場所に戻した。その後に続いたスピーチは、その落ち着き具合と、グラッドストンとの皮肉な対比がゆえにいっそう鮮やかだった。議員たちは魅せられ、その場にいた誰もが、その日勝利したのはディズレーリだと感じた。

ディズレーリが完璧な社会的誘惑者（セデューサー）にしてチャーマーであった一方で、グラッドストンはアンチセデューサーだった。もちろん、彼にも支持者はいて（ほとんどは社会におけるピューリタン分子であった）、総選挙でディズレーリを二度破っている。しかし、信奉者の輪を越えて自分の魅力を広めることは難しかった。とくに女性にとって彼は耐えられない存在だった。もちろん、当時女性に参政権はなかったので、政治的な支障はほとんどなかった。それでも、グラッドストンは女性的なものの見方に我慢がならなかった。彼にとって、女性は男性的なものの見方を学ばなければならない存在であった。そして、分別がなく、神に見捨てられた人々を教育するのが彼の生きる目的だった。

グラッドストンが人々の神経に障るようになるまでに時間はかからなかった。それが、堅い信念を持っているものの、異なる考え方を受け入れたり、他者の気持ちに寄り添うような忍耐力のない人の身に起こることだ。このタイプは暴君で、短期的には、とくに押しの弱い人に対しては、自分の思いどおりにできることが多い。しかし、恨みや無言の反感を多く買い、やがては足をすくわれる。人々は彼らの独善的な道徳観を見抜く。えてしてそれは力にものを言わせたパワープレーを隠すものである。道徳は力の一形態なのだ。誘惑者たる者は、直接的に説得したり、自らの道徳観をひけらかしたり、お説教をしたり、威圧したりすることは決してしない。すべてが巧妙で、心理的で、間接的なのである。

イメージ

カニ。厳しい世の中を、硬い甲羅で身を守り、ハサミで威嚇し、砂の中に潜り込むことによって、カニは生き延びている。近寄りすぎないように、誰もが慎重になる。しかし、カニは敵を不意討ちすることはできず、移動もままならない。身を守るその力が、その究極の弱点である。

アンチセデューサーへの対抗策

アンチセデューサーともつれた関係にならないようにするには、彼らがそうであることにすぐ気づき、近寄らないのが一番よい。だが、すっかり騙されてしまうこともよくある。こういったタイプと関係を持つことは骨の折れるもので、関係を解消するのが難しい。なぜなら、あなたが感情的な反応を見せれば見せるほど、より深い関係を求めているように見えてしまうからだ。怒ってはいけない。がぜん彼らをその気にさせるか、彼らのアンチセダクティブな傾向をいっそう激しくしてしまうだけだろう。そうではなく、よそよそしく、無関心に振る舞い、無視し、あなたにとって彼らなど取るに足らない存在だと感じさせるのだ。アンチセデューサーへの対抗手段としてもっとも有効なのは、多くの場合、自らがアンチセダクティブになることなのだ。

クレオパトラは、彼女に出会った男に対し、ことごとく壊滅的な影響を与えた。しかし、クレオパトラの愛人マルクス・アントニウスを倒し、滅ぼすことになる男オクタウィアヌス（後のローマ皇帝アウグストゥス）は、彼女の持つ力を十分警戒していた。自分の身を守るために常に極めて愛想よく、慇懃だが、興味にせよ嫌悪にせよ、わずかの感情をも表さずに振る舞った。言い換えれば、どこにでもいるただの女として彼女を扱った。これでは、誘惑することは不可能だった。オクタウィアヌスは、非誘惑的（アンチセダクティブ）な手法を戦略的に使って歴史上もっとも魅力的な女性から身を守った。覚えているだろうか。誘惑とは、関心を引き、相手の心を自分の存在で徐々にいっぱいにしていくゲームだ。よそよそしさや無関心はそれなりの効果をもたらすので、必要があれば一つの作戦として用いることができる。

最後に、もし本当に〝誘惑を拒絶〟したいというのであれば、本章の最初で一覧にした性質を装いさえすればよい。口やかましく説教する。おしゃべりになる、とくに自分自身について話す。相手の趣味に合わない服を着る。ディテールに注意を払わない。息苦しくさせる、等々。一言、忠告をしておこう。議論が好きな、おしゃべりなタイプに対しては、あまり反論してはいけない。火に油を注ぐだけだ。ここはヴィクトリア女王の戦略を採用しよう。うなずき、同意するふりをし、口実を見つけて会話を短く打ち切る。これしか防御策はない。

ルドヴィーコ伯は、そのとき笑って言った。「分別ある宮廷人ならば、女性の気を引くためにそれほど愚かな行ないをすることは決してあるまいと、私は断言できますよ」。チェーザレ・ゴンザーガが答えた。「評判の高いある貴族が先頃行なったような、また別の愚行も犯しますまいな。恥をかかせないよう、彼の名は明かしませんが」。公爵夫人が口を挟まれた。「何をしたのかくらいはお話しくださいな」。そこで、チェーザレは話を続けた。「この男は、さる身分の高い奥方から愛され、彼女の招きでこっそりと彼女の住む街へやって来ました。そして彼女に会い、求められるままに二人のときを過ごしたあと、別離を前にして、彼は耐え難い別れの辛さのあかしに苦い涙を流し、ため息をつきつつ、決して自分のことを忘れないでほしいと懇願しました。それから続けて、自分は彼女に乞われてやって来たゆえ、今回の滞在費は自分の関与するところではない。宿賃は彼女にお支払い願いたいと付け加えたのです」。これにはご婦人方が一斉に笑いだし、そんな男は紳士と呼ぶに値しない、と口を揃えて言った。それを聞いた多くの男性は、その男と同じくらい恥ずかしく感じた。彼はいつの日か自分の犯した行為がいかに恥ずかしいかを認識するときがくるのだろうかと。

バルダッサーレ・カスティリオーネ『カスティリオーネ宮廷人』

次に、愛はいかにして減少するかを考えてみよう。愛の慰めを得るのがあまりに簡単なとき、会って長く話すことが容易にできるとき、服装や立居振る舞いがふさわしくないとき、また、思いがけない貧困に陥ったときなどに、愛は減少していくものだ。

（中略）

愛する相手の悪評、ケチだったり品性が欠如していたり、性格が悪ければ愛が衰退する原因になる。また、たとえ愛情がなくても別の女性と恋愛関係になったときも同様である。さらに、女性が自分の恋人を愚かで分別に欠ける者と見なした場合、あるいは女性の慎み深さをいっこうに考慮せず、彼女の羞恥心をも容赦せずに彼が節度を越えて愛の営みを求めた場合も、愛は減少していく。誠実な恋人なら相手の恥ずかしがるような要求をしたり、彼女のしとやかさをはねつけたりはせず、愛するゆえの厳しさを選ぶに違いない。というのは、自分一人の喜びを成就させることだけを考え、相手の幸せなど無視する者は恋人とは言えず、愛を裏切る者にすぎないから。

女性が、自分の恋人が戦場において臆病で、忍耐力に欠け、かつ傲慢だと知れば、その愛は当然、減少する。あからさまな傲慢さは微塵もなく、謙遜さを身にまとっていることほど、恋人たる者の性格に似つかわしく思えるものはない。

馬鹿げたことを長々と話すことも愛の衰退をもたらす。女性の前で変な言葉をいつまでも使い、彼女たちが喜ぶと思っているような、愚かで無分別な男が多い。しかし、彼らはまったく思い違いをしている。実際、自分の愚かな振る舞いを賢い女性が喜ぶと思うのは、大いに思慮分別を欠いている男である。

アンドレーアース・カペルラーヌス『宮廷風恋愛について』

真の男は、めかしこんだりすべきでない。（中略）清潔を心がけ、体を鍛え、屋外で日焼けすることだ。トーガは身体にぴったりのものをまとい、染みなどのないように。靴の紐を締めすぎたり、留め金を錆びつかせてはならない。ぶかぶかの靴でぶらぶら歩き回らないように。下手な理髪師に髪の手入れを任せては、外見が台無しになる。髪にせよ髭にせよ、たしかな腕の持ち主に切ってもらうことだ。爪は常に切り整え、爪垢をためてはいけない。鼻毛を伸ばさぬこと。臭い息を吐いてはならない。鼻の曲がりそうな、雄特有の体臭などもってのほかである。（中略）

ひどい臭いのするわきがに注意するとか、ごわごわしたすねげを生やしておかないとかいうことまで、（そなたたち女性に）忠告しかねないところであった。だが私が教えているのはコーカサスの山地住民でもなければ、川岸に住むミュシア人のおてんば娘でもないのだ。歯を黒ずませてはいけないとか、不精せず朝には水を汲んで手を洗えとか、なんで私が教え諭すことがあろうか。

おしろいをはたいて肌を明るくすることも、血色のすぐれない頬に赤みを加えることも、あなたたちは心得ているところだ。眉の欠けた端も上手に補正しているし、傷もない頬の片方にパッチ（付けぼくろ）を貼ったりもする。それどころか、黒いまつげ染めで目を縁取り、キリキア産のサフランで彩ることもできるのだ。（中略）

とはいえ、数々の化粧品を鏡台に出しっぱなしにしているところを、愛する男に見つからぬようにすることだ。化粧は、目立ちすぎないのが一番良い。顔一面に厚塗りした白粉がはげ落ちて汗の滲む首もとに垂れたりしたら、それこそ幻滅だ。羊毛から取ったねばねばする液は、アテネ製とはいえ、ひどい臭いだ！　あれを顔に塗るのはやめてほしい。人の前で吹き出物に軟膏をつけるのも、歯を磨くのもダメだ。結果は感じが良いかもしれないが、その過程は見苦しい。

オウィディウス『恋愛指南』

だがもしも、暖炉の前の冬の猫のように、終わりにしたい恋人がしがみついて出ていかないのなら、それなりの手段を講じて彼に分からせる必要がある。そしてだんだんと無礼な態度をさらに無礼にしていき、ついには骨の髄まで思い知らせるのだ。

彼にベッドの使用を禁じるべきである。そしてあざ笑い、彼を怒らせるのだ。彼に対する、自分の母親の敵意を煽るといい。明らかに誠実さに欠ける態度で彼に接し、彼の身の持ち崩しようをじっくり考えるべきである。彼が出ていくことを堂々と期待し、彼の好きなことや望むことは妨害し、彼の貧窮を罵るべきである。自分にはほかに気心の合う男がいることを彼にわからせたほうがいい。あらゆる機会にきつい言葉で彼を非難すべきである。自分の寄生者たちに、彼についてのウソをつくべきである。彼の話は途中で遮るといい。そして頻繁に使い走りさせて家から遠ざけよ。ケンカの種を探してはケンカをし、千の裏切り行為で彼を痛めつけるべきである。知恵を振り絞って彼を苦しめる方法を考えること。彼の前で、他の男からの視線と戯れるとよい。そして彼の目の前で不埒な行ないに身を任せるのだ。できるだけ頻繁に出かけるべきである。そして本当は必要ないのに出かけることをわからせるのだ。これらすべての手段が、男をドアに向かわせるのに役立つだろう。

クシェーメーンドラ
「遊女の心得」(『東洋の性愛〈第二巻〉』所収)

ご婦人方が、戦時下に勇猛果敢な男性をお好みになるのと同じように、色恋合戦の場でも、やはり勇猛な男性がご婦人方の好みに合うのである。あまりにもレディ・ファーストに囚われすぎる、気弱な男性は到底好みの女性を手に入れられない。だからといって、うぬぼれが強すぎて、ずうずうしく荒っぽいのが好まれるというわけではなく、力ずくでご婦人を押し倒し、思いを遂げようなどという手合いはいただけない。女性というものは微妙なもので、ラフな中にも慇懃さがあり、また慇懃な中にもラフな一面がある男性に心動かされるものである。それというのも、よほど好色な女性は別として、一般的な女性なら自らねだったり、前をまくって「さあ、どうぞ」などと据え膳することはないものだ。男の欲情を巧みにそそり、自然と優しく、いちゃつきたくなるようにお膳立てするのがご婦人方の常套手段だからである。だから、相手の地位や威厳に敬意を払わず、相手の良心に対する不安や、世間体への心配、その他いろいろな問題にまったく気を配らずに、また潮時も考えず、相手がうずうずしているのに積極的に攻撃をしかけない男性などいたら、こいつはまったく心ない優柔不断な男で、しっぽり濡れる果報から、永久に見放されても自業自得、文句の持って行き場があるまい。

筆者の知り合いに、二人の仲のよい紳士がいる。その二人がそれぞれの恋人(決して身分の低くない貴婦人)と、ある日、四人で連れ立って、パリの公園へ散歩に出かけた。さて公園に着くと、二組は別々になって、違った散歩道を歩こうということになった。折しも散歩道は、ほとんど陽も届かない、こんもり茂ったブドウ棚の日蔭になっていて、涼しさはひとしお、気分もすこぶる爽快であった。二人の紳士のうちの一人はなかなか度胸があって、今日のピクニックは、なにも涼みがてらの散歩をするだけの子供騙しの話じゃない、ということをよくわきまえていた。上気した恋人の顔を目にして、彼女もブドウ棚に下っているブドウを食べたいなどというのとは、どうやら全然違った欲望をお持ちらしいと見て取り、また彼女の上ずった甘えた声からそれと察しをつけて、この棚からぼた餅の好機を見事に利用した。何の前触れもなく、彼女を芝生と土でできたベッドの上へ押し倒し、ものの見事におおいかぶさり、一件に及ぼうとしたところ、何と彼女はこう言ったのだった。

「まあ! 何をなさるの? あなたったら、気でも狂ったんじゃありません? どなたか見えたら、何といって弁解なさるおつもり? ほんとに、そこをおどきになって」

ところがこの紳士、そんな言葉は意に介さず、始めたことをやり遂げた後に、やっと相手を解放したが、彼女のほうも内容に満足したようで、さらに小径を三、四回散歩してから、再び第二戦に挑む始末。

さて第二戦を終えてから、日陰の道を出て、別の散歩道へ来てみると、もう一人の紳士とその恋人がやってくるのに出会った。この二人はどうだったかと見やれば、先刻別れたときと同じ様子でそぞろ歩きを楽しんでいる。これを見て、すっかりご満悦のご婦人が、これもまた満ち足りた思いの紳士に向かって申すには、「どうやらあちらは、くだらない遠慮をなさっていたらしいわね。女性を相手に喋ったり、演説ぶったり、散歩したり、他に何もしないなんて、ほんとにお馬鹿さんだこと」

こうして四人の男女が一緒になると、二人の女性はお互いに、相手のことを尋ね合った。満ち足りたほうのご婦人がいうには、首尾は上々、仕上げも上々、さしあたって、いまほど気分のよいことはないわよ、と。一方、欲求不満のご婦人のいうところでは、わたしの相手はとびきりの優柔不断な男で、あんな腰抜けにはかつて会ったことがないくらいだわ、ということであった。こうして二人のご婦人が散歩をしながら、笑う声が二人の紳士の耳に届いた。「あら、ほんとに優柔不断なのね！　何て気の弱い臆病者かしら！」

これを聞いて満足したほうの紳士が、その友達に向かっていわく、「われらがご婦人方の話を聞いたかい。君ときたら散々の体たらくじゃないか。あまりに潔癖で堅物なのも考えものだぞ」。

一方の紳士もそれを認めたものの、やってしまったことは取り返しがつかない。というのも、彼女を捕まえる絶好のチャンスは、もう二度と来ないのである。

ブラントーム『好色女傑伝』

誘惑者の獲物——18のタイプ

あなたの周りの人々はすべて、誘惑の潜在的な獲物である。だがまずは、あなたが狙うのはどんな獲物なのかを見極めなければならない。獲物たちのタイプ分けは、彼らが自分の人生に何が欠けていると思っているかによる。冒険、注目、ロマンス、背徳的な経験、精神的あるいは肉体的な刺激、等々。獲物がどのタイプか特定できれば、誘惑に必要な要素もわかる。獲物に欠けていて、一人では手に入れられないものを、あなたが与える立場になるのだ。潜在的な獲物をよく観察することで、外見の奥にある本当の姿を見るようにすること。臆病な人間が、スターを演じたがっているかもしれない。お上品ぶっている人間が、慣習に逆らうスリルを求めているかもしれない。なお、自分と同じタイプは決して誘惑しようとしないこと。

総論

自分が完璧であると思っている人間は、この世にいない。われわれはみな、自分の人格に何らかの不足を感じている。その何かは、自分に必要なもの、あるいは自分が欲しいものなのだが、自分一人では手に入れられないものである。われわれが恋に落ちるとき、恋の相手がその自分の不足を埋めてくれそうな人間であることは多い。通常、恋に落ちる過程は無意識なものであるし、運しだいでもある。われわれは自分にふさわしい人間に巡り合えるのを待ち、巡り合って相手のことを好きになったら、相手も自分を好きになってくれることを祈る。しかしながら、誘惑者は運に任せたりはしない。

周りの人々を見回してほしい。彼らの社会的外見や明白な性格特性は無視して、その奥を覗き込み、不足しているもの、彼らの精神の欠けている部分に注目しよう。どんな誘惑でも、それが原材料となる。彼らの服装、ジェスチャー、ぽろりと漏らしたコメント、自宅にある物、含みのある目の表情、そういったことを注意深く観察しよう。彼らに自分の昔の話をさせよう――とりわけ過去の恋愛の話を。そうすれば徐々に、欠けている部分のアウトラインが見えてくるようになる。人々は絶えず自分に不足しているものについてのサインを出しているということを理解しよう。彼らは、幻想であれ現実であれ、完璧さを待ち望んでいる。それが、ほかの誰かからもたらされるのだとしたら、その誰かは、彼らに対して途方もないパワーを持つことになるのだ。〝獲物〟という言葉を使ってはいるが、ほとんどの場合、彼らは自ら進んで獲物となる。

この章では、十八に分けられる獲物のタイプの概略を説明する。それぞれのタイプに一つずつ支配的な〝不足〟がある。あなたのターゲットの持つ資質が二つ以上のタイプに当てはまることも十分あり得るが、たいていは、その該当するタイプに共通したものがある。ターゲットが〝新種の気取り屋（ブルード）〟であり、〝砕かれたスター〟でもあるとすると、両方に共通するのは、「抑圧されている」という感覚であり、その結果として「背徳的なことをしてみたい」という欲求がある。それとともに、「できないかもしれない」あるいは「そこまで大胆になれないかもしれない」という不安もあるのだ。獲物のタイプを特定するにあたっては、表面的な外見に騙されないように気をつけること。人間は意図的に、また無意識的にも、自分の弱点や欠点を隠すための社会的外見を作り出すことがある。たとえば、あなたはタフでシニカルな人間を相手にしていると思うかもしれないが、相手の心の奥深くの、柔らかく感傷的な本質に気づいていないのかもしれない。その人は密かにロマンスを待ち望んでいるのだ。その人のタイプを特定し、タフさの下にある感情に気づくことができなければ、本当の意味でその人を誘惑するチャンスを失ってしまう。他の誰かに欠けているものが、あなたと同じのものだと考えるのはやめよう。そのような悪い癖はすぐに捨てること。あなたが欲しくてたまらないのが安心感だったとしても、相手もそれがほしいに違いないと思って安心感を与えたとしたら、相手は息苦しくなり、離れていってしまう可能性が高い。

絶対にあなた自身と同じタイプの人間を誘惑しようとしてはいけない。同じピースが欠けた、二つのパズルのようになるだけだろう。

18のタイプ

〈改心したレイクまたはセイレン〉　このタイプは、かつては極楽とんぼ的な誘惑者だった人々で、異性を自分の思いどおりに操るのがうまかった。だが、それをやめざるを得ない日がやって来た。誰かに捕まって付き合うことになったとか、世間のあまりの敵意に耐えられなくなったとか、年を取ったので落ち着くことにしたとか――。理由は何であれ、間違いなく彼らには、まるで身体の一部を失ったような憤りや喪失感がある。人間は常に過去に経験した喜びを取り戻そうとするものだが、改心した〝レイク〟や〝セイレン〟にとって、その衝動はとくに強い。それだけ彼らにとって、誘惑の喜びは強烈なものだったのだ。このタイプの人間はもう熟しているので簡単に収穫できる。あなたはただ彼らと出会い、彼らが再びレイクに、あるいはセイレンに戻る機会を与えるだけでいい。彼らは血が騒ぎ、呼び覚まされた青春に感極まるだろう。

しかしながら、このタイプに重要なのは、彼らに「誘惑する側であると錯覚させる」ことである。改心したレイクに対しては、間接的に彼の興味をかき立てるのだ。あとは彼が欲望に燃え上がるのに任せればいい。改心したセイレンに対しては、彼女にまだ男を引きつける抵抗しがたい魅力があり、彼女のためにすべてを投げ出させることができるという印象を与えることが必要だ。忘れてはいけないのは、あなたがこのタイプの人間に提供しようとしているのは、新たな恋愛関係や束縛ではなく、むしろそういった囲いの中から逃げ出して、楽しいひとときを過ごすチャンスであるということだ。彼らにパートナーがいるからといって、やる気をなくしてはいけない。すでにある深い関係は、しばしば完璧な引き立て役になる。もしあなたの望みが、相手を騙して恋愛関係に持ち込むことなら、できるだけそれを隠しておくこと。しかし、それは無理かもしれない。レイクやセイレンが不実なのは生まれつきなのだから。彼らに昔の感覚を呼び起こさせることができれば、あなたはパワーを手に入れるが、同時に、彼らの無責任さがもたらす結果にも辛抱しなければならなくなる。

〈失望した夢追い人〉　このタイプはおそらく子供のころ、多くの時間を一人で過ごした。本や映画やそのほかのポップカルチャーに栄養を与えられ、ファンタジーに強く支配された生活を一人楽しんできたのだ。成長するにつれ、空想の世界と現実を一致させることがどんどん難しくなっていき、現実の世界で自分が得るものにがっかりすることも多い。特に恋愛関係においてそれは当てはまる。ずっとロマンティックなヒーローを、あるいは危険や興奮を夢見てきたのに、彼らが得たものは、人間的な弱さを持つ恋人や、無力感に苛まれる日々である。年月が経つにつれて、彼らは自分に妥協を強いるようになるだろう。そうしなければ、孤独な人生を歩まなければならなくなってしまうからだ。だが、彼らは苦悩を抱えながらも、いまもなお何か壮大でロマンティックなものを内に秘めているのだ。

このタイプは、読んでいる本や観る映画や、誰かが実際に経験した冒険の話を耳にするときの熱心な様子で見分けがつく。服装や家具の趣味からも、熱いロマンスやドラマが好きなことが感じられる。彼らは冴えない恋愛関係から抜け出せないでいることがよくあり、何かの折に口にするちょっとしたコメントに、失望感や緊張が表れる。

このタイプは極めて上等な、満足度の高い獲物になる。まず、一般的に彼らは鬱積した情熱とエネルギーを大量に抱えている。あなたはそれを解放し、あなた自身に向けさせることができる。また彼らには豊かな想像力があり、あなたの提供する、何となくミステリアス、あるいはロマンティックなことにすべて反応するだろう。あなたは自分のあまり立派とはいえない資質をいくらか隠し、彼らの夢の一部を与えるだけでいい。これが彼らの冒険を実現するチャンス、あるいは騎士道的精神の持ち主に求愛されるチャンスへの期待感を膨らませる。彼らが望むものの一部を与えれば、残りは彼らが想像してくれる。何としても、あなたが作り出す幻想が現実によって壊されるのを防ぐこと。一瞬でも退屈だと感じたら、彼らはこれまで以上に激しい失望感を抱いて去っていくだろう。

〈甘やかされた王族〉 彼らは過保護に育てられた子供の典型だ。望みはすべて、子供を溺愛する両親によって叶えられ、欲しいものは何だって与えられた。手を変え品を変え続く余興、次々に与えられるおもちゃ――彼らのご機嫌を取れるのは、せいぜい一日か二日だが――。大勢の子供がゲームを考え出したり友達を見つけたりして自力で楽しむことを学ぶときに、〝甘やかされた王族〟は、楽しませるのはほかの人間の役目であることを教えられる。過保護に育ったために怠け癖がつき、大人になって、もはや甘やかしてくれる親がいなくなったとき、すっかり退屈してイライラしがちになる。それを解決するために、彼らは環境が変化することに喜びを見出す。退屈になる前に、付き合う相手を変え、仕事を変え、場所を変える。彼らは恋愛関係がうまく築けない。そういった関係には、ある種の習慣や決まりごとが避けられないからである。だが、変化を求める終わりなき探索は、彼らを疲弊させてしまう。仕事の問題、次から次へと続く満足度の低いロマンス、世界中に散らばった友人たちといった代償も伴う。落ち着きのなさや移り気を、彼らの本質だと勘違いしてはいけない。プリンスやプリンセスが本当に求めているのは一人の人間であり、彼らの切望する〝甘やかし〟を与えてくれる、親のような存在なのである。

このタイプを誘惑するには、たくさんの気晴らしを用意しておくことである――行ったことのない場所、珍しい経験、斬新な色、スペクタクル。謎めいた雰囲気を保ち、あなたという人間の新しい側面をたびたび見せて、ターゲットを驚かせよう。多様性が重要である。甘やかされた王族はいったんはまってしまえば、すぐにあなたに依存するようになり、あなたは以前ほど努力しなくても、事は容易に運ぶようになる。子供のころ、あまりに過保護にされすぎて、とんでもなく扱いにくく怠惰な人間になっていなければ、このタイプは素晴らしい獲物になる。かつて自分のママやパパに対してそうだったのと同じくらい、あなたに忠実になるだろう。ただし、あなたが大半の仕事をこなすことになる。もしあなたの狙いが長期的な関係を築くことなら、それは隠しておこう。うかつにも甘やかされた王族に長期的な愛を保証したりすると、パニックに陥って逃げ出してしまう。このタイプを見分けるには、転職や旅行の遍歴、続かない恋愛関係といった過去の混乱ぶりで判断しよう。また、出身階級にかかわらず、かつて王族のように扱われたことで身についた、貴族然とした雰囲気で判断しよう。

〈新種の気取り屋（プルード）〉 性的なことに過敏な反応を示す〝プルード〟は今の時代にもいるが、昔ほど一般的ではなくなった。しかしながら、プルードが過敏な反応を示すのは、決して性的なことだけではない。プルードというのは、過度に体裁を気にする人間で、社会的に適切で望ましいとされる行動に縛られている人間である。プルードは厳密に正しさの境界線を守ろうとする。なぜなら、彼らは何よりも世間体を恐れるからである。その観点から見れば、プルードと呼べる人々は、従来どおり広くどこにでもいる。

新種のプルードは、善良さ、公正さ、政治的配慮、趣味の良さといったことについての基準を過度に気にする。しかしながら、彼らを特徴づけるのは、昔のプルード同様、実は心の底で、後ろめたい、慣習に逆らうような喜びに興奮し、好奇心をそそられているということである。この魅力を恐れるあまり、彼らは反対の方向に走り、誰よりも正しい人になってしまうのだ。彼らには地味な色あいの服を着る傾向がある。冒険的な格好は絶対にしない。ときに、自分と違ってリスクを冒す人々や、それほど正しくない人々に対して非常に批判的になる。彼らはまた、ルーティン中毒である。日課をこなすことが、内面の動揺を抑える一つの方法になっているのだ。

新種のプルードは、自分の正しさに押し潰されそうになっていて、心の内は境界線を踏み越えたくて、うずうずしている。性に関して潔癖なプルードが、実はレイクやセイレンの格好のカモになるのとまったく同じように、新種のプルードも、危険な、あるいはふしだらな側面を持った人間にもっともそそられたりするものだ。もしあなたが新種のプルードを狙うのであれば、彼らの批判や批評に騙されてはいけない。それは、いかにあなたが彼らを魅了しているかを示すものでしかない。あなたのことが気になっているだけなのだ。彼らを引きつけて誘惑するには、彼らにあなたを批判するチャンスを与える、さらにはあなたを更生させるチャンスを与える、という方法が実に有効である。もちろん、彼らが何を言っても真に受ける必要はない。むしろ、彼らと一緒に時間を過ごす完璧な口実ができると、プラスに考えよう。そして新種のプルードは、単純にあなたと接しているだけで誘惑される。実のところ、このタイプはこのうえなく素晴らしい獲物になるのだ。ひとたび心を開き、〝正しさ〟を捨てさってしまえば、彼らの心は感情やエネルギーでいっぱいになる。あなたを圧倒することさえあるだろう。彼らは、彼らの見た目と同じくらい冴えない相手と恋愛関係にある可能性が高い。でも、それでやる気をなくしてはいけない。彼らはただ眠っているだけで、起こされるのを待っているのだ。

〈砕かれたスター〉 みんな注目されたいと思っている。みんな輝きたいのだ。だが、たいていの人間にとってそういった願望は一過性のもので、簡単に鎮めることができる。〝砕かれたスター〟の問題は、人生のある時点で、実際に注目の的になったことがあるということだ。美しくチャーミングで、溌剌としていたのかもしれない。アスリートだったのかもしれないし、あるいはほかの才能があったのかもしれない。だが、そんな時代は過ぎ去った。彼らはそれを受け入れたように見えるかもしれないが、かつての輝かしい記憶を過去のものと諦めるのは容易でない。一般的に、注目されたがっている、あるいは目立とうとしているように見える人間は、社会や職場であまり好意的に受け止めてもらえない。したがって砕かれたスターは、うまくやっていくために自分の願望を抑えることを覚える。だが、自分にふさわしいと思うだけの注目が得られないために、彼らは何かと怒りっぽくもなる。彼らがうっかり油断する瞬間に、砕かれたスターだということがわかる。人の多い場所で、何かの理由で彼らが突然、注目を浴びたとする。すると彼らの顔がぱっと輝く。自分の栄光の日々を少しだけ取り戻して、目がきらりと輝く。ワインの酔いも少し手伝って、陽気にはしゃぎだすだろう。

このタイプを誘惑するのは簡単だ。彼らを〝注目の的〟にすればいい。一緒にいるときは、まるで彼らがスターで、あなたはその輝きをうっとりと見つめているかのように振る舞おう。彼らに話をさせよう――とりわけ彼ら自身の話を。社交的な場においては、あなたは地味に振る舞い、対照的に彼らがユーモラスで明るく輝いて見えるようにしよう。早い話がチャーマーを演じることだ。砕かれたスターの誘惑しがいのあるところは、非常に強い感情をかき立てられることだ。彼らは自分を輝かせてくれたあなたに強い感謝の気持ちを抱くだろう。どれほど彼らが打ちのめされ、抑圧されていたとしても、その痛みを和らげてもらったことで、熱い想い、情熱が解き放たれ、それはすべてあなたに向けられる。彼らは激しく恋に落ちる。ただし、もしあなた自身に少しでもスターかダンディの性質があるのなら、このタイプは避けたほうが賢明である。遅かれ早かれその性質が顔を出し、二人のあいだには醜い争いが起こるだろう。

〔初心者〕普通のうぶな若者と何が違うかといえば、〝初心者〟たちはどうしようもなく好奇心が強いということだ。彼らは、まったくと言っていいほど社会経験がない。世界がどんなものであるか、新聞や映画や本などを通して間接的に知っているだけだ。彼らは自分の無知を重荷に感じ、世の〝習わし〟を学びたくて、うずうずしている。みんな彼らのことを世間擦れしていなくてかわいいと思うのだが、本人たちはそうではないことを知っている。人々が思うほど清らかなわけがない。

初心者を誘惑するのは簡単だ。だが、うまく誘惑するには、少し技術が必要である。初心者は経験の豊かな人間に興味がある。特に、少しばかり堕落していて、悪の匂いがする人間に――。だがそれを強く感じさせてしまうと、彼らを威圧し、怖がらせてしまう。初心者に対して一番効果的なのは、いろいろな資質をミックスさせることだ。どこか子供っぽくて遊び心がある。それと同時に奥深い秘密をもち、邪悪なものさえ感じさせる（これが、あれほどたくさんの純情な娘をものにしたバイロン卿の秘訣である）。あなたは初心者に性的な手ほどきをするだけでなく、新しい考えに触れさせ、文字どおりにも比喩的にも、新しい場所、新しい世界に連れていき、自分で経験することを教えるのである。あなたの誘惑を醜いもの、あるいはみすぼらしいものにしてはいけない。若者は理想を持っている。人生の邪悪で暗い側面をも含めて、すべてがロマンティックでなければならないのだ。若者は理想を持っている。優雅なやり方で教えるのが一番である。誘惑的なコミュニケーションが初心者に対しては効果てきめんである。ディテールへの気配りもまた然り。スペクタクルや華やかなイベントは、彼らの敏感な感覚に訴える。彼らはそういった戦術に簡単に欺かれる。それを見抜くだけの経験がないからである。

ときどき、年齢が少し上の初心者もいる。彼らは少なくとも多少、世の習わしを学んでいる。それでも、うぶなふりをする。なぜなら、それが年上の人間に与える影響力を知っているからである。彼らは自分たちのしているゲームがわかっている、純情ぶった初心者なのだ。だが、初心者であることに変わりはない。より純情な初心者ほどには簡単に欺かれないかもしれないが、誘惑方法は同じでよい。無邪気と堕落をミックスして、彼らの心を捕えよう。

〈征服者〉 このタイプは並外れた量のエネルギーを持ち、それを持て余している。彼らは常に征服すべき相手、克服すべき障害を求めてうろついている。見た目では〝征服者〟だとわからないこともある。社会的な場面では少しシャイに見えるし、ある程度、節度をもった振る舞いをするからだ。彼らの言葉や外見ではなく、仕事や人間関係における行動に注目すること。彼らは権力が大好きで、権力を手に入れるためには、手段を選ばないのだ。

征服者は感情的な人間であることが多いが、怒ったときに爆発することでしか感情を表さない。恋愛関係において、あなたが一番やってはいけないことは、征服者のなすがままになり、いいカモになってしまうことだ。彼らはあなたの弱さにつけ込んでくる。しかし、あなたはすぐに捨てられ、ぼろぼろのまま置き去りにされてしまうだろう。あなたを征服できたと思わせる前に、攻撃的になって抵抗や障害を乗り越える機会を存分に与えよう。征服者を、しっかり手こずらせてやることだ。あなたがコケトリーを使って、少し扱いにくい、あるいは気紛れな人間になることで、たいていはうまくいく。彼らの攻撃的な態度やエネルギーに怖気づかないこと。これこそ、あなたが自分に有利になるように利用できるものなのだ。彼らを躾けるためには、闘牛のように行ったり来たりさせること。そのうち弱ってきて、あなたに依存するようになる。ナポレオンがジョゼフィーヌの奴隷となったように。

征服者は一般的に男であることが多いが、世の中には女の征服者もたくさんいる。ルー・アンドレアス・ザロメやナタリー・バーネイが有名である。男の征服者とまったく同じように、女の征服者もコケトリーに屈服する。

〈エキゾティック・フェティシスト〉 たいていの人間はエキゾティックなものに興奮し、興味をそそられる。

〝エキゾティック・フェティシスト〟とそれ以外の人間を区別するのは、その興味の度合いである。彼らの場合、人生におけるすべての選択がその強い興味によって支配されているように見える。実のところ、彼らは心にぽっかり穴が開いたように感じ、非常に強い自己嫌悪を抱いている。彼らは自分の出身地がどこであれ、その場所を嫌い、社会的階級を嫌い（たいてい中流か上流である）、自国の文化を嫌う。自分自身が嫌いだからである。

このタイプを見分けるのは簡単だ。彼らは旅行が好きだ。彼らは遠く離れた場所から来たオブジェで自分の家を満たし、様々な外国文化の音楽や芸術を盲目的に崇拝する。非常に強い反抗心の持ち主が多い。当然、エキゾティックな人間であることが、彼らを誘惑する条件となる。少なくとも、異なる背景や血統を持つ人間に見えるとか、あるいは異邦人のオーラが感じられるとか――。もし、そうでないのなら、あれこれ考えるのはやめにしよう。しかし、それでも、あなたをエキゾティックに見せるように誇張したり、芝居のような演出をして彼らを楽しませたりすることは、いつでも可能である。服装や話題、一緒に外出する場所など、あなたが人と違うところを見せよう。少し誇張しておけば、あとは彼らが想像力で補ってくれる。なぜならこのタイプは思い込みが強いからである。しかしながら、エキゾティック・フェティシストは、特別いい獲物にはならない。あなたがどんなにエキゾティックだったとしても、じきに新鮮味がなくなる。そうなれば、彼らはほかのものが欲しくなる。彼らの興味を繋ぎとめるには大変な努力が必要なのだ。また、彼らの心にいつも消えずにある〝不安〟が、あなたを苛つかせることになるだろう。

このタイプの変形に、退屈でしかない恋愛関係、新鮮味のない仕事、滅びかけた田舎町、そういったところから抜け出せないでいる男と女というのがある。彼らは、心理面の理由からではなく、自分の置かれた状況のためにエキゾティックなものを崇拝するようになる。こちらのエキゾティック・フェティシストのほうが、自己嫌悪するタイプよりもいい獲物である。なぜなら、彼らを苦しめているものが何であれ、あなたは彼らに一時的な避難場所を提供できるからである。しかし本物のエキゾティック・フェティシストには、自分自身から逃げられる場所はどこにもないのだ。

〔ドラマクイーン〕人生に常にドラマを必要とする人々がいる。それが彼らの、退屈を回避する方法なのだ。この〝ドラマクイーン〟を誘惑するのに、あなたが一番してはいけない間違いは、彼らに安定や安心を与えようとすることである。そんなことをすれば、彼らは逃げ出すだけだ。一般的にドラマクイーンたち（このタイプに当てはまる男もたくさんいる）は、喜んで獲物を演じる。彼らは、いつも泣き言を言う対象を求めている。何か苦悩が欲しいのだ。彼らにとって精神的な苦痛は喜びのもとになる。このタイプを誘惑するには、彼らの望むひどい仕打ちを与える意思と能力がなければならない。それが彼らを強く引きつける唯一の方法なのだ。あなたが良い人になった瞬間、彼らは何か理由を見つけてケンカを仕掛けてくるか、あるいはあなたとの縁を切ろうとするだろう。

彼らを傷つけた人間の数、彼らを襲った悲劇やトラウマの数により、ドラマクイーンを見分けることができる。極端なドラマクイーンは、救いようがなく身勝手で、非誘惑的（アンチセダクティブ）になり得るが、彼らのほとんどは比較的無害で、いい獲物になるだろう。あなたが〝疾風怒濤（シュトゥルム・ウント・ドラング）〟を許容できるならの話だが――。もし、何らかの理由でこのタイプと長期間の関係を望むのなら、あなたは定期的にドラマを挿入しなければならない。これを刺激的な挑戦と捉える人もいて、そのため二人の関係がコンスタントに更新されながら続いていくこともある。だが、一般的には、ドラマクイーンとの関係は、はかなく過ぎ去るものと捉えるべきであろう。あなたの人生にちょっとしたドラマをもたらしてくれるものではあるが、深入りはしないほうがよい。

〔教授〕このタイプの欠点は、自分の出会うものすべてを分析し、批判してしまうことである。彼らの知性は発達しすぎであり、活性化しすぎている。愛やセックスについて話すときですら、頭でっかちになる。彼らの多くは、身体を犠牲にして知能を発達させてきたため、自分は肉体的に劣っていると感じている。知能の優位性を他人に見せつけることで、心のバランスを取っているのだ。彼らは会話の中で、相手を茶化したり、皮肉を言ったりする。彼らが何を言っているのか、いま一つ理解できなくとも、見下されていることは誰にでもわかる。彼らは心の監獄から抜け出したいと思っている。何も分析することなく、純粋に肉体的衝動に身を任せたいのだ。だが、独力ではその境地に到達できない。教授タイプは、ほかの教授タイプや、あるいは自分より下の人間として扱える人々と関係を持つことが多い。だが心の底では、肉体的存在感のある誰か（たとえばレイクやセイレン）に支配されることを夢見ている。

教授は素晴らしい獲物になる。彼らの知力の下には消えることのない不安感が横たわっているからだ。彼らをドン・ファンやセイレンになったような気持ちにさせよう。ほんの少しでもそう感じさせたなら、彼らはあなたの奴隷となる。彼らの多くはマゾ的傾向があり、ひとたび眠っている感覚を呼び覚まされれば、その傾向が姿を現わすだろう。あなたの提供する〝知性からの逃亡手段〟を可能なかぎり完璧なものにしよう。もし、あなた自身に知性的に振る舞う傾向があるのなら、それは隠すこと。ばれたら、ターゲットの競争心をかき立て、彼らはあなたに背を向けてしまうだろう。ターゲットに優越感を抱かせておこう。あなたを批判させておこう。彼らはもう隠しきれない――支配しているのはあなただということを。ほかに誰も与えてくれない、肉体的刺激というものを与えることで、あなたが支配するのである。

〔美女〕〝美女〟は幼いころから人の視線を浴びている。「彼女を見ていたい」という欲望は彼女のパワーの源であるが、それはまた不幸の源ともなるのだ。自分のパワーは弱まっているのではないか、もう誰も関心を持たないのではないかと、絶えず気にかかる。さらに自分に正直な人であれば、外見が美しいという理由だけで崇拝されるのは退屈で、満足感を得られないと感じるだろう。そして寂しいと感じるだろう。美しさに気おされ、遠くから眺めるほうを選ぶ男も多い。近づいてくる男も多いが、会話が目的というわけではない。美女は孤独に苛（さいな）まれているのだ。

美女には欠けているものがたくさんあるため、比較的簡単に誘惑できる。うまくいけば、高嶺の花を手に入れるだけでなく、あなたが与えるものに依存するようにできるのだ。美女の誘惑で一番大事なのは、誰も評価しようとしない部分の価値を認めてやることである。彼女の知性（たいていは人々が思っているより高い）、技能、性格など。もちろん、彼女の身体に対する賛美は不可欠である。ただ、彼女は身体が自分の取り柄だとわかっているし、その取り柄に非常に依存している。そこに彼女の不安はない。だからこそ、彼女の知性や精神性も賛美しなければならないのだ。知性を褒めることは美人に効果的だ。心に抱く疑念や不安を振り払うことができる。また、あなたが彼女の人格を高く評価しているように見える。

美女はいつも人から見られている立場なので、消極的になりがちである。しかし、その消極性の下に不満が隠れていることがよくある。美女だってもっと積極的になりたい。本当は彼女のほうから追いかけてみたいのだ。ここであなたは、ちょっとしたコケトリーを使うことができる。彼女を崇拝しながらも、ある時点で少し冷たくなって、彼女にあなたを追いかけさせるのだ。もっと積極的になるように彼女を訓練しよう。そうすれば、彼女は素晴らしい獲物になるだろう。ここで唯一マイナスの要素となるのは、彼女の抱える多くの不安に対して、常に注意と気遣いが必要だということだ。

〈熟年ベイビー〉 大人になるのを拒否する人々がいる。死を恐れているのかもしれない。あるいは子供として過ごした日々に忘れがたい愛着があって、年を取りたくないのかもしれない。彼らは責任を嫌い、すべてのことを遊びや気晴らしに変えようともがく。二〇代の人間なら魅力的になり得るし、三〇代ならときには面白いだろう。だが、四〇代に差し掛かる頃には、その面白みも薄れていく。

意外に思われるかもしれないが、熟年ベイビーは、ほかの熟年ベイビーと付き合いたがらない。一緒なら、軽薄に遊び回るチャンスが広がりそうに見えるかもしれないが、熟年ベイビーは、大人が好きなのだ。競争相手は欲しくないのである。もしあなたがこのタイプを誘惑したいと望むなら、あなたは責任感のある、真面目な人間になる覚悟をしなければならない。誘惑の方法としては奇妙に思えるかもしれないが、この場合はうまくいく。熟年ベイビーの気の若さをあなたが好ましく思っているように見せて（本当に好きなら、なおいい）、調子を合わせるのが望ましい。ただし、あなた自身は子供に甘い大人のままでいること。頼れる存在になることで、ベイビーを自由に遊ばせてやるのだ。愛情あふれる大人を演じきり、彼らの振る舞いを決して非難したり批判したりしないこと。そうすることで、あなたへの強い愛着が生まれる。熟年ベイビーとの関係も、しばらくは面白いだろう。だが、子供はみんなそうであるように、彼らも強烈に自己陶酔的であることが多い。そのため、あなたが得られる喜びには限界がある。彼らのことは、いっときの気晴らしや、あなたの母性（父性）本能を満たすために愛情を注ぐ、つかの間の対象と考えるべきだろう。

〔救済者〕 傷つきやすそうな、あるいは弱そうな人間に引きつけられることはよくあることだ。実際、悲しみや絶望は、ときにかなり誘惑的である。しかしながら、中にはそれが極端な人々がいて、〝救済者〟は問題を抱えた人間にしか魅力を感じないかのように見える。立派だと思うかもしれないが、たいていの場合、救済者なりの動機がある。彼らは感受性が強いことが多く、本当に人を助けたいと思っている。それと同時に、彼らは他人の問題を解決することにより、自分にとって好ましいパワーを手に入れることができる。優越感を覚え、自分の思うままにできると感じるのだ。また、自身が抱える問題から目を逸らし、気晴らしをする完璧な方法でもある。このタイプは、彼らの感情移入の仕方で見分けられる。聞き上手で、相手の心を開かせ、話をさせようとする。また、依存心が強く問題を抱えた相手との恋愛遍歴にも気づくだろう。

救済者は素晴らしい獲物になる。あなたが騎士道的あるいは母親的関心を向けられることを楽しめるなら、なおさらである。あなたが女性なら、〝囚われの姫君（ダムゼル・イン・ディストレス）〟を演じ、多くの男性が待ち望む機会、すなわち騎士になる機会を与えよう。あなたが男性なら、この厳しい世の中にうまく対処できない少年を演じよう。女性の救済者は、あなたを母親的関心で包み込む。そして、彼女自身も、自分のほうが男より強くて主導権を握っているという、大きな満足感を得るだろう。悲しみ漂う雰囲気は、どちらの性も引き寄せる。あなたの弱さを誇張しよう。ただし、あからさまな言葉やジェスチャーは使わないこと。あなたが愛情に飢えていたこと、よくない関係ばかり繰り返してきたこと、不公平な人生であることを、相手に気づかせるのだ。あなたを救うチャンスをエサに救済者をおびき寄せたら、かよわい依存心と傷つきやすさを常に演出して、二人の関係に火をつけよう。道徳的救済を誘うという手もある。「私は悪い人間だ、悪い行いをしてきた、私には厳しくも愛のある救済が必要だ」と。この場合、救済者は、道徳的な優越感を得ると同時に、悪い人間と関係を持つことで、自分も悪くなったようなスリルも味わえるのだ。

〈放蕩者〉このタイプは恵まれた、快楽の多い人生を送ってきた人たちである。彼らはおそらく、快楽主義的な生き方ができるだけの豊富な財力を持っている（あるいは、かつて持っていたことがある）のだろう。外見上はシニカルで冷めた雰囲気を漂わせていることがある。だが、彼らの俗っぽさの陰には感傷的な面が隠れていて、必死にそれを押し殺そうとしている。〝放蕩者〟は誘惑の達人であるが、その彼らを容易に誘惑できるタイプが一つある。若くて、無邪気なタイプだ。放蕩者は年を取るにつれ、失った若さに執着するようになり、はるか昔に失った無邪気さを懐かしみ、それを他人に見つけて埋め合わせようとする。

あなたが彼らを誘惑したいのなら、ある程度若くないとダメだろうし、少なくとも無邪気そうな雰囲気を保っていることが必要だろう。これを強調してみせるのは簡単だ。いかにあなたが世間知らずか、いかにあなたが子供の目で物事を見ているか、大げさに演じればいい。また、彼らが口説くのを拒むふりをするのも効果的だ。放蕩者は落としがいを感じてワクワクしながら、あなたを追い回すだろう。彼らを嫌っている、あるいは信用していないというふりすらも効果的だ。彼らの欲望にいよいよ拍車がかかるだろう。抵抗する人間になることで、二人の力関係を支配するのだ。あなたには、彼らの焦がれる若さがある。だから、優位を保ちながら、彼らを激しい恋に落とすことができる。ときとして彼らがひどく簡単に落ちてしまうのは、自分自身のロマンティックな性質を長いあいだ抑えてきたために、いったん爆発してしまうとコントロールがきかなくなってしまうからである。絶対にすぐに受け入れないこと、そして絶対にあなたのガードを緩めないこと。このタイプは危険である。

〈偶像崇拝者〉 誰もが心の中にどこか虚しさを感じているものだが、〝偶像崇拝者〟はたいていの人より大きな空虚感を抱えている。自分自身に満足することができず、崇拝できる何か、心の隙間を埋める何かを探し求めている。これはしばしば、何らかの宗教や慈善活動に対して多大な関心を寄せるという形を取る。崇高なものとされる何かに集中することで、虚しさや自分自身の気に入らない部分に向き合わずにすむからである。偶像崇拝者を見つけるのはたやすい。慈善活動や宗教に精力を注いでいる人たちだ。彼らの多くは、長年にわたって次から次へと信仰を変え、転々としている。

このタイプを誘惑するには、彼らの崇拝の対象となればよい。身を捧げている慈善活動や宗教の代わりになるのだ。初めは、お祈りに参加したり、新しい慈善活動に触れさせたりして、彼らの宗教的志向を共有している素振りを見せなければならないかもしれないが、最後には、あなたがそれに取って代わるのだ。彼らに接する際には、あなたは自分の欠点を隠さなければならない。とにかく聖人のように神々しく振る舞おう。平凡な存在であるかぎり、偶像崇拝者はあなたを通り過ぎていくだろう。しかし、彼ら自身が手に入れたいと切望する性質を、あなたが鏡となって映し出せば、ゆっくりと崇拝の念を向けるようになるだろう。すべてを崇高な次元に保つこと。ロマンスと宗教を一つにしてしまうのだ。

このタイプを誘惑する際には、二つのことを心に留めておかなければならない。まず、彼らは頭の回転が速すぎる傾向があり、かなり用心深いということだ。身体的な刺激が彼らの気を逸らすことができるので、そういった刺激を与えるとよい。彼らは身体的な刺激を受けることが少ないので、効果的なのだ。トレッキングやヨット、またはセックスなどがよいだろう。しかし、これは大変な労力を伴う。というのは、彼らの頭は常に働いているからだ。次に、多くの場合、彼らは自尊心の低さに悩んでいるということだ。だが、彼らの自尊心を高めようなどとしてはならない。一生懸命褒めても、すぐに見透かされて、彼ら自身の持つ自己像と衝突してしまうだろう。彼らがあなたを崇拝するのであって、あなたが彼らを崇拝するのではないのだ。短期的には、偶像崇拝者は申し分のない獲物となる。しかし、彼らは探しつづけなくてはいられない性分なので、いつかは何か新しいものを見つけて、それを崇拝することになるだろう。

〈好色家〉このタイプを特徴づけるのは、快楽を好むことではない。〝好色家〟は、感覚が過剰に鋭いのである。この性質がファッション、色彩、スタイルなどの外見に表れる場合もあるが、それほどわかりやすくない場合もある。彼らはとても繊細で、臆病で、目立ったり、大胆に振る舞ったりすることが苦手だ。彼らを見分けるには、どれほど環境に敏感かに注目するとよい。日光の入らない部屋に耐えられないとか、特定の色によって憂鬱になったり、特定のにおいに興奮したりといったことだ。彼らはたまたま、快感を覚える経験（もしかすると、視覚は除いて）を求めにくい文化に生きているだけなのだ。したがって、好色家に欠けているのは、まさに十分な快感を与えてくれる経験である。彼らは快感を味わいたくてしかたがないのだ。

このタイプを誘惑するポイントは、彼らの五感を狙うことだ。美しい場所に連れていく、誘惑のディテールに注意を払う、大がかりなイベントで魅了する――もちろん肉体的な誘惑もふんだんに用いること。好色家は、動物と同じで、色とにおいに引き寄せられる。できるだけ多くの感覚を刺激し、注意を散らし、力を奪ってしまうのだ。好色家を誘惑することは簡単で、すぐに目的を達成することが多い。彼らの関心を引いておくために同じ作戦を何度も使うことができる。もちろん、手を替え品を替え、快感に訴えていくほうが賢明であることはいうまでもないが。この方法でクレオパトラは、根っからの快感主義者であったマルクス・アントニウスを取り込んだ。このタイプは、欲しがるものを与えさえすれば比較的従順なので、格好の餌食となる。

〈**孤独なリーダー**〉力を持つ人たちが他の人と異なるかといえば、必ずしもそういうわけでない。しかし、扱われ方が異なるということが性格に大きな影響を及ぼす。周囲はみな、媚びへつらい、ご機嫌取りのごとく下心があって、何かを得ようとしがちだ。そのため、疑い深く、若干とげとげしくなるが、その振る舞いを外見どおりに受け取ってはいけない。〝孤独なリーダー〟は、誘惑されたいと願っており、誰かが孤独の壁を突き破って、制圧してくれるのを望んでいる。ところが、たいていの人は、あまりに萎縮してしまい、彼らに見抜かれ、見下されるたぐいの戦略しか取ることができない。お世辞を言ったり、ちやほやしたりしてしまうのだ。このタイプを誘惑するには、対等の立場であるように、さらに言えば、上位の者として振る舞うほうがいい。これは彼らが受けることのない扱いである。彼らに対して無遠慮に振る舞うことで、あなたには偽りがないと映り、彼らの心が動く。正直でいてくれる、ひょっとして危険すら冒してくれていると！（力のある人に対して無遠慮に振る舞うことには危険がともなう）。そのような振る舞いで心に一撃を与えたあとに、優しさを見せることで、孤独なリーダーの気持ちを動かすことができる。

用心深いというだけでなく、彼らの頭が心配事や責任感でいっぱいになっているという理由で、もっとも誘惑するのが難しいタイプの一つではある。誘惑を受け入れる精神的な隙間が比較的少ないのだ。辛抱強く、抜け目なく、ゆっくりと彼らの頭をあなたへの想いで埋めていかなければならない。しかし、うまくいけば、あなたは大きな力を手にすることができる。なぜなら、孤独の中で、彼らはあなただけに依存するようになるからだ。

〈**揺れ動くジェンダー**〉人はみな、性格の中に男性的な面と女性的な面を併せ持っている。しかし、たいていは社会的に受け入れられる一方を発達させ、表に出し、もう一方を抑え込んでいる。〝揺れ動くジェンダー〟のタイプは、性というものをそういった明確なジェンダーに区分することを重荷に感じている。こういった人たちは、抑圧されているとか、隠れた同性愛者であると思われることもあるのだが、これは誤りである。異性愛者にはちがいないのだが、男性的な面と女性的な面が流動的なのだ。そうだとわかると周りを戸惑わせてしまうかもしれないので、どちらか一方の性を極端に演じることで隠している。実際は、ジェンダーを自由に操り、いずれの面でも最大限、自分を表現することを望んでいる。一見わかりにくいが、このタイプに当てはまる人は数多く存在する。男性的な活力のある女性や、美的感覚を発達させた男性などである。明らかなサインを探すのはやめよう。なぜなら、こういったタイプは社会の目立たない場所に潜んでおり、それを秘密にしているからだ。それゆえ、このタイプは強引な誘惑には脆い。

〝揺れ動くジェンダー〟のタイプが本当に求めているのは、同じようにジェンダーがあいまいな人間、同じ特徴を持つ異性だ。あなた自身がそうであるように見せよう。そうすれば、相手はリラックスし、抑え込んでいる性格を表に出すことができる。あなた自身にこういった特徴があるなら、同じタイプの異性を誘惑しよう。この場合、それがもっとも効果的である。相手の中の抑圧された欲求を互いに呼び覚まし、どのように思われるか気にせず、あらゆるジェンダーの組み合わせを自由に確かめ合えるだろう。あなたが揺れ動くジェンダーでなければ、このタイプには関わらないほうがいい。相手を抑え込んでしまい、さらなる苦痛を与えるだけだ。

第２部　誘惑のプロセス

たいていの人は、自分の行動が、誘惑している相手を喜ばせたり、引き寄せたりする効果を与えているとわかっている。問題は、われわれが概して、自己の考えに夢中になりすぎてしまうということだ。われわれは、他人が自分に対して望む以上のものを相手に求めてしまいがちだ。人を誘惑するような行動に出る際、多くの場合は、自己中心的かつ挑戦的な行動をただ繰り返してしまう（欲しい物を手に入れようと、焦ってしまう）。または、自分が何をしているかを意識せずに、つまらない平凡な一面を見せてしまう。そして、他人が自分に対して抱いている夢や幻想をぶち壊してしまうだろう。誘惑の試みはたいてい長くは続かず、効果を発揮するまでに至らないものなのだ。

魅力的な性格だけを武器にして、他人を誘惑することは不可能だ。また、心を奪うような素晴らしい行動を時おり見せたりしても、誰かを誘惑できるとはかぎらない。誘惑は、長期にわたるプロセスを要する作業である。時間をかければかけるほど、ゆっくりと行なえば行なうほど、相手の心に深く入り込むことができる。忍耐や集中力、戦略的思考が要求される技術なのである。いつでも、相手より一歩先んじている必要がある。相手の目をくらまし、魔法をかけ、心を揺らめかせるのだ。

第2部に設けた24の章を読めば、プロセス全体に関して一連の戦術が身につくだろう。それは自分という殻を抜け出して、相手の心の中に入っていく手助けとなる。相手の心を楽器のように奏でるのだ。大まかに言うと、それぞれの章は初期のアプローチ法から始まって、最終的に成功に結びつくように進んでいく。この配列は、人間心理学の不朽の法則をベースにしている。なぜなら、人間の思考は、日常の関心事や心配事を中心に回っているため、相手の散漫な頭に自分の考えをしっかり吹き込み、不安感をゆっくりと鎮めるまでは、誘惑の手順を先に進めることができないからだ。各段階の冒頭に設けたイントロダクションが、こういった問題の手助けとなるだろう。

当然のこととして、人との関係がより親密になると、倦怠感や退屈な感情が湧き上がってくるものだ。神秘的であることは、誘惑する際の活力となるものであるが、それを維持するためには、常に相手を驚かせ、揺さぶりをかけ、ときにはショックさえ与える必要がある。居心地のいいお決まりの手順に収まっていては、誘惑は成功しない。半ばから後半にかけての各章では、相手が弱まり屈服するまでのあいだ、希望と絶望、喜びと苦痛を交互に感じさせる技術を教授する。どの段階でも、一つの技術が次の技術に結びつき、より大胆に、激しく、作戦を推し進める手順となっている。誘惑者は、臆病であっても、慈悲深くあってもいけない。

誘惑を順調に進めるために、章を四つの段階に分け、それぞれ到達すべきゴールを設けている。①相手に、あなたのことを考えさせる。②歓喜と混乱の瞬間を演出し、相手の心に近づく。③潜在意識に働きかけて、抑圧された欲望を呼び起こし、相手の心に深く入り込む。そして、最終的には、④肉体的に抗えない状況へと誘導する（それぞれの段階ごとに短い序文を付け、わかりやすく説明を加えている）。これら四つの局面を理解することにより、より効果的に相手の心に働きかけ、ゆっくりと催眠状態にいざなうようなペースで〝誘惑の儀式〟を進めることができる。実際、誘惑のプロセスは、イニシエーションの儀式とも考えられるのだ。相手を習慣から引き離し、いままでにない経験を与え、テストを通過させ、それから新たな人生へと導くのである。

すべての章に目を通すのが最善の方法であることは言うまでもない。そこから、できるかぎりの知識を得てほしい。これらの戦術を適用する機会がやって来たら、あなたのターゲットにはどれが適しているか、選び出す必要が出てくるだろう。いくつかの章を読むだけで、十分な場合もある。あなたが直面する抵抗の度合い、そして相手の抱える問題の複雑性にもよる。これらの戦術は、社会的な誘惑や政治的な誘惑に際しても、同様に適用できる（第4段階の性的な内容を除いてだが）。

誘惑のクライマックスへと急いで進もうとしたり、行き当たりばったりでやってみようとする衝動には、何としてでも打ち勝つことだ。それは誘惑的ではなく、自己中心的な行為である。日常生活は、あらゆる面において、性急であったり、即興的であったりする。あなたは、何か違うものを提供すべきである。誘惑のプロセスを大切にし、時間を十分取ることによって、相手の抵抗を打ち破るだけではなく、恋心を抱かせることもできるのだ。

第1段階　日常からの分離――興味や欲望をかき立てる

あなたの相手は、自分だけの世界に住んでいる。彼らの心は、不安や日常の関心事で占められている。この初期段階での目標は、相手を閉ざされた世界からゆっくりと引き離し、その心をあなたへの想いで満たすことである。誰を誘惑するか決めたら（1「〝正しい犠牲者〟を選べ」）、最初にすべきことは、相手の注意を引き、あなたに対する興味を抱かせることだ。抵抗力が強く、難しい相手には、ゆっくりと慎重に、何気なく近づき、最初は友情を勝ち取ろう（2「偽りの安心感を作り出せ――遠回しにアプローチする」）。いつも退屈していて、興味を引くのが容易い相手には、ドラマティックなアプローチが役に立つ。または、神秘的な存在となって彼らを魅了しよう（3「あいまいなメッセージを送れ」）。また、あなたという人間を、誰もが手に入れたいと望み、争ってでも勝ち取りたい存在と思わせよう（4「欲望の対象にふさわしくなれ――三角関係を作る」）。

ひとたび、相手があなたに興味を抱けば、その興味をより強いもの、つまり、欲望へと変える必要がある。一般的に、心の中に満たされない部分があると、その虚無感が欲望へと繋がっていく。そういった感情を少しずつ慎重に刷り込んでいこう。彼らの人生に欠けている冒険心や恋愛感情に目を向けさせるのだ（5「欠乏感を生み出せ――不安や不満を呼び起こす」）。相手があなたのことを、虚無感を埋めてくれる存在と見なしたならば、興味が欲望へと発展するであろう。欲望は、心に巧妙に植えつけられた考えによって、また、自分を待ち受けている喜びの〝ほのめかし〟によって、かき立てられる（6「ほのめかしの技術を習得せよ」）。相手の価値観に寸分違わぬ振る舞いで、欲望を満たし、いい気分にさせて、彼らを魅了し、喜びを与えるのだ（7「相手のスピリットに入り込め」）。なぜそうなるのか気づかぬままに、相手の思考は徐々にあなたを中心に回りはじめる。そして、より大きな力を用いるタイミングがやって来る。抗いきれない快楽や冒険で相手をおびき寄せるのだ（8「甘い誘惑をちらつかせろ」）。すると、相手はあなたのリードに従っていくだろう。

1 〝正しい犠牲者〟を選べ

すべては、あなたが誘惑するターゲットしだいである。獲物をじっくり観察し、あなたの魅力に屈しやすい者だけを選ぶこと。最適な犠牲者とは、その人間に不足している何かをあなたが埋められる相手であり、あなたの魅力を受け入れると確信できる人である。そのような人は、孤立した傾向にあり、どこか幸せとは縁遠い（おそらく不運な状況に置かれているため）。または、そういった状況に陥りやすい。というのは、完全に満ち足りている人間を誘惑するのは不可能に近いからだ。完璧な犠牲者は、あなたを引きつける天性の資質を持っている。この資質を持つ人は、強い感情に突き動かされ、あなたの誘惑戦術をより自然で力強いものにしてくれるはずだ。完璧な獲物がいて初めて、完璧な狩りが可能となる。

狩りの準備

若きヴァルモン子爵は、一七七〇年代のパリで、その名を知られた放蕩者(リバティーン)だった。多くの若い娘を堕落させ、名だたる貴族の夫人たちを巧妙に誘惑した。しかし、しばらくすると、彼はそういったことの繰り返しに退屈するようになった。あまりにも簡単に成功してしまうからだ。ある年、退屈に日々を送っていた彼は、うだるような暑さの八月、パリから離れ、田舎にある叔母の城(シャトー)を訪ねることにした。そこでの生活は、田舎道を散歩したり、地元の牧師とおしゃべりしたり、カードに興じたりと、パリで慣れ親しんだものとは違っていた。一方で、パリの友人たち、とくに放蕩仲間や、親友でもあるメルテール侯爵夫人は、彼が帰ってくるのを心待ちにしていた。

シャトーにはほかの客もいた。その中の一人がトゥールベル法院長夫人で、彼女の夫は他の場所で仕事があり、しばらく不在だった。二二歳の夫人は、夫が来るのを待ちながら、寂しい日々を過ごしていた。ヴァルモンは、前に彼女と会っていた。彼女はたしかに美しかったが、夫につくす淑女との評判で、言い寄るような相手ではなかった。服の趣味はひどく(不様なフリルで首をいつも覆っていた)、会話はウィットを欠いた。

しかし、遠くパリから離れたこの地で、ヴァルモンはなぜか、このような彼女の特徴に新たな光を当てて見るようになっていった。毎朝、彼女が礼拝堂に赴き、祈りを捧げるときに、後ろからついていった。夕食のときには、カードに興じている姿を盗み見た。パリの女性と違って、自分の魅力に気づいていないようだった。このことが彼を興奮させた。暑さのため、彼女は、シンプルなリネンのドレスを着ていたが、体の輪郭がはっきりと表れていた。一枚の布切れに覆われた胸元が、彼の想像力をかき立てたのだ。流行遅れの髪型が少し乱れて、寝室での姿を連想させた。それから、彼女の顔――それまで気づかなかったが、何と表情が豊かなことか。物乞いに施しをするとき、その顔は輝く。ほんの少し褒めただけで、顔を赤らめる。とても自然で、まったく気取りがない。そして、夫のことや宗教について話すときには、思慮深さを感じさせるのだ。もしも、そのような情熱的な面を持つ彼女が、ひとたび恋愛へと引きずり込まれたとしたら……。

ヴァルモンは、シャトーの滞在を延長することにした。その理由を知らない叔母は、ただただ喜んだ。彼はメルテール侯爵夫人に手紙を書き、新たな野望について説明した。トゥールベル夫人を誘惑することについてだ。侯爵夫人は懐疑的だった。この堅物(プルード)を誘惑したい？ たとえ成功しても、大した喜びは得られないだろう。もし失敗すれば、何という不名誉か。偉大なるリバティーンが、夫が留守中の妻を誘惑できないなんて！ 彼女は皮肉を込めた手紙を書いたが、ヴァルモンをさらにやる気にさせただけだった。貞淑であると評判の女性を征服すれば、彼がいかに巧みに女性を誘惑するか、証明されることになる。彼の名声が上がるだけだ。

けれども障害があった。それによって、誘惑は不可能とも思われた。夫人を含む誰もがヴァルモンの評判を知っていたのである。彼女は、できるだけ彼とは関わらないほうがいいと言われており、彼と二人きりになることがいかに危険かを心得ていた。ヴァルモンは、自分の噂を打ち消すために、あらゆることをした。教会の礼拝にさえ参列し、これまでの自分を悔いているかのように見せた。夫人は彼のそうした行動に気づいていたものの、まだ距離を置いていた。彼女が見せたヴァルモンに対する挑戦は手強いものだった。果たして彼は受けて立つことができるのか？

ヴァルモンは、探りを入れることにした。ある日、夫人と叔母と一緒に散歩に出かける計画を立てた。それまで通ったことのない、楽しげな小道を歩いた。しばらく進むと溝があり、女性が渡るのは難しいと思われた。それでも、ヴァルモンは言った。この先の散歩道は、とても素晴らしいところなので、引き返すべきではないと。そして、勇ましく叔母を抱きかかえ、溝を渡っていった。夫人は面白がって笑った。次は彼女の番だ。ヴァルモンは意図的に、ぎこちなく抱き上げた。彼女は恐る恐る彼の腕に掴まった。抱きかかえているあいだ、彼女の鼓動が早鐘を打ち、顔が赤らんでいるのがわかった。叔母もこれを見て、声を上げた。

「まあ、子供みたいに怖がっているじゃないの！」。しかし、ヴァルモンは、異なるものを感じ取った。いまや彼は確信した。この挑戦を受けて立ち、夫人をきっと打ち負かすことができると。誘惑のプロセスを次に進めるべきときである。

〈解説〉 ヴァルモン、トゥールベル法院長夫人、メルテール侯爵夫人は、一八世紀フランスの小説、コデルロス・ド・ラクロの『危険な関係』の登場人物である（ヴァルモンのキャラクターは、その時代の幾人かの実在したリバティーンに着想を得たものである。その中で、もっとも著名なのが、リシュリュー公爵である）。物語の中で、ヴァルモンは、自分の誘惑のやり方が機械的になっているのではないかと懸念する。彼が行動を起こすと、どの女性も、いつも同じような反応を示す。しかし、誘惑の仕方は同じであってはいけない。ターゲットが変われば、相手に合わせてすべてを大胆に変えるべきである。ヴァルモンの問題は、いつも同じようなタイプを誘惑していたということだ。トゥールベル夫人に出会って、それに気づく。

彼女を誘惑しようと思ったのは、夫が伯爵だからでも、彼女が洒落た服装をしているからでもない。ほかの男たちが欲するような女性でもない。いつもはそういった理由であったが、今回彼女を選んだのは、彼女が常に、無意識に彼を誘惑していたからだ。剥き出しの腕、飾り気のない笑い、茶目っ気のある態度――こういったすべてが彼の注意を引いた。なぜなら、作為的なものではないからだ。ひとたび彼女に魅了されると、その後の作戦は計算どおりにはいかなくなった。欲望が強まり、自分をコントロールすることができなくなったのだ。そして、彼の強い思いは、徐々に彼女にも伝わっていった。

ヴァルモンを引きつけた魅力とは別に、夫人にはほかの一面もあり、それによって、完璧なターゲットとなったのである。彼女は日々退屈を感じていて、冒険に心を引かれていたのだ。世間知らずな彼女は、彼の策略に気づくこともなかった。彼女の最大の弱点は、自分は誘惑には屈しないと思い込んでいたことだ。われわれのほとんどは、他人の魅力に屈しやすいものだ。そして、少しでも失敗した経験があれば、用心するものである。トゥールベル夫人には、それが欠けていた。一度、溝を渡る際に試すことで、ヴァルモンは彼女が肉体的な接触に脆いことを発見し、やがて彼女は落ちると確信したのである。

人生は短い。間違った相手を追いかけたり、誘惑したりすることで時間を無駄にすべきではない。ターゲットの選択は、重大な問題である。それは、誘惑の大切な第一歩となり、その後に続くすべてを決定づけることになる。完璧な獲物とは、目鼻立ちが整っているわけでも、音楽の趣味が同じわけでもなく、人生のゴールが似通っているわけでもない。そのようなタイプは、平凡な誘惑者が選ぶターゲットである。完璧な獲物とは、言葉で説明できないやり方であなたの心を動かす人間だ。その効果は決して表面的なものにとどまらない。彼または彼女は、あなたに欠けている（または、うらやましいとさえ思っている）資質を有していることが多い。たとえば、法院長夫人には、ヴァルモンが遠い昔になくした（または、もともと持ち合わせていない）純真さがあった。また、ほんの少し緊張感も必要だ。相手はあなたを少し恐れているかもしれないし、かすかに嫌悪感さえ抱いているかもしれない。そのような緊張感には、性的な要素があり、誘惑という刺激により活力が与えられる。獲物を選ぶ際には、創造性を発揮しよう。そうすることで、誘惑を仕掛けることがますます刺激的になるだろう。もちろん、相手があなたの働きかけに心を開かなければ意味はない。まずは実際に試してみよう。ひとたび、彼または彼女が弱い面を見せたなら、狩りを始めることができる。

誘惑するに値する相手を見つけたなら、それは、この上ない幸運である……ほとんどの者は先を急ぎ、夢中になりすぎ、愚かなことをしてしまう。そして、手のひらを返したように、すべてが終わってしまうのだ。彼らは、自分が何を得たのか、何を失ったのかさえ知ることがない。

——セーレン・キルケゴール

誘惑の秘訣

人生の至るところで、われわれは人を説き伏せるという経験をする。または、誘惑する経験を――。ある者は、比較的感受性が強く、ほんの少しの働きかけで心を開く。またある者は、鈍感で他人の魅力に無関心であったりする。こういったことは、人間が制御できない神秘的なことのように思われがちだが、それは、人生を歩む上でまったく無益な考え方である。性的な誘惑でも社会的な誘惑でも、誘惑する側は、一か八かの賭けに出る。その際、弱さを見せる相手には出来るかぎり向かっていき、動じない相手は避けるものである。手の届かないような相手からは、手を引くのが賢明だ。すべての人を誘惑するのは不可能である。一方で、こちらの思いどおりに反応する獲物を積極的に探し出すべきである。そうすると、誘惑という行為が、より楽しく満足のいくものとなる。

それでは、どうやって相手が獲物になると認識するか？　あなたに対する反応によってだ。意識的に反応する相手には、あまり注意を向けるべきではない。明らかにあなたを魅了し、喜ばせようとする人は、おそらく、あなたの虚栄心を利用して、何かを得ようとしている人である。そうではなく、意識外の反応に、より注目すべきである。顔を赤らめたり、さりげなくあなたの身振りを真似たり、突然はにかんだり、一瞬、垣間見せる怒りにも注目しよう。これらのすべては、あなたの影響を受けている表れであり、無防備になっている証拠でもある。

ヴァルモンのケースのように、相手が自分に及ぼす効果によっても、〝正しい〟ターゲットを認識できる。おそらく、その相手はあなたを不安にさせる。子供の頃に深く印象づけられたあなたの理想像と一致するかもしれない。あるいは心の中にある、ある種の個人的なタブーを相手の中に見ているのかもしれない。または、もし、あなたが反対の性だとしたら、そうなっていたであろう人間を暗示していることもある。相手がそのような大きな効果を及ぼすとなれば、その後の戦略もまったく違ったものになる。あなたの表情や態度は、より生き生きとしたものとなる。あなたは、よりエネルギッシュになる。相手が抗えば（適した相手とは、そういうものである）、その抵抗を制するため、より創造的になり、ますます意欲が湧いてくるだろう。素晴らしい演劇のように誘惑が先へ先へと進んでいく。強い欲求が相手に伝わると、あなたに対して、より強い力を得たような危険な感覚を抱きはじめる。もちろん、最後に支配権を握るのは、あなたである。正しいタイミングで獲物の感情を揺さぶり、あちらこちらへ振り回しているのだから。優れた誘惑者は、刺激を与えてくれる相手をターゲットに選ぶものだ。しかしそれは、いつ、どのように自分を抑えるかをよく心得た相手でもある。

あなたに好意を持ち、両手を広げて受け止めてくれるような人に最初から飛びついてはいけない。それは誘惑とは無縁で、不安から出る行為である。必要に駆られて動いても、低レベルの愛着を生じさせるだけで、両者の興味はすぐに失われてしまう。いままで考えたこともないようなタイプの人間に目を向けることだ。そこに、挑戦と冒険を見出すことができる。経験豊富な狩人は、簡単に得られるような獲物は選ばない。彼らが望むのは、追いかけるスリル、生死を賭けた闘いである。激しければ激しいほど、より良いものが得られるのだ。

どんな相手が好ましいかは人によってそれぞれだが、ある特定のタイプを選べば、誘惑する側も、より大きな満足感が得られる。カサノヴァは、不幸な若い女性、または不運な目に遭った女性を好んだ。そのような女性は、救い主となりたい彼の欲求を満たしたため、需要に応じた結果とも言える。幸せな人間を誘惑するのは難しいのだ。充足感は、隙のない雰囲気を醸し出す。つまり、荒れた海で魚釣りをするほうが、容易に獲物を得られるということだ。

悲しげな雰囲気というのも、とても魅力的なものである。日本の小説、『源氏物語』の主人公、源氏は憂鬱そうな雰囲気の女性に心引かれた。一方、キルケゴールの著書『誘惑者の日記』で、語り手のヨハンネスは、ターゲットとなる女性にある一つのことを要求した。想像力を持ち合わせていることである。そして、幻想の世界に身を置く女性を選んだ。そういった女性は、想像力を大きく膨らませ、彼の動作一つ一つを詩の中に包み込む。幸せな人間を誘惑するのが難しいように、想像力を持たない人間を誘惑するのも難しいことなのだ。

女性にとって、男らしい男性は、しばしば完璧な獲物となりうる。マルクス・アントニウスがこのタイプだ。彼は快楽を好む、非常に感情的な男だった。そして、女性のこととなると、まともに頭が働かなくなる。クレオパトラが巧みに操ることができる人物だった。ひとたび彼の心を捕まえると、彼女はその後もずっと操りつづけた。好戦的な男が、女性をうんざりさせることは決してない。そういった男は、多くの場合、完璧な獲物となる。ちょっと媚びを売るだけで、攻撃性を自分への想いに転換させ、奴隷にすることができるのだ。彼らは事実、女性を追いかけることを楽しむ傾向にある。

見かけに騙されてはいけない。火山のように激しく情熱的な人は、不安感や〝自我関与〟を隠すことが多い。一九世紀の高級娼婦（クルチザンヌ）、ローラ・モンテスについては、多くの男性がそのことに気づいていなかった。彼女はとてもドラマティックで刺激的な女性と見られていた。実際は、自分のことしか考えないトラブルメーカーだったが、男性たちが気づくのはいつも遅すぎた。すでに深入りしすぎて、事件や苦悩が続く日々から逃れられなくなっているのだ。表面上よそよそしい人や内気な人は、外交的な人よりも、よりよいターゲットとなる。そういった人は、誰かが自分を引き出してくれるのをひたすら待っている。つまり、〝深い川は静かに流れる（中身のある人間はいつも悠然としている）〟ということだ。

時間を持て余している人間というのは、極めて誘惑に陥りやすい。彼らの心には、あなたが入り込む余裕があるからだ。一六世紀イタリアの悪名高き娼婦、トゥリア・タラゴーナは、自分の獲物に若い男性を好んで選んだ。もちろん、肉体的な好みもあるが、職歴の長い労働者よりも怠惰な者が多く、巧妙な誘惑者に対して、より無防備だからである。一方、一般論として、商売や労働に夢中になっている人は避けるべきである。誘惑するには相手の注意を引かなくてはならないが、忙しい人間には他人が入り込む心の余裕がほとんどないからだ。

フロイトによると、誘惑行為は人生の初期段階で、両親との関係において、すでに始まっている。両親は、肉体的な触れ合いや空腹などの欲求を満たすことによって、子供を物理的に誘惑する。一方で、子供のほうも両親を誘惑し、自分に注意を向けさせようとする。われわれは生まれつき誘惑に弱い生き物である。誰もが誘惑されたがっている。自分の殻から、誰かが引き出してくれるのを切望しているのだ――決まりきった日常の外へ、そして愛という劇的な世界へと。自分が持っていないもの、自分が欲している資質の持ち主であるという予感が、何よりもわれわれを引き寄せるのである。あなたにとって完璧な獲物とは、自分が持っていないものをあなたが持っていると考えている人間である。それが手に入るかもしれないと考え、彼らは魅了される。そういった相手は、あなたとまったく違った気質を備えているにちがいない。そして、この違いがワクワクするような緊張感を作り出すのだ。

後の毛沢東夫人として知られる江青は、一九三七年、中国西部の山荘で、毛沢東と出会う。毛沢東がその人生において、色香や刺激といったものをいかに求めているか、彼女はすぐに感じ取った。野営地の女性たちは、みな男のような服装をしており、女性的な華やかさをすべて捨てていた。江青は上海で女優として活躍しており、決して質素ではない。彼女は毛沢東に欠けているものを埋め合わせ、さらに、女性に共産主義教育を施すというワクワクするような喜びを与えた。彼のピグマリオン・コンプレックス（人を支配し、コントロールし、作り変えるという欲求）に訴えかけたのだ。実際、未来の夫をコントロールしていたのは、彼女のほうだった。

感動や冒険が著しく欠如しているとき、誘惑の働きかけが間違いなく、それらの埋め合わせをしてくれる。一九六四年、女役で有名な中国人俳優の時佩璞（シー・ペイ・プー）は、フランス大使館に派遣されていた若き外交官のベルナール・ブルシコと出会った。ベルナールは冒険を求めて中国にやってきたが、中国人とほとんど接触できないことに失望していた。ペイ・プーは、子供の頃から女性的で、男の子として生きることを強要されていると感じていた。おそらく、たくさんの姉妹がいた影響だろう。彼は退屈して不満を抱いている若きフランス人を利用し、巧みに操った。自分の生い立ちについてウソの話をでっち上げ、徐々にブルシコとの関係を築いていき、それはその後、何年も続いた（ブルシコは、同性愛者と関係したこともあったが、自分は異性愛者だと考えていた）。やがて、この外交官は中国側のスパイとして利用される。そのあいだもずっと、彼はペイ・プーを女性だと信じていた。冒険への憧れが、彼を無防備にさせていたのだ。抑圧されたタイプの人間は、とことん誘惑され、完璧な獲物になりうるのである。

快楽への欲求を抑圧された人々は、とりわけ人生の後半に差し掛かると、機の熟した獲物となる。八世紀、中国の玄宗皇帝は、国を統治する期間のほとんどで、宮廷からできるだけ贅沢を排除し、質素と美徳のモデルとなった。しかし、後に皇妃となる楊貴妃が廷内の湖で水浴びをしているのを見かけ、すべてが変わった。楊貴妃は、唐の国で、もっとも魅力的な女性と言われ、息子の愛人でもあった。皇帝は権力を行使し、彼女を奪い取った。結果的には、惨めに彼女の奴隷となっただけだったが。

〝正しい犠牲者〟の選択は、政治においても同様に重要となる。ナポレオンやジョン・F・ケネディといった大衆に働きかけた誘惑者は、まさに世の中に欠如しているものを提供した。ナポレオンが権力を握った頃、フランス革命の血なまぐさい余波によって、フランス人の誇りはすっかり打ちのめされていた。そこに、ナポレオンは栄光と征服をもたらしたのだ。ケネディは、アメリカ人がアイゼンハワー時代のムダな快適さに退屈していると気がついた。彼は大衆に冒険とリスクを与えたのだ。ここでさらに重要なのは、もっとも影響を受けやすい集団に強く訴えるように仕組んだことである。つまり、若い世代に訴求したのである。成功を収める政治家は、誰もが自分の魅力に屈するとはかぎらないと知っている。しかし、自分たちに欠けている部分を埋めてほしいと願う集団を見つければ、どんなことがあっても支えてくれる支持者を得られるのである。

イメージ

大きな狩り。ライオンは危険な生き物である。ライオンの狩りでは、危険に伴うスリルを味わえる。ヒョウは利口で俊敏だ。困難な追跡で興奮を味わうことができる。決して慌ててはいけない。獲物について知り、入念に選ぶことだ。小さな狩りに時間を費やしている暇はない。後ずさりして罠にはまるウサギや、香りに引き寄せられ、罠へと向かってゆくミンクなどには目を向けるな。挑戦にこそ喜びがあるのだ。

例外

例外が生じる可能性はない。あなたに心を閉ざしている相手を誘惑しても、得るものは何もない。追いかけることを楽しめない相手も同様である。

第九章：私は盲目になったのか？　魂の中の瞳は、その力を失ったのか？　私は彼女を見つめた。まるで神の啓示を受けたかのように。そして、ふたたび、彼女のイメージは完全に私のもとから消えてしまった。虚しく、魂のすべての力を呼び起こし、そのイメージを思い浮かべようとする。もし、またあの姿を見ることがあれば、すぐに彼女だとわかるはずだ。たとえ彼女が、百人もの人々の中に紛れていたとしても。今度こそ、彼女は消えてしまった。私の魂の瞳は、恋焦がれながら、虚しく彼女を追いかけようとしている。私は、何気ないふりでランゲリニェ公園を歩いていた。周りに注意を払っていない素振りで、実は偵察するような視線をすべてに向けていたのだ。そこで、私の目は彼女に留まった。ただひたすら彼女を見つめた。二つの瞳は、もはや主人の意志には従わなかった。視線をほかに移すなど、望みのものを見落とすなど、もはや不可能だった。ただ見ていたのではなく、ひたすら

凝視していたのだ。剣で突かれて動きを止めたように、私の目は石のように動かなくなった。下を見ることも、目をそむけることも不可能だった。目を向けているのに見えていない。なぜなら、あまりにも強く見つめていたからだ。私が心に留めたことは、たった一つ。彼女が緑色の外套を着ていたということ。それがすべてである。それは、ギリシャ神話の美女、ジュノーではなく、雲をつかむようなものだった。彼女は、去ってしまった……外套だけを残して……私に、強い印象だけを残して。

第十六章：焦ることはない。なぜなら、彼女はこの町に住んでいるに違いないからだ。いまの時点では、それで十分だ。もしも彼女の外見を正確にイメージできるなら。すべてをゆっくりと、スケッチの中で楽しむのだ……。

第十九章：コーデリア、それが彼女の名前なのだ！　コーデリア！　美しい名前だ。そして、それはとても重要なことである。もっとも美しい形容詞を、醜い名前に添えるのは、何とも嘆かわしいことだ。

セーレン・キルケゴール『誘惑者の日記』

ドン・ファンの考える愛とは、狩りの嗜好と似ている。それは行動力がすぐに必要であり、果敢に挑む技を、さまざまな方向から絶え間なく刺激する必要がある。

スタンダール『恋愛論』

われわれに喜びを与えるのは、欲しいものが持つ資質ではない。むしろ、そのものに対する欲求のエネルギーである。

シャルル・ボードレール『地獄のドン・ファン』

欲望の強い娘は、互いに安らぎとなるように、次のような順番で恋人を得るべきである……父親の権力及び助言から解放された少年、純真な王子とともに職務を享受する作家、恋敵と競い合うことを自負する商人の息子、密かに愛の奴隷となっている禁欲主義者、際限なく愚行を繰り返し、悪党を好む国王の息子、田舎の野暮な息子、ブラフマン（インドの最高位、司祭階級）、既婚夫人の愛人、大金をいまポケットに収めた歌い手、最近やって来た隊商の親方……以上の簡潔な指示は、無限に解釈が変化する。娘よ、周囲の状況に従うのだ。

これらの特異なケースから最善を選ぶには、知識、洞察力、熟考が要求される。

クシェーメーンドラ「遊女の心得」
（『東洋の性愛〈第二巻〉』所収）

セックスに容易に溺れる女性：あなたを横目で見つめる女性……夫を嫌う女性、夫に嫌われている女性……子供がいない女性……社交が好きな女性、夫にとても優しい女性、俳優の妻、未亡人……娯楽が好きな女性……虚栄心の強い女性、ランクや能力において、妻より劣っている夫を持つ女性。自分の芸術的スキルを誇っている女性……理由もなく夫にため息をつかれる女性……旅行に夢中になっている夫を持つ女性、宝石商の妻、嫉妬深い女性、強欲な女性。

エドワード・ウィンザー編『ヒンドゥーの愛の技巧』

暇な時間は愛を刺激する。暇な時間は、愛に悩む者たちを見つめる。暇な時間はこの甘美の原因であり、滋養である。悪は暇な時間を排除し、キューピッドの矢を折る。彼のたいまつは火も点かず、軽んじられている。ポプラが水を浴びて喜ぶように、プラタナスがワインを喜ぶように。沼地のアシのように、ヴィーナスの愛のように。暇な時間……。なぜあなたは、アイギストスのことを考えるのか。密通者だからか？　簡単なことだ。彼は暇で、退屈したのだ。誰もが長い間、遠く家を離れ、軍事作戦のためトロイに赴いた。ギリシャ人はすべて船に乗り込んだ。派遣部隊が横切ってゆく。もし彼が戦争に憧れたとすればどうだろう？　アルゴス（訳注：ギリシャ、ペロポネソス半島東部の古都）には、企てるべき戦争などない。アルゴスには訴訟がない。もし彼が裁判所を心に描いていたとしたら？　アルゴスには訴訟がない。何もしないより、誰かを愛するほうがよい。そうやって、キューピッドがこっそりと忍び込む。彼がここに留まったように。

オウィディウス『愛の治療』

中国にことわざがある。「陽が優勢のとき、陰が生まれる」。その意味するところは、平凡な生活に、より良いものが与えられると、陰、つまり感情的な側面が表れ、権利を要求しはじめる。そうなると、以前は重要だと思われていたものが価値を失う。幻影という鬼火が人をあちらこちらへと迷わせ、それまでの人生の軌道から、わけもわからず、混乱したまま逸れてしまう。唐王朝の明皇（ブライト・エンペラー）の例が、この理論がまさに真実であることを示している。楊貴妃が宮廷の近くの湖で水浴びしているのを見てから、明皇は彼女の足元にひれ伏す運命となった。彼女と出会って、中国人が陰と呼ぶ、謎の感情を学んだのだ。

エロイーズ・タルコット・ヒバート
『刺繍のガーゼ――名高い中国人女性のポートレート』

2

偽りの安心感を作り出せ
――遠回しにアプローチする

初期の段階であまりにもまっすぐ相手に向かってゆくと、相手の抵抗を引き起こすリスクがある。そして、その後、その抵抗が弱まることは決してないだろう。誘惑している素振りを最初から見せてはならない。角度を変えて遠回しにアプローチを始め、徐々にターゲットがあなたを意識するように導くのだ。ターゲットの生活の周囲にさりげなく顔を出し、第三者を通して近づき、中立的な関係を作ろうとしているように見せ、徐々に友人から恋人へと昇格していくのが好ましい。あなたとターゲットは知り合う運命であったかのように偶然出くわす〝機会〟をお膳立てするのもよいだろう。運命を感じさせることが何よりも成功に結びつく。まずは、ターゲットに安心感を与えよう。さあ攻撃開始だ。

友人から恋人へ

フランス中部の村モンパンシエの侯爵夫人、アンヌ・マリー・ルイース・ドルレアンは、一七世紀のフランスで、〝グランド・マドモアゼル〟として知られていたが、生涯、愛を知ることはなかった。幼いときに母親が亡くなり、父親は再婚して、娘のことを顧みなかった。彼女はヨーロッパでもっとも高名な一族の出身だった。祖父はヘンリー四世であり、後の国王ルイ十四世はいとこにあたる。彼女がまだ若いころ、妻を亡くしたスペイン国王や、神聖ローマ帝国皇帝の息子、そして、いとこのルイをはじめとして数多くの縁談が持ち上がった。しかし、どの縁談も政治的な目的や、彼女の家の莫大な財産を当て込んだものであった。わざわざ彼女に言い寄ろうとする男性は皆無で、求婚者が現われたこともなかった。さらに悪いことに、グランド・マドモアゼルは理想主義者で、時代遅れの騎士道精神、勇気、誠実さ、美徳を重んじていた。そして、向こうから言い寄ってくるような策略家はいかにも怪しげで、気が進まなかった。誰なら信じられるというのか？　彼女は、一人ひとりに撥ねつける理由を見つけ出した。独身であるのは、彼女の運命のように思われた。

一六六九年の四月、四二歳になっていたグランド・マドモアゼルは宮廷である風変わりな男性と出会う。アントニン・ペグリン公爵、後のローザン公だ。三六歳の公爵は、ルイ十四世のお気に入りで、辛辣なユーモアを口にする勇敢な軍人だった。また、手のつけられない女たらし（ドン・ファン）とも言われていた。背が低く、ハンサムでもなかったが、その剛胆な態度や軍隊での功績が魅力的で、女性にとっては抗えない相手でもあった。グランド・マドモアゼルは、数年前から彼の存在を知っていて、その優雅さ、大胆さに好感を覚えていた。そして、一六六九年になってはじめて、彼と短い会話を交わした。レディー・キラーとの評判は知っていたものの、彼に魅力を感じてしまう。数日後、二人は偶然、また出くわした。今度は前より長く会話をして、想像していたよりも彼が知的な人物であることを知った。二人は、彼女のお気に入りの劇作家、コルネイユについて、英雄の資質について等々の高尚な話題を語り合った。それからしばしば会うようになり、友人となった。アンヌ・マリーは、ローザン公との会話について日記に書きとめている。彼との会話は常にその日一番の出来事だった。彼が宮廷にいないとき、不在を寂しく感じるようになっていた。二人がよく出会うようになったのは、ローザン公が仕組んだことであったが、彼は会うたびにいつも驚いたような素振りを見せた。同時に、彼女は自分の不安について日記に綴っている。奇妙な感情が、知らず知らずのうちに芽生えていると。彼女には、その理由がわからなかった。

しばらくして、グランド・マドモアゼルは一、二週間パリを離れることになった。そこでローザン公は突然、彼女を訪ね、自分の気持ちを伝えた。自分のことを同性の親友と考えてほしいと。彼女が留守のあいだにすべきことがあったら命じてほしい、どんなことでも代わりに実行すると。まさに詩人のようであり、騎士のようだった。しかし、彼の本意はどこにあるのだろう。日記の中で、ついに彼女は自分の気持ちと直面する。彼と最初に会話をしたときから芽生えていた感情だった。「わたしは、自分に言い聞かせた。これらは漠然とした想いではないと。これらの感情には、はっきりとした対象があるのだ。そして、それが誰か、想いを巡らせずにはいられない……数日間、やきもきと悩んだ末に、自分が愛しているのがローザン公だと理解した。いつの間にか私の心に入り込み、捉えて離さないのは、彼だったのだ」

本当の気持ちに気がついたことで、グランド・マドモアゼルはより率直になった。もしもローザン公が同性の親友ならば、自分の結婚や、いま持ちかけられている縁談について相談することができる。彼に自分の気持ちを明かす機会になるかもしれない。おそらく、彼は嫉妬してみせるだろう。ところが、残念ながらローザン公は、そういった素振りをまったく見せなかった。代わりに、彼は尋ねた。そもそも、なぜ結婚について考えているのか、いまのままで十分幸せそうに見えるのに。それに、あなたにふさわしい人が果たしているのか？　――こういった状況が数週間続いた。彼女はローザン公の自分への想いについて、何一つ探り出すことができなかった。ただ、ある程度、察してはいた。二人には身分の違いがあり（彼女のほうが、ずっと格上だった）、年齢も違う（彼女は六歳年上だった）。それから数か月後、国王の弟の夫人が亡くなった。国王はグランド・マドモアゼルに、亡き義理の妹の代わりになってくれないかと提案した。つまりは、弟と結婚してほしいと。アンヌ・マリーは、この申し出に対して嫌悪感を覚えた。国王の弟は、明らかに財産を狙っているのだ。彼女はローザン公に意見を求めた。ローザン公は、国王に忠実な家来という立場から、国王の望みに応えるべきだと言った。まったくうれしくない答えだった。さらに悪いことに、ローザン公は彼女のもとを訪れるのをやめてしまった。もはや友人であることさえ適切ではないと思っているかのように――。もはや我慢の限界だった。グランド・マドモアゼルは国王に言った――彼の弟とは結婚しないと。そう決めたと。

そしてすぐさまアンヌ・マリーはローザン公と会い、こう告げた。自分が結婚したいと思っている相手の名前を紙に書き、それを枕の下に入れておくので、次の朝、読むようにと。翌朝、彼は「セ・ヴ（それは、あなたです）」という言葉を見つけた。その日の夜、彼女に会って、ローザン公は言った。「からかっているのでしょう？　宮廷内で笑いものにするつもりですね」と。彼女は本気だと言い張った。彼はショックを受け、驚いているようだった。しかし、数週間後にもっと驚いたのは、宮廷のほかの者たちだった。この身分の低いドン・ファンと、国で第二位の地位にある淑女との婚約が発表されたのだから。高潔で、身持ちが堅いとあれほど評判だったにもかかわらずに、である。

〔解説〕ローザン公は、史上もっとも偉大な誘惑者の一人である。じっくりと着実に攻めるやり方が奏功した、グランド・マドモアゼルに対する誘惑は、彼の最高傑作である。やり方は、いたってシンプルだ。遠回りして近づいていく。最初の会話で、彼女が自分に興味を示しているのを感じて、友情関係を築こうと決意する。そして、もっとも献身的な友人となる。まずは、これで彼女を魅了する。それから機会があるたびに、詩や歴史、戦争での功績など、彼女の好きなことについて話をする。彼女は少しずつ彼を信頼するようになる。そして、いつの間にか彼女の感情が変化する。この有能で献身的な友人は、本当に友情関係だけを望んでいるのか？　自分のことを魅力的な女性と感じていないのか？　そういったことを考え、彼女は自分が恋に落ちたことに気づく。それが、国王の弟との縁談を断ることにつながっていく。この決断は、巧妙に、かつ間接的に、ローザン公によって促されていた。ローザン公が彼女のもとを去ったことが決定的であった。お金や地位、ましてやカラダ目当てで近づいたとは決して思わせなかった。なぜなら、何の行動も起こしていないのだから。ローザン公の聡明な誘惑によって、グランド・マドモアゼルは、主導権を握っているのは自分だと信じ込んでいたのである。

　まずは〝正しい犠牲者〟を選び、それから彼または彼女の興味を引き、欲望をかき立てなくてはならない。友情から恋愛へと移っていくためには、そのような戦略自体に相手の関心が向かないようにすることが成功へのカギとなる。最初に、ターゲットと親しく会話をすることで、その人の好みや、弱点、大人になってからの行動を支配する子供の頃の願望といった、貴重な情報を得ることができる（たとえば、ローザン公は一度、じっくりとアンヌ・マリーを観察することによって、賢明に彼女の好みに合わせることができた）。二番目に、ターゲットとともに時間を過ごし、居心地の良さを感じさせる。自分は相手の考えに興味があり、友人としての関わりを望んでいるのだと信じ込ませる。そして、相手の抵抗を弱める。男女間にありがちな緊張をなくすこと。これで、相手が誘惑を受けやすい状況となる。なぜなら、あなたの友情は、すでに相手の肉体へ、そして心へと通じる門をこじ開けたのだから。こうなれば、どんな何気ない発言にも、些細な触れ合いにも、これまでとは違った解釈をするようになる。相手は無防備になり、おそらく二人のあいだに何かが芽生えるはずだ。ひとたび感情をかき立てられると、相手はなぜあなたが行動を起こさないのかと疑問に思うだろう。そして、自ら主導権を握り、二人の関係を自分が支配しているような幻想を楽しむのだ。相手に、自分が誘惑しているように思わせることが、何よりも効果的なのである。

私は彼女に近づいたりはしない。周りをうろつくだけである……これが彼女を仕留めるための〝クモの巣〟の役割を果たすのだ。

――セーレン・キルケゴール

誘惑の秘訣

誘惑者にとって必要なのは、自ら望むほうへと他人を動かす能力である。だが、この目論見は危険な要素を含んでいる。自分があなたの影響を受けて行動しているのではないかと疑った瞬間、相手は怒りを覚えるからだ。われわれは、誰かの意志に従っているという感覚に耐えられない生き物である。遅かれ早かれ、ターゲットはそれに感づき、反感を抱くだろう。しかし、知らず知らずのうちに相手を自分の思うように動かすことができたら、どうだろう？　もし、関係を支配しているのは自分だと、相手に思わせることができれば？　それが、婉曲的手法の力であり、誘惑者は、それがなくては魔法を操ることはできない。

相手を征服するための第一手は、シンプルである。まずは、〝正しい〟相手を選ぶこと。そして、相手を自分のほうへ引き寄せる。最初の段階で、先に近づいたのは自分のほうだとターゲットに思わせることができれば、この勝負は勝ったも同然である。相手が憤慨することもなければ、ひねくれた反応や、被害妄想も起こらない。

相手を自分のほうに引き寄せるには、そのための場（スペース）が必要である。これには、いくつかの方法がある。相手の周りにしばしば出没し、様々な場所で自分の存在を知ってもらう。しかし、決して近づかないようにする。このようにして注意を引き、相手に溝を埋めたいと思わせるのだ。そうすれば、向こうから近づいてくるはずである。そして、ローザン公がグランド・マドモアゼルに対して実践したように、友人となり、異性の友人としての距離を保ちつつ、徐々に距離を縮めていく。相手をじらすのも一つの手である。最初は興味を持っているように見せ、それから身を引く。あなたの張った〝クモの巣〟へと相手を積極的に引き寄せるのだ。何をしようと、どんな種類の誘惑を企てようと構わない。ただし、ターゲットに迫っていくような衝動は何としてでも抑えなければならない。あなたの〝押し〟がなければ相手が興味を失ってしまうとか、相手があれこれ注目されるのを常に望んでいるなどと考えて、間違いを犯してはならない。最初から相手に注意を向けすぎると、不安を生じさせてしまう。あなたの動機に対して相手が疑いを抱くようになるだろう。最悪なのは、ターゲットに想像の余地を与えないということだ。一歩退き、あなたが引き出そうとしている相手の想いが、あたかも自分自身の中から生じてきたものであるかのように思わせるのだ。相手があなたに対して強い影響を与えられる人物である場合には、これがますます重要になる。

われわれが、本当に異性を理解するのは不可能である。異性は常に神秘的な存在であり、その神秘性が誘惑にとても素敵な緊張感を与えてくれる。しかし、それは不安のもとにもなる。女性が本当に求めているものは何かと、フロイトがあれこれ思い巡らしたのは有名な話である。彼のように、優れた洞察力を持った心理学の権威にとっても、異性はまるで異国のような存在であったにちがいない。異性と接する際には、男性にも女性にも心に深く根差した恐れや不安といった感情があるのだ。したがって、誘惑の最初の段階で、相手が抱く負の感情を和らげる方法を見つけなくてはならない（誘惑が進んだ段階では、不安感や危機感は、誘惑の効果を高めることに役立つ。しかし、最初の段階で、そのような感情を呼び起こすと、ターゲットを逃してしまうことになりかねない）。当たり障りのない距離感を保ち、無害に見せ、行動の余地を確保するのだ。

カサノヴァは、衣服、劇場、家庭問題に興味を持ち、ほんの少しの女性らしさを自分自身に取り入れた。若い女性に安心感を与えるためである。ルネサンス期の娼婦、トゥリア・タラゴーナは同時代の偉大な思想家や詩人たちと親交を深め、文学や哲学について語り合った。寝室とは無関係のことばかりだ（金銭の話もしなかったが、実際はそれが彼女の目的だった）。セーレン・キルケゴールの『誘惑者の日記』の語り手、ヨハンネスも、距離を保ちながら、ターゲットのコーデリアを追いかけた。たまたま道で出会うと、彼は礼儀正しく、内気な様子を見せた。コーデリアが彼をよく知るようになっても、怯えさせたりしなかった。事実、彼はあまりにも言葉少なく、彼女は少しじれったく思いはじめるほどだった。

偉大なジャズ奏者で熟練の誘惑者、デューク・エリントンは、その外見とスタイリッシュな服装、カリスマ性で女性たちを魅了した。しかし、女性と二人きりになると、少し距離をとって、とても丁寧に接し、世間話をするのだった。ありふれた会話は、ターゲットを魅了するための素晴らしい戦術である。これがターゲットに魔法をかけるのだ。鈍感そうな態度が、微妙に含みのある言葉や、ちらりと投げかける目線に強力なパワーを与える。決して愛について語ってはいけない。語らないことが、相手にとって大きな意味を持つからだ。相手は、なぜあなたが自分の感情を打ち明けないのか、疑問に思うようになる。そして、先回りして考えるようになり、ほかの何があなたの心の中を占めているのか、想像しはじめるのだ。愛や恋の話を持ち出すのは相手のほうとなる。意図的な鈍感さには、多くの使い道がある。心理療法では、患者を引き込むために医師が相づちを打って調子を合わせる。そうすると、患者はリラックスし、心を開いて話をするようになる。ヘンリー・キッシンジャーは、うんざりするような細かい説明で交渉相手の外交官を油断させ、大したことはないという安心感を与えてから大胆な要求をぶつけたものである。誘惑の初期の段階では、できるだけ地味な話をしたほうが、印象的な話よりも効果的である。ターゲットは言葉にはあまり興味を示さず、あなたの顔を見つめ、想像しはじめる。空想に耽(ふけ)り、あなたの魔法にかかるのだ。

第三者を介してターゲットに接触するのは、極めて効果的なやり方である。相手の領域にこっそり入り込むと、あなたはもはや見知らぬ他人ではなくなる。一七世紀の誘惑者、グラモン伯爵は行動を起こす前に、ターゲットの侍女や従者、友人、さらには恋人とも親しくなった。そうして情報を集め、相手に警戒心を与えないように近づく方法を見つけ出したのだ。また彼は、女性に対して人づてで自分への関心を植えつけることをよくした。第三者に何か言えば、おそらくそれが繰り返され、相手の興味を引くだろうと考えたのだ。特に、自分の知っている人から聞いた話となれば、効果は大きい。

一七世紀の高級娼婦（クルチザンヌ）、ニノン・デ・ランクロは、誘惑の戦略家であった。彼女は、自分の意図を隠すことが誘惑に必要なだけではなく、ゲームの楽しみを増すものだと信じていた。男性は、特に初期の段階では決して自分の感情を表すべきではない、と彼女は感じていた。相手を刺激し、不信感を誘発するだけだからだ。「女性は、言葉で愛を告げられるよりも、自分が愛されていると想像するほうが納得しやすいものだ」。ニノンは、かつてそう語った。人がしばしば自分の気持ちを急いで口にしてしまうのは、快楽に対する偽りの欲求に急かされているからだ。相手に気に入られようとしているのである。しかし、快楽への欲求は相手を悩ませ、感情を害することもある。子供や猫、そして〝コケット〟（第1部「コケット」の章を参照）は、努力せずとも人を引きつける。まったく無関心のように見えるのに引きつけられてしまうのだ。自分の感情を隠すことを学ぼう。そして、二人のあいだに何が起こるかを相手に想像させるのだ。

人生のどのような場面でも、自分が何かを手に入れようとしている印象を決して人に与えてはいけない。それは、決して消えることのない抵抗を生むだけだ。正面からではなく側面から人に近づく方法を学ぶのだ。自分の色を消し、うまく溶け込み、脅威ではないと思わせる。そうすると、後々、策略を用いる余裕ができる。政治の世界においても、同じことが当てはまる。そこでは、あからさまな野望がしばしば人を脅かす。ウラジーミル・イリク・レーニンは、最初はどこにでもいるロシア人のように思われた。労働者のような身なりをして、農民のアクセントで話し、偉大さのかけらも見せなかった。これにより、民衆は安堵感を覚え、彼と一体感を持った。しかし当然、当たり障りのない外観の裏側には非常に賢い男が潜んでおり、いつも策略を練っていたのだ。やがて、民衆が気づいたときには、〝時すでに遅し〟であった。

イメージ

クモの巣。クモは、さりげない場所を選んで糸を編む。時間をかければかけるほど、素晴らしい構造の巣ができる。しかし、たいていの者はそれに気づかない。とても繊細な糸は、ほとんど目に見えないからだ。クモはエサを追いかける必要がない。動く必要さえない。物陰にうずくまり、獲物が自ら飛び込んで、罠にはまるのを待つのだ。

例外

戦争では、軍隊を整列させたり、展開させたりする空間（スペース）が必要となる。スペースがあればあるほど、込み入った戦略を立てることができる。しかし、ときには敵を圧倒し、考えたり反応したりする時間を与えないほうがいい場合もある。カサノヴァは、ターゲットの女性に対して、複数の戦略を適用したのだが、彼がよく使ったのは、素早く印象を植えつけ、最初の対面で相手の欲望をかき立てる方法である。おそらく、勇敢な行ないで、女性を危機から救ったこともあるだろう。そして、相手に注目してもらえるよう着飾ったこともあるだろう。どちらの場合も、ひとたび女性の興味を引いたら、光のような素早さで行動したにちがいない。クレオパトラのような〝セイレン〟（第1部「セイレン」の章を参照）は、出会った瞬間に男たちを肉体的に魅了しようとする。自分の獲物に引き下がるひまを与えない。サプライズの要素を利用して、相手とはじめて接触した瞬間に欲望を抱くようなレベルまで引き寄せる。そして、同じことを決して繰り返さない。大胆さが勝利をもたらすのだ。

しかし、あくまでも短期的な誘惑に限った話である。セイレンもカサノヴァも、たくさんの相手から得たものは快楽だけであり、次から次へと獲物を変え、やがては退屈してしまうのだ。カサノヴァは最後に燃え尽きたが、貪欲なセイレンは決して満足することがなかった。婉曲的で注意深く計画された誘惑は、獲得する獲物の数を減らすかもしれないが、質でそれを補うことになるだろう。

多くの女性は逃げられると追い求める。相手が情熱的すぎることが嫌で、つれないふりをする。退屈な展開も不要だし、懇願は禁物である。手に入れられると確信しているように見せるのだ。性的なことをほのめかせ。友人のふりをしろ。この上なく頑固な生き物に、これまで何度も出会ってきたが、この戦略に騙され、やがて友人から種馬へと変わるのだ。

オウィディウス『恋愛指南』

通りで、彼女を呼び止めることも、挨拶を交わすこともしない。決してそばには寄らない。常に距離を保つよう努力する。おそらく、何度も出会ううちに、彼女ははっきり気づくだろう。彼女にはわかっている。地平線に新たな惑星が現われ、彼女の軌道上に侵入し、それが心をかき乱していることを。奇妙なことに、何気ない出来事だが、彼女はこの動きの基本にある法則の存在に気づかない……攻撃を始める前に、まずは知り合いになることだ。そして、彼女の心理状態を熟知するのだ。

セーレン・キルケゴール『誘惑者の日記』

彼が話す間もなく、山の放牧地から駆り立てられた雄牛が、ジュピターの指示に従い、浜辺へ向かった。彼らは砂地を目指していた。そこでは偉大なる王の娘エウロペが、友人であるテュロスの若い娘たちと戯れていた。……王の威厳を捨てた神々の支配者である その父が、手を振りかざすと、燃え立つような三つに裂けた稲妻が起こり、うなずくと、宇宙が揺れ、雄牛の姿となった。ほかの雄牛たちに紛れ、鳴き声を上げ、柔らかな草地をぶらぶらと歩いた。何とも美しい光景だった。彼の皮膚は、まだ踏まれていない雪のように白かった。雨混じりの南風に溶ける前の雪のように。筋肉は首の上に盛り上がり、皮膚の襞が脇腹に垂れ下がっている。たしかに、角は短かったが、とても美しく、芸術作品のようで、磨かれた宝石よりも輝いていた。その角にも、瞳にも、脅威は感じられない。彼はまったく穏やかだった。

アゲノルの娘エウロペは、ハンサムで愛想のいい若者を称賛した。しかし、優しそうに見えても、最初は彼に触れるのが怖かった。徐々に近づき、彼の輝く唇に花を捧げた。若者は喜び、望んだ喜びを得るまで、彼女の手に口づけをした。彼はその先が待ちきれなかった。必死の思いで自分を抑えた。いまや、彼は跳ねまわり、緑の芝の上で動き回り、そして、黄色い砂の上に真っ白な身体を横たえた。徐々に王女は恐れを忘れ、彼のほうに向くと、穢れを知らない手で彼の胸を撫で、みずみずしい花冠を角にかけた。やがてついに、彼女は雄牛の上にまたがった。誰の背中に自分が乗っているかも知らずに。そのとき、徐々に神が岸から離れてゆき、まずは水際の打ち寄せる波に、蹄に形を変えていた足を立て、それからさらに沖へ進み、やがては、どこまでも広がる海を越えて戦利品を持ち去った。

オウィディウス『変身物語』

これらのいくつかの考察によってわかるのは、誘惑する際、最初に一歩踏み出すかどうかは、男性次第だということである。誘惑者にとって、誘惑とは相手との距離を縮めることで、この場合、性別の違いを縮めることである。これを成し遂げるには、自分を女性らしく、少なくとも、自分自身を誘惑の対象と一体化することが必要である……と、アラン・ロジャーは書いている。誘惑する際、まず、道を踏みはずすのは誘惑者のほうである。ある意味、自分の性を放棄するのだ……誘惑は、明らかに性的な成就を目的としている。しかし、そこに到達するには、一種のゴモラ（訳注：パレスチナの古代都市。一般に邪悪な場所とされている）の幻影を作る必要がある。誘惑者とは、レズビアンのようなものである。

フレデリック・モネイロン
『誘惑――ドン・ジョバンニ、ミック・ジャガー、誘惑の虚構』

ジュピターは、あたふたと慌てていて、そのときアルカディアの乙女を見て一瞬立ち止まった。情熱の炎が、彼の骨の髄まで燃え広がった。この娘は、柔らかな羊毛の糸を紡いでいた娘ではない。それとも、髪型を変えて違ったふうに見せているのか？　彼女はディアナ（月の女神）の兵士の一人だった。チュニックをブローチで留め、ふさふさとした髪を無造作に白いリボンで後ろに留めている。手には軽い槍と弓……。

高く昇った太陽は天頂を通りすぎ、そのとき彼女は木立に入った。木々は、その斧に気づいてはいなかった。彼女は肩から矢筒を取り外し、曲がった弓を解き、芝生に横たわった。色鮮やかな矢筒を枕にして。ジュピターは彼女の疲れた無防備な姿を見て、言った。「これは、わたしの妻が決して知ることのない秘密だ。もし彼女が知ったら、非難に値することだ！」

ディアナの容姿やドレスについて考える間もなく、彼は言葉をかけた。「最愛の人よ」と彼は言った。「どこで狩りをしていたのかね？　どの山の尾根に？」。彼女は芝生から起き上がった。「こんにちは、天上におわしますお方」と彼女は叫んだ。「ジュピターよりも偉大なお方のようにお見受けしますわ。たとえ彼が聞いていたとしても、私は構いません！」。ジュピターは、彼女の言葉を聞いて笑った。自分を気に入ってくれたことで彼は喜び、彼女にキスをした。抑制から解放されたキスを。彼女は森の中での狩りの成果を語りはじめたが、彼は抱擁して話を押し留め、ジュピターらしからぬ振る舞いに及んだ。彼女は簡単には応じず、出来るかぎり抵抗した……しかし、娘がどうしてジュピターに打ち勝つことができよう。それに、誰がジュピターを倒せるというのか？　彼は自分の思いを遂げ、天空に戻った。

オウィディウス『変身物語』

男性が愛していると誓うのを聞くより、犬がカラスに吠えているのを聞くほうがましだわ。

ウィリアム・シェイクスピアの『空騒ぎ』より、
ベアトリスの言葉

ある男の話だ。彼の愛する女は、彼と一緒のときはとても優しくて、いつも寛いでいる様子だった。しかし、もし彼が愛していることをほんの少しでも示したら、女は彼から離れてしまうだろう。ギリシャ神話のプレイアデスのように、愛する女たちは星になり、天に昇っていった。このような場合に必要なのは、一種の政治的手腕である。当事者は、愛する人がそばにいるのを心からうれしく思う。これ以上ないほどに。しかし、もしも彼が内に秘めた感情をあからさまに示したら、自分の思いは達成できるが、愛する人とのあいだにわずかな摩擦が生じてしまう。そして、相手の傲慢さや気まぐれといったあらゆる駆け引きに、愛ゆえに耐えなくてはならないのだ。

イヴン・ハズム『鳩の頸飾り』

3 あいまいなメッセージを送れ

相手があなたの存在に気づき、何となく気になっている様子が見えたら、関心がほかの人間に移ってしまう前に、相手の好奇心を刺激する必要がある。最初は、わかりやすく人目を引くような振る舞いが、相手の関心を引きつけるだろう。しかし、その関心は、たいてい長くは続かない。継続的に効力を有するのは〝あいまいさ〟なのである。ほとんどの人間は、あまりにもわかりやすい。反対に、わかりにくい人間になって、相手にあいまいな印象を与えよう。強くて、優しい。高尚で、低俗。純真で、狡猾――。対照的な要素が入り混じった性格は、深みを感じさせ、相手を戸惑わせると同時に魅了もする。とらえどころのない謎めいた雰囲気がもっとあなたを知りたいと思わせ、あなたの周りに人を集めるのだ。あなたの中の〝矛盾する何か〟をちらつかせて、絶大なパワーを生み出そう。

善と悪のあいまいさ

一八〇六年、プロイセンとフランスは戦争状態にあった。フリードリヒ二世の甥で、プロイセンの王子でもあるアウグストが、ナポレオンに捕えられた。ナポレオンは彼を収監する代わりに、常に見張りをつけて、フランス領内を歩き回ることを許した。ハンサムな二四歳の王子は享楽に耽った。街から街へと巡り、若い娘を誘惑した。一八〇七年、彼はスイスのコペット城を訪れることになった。そこには偉大なフランスの作家、スタール夫人が暮らしていた。

夫人は盛大な歓迎セレモニーを催して、アウグストを歓迎した。ほかの客への紹介を一通り終えて、全員で応接間に戻り、そこで、ナポレオン軍のいるスペインの戦況や、最新のパリのファッションなどについて語り合った。不意にドアが開いて、もう一人女性客が入ってきた。その女性は、皆が王子の登場に騒然としていた頃、どういうわけか自分の部屋に引きこもっていた。三〇歳になるレカミエ夫人で、スタール夫人の親しい友人だった。彼女は王子に自己紹介をすると、素早く自分の部屋に引っ込んだ。

アウグストは、レカミエ夫人が城（シャトー）に滞在していることを知っていた。彼はこの評判の良くない女性について、様々な噂を聞いていた。フランス革命のあと、フランスでもっとも美しい女性とみなされていたのだ。男たちは熱狂した。舞踏会で彼女がショールを脱ぎ、透き通った白いドレスが露わになると、男たちの興奮は最高潮に達した（このドレス姿が彼女を一躍、有名にした）。そして、彼女は自由奔放にダンスを踊るのだ。画家のジェラールとダヴィットは、彼女の顔と衣装、そして足まで、これまでに見たこともない美しさだと称賛し、肖像画を描いてその美を永遠のものとした。そして、彼女はナポレオンの弟、リュシアン・ボナパルトを袖にしていた。アウグストはレカミエ夫人よりも若い女性が好みで、シャトーには休養のために来ていた。しかし気を緩めているときに、突然、姿を見せた彼女に、彼の目は釘づけになった。噂どおりに彼女は美しかった。しかし、美しさよりも目を引いたのは、優しげなまなざしと、神々しいほど悲しみの色を湛えた瞳だった。ほかの客は会話を続けていたが、アウグストはレカミエ夫人のことしか考えられなくなっていた。

その夜、夕食の席で、アウグストは彼女を見ていた。彼女はあまり話さず、顔を下に向けていたが、一、二度目を上げ、まっすぐに王子を見た。夕食のあと、来客たちが回廊に集まると、ハープが持ち込まれた。王子を喜ばせるため、レカミエ夫人が演奏し、ラブソングを歌いはじめた。すると不意に、彼女の様子が変わった。いたずらっぽい目をして彼のほうを見たのである。天使のような歌声、眼差し、生気に満ちた表情、これらが彼の心を揺さぶった。彼は混乱した。次の夜にも同じことが起こると、王子はシャトーでの滞在を延ばすことに決めたのだった。

それからの日々、王子とレカミエ夫人は一緒に散歩し、湖でボートに乗り、舞踏会で踊った。そして、とうとう王子は腕の中に彼女を抱いたのである。二人は深夜遅くまで語り合った。しかし、彼がはっきりと理解したことは何一つなかった。彼女はとても気高く、気品のあるように思えたが、一方で、ほんの少し手に触れてきたり、突然ふざけたことを言ったりもした。シャトーで二週間滞在したあと、ヨーロッパでももっとも結婚相手に望ましいとされた独身男は、それまでの放蕩癖をすっかり忘れて、レカミエ夫人に結婚を申し込んだのである。王子は、彼女が信仰するカトリックに改宗しようとし、レカミエ夫人は年の離れた夫と離婚しようとした（彼女は王子に話していたのだ――自分の結婚は決して完全なものではなく、カトリック協会はそれを無効にすることができると）。彼女はプロイセンに移り、彼と暮らすことになるだろう。夫人は彼の望みどおりにすると約束した。王子は急いでプロイセンに戻り、家族に同意を求めた。夫人はパリに戻り、結婚の無効を申し立てることにした。アウグストはラブレターを山のように送り、返事を待った。時が流れ、彼は気も狂わんばかりだった。そして、ついに返事の手紙が来た。彼女の気が変わったということだった。

数か月後、レカミエ夫人はアウグストに贈り物を送った。ジェラール作の有名な絵画で、ソファにもたれる彼女の姿だった。王子はその絵の前で何時間も過ごし、彼女の眼差しの奥に潜む謎を解き明かそうとした。

王子は、彼女が征服した男性の一人となった。その中には、作家のベンジャミン・コンスタントもいた。彼女について作家は後に、こう語っている。「彼女は、私が愛した最後の女性だ。残りの人生、私はずっと雷に打たれた木のようであった」と。

〔解説〕 レカミエ夫人が征服した男性たちのリストは、歳をとるにつれて、輝かしいものとなっていった。メッテルニヒ王子、ウェリントン公、作家のコンスタントとシャトーブリアン――。これらの男性は、異常なほど彼女に執着した。彼女から離れれば離れるほど、その思いは強まった。彼女の魅力の源は、二つの要素から成る。まずは天使のような顔で、男性を引きつける。その純真さが父性本能に訴えかけて、男性を魅了するのだ。そして二つ目の特徴は、その純真さに相反して、誘いかけるような表情、激しいダンス、突飛な快活さが垣間見られることだ。これらが、男性たちのガードを緩めることになる。はっきりしているのは、彼女には男性が考えていた以上に様々な面があり、その複雑さに引きつけられるのである。一人になって初めて、これらの矛盾に考えを巡らせる。血に混入した毒が体中を冒していくかのようである。レカミエ夫人は一つの謎であり、解くべき難問であった。悪魔のようなコケットであろうと、手の届かない女神であろうと、男性がそう望むならどのような女性にもみえるのだった。彼女は男性とある程度、距離を置くことによって、こうした幻想に拍車をかけたのだ。男性たちは決して彼女の正体を見極めることはできなかった。そして、彼女は計算された効果を演出する女王でもあった。それは、コペット城での不意を突いた登場の仕方に表れている。たとえほんの数秒間でも注目の的になったのだ。

誘惑のプロセスには、相手の心をあなたのイメージで満たすことも含まれる。純真さや美しさ、浮気っぽさなどは相手の注意を引くが、それがいつまでも持続することはない。人はすぐに、より印象的な次のイメージを追い求めるだろう。さらなる興味を引き出すには、自分の複雑さをほのめかすことである。一、二週間ではとうてい解読できない複雑さをほのめかして、あなたという人間は、とらえどころのない謎で、抗しがたい魅力があり、手に入れさえすれば、大きな喜びが見込まれる、と思わせるのだ。ひとたび相手が、あなたについて幻想を抱くようになれば、誘惑という滑りやすい斜面の縁にいるのも同じで、もはや滑り落ちるのを止めることはできない。

気取っているのに気さく

一八八一年にブロードウェイで大ヒットしたのが、ギルバート・アンド・サリヴァンのオペラ『ペイシェンス』である。耽美主義者や洒落男たちが織りなす自由奔放な世界を風刺したもので、ロンドンでも大流行した。この流行を利用しようと、オペレッタの興行主は、イギリスのもっとも悪名高い耽美主義者をアメリカへの公演旅行へと招待した。それが、オスカー・ワイルドである。当時まだ二七歳だったワイルドは、いくつか世に出した作品よりも、その人物像で有名だった。アメリカの興行主たちはこう確信した――この、常に花を手に歩き回っているような印象の男に世間は魅せられるだろう、と。しかし、その魅力も長くは続かないだろうから、いくつか講演会でもして目新しさがなくなれば、故郷へ送り返せばいい。報酬が良かったので、ワイルドはこの仕事を引き受けた。ニューヨークに着くと、税関吏が尋ねた。「何か申告するものはあるか」と。彼は「申告するものは何もありません」と答えた――「自分の才能以外は――」。

あちらこちらから招待が殺到した。ニューヨークの社交界は、この変わり者にこぞって会いたがった。女性たちは彼のことを魅力的だと思ったが、新聞はそれほど親切ではなかった。ニューヨーク・タイムズ紙は、彼を〝インチキ耽美主義者〟と呼んだ。到着して一週間後、最初の講演会を行なったホールは人でいっぱいだった。一〇〇〇人以上集まったが、その多くは、ただ彼の外観を見にきただけだったのだ。観客が失望することはなかった。ワイルドは花こそ持っていなかったが、期待以上に背が高く、流れるような長い髪の持ち主だった。そして、緑のベルベットのスーツにクラバット（訳注：ネクタイの起源となるもの）をつけ、半ズボンと絹のストッキングを履いていた。観客の多くは当惑した。彼の大きな身体とかわいらしい衣装の組み合わせが、かなり醜悪なものだったからである。大っぴらに笑う者もいたし、困惑を隠しきれない者もいた。この嫌悪感は、ずっと消えないだろうと彼らは考えていた。そして、ワイルドが話しはじめた。

テーマは「英国のルネサンス」と「芸術のための芸術」である。一九世紀後半にイギリスで起こった運動だ。ワイルドの声は催眠術のようだった。気取ったわざとらしい口調で、音楽の拍子を取るように語った。話の中身を理解できる者は、ほとんどいなかった。しかし彼の言葉は機知に富み、よどみなく溢れ出てくる。風貌は明らかに奇妙で、ニューヨーカーたちはこれほど興味をそそる男を見たことも聞いたこともなかった。講演会は大成功に終わった。新聞さえも、しだいに好意的になってきた。その数週間後、ボストンでは、六〇人ほどのハーバードの学生が待ち受けていた。学生たちは、半ズボンを履いて花を持った、この女々しい詩人をからかうつもりでいた。ワイルドが入場すると、わざとらしいほどの大声援が起こったが、彼は少しもまごつくことはなかった。観客は彼の即興のコメントに狂ったかのように笑い転げた。観客が不躾な質問をしても、彼は威厳を保ち、怒りを表すこともなかった。またしても、その態度と外見のコントラストが、彼を驚くべき人物に見せていた。多くの者が深い感銘を受け、ワイルドは世間を沸かせる存在へと着実に近づいていった。

短期間のはずの講演旅行が、アメリカを横断する大仕事へと変わっていった。サンフランシスコでは、この美術と美学について語る講師が、誰とでも酒を酌み交わし、酔っぱらい、ポーカーをするのがわかった。これが大成功だった。西海岸から帰る途中、ワイルドはコロラドに立ち寄る予定だった。彼は警告を受けていた。もしも、かわいい青年詩人が鉱山の町レッドビルに現われたりすれば、高い木から吊るされることになるかもしれないと。しかし、それは断ることのできない招待だった。レッドビルに着くと、彼はヤジを飛ばす者や意地の悪い輩を無視して、鉱山を巡り、酒を飲み、カードに興じた。その後、ルネサンス期のイタリアの画家、ボッティチェリやチェルリーニについてサロンで講演を行なった。ほかのアメリカ人と同じように、炭鉱夫たちも彼の魔法にかかったようだった。彼の名にちなんで鉱山に名前をつける者さえ現われた。あるカウボーイは、こんな言葉を聞いたという。「奴は大した芸術家だよ。それでいて、俺たちを酔いつぶして、二人いっぺんに家まで送っていったりするんだから」

〈解説〉かつて、ディナーの席で、オスカー・ワイルドは即興で寓話を作り、鉄屑についてこんな話をした――鉄屑たちはあるとき突然、近くの磁石を訪問したいと考えた。みんなで話し合っていると、だんだん磁石に近づいていることに気がついた。どうしてそうなるのかわからないが、近づいているのだ。とうとう彼らは大きな塊となって、磁石のそばへ引き寄せられていった。「そのとき、磁石が笑った。なぜなら、鉄屑たちはまったく疑ってもいなかったからだ。磁石を訪ねようとしたのは、自分たちの自由意志だと思っていたのだ」。そのような効果を、ワイルド自身も周りの人間に及ぼしていたのである。

　ワイルドの魅力は、彼の人格の単なる副産物ではなく、巧妙に計算されたものだった。矛盾（パラドックス）を愛した彼は、突飛さとあいまいさを併せもつ自分自身を意図的に演出して周りに見せていたのだ。気取った身なりと、機知に富んだ会話や苦もなくこなす講演とのコントラストである。自然な親しみやすさと、のびのびとした態度で、一つのイメージを作り上げたが、それは彼の本質と相反するものであった。人々はこの理解しがたい男に、反感を抱き、混乱し、興味をそそられ、最後には、引き寄せられたのである。

　矛盾は人を引きつける。なぜなら、真意をあれこれ探ることになるからだ。われわれは、知らないうちに合理性に抑圧された日常を送っている。そこでは、すべてが何らかの意味を成している。対照的に、誘惑はあいまいさや混ざり合ったシグナル、解釈不能な言葉によって、ますますその効果を発揮する。ほとんどの人間は、痛々しいほどわかりやすいものである。もし彼らの人格が人目を引くものであったら、われわれは一瞬、それに引きつけられるかもしれない。しかし、しだいに関心は薄れてゆく。われわれを引きつけるような深みもなければ、反発を誘うものもない。人を引きつけ、関心を得るカギは、謎めいたイメージを発信することである。生まれつき謎めいた者は誰もいない。少なくとも、長い時間、謎でありつづけることはできない。謎とはあなたが仕掛けていくもの、すなわち策略であり、誘惑の最初の段階で発揮しなくてはならないものだ。あなたの人格の、ある一面を見せるのだ。そうすると、誰もがそれに気づく（ワイルドの例で言うと、服装や態度が人々に与えた気取った印象）。しかし同時に、混ざり合ったシグナルを送ることである。あなたは見かけとは違うということ、矛盾をはらんでいるということを伝えるサインだ。内に秘めた人格が否定的なもの、たとえば危険で残虐で、不道徳なものであっても、心配はいらない。とにかく、人々は謎めいた人物に引かれるのだ。純粋な善良さが、誘惑的であることはめったにない。

彼の矛盾は、ただひたすら人の注意を引きつけるためだけのものだ。
——リチャード・ル・ガリエンヌ、友人のオスカー・ワイルドについて語る

誘惑の秘訣

誘惑では、相手の関心を引き、それをしっかり捕まえなければ、何一つ先へ進めることはできない。肉体的存在ではなく、絶えず心に浮かぶ精神的存在として、相手を引きつけることが必要だ。初対面で相手の心を揺さぶるのは、極めて簡単である。相手が注目するような服装や思わせぶりな目つき——何か思い切ったものを見せるのだ。しかし、次に何が起こるのか？　われわれの心には、イメージが次から次へと浮かんでくる。媒体が作り出したイメージではなく、乱雑な日常生活から生まれたイメージだ。そして、これらのイメージの多くは非常に印象的なものである。あなたは関心を引き起こすために、より印象的な別の何かになるのだ。あなたの魅力が一人歩きして、魔法のように輝き続け、相手はあなたがいないあいだも、あなたのことを考えるようになる。つまり、相手の想像力をかき立て、あなたには目に見える以上の何かがあると思わせるのだ。ひとたび相手があなたのイメージを幻想的に飾り立てると、もう罠に掛かったも同然である。

しかし、これは初期の段階で行なわなければならない。相手があなたのことを知りすぎて、あなたへの印象が固まってしまう前にである。あなたに目を向けた瞬間に起こるべきことである。最初の出会いで混ざり合ったシグナルを送り、ちょっとした驚きを演出し、緊張感を生み出す。あなたは一人の人間であるが（純真で、活力に溢れ、知的で機知に富んだ）、同時にほかの一面も（向こう見ず、内気、のびのびした、悲しげなど）、ちらりと見せるのだ。これらを巧妙に見せつづけることである。二つ目の性質を強く出しすぎると、統合失調症のように見られるかもしれない。しかし、「なぜ大胆で知的で機知に富んだあなたが内にこもり、悲しげに見えるのだろう」と相手に思わせることで、関心を引くことになる。あいまいな印象を与えて、相手が見たいあなたを見せよう。心の暗い部分を覗き見させることで、相手の想像力を支配するのだ。

ギリシャの哲学者ソクラテスは、史上もっとも偉大な誘惑者の一人であった。教え子の若者たちは、その考えに魅せられただけではなく、彼に恋心を抱いていた。その中の一人が、名うてのプレイボーイであるアルキメデスである。紀元前五世紀の終わり頃、彼は政界の実力者となり、権力を握った。プラトンの『饗宴』の中で、アルキメデスはソクラテスの魅力について、当時つくられた小さなシレノスの像と比べてこう話した。「ギリシャ神話に出てくるシレノスはとても醜いが、賢い予言者でもあった。それゆえに、彫像の中が空洞になって、開けてみると、そこに小さな神の像が入っている。アルキメデスにとってソクラテスも同じだった。魅力に欠ける外観の中には、真実と美しさが隠されているのだ」と。アルキメデスにとってソクラテスも同じだった。彼は不快なほど醜いが、その顔は内なる美や充足感で輝いていた。こうした印象は人を困惑させると同時に、魅力的でもあった。

古代の偉大な誘惑者、クレオパトラも混ざり合ったシグナルを発していた。誰が見ても、声、顔、身体、物腰に女性的な魅力があり、すばらしく活発な精神の持ち主でもあった。当時の多くの著述家が、彼女の精神には男性的な要素があったと記している。こういった相反する資質が彼女を複雑な存在にし、その複雑さが彼女にパワーを与えていたのである。

関心を引き、それをしっかりとどめておくために、外見に反した特質を見せ、深みと神秘性を生み出す必要がある。愛らしい顔と純真な雰囲気をまとっているなら、どこか暗く、少し残忍にさえ見えるような性格をそれとなく、ほのめかそう。言葉で表すのではなく、態度で表すのだ。俳優エロール・フリンは少年っぽい天使のような顔で、どこか悲しげな様子をしていた。しかし、女性たちは、このような外観の下に、残忍さやあくどさといった、危険をはらんだ一面を感じ取ることができた。正反対の性質を見せることで、頭から離れないような興味を引きつけたのだ。同じタイプの女性にマリリン・モンローがいる。顔も声も少女のようだが、官能的で悪女っぽい要素を強く発していた。レカミエ夫人は、こういった要素をすべて瞳に宿していた。天使の眼差しが突如、官能的でふしだらな眼差しへと変貌するのだ。

性的な役割で〝遊ぶ〟ことも、興味深い矛盾を生み出す。誘惑の長い歴史の中で繰り返し行なわれてきたことだ。偉大なるドン・ファンは可愛らしさや女らしさをほんの少し持っていたし、もっとも魅力的な娼婦たちは男性的な気質を備えていた。けれどもこの戦略は、隠れた性質をほとんど見せないことによってのみ効力を発揮する。もし、二面性のあることがあまりにも明白で、人目を引くようであれば、単に風変わりと捉えられ、さらには脅威と捉えられることもありうる。一七世紀フランスの偉大なるクルチザンヌ、ニノン・ド・ランクロは、外見は女性らしく見せようとしていた。しかし、彼女と会った誰もが、攻撃性と自立性を彼女の中に見出した。ただし、ほんの少しである。一九世紀後半のイタリアの作家、ガブリエーレ・デ・ダヌンツィオは、堂々と男らしくアプローチを仕掛けるが、優しく思慮深い一面も持ちあわせており、女性の装飾品に興味を示した。性的役割の組み合わせは多様で状況に応じて調整することができる。オスカー・ワイルドは見かけも態度も女性らしかったが、根はとても男性らしく、女性も男性も引きつけたのである。

このテーマにおいて、もっとも強力なギャップを演出するのは、肉体面での〝熱さ〟と感情面での〝冷たさ〟である。ボウ・ブランメルやアンディ・ウォーホルなどの〝ダンディ〟（第1部「ダンディ」の章を参照）たちは、光輝くような容姿と冷淡な態度を併せ持っていた。誰からも、何からも、遠く離れた存在だった。彼らは魅惑的だが手に入りにくく、人々は生涯にわたってそのような男性を追い求めてしまう。手に入る見込みがないという考えを打ち消そうと常に努力しながら（明らかに手に入る見込みがない人間というのは、恐ろしく魅力的である。そのような人間を攻略して〝選ばれし者〟になりたいと誰もが望んでいるのだ）。彼らはまた、ほとんど話をしないか、うわべだけの話をするかのどちらかであった。自分をあいまいさと神秘さで覆い、決して他人の手の届かない奥深い人物であることをほのめかしたのだ。

マレーネ・ディートリヒが部屋に入ってくると、またはパーティ会場に到着すると、すべての目が、必然的に彼女に向けられた。まずは、ドキッとするような奇抜な服装に目を奪われる。それから、何事にも無関心で冷淡な雰囲気。男性も女性も彼女に心を奪われ、その夜が過ぎても、長いあいだ彼女のことを考えつづける。第一印象、つまり誘惑への〝入り口〟が決定的に重要なことを覚えておいてほしい。「注目されたい」という欲求が強すぎるのは、不安を感じている表れであり、しばしば人を遠ざけてしまうことにもなる。反対に、冷たすぎて、無関心な態度では、誰もわざわざ近づいてはこないだろう。秘訣は、二つの態度を同時に組み合わせることだ。それが人を惑わすコケットのエッセンスである。

おそらく、あなたは自分の特定の資質について、なんらかの評判を得ていることだろう。人々はあなたを見ると、すぐにそれを思い浮かべる。この評判の陰にほかの資質も潜んでいることをそれとなく示して、人々の関心を持続させることができれば、そこから一歩前進だ。バイロン卿ほど、腹黒く罪深いという評判を得た人物はいないだろう。女性たちが彼に夢中になったのは、その冷たく尊大な外見の裏側に、実にロマンティックで、崇高ですらある内面を感じ取ったからだ。バイロンは憂鬱そうな雰囲気を漂わせながらも、しばしば親切な振る舞いをして女性を翻弄した。心を射抜かれて混乱した多くの女性は、自分こそが〝選ばれし者〟として彼を更生へと導くことができると考えた。彼を献身的な恋人にできると。いったんそうした考えを抱いてしまえば、その女性は完全に彼の魔法に支配されることになる。

このような誘惑の効果を生み出すのは、さほど難しいことではない。たとえば、あなたが著しく合理的な人間だと見られているなら、非合理的な面を見せればいいのだ。キルケゴールの『誘惑者の日記』の語り手ヨハンネスは、若きコーデリアに対して最初は事務的な礼儀正しさをもって接した。彼の評判から彼女が予想したとおりだった。しかし、彼女はすぐに、彼の性格の野性的な面や詩的な面を示唆するような話を偶然、耳にする。そして、驚き、引かれていったのだ。

これらの原則は、性的な誘惑以外でも適用される。幅広く人々の関心を得るために、そして、誘惑してあなたのことを考えるように仕向けるために、混ざり合ったシグナルを送るのだ。一つの面ばかりを強調しすぎると、それがたとえ知識や能力など立派なものであっても、人間性を欠いていると人々は感じてしまうだろう。われわれはみな複雑であいまいで、矛盾だらけの感情を抱えている。もしあなたが一面だけを示せば、たとえ良い面でも、人々の神経をいらだたせてしまう。偽善者だと疑われることになるだろう。マハトマ・ガンディーは聖人の姿をして、怒りや恨みなどの感情をまったく隠さなかった。近現代のアメリカの公人で、もっとも魅力的と言われるジョン・F・ケネディは、〝歩く矛盾〟と言われた。彼は東海岸の特権階級出身でありながら一般市民から愛された。戦争の英雄であり、見るからに男の中の男でありながら、内面に脆さも隠していた。そして知識人でもあり、大衆文化を愛した。人々はケネディに引かれていった。まるでワイルドの寓話に登場する鉄屑たちのようだった。輝かしい外観は華やかな魅力を発する。しかし、絵画において目を引くのは、地の部分の奥行きの深さ、言葉にならないあいまいさ、そして幻想的とも言える複雑さなのである。

イメージ

劇場の緞帳（カーテン）。舞台の上で折り重なる、ずっしりとした深紅の緞帳は、催眠術のように見る者の目を奪う。しかし、真にあなたを魅了し、引きつけるのは、緞帳の後ろでこれから何かが始まるという期待感だ。隙間から漏れるライトが、秘密めいた雰囲気で、これから何が起きるかを予感させる。いままさに始まろうとしている舞台を覗き見しているスリルを味わえるのだ。

例外

あなたが示す複雑さは、謎めいたことを楽しむ能力が相手にあればこそ、正しく効力を発揮する。シンプルなことを好む人たちは、自分を混乱させる相手を決して追いかけようとはしない。彼らは驚かされたり、圧倒されたりすることを好む。ベル・エポックの偉大な娼婦、ラ・ベル・オテロは、自分を求める芸術家や政治家に複雑さという魔法をかけようとした。しかし、粗野で直情的な男性を相手にするときは、まばゆいばかりの美しさで心を奪おうとしたものだ。女性と初めて会うとき、カサノヴァは宝石や鮮やかな色で飾られたきらびやかな身なりで眩惑した。相手がもっと複雑な誘惑を好むかどうか、その反応を探るためだ。その中の何人か（特に若い女性）は、うっとりするような外見しか必要としなかった。相手が真に望むのが外見だけなら、誘惑をそれ以上の段階に進める必要はない。

すべては、ターゲットしだいである。奥深さを感じられない人間に、わざわざそれを演出してやる必要はない。相手が不快感を抱いたり、気を悪くしたりするかもしれない。そのようなタイプは、よりシンプルな喜びを好み、より複雑なストーリーを楽しむ忍耐力に欠けているのだと理解できる。相手に合わせて、シンプルに考えよう。

ライヒャルトは、ある舞踏会でジュリエットに出会った。彼女ははにかんでダンスを拒み、それからしばらくして、重たい夜会服を脱ぎ捨て、その下の薄いドレスを露わにした。彼女の艶めかしさや思わせぶりな態度に、あちらこちらから、ざわめきや囁き

が湧き上がった。いつものように、彼女は背中のあいた白いサテンの服をまとい、美しい肩を露わにしていた。男たちが、踊ってほしいと哀願した……すると、彼女は透き通ったギリシャ風のローブをまとい、柔らかな音楽に合わせて部屋の中を漂いはじめた。頭にはモスリンのスカーフを巻き、おずおずと観客にお辞儀をし、軽やかに回った。指先で透き通ったスカーフを振り回すと、しだいにうねりが大きくなり、カーテンやベールや雲のような形となった。すべての動作には、正確さと気だるさが奇妙に混ざり合っていた。かすかに魅了するような眼差しが、そこにあった。「彼女は目で踊っている」と女性たちは思った。蛇のように、波打つように、身体をくねらせ、さりげなくリズミカルに頭を上下させる。それは見る者の五感に訴えた。男たちは、この世のものとは思えない至福の領域に漂うように群がってきた。ジュリエットは破滅的な天使であり、天使に見えるだけに何よりも危険な天使であった！　音楽がだんだん弱まってきた。不意に、一瞬の早技で、ジュリエットの栗色の髪がほどけ、彼女の肩に雲のように降りかかった。わずかに息を切らしながら、彼女は薄暗い寝室に戻っていった。男たちは群がって、あとを追い、彼女が長椅子に横たわるのを見守った。ゆったりとした茶会服をまとい、品よく青ざめ、ジェラールの描いたプシュケのようだ。そのあいだ、メイドが彼女の額を化粧水で冷やしていた。

マーガレット・トゥランサー『マダム・レカミエ』

二つの異なった要素をモナリザの微笑みは兼ね備えている、というのが何人もの評論家が抱いた印象である。美しいフィレンツェ女性の表情の中に、もっとも完璧なコントラストを見出したのである。何よりも圧倒的なのは官能的なその姿で、慎み深くありながら誘惑的で、献身的な優しさの中にも肉感的要素がある。それは非情なほど多くの解釈を要求し、まるで異星人であるかのように男たちを消耗させた。

ジークムント・フロイト『レオナルド・ダ・ヴィンチと彼の幼少期の思い出』

オスカー・ワイルドの手は肉づきがよく、締まりがなく、握手には力強さがない。最初に出会ったとき、人は彼の気取った身なりと軟弱さに思わずたじろぐ。だが、彼が話しはじめると、この嫌悪感はすぐにかき消される。なぜなら、彼の純粋な優しさや、人を喜ばせようとする姿勢が、その容貌や身体的接触に嫌悪を感じたことを忘れさせるからだ。魅力的な振る舞いに、華麗ともいえる的確なスピーチ。彼の第一印象は、人々にさまざまな影響を及ぼした。ある者は笑いを抑えきれず、またある者は悪意を抱き、また何人かは不快感に苦しめられた。そして、多くの者は不安を感じた。しかし、最初の嫌悪感を拭いきれず、彼から遠ざかっていったのは、ほんのわずかな人たちだった。男女とも、彼と同世代の若者たちを含め、彼に魅力を感じた。W・B・イェーツは言っている。彼は別の時代からやって来た、大胆不敵な成功者のようであったと。

ヘスキス・ピアソン『オスカー・ワイルド、その人生と機知』

昔々、あるところに磁石がおりました。そして、そのすぐ近くに鉄屑が住んでいました。ある日、二、三の鉄屑が、突然、磁石に会いに行きたいと思いました。そして、それがどんなに楽しいかと話しはじめました。近くにいたほかの鉄屑も、彼らの会話を耳にして、その願いが伝染したようでした。さらに何人かが加わり、最後には鉄屑全員がその問題について議論を始めました。漠然とした願いが、ますます強くなっていきました。しかし、ほかの者は、「今日、行ってみよう」と一人が言いました。しかし、ほかの者は、明日まで待ったほうがいいという意見でした。

そうこうしているあいだ、気づかぬうちに、彼らは磁石のそばへ寄っていきました。磁石はただじっとその場に留まり、鉄屑に何の注意も払っていないようでした。そうして、鉄屑は議論を続け、知らず知らず、磁石のほうへ近づいていきました。話をすればするほど衝動が強まり、やがて我慢できなくなった者が、ほかの者がどうしようと、その日のうちに行くべきだと宣言しました。磁石を訪ねるのは、自分たちの義務だと言う者もいました。もっと早く行くべきだったとも。そして、話しているあいだも、さらに近くへと寄っていき、自分たちが動いていることに気づきませんでした。

やがて、我慢できないという思いが広がり、衝動を抑えきれず、全員が叫び出しました。「待っていても何もならない。今日、行こう。いま行こう。いますぐ行こう」と。そして、一致団結して歩き出すや、次の瞬間には磁石のあらゆる側面にしっかりとくっついていました。

すると、磁石が笑いました。なぜなら、鉄屑はまったく疑っていなかったからです。自分たちの意志で、磁石のもとへ向かったと信じていたのです。

ヘスキス・ピアソン『オスカー・ワイルド、その人生と機知』

（リチャード・ル・ガリエンヌ『オスカー・ワイルド』の引用）

即興の馬上槍試合が終わり、騎士たちは散り散りに去っていった。気の向くほうへと進み、リヴァリーンは、たまたま美しいブランシェフルールが座っているところへやって来た。彼女の姿を見て、彼は馬を走らせた。彼女の瞳を見つめながら、これ以上ないほどうれしそうに挨拶をした。

「なんとお美しい！」

「ありがとう」、彼女ははにかみながら答えた。

「全能の神よ、すべてのものに喜びを、そなたの心にも！　それから、感謝の気持ちをそなたに！　しかし、どうか忘れないでほしい。あなたに言いたいことがあります」

「おお、愛しい娘よ、私が何をしたというのか？」、礼儀正しくリヴァリーンは尋ねた。

「私の最愛の友のことで、あなたは私を苦しめました」

「なんということだ」、彼は考えた。

「どういう意味だ？　私が彼女を不快にさせたと。どんなことをしたのか？　何をしたと言っているのか？」。彼はさらに考えを巡らした。騎士の競技を行なった際に、偶然に彼女の友を傷つけてしまったのかもしれない。それで彼女は怒っているのだ。しかし、違う。彼女が言っている友とは、彼女の心のことだ。自分は、彼女の心を苦しめたのだ。彼女が話す友とは、そのことだ。ところが、私は何も知らなかったのだ。

「愛しい人よ」。彼はいつものように相手を魅了するような口調で訴えた。

「どうか、怒らないでほしい。どうか、恨まないでほしい。もし、そなたの言うことが真実なら、この私に、そなたが判決を言い渡してほしい。命令どおり、何にでも従う」

「起こってしまったことで、あなたを憎んではおりません」、美しい娘は答えた。

「また、それによって、あなたを愛することもないでしょう。しかし、あなたが犯した間違いに対してどんな償いをするのかを見て、いずれ、あなたをテストしてみましょう」

彼は頭を下げ、立ち去ろうとした。娘は彼に向かって、そっとため息をつき、優しく言った。

「おお、友よ、神の祝福がありますように！」。このときから、お互いに相手のことを想うようになった。

リヴァリーンは背を向けると、多くのことを思った。あらゆる側面から、なぜブランシェフルールは怒っているのか考えた。背後に何があるのか。彼女の挨拶について、言葉について。彼女のため息についても細かく考察した。別れの言葉や態度についても……しかし、彼女の真意は測りかねた。敵意からの振る舞いなのか、それとも、愛からの……。彼は戸惑い、心は揺れ動いた。考えはあちらこちらへと駆け巡った。一瞬、心は遠くをさまよい、不意にまた別のほうへと。やがて、自分自身の欲望という罠にはまり、逃げる力が尽きてしまった……。

もつれた考えは、彼を苦境に陥れた。彼女が自分をどう思っているかわからないからだ。自分を愛しているのか、憎んでいるのか。望みを抱くことも、失望することもできず、前へ進むことも、退くこともできない。希望と失望が彼を前後に揺さぶり、解決できない不和が生じていた。希望は彼に愛を語り、失望は憎しみを語った。この不和のため、憎むべきか、愛するべきか決めかねるのだった。こうして、彼の心は迷いという港を漂い、希望は彼をうんざりさせ、失望は去った。どちらにも不変性を見出せなかった。どちらとも決着がつかず、失望が表われ、ブランシェフルールは敵だと告げると、彼はたじろぎ逃げようとした。しかしすぐに、希望が表われ、彼女の愛や甘い願いを運んでくる。彼はその場に留まるしかなかった。二つのぶつかり合う感情の中で、どちらに向かえばいいのかわからなかった。前へ進むことはできず、自由になろうとすればするほど、愛が力ずくで引き止める。逃れようとすればするほど、愛がしっかりと彼を引き戻すのだ。

ゴットフリート・フォン・シュトラスブルク
『トリスタンとイゾルデ』

4

欲望の対象にふさわしくなれ
——三角関係を作る

他者から避けられたり無視されたりするような人間に引かれる者は少ない。人は、すでに注目を集めている人間の周りに集まるものだ。獲物を近くにおびき寄せ、あなたを所有したいと思わせるには、人気者でたくさんの人から求められているというオーラを作り出す必要がある。それができれば、相手は虚栄心に突き動かされて、あなたの関心を独り占めし、取り巻きたちからあなたを奪い去ろうとするだろう。多くの異性（友人たち、元の恋人たち、求愛してくる相手など）に囲まれた人気者であるという幻想を巧みにつくり出そう。三角関係を作って、相手の競争心を刺激し、自身の価値を高めるのだ。評判を先に一人歩きさせるのも良い。あなたの魅力に屈した者が何人もいるということには何か理由があるにちがいない、と相手が思えば、しめたものだ。

三角関係を形成する

一八八二年のある夜のことだ。当時ローマに住んでいたプロイセンの哲学者パウル・レーは、ある年上の女性の家を訪問した。彼女は作家や画家のためのサロンを開いており、三二歳のレーはそこで、新顔の二一歳のロシア人少女、ルー・フォン・ザロメの存在に目を留めた。彼女は母親と一緒に休暇でローマに来ていた。レーは自己紹介した。そして二人は会話を始め、夜遅くまで語り合った。彼女の神についての見解や倫理観は、彼のものと非常によく似ていた。それからの数日間、レーとザロメは街の中を長いあいだ散策した。レーは、彼女の精神に興味を引かれ、激しい気性に混乱させられながらも、もっと一緒に過ごしたいと思うようになっていた。ある日、彼女がした提案は、彼を驚かせるものだった。レーが哲学者フリードリヒ・ニーチェの親しい友人であること、そしてそのニーチェがイタリアを訪問中であることを知り、三人で一緒に旅行をしたいと言いだしたのだ。それればかりか、一緒に暮らして哲学者による〝三人婚〟を体験してみたいと言う。キリスト教徒のモラルに強く批判的だったレーは、この考えを喜んで受け入れ、ニーチェに手紙でザロメのことを知らせた――彼女がとても会いたがっていると。そのような手紙を何通か受け取り、急かされるようにしてニーチェがローマにやって来た。

レーはザロメを喜ばせ、感心させようとニーチェを招待した。同時にニーチェがこの若い娘の考えに熱心に耳を傾けるかどうか見てみたいと思った。しかし、ニーチェが到着するとすぐに、不愉快なことが起きた。なんと偉大なる哲学者であり、孤独であることを好む男が、明らかにザロメに夢中になってしまったのである。三人で知的な会話を楽しむどころか、ニーチェは娘と二人きりになろうと企んでいるようだった。ニーチェとザロメが二人きりで話しているのをふと目にして、レーは身震いするほどの嫉妬に駆られた。哲学者の〝三人婚〟という考えは、どこかへ行ってしまう。ザロメは自分のもので、自分が彼女を見出したのであり、誰かと共有するつもりなどさらさらない。たとえ親友であっても、だ。どうにかしてザロメを一人きりにしなければならない。そうなりさえすれば、彼女を口説き、勝ち取ることができる。

ザロメの母親は娘をロシアへ連れ帰る計画を立てていたが、娘のほうはヨーロッパに残ることを望んだ。レーは母娘のあいだに入り、ザロメ母娘にドイツへ一緒に旅行することを提案する。そして、自分の母親に紹介しようと申し出たのだ。彼の母親がお目付役となって、ザロメの面倒を見ることも約束した（レーには、母親が手ぬるいお目付け役にしかならないだろうとわかっていた）。ザロメの母親はこの提案を受け入れたが、ニーチェを振り払うことは容易ではなかった。ニーチェはレーの故郷へ向かう旅に自分も参加すると決めていたのだ。北に向かう旅の途中、ある街でニーチェとザロメが二人だけで散歩に出かけた。彼らが戻ってきたとき、レーは直感した。二人のあいだに何か肉体的な関係が生じたと。血が煮えたぎる思いだった。ザロメは彼の手の内から離れようとしていた。

やがて、一行は別れた。ザロメの母親はロシアに戻り、ニーチェはタウテンブルクの夏の別荘へ。レーとザロメはレーの家に残った。しかし、ザロメは長く留まらなかった。ニーチェの招待を受け、付き添いもなく一人でタウテンブルクの彼のもとへ向かった。残されたレーは、疑いと怒りに身を焦がした。ますます彼女を欲するようになり、何としてでも取り返そうと心に決めた。彼女がようやく戻ってくると、レーは自分の胸の内をさらけ出した。ニーチェを罵り、彼の哲学を批判し、彼がザロメに近づく動機に疑問を呈したのだ。しかしザロメは、ニーチェの肩を持った。彼女を永遠に失ったと感じて、レーは絶望した。しかしながら、数日後、また彼女はレー驚かせた。彼と一緒に暮らしたいと言いだしたのだ。しかも二人だけで暮らしたいのだと。

ついにレーは、自分の欲するものを手に入れた。少なくとも、そう思った。彼らはベルリンに落ち着き、そこで一緒にアパートを借りた。しかし、レーはすぐに狼狽させられた。ここに至ってもなお過去のパターンが繰り返されたのだ。一緒には暮らしていても、ザロメはあらゆる分野の若い男性から言い寄られた。ベルリンの知識人たちも、ザロメの妥協を許さない自立した精神を称賛した。彼女には常に取り巻きがいて、彼らはザロメを「閣下（ハー・エクセレンシー）」と敬称で呼んだのである。レーは、彼女の関心を得るための競争の中に、ふたたび自分が置かれていることに気づかされた。数年後、すっかり絶望したレーは、彼女のもとを去った。そして、ついに自殺に追い込まれてしまう。

一九一一年、ドイツでのこと。ジークムント・フロイトは、ある会議でザロメと出会う（そのときには、ルー・アンドレアス・ザロメとして知られていた）。彼女は、精神分析運動に心血を注ぎたいと述べた。他の男性たちと同じように、フロイトも彼女を魅力的だと感じたが、ニーチェとの破廉恥な情事についても知っていた（第1部「ダンディ」の章を参照）。ザロメには、精神分析学やセラピーなどを学んだ経歴はなかったものの、フロイトは自分の弟子たちのサークルに入ることを認め、私的な講義にも出席させた。彼女がサークルに参加してまもなく、フロイトが将来もっとも有望と見込んでいた優秀な学生の一人、ヴィクター・タウスク博士が彼女と恋に落ちた。ザロメより十六歳も年下だった。ザロメとフロイトの関係はプラトニックなものだったが、彼はしだいに強い好意を抱くようになる。彼女が講義を欠席すると、フロイトは意気消沈し、手紙や花を贈った。ザロメがタウスクと関係を持つようになると、彼は嫉妬を覚え、競って彼女の関心を勝ち取ろうとした。タウスクは、彼にとって息子のようなものだった。しかし今や、その息子は父のプラトニックな恋人を奪おうとする脅威になっているのだ。ところがすぐに、ザロメはタウスクのもとを去った。そして、彼女とフロイトとの関係は以前にも増して強いものとなり、一九三七年に彼女が亡くなるまで続いたのである。

〈解説〉男性たちは、ただ単にルー・アンドレアス・ザロメと恋に落ちたのではない。彼女を所有したいという欲望に溺れたのだ。ほかの男性から力ずくで彼女を奪い取り、その肉体と精神の所有者となる栄誉が欲しくてたまらなかったのである。彼女は、一人でいる姿をほとんど見せなかった。常に何らかの形で男性たちに囲まれていた。レーが自分に興味を抱いていることを察知すると、彼女はニーチェと会ってみたいと告げる。これがレーの心に火をつけた。彼は、ザロメと結婚したい、自分だけのものにしたいと望むが、彼女はとにかく彼の友人に会いたいと強く主張する。レーのニーチェへの手紙は、彼女に気に入られたいという欲望の表れだった。これが今度はニーチェに火をつけた。彼女と会う前から、ニーチェは彼女を手に入れたいという思いを抱く。毎回、二人の男性のうちどちらかが彼女と二人きりになり、もう一人が後ろへ追いやられるのだ。そして、後に彼女と出会ったほとんどの男性が、ニーチェとの情事の好ましからざる評判を耳にしていた。だがこうした悪評も、ニーチェとの思い出を打ち負かし、彼女を所有したいという男性たちの欲望を強めるばかりだった。

フロイトの彼女に対する愛情も、これと同様だった。彼女の気を引くためタウスクと張り合わなければならなくなったときに、彼の愛情は強い欲望へと形を変えたのだ。ザロメは知的で、ありのままでも十分に魅力的な女性だった。しかし、求婚者とのあいだに、故意に三角関係を作り出すお決まりの戦略が、彼女の魅力を強烈なものにした。そして、男性たちが戦いを繰り広げているあいだ、望まれながらも決して誰のものにもならないことで、彼女はパワーを得ていたのである。

他者に対する欲望は、常に社会的な考察を必要とする。われわれはほかの人間が魅力を感じる人物に引かれるからだ。そのような人物を所有したい、奪い取りたいと考える。あなたが望んでいる求愛の言葉――甘ったるくて無意味な言葉だが――のすべてを信じることもできる。しかし、結局それらのほとんどは、虚栄心と強欲さに由来するものである。人が利己的だからといって、泣き言をいったり、お説教をしたりせず、単にあなたのアドバンテージとして利用すればよい。あなたが他人に求められているという幻想は、美しい顔や完璧な身体以上に、ターゲットにとってはより魅力的に映るものだ。そうした幻想を作り出すもっとも効果的な方法は、三角関係を作ることである。あなたと相手とのあいだに、ほかの人間を引き入れよう。そして、どれほど他人があなたを必要としているかを、巧妙に相手に気づかせるのだ。三角形の三つ目の点は、たった一人の人間である必要はない。周りにあなたの讃美者を集めたり、過去に征服した獲物について明かしたり――言い換えれば、自分自身を〝人から求められている〟オーラで包み込むのだ。ターゲットに、過去や現在のライバルたちと競争させよう。彼らは、あなたのすべてを自分だけのものにしたいと考えるだろう。彼らから逃げつづけるかぎり、あなたは偉大なパワーを保っていられる。初めの段階で、欲望の対象となれなかった場合、恋人の気まぐれに振り回される哀れな奴隷となってしまう。興味を失った途端、恋人はあなたを捨て去るだろう。

（人は）自分の称賛している人間がそれを欲していると確信するものなら、どんなものでも手に入れたいと思うものだ。

――ルネ・ジラール

誘惑の秘訣

われわれは社会的な生き物であり、他人の好みや欲望に強い影響を受ける。何らかの懇親会のような大きな集まりを思い描いてみよう。そこに、一人ぼっちの男がいる。誰も彼に話しかけようとしない。一人きりで、その辺をさまよっている。自己実現ゆえの満ち足りた孤独なんて、彼とは無縁のようだ。なぜ彼は一人なのか、なぜ避けられているのか？　何か理由があるはずだ。誰かが気の毒に思って会話を始めないかぎり、彼は誰にも望まれない無用の人間と見なされるだろう。しかし、その向こうの隅のほうに、人々に囲まれた女性がいる。彼女の発言に周りの人たちが笑うと、その明るさに引きつけられて、ほかの人たちもグループに加わる。彼女が移動すると、周りもそれに続く。みんなの注目を受けて、彼女の顔は輝きを放っている。もっともな理由があるにちがいない。

もちろん、どちらのケースも、実際にそう考えるべき理由などこれっぽっちもないのだ。見向きもされない男性でも、話をしてみると、非常に魅力的な面を持っているかもしれない。しかし、ほとんどの人は話しかけたりしないだろう。人から求められているというイメージは社会的な幻想である。その根源はあなたの言葉や行動ではなく、自慢や自己PRでもない。あなたがほかの人たちから求められているという漠然とした印象である。ターゲットの興味をもっと深いもの、すなわち欲望に変えるには、あなた自身のことを、ほかの人たちが思い焦がれ切望している人間なのだと思わせる必要がある。欲望とは、模倣し（他人が好むものは、自分も好む）、競い合う（他人が所有しているものを奪い取りたいと望む）ものである。子供たちは、両親の関心を独り占めしたいと思い、ほかの兄弟姉妹から奪い取りたいと思う。人間の欲望の中には負けたくないという気持ちが染み込んでいる。だから、われわれは生涯を通して、競争を繰り返すのだ。あなたの注目を得ようとするライバルたちを競い合わせよう。誰もが望み、追い求める存在であると思わせるのだ。〝人から求められている〟オーラが、あなたを包みこむだろう。

あなたの崇拝者が友人になることも、また求婚者となることもありうる。それを〝ハーレム効果〟と呼ぶ。ナポレオンの妹のポーリーン・ボナパルトは、舞踏会やパーティで、常に自分を崇拝する者たちに囲まれることによって、男性たちの目に映る自分の価値を高めた。散歩に行くときは、必ず一人ではなく、二、三人の連れと一緒だった。これらの男性は単なる友人か、取り巻きに過ぎなかっただろうが、彼女が尊重され、望まれている女性であることを示唆するには十分だった。戦って勝ちとるに値する女性と思わせたのだ。アンディ・ウォーホルも、知り合いの中でもっとも魅力的で興味深いと思われる人たちを選び、自分の周りに集めた。彼の交友関係の輪の中に入っていることが、彼から求められている人間であることを意味した。輪の真ん中にいながらも、どこか超然とした、よそよそしい態度をとることで、誰もが彼の注意を引こうと張り合うようになった。少し距離を置いて、秘密めいた雰囲気を出すことで、彼を手に入れたいという、人々の欲望をかき立てることに成功したのだ。

こうした振る舞いは、競争心を刺激するだけではなく、虚栄心や自尊心といった、人々の根本的な弱みに狙いを定めている。われわれは、他人が自分より才能やお金を持っているという感覚には耐えられる。しかし、ライバルが自分より〝人から求められている〟人間だと思い知らされるのは、耐えがたいものである。一八世紀初め、偉大なる〝レイク〟リシュリュー公爵は、苦労して、ある若い女性を誘惑するのに成功した。彼女はとても敬虔な女性だったが、夫は愚か者で、しばしば不在だった。それから彼は、彼女の家の二階に住んでいる、若い未亡人を誘惑しはじめた。彼が一晩に二人の女性のもとへ通っていると知った彼女たちは、この問題を直接、本人に突きつけた。気弱な男なら逃げ出したところだろう。しかし、公爵は違った。彼は、虚栄心と欲望の原動力が何であるかを熟知していた。どちらの女性も、彼がもう一人のほうを気に入っているなどとは思いたくないはずだ。そこで彼は、どちらが気に入られているかで二人が揉めることを知りながら、ちょっとした三角関係を築き上げた。相手の虚栄心が危険にさらされているとき、あなたは彼らを意のままに操ることができる。スタンダールの言うように、もし興味のある女性がいるなら、彼女の姉妹に注意を向けよう。そうすることで三角関係ができ、相手の欲望をかき立てることになるからだ。

あなたの評判――誘惑者としての輝かしい戦績――が、〝人から求められている〟オーラを生み出す際に効果をもたらす。女性たちがエロール・フリンに身を投げ出したのは、彼がハンサムだからではなく、また演技の巧みさからでもなく、その評判に引かれたからである。ほかの女性が彼に夢中なのを知っていたのだ。一度そのような評判を確立すると、もはや女性を追いかける必要はなくなる。女性のほうから近づいてくるのだ。派手な評判は女性に不安や不信感を抱かせるものだと思い込み、評判を軽視するのは間違いである。それどころか、評判は男性を魅力的に見せるのである。一七世紀のフランスで、その高潔さから〝グランド・マドモアゼル〟と呼ばれた、モンパルシエ公爵夫人は、レイクであるローザン公とのあいだで友人としての関係を楽しむようになる。しかし、すぐに厄介な考えが頭に浮かんでくるようになった。もしローザン公ほどの過去を持つ男が、自分を恋人候補と見なさなかった場合、自分に何か欠点があるということになってしまう。そんな不安が、やがて彼女をローザン公の腕の中へといざなうことになる。偉大な誘惑者に落とされた者たちに名前を連ねることは、虚栄心や自尊心を満たすことに繋がる。われわれは喜んでそのような〝仲間〟の一員となり、誘惑者の恋人としての名声を得ようとする。あなた自身の評判がそれほど好ましいものではないとしても、誘惑する相手やその他の人々に、他人から渇望される人間だと、それとなく示す方法を何か見つけなくてはならない。それがあれば、どれほど心強いことか。空いたテーブルでいっぱいなのに、入店しないように客を説き伏せるレストランなど、どこにもないのだ。

三角関係の戦術の一つとして、差異を際立たせる方法がある。退屈な人や魅力のない人を巧みに利用することで、あなたが〝人から求められている〟イメージを高めることができるのだ。たとえば懇親会などの会場で、ターゲットがいちばん退屈な人と会話せざるをえなくなるように仕組んでおく。そこで救いの手を差し伸べると、相手はあなたと出会えて良かったと思うだろう。セーレン・キルケゴールの『誘惑者の日記』の中で、ヨハンネスは純粋な娘コーデリアに目をつける。友人のエドワードがどうしようもなく内気で退屈な男だと知っていて、勇気を出して彼女に言い寄るように促した。数週間、エドワードの注目を受けた後、彼女はほかの誰かを探して周りを見回すようになった。ほかの人なら誰でもいい、といった具合に。そして、ヨハンネスは確信する――彼女の目はきっと自分に向くだろうと。ヨハンネスは戦略を練り、巧みに操る方法を選択した。しかし、どんな社会環境にも、自然に利用できる差異が存在する。一七世紀のイギリスの女優ネル・グウィンは、チャールズ二世の一番の寵姫（愛人）となった。彼女のユーモアと気取らなさが、型にはまって尊大ぶった多くの宮廷の女性たちの中では、誰よりも魅力的に映ったからである。上海の女優、江青は一九三七年に毛沢東と出会う。誘惑する必要など、ほとんどなかった。延安の野営地の女性たちが、男のような身なりで男のように振る舞っていたからだ。江青が毛沢東を誘惑するには、姿を見せるだけで十分だった。彼はすぐに妻を捨て、彼女を選んだ。差異を演出することによって、魅力的な特質（ユーモアや活発さなど）を自然と際立たせ、社交の場で希少な存在となる。または、あなたの特質が際立つようなグループを選ぶことによって、輝く存在となるのである。

差異を際立たせることは、政治の場でも効果がある。なぜなら、政界の実力者は相手を魅了し、求められることが重要だからだ。自分が持っていて、ライバルに欠けている要素を強調するのだ。一八世紀、ロシアの皇帝ピョートル三世は、尊大で無責任だった。彼の妻、女帝エカチェリーナ二世は、控えめでありながら頼もしく見られるように、あらゆる手を打った。皇帝ニコライ二世が退位したあと、一九一七年にウラジーミル・レーニンがロシアに戻ってきた際には、断固たる態度と規律正しさを見せつけた。まさしく当時、ほかの君主には見られないものだった。アメリカの一九八〇年の大統領選挙では、ジミー・カーターの優柔不断な面が、ロナルド・レーガンの一途さを際立たせ、人々の目に「求めるべき人である」と映った。差異を際立たせることは、人々を顕著に魅了するものである。なぜなら、それは言葉に依存せず、自己宣伝でもないからだ。民衆は無意識にそれらを読み取り、そこに自分が見たいものを見いだす。

最後に、他人から求められている姿を見せることによって、あなたの価値は上がる。だから、ターゲットの前に頻繁に姿を現わすべきではない。一定の距離を保ち、手の届かない人と思わせよう。一般的に、手に入れるのが困難で希少な存在は、より価値のあるものなのだから。

イメージ

トロフィー。ほかの競争相手の姿があるからこそ、トロフィーを勝ち取りたい、それを手にするのが価値のあることだと思える。ある者は、親切心から、努力した者すべてに栄誉を与えたいと思うかもしれない。しかしそうすると、トロフィーはその価値を失う。トロフィーはあなたの勝利を表すだけではなく、ほかの者すべての負けを表すものだからだ。

例外

特になし。誘惑においては、他者から見て〝人から求められている〟人間に見えることが不可欠である。

ある知り合いの紳士の話をしよう。魅力的な容姿と謙虚な振舞いで、とても有能な戦士だったが、さしてどの資質も特別、際立ってはいなかった。しかし、彼に匹敵するような、または勝るような男性も、そうはいなかった。幸運なことに、ある女性が彼に夢中になった。彼も自分と同じ気持ちだと彼女は思った。日増しに想いは強くなり、お互い話をする機会もないまま、彼女は自分の気持ちをほかの女性に話した。その女性が、自分のために何かしてくれるのを望んでいたのだ。さて、その女性だが、身分も美しさも、最初の女性より多少劣る。例の男性について（一度も会ったことはないが）、愛情いっぱいに語られるのを聞いて、この思慮深く知的な女性が、言葉にならないほど彼を愛しているのだと理解するようになった。彼女はすぐに、この男性はとびきりハンサムで賢明で慎み深いのではないか、要するに、世界中でもっとも自分が愛するにふさわしい男性ではないかと想像を膨らませるようになった。こうして、一度も会ったことはないが、彼女も熱烈な恋に落ちた。友達のためではなく、自分のために彼の心を手に入れようと動きだした。そして彼女は、ほんの少しの努力で成功した。実際には、彼女は言い寄るよりも、言い寄られるほうの女性だったからだ。それでは、この興味深い話の続きに耳を傾けてみよう。

まもなく、彼女が書いた手紙が偶然、彼女と同じくらい魅力的で美しい女性の手に落ちた。その女性は、多くの人と同様に興味を持ち、秘密を知りたいと思い、手紙を開けて読みはじめた。そこには、愛情のこもった、燃えるような表現で、激しい想いが記されていた。最初、彼女は、気の毒な気持ちになった。なぜなら彼女は知っていたからだ。手紙が誰から誰へ渡されるものだったかを。それでも、あまりにも情熱的な表現が綴られていたため、心の中で何度もその言葉を繰り返し、そんなに強く愛されるなんて、どんな男性なのだろうと、すぐに彼に思い焦がれるようになった。

その手紙は間違いなく、彼が直接その女性に書く以上の効果を発揮した。まさに、王子を殺そうと用意した毒が、王子の食事を食べてしまった人を死に至らしめたように。哀れな女性は、己の貪欲さから、他人に用意した惚れ薬を呑んでしまったのだ。ほかに何と言えばいいだろうか？　その出来事は皆が知っていた。事態はさらに発展し、さらに多くの女性が、一部は他人を困らせるため、また一部は例のごとく、この男性の愛を勝ち取るため、あらゆる努力と苦労を重ね、小競り合いは続いた。そのあいだ、男たちはせっせと処女漁りにいそしんだ。

バルダッサーレ・カスティリオーネ『廷臣論』

だいたいにおいて、好みは次から次へと変わる。なぜなら、それが友人の好きなものであったり、社会的に重要なものであったりするからだ。大人も子供と同じように、お腹が空けば、ほかの人が食べているものが欲しくなったりする。恋愛においても、他人が魅力的だと感じて追い求めるような人気がない人には、興味を持たない。ある男性または女性について、好ましいと口にするときは、本当のところは他人が好ましいと思っているからである。特別な資質があるからではなく、今日の流行のモデルだからである。

セルジュ・モスコヴィッシ『群衆の時代』

あなたに思いを寄せている女性が多数いる場所へ、目当ての女性を招待することは、あなたにとって非常に有利である。あなたはそこで、女性たちからあからさまな誘いを受ける。これは、あなたが女性に好かれていることはもちろん、真の名誉に値する男性だということである。さらに、目当ての女性にとっても、取り巻きのリストに名を連ねるのは名誉なことであり、自分も彼と同様に、ほかの女性の前で称賛を浴びているように感じることを意味している。彼女にとっても喜ばしいことなのだ。彼女があなたに称賛の言葉を浴びせ、その場で首に抱きついてきたとしても、別に驚くことではない。

ローラ・モンテス『芸術と美の秘密、紳士への手引き、魅了を引き出す技術』

個人的主観が客観性を求めると、ルネ・ジラードの言う模倣的欲求が起こる。なぜなら、それは他人の主観がもたらす欲求で、この場合、競合相手の欲求を指している。

欲求は、他人の願いや行動をモデルとしている。フィリップ・ラクー＝ラバルトは言っている。「基本的な仮説の上に、ジラードの有名な分析が成り立ち、すべての欲求は他人の欲求であり（目的物に対する差し迫った欲求ではない）、すべての欲求の構造は三角形（媒介者や見本となる人物など、他人を含んだものである。ただし、それらの欲求も模倣的欲求である）である。欲求はこのように、憎しみや敵対心から出てきたものなのだ。つまり、欲求の起源は模倣、模倣主義である。それは、模倣を生じさせた見本や典型となる人格の死、または消失を求める欲求ではない。

ジェームズ・マンドレル『ドン・ファンと栄誉の論点』

最近知り合った人が、少年を好きだとは困ったものである。しかし、人生において最善なことは、すべてに対する自由ではないか？　太陽はすべての者に輝く。月は無数の星を伴って、獣さえも牧場へ導く。水よりも素晴らしいものが、この世にあろうか？　それは全世界へ流れ込む。それでは、愛のみが輝かしいものではなく、人目を忍ぶものなのか？　まさしく、それはこういうことだ。私は人生において、善きものを望みはしない、もし人がそれを羨まないならば。

ペトロニウス『サテュリコン』

5

欠乏感を生み出せ
――不安や不満を呼び起こす

心から満足しきっている人間は誘惑できない。ターゲットにするなら、相手の心にさざ波を立てる必要がある。自分の置かれた境遇や自分自身に対する不平不満の感情を呼び起こすのだ。彼らの人生には冒険が欠けている。若き日の理想からはすっかり遠ざかってしまい、退屈を感じている。現状に満足できない、ある種の欠落感が生じることで、あなたが入り込むスペースができ、彼らはあなたこそが問題を解決する答えなのだと思うだろう。痛みや不安が、あとに続く喜びをより甘美なものにする。あなたが埋めることのできる欠乏感を生み出そう。

傷口を開く

イギリス中部の炭鉱町、イーストウッドのデイヴィッド・ハーバード・ローレンスは、かなりの変わり者と見なされていた。青白い顔で繊細な性格、少年らしい趣味や遊びを楽しむこともなく、ただ文学に興味を抱いていた。彼は女の子と一緒にいるのを好み、友人のほとんどが女の子だった。そして、彼はしばしばチャンバーズ家を訪れた。やがて、イーストウッドを離れ、さほど遠くない農場へと引っ越していくまで、隣に住んでいた一家である。彼はチャンバーズ家の姉妹、なかでも特にジェシーと勉強するのが好きだった。彼女は内気で真面目だったため、心を開かせ、信頼を得るのは、ローレンスにとって楽しい挑戦でもあった。数年後、ジェシーはローレンスを慕うようになり、二人は良き友人となる。

一九〇六年のある日、当時二一歳だったローレンスは、いつもの時間になってもジェシーとの勉強会に姿を見せなかった。かなり遅れてようやくやって来たが、それまでに見たこともないような様子だった。何かに気を取られているように見えたが、堅く口を閉ざしていた。今度は彼女のほうから、彼が心を開くよう働きかけなければならなかった。ようやく彼は話しだした。彼女の存在が自分にとってあまりにも身近になりすぎてしまったというのである。彼女の未来はどうなるのだろう？　誰と結婚するのか？　自分でないのは明らかだ、と彼は言った。二人は友達だからだ。そして、彼女をほかの男性から遠ざけてしまっているのは、正しいことではない。二人はもちろん、友達のままでいるべきだし、いままでどおり話もする。しかし、そんなに頻繁に会うわけにはいかない。彼が話し終わり、去っていくと、彼女は奇妙な空虚感に襲われた。そして否応なく、恋愛や結婚について一人で考えなくてはならない状況になった。不意に彼女は疑問を抱いた。自分の将来は、いったいどうなるのだろう？　どうして、そのことを考えなかったのか？　彼女は理由も分からないまま不安になり、混乱した。

ローレンスはその後もジェシーの家を訪れつづけたが、すべては変わってしまった。彼はあれやこれやと彼女を非難するようになった——色気があまりない。いったいどんな妻になるのか？　男性は、女性とただ話をする以上の関係を求めるものだ。なのに彼女はまるで尼僧のようだ——。二人の会う回数は、しだいに減っていった。しばらくしてローレンスは、ロンドン郊外の学校で教職に就くことになった。彼としばらく離れていたことで、ジェシーは少し元気を取り戻していた。しかし、ローレンスが別れを告げ、会うのもこれが最後だろうとほのめかすと、彼女は激しく泣きだしたのだ。それから毎週のように、彼は彼女に手紙を送った。自分が出会った女性のことについて書いた。おそらく、その中の誰かが自分の妻になるだろうと。とうとう、彼のしきりの催促によって、彼女はロンドンの彼のもとを訪ねる。二人は、かつてのように仲良く過ごした。だが、ローレンスは彼女の将来について、くどくど言いつづけもした——古傷を突っつき回すように。クリスマスにイーストウッドに戻り、彼女を訪ねたとき、ローレンスは喜びに溢れているようだった。自分が結婚すべき相手はジェシーだと決心していた。実のところ、彼は最初から彼女に引かれていたのである。だが、しばらくは秘密にしなくてはならなかった。彼の執筆生活は始まったばかりで（最初の小説が出版されるところだった）、お金をもっと稼ぐ必要があったのだ。突然の告白に不意を突かれ、幸せに圧倒され、ジェシーはすべてに同意した。二人は恋人となった。

しかし、すぐにいつものパターンが繰り返された——非難、仲たがい、そしてほかの女性と婚約したという知らせ——。こうした繰り返しは単に、彼女への影響力を強めただけだった。ジェシーが彼と二度と会わないとようやく決意したのは一九一二年のことである。彼の自伝的小説『息子と恋人』の中に、彼女についての描写があり、それに心をかき乱されたのだ。しかしローレンスは生涯、彼女に執着しつづけた。

一九一三年、アイヴィー・ロウという若きイギリス人女性がローレンスの小説を読み、彼と文通を始めた。彼女の手紙は、彼への称賛でいっぱいだった。当時ローレンスは、ドイツ人女性フリーダ・フォン・リヒトホーフェンと結婚していた。にもかかわらず、ローレンスは自分と妻の住むイタリアへと彼女を招待したのだった。ロウは驚いた。そして彼女にはわかっていた。彼はおそらくドン・ファンのような男性だと。しかし、どうしても彼に会いたかったため、この招待を受けることにした。ローレンスは、彼女の期待していたような男性ではなかった。甲高い声に鋭い目つき、そしてどこか女性的な要素があった。彼女が訪れるとすぐに一緒に散歩に出かけた。ローレンスは打ちとけた様子で話をした。二人のあいだに友情が芽生えはじめ、彼女はそれをうれしく思った。だが、彼女が出発する間際になると、ローレンスは唐突にくどくどと非難しはじめたのだ――彼女の行動が自発的でないこと、ありきたりであること、ロボットよりも非人間的であること――。この予期せぬ攻撃に打ちのめされながらも、彼女は認めずにはいられなかった。彼の言ったことは正しいと。そもそもローレンスは、自分の中に何を見ていたのか？ 自分はいったい何者なのか？ ロウは、虚しさを胸にイタリアを去った。しかし、それからもローレンスは、まるで何事もなかったかのように彼女に手紙を書きつづけるのだ。やがて彼女は気がついた。自分はどうしようもないほどに、彼に恋をしてしまったのだと。あんなにひどいことを言われたにもかかわらず――それとも、あんなことを言われたからこそ、恋に落ちたのだろうか？

一九一四年、作家のジョン・ミドルトン・マリーは、ローレンスから一通の手紙を受け取った。親しい友人であるにもかかわらず、ローレンスはその手紙の中でいきなり、ミドルトン・マリーを非難していた。彼が小説家である妻、キャサリン・マンスフィールドに対して、冷たく思いやりがないと。ミドルトン・マリーは後にこう書いた。「わたしはいままで、男性に対してこんな感情を抱いたことはない。彼の手紙がそのような気持ちにさせたのだ。わたしの経験の中で、まったく新しく特異なことだった。類い稀なこととして、わたしの心に強く残っている」。彼は、ローレンスの非難の裏側に、どこか不思議な愛情が隠れているように感じた。それ以来、いつも、ローレンスに会うと不思議な肉体的魅力を感じるようになった。それは何とも説明しがたいものだった。

〔解説〕 何人もの女性や男性がローレンスに魅せられ、そして、彼がどんなに不愉快な男に変貌するかを目の当たりにして、驚愕している。どの場合も友情関係――飾らない会話、信頼関係、精神的な絆――から始まる。そして必ず、不意に敵対心を露わにして、手厳しく非難を浴びせ、個人攻撃するのだ。ローレンスは、すでに相手のことをよく理解していたのだろう。非難の多くは非常に的を射たもので、相手の心をひどく傷つけた。そして当然、犠牲者に混乱を起こす引き金となった。彼らの不安感――自分はどこかおかしいのだろうかという感情――を呼び起こしたのだ。「自分は普通だ」という感覚を揺さぶられ、心の中が二つに裂けてしまったように感じるのだ。心の半分は、なぜ彼はこんなことをするのだろうと不思議に思い、理不尽に感じる。もう半分では、すべては真実だと思い込む。そのようにして心が揺れているときに、手紙を受け取ったり、彼が訪ねてきたりする。そこには、昔と変わらぬ魅力的な彼の姿があるのだった。

それからは、彼を違った目で見るようになる。いまや彼らは弱くて傷つきやすく、誰かの助けを必要としている。ローレンスの存在がとても頼もしく見えるはずである。そして彼に引き寄せられ、友情が愛情や欲望に変わっていく。

ほとんどの人間は、決まりきった日常に屈服し、自分自身の殻に閉じこもることで、人生の厳しさから自分自身を守っている。こうした習慣の奥底に潜んでいるのは、とてつもない不安感と防衛本能である。そして皆、「自分の人生を生きている」という実感を持てないでいるのだ。誘惑者は、あえて相手の〝傷口〟を突き、ぼんやりした考えをえぐり出して、はっきりと自覚させる必要がある。これこそ、ローレンスが行なったことである。不意を突いた、残忍で予測不能の鋭い突きが、相手の弱点を的確に捉えたのだ。一度、自分自身に不安を覚えると、恋に落ちやすくなるのである。

ローレンスは、真正面から相手に向かっていって、大きな成功を収めた。しかし多くの場合、相手の劣等感や不安感を遠回しに呼び覚ます方法が好ましい。あなた自身やほかの人とそれとなく比較し、相手の生活が思っているほど素晴らしいものではない、とほのめかすのだ。相手に葛藤が生じ、心が二つに引き裂かれるように仕向けて、不安を抱かせるのである。すべての欲望の前段階に、不安（何かが欠けていて助けを求めたくなる気持ち）がある。相手の心に衝撃を与えて、あなたが毒を注ぎ込む余地を生み出すのだ。すると冒険や充足感を求める気持ちが呼び覚まされて、相手があなたのクモの巣の中へ迷い込んでくる。不安や何らかの欠乏感がなければ、誘惑は成立しないのである。

欲望や愛情の対象となるのは、現在その人が保持していない物や資質である。つまり、自分に欠けているものを対象とするのだ。

――ソクラテス

誘惑の秘訣

人は皆、社会の中で仮面をかぶっている。実際よりも、確信があるようなふりをしているのだ。自分に迷いがあるのをちらりとでも見られたくないのである。実際、われわれの自我や性格は見かけよりも壊れやすく、とまどいや虚しさといった感情を覆い隠して暮らしている。誘惑者であるあなたは、相手の見かけが真実の姿を表していると考えてはいけない。人は常に誘惑に落ちやすい存在である。なぜなら、実のところ、自分が完璧だという感覚を持っている者はおらず、誰もが心の底では何かが足りないと感じているからである。疑念や不安を表面に浮かび上がらせることで、彼らをあなたのほうへ引き寄せることが可能となるのだ。

まずは、どうにかして自分自身を見つめ直し、自分に何かが欠けていることに気づかなければ、誰かに従ったり恋に落ちたりすることはない。誘惑を仕掛ける前に相手の前に鏡を置き、中身のない自分をそれとなく見せる必要がある。自分には何かが欠けていると気づかせよう。そうすることで、相手は自分の空っぽの部分を埋めてくれる存在として、あなたを意識するようになる。ほとんどの人間は怠惰だということを覚えておこう。退屈や不満といった感情を自分で解消するには、とてつもない努力を要する。誰かにその仕事をやってもらうほうが楽だし、刺激的でもあるのだ。しかし、誰かに空虚感を埋めてほしいという欲望は、誘惑者につけいる隙を与える弱点ともなる。相手に将来に対する不安を抱かせ、失望させ、自分自身に疑問を持たせ、人生を蝕む退屈を感じさせよう。さあ、準備は整った。あとは、誘惑の種を蒔くだけだ。

プラトンの対話篇『饗宴』は、西洋でもっとも古い、愛についての専門書である。われわれの欲望に対する考え方に決定的な影響を与えた教科書であると言えよう。その中で、高級娼婦ディオティマが、愛の神、エロスの誕生についてソクラテスに説明する。エロスの父は〝仕掛け〟（または〝狡猾〟）、そして母は〝貧困〟（〝欠乏〟）。エロスは両親の血を受け継ぎ、常に満たされず、常に満たされようと画策している。神の愛のように、相手がその〝欠乏〟を感じないかぎりは、愛をその人の心に生じさせることはできない。そして、それを実現させるのが彼の矢だった。人々の肉体を突き刺し、欠乏感、痛み、飢えを感じさせるのだ。これが誘惑者としてのあなたの仕事の本質である。エロスのように、相手の心のかよわい場所や自尊心の隙間を狙って、傷をつけるのだ。もし、相手が型にはまった生活に行き詰まっているのなら、その行き詰まりをより深く感じさせよう。何げなくそのことを持ち出し、それについて話をする。必要なのは傷であり、相手の不安感を少し大きくすることだ。不安を解消するには、他人と関わることがいちばんだ。他人とは、すなわちあなたなのである。相手が恋に落ちる前に、痛みを感じるのは必然である。ローレンスが、どう不安をかき立てたかに注目しよう。彼は、いつも相手の弱点を突いている。ジェシー・チャンバーズには色気のなさを、アイヴィー・ロウには自発性の欠如を、ミドルトン・マリーには婦人に対する思いやりの欠如を、といった具合である。

クレオパトラは、ユリウス・カエサルと初めて会った夜に枕を共にするが、彼を自分の奴隷にするために、ほんとうの誘惑を始めたのは、その後のことである。二人の会話の中で、彼女は繰り返しアレキサンダー大王について語った。彼女がその血を受け継いでいると推定される英雄である。彼に匹敵する者は誰もいないと言うのだ。含みのあるその言葉によって、カエサルは劣等感を覚える。カエサルの虚勢を張った行動の裏側に、自信のなさが隠れていることを理解し、クレオパトラはそうした不安を意識させ、彼の中の偉大さを証明したいという渇望を呼び起こした。このように感じさせてしまえば、彼を誘惑するのはとても容易い。自分の男らしさに対する疑念が彼の弱点だったのだ。

カエサルが暗殺されると、クレオパトラはアントニウスに目を向ける。カエサルの後継者の一人としてローマの指導者になったアントニウスは、世俗的な娯楽や見せ物などを愛し、とりわけ露骨なものを好んだ。クレオパトラが初めて彼の前に姿を見せたのは、王室の船の上だった。そこでワインや食事を供し、宴会で彼をもてなした。エジプトの生活様式がローマに勝っていると彼に暗示するように、宴会のすべてが仕組まれていた。少なくとも、娯楽の面ではその通りだった。ローマ人は比較的退屈で、洗練されていなかった。退屈な兵士たちや、品の良いローマ人の妻と過ごして、どれほどの時間をムダにしてきたことか。そう考え、胸を躍らせて、すべての楽しみの権化のようなクレオパトラに会いに行くようになる。かくして彼は、彼女の奴隷となったのだ。

これが異国情緒（エキゾティック）の魅力である。誘惑者として、自分自身を外から来た者、一種の〝よそ者〟と位置づけ、その役を演じてみよう。変化や違い、そして決まりきった日常との決別を表現する役である。誘惑のターゲットに、自分の生活はどちらかといえば退屈で、周りにいる友人も意外とつまらない人種だと思わせよう。ローレンスは自分のターゲットに、人格の不適格さを思い知らせた。ドン・ファンにはたくさんの伝説があるが、なかでもよく語られるのは、村の娘を誘惑した例だ。娘の生活がひどく田舎くさいものだと思わせる。その一方で、彼は輝くような衣装をまとい、品のある身のこなしを披露した。どこか不思議で異国情緒を感じさせる。彼はどこにいても、どこかほかの場所から来た人のようだった。彼女は自分の生活を退屈だと感じ、彼をそこから救い出してくれる救世主と見なした。ぜひ覚えておこう。日々の生活が退屈でたまらないとき、人はこう思いたがるものなのだ――それは自分自身のせいではなく、環境のせいだと、退屈な知人のせいだと、生まれた街のせいだと――。ひとたびエキゾティックな魅力を相手に感じさせてしまえば、誘惑するのは簡単なのである。

悪魔のような誘惑手法がもう一つある。相手の過去を標的にするのだ。歳を取るということは、若き日の理想を断念したり、妥協したりすることである。自発性がしだいになくなり、ある意味、活力が乏しくなる。そうした思いが、われわれの中で眠っている。誘惑者としてあなたは、それを表面に引き出し、相手がどれほど過去の目標や目指した理想から外れているかをはっきりさせなければならない。その上で、その理想を体現している存在として登場し、これから始まる冒険、すなわち誘惑を通して、失った若き日を取り戻すチャンスを提供するのだ。

イギリスの女王エリザベス一世は、晩年になると、厳格で注文の多い支配者として知られるようになった。彼女は、自分の優しさや弱みを、廷臣たちにあえて見せないようにしていた。しかしあるとき、二代目のエセックス伯爵、ロバート・デヴァルーが宮廷にやって来た。女王よりもずっと若く、血気盛んな伯爵は、しばしば彼女の気難しさを非難した。女王はこれを許した――彼はあまりにも活力に溢れ、自由奔放で、自分自身を抑えられなかったのだろうと。しかし、彼の言葉は女王の骨身に染みた。エセックス伯爵の存在が、彼女の若き日の理想（はつらつさや女性らしさといった魅力）のすべてを思い起こさせたからである。それらは、もはや彼女の人生から消えていたものだった。また彼のそばにいると、かすかにではあるが、少女らしい気持ちが戻ってくるように感じた。彼はすぐに女王のお気に入りとなり、女王が恋に落ちるまで、さほど時間はかからなかった。晩年になると、人は若さに魅了されてしまう。誘惑者である若者は、老いた相手が何を失ってしまったのか、どのように理想を失ったのかを、まずはっきりさせる必要がある。そこをはっきりさせれば、その若者の存在によって年齢や社会に抑圧されることで失った活力や反逆精神を取り戻せるかもしれないと期待するのだ。

こうした考え方は、果てしなく応用が利く。企業家も政治家もわかっている。最初に欠乏感や不満感を植えつけないかぎりは、買わせたいと思うものを買わせることにも、させたいと思う行動をさせることにも、人々を駆り立てることはできないと。大衆が自分たちのアイデンティティに確信が持てないようにすれば、それを定義するのを助けることができる。個人にとっての真実は、組織や国家にとっても真実である――欠乏感を感じさせないかぎり、誘惑することは不可能なのだ。

一九六〇年、ジョン・F・ケネディの選挙戦略の一つとして行なわれていたのは、一九五〇年代がいかに不運な時代であったかを有権者に認識させ、いかに理想から外れてしまったかを想起させることだった。一九五〇年代について話すとき、彼は経済的に安定していたことや、アメリカが強国として台頭してきたことについては述べなかった。その代わりに、ルール遵守が特徴の時代であり、危険も冒険もなく、開拓精神が失われてしまっていることを指摘した。ケネディに投票することは、一致団結してともに冒険に乗り出すこと、諦めてしまった理想をもう一度取り戻すことだった。しかし、人々がケネディの改革運動に加わる前に、彼らがどれほど失ったのか、何を取り戻したいのかを、認識させる必要があった。個人と同じく集団も、お決まりの日常という泥沼にはまり、はじめに立てた目標への道筋を見失ってしまうことがあるのだ。繁栄しすぎると国の活力は奪われるものである。国全体を誘惑するなら、社会的な不安を標的にするといい。見えているものがすべてではないという潜在意識に働きかけるのだ。現在の不満を煽り、過去の栄光を思い起こさせることで、人々のアイデンティティに揺さぶりをかける。そうしておいて、あなたがそれを再定義するのである。何とも偉大な誘惑ではないか。

イメージ

キューピッドの矢。誘惑において欲望を呼び覚ますのは、優しさや心地良さの感覚ではない。傷である。この矢は苦しみを、痛みを、そして癒しへの欲求を生み出す。欲望の前には、必ず痛みがある。あなたが何度でもこじ開けられる傷を作るために、相手の一番の弱点を狙って矢を放とう。

例外

もしターゲットの自尊心をあまりにも深く傷つけてしまうと、相手は不安のあまり、誘惑には乗ってこないかもしれない。非情すぎてはいけない。ローレンスのように、癒す素振りを見せながら、傷口のフォローアップを続けよう。さもなくば、単に相手を遠ざけてしまうことになりかねない。

〝チャーム〟の資質（第1部「チャーマー」の章を参照）があれば、巧妙かつ、より効果的に誘惑を行なう道が開ける。ヴィクトリア女王の時代のイギリス首相ベンジャミン・ディズレーリは、常に人々の気分がよりよくなるように振る舞った。自分が出すぎるようなことはなく、人々を尊重し、彼らが関心の的となるように計らい、自分たちが機知に富み、活力あふれる存在だと感じさせたのだ。彼のおかげで、人々は虚栄心を満たし、しだいに彼に引かれていくようになる。これも広く普及した誘惑手法の一種である。そこには緊張感もなければ、性別の違いが呼び起こす深い感情もない。それは人々の様々な達成感への渇望を巧みにはぐらかすものである。しかし、もしあなたがより巧妙で賢ければ、彼らの警戒心を和らげ、何の脅威もない良好な交友関係を作る方法となりうるのだ。このように、ひとたび魔術にかけてしまえば、相手の傷をこじ開けることができる。実際、ヴィクトリア女王を魅了し、彼女との友情を築いたあとで、ディズレーリは、帝国を設立することや、彼女の理想を現実化することがいかに不適切であるかを、女王がそれとなく気づくように導いた。すべては相手しだいである。不安感でいっぱいの人には、より優しい誘惑のやり方が必要だろう。ひとたび相手があなたに居心地の良さを感じたなら、的に向けて矢を放つことだ。

もしその男性が、自分の持っているものや、自分自身にある程度、満足していなければ、誰も彼を好きになったりはしない。恋に落ちるという経験は基本的に、毎日の生活に価値あるものを見出せず、究極の憂鬱状態にあるときに生じるものである。恋に落ちやすい性質の〝兆候〟として、恋をしたいと意識するのではなく、人生を豊かにしたいという強い欲望を抱いている場合が多い。自分は価値のない人間だと深く感じている。価値あるものなど何も持っていないと。そして、そのことを恥ずかしく思っている……こういった理由で、恋に落ちるのは、若い人が多い。彼らは何一つ確信を持てず、自分の価値に自信がなく、そのことを恥じている。同じことが、ほかの年代の人々にも当てはまる。彼らが人生で何かを失ったときや、若さがなくなり、歳をとりはじめたときなどに。

フランチェスコ・アルベローニ『恋をすること』

「それでは、愛とはいったい何か?」、私は聞いた。「死すべき運命か」

「まったく違います」

「それでは、なんだ?」

「前例によると、死すべき運命と、不死の運命の、ちょうど中間にあるものです」

「それは、どういった存在なのか、ディオティマ?」

「偉大なる精神です、ソクラテス。半分は神、半分は人間である魂を持つ、すべてのものです」……

「そのものの両親はだれだ?」、私は尋ねた。

「それは、とても長い話なのです」、彼女は答えた。「しかし、お話ししましょう。アプロディーテーが生まれたその日、神々が祝宴を開いていました。その中に〝発明〟の息子である〝仕掛け〟がいました。晩餐のあと、パーティが行なわれているのを見て、〝貧困〟が物乞いにやって来て、ドアのそばに立ちます。〝仕掛け〟はワインに酔いしれ、誰にも見つからず、ゼウスの庭に出ていきました。そして、眠気に襲われます。そこで〝貧困〟は、〝仕掛け〟の子供を産むことで、惨めな現状から脱しようと、彼と横たわり〝愛〟をもうけました。アプロディーテーの誕生日に〝愛〟が育まれ、〝愛〟は美に対する生まれながらの情熱を持ち、アプロディーテーの美しさに魅せられ、彼女の支持者に、そして召使となりました。〝仕掛け〟を父に、〝貧困〟を母に持ち、彼は次のような性質を担っていました。いつも貧しく、鈍感で、美とはほど遠く、ほとんどの人が想像するように、苛酷な中で風雨にさらされ、靴も履かず、家もなく、いつもベッドを求めながら、地面で、戸口の踏み段で、通りで眠りにつきました。母に似て、それまでは困窮の中で生きてきましたが、父の息子でもあり、美しいもの、良いものを何でも得ようと自ら計画を立てます。彼は大胆で、厚かましく、活発で、狡猾な狩猟家のように、いつも策略を仕掛けていました」

プラトン『饗宴』

われわれはみな、コインの欠片のようなものである。子供たちが記念にと半分ずつにするコインのように、誰もが永遠に、自分の対の片方を探し求める……こういうことが生じるのは、われわれがもとは完全な状態であった名残であり、いま、太古の完全な形を追い求めているのである。それが恋に落ちるということだ。

ジェームズ・マンドレル『ドン・ファンと栄誉の論点』
（プラトン『饗宴』の中でのアリストファネスの演説を引用）

ドン・ファン：お会いできて光栄です、美しいお嬢さん！　何と！　こんなに美しい方が、野原の木々や岩の中に埋もれているとは！
シャーロット：ご覧のとおり、お見苦しいかぎりで。
ドン・ファン：この村にお住まいですか？
シャーロット：ええ、そうです。
ドン・ファン：お名前は？
シャーロット：シャーロットです。何なりとお申し付けください。
ドン・ファン：おお、なんと素晴らしい方なのか！　何と透き通った瞳だ！
シャーロット：そんな、お恥ずかしい……。
ドン・ファン：美しいシャーロットよ、結婚はされていませんな？
シャーロット：しておりません。でも、すぐに、グッディ・シモネッタの息子、ピエロと一緒になります。
ドン・ファン：何ですと！　あなたのような方が、小作人の妻になるとは！　いけません、それは美に対するひどい冒涜です。あなたは村に住むような方ではありません。もっと良い幸運に恵まれるべきです。そのために私はこちらへ赴いたのです。この結婚を妨げるために、私があなたの美しさを公平に評価するために。つまり、私が言いたいのは、美しいシャーロットよ、あなたを心から愛しています。もしも、あなたが同意されるなら、この惨めな場所から連れ去り、あなたにふさわしい場所へとお連れしたい。この想いは確かに唐突ですが、あなたの偉大な美しさの功績です。出会ってたった十五分ですが、六か月に匹敵するほど、あなたを愛しています。

モリエール『ドン・ファンもしくは石像の宴』
（オスカー・マンデル編『ドン・ファンの演劇』の中で引用）

今夜、私は西を向いて立つ。そこは、かつて最後の未開拓地と言われた場所である。かつての開拓者は、安全や安らぎ、ときには命さえも捨てて、私の後方三〇〇〇マイルの彼方から、この西の地に至るまで新たな世界を築いた。彼らは容疑をかけられた捕虜ではなく、値札を付けられた囚人でもなかった。彼らのモットーは、〝すべては自分のために〟でなく、〝すべては共通の利害のために〟だった。彼らは決意した。危機や困難を乗り越え、外部や内部の敵を征服し、新しい世界を強く、自由なものにしようと……。今日、闘争はもう終わったと言う者もいるかもしれない。地平線の向こうはすべて探索されつくしたと。すべての戦いに勝利を収め、もうアメリカに未開の地は存在しないと。

しかし、ここに集まった多数の人の中に、そういう意見に同意する者はいないと私は信じている……。

ここが新たな未開の地であることを宣言する。それを求めようとも、求めなくとも……安全で平凡な過去に目を向け、開拓地から撤退するのは簡単なことだ。そういった進路を好む者は、政党に関係なく、私に投票すべきではない。

しかし、時代は発明を、改革を、決意を求めている。あなたたち一人一人に問いかけたい。新たな開拓地で、新たな開拓者になりたいかと。私が求めているのは、年齢に関係なく、若い心を持った者である。

ジョン・F・ケネディ「民主党大統領候補指名を受けての演説」
（ジョン・ヘルマン『ケネディの消えない記憶――JFK、アメリカの神話』より）

人生のリズムが一定していると、一般的に個人の穏やかな満足感と、かすかな不快感とのあいだで揺れ動く。その不快感とは、自分の欠陥を認識することによって生じる。われわれはみな、知人と同等に、ハンサムで若く、強く、賢くありたい。そして、他人と同等に何かを成し遂げたい。同じような強みと地位、同等またそれ以上の成功を収めたいのである。自分に満足している人はまれで、そういう人は、多くの場合、自分に対しても、他人に対しても、本性を隠しているのである。その中には、自分に対する不快感と、かすかな嫌悪感がくすぶっている。この不快感が大きくなると、過剰に〝恋に落ちやすく〟なる。たいていの場合、こういった心の動揺には気づかずにいるが、ある者はかすかに認識し、なぜかはわからぬまま、かすかな不安を感じたり、不満が積もったり、混乱を認識することになる。

テオドール・ライク『愛と欲望について』

6 ほのめかしの技術を習得せよ

ターゲットに不満を抱かせて、あなたからの関心を切望する状況を作りだすことが、誘惑には不可欠である。しかし、やり方が露骨すぎると、ターゲットは下心に気づいてガードを固めてしまうだろう。その点、〝ほのめかし〟に対しては防御のしようがない。ほのめかしとは、他人の頭に様々な考えを植えつける技術だ。とらえどころのないヒントという種を蒔き、何日もかけて根づかせる。すると相手は、それが初めから自分の考えだったとさえ思いはじめるのだ。大胆な発言と、そのあとに続く前言撤回と謝罪、あいまいなコメント、平凡な会話で見せる誘惑の眼差しといった、ある種の〝特殊言語〟を駆使しよう。ターゲットの潜在意識に働きかけ、あなたの本当の意味するところを刷り込むのである。すべての言葉や行動を思わせぶりなものにしよう。

欲望をほのめかす

一七七〇年のある晩、恋人である何某伯爵の夫人に会いに一人の若者がパリのオペラ座に向かっていた。二人はケンカをしており、彼は再び彼女に会えるか心配だった。伯爵夫人は、まだ席についていなかった。しかし、隣の席に夫人の友人であるマダム・Tが座っていた。マダム・Tは若者に、一緒に座るよう声をかけた。そして、その夜、出会えたことは幸運な巡り合わせだと言い、わたしの旅行に絶対ついて来るべきよ、と誘った。若者は一刻も早く伯爵夫人に会いたかったが、マダムは魅力的だし、強引だった。結局、彼は誘いを受けることにした。すると、彼が旅の行き先や目的を尋ねる暇もなく、彼女は外に停車した馬車へと連れていき、急いで出発したのである。

それから彼は、どこへ連れていくのか教えてほしいとせっついた。最初、彼女は笑うだけだったが、ようやく話した——夫の城(シャトー)へ行くのだと。夫婦仲はすっかり冷め切っていたが、またやり直すことにしたのだと。けれども、夫は退屈な男だった。そこで彼女は、彼のような魅力的な男性がいると場が盛り上がるのではないかと考えたのだ。若者は興味をそそられた——マダムはかなり年上で、とても几帳面な女性という評判だ。そして公爵の愛人がいるらしい——。それなのに、なぜ彼女は自分を選んだのだろう? 彼女の話は信用できない。道すがら彼女は、自分と一緒に過ぎゆく風景を窓から見るように勧めた。そうするには彼女のほうへ身を乗り出さなくてはならない。彼がちょうどそうしたとき、馬車が大きく揺れた。マダムは彼の手を掴み、腕の中に倒れ込んだ。しばらくそのままじっとしていて不意に身を引いた。気まずい沈黙が流れる。そして「わたくしの行動が軽率だと、あなたは言いたいのかしら?」と言った。彼はただの偶然だと抗議し、今後は失礼のないよう振る舞うと約束した。しかし、彼女を腕に抱いたとき、ほんとうは別の感情が心に芽生えていたのである。

彼らはシャトーに到着した。夫が二人を出迎えると、若者はその城を称賛した。「あなたが目にしているのは、つまらないものよ」と、マダムが彼の言葉を遮る。「あなたを〝ムッシューのアパルトマン〟に連れていかなくては」。どういうことかと尋ねようとしたが、別の方向にすばやく話題を変えられてしまった。話のとおり、彼女の夫は実に退屈な男で、夕食が終わるとすぐに席を外した。マダムと若者は二人きりになった。彼女は庭の散策に誘った。素晴らしい夜だった。歩きながら、マダムは彼の腕に自分の腕を絡ませた。あなたが誘惑してくるなどと心配はしていないと彼女は言った。なぜなら、彼が親友の伯爵夫人にどれほど思いを寄せているか知っているからだと。

それから二人は別のことを話していたが、不意に彼女は話を戻し、彼の恋人についてこう言うのだ。「彼女はあなたをほんとうに幸せにしているのかしら？　逆なんじゃないかと私は心配なの。あなたが彼女の気まぐれの犠牲になっているんじゃないかと、ずっと気に病んでいたのよ」。驚いたことに、マダムは、伯爵夫人が彼を裏切っているというようなことまで話しだしたのだ（それについては、彼も疑っていた）。マダムはため息をついた。親友についてそんなことを言ってしまい、後悔しているように見える。そして、わたしを許してほしいと言った。すると今度は、新たな考えがひらめいたかのように、近くにある別棟について話しだした。楽しい場所で、懐かしい思い出がいっぱいだと。しかし、残念なことに鍵がかかっていて、彼女はその鍵を持っていないと言う。

いつのまにか二人はその別棟に向かっていた。ほら、見たことか！　ドアが開けっぱなしだ。中は暗かったが、若者はそこが逢いびきの場所だと直感した。二人は中に入り、ソファに身を沈める。自分に何が起きているのか理解する暇もなく、若者は腕の中に彼女を抱いていた。マダムは彼を押しのけるような素振りを見せたものの、すぐに受け入れた。だが突然、彼女は我に返り、二人は屋敷に戻ることになった。彼の行為は度を越したものだったのか？　彼は自分を抑えようとしてみるべきだった。

屋敷への道をたどりながら、マダムは言った。「何て気持ちのいい夜なのかしら」。彼女は、別棟で起こった出来事について触れているのか？　「シャトーには、もっと素敵な部屋があるのよ」。彼女は続けた。「でも、あなたに見せることはできないわ」。彼が早く進みすぎたことを、それとなく伝えているようだった。彼女はその部屋（ムッシューのアパルトマン）について、何度か話していた。彼は、いままで自分がどれほどその部屋に興味を引かれていたのか気づいていなかった。しかし、どうしても見たくなり、連れていってほしいとせがんだ。「もし、いい子にしていると約束するなら」。目を大きく見開いて、彼女は答えた。屋敷の暗い廊下を通り抜け、マダムは彼を部屋へと連れていった。驚いたことに、そこは一種の〝快楽の園〟だった。壁にはいくつも鏡があり、あたかも森にいるような気持ちにさせる〝だまし絵〟が飾られている。その絵には、薄暗い洞窟や、花飾りをつけたエロスの像まで描かれていた。その場の雰囲気に圧倒され、若者はすぐに別棟でした行為をまた始めた。もし召使いが慌ててやって来て、外が明るくなってきていると告げなければ、時間の感覚さえ失い、その行為に没頭していたことだろう。部屋の主であるムッシューがすぐにもやってくるところだった。

　二人は素早く離れた。その日遅くに、若者がシャトーを去る準備をしていると、マダムは言った。「さよなら、ムッシュー。あなたのおかげで、とても楽しかったわ。でも、私もあなたに美しい夢を差し上げたのよ。あなたの愛が、あなたをまたここへ戻ってこさせるわ……どうか伯爵夫人に、私とケンカになるようなことは言わないで」。帰り道、自分の経験を思い返してみたが、それが何を意味するのか、彼には理解できなかった。利用されたという苦い感情もかすかに生じたが、そうした疑いよりも思い出される喜びのほうが強烈だった。

〔解説〕マダム・Tは、一八世紀の放蕩小説、『その日限り』（ヴィヴァン・ドゥノン作）の登場人物で、若者が小説の語り手である。フィクションではあるが、マダムの手口は、その時代のよく知られた放蕩者（リバティーン）や、誘惑における駆け引きの達人たちの手口をベースにしている。彼らの使う武器のなかでもっとも危険なのが、〝ほのめかし〟である。この手法を用いて、マダムは若者に魔法をかけた。そして彼は、攻めているのは自分そのように見えた。

だと思い込み、彼女の望みどおりに一夜の喜びを与えたのだ。またその魔法は、罪深い評判が広まらぬよう、彼女の身を守るものでもあったのである。とにもかくにも肉体的な接触を主導したのは彼であった。または、だが、実際にコントロールしていたのは彼女で、若者の心に彼女の求めているものを正確に植えつけたのである。たとえば、馬車の中での最初の接触は、彼が近くに寄るよう彼女がお膳立てしたものである。彼女は後になって、彼が早く進めすぎたことをとがめる。だが、そうした行動に出たのは、そのときの興奮が彼の心に残っていたからだった。彼女が伯爵夫人の話をすると、彼は困惑し、罪悪感を覚えた。しかし、そうさせておいて、彼の恋人は不実であるとほのめかし、彼の心に別の種を植えつけたのだ。怒りと復讐心という種を――。そして彼女は、自分が言ったことを忘れてほしい、許してほしいと訴える。ほのめかしの戦術においては、これがカギとなる。「私が言ったことは、どうか忘れてちょうだい。でも、きっとそれは無理でしょうね。この考えは、あなたの心にずっと残るでしょう」――このように相手を刺激したのだ。彼が別棟で彼女を抱き寄せたのは避けられないことだった。彼女はシャトーの部屋について何度か話した。もちろん、彼はそこへ行きたいと主張した。彼女はその夜ずっと、あいまいな雰囲気を醸し続けた。「もし、あなたがいい子にしていると約束すれば」という言葉も、いくつかの解釈ができる。若者の頭の中にも心の中にも、あらゆる感情が燃え上がった。不満、混乱、欲望――彼女は婉曲的に、それらを植えつけたのだ。

とりわけ誘惑の最初の段階では、すべてが一種のほのめかしとなるように言葉を発し、行動することを学ぼう。会話の端々で、相手の生活に登場する人々について、あれこれ意見を述べ、相手の心に疑念を植えつけよう。そうすることで、相手の心に隙をつくるのである。ごく軽い肉体的な接触は欲望を植えつける効果がある。一瞬見せる忘れがたい眼差しや、いつもと違う温かな声の調子も同様だ。どれもほんの一瞬でよい。何げない言葉によって、相手の何かが、あなたの興味を引きつけているのだとほのめかす。ただし、巧妙にやること。これから起こりそうなことをあれこれ想像させて、相手の心を疑心暗鬼にさせるのだ。蒔いた種は、数週間で根づくだろう。あなたがいないときに、ターゲットはあなたが吹き込んだ考えについてあれこれ夢想し、疑念を膨らませていく。あなたがコントロールしていることに気づかずに、ゆっくりとクモの巣に引き寄せられてしまう。何が起きているのかわからないのに、どうして抵抗したり、防御したりなどできるだろう?

暗示と、命令、情報提供、指導など他の種類の心理作用を区別するものは何か。暗示の場合、ある考えが相手の脳に浮かび上がるときに、どこからその考えが生じたか、疑問に思うことはない。自分の脳内に、自然と生じてきたかのように受け止められるのだ。

——ジークムント・フロイト

誘惑の秘訣

人は、常に何らかの形で他人を説得しようとする生き物である。説得することなしに、人生を過ごしていくことはできない。自分のほしいものをはっきり伝えるという直接的なやり方をするとしよう。正直に思いを告げるのは気持ちの良いものだが、おそらく何も手にすることはできない。人にはそれぞれの考えがあり、それらは、習慣によって石のように固められている。あなたの言葉が相手の心に届いても、すでにそこにある何千もの先入観とせめぎ合うばかりで、何の役にも立たないのだ。そのうえ説得しようとすると、人は腹を立ててしまう。なぜなら、あなたのほうがよく知っていて、まるで自分では何も決められないと思われているかのように感じるからだ。その代わりに、ほのめかしと暗示の力を使ってみよう。ある程度の忍耐と技術が必要だが、より価値ある結果を得ることができる。

ほのめかしを上手くやる方法は単純である。普通に会ったり会話したりするのでなく、ヒントを与えるのだ。まだ手に入れていない楽しみや、何の刺激もない生活など、相手の感情に影響を及ぼすものである。こうしたヒントはターゲットの心の奥底に記録され、不安をかすかに刺激する。しかし、それがどこから来たのかは、すぐに忘れてしまう。あまりにも微妙すぎて、記憶に残らない。根づいて成長すると、ターゲット自身の心から自然に出てきたかのように感じられる。まるでずっと心の中にあったかのように、である。ほのめかしは、相手の本能的な抵抗を回避してくれる。なぜなら、人はもともと自分の中にあったものだけに耳を傾けようとするからだ。ほのめかしは勝手に作用して直接的に無意識に語りかける言語である。いかなる誘惑者も、説得者も、ほのめかしの言語と技術を習得しないかぎり、成功は望めない。

ある日、ルイ十五世の宮廷に見知らぬ男がやって来る。誰も彼について何も知らなかった。出身地も年齢も特定できなかった。彼はサンジェルマン伯爵と名乗った。明らかに裕福な様子だ。あらゆる種類の宝石やダイヤモンドが、上着、袖、靴、指に光っていた。ヴァイオリンを完璧に弾きこなし、素晴らしい絵を描いた。しかし、もっとも人々が酔いしれたのは、彼の会話だった。

実はこの伯爵は、ほのめかしの技術を習得した一八世紀のもっとも偉大なペテン師（シャーラタン）だったのだ。彼の話を聞いていると、ある言葉がここそこに出てきた。ただの金属を金へと変える賢者の石や、不老不死の霊薬についての漠然としたほのめかしである。自分がこうした石や薬を所有しているとは言わないが、それらの力と自分とを関連づけて考えるように仕向けた。もし単純に、それを持っていると言ってしまえば、誰も彼のことを信用しないし、人々は背を向けるだろう。伯爵は四〇年以上も前に死んだある男について、さも個人的に知っているかのように話した。もしこれが本当なら、伯爵は八〇歳をとうに超えているはずだ。でも、どう見ても四〇代にしか見えない。彼は不老不死の薬について話した……とても若く見えるが、もしや……。

伯爵の言葉のカギとなるのが、あいまいさである。彼は常に活発な会話の中にヒントを散りばめた。それは、流れる旋律に趣を添える小さな装飾音のようなものであった。彼が言ったことが人々の心に響くのは、話した直後ではない。しばらく経ってから、人々は彼のもとにやって来て、賢者の石や、不老不死の霊薬について問いかけはじめる。こうした考えを自分の心に植えつけたのは彼だとも気づかずにである。誘惑の種となる考えを蒔くときには、人々の想像力（幻想や強いあこがれ）が働くようにする必要があることを覚えておこう。誘惑の糸車を回して糸を手繰り寄せるには、娯楽、富、健康、冒険など、相手が聞きたがっているようなことについて暗示するといい。やがて人々は、これらの素晴らしいものを提供してくれるのは、まさにあなたなのではないかと思い至る。そして彼らはあなたのもとに、自ら進んでやって来る――その考えをほのめかしたのが、あなただとは気づかずに。

一八〇七年、ナポレオン・ボナパルトは、ロシアの皇帝アレクサンドル一世を味方に引き入れることが急務であると決断した。ナポレオンは皇帝に対して、二つのことを望んでいた。一つは平和条約。それによってヨーロッパと中東を分け合う。それから、婚姻による同盟関係。妻のジョゼフィーヌと離婚して、皇帝の親族と結婚する。こういったことを直接、提案する代わりに、ナポレオンは皇帝を誘惑することに決めた。戦場にいるときのように礼儀正しく対面し、親しげな会話を交わしながら、彼はいよいよ仕事に取り掛かった。ついロを滑らせたかのように、ジョゼフィーヌは子供を産むことができないと打ち明けたのだ。そして、すぐに話題を変えた。会話のあちらこちらで、フランスとロシアは結びつく運命にあるとほのめかした。ある夜のこと、別れ際にナポレオンは、子供が欲しいのだと話した。悲しげにため息をつき、それから座を立って、ベッドへ向かった。残された皇帝が、このことを考えながら眠るように仕向けたのだ。また、あるときナポレオンは、皇帝を劇場へ連れていった。そこでは栄光、名誉、帝国をテーマとした劇が上演されていた。観劇後の会話で彼は、劇についての議論のなかにほのめかしを巧みに隠しながら、話をした。数週間も経たないうちに、皇帝はフランスとの婚姻同盟と平和条約について大臣に話していた――まるで自分自身の考えであるかのように。

口を滑らせたかのような失言、偶然を装って発する〝一晩中、頭から離れない〟言葉、そして、誘惑への言及と直後の謝罪――これらはすべて、強力なほのめかしの力を持っている。まるで毒のように人々の体内に侵入し、自力で生を営んでいく。ほのめかしを成功させる秘訣は、ターゲットがいちばんリラックスしているとき、あるいは何かに気を取られて集中力を欠いているようなときを狙うことだ。そうすれば、相手は何が起こっているのか気がつきもしないだろう。洗練された冗談が完璧な隠れ蓑となることも多い。相手がどう切り返そうか、次に何を言おうかと、自分自身の考えに夢中になるからである。あなたのほのめかしが、相手の心に残ることはめったにないが、むしろそれは望むところだ。

ジョン・F・ケネディは初期の選挙運動の中で、退役軍人のグループに向けた演説をしている。第二時世界大戦中の勇敢なケネディの功績（魚雷艇ＰＴ－１０９の衝突事故からの生還で彼は戦争の英雄となった）は、多くの人に知られていた。しかしその演説の中で、彼は船に乗っていたほかの兵士たちについて述べ、自らのことにはまったく触れなかった。しかし、自分の功績がすでに人々の心に深く刻まれていることを彼は知っていた。なぜなら、それは紛れもない事実なのだから。彼が言わなかったことにより、人々が自分自身で思い起こすことになり、ケネディは謙虚で慎み深く、英雄と呼ぶにふさわしい人物と見なされたのである。フランスの高級娼婦（クルチザンヌ）ニノン・ド・ランクロがアドバイスしたように、誘惑では「相手への自分の愛を口に出して語るべきではない」。あなたのしぐさや物腰から、ターゲットに読み取らせるのだ。言葉よりも沈黙のほうが、より強力なほのめかしの力を持つのである。

言葉でほのめかすだけではなく、身振りや眼差しにも注意を払おう。レカミエ夫人のお気に入りのテクニックは、ありふれた会話をしながら魅惑的な眼差しで見つめる方法である。男性は会話についていくのが精いっぱいで、ときおり投げかけられるこの眼差しについて深く考えることができない。しかし、どうしようもなく気になってしまうのだ。バイロン卿は〝上目遣い〟で盗み見ることで有名だった。みんなが大して面白くもない話題について議論しているあいだ、うつむいているように見えた。しかし彼は頭を傾けたまま、若い女性（ターゲット）を見つめており、女性はその視線に気がつく。それは危険で挑戦的な眼差しであったが、あいまいでもあった。多くの女性がこの眼差しの餌食になった。顔そのものが〝表情で語りかける〟言葉なのだ。われわれは習慣的に人の表情を読み取ろうとする。それは、しばしば言葉よりも、より的確に感情を示しているからだ。そして、表情はコントロールがとても容易なのである。人はいつも、あなたの表情や眼差しを読んでいる。それを利用して、あなたが選んだほのめかしの導火線を相手に仕掛けよう。

最後に付け加えれば、ほのめかしがうまくいく理由は、それが人々の本能的な抵抗を回避するから、というだけではない。喜びをもたらす言語でもあるからなのだ。この世界には、ミステリーがほとんど存在しない。自分が何を感じているか、何を欲しているかを正確に言う人が多すぎる。われわれは謎めいたものを求めている――幻想をかき立ててくれるような何かを。日常生活に暗示やあいまいさが欠けているため、それを使う人に不意に出会うと、とても魅力的で、多くを期待できる人に思えてしまうのだ。誘惑とは、想像力を刺激する、ある種のゲームである――この人は、いったい何を企んでいるのか？　彼は、彼女は、何を言おうとしているのか？――。ヒント、暗示、ほのめかしは誘惑にふさわしい雰囲気を生み出すものである。ターゲットが、もはや退屈な日常生活に煩わされることはなく、ほかの領域に入り込んだことを示すシグナルなのだ。

イメージ

種。土は丹念に耕され、種は数か月前に蒔かれた。ひとたび種が蒔かれると、どのような人がそこに蒔いたのか誰にもわからない。それは大地の一部となる。相手の心に自然と根づく種を蒔くことによって、あなたが操っていることを覆い隠そう。

例外

ほのめかしには、いろいろなことをあいまいなままにしておくと、ターゲットがそれを読み違えてしまうという危険がある。誘惑がある程度進んだ段階では、単刀直入に考えを伝えたほうがよいときがある。ターゲットがあなたを歓迎していると知った後は、とくにそうである。カサノヴァは、しばしばこのような手を使った。女性が自分を欲していると感じ取ることができたら、彼はほとんど何も準備せず、直接的で誠意ある、熱のこもった言葉を使うのだ。そうした言葉は、女性の脳裏に麻薬のように染み込み、たちまち彼女に魔法をかける。作家でレイクのガブリエーレ・ダヌンツィオは、好みの女性に出会うとすぐに行動を起こした。言葉で、そして手紙で、ひたすら称賛の言葉を浴びせるのだ。彼は〝誠意〟で相手を魅了した（こうした場合の誠意は見せかけで良く、一つの戦略にすぎない）。しかし、これで上手くいくのは、ターゲットが容易に手に入りそうだと確信の持てるときだけである。もしそうでなければ、直接的なアプローチは抵抗や疑惑を引き起こしてしまう。誘惑を成功させることは不可能である。少しでも迷いがあるなら、遠回しにアプローチするのがより良いやり方だと言えるだろう。

部屋に入るとき、彼女に止められた。「覚えておいて」、厳かに彼女は言った。「決して見られてはいけません。決して疑われてもいけません。あなたが入ろうとしている神聖な場所は……」……これらはまるで、入門儀式のようだった。彼女は私の手を引き、細くて暗い廊下を横切っていった。まるで若い改宗者が謎に満ちた祝宴を前にテストを受けるように、私の胸は高鳴っていた……。

「でも、あなたの伯爵夫人は……」、彼女はそう言って口をつぐんだ。私が答えようとしたとき、ドアが開いた。私の返事は称賛の言葉に取って代わった。驚き、喜び、もはや自分がどうなるのか、わからなかった。私は真摯に魔法を信じはじめた……事実、自分の姿が巨大な骨組みの鏡に映り、そのイメージはあまりにも芸術的で、すべてのものを幻想的に映し出していた。

ヴィヴァン・ドゥノン『その日限り』
（ミシェル・フェエール編『誘惑の技法』で引用）

ほんの数年前まで、われわれの生まれた街では、愛や忠誠よりも、詐欺や不正行為が横行していた。そんな街に目を見張るような美しさと、申し分のない血統を持つ高貴な女性がいた。当時の女性と同様に、彼女も生まれつき気高さや抜け目なさ、知性を持ち合わせていた……。

彼女は育ちもよく、将来は毛織物商の主人に嫁ぐことになっていた。とても裕福な相手だったが、心の奥底では軽蔑の念を抑えることができなかった。なぜなら、どんなに裕福でも、身分の低い男は高貴な妻に値しないという固い信念を抱いていたからだ。そして、どんなに富を蓄えようと、彼にできることは羊毛と綿を区別すること、機織りの組み立てを指揮すること、機織りの女性が紡ぐ特別な糸の美点について論ずることだけだと知ると、力の及ぶかぎり男との不快な接触を避けようと決意した。さらに、彼女は喜びをどこかほかの、自分の愛情を注ぐのによりふさわしい相手に求めようと考え、三〇代半ばの格好の相手に思いを寄せるようになった。彼の姿が見えず、一日が過ぎると、夜のあいだもずっと、居ても立ってもいられない状態だった。

けれども、男性はこのことにはまったく気づかず、彼女の存在に注意を払ってはいなかった。彼女のほうもとても用心しており、自分の愛する人について公に話すつもりはなく、メイドを使いに出したり、手紙を書いたりもしなかった。こういったことが危険を招くと恐れていたのだ。しかし、その男性がある司祭と親しいことがわかった。その司祭は見苦しく太っていたが、優れた修道士であり、聖人のような暮らしをしているため、愛する男性との理想的な仲介者になってくれるだろうと考えた。入念な計画を練り、ちょうどいい時間を見計らって教会を訪ねた。そして司祭を探し出し、告解を聞いてくれるか尋ねた。

一目見て、彼女が上流階級の女性とわかり、司祭は喜んで告解を聞くことにした。彼女は告解の最後を次のように締めくくった。

「神父様、いまお話ししましたように、あなたの忠告と助言を必要とする問題が一つあります。すでに私の名をお伝えしたことから、きっと私の家族も主人のこともご存知だと思います。彼は何よりも私を愛し、とても裕福であることから、少しのためらいもなく、たやすく私が望むものを何でも与えてくれます。したがって、私の彼への愛は限りないもので、私の些細な考えや実際の行動は言うまでもなく、彼の願いや名誉に背くこととなれば、私はこれ以上ないほどに不道徳な女ということになり、業火に焼かれることとなりましょう。

ところで、表向きはたいそう立派なある人物がおります。もし間違っていなければ、あなた様の親しい友人だと伺っております。お名前はあえて申し上げませんが、背が高くハンサムで、茶色の上品な衣服をまとい、おそらく私の断固たる意志をご存知なく、言い寄ろうとしているようなのです。窓から外を見ていると、彼はいつも決まって現われ、ドアのところに立っていたり、ちょうど家をあとにするところだったり。実際、彼がいまここにいないことに驚いています。言うまでもなく、私はこういった事態に非常に混乱しています。彼のような振る舞いは、ときに正直な女性に悪名を与えるかもしれません。たとえ、とても純真な女性だとしても。

……ですから、どうかお願いします。彼に厳しく言って、しつこい振る舞いを慎むよう説得してほしいのです。この種のことを楽しむ女性もたくさんいます。色目を使われたり、密かに見張られたりするのを。しかし、私個人にはそのような傾向はありません。そして、彼の行動がこの上なく不快なものだと感じております」

話の最後で、彼女は泣きだすかのように頭を垂れた。

司祭はすぐに気がついた。彼女が誰のことを言っているのか。そして、彼女の純粋なる精神を心から称賛した……彼女を困らせるような行為を、その男に止めさせるよう必要な対策はすべて取ると約束した。

すぐそのあとで、問題の紳士がいつものように司祭のもとへやって来た。二人がしばらく何気ない話題を親しげに交わしたあと、司祭は彼を横に引っ張っていき、優しく叱責した。女性に色目を使うのは止めるようにと。彼女が言っていた言葉を、司祭はそのまま信じたのだった。

当然、紳士は驚いた。なぜなら、彼はあまり彼女に目を留めたことがなく、家の前を横切ることもほとんどなかったからだ。

司祭よりも察しが早いこの紳士が、彼女の小賢しさを理解するのに時間はかからなかった。恥ずかしげな表情を装い、彼女をもう煩わせないと約束した。しかし、司祭のもとを去ると、彼女の家に向かった。彼女はずっと眠らず、小さな窓のところで待っていた。もし彼が通りすぎたら、すぐに見えるように……。そして、その日以来、これ以上ないほどの慎重さで、ほかの仕事に専念しているふりを装って、その界隈に定期的に現わるようになった。

ジョヴンニ・ボッカッチョ『デカメロン』

色男の一瞥は、大砲のような効果をもたらす。見つめるだけで、すべてが思いのままだ。しかし、その一瞥は拒まれる可能性も常にある。つまり、それは言葉の代わりにはならないからだ。

スタンダール

（リチャード・ダヴェンポート・ハインズ編『悪徳――アンソロジー』で引用）

7 相手のスピリットに入り込め

ほとんどの人間は自分だけの世界に閉じこもっていて、強情だったり、説得するのが難しかったりする。そんな人間を殻の外に誘い出し、誘惑を仕掛けるには、相手の精神(スピリット)に入り込むことである。相手のルールに従い、相手が楽しむものを楽しみ、相手の気分に合わせること。そうすることで心の奥底のナルシシズム(自己愛)を刺激して、相手のガードを緩めるのだ。あなたが演じる〝鏡に映った自分〟のイメージに魅了され、相手は心を開く。あなたの影響を受け入れやすくなり、どんなにささいなことも見逃さなくなる。すぐに、相手からあなたへと力の向きを変えることができるだろう。ひとたび相手のスピリットに入り込んでしまえば、あなたのスピリットに取り込むことができる。もう後戻りはできないのだ。ターゲットを甘やかし、どんな気分にも、気まぐれにもこころよく付き合おう。反発や抵抗を感じさせるような振る舞いをしてはいけない。

甘やかし戦略

一九六一年一〇月、アメリカ人記者シンディ・アダムズはインドネシアのスカルノ大統領への独占インタビューを承諾された。まったく予期しないことだった。というのも、当時アダムズは駆け出しのジャーナリストであり、スカルノは紛争の渦中にいて世界中が注目する大物だったからだ。インドネシア独立運動の指導者であるスカルノは、一九四九年、オランダが植民地を放棄して以来の大統領だった。一九六〇年代初めまで、型破りの外交政策を行っていたことでアメリカから疎まれ、〝アジアのヒトラー〟と呼ぶ者もいた。

アダムズは活気のあるインタビューにするため、スカルノに脅されたり威圧されたりすることのないようにと心に決めた。そして、まずはジョークから会話を始めることにした。驚いたことに、このアイスブレイク作戦は功を奏したようで、スカルノは彼女に好意を持った。一時間を超えるインタビューに熱心に応じ、帰り際には土産まで持たせてくれたのだ。大成功だった。しかし、さらに驚くべき展開が彼女を待ち受けていたのである。なんと、夫とともにニューヨークに戻ると、スカルノから親しみのこもった手紙が何通も送られるようになったのだ。そして数年後、彼の自叙伝を一緒に制作してほしいという申し出を受けることになる。

アダムズは困惑した。これまでは三流セレブの提灯記事ばかり書いていたのだ。スカルノは悪魔のようなドン・ファンとして名を馳せていた。フランス語で〝ル・グラン・セデュクトゥール〟の異名を持つほどだ。四人の妻を娶り、これまでに口説き落とした女性が何百人もいるという。彼はハンサムで、彼女に引かれているのは明らかだ。しかし、なぜ、このような一流の仕事に自分を選んだのか？　もしかすると、あまりにも性的欲求（リビドー）が強すぎて、そんなことは気にもしていないのかもしれない。いずれにせよ、断ることのできない申し出だった。

一九六四年一月、アダムズは再びインドネシアに赴いた。彼女は前回同様の作戦で行くと決めていた。三年前にスカルノを魅了した、物怖じしない堂々とした女性として向き合うのだ。最初のインタビューのとき、彼女は宿泊先として手配された部屋について強い口調で不満を言った。スカルノがまるで自分の秘書であるかのように、彼女は自身の特別待遇について事細かに指示し、書簡を作成して署名するように要求した。驚いたことに、彼はその書簡を清書して、署名したのである。

次に、アダムズは、スカルノの若い頃を知る人々へのインタビューのために、インドネシア各地を回ることになっていた。ここでも彼女は自分の乗る飛行機に問題があると不満を言った。安全でないというのだ。「ねえ、あなた（ハニー）、一つお願いがあるの」彼女は言った。「私専用のジェット機をくださらない」。「わかった」とスカルノは答えたが、見るからに当惑した様子だった。それでも彼女は続けた。「一機じゃ足りないわ」。飛行機を数機とヘリコプター一機、それに腕のいい専属パイロットを要求したのだ。スカルノはすべて承諾した。このインドネシアの指導者はアダムズに怯えているというより、彼女の魔法にかかっているようだった。彼はアダムズの知性と機転を褒め称えていた。あるとき、彼はこう打ち明けた――「なぜ私が自叙伝に取り組んでいるか、わかるかい？……その理由はただ一つ。君だ」。スカルノは彼女の洋服に目を配り、小さな変化も見逃さずに褒めた。彼はもはや〝アジアのヒトラー〟というより、媚びへつらって求愛するただの男だった。

もちろん、スカルノは何度も言い寄っていた。彼女は魅力的な女性である。会うと最初に彼女の手に自分の手を重ね、隙あらば唇を奪おうとした。彼女は毎回拒んでいた。幸せな結婚生活を送っていたのだから当然のことだ。しかし、だんだん心配になってきた。もし、自分との肉体関係だけがスカルノの目当てだとしたら、この本のすべてが無に帰してしまうのではないか。ところが、ここでも彼女の包み隠さずモノを言う〝真っ直ぐ戦略〟が功を奏する。驚いたことに、彼は怒ることも恨むこともなく引き下がったのだ。そして、彼女との関係はプラトニックのまま留めると約束した。ここにきて彼女は認めざるをえなかった。彼は、これまで彼女が想像していた、あるいは周囲から言われてきた人物像とはまったく違うのである。おそらくスカルノは女性に支配されることを好んだのであろう。

インタビューは数か月に及んだ。彼女はスカルノにわずかな変化が表れたことに気づいた。彼女は親しげに話しながらも、時おり忌憚のない意見を投げかけていた。しかし今では、彼が反撃してくるようになった。気の利いたジョークでやり返すことがお気に入りで、おおいに楽しんでいるようなのだ。彼女が戦略的に自身に強いていた快活な雰囲気を、スカルノが自分のものにしたようだった。初めのうちは軍服かイタリア製のスーツを着ていたのが、今では二人の気さくな関係に合わせるように、靴下も履かず、カジュアルな格好になった。ある夜、スカルノは彼女の髪の色が好きだと言った。クレイロールという銘柄のブルーブラックで染めているのだと彼女は答えた。スカルノも同じ色にしたがったため、ボトルを持っていくことになった。冗談だろうと思ったが、数日後、宮殿に来て自分の髪を染めてほしいと頼まれた。彼女は言われたとおりにし、二人の髪は同じ色になった。

『スカルノ自伝――シンディ・アダムズに口述』は一九六五年に出版された。スカルノがチャーミングで愛すべき人物であるということに、アメリカの読者は驚嘆した。実際、アダムズは、彼のことを隅から隅まで描きだしていた。もし誰かに反論されたら、あなたは私ほどスカルノのことを知らないのだと彼女は言い返しただろう。スカルノは大いに喜び、本書は全世界に知れ渡った。インドネシアでは軍のクーデターが迫っていたが、本書のおかげで国民のあいだに同情の声が沸き起こった。それも当然だろうとスカルノは思っていた。彼の回顧録において、ほかのどんな〝まっとうな〟記者よりも、アダムズのほうが素晴らしい仕事をすると最初からわかっていたからだ。

〈解説〉 誰が誰を誘惑していたのだろうか？　誘惑していたのはスカルノのほうで、彼は伝統的な手順を踏んでアダムズを誘惑したのである。まず、彼は〝正しい犠牲者〟を選んだ。熟練の記者ならば、取材対象と個人的な関係を築くことに抵抗しただろうし、男性なら彼の魅力にさほど引きつけられたりはしないだろう。

だからこそ女性を、しかも記者としての経験が浅い者を選んだのだ。アダムズとの最初の面談で、スカルノはいくつかのシグナルを織り交ぜて送った。親しげに接しながらも、ほかの面でも同じくらい興味を抱いていることをほのめかす。すると、彼女の頭にある疑念が浮かんだ（ひょっとしたら彼はただ情事を求めているだけなのだろうか？）。次に鏡のように彼女の真似をした。スカルノは彼女を甘やかし、どんな態度も受け入れ、不満を言われるたびに引き下がった。人を甘やかすのは相手の精神（スピリット）に入り込むための定石であり、当面のあいだ相手に主導権を渡すことである。

アダムズに対するスカルノの求愛行為は、おそらく抑制の効かない性的欲求（リビドー）の表れだったのだろう。あるいはもっと狡猾な手口だったのかもしれない。スカルノはドン・ファンとして名を馳せていた。そんな彼が言い寄らなかったとしたら、それはそれでアダムズを傷つけることになっただろう（人が想像する以上に、女性は魅力的だと言われて悪い気はしないものであり、スカルノは四人の妻それぞれに、自分が一番のお気に入りだと思わせることができるくらいに如才なかった）。スカルノの求愛行為はしだいに影を潜め、彼女のスピリットにより深く入り込んでいく。気さくな雰囲気をつくり、少し女性的に振る舞おうとして、彼女の髪の色に合わせることまでしたのだ。その結果、自分は彼女が考えていたような人間ではないと思わせた。恐れを抱くような人間ではないのだと。スカルノはほんの少しも彼女を脅かさなかった。結局、彼女は支配されていたのだ。いったんガードを緩めると、アダムズは、スカルノがいかに自分の感情に深く影響を与える存在なのかを忘れてしまった。また、そうした状況を自分自身で理解できなかったのである。彼女がスカルノを魅了していたのではない、スカルノが彼女を魅了していたのだ。ずっと欲していたものを彼は手にした。自分に共感した外国人によって描かれた自叙伝である。多くの人々に疑念を持たれている男の、意外にも魅力的な肖像が世界に向けて発信されるのだ。

数ある誘惑の戦術のなかで、誰かのスピリットに入り込むことはもっとも難しいことであろう。それはターゲットに自分があなたを誘惑しているのだと思わせることにほかならない。実際、あなたは彼らを甘やかし、思いどおりにさせ、彼らの真似をする。そうやってスピリットに入り込むことで、あなたが彼らの魔法にかかっていると思わせるのである。あなたは用心しなければならない危険な誘惑者などではなく、従順で脅威を感じる必要のない人物なのだ。あなたが関心を向けることで彼らは夢中になる。あなたは彼らの真似をしているのだから、あなたから見聞きすることはすべて、彼らのエゴや好みを反映したものばかりなのだ。これほど虚栄心を高めることはない。このように誘惑していけば、一連の作戦はより効果を発揮するだろう。あなたに対するガードが緩めば、ターゲットはほんのかすかな影響にもオープンになる。あなたはやがて、彼らをダンスにいざなう。そして気づかぬうちに変化が訪れる。彼らはあなたの心にすっかり取り込まれていることに気づくだろう。さあ、ゲームは大詰めだ。

あえて危険を冒して自分のスピリットに入り込んできた人と一緒でなければ、女性が安らぎを得られることはない。

——ニノン・ド・ランクロ

誘惑の秘訣

われわれの生活において、もっとも大きなフラストレーションの原因の一つは、他人の強情さである。他人に考えを伝える、こちらのやり方で物事を捉えてもらうのは、どれほど難しいことだろう。相手がこちらの話に耳を傾け、同意してくれているように見えるときでも、それらは、すべてうわべだけだと感じることがよくある。こちらがいなくなったとたん、自分の考えに戻ってしまうのだ。われわれは他人とぶつかり合いながら生きている。人とのあいだにまるで石垣でもあるかのように感じることもある。しかし、誤解されているとか、相手にされないと不満を言うかわりに、なぜ何か違ったやり方を試してみないのだろう？　他人を意地悪だとか冷淡だと見なすのではなく、また、彼らがなぜそんな振る舞いをするのか理解しようとするのでもなく、誘惑者の目を通して彼らを見るのだ。生まれつきの強情さや自己執着の殻から人をおびき出す方法は、相手の精神（スピリット）に入り込むことである。

誰もがみなナルシストだ。子供の頃のナルシシズム（自己愛）は肉体的なものである。まるで自分とは別の生き物であるかのように、自分自身の姿や身体そのものに興味を持つ。成長するにつれ、ナルシシズムはより精神的なものとなり、自分の好みや考え、そして経験を吸収していく。われわれの周りには硬い殻が形成されているのだ。逆説的だが、この殻から人をおびき出すには、相手とそっくりの存在になることである。相手の姿を鏡に映すようなイメージだ。相手の好みや考えについて、何日間もかけて研究する必要はない。ただ彼らの雰囲気に合わせ、好みを受け入れて、提案してくることを一緒に楽しめばいい。そうすることで、彼らの本能的な防御態勢を緩めることができる。彼らはあなたが異質な人間でもなく、自分と異なる習慣を持つわけでもないので、自尊心が脅かされる心配はないと感じるだろう。

人は自分のことを心から愛しているものである。だがそれ以上に、自分の考えや好みが別の人に反映されているのを目にするのが何よりも好きなのだ。自分の価値証明になるからである。常につきまとう不安も消し飛んでしまう。自分の鏡像を目の当たりにして、彼らは催眠術をかけられたようにリラックスするのだ。心の壁が崩れたいま、あなたは彼らをゆっくりと引きずり出すことができる。そして今度は相手から自分へと、力学が逆方向に働くようになる。心を開いてくれさえすれば、あなた自身の雰囲気や熱さで彼らに影響を与えることが容易になる。他人のスピリットに入り込むことは、一種の催眠術だ。これは世に知られた説得術の中で、もっとも狡猾で効果的なものである。

一八世紀中国の小説『紅楼夢』の中で、裕福な家の子女たちは皆、賈（か）家の貴公子で道楽者の宝玉（ほうぎょく）に恋していた。彼はたしかにハンサムではあったが、その魅力は何よりも若い女性のスピリットに入り込む不思議な力だった。宝玉は若い頃から女性に囲まれて過ごすことが多く、女性と一緒にいることを好んだ。その結果として彼は、威圧的になったり、攻撃的になったりすることが決してなかった。宝玉は女性たちの部屋に自由に出入りすることが許されており、彼女たちはどこでも彼に会えた。そして会えば会うほど、女性たちは彼の魔法にかかってしまうのだった。宝玉にそれができたのは、女性的だったからというわけではない。れっきとした男性だが、状況に応じて男らしさを出したり隠したりすることができたのだ。若い女性を熟知していたからこそ、彼女たちのスピリットに自由自在に入り込むことができたのである。

これは非常に好都合なことである。男女の違いがあるからこそ愛情が成立し、誘惑が可能になるのだが、それはまた恐れや疑いのもとともなる。ある女性が男性の攻撃性や暴力性を恐れているとしよう。そうすると男性はなかなか彼女のスピリットに入り込むことができない。いつまでも不可解で威圧的な存在のままだ。カサノヴァからジョン・F・ケネディに至るまで、歴史上もっとも偉大な誘惑者たちは女性に囲まれて育ち、自身の中に女性的な一面を持っていた。哲学者のセーレン・キルケゴールは自著『誘惑者の日記』の中で、自分と違う性の人間とより多くの時間を過ごし、〝敵〟を知ることを勧めている。相手の弱さを知ることで、自分を優位な立場に置くことができるからである。

実在したもっとも偉大な女性誘惑者の一人、ニノン・ド・ランクロは男性的な資質を明らかに持っていた。哲学的な意見の鋭さで男性を感心させ、政治や戦争への興味を共有できることで彼らを魅了した。多くの男性がまず彼女と深い友情関係を結び、後で必ず激しい恋におちた。男性の中にある女らしさが女性の気持ちを落ち着かせるように、女性の中にある男らしさが男性を安心させる。男性にとって女性の不可解さはフラストレーションになり、ときに敵意となることもある。性的な魅力に引かれて関係がはじまったとしても、そこに精神的な誘惑が伴わなければ、魔法の効力は長く続かない。大事なのは相手のスピリットに入り込むことなのだ。女性の振る舞いや性格の中にある男性的な一面に、男性は誘惑されやすいものである。

サミュエル・リチャードソンの小説『クラリッサ』（一七四八年）に登場する若くて信心深い女性、クラリッサ・ハーローは、悪名高いレイクのラヴレースに言い寄られていた。クラリッサはラヴレースの評判を知っていたが、その振る舞いのほとんどは彼女の予想に反したものだった。彼は礼儀正しく、どこか悲しげで少しまごついているように見えた。あるときクラリッサは、彼がある貧しい家庭に対し、気高く慈悲深い行為をしていたことを知る。父親にお金を渡し、為になる助言を行い、娘を結婚させるための手助けをしていたのだ。そしてついにラヴレースは、クラリッサが疑っていたとおりであると告白した。これまでの行いを悔い改め、人生を変えたいというのだ。彼の手紙はどれも情熱的で、その熱い気持ちには信仰に近いものがあった。ラヴレースを更生に導く人間に彼女はなれるのだろうか？　もちろん、ラヴレースは彼女を罠にかけたのだ。彼女の好み、この場合はその精神性を〝反射〟するという誘惑者の戦術を用いた。ガードを緩め、彼を改心させられると信じてしまった瞬間に、彼女の破滅は決定づけられた。彼は手紙や会話で自身のスピリットを少しずつ彼女に刷り込んでいくことができる。〝精神(スピリット)〟は効力のある言葉だということを覚えておこう。この言葉があなたを目指すところに導いてくれる。相手の精神的な価値をありのままに映し出すことで、二人のあいだに深いハーモニーを築けるようになる。やがてそれが肉体的なハーモニーにかたちを変えていくのだ。

一九二五年、ジョセフィン・ベーカーはパリへ渡り、黒人だけの歌劇に加わった。彼女のエキゾティシズムは一夜にして注目を浴びた。しかし、フランス人は飽きっぽいことで有名である。ベイカーは、自分への興味がすぐさま別の誰かに移っていくだろうと感じていた。そこで、末永く誘惑するために、人々のスピリットに入り込んだ。フランス語を学び、フランス語で歌をうたいはじめた。また、スタイリッシュなフランス人女性のように着飾り、まるでアメリカよりもフランスの流儀が好きだと主張するかのように、振る舞いはじめた。国というのは人間と同じようなものだ。不安要素をたくさん抱えているし、ほかの国の慣習に脅威を感じてもいる。自分たちのやり方に合わせてくれるよそ者(アウトサイダー)はとても誘惑的なのだ。ベンジャミン・ディズレーリはイングランドで生まれ育ったが、ユダヤ人の家系でエキゾティックな風貌をしていたため、田舎に住むイギリス人からはアウトサイダーと見なされた。それでも彼は、作法や嗜好において、ほかのどんなイギリス人よりもイギリス的だった。これは彼の魅力の一つであり、保守党党首となったことでそれは証明された。あなたもアウトサイダーなのである（突き詰めれば、われわれのほとんどがそうなのだ）。これを強みに変えよう。このように相手の嗜好や慣習をどれほど深く好んでいるかを示すことによって、あなた自身の異質さで相手の感情を刺激するのである。

一七五二年、悪名高いレイク、サルティコフは、二三歳の大公妃、後のエカチェリーナ大帝を誘惑するロシア宮廷で最初の男となる決心をした。彼女が孤独なのはわかっていた。夫のピョートル三世は、多くの廷臣たちと同様に、彼女にはまったく構わなかったからである。しかし、巨大な障害が立ちはだかる。彼女は昼夜を問わず見張られていたのだ。それでもサルティコフはこの若い女性と仲良くなり、とても小さな交友の輪の中に入ろうとした。そしてついに、一人でいる彼女をつかまえ、打ち明けたのだ――どれほど自分が彼女の孤独を理解しているのか。どれほど深く彼女の夫を嫌っているのか。そしてヨーロッパを席巻している新しい考え方について、どれほど彼女と共感しているのか――。やがて逢瀬を重ねるようになり、彼女と一緒にいるときは、世の中のほかのことなどもうどうでもいいという素振りを見せた。エカチェリーナは彼のことを深く愛した。事実上、彼がエカチェリーナの〝初恋の人〟となったのである。サルティコフは彼女のスピリットに入り込んだのだ。

人は、鏡になって相手の真似をしようとするとき、とても真剣にその人に注目する。相手はあなたの努力を感じ、その努力が自分にとって喜ばしいものだと気づくだろう。あなたはほかの誰でもなく、自分を選んでくれた。あなたの人生には自分しかいないようだ――自分の雰囲気、嗜好、精神にすっかり心酔しているのだから。相手に注目すればするほど、あなたの生み出す魔法はより効力を増し、彼らの虚栄心をより深く酔わせることができるのだ。

たいていの人間にとって、いまの自分と、こうなりたいと思っていた理想の自分を一致させるのは難しいことである。われわれは若い頃の〝理想の自分〟になれずに、妥協してしまったことに失望している。それでもなお、自分は大きな可能性を持つ存在であるのに、周囲の状況がその可能性を阻んでいるのだと思い込んでいる。鏡になって誰かを〝反射〟するときには、ありのままの相手を真似るところで止まらないこと。相手のスピリットに入り込んで、彼らがこうなりたいと思っている理想像を映し出すのだ。

フランス人作家のシャトーブリアンは、肉体的欠陥を抱えているにもかかわらず、このやり方で偉大な誘惑者になることができた。彼が青春時代を過ごした一八世紀後半、芸術の世界ではロマンティシズムが流行していたが、現実の世界では、多くの若い女性がロマンスの欠如による抑圧感に苦しんでいた。シャトーブリアンは、彼女たちが少女の頃に夢中になっていた、ロマンティックな理想を実現するというファンタジーを再び呼び覚まさせた。他人のスピリットに入り込むのは、もっとも効果的な手法である。なぜなら、誰もが自分自身について、より心地良く感じることができるからだ。あなたの存在により、彼らはなりたかった自分の人生を生きることができる——最愛の恋人、ロマンティックなヒーロー、そのほか何にでもなれるのだ。打ち砕かれた理想を見つけ、その理想を鏡となって映し出し、ターゲットに〝反射〟しよう。そして、その理想を彼らの人生に取り戻してやるのだ。このような誘惑に抗える人など、そうはいない。

イメージ

ハンターの鏡。ヒバリは美味しい鳥だが、捕まえるのは難しい。ハンターは野原に鏡を置く。ヒバリは鏡の前に舞い降りて、その前を行ったり来たりし、自分の動く姿に魅せられる。目の前で繰り広げられる〝真似したがり〟の求愛ダンスにうっとりしてしまうのだ。そして、魔法にかかったように周りの環境に対するあらゆる感覚を失い、鏡を見たままハンターの投網にかかってしまうのである。

例外

一八九七年、ベルリンでのこと。後に世界中に名を轟かせる詩人ライナー・マリア・リルケは、ルー・アンドレアス・ザロメと出会った。彼女はロシア生まれの美しい作家であり、ニーチェを袖にしたという評判が立っていた。ベルリンの知識人たちのお気に入りである。リルケはまだ二二歳で、ザロメは三六歳だったが、リルケはザロメに首ったけになってしまった。毎日のようにラブレターを送り、あなたの著書はすべて読み、あなたの好きなものを何でも知っていると綴った。二人は友人になった。やがてザロメはリルケの詩の編集をするようになり、リルケは彼女の一言一句に真剣に耳を傾けた。

ザロメはリルケが自分の精神を真似してくれることをうれしく思い、その真摯な眼差しに魅了された。二人の精神の親交はしだいに発展していき、彼女はリルケの恋人となった。とはいえ、ザロメは彼の将来を案じていた。詩人として生計を立てるのは難しい。そこで自分の母国語であるロシア語を学び、翻訳家になるように薦めた。リルケは彼女のアドバイスにしたがって熱心に取り組み、数か月でロシア語を話せるようになった。二人でロシアを訪れると、リルケは目にするものすべてに感銘を受けた――農民たちの姿、民俗、芸術、建築などである。ベルリンに戻ると、リルケは自分の部屋をロシアの聖堂のように模様替えした。ロシアの農民の仕事着を着て、会話の中にロシア語のフレーズを散りばめるようになった。鏡のように相手を真似るという彼の魅力は薄れていった。最初、ザロメは自分の関心事を懸命に共有してくれることに喜んでいたものの、そのうちにその熱心さが何か別のものであると気づいた。リルケには本物のアイデンティティがないように感じた。ただ自尊心を満たすために、従順に振る舞っていたのだ。まるで奴隷のようだった。一八九九年、リルケがとても恐れていたことが起きた。ザロメが二人の関係を終わりにしたのである。

ここでの教訓は簡単なことだ。相手の精神（スピリット）に入り込むことは、その人をあなたの魔法の影響下に誘い込む手段であり、誘惑の戦術の一つである。だからといって、単に相手の気持ちを吸収するだけのスポンジのような存在であってはならない。長いあいだ相手の真似をしていれば、いずれ見透かされ、疎ましく思われるようになるだろう。相手との類似点を見せながらも、根っこの部分では自分自身の強いアイデンティティを持っていなければならない。いずれ、相手を自分のスピリットに導き入れたいと思うときが来るだろう。相手の〝なわばり〟でずっと生きていくことなど不可能なのだ。鏡となって相手を〝反射〟しすぎないこと。それが役立つのは、誘惑の初期段階だけである。ある時点から、自分から行動を仕掛けていくことが必要となる。

少年（あるいは少女）は、常に親の気を引こうとするものだ。東洋の性愛に関する著述では、模倣は心を引きつける手段とされている。たとえば、サンスクリット教典は、女が最愛の男の服装、表情、言葉を真似する行動を重視している。こうした類のパントマイムは、「最愛の男と結ばれたくてもなかなか叶わぬため、男の翻意を促したい」恋する女が駆られて行なうのだ。

子供もまた、態度、衣装などを模倣することで、呪術的な意図で父や母を誘惑し、「自分の気持ちを紛らわせ」ようと努めるのである。同一化は、自らの愛の欲望の充足を諦めることと、同時に諦めないことを意味している。それはすなわち、子供が親の心をとらえるための罠であり、それから逃れきれる親はいないだろう。同じことが、首長を模倣し、その名前を持ち、その身振りを反復する大衆についても言える。彼らは指導者の前に屈する。同時に、大衆はそれと知らずに、指導者が罠に落ちるまで、彼をおびき寄せるのだ。大規模で華やかな儀式やデモンストレーション

彼女を引き留めておきたいと切に願うなら、あなたがその美貌に身も心も奪われているのだと、思い込ませることだ。彼女が紫の衣をまとっていれば、その紫を褒めそやすがいい。絹の衣をまとったなら、あなたには絹が何より似合うと伝えなさい。（中略）歌ってみせたらその声に、踊ってみせたらその振りに、感嘆することだ。彼女がやめたら、「もう一度！」と叫びなさい。愛の営みについてすら、最高だったと褒め称えてもよいし、味わった興奮を伝えてもよい。彼女の気性が激しく、メドゥサよりも猛々しくても、あなたは誰より優しく、たおやかだと持ち上げなさい。ただ、用心すべきは、こんな具合に言葉を操っているうちに、それがあなたの本心でないことがばれないようにすること。あなたが口にした言葉を、その顔つきで台無しにしないように。技術は隠されてこそ効果的なのだ。見破られたら恥をかくばかりか、永遠に信用を失う羽目になる。

オウィディウス『恋愛指南』

は、その逆でもあるけれど、多数者が指導者を誘惑する情景なのである。

セルジュ・モスコヴィッシ『群衆の時代』

唇を切った私の六番目の兄はシャカシクと申します。若い頃、この兄はたいそう貧しい暮らしをしておりました。

ある日、兄がバグダッドの通りで物乞いをしていたところ、突然、豪壮な邸宅が目に入りました。いくつかある門には何人もの宦官（かんがん）たちが並んで門番をしていました。兄が宦官の一人を捕まえて、誰の家かと尋ねると、バルマク家一族のお屋敷だと教えてくれました。そこで、兄は門番たちのほうへ近づいて、施し物を乞いました。

すると、「入るがいい」と一同は言いました。「ご主人様は何でも欲しいものをくださる」

そこで、兄は入口を通り抜けてしばらく歩くと、広々とした立派な屋敷の玄関に着きました。敷石は大理石で、壁にはタペストリーが掛けられ、屋敷の真ん中に設えられた花園はいままで見たこともないくらい美しいものでした。兄はしばらくのあいだ、どちらへ足をむけてよいやらわからないまま、呆然と立ち尽くしていました。やがて、居間の向こう端へと歩み寄ってみると、風采の堂々とした、美しいあごひげをたくわえた一人の男が長椅子に横たわり、身体を休めていました。兄にはすぐ、この人が邸宅の主だとわかりました。

この方は兄の姿を目にすると、立ち上がって会釈し、何のご用かねと尋ねました。そこで、兄のシャカシクは、困っているので何か施しをいただきたいと申し出ました。この言葉を聞くと、この方は深い憂いの色を顔に浮かべ、立派な服を掴み、びりびりと引き裂いて叫びました。

「私が住むこの都に、あなたのように飢えている者がいるとは。こんな不面目なことは我慢ならん！」

それから、兄をいたわって、こう言いました。

「私の屋敷に泊まって、夕食を共にするがいい」

そして、手を叩いて召使いを呼ぶと、「おい、たらいと洗い桶を持ってこい」と言いつけました。その後、兄のほうに向き直って言いました。「お客人、こちらに来て手を洗いなさい」

兄は立ち上がって手を洗おうとしましたが、たらいもなければ洗い桶もありません。けれど、この屋敷の主は目に見えない水で手を洗い、見えないタオルで手を拭きながら「テーブルを持ってこい！」と叫びました。何人もの召使がせわしく出入りして、食卓を調える動作をします。けれど、やっぱり兄には何も見えません。それから、主は言いました。「どうぞこの食事を召し上がってください」と。

主はまるで何か食べているかのように、手と口を動かしながら言いました。「どうなさったかな。もっとどんどん召し上がれ。あなたがひもじいのはよく承知しているんだから」

そこで、兄も何か食べるような素振りをしました。そのあいだも、主は兄に向かってしゃべり続けます。「さあ、召し上がれ。ご覧なさい、このパンのうまいこと、白いこと」

それを聞いたシャカシクは、腹の中で「この主は人をからかうのが好きなんだな」と思い、こう応じました。

「まったくです、旦那さま。私は生まれてこの方、こんなに真っ白で、こんなに風味のよいパンを食べたことはありません」

バルマク家の主は「このパンは私が五百ディナールで買い取った下女に焼かせたものなんだ」と言って、また、大きな声で叫びました。「おい、給仕、肉プディングを持ってこい。どっさり脂身を入れてな」

（中略）

そのあいだも、主はひっきりなしに次から次へ料理を注文して、何にも出ないのに、ただ食べるように言うばかりでした。

（中略）

そして、腹のすいた男に向かって、いろいろな料理をこまごまと講釈し続けたのです。兄の空腹は増すばかりで、しまいには大麦パンのかけらでもいいから口にしたい、と思うほどでした。そんな兄にバルマク家の主は言いました。

「あなたはこの料理に使った調味料よりもおいしいものを味わったことがあるかね？」

兄が「いいえ、旦那さま！　一度もありません」と答えると、「腹いっぱい召しあがれ。遠慮などなさるな」と主は言い返します。

「いえ、もう十分にちょうだいいたしました」と兄が答えると、主は叫びました。「酒を持ってこい」

（中略）

「お心の広い旦那様に感謝いたします」。兄はそう言って、見えない盃を持ち上げ、飲み干す素振りをしました。

「おまえさんの健康を祝して」と主は叫んで、盃に酒を注ぎ、飲み干すような格好をして、また兄に盃をさすと、兄もこれを飲み干すことを繰り返し、酔っ払ったふりをしました。

ほどなく、兄は主の不意をついて、わきの下の白い肌が見えるくらいに高く手を振り上げると、相手の首に力任せに一撃を加えました。強打の音は屋敷中にこだまするほどでした。続いて二度目の一撃を加えると、怒った主は「何をする？　このろくでなしめ！」と大声で叫びました。兄は、「旦那さま、あなたは私にたいそう親切にしてくださり、お屋敷にあげたうえ、食事まで出してくださいました。それだけでなく、とびきりのお酒まで飲ませてくださったので、すっかり酔っ払って、暴れ回るような始末になったのでございます。でも、あなた様はご身分のある方なのですから、私の無礼に立腹などなさらず、お許しくださるものと存じます」と言ったのです。

バルマク家の主は兄の言葉を聞くと、大声を立てて笑い、こう言いました。「私は長いあいだ、人をからかったり、無鉄砲な真似をしてきたが、おまえさんほど辛抱強く私の気まぐれに調子を合わせるだけのとんちを持った男に出会ったことはない。だから、許そう。そして、この先ずっと、私の食事と盃の相手になってもらいたいものだ」

それから、主は召使いたちに命じて、本当に食卓の用意をさせ、さっきは冗談で口にしていたご馳走をすっかり並べさせました。主と兄はたらふく食べて、食事が終わると、酒部屋に移りました。そこには若く美しい乙女たちがいて、あらゆる歌を歌い、あらゆる楽器を奏でました。二人は兄弟のように打ち解け、主は兄に衣服も与えて、この上なくかわいがったのです。

「床屋の六番めの兄の話」（『千夜一夜物語』所収）

男女それぞれ違う存在でありながらも、共通点を求め、また同時に相手よりも優れ、神秘的で独立した存在でありたいと望むものである。恋愛においてもそれが言える。相手の中に自分との共通点を見出したいと思う一方、自分にないものにも引かれるのだ。執念深い恋愛感情は、第三者の目を通して秘められた自己を見ることにほかならない。

ロベルト・ムージルの言葉

（デニス・デ・ルージュモン『愛の表明』より）

8　甘い誘惑をちらつかせろ

相手にふさわしい誘惑の罠を仕掛けて、深みへと誘い込もう。これからやって来る喜びをちらりとのぞかせるのだ。エデンの園でヘビが禁断の知識を約束してイヴをそそのかしたように、ターゲットの内にある、抑えのきかない欲望を目覚めさせなければならない。相手の弱みや、本人もまだ気づいていない願望を見つけ出そう。そして、あなたならそれを実現できることをほのめかすのだ。それは、富を築くことかもしれないし、冒険をすることかもしれない。あるいは、罪深い禁断の快楽かもしれない。その中身をあいまいにしておくことが秘訣である。ターゲットの目の前に、ご褒美をぶら下げよう。すぐに喜びを与えずに、焦らすのだ。あとは相手の思うままにゆだねよう。今にも願望が実現しそうな未来が見えてくる。好奇心には疑いや不安はつきものだが、それを打ち消すくらいの強い刺激を与えよう。そうすれば、相手はあなたについてくる。

欲しくてたまらない対象になる

一八八〇年代のあるとき、ドン・ファン・デ・トデーリャという紳士がマドリードの公園を歩いていると、二〇代前半の女性が馬車から降りてきて、その後ろから二歳くらいの子供と子守が続いた。若い女性は上品なドレスを着ていたが、何よりもドン・ファンをはっとさせたのは、三年ほど前に出会った女性に瓜二つだったからだ。同一人物であるはずはなかった。彼が知っているクリスティータ・モレルエラは二流劇場のコーラスガールだった。孤児として育った彼女はとても貧しく、これほどまで境遇が変わるとはとうてい思えなかったのである。ドン・ファンは彼女に近づいた。その美しい顔だちは紛れもなく彼女だ。そのとき、彼女の声が聞こえた。あまりの衝撃に、ドン・ファンはその場に座り込んでしまった。まさしく彼女は、クリスティータだったのだ。

ドン・ファンは手に負えない誘惑者で、口説き落とした相手は数知れず、しかもあらゆるタイプの女性がいた。それでもクリスティータとの情事ははっきりと脳裏に焼きついていた。彼女はとても若く、これまで出会ったこともないほど魅力的だった。劇場で見かけ、根気強く口説き落とし、やっとのことで海辺の街への旅行に誘い出したのだ。部屋は別々だったものの、ドン・ファンを止めるものは何もなかった。仕事上のトラブルについて話して同情を誘い、気持ちが和らいだ瞬間に彼女の弱さにつけ込んだ。数日後、ドン・ファンは仕事に行かなければならないと言い残して、彼女を置き去りにした。彼女に会うことは二度とないだろうと思った。彼にしては珍しく、少し罪の意識を感じて五〇〇〇ペセタを送り、再会を楽しみにしているふりをした。そして、彼はパリへ向かったのである。マドリードへは最近戻ったところだった。

ドン・ファンは座り込みながら、これらのことを思い返していた。ある考えが彼を捕えていた――子供についてだ。あの少年は自分の子なのだろうか？ そうでないとすれば、二人の情事の直後に、彼女は結婚したということになる。いったいどのようにして、そんなことができたのだろうか？ いまはどう見ても裕福だ。夫はいったい誰なのだろう？　その夫は彼女の過去を知っているのか？　さまざまな感情が入り混じるなかで、強烈な欲望がもたげてきた。彼女はとても若くて美しかった。どうしてあんなに簡単に手放してしまったのだろう？　たとえ結婚していたとしても、何とかして取り戻さなければならない。

ドン・ファンは毎日、公園に足を運ぶようになった。それから何度か彼女の姿を見かけた。しかし目が合っても、彼女は気づかないふりをするのだ。使いに出る子守の後をつけていって声をかけ、女主人の夫について尋ねた。相手の名前はマルティネス様だと言う。長期の出張に出ているとのことだった。彼女はまた、クリスティータの住所も教えてくれた。ドン・ファンは女主人に渡してほしいと手紙を預けた。それから散歩がてらクリスティータの家へ向かった――立派な邸宅だ。疑いが確信に変わった。彼が胸に描いていた最悪の展開に間違いない。彼女は金のために結婚したのだ。

クリスティータは彼に会うのを拒んだ。それでもドン・ファンは諦めずに手紙を送りつづけた。やっとのことで、騒ぎが大きくなることを避けるために、公園で一度だけ会ってくれることになった。その日のために、ドン・ファンは入念に準備した。ふたたび彼女を誘惑するには緻密な作戦を立てる必要がある。しかし、きれいなドレスを着て近づいてくる彼女の姿を目にしたとたん、わき起こる感情と欲望に完全に打ち負かされてしまった。「君にふさわしい男は自分だけだ、ほかの誰でもない」と彼は言った。クリスティータはこれに腹を立てた。彼女の今の様子では、もう一度会うことは期待できそうもない。とはいえ、彼女が見せる冷淡さの下に強い感情があることを見逃さずに、もう一度会ってほしいと懇願した。しかし、クリスティータは何の約束もせずに立ち去ってしまう。ドン・ファンはさらに何通も手紙を送った。そのあいだも様々な情報を繋ぎ合わせようとして頭を悩ませた。このマルティネスとはいったい誰なのだろう？　なぜコーラスガールと結婚したのだろう？　クリスティータはどうやってその男をものにしたのだろう？

そしてとうとう、クリスティータはドン・ファンともう一度会うことを承諾する。スキャンダルになるリスクを冒さずに、会う場所に劇場を選んだ。会話ができるボックス席である。クリスティータは、「息子はあなたの子ではない」と言って彼を安心させた。さらに、「あなたが私を欲しているのは、私がほかの人のものになったから、もう自分のものにできないと思ったからだわ」と続けた。「違う、自分は変わったのだ」と彼は言い返す。「君を取り戻すためなら何でもする」と。その瞬間、クリスティータは誘うような眼差しを投げかけて、ドン・ファンをまごつかせた。それから不意にいまにも泣きだしそうな様子で、彼の肩に頭をもたせかけた。そして、とんでもないことをしたと気づいたかのように、すぐに頭を戻した。「二人で会うのはこれが最後よ」と言って、クリスティータは急いで去っていった。ドン・ファンは逆上した。自分は弄ばれたのだ。クリスティータはコケットだった。自分は変わったとたしかに彼は言ったが、ある意味それは正しかったかもしれない。それまでどんな女にも、こんな扱いを受けたことはなかったからだ。彼には受け入れ難いことだった。

それから数日間、ドン・ファンはほとんど眠れなかった。考えるのはクリスティータのことばかりだった。彼女の夫を殺したり、年老いて一人きりになる悪夢を何度も見た。もううんざりだった。この街を離れるしかない。彼女に別れの手紙を送ると、驚いたことに返事が来た。「あなたに会いたい。会って話したいことがあるの」と綴られていた。ドン・ファンには、もう断る気力もなかった。その夜、彼女の言うがままに橋の上で落ち合った。クリスティータは自分を抑えようとはしていなかった――いまでも愛しており、一緒に逃げるつもりだ。だけど明日、白昼堂々会いに来てわたしを家から連れ去ってほしい。秘密になどしたくない――と言う。

ドン・ファンは大喜びでこの申し出を受けた。翌日、約束の時間にドン・ファンは彼女の邸を訪れ、マルティネスと面会したいと告げた。「そのような方はおりません」。戸口に現われた女が言う。ドン・ファンは食い下がった。「いや、クリスティータという女性がいるはずだ」と。「ああ、クリスティータね」と女は答える。「彼女なら裏の別棟に住んでいるわ」。ドン・ファンは困惑しながらも邸の裏手に回った。彼女の息子が汚い服を着て遊んでいる。いや、違う、彼は心の中で呟いた。あれは別の子だ。クリスティータの家のドアをノックすると、使用人ではなく彼女自身がドアを開けた。彼は中に入った。貧しい人の部屋だ。ところが、急ごしらえの棚に掛けられていたのは、クリスティータの上品なドレスだった。ドン・ファンは呆然と腰を下ろし、クリスティータの告白に耳を傾けた。まるで夢の中にいるかのようだった。

彼女は結婚しておらず、子供もいなかった。ドン・ファンが去ってから数か月して、自分が熟練した誘惑者の被害者だったと気づいた。まだドン・ファンを愛していたが、仕返しをしようと思い立った。共通の友人を通じてドン・ファンがマドリードに戻っていることを知り、彼にもらった五〇〇〇ペセタで高価なドレスを買った。近所の住人から子供を借りて、その人のいとこに子守役を頼んだ。馬車も借りものだ。入念に作り上げられた幻想は、すべて彼の心の中だけに存在するものだったのだ。クリスティータはウソをつく必要すらなかった。実際、結婚しているとか、子供がいるなどとは、一言も口にしなかった。自分のものにできないとなれば、彼女を欲する気持ちが以前に増して高まるだろうと、クリスティータは見抜いていたのだ。それが彼のような男を誘惑する唯一の手段だった。

想像を超えた話の展開と、自分の心を巧みに動かそうとする彼女の強い感情に圧倒され、ドン・ファンはクリスティータを許し、結婚を申し込んだ。驚いたことに、そして一方では安心もしたのだが、彼女はこれを丁重に断った。「結婚などしてしまったら、そのとたんにあなたはほかの誰かに目移りしてしまうでしょう」とクリスティータは言った。「このままの関係でいればこそ、私が優位に立てるのよ」と。ドン・ファンは同意するしかなかった。

〈解説〉クリスティータとドン・ファンは、スペイン人作家、ハシント・オクタヴィオ・ピコンによる小説『ドゥルセ・イ・サブロサ』（一八九一年、題名は「甘く、そして辛い」の意）の登場人物である。ピコンの小説は、ほとんどが男性の誘惑者と女性の被害者を題材にしたものである。彼はこの分野についてよく研究し、多くの知見を得ていた。ドン・ファンに捨てられ、彼の本性に気づいたクリスティータは一つの石で二羽の鳥を落とすことを決意した。復讐を果たし、なおかつ彼を取り戻す――まさに一石二鳥だ。しかし、彼のような男をどうやって引きつけるのか？　一度味わった果実には、もう見向きもしないだろう。簡単に手に入るもの、あるいは両腕の中に飛び込んでくるようなものでは、彼を誘い込むことはできない。もう一度自分のものにしたいと思わせ、追いかけさせるには、かつて彼女自身が味わった気持ちを今度はドン・ファンに感じさせればいい。つまり、彼女が禁断の果実となればいいのだ。そこが彼の弱みだった。だからこそヴァージンの娘や既婚者など手に入れるのが難しい女性を求めてしまうのだ。男にとって、隣の芝生はいつでもより青く見えるのだとクリスティータは考えた。自分自身を手の届かない魅惑的な存在にして、彼を焦らし、感情をかき乱して制御できないようにするのだ。自分にとって、クリスティータがかつてどれほど素晴らしく魅力的な存在だったたか。ふたたび彼女をものにすることを考え、その先に待ち受ける喜びを想像することで、彼の頭の中は占められてしまった。そして、ドン・ファンはエサに食いついたのだ。

誘惑には重なり合う二つのプロセスがある。まず、艶めかしく(コケティッシュ)、そそられるような存在であること。日常生活からの解放と喜びを期待させて、相手の欲望を刺激する。同時に、今すぐ簡単にはあなたをものにできないとターゲットに感じさせること。ある種の緊張状態をつくって、バリアを張るのだ。

当時は、階級や人種、婚姻、宗教といった昔ながらの社会的な障壁を利用して、そのようなバリアを張ることは容易なことだった。しかし今日では、より心理学的な要素を必要とする――あなたの心は誰かほかの人に奪われているかもしれない、あなたは本当には自分に興味を持っていないかもしれない、あなたには何か秘密があるのかもしれない、タイミングが悪いのかもしれない、自分にとってあなたは物足りないかもしれない、あなたにとって自分は物足りないかもしれない――そういったことを考えさせることでバリアを張るのだ。逆に言えば、すでにバリアを装備済みの相手をあなたが選んでしまうこともあるということだ。彼らにはすでに決まった相手がいて、心からあなたを欲する必要もない。これらのバリアは社会的なものや宗教的なものよりも見えにくいが、バリアであることに変わりはなく、心理的には同様に作用する。

人は天邪鬼なもので、手にすることができない、手にしてはいけないものに強く引かれてしまう。あなたに興味を引かれ、興奮を感じながらも、手に入れることはできない。こうした心の葛藤を作り出すのである。そうすることにより、水を求めるタンタロス（訳注：神々の秘密を漏らしたため、顎まで地獄の水につけられ、水を飲もうとすると水が退き、木の実を採ろうとすると枝がはね退き、飢渇に苦しめられた）のように、ターゲットを捕えることができるだろう。そして、ドン・ファンとクリスティータと同じように、ターゲットにあなたを追わせれば追わせるほど、主導権をとって攻撃しているのは自分のほうだと相手が勝手に思い込む。こうしてあなたの誘惑を完全にカムフラージュすることができるのだ。

誘惑から逃れる唯一の道は、誘惑に身をゆだねることである。

――オスカー・ワイルド

誘惑の秘訣

人はいつの時代も、バランス感覚を保ちながら安定した人生を過ごすために格闘している。もし、新たな人との出会いや一時の幻想を常に追い求めることを全くやめてしまえば、日常の軋轢に耐えられないだろう。通常はそうした格闘に勝ち、安定した人生を過ごしているが、そう簡単にはいかないこともある。この世には誘惑が溢れている。自分以上の経験をしている人々について、自分がしたことのない冒険について、財産を築いて幸福な人々について、書物を読むなどして知っているからだ。努力して安定を手に入れ、平穏な生活を送っているかのように見えても、実際は幻想にすぎない。それは、常に潜んでいる緊張状態を隠しているだけなのだ。

誘惑者として、相手の外見が現実の姿であると誤解してはいけない。秩序だった生活を送ろうと格闘することに疲れて、みな疑念や後悔に悩まされている。品行方正でいることは難しく、強い欲望を常に抑えつけているのだ。このことを心に留めていれば、誘惑はよりたやすくなる。人々が求めているのは誘惑ではない。誘惑には日々出くわしているのだ。人々が求めているのは、誘惑に負けること、誘惑に身をゆだねてしまうことである。それが、生活の中の緊張状態から逃れる唯一の方法なのだ。誘惑に屈することよりも抗うことのほうが、ずっと労力が要るものなのである。

あなたのやるべきことは、日常生活で起きる様々な出来事よりも強く引きつける誘惑を作り出すことである。個々の相手に焦点を絞り、それぞれの弱点を狙い撃ちにするのだ。弱点の構造を理解しよう。誰もが弱点を持っており、主たる〝弱さ〟からほかの〝弱さ〟が派生している。子供時代の不安を見つけよう。それが相手の人生に欠けているものであり、誘惑する糸口になる。彼らの弱点は強欲や虚栄心や退屈であるかもしれない。また、深く抑圧された欲望や、禁断の果実への渇望であるかもしれない。服装の着こなしやとっさに口走った言葉など、意識しないところにそうした弱さが微妙に表れてくる。彼らの過去、とりわけ過去の恋愛には、手がかりが数多くあるだろう。相手の弱さに合わせて、効果的な誘惑を与えよう。そうすれば、常につきまとう疑念や不安よりも、より際立つものとして、喜びへの期待を相手の心の中に生み出すことができる。

一六二一年、スペイン王フェリペ三世は、娘をイングランド王ジェームズ一世の息子に嫁がせることで、イングランドと何としても同盟を結びたいと望んでいた。ジェームズはこの考えを受け入れるつもりのようではあったが、時間稼ぎをしていた。イングランド王室に派遣されたゴンドマルというスペイン大使が、フェリペ三世の計画を進めるという仕事を仰せつかった。彼は王のお気に入り、バッキンガム公（前伯爵）に狙いを定めた。

ゴンドマルは公爵のウィークポイントを知っていた。虚栄心である。バッキンガム公は自身の名声に花を添えるような冒険と栄光を渇望していた。決まりきった仕事にうんざりし、グチをこぼしていたのだ。大使は初めのうち、おおげさなほど彼を褒めた――あなたほど有能な方はこの国にいない、それなのに、ほんの少しの仕事しか任せないのは恥ずべきことだと。しばらくして、大いなる冒険について耳元で囁きはじめる。ゴンドマルが得ていた情報のとおり、公爵はスペイン王女との縁組に賛成だったものの、結婚の具体的な進め方についてジェームズ王を納得させるのに時間がかかり、暗礁に乗り上げていた。では、王のご子息チャールズ王子の親友である公爵がスペインまで同行してはいかがだろうか？　もちろん護衛や付添をつけず、秘密裏に事を運ばなければならない。イングランド政府や大臣たちはそのような旅を認めないだろう。とはいえ、何もかもが危険に満ちてロマンティックな計画だった。マドリードに着いたら、王子自身がマリア王女の足元にひざまずいて永遠の愛を誓い、彼女を連れてイングランドに凱旋する。なんと騎士道的な振る舞いなのだろう。それもすべて愛のためなのだ。公爵は称賛に身を包まれ、彼の名は何世紀にもわたって語り継がれることだろう。

公爵はこのアイデアに飛びつき、チャールズに一緒に行くよう説得した。話し合いの末、気の進まないジェームズ王の首を縦に振らせることもできた。この旅は大失敗に終わり（うまくいったとしても、マリアと結婚するためにチャールズはカトリックに改宗しなければならなかっただろう）、結婚は成就しなかった。それでも、ゴンドマルは自分の仕事をやり遂げた。彼は、賄賂の提供や職権による便宜供与をエサにして公爵を手なずけたのではなかった。ただ、成長しきれていない公爵の子供っぽい内面に狙いを定めたのだ。子供には抵抗する力がほとんどない。何でも欲しがるが、さて、どんな結果を引き起こすのかまでは考えない。誰の中にも〝子供〟が潜んでいるものだ。禁じられた快楽や抑え込まれた欲望である。そこに狙いをつけ、相手に合った〝おもちゃ〟（冒険や金銭や楽しみ）を与えて誘惑するのだ。そうすれば、標準的な大人の分別を脱ぎ捨ててしまうだろう。どんなものであれ、日常生活で垣間見られる（氷山の一角のような）子供っぽい振る舞いから、彼らの弱点を見分けるのだ。

一七九六年、ナポレオン・ボナパルトはフランス軍の司令官に任命された。彼の任務は北イタリアに進軍してきたオーストリア軍を打ち負かすことだった。任務遂行に当たっては大きな障害があった――ナポレオンは当時まだ二六歳だった。部下の大将らはナポレオンの地位を妬み、彼の能力に懐疑的だった。兵士たちは十分な給与を与えられず、腹をすかして疲弊し、気が立っていた――。経験豊富なオーストリア軍を前にして、どうすれば彼らの士気を高めることができるだろうか？　アルプス越えをしてイタリアに入る準備をしている最中に、ナポレオンはあるスピーチを行った。このスピーチは彼の軍歴の転機となったにちがいない。人生の転機といっても過言ではないだろう。

「兵士諸君、君たちはいま、食べ物もろくに与えられず裸同然の姿をしている。政府は君たちに多大な借りがあるというのに、君たちのために何もできずにいる。君たちの忍耐力、そして君たちの勇気を、どうか誇りに思ってほしい。君たちに栄光はまだ与えられていないが……私は君たちをこの世でもっとも肥沃な平原に連れていく。そこで君たちは、いくつもの繁栄した都市や実り豊かな農村を目の当たりにするだろう。そこで君たちは、名誉と栄光と富を手にするのだ」。このスピーチは絶大な効果を及ぼした。数日後、その兵士たちは、険しい山々を越えてピエモンテ渓谷を見下ろした。彼らの耳には、ナポレオンの言葉がこだましていた。ぼろを着て不満を並べていた一団が、オーストリア軍の追撃をものともせず、北イタリアを制圧する見事な軍隊となったのである。

ナポレオンの誘惑には二つの要素があった。あなたの〝後ろ〟にはつらい過去がある。しかし、あなたの〝前〟には富と栄光に輝く未来が待っている。私について来さえすればよい――というものだ。誘惑の戦術に欠かせないものがある。ターゲットには失うものは何もなく、あらゆるものを手にできると明言することである。今は希望など見出せなくても、未来は喜びと興奮に満ち溢れたものにできるのだと。ただし、未来に手に入るものは、あいまいにしておくことを忘れないでほしい。手の届かない何かであることが望ましいのだ。あまりにも具体的に示しすぎると、相手を失望させることになる。また、あまりにも手に届きやすいものを約束してしまうと、あなたの思いどおりに事を進めるために、相手が満足するのを先延ばしにすることはできないだろう。

誘惑におけるバリアや緊張状態は、人があまりにも簡単に、また浅はかに誘惑に屈することに歯止めをかけるものである。誘惑者は、ターゲットがもがき、抗い、不安になることを望むものなのだ。ヴィクトリア女王は首相のベンジャミン・ディズレーリに恋していたが、宗教（彼は色黒のユダヤ人だ）、階級（もちろん彼女は女王である）、社会的評価（彼女は模範的な淑女、彼は悪名高いダンディ）の違いといったバリアがいくつも存在していた。二人が結ばれることはなかったものの、それらのバリアの存在が日々の逢瀬を彩り、恋愛を楽しいものにさせたのである。

今日、社会的なバリアの多くは消えてしまった。そのため、バリアを自ら作り上げる必要がある。それが誘惑にスパイスを加える唯一の方法なのである。いかなるタブーも緊張に端を発するものであり、現在はそれが宗教的なものではなく、心理的なものとなっている。誘惑者はターゲットの抑圧された感情や秘められた欲望を探している。そこを突けば相手は苦しくて身もだえするだろう。しかし、何よりも相手を誘惑できるのだ。ターゲットの過去を探ろう。彼らが恐れている、あるいは逃れようとしていることなら何でもいい。それがカギを握っているにちがいない。母親もしくは父親のような年上好みかもしれない。潜在的にホモセクシャルの願望があるかもしれない。それならば、男っぽい女性、あるいは女っぽい男性として自分自身を表現することで、ターゲットの願望を満足させることができるだろう。そのほかの願望に対しては、ロリータやお父（ダディ）さんを演じることもあるだろう。心の暗部に潜んでいて、手に入るなんて思いも寄らない存在である。ただし、因果関係はあいまいにしておくこと。あなたは、得体の知れない何か、彼ら自身の心が生み出した何かについ手を伸ばしてしまうことを、ターゲットに求めているのだから。

一七六九年、カサノヴァはロンドンでシャーピロンという若い女性と出会った。彼女はかなり年下で、それまでに知り合った女性たちと同様に美しかった。しかも、男をダメにするという悪い評判があった。初めての会話のなかで、彼女は率直にこう言った——あなたは私に夢中になって、きっと身を滅ぼしてしまうでしょうと。信じられないことに、カサノヴァは彼女を追いかけた。すると会うたびに、彼女はカサノヴァの誘惑に負けそうだとほのめかす。うまくやりさえすれば次こそは、と思わされるのだ。彼女はカサノヴァの好奇心を煽った――自分が最初の男となって、彼女を飼いならしたい。彼女はどんな快楽を与えてくれるのだろうか――。「私という存在のすべてが、欲望という毒に完全に侵されていた」。カサノヴァは後にそう書き記している。「彼女がそう望むなら、私からあらゆるものを奪っていくことができただろう。私は、たった一度のささやかなキスのために破滅しかけていたのだ」。実際、この〝恋愛〟は、彼の破滅を証明していた。彼女はカサノヴァにそれほどの屈辱を与えたのだ。シャーピロンは正確に見抜いていた――カサノヴァの一番の弱点は女性を征服したいという欲求であり、難敵を制圧して、ほかの男が味わったことのない未知の世界を体験したいと望んでいるのだと。こうした欲求の根本にはある種のマゾヒズムがある。つまり、女性から与えられる痛みの中に快楽を見出すのだ。手に負えない女性を演じ、カサノヴァをそそのかした上で挫折を与えるという、究極の誘惑を彼女は仕掛けた。

罠を上手に仕掛けるには、あなたが難しい相手であり、勝ちとるに値する褒賞であると、ターゲットに感じさせることである。あなたをものにすることで、ほかの誰も手にしたことのないものを得られるだろうと思わせるのだ。当然、苦痛を伴うだろうが、苦痛と快楽は背中合わせのようなものであり、苦痛を与えることが誘惑そのものなのである。

旧約聖書の中に、次のような一節がある。「ダビデは午睡(ごすい)から起きて、王宮の屋上を散歩していた。彼は屋上から、一人の女が水を浴びているのを目に留めた。女はたいそう美しかった」(サムエル記)。女はバト・シェバといった。ダビデは彼女を呼び出して、(おそらく)誘惑した。その後もろもろあって、彼はバト・シェバの夫ウリヤを激戦地に送り、戦死させたのである。ところが、実際にダビデを誘惑したのはバト・シェバだった。彼女はダビデがバルコニーに出る時間を知っており、そのときを見計らって自宅の屋上で水を浴びたのだ。彼女は経験上、男なら誰でも女に対して弱みがあることを知っており、艶めかしいコケットを演じることで、ダビデに自分を追わせるよう仕向けた。これは〝機会戦略〟である。意志の弱い人間を狙って、まるで偶然のように相手の手の届きそうなところに自分の身を置き欲望をかき立てた後で、相手が欲しているものを得るチャンスを与える。誘惑で大切なのはタイミングだ。ここぞというときに相手の弱点を突き、誘惑に屈する機会を与えよう。

バト・シェバは身体全体を使って誘惑したが、身体の一部だけを使うほうがより効果的であることも多い。呪物的（フェティッシュ）な効果を生み出すのである。レカミエ夫人は薄いドレスに隠されている肉体に男たちの視線を向けさせはしたものの、実際に肌が露わになるのは上着を脱いでダンスをする、ほんのわずかな時間だった。男たちはほとんど目にすることができなかったものに思いを馳せながら、その夜に別れを告げ、眠りにつくのだ。皇后ジョゼフィーヌは公衆の面前では、決まって美しい腕をさらけ出した。身体の一部分だけを見せて、ターゲットの妄想をかき立てよう。そうすれば、彼らの心の中に絶え間ない誘惑を生み出すことができる。

イメージ

エデンの園のリンゴ。果実は魅惑的だが、あなたは食べるつもりはない。禁断の果実だからだ。しかし、だからこそ昼も夜もその実のことを考えてしまう。見ることはできても、食べることはできない。この誘惑から逃れる唯一の方法は、誘惑に屈して果実を味わうことだけだ。

例外

誘惑の対極にあるのが安定と満足である。どちらも誘惑にとっては命取りだ。もし居心地のいい日常からターゲットをおびき出すことができなければ、誘惑することはできない。欲望を呼び覚ませたとしても、それを満足させてしまえば、誘惑は終わりだ。誘惑にやり直しはない。いくつかの段階は省略されることもあるが、引きつけるための〝型〟がなければ誘惑を進めることはできないのだ。だからこそ、ターゲットそれそれが持つ弱さや子供っぽさに合わせてオーダーメイドするように、誘惑の計画は慎重に練ることが望ましい。

ドン・ファン：いいかね、アミンタ。これから本当のことを伝えようじゃないか。君たちご婦人方は真実がお好きだからね。この私は、往時のセビリヤの征服者テノーリオ家の嫡男にして高名なる騎士だ。わが父上は国王の次に人々から尊敬を受けており、宮廷における権威を有している。（中略）たまたま通りがかりに君を見初めることになった。これは私自身、予見できなかった愛の女神の仕業に違いない。（中略）

アミンタ：何をおっしゃっているのかしら。あなたのお言葉は真意なのか、こじつけの詭弁なのか。それにしても、私がバトリシオの妻であるのは周知の事実ですもの、たとえあの人がこの私を諦めたとしても結婚を取り消せないでしょう。

ドン・ファン：床入りが終わっていないかぎりは、騙されたとか意地悪だとかの理由で無効にできる。

アミンタ：そうでしたわね。でもバトリシオと別れたとたんに、私のことをお捨てになるようなことはありませんわよね。

ドン・ファン：ああ、愛しいアミンタ！　あしたになれば、艶やかな白銀の飾りにティバル産の黄金の鋲を散りばめた靴に可

タンタロスはこの二つの罪に対する罰としてその王国を破壊され、さらにゼウス自身の手により殺害された後は、イクシオン、シーシュポス、ティテュオス、ダナイデスなどとともに永遠の苦しみを与えられることになった。彼はいま、湖の上に枝を広げる一本の果樹に吊るされたまま、永久に続く飢えと渇きに苛まれている。湖の水は彼の腰を浸し、ときには波が顎までも寄せるが、それを飲もうとして身を屈めるとさっと引いて、あとには足元に黒い泥が残るばかりである。ようやく手にひとすくいの水をすくいあげることができても、ひび割れた唇をしめらせた瞬間、それはたちまち指のあいだから流れ落ちて、より一層の渇きに苦しむことになる。樹には、ナシだの、艶やかなリンゴだの、甘いイチジクや、熟れたオリーブの実やザクロなどが枝もたわわに実って肩先に下がっているが、彼がこれら甘美な果実に手を触れようとするたび、一陣の風が吹きおこって、それを手の届かぬところに押しやってしまうのである。

ロバート・グレイヴズ『ギリシャ神話』

愛い足を乗せ、白雪のうなじを首飾りが縁取り、指には指輪が輝き、白魚のごとき指は台金にはまった極上の真珠かと見紛うほどになりますよ。

アミンタ：ああ、私はもうあなたのものよ。

ティルソ・デ・モリーナ『セビーリャの色事師と石の招客』

主なる神が造られた野の生き物のうちで、もっとも賢いのはヘビであった。ヘビは女に言った。

「園のどの木からも食べてはいけない、などと神は言われたのか」

女はヘビに答えた。

「わたしたちは園の木の果実を食べてもよいのです。でも、園の中央に生えている木の果実だけは、食べてはいけない。触れてもいけない。死んではいけないから、と神様はおっしゃいました」

ヘビは女に言った。

「決して死ぬことはない。それを食べると、目が開き、神のように善悪を知る者となることを神はご存知なのだ」

女が見ると、その木はいかにもおいしそうで、目を引きつけ、賢くなるようにそそのかしていた。女は実を取って食べ、夫にも渡したので、彼も食べた。

旧約聖書　創世記

好機、汝は強力な誘惑者だ。

ジョン・ドライデン

マゼットはヌートの言葉を聞くと、何としてもその尼たちのところで一緒に暮らしてみたいという欲望が湧き起こりました。彼は耳にしたことから考え、そこでなら自分の願いが叶いそうだと思ったのです。しかし、ヌートにそれを言ってしまっては目的も達せられないと思って、彼にはこう言いました。

「おまえさん、帰ってきてよかったよ。一人の男が何人もの女と一緒に暮らしていたら、どうなるんだい。悪魔といるほうがよっぽどましなくらいさ。女たちときたら、十中八九は何をしたいのか自分でもわかっちゃいないんだからな」

しかし話が終わると、マゼットはすぐさま、どうしたら彼女たちと一緒に暮らせるかを考えはじめました。ヌートの言っていた仕事は十分できると思っていたし、その点で断られる心配はありません。けれども自分が若すぎるのと顔立ちのいいことが理由で、使ってもらえないかもしれないと、それが心配だったのです。そこでいろいろ思案したあげく、こんなことを思いついたのです。

「あそこは、ここからずいぶん遠いし、この私を知っている者なんか誰もいないはずだ。口のきけない男のふりをすれば、きっと雇ってもらえるだろう」

こんな思いを巡らして腹を決めると、斧をかついで、どこへ行くとも誰にも告げず、物乞いのようななりをして修道院へ出かけて行きました。そこに着き、中へ入って行く途中、幸運にも庭で管理人に出会ったので、口がきけないような手真似をして、どうか食べ物を恵んでいただきたい、その代わり、よろしければ薪割り仕事をしますと申し出たのです。管理人は喜んで彼に食べ物を与え、そのあとでひと山の薪を出してきました。その薪はヌートも割ることができないほど固いものでした。（中略）　彼は非常に手際よくそれをやってのけたので、管理人はマゼットに、よければずっとここにいてもよいと伝え、マゼットは喜んでその申し出を受けました。

（中略）

ある日、仕事のあと、庭で休んでいると、庭を通りかかった二人の若い尼がマゼットに近づいて来ました。彼が寝たふりをしていたので、二人は彼をじっと見つめました。そのうち、大胆なほうの尼がもう一人にこう言いました。

「もしあなたが内緒にすると約束してくれるなら、いままで何度も考えてきたことをお話しするわ。あなたもきっと気に入ることよ」

「ぜひ聞かせて。絶対誰にも話したりしないから」と相手は答えました。すると、大胆なほうが打ち解けた口調でこんなことを言いはじめたのです。

「あなたは、これまで不満に思ったことはないかしら。私たちの生活ってずいぶん窮屈でしょう。この中にいる男といえば、あのお年寄りの管理人と、この口のきけない男だけなんですもの。でもね、ここへ来られる女性の方から何度も聞いたことだけど、この世には女が男と味わう快感くらい良いものはないのですって。それが本当かどうか、ほかに試せる男性はいないから、この口のきけない男と試してみたいって思いを止められないの。だって、この人なら安全でしょう。言おうと思ったって言えないのだから。見たとおり、頭の鈍い、でも身体は立派な若者よ。ねえ、あなたはどう思う？」

「まあ」と相手は驚きました。「何を言うかと思ったら！　私たちは神様に純潔をお約束した身じゃないの」

「ああ」、彼女は笑いを我慢して言いました。「毎日、山ほどのお約束をしているでしょう。そのうちのどれだけが守られているかしら。私たちが一つくらい守れなくても仕方がないじゃない。ほかの方たちがちゃんと守ってくれるわ」

（中略）

彼女たちは立ち去るまでに、この口のきけない男がどれくらいの乗手であるかを、それぞれ何度も試してみました。それから二人は、自分たちが聞いていたとおり、いや、それよりもずっと気持ちのよいものだと何度も語り合いました。そして、その後も二人は折を見ては、この男のところを訪れては楽しみました。

ところがある日のこと、仲間の一人が自分の部屋の小窓からこの光景を目にし、ほかの二人を呼んでそれを見せました。驚いた三人は、二人を院長に訴えなければと息巻いていましたが、やがて、考えを変えて二人と話し合いをつけ、マゼットの恩恵にあずかるようになりました。そのうち秘密が洩れ、別の三人も次々と仲間に入りました。院長は、このことに一向に気付きませんでした。ところが、ある日のこと、あまり暑いので、院長が一人で庭を散歩していると、アマンドの木陰で、長々と寝そべって眠っているマゼットを見つけました。夜の馬乗りが過ぎたためか、日中ほとんど仕事をすることができないでいたのでしょう。さわさわと吹く風に衣の前がめくれ上がり、全身が丸見えになっています。

その姿に、そばに誰もいないこともあって、院長の目は釘づけとなり、尼たちと同じ欲情に駆られました。そしてマゼットを起こすと、自分の部屋に連れ込んで、数日のあいだ留めておきました。そのあいだじゅう尼たちは、庭師が手入れに来ないとぶつぶつ苦情を言っていましたが、一方で院長は、以前なら誰よりも自分が真っ先になって非難するはずの、あの快感を繰り返し味わっていたのでした。そして、マゼットを帰したあとも用を作っては繰り返し呼び入れ、人並み以上のものを要求したのでした。

ジョヴァンニ・ボッカッチョ『デカメロン』

第2段階　道に迷わせろ――喜びと戸惑いを生み出す

ターゲットは十分に興味をそそられており、あなたへの欲望が日に日に増している。しかし、相手の愛情は弱く、まだいつでも引き返そうと決断することができる。この段階の目的は、ターゲットを遠くまで導いて道に迷わせせ――相手の感情をかき乱し混乱させた状態で、喜びを与え、さらに求めさせるのだ――退却することなど、もうできないと思わせることである。うれしい驚きを不意にもたらせば、あなたを愉快で気まぐれな人だと思うだろう。しかし、それはまたターゲットを不安定にさせることにもなる（9「ハラハラさせよ――次はどうなる？」）。優しく感じのよい言葉を巧みに使うことで、ターゲットを夢中にさせ、空想を刺激できる（10「言葉の魔力を使い、戸惑いの種を蒔け」）。手ぎわの美しさや、喜びを与えるちょっとした儀式で、ターゲットの感情を刺激して、心をかき乱すのだ（11「ディテールに気を配れ」）。

この段階での最大の危険は、わずかでも日常を感じさせたり、親しみやすさを見せてしまうことである。ミステリアスな部分を残しておくことが大切だ。少し距離を置くこと。そうすれば、あなたがいないあいだに、ターゲットはあなたのことが頭から離れなくなる（12「〝詩的な存在〟になれ」）。ターゲットはあなたに夢中になっていることを自覚しても、あなたがそう仕向けているなどとは疑いもしないはずだ。適切なタイミングで自分の〝弱さ〟を見せたり、相手の影響でいかに感情的になっているのかを見せることで、誘惑の形跡をうまくごまかせるだろう（13「戦略的に〝弱さ〟や〝傷つきやすさ〟を見せて、武装解除させよ」）。ターゲットを興奮させて感情を高ぶらせるためには、ある種のファンタジーを生きているのだという感覚を与える必要がある。それは、あなたが相手の想像力を刺激して想起させた空想の世界である（14「願望と現実とを混同させせよ」）。ファンタジーの一部を少しだけ見せることによって、ターゲットはもっと見たくなり、あなたのもとに戻ってくるだろう。ほかのすべてのことが相手の頭から消えてしまうくらいに、あなたの関心を相手に集中させること。場合によっては旅行に連れ出すのもよい。そうすることで日常世界から遠ざけ、はるか遠くに連れていくのだ（15「ターゲットを孤立させよ」）。もう後戻りはできない。

9 ハラハラさせよ――次はどうなる？

あなたのすることは予想できる、と相手が感じた瞬間に、あなたがかけた魔法は解けてしまう。それだけではすまない。力関係も逆転してしまう。自分が優位に立って誘惑を進める唯一の方法は、サスペンスを作り出して相手をハラハラさせること、つまり、サプライズを計画的に演出することだ。人は誰でもミステリーを好む――この事実が、あなたの張ったクモの巣に、ターゲットをますます深く誘い込むカギとなる。相手が驚いたなら、そのまま放っておくようにしよう。これから何をしてくれるの？　あなたが予想もつかないことをすると、相手は楽しくて、ワクワクする。次に何が起こるのか予想できないからである。常に相手の一歩先を行き、主導権を握ること。突然の方向転換で、ターゲットにスリルを与えよう。

計画的なサプライズ

一七五三年、二八歳のジョヴァンニ・カサノヴァはカテリーナという若い娘に出会い、恋に落ちた。カサノヴァがどういう男なのか知っていた彼女の父親は、娘を嫁に出す前に不幸にしてしまわないよう、ヴェネツィアのムラーノ島の修道院に送ってしまった。彼女はそこで四年間を過ごした。

カサノヴァはそんなことでひるむ男ではなかった。彼はこっそりカテリーナに手紙を出した。そして、自分の姿を彼女に見せるために、週に何度か催される修道院のミサに参加するようになった。いつも来るあの若いハンサムな男性は誰だろう――修道女たちが彼について噂話をしはじめた。ある朝、ミサからの帰り道、カサノヴァがゴンドラに乗り込もうとすると、修道院の下働きの少女が近くを通り過ぎ、彼の足元に手紙を落としていった。カテリーナからの手紙かもしれないと思って、彼はそれを拾い上げた。それは間違いなく彼に宛てられたものだったが、差出人はカテリーナではなかった。何度も訪れる彼に目を留めた修道女が、近づきになりたいと送ってきたものだった。もし自分に興味があるのなら、ある特定の日時に修道院の面会室を訪れるようにと書いてあった。その日は彼女に来客がある日で、友人の伯爵夫人と会うから、少し距離をおいて自分を観察して、好みの女性か見極めたらどうかというのだ。

カサノヴァはその手紙にとても興味をそそられた。威厳のある文体だが、修道女からの手紙にしてはどこかいたずらっぽいところがある。彼女のことをもっと知らなくてはならないと思った。知らされた日時に、彼は修道院の面会室の片隅に立っていた。上品なドレスを着た女性が格子細工の衝立の向こうに座る修道女と話していた。彼はその修道女の名前を耳にして驚いた。マティルド・M――ヴェネツィアで彼女の名前を知らない者はない。二〇代前半の彼女が修道院に入ると決めたことは、街じゅうを驚かせる出来事だった。しかし、もっとも彼を驚かせたのは、修道服では隠しきれない彼女の若く美しい姿だった。とりわけ鮮やかなブルーの瞳が素晴らしかった。おそらく、彼女は男性から優しくされることに飢えており、彼が自分の意のままになることをもくろんでいるのだろう。

カサノヴァは好奇心に負け、数日後に再び修道院を訪れて、彼女に面会を申し込んだ。彼女を待っている間、彼の心臓は一分間に一〇〇〇回も鼓動を打つようだった。自分が何を期待しているのかもわからない。ついに彼女が姿を現わし、格子細工の衝立の向こうに座った。部屋には二人きりだった。彼女は言う。近くの小さな別荘で、二人で夕食をとれるように手配することができると。カサノヴァは大喜びしたが、自分が付き合おうとしているのは、いったいどんな修道女なんだろうと不思議に思った。「そうすると――、僕のほかには恋人はいないのかな？」と彼は訊いた。「友人が一人います。彼もまた、わたしが身も心も捧げつくしている方です」と彼女は答えた。「贅沢ができるのもその方のお陰です」。彼女はカサノヴァに恋人はいるのかと訊いた。彼は、「いる」と答えた。彼女はミステリアスな口調で続けた。「あなたに警告しておきます。あなたの心の中で、一度わたしに彼女の座を奪うことを許してしまえば、どんな力を使っても、わたしをそこから引き下ろすことはできません」。そして、彼女は別荘の鍵を渡し、二日後の夜に会いましょうと告げた。格子越しにキスをして、彼は呆然としたまま立ち去った。「それから二日間、私は熱にうなされるような欲情を抱えて過ごした」と彼は書いている。「夜はまんじりともせず、食事も喉を通らなかった。新しい恋人は、家柄、美貌、知性を兼ね備えているだけでなく、さらなる魅力を持っている。〝禁断の果実〟なのだ。私は教会を敵に回してしまうだろう」。彼は修道服姿の彼女を想像した。そこには頭を剃髪した彼女がいた。

彼は約束の時間ぴったりに別荘を訪れた。マティルドは彼を待っていた。驚いたことに、彼女は上品なドレスを着ており、どういうわけか剃髪もまぬかれたらしく、豊かな髪を見事なシニョンに結い上げていた。カサノヴァは性急にキスをしようとした。彼女はあらがう素振りを見せ（ただし、ほんの少しだけ）、後ずさりして、食事の準備ができていると告げた。食事をしているあいだに、彼女の意外な事実がまた少しわかった。彼女はしかるべき人物に賄賂を贈っており、いつでも修道院を抜け出せるというのだ。彼女は身も心も捧げている友人についても話した。カサノヴァは二人の関係に理解を示した。「その人は年配なのかい？」、彼は尋ねる。「いいえ」、彼女は目を輝かせて答えた。「四〇代で、とてもハンサムな方よ」。夕食の後、ベルが鳴った。修道院に急いで戻れという合図だった。すぐに戻らなければ捕まってしまうのだという。彼女は修道服に着替えて別荘を立ち去った。

カサノヴァの前には素晴らしい展望が広がっていた。素敵な女性と別荘で過ごす日々。支払いはすべて謎に包まれた彼女の友人がしてくれる。彼はすぐに修道院に出向き、次の約束を取りつけた。二人はヴェネツィアのとある広場で待ち合わせ、それから別荘に行くことにした。約束の時間に待ち合わせ場所で待っていると、一人の男がカサノヴァに近づいてきた。彼女のミステリアスな男友達かもしれない。はたまた自分に差し向けられた刺客かもしれない。カサノヴァは思わず後ろを向いた。男はしばらくあたりをうろついていたが、やがてさらに近づいてきた。なんとマティルドだった。仮面を付け、男ものの服を着ていたのだ。彼を怖がらせたことに彼女は満足げにはしゃいでいた。いたずら好きの悪魔のような修道女だ。それでも、男装をした彼女を見て、よりいっそう興奮したことは認めざるをえなかった。

カサノヴァは、すべてを見えるまま受け取ってはいけないと疑うようになった。たとえば、マティルドの家で自由思想小説やパンフレットのコレクションを見つけたときもそうだ。彼女は冒涜的な意見を述べた。それは、断食をするレント（四旬節）の間、彼らが〝肉欲を抑える〟ことで覚える喜びについてだ。彼女はとうとう謎の友人が愛人であると告げた。その男から、そして修道院から彼女を奪い去る計画が彼の脳裏にひらめいた。駆け落ちして自分のものにしてしまうのだ。

数日後、彼はマティルドから手紙を受け取った。彼女はこんな告白をしていた。二人が別荘で情熱的な逢引きをしているのを彼女の愛人がクローゼットに隠れて一部始終、見ていたというのだ。愛人はヴェネツィアに駐在しているフランス大使で、カサノヴァに感銘を受けているという。カサノヴァはそんなウソには騙されなかった。そして翌日、彼は再び修道院を訪ね、甘んじて次の逢引きの約束を取りつけた。そして約束の日、彼女は指定した時間きっかりにやって来た。カサノヴァは彼女を抱きしめた。しかし、彼が抱きしめた女性は、マティルドの服を着たカテリーナだった。マティルドはカテリーナと友人になり、カサノヴァとの一部始終を聞いていた。明らかにカテリーナに同情して、その夜、修道院を出てカサノヴァと会えるように取り計らったのだ。ほんの数か月前には、カサノヴァはこの娘に恋をしていた。しかし、今は彼女のことをすっかり忘れていた。何をしでかすかわからないマティルドに比べれば、カテリーナはただ笑っているだけの退屈な女だった。カサノヴァは失望を隠せなかった。マティルドに会いたくてしかたなかった。

カサノヴァはマティルドの策略に怒りを感じた。しかし、数日後、彼女と再会したときに、すべてを許した。二人が最初に会ったときに彼女が予言したとおり、彼女のパワーは絶大なものだった。彼はマティルドの奴隷となった。彼女の気まぐれに夢中になり、彼女が提供する危険な快楽のとりことなってしまったのだ。ひょっとすると、カサノヴァが彼女の代理としてきたカテリーナに身をゆだねるという、いかにも無謀な行動をとったとしても、そうした状況によって二人の情事がそこで途絶えることなんてなかったのかもしれない。

〔解説〕 カサノヴァは常に、誘惑のプロセスを支配する立場にいた。彼は女性たちをどこへ行くのかわからない旅に連れ出す側の人間だった。そうして自らのクモの巣へとおびき寄せるのだ。マティルドの逸話は、彼の自叙伝の中で唯一の主客転倒した誘惑物語である。彼のほうが誘惑され、まごつく犠牲者となっているのである。

カサノヴァをマティルドの奴隷にしたのは、彼が数え切れない女性たちに使ってきたのとまさに同じ戦術だった。誰かほかの人に導かれることには、抗えない魅力がある。驚かされるスリルを味わい、相手の謎を解き明かしたくなるのだ。マティルドと会って別れるたびに、彼の頭は疑問でいっぱいになった。彼女はカサノヴァを驚かせつづけることができ、それによって常に自分のことを考えさせたのだ。さらに彼女の魔法はより効力を増していき、カテリーナを彼の脳裏から消し去ってしまった。驚きを与えるときはいつも、それがもたらす影響を綿密に計算していたのだ。最初の予期せぬ手紙は彼の好奇心をかき立て、待合室で彼女をはじめて見ることに繋がった。思いがけなく上品に着飾った彼女を見ることで、彼の欲情は激しくかき立てられた。そして、男装した彼女を見ることで、二人の関係が罪深いものであるという刺激的な状況を際立たせた。数々のサプライズにより彼は平常心を失い、次の驚きを期待して彼の心は揺さぶられたままになった。マティルドが企てたカテリーナと遭遇させるという意地悪な驚きでさえも、彼の心を動揺させ、気弱くさせたのだ。あまり面白みのないカテリーナに会うことは、マティルドへの想いをより深めるだけだった。

誘惑においては常に緊張状態やサスペンスを作り出す必要がある。「あなたについては何一つ予測不能だ」という感覚を相手に持たせるのだ。これを骨の折れる挑戦とは考えないでほしい。あなたは現実の人生でドラマを作っているのだ。あなたのクリエイティブなパワーを注ぎ込もう。どうか楽しんでほしい。計算されたサプライズは無数にあるので、あなたはターゲットの不意をついて飛びかかることができる――出し抜けに手紙を出すことや、予期しないタイミングで姿を見せること、いままで行ったことのない場所にいきなり連れていくことなどである。しかし、一番のサプライズは、あなたの知られざる一面を明かすことだ。それには〝仕込み〟が必要だ。最初の数週間で、相手はあなたについて即席の判断をしがちだろう。まずは外見が基準となる。たぶん、あなたは少し内気で、実務的で、禁欲的な人に見えるだろう。もちろん、それは本当のあなたではない。それは社交上、あなたが演じている姿にすぎない。けれども、そうした印象はそのまま放っておいたほうがいい。いやむしろ、多少、際立たせておこう。ただし、わざとらしくなりすぎないこと。たとえば、いつもより控え目に見えるように振る舞う。そうしておけば不意をつく機会ができる。いたずらをしたり、大胆な行動や詩的な行動に出て相手を驚かせるのだ。あなたに対する考えが変わったら、また驚かせよう。マティルドがカサノヴァにしたように――初めは火遊びをしたがる修道女、そして放蕩者（リバティーン）、次に非情な誘惑者へと姿を変えて――。相手があなたを理解しようとすればするほど、四六時中あなたのことを考えるようになり、より深くあなたのことを知りたくなるだろう。好奇心が仇（あだ）となり、あなたのクモの巣の真ん中へといざなわれてしまう。引き返すには遅すぎる。

これは興味深い原則なのだが……どうしたら驚かすことができるかを正しく知っている者は常にゲームに勝利できる。驚かされた人間のエネルギーが一時的に行き場を失い、身動きできなくなってしまうのだ。

――セーレン・キルケゴール

誘惑の秘訣

子供はたいていわがままで、わざと言われたことの逆をやったりして手に負えないものだ。しかし、いつものわがままを喜んで引っ込める場合もある。サプライズが約束されたときだ。箱の中に隠されたプレゼントだったり、終わりがどうなるかわからないゲームだったり、目的地のわからない旅行だったり――大どんでん返しが待っているスリリングな物語かもしれない。子供たちがサプライズを待つ間、彼らの意志の力は一時停止するのだ。目の前にサプライズの可能性をぶら下げておけば、子供たちはあなたのとりことなる。こうした子供の頃の習性がわれわれの心の奥深くに埋め込まれており、人が享受する喜びの根源的な要因の一つとなっている。どこに向かっているのかを知っている人に、旅に連れていってもらうときの喜びである（おそらくどこかに連れていってもらう喜びは、幼い頃に両親に文字どおり〝運ばれて〟いた潜在的な記憶に関係するものだろう）。

映画を観るときやサスペンス小説を読むときにも、似たような興奮を味わうことができる。われわれは映画監督や小説家の手中にあり、紆余曲折のストーリーの中を導かれていく。われわれは席に座ったまま、またはページを繰りながら、サスペンスの幸せなとりことなる。それは、信頼のおけるダンサーにリードされ、何の抵抗もなく身を預ける女性が感じている喜びである。恋に落ちることには、期待がともなう——われわれは新しい道を進もうとしており、何も知らない世界で新しい人生を歩み始めるかもしれないのだ。誘惑される側は相手に導かれたいのである。子供のように運ばれていきたいのだ。何をするのか予想しやすい人物なら、あなたの魅力は半減してしまう。日々起きることが予想できてしまうからである。『千夜一夜物語』（アラビアンナイト）に登場するシャハリヤール王は、夜ごと妻として処女を迎え入れ、翌朝には殺していた。そうして迎えられた娘の一人シェヘラザードは、その宿命から逃れようと、結末を翌日まで持ち越すようにして王に物語を語り聞かせる。彼女は毎晩毎晩これを繰り返し、王をハラハラさせつづけたのだ。一つの物語が終わると、素早く次の物語を始める。彼女は王が助命を決めるまで約三年にわたって、これを続けた。あなたはシェヘラザードなのだ。新しい物語もなく、期待感もなければ、あなたの誘惑は死んでしまう。毎晩毎晩、火に薪をくべつづけよう。あなたのターゲットに、次に何が起こるか、次にどんな驚きが用意されているのか、決して気づかれてはいけない。シャハリヤール王のように、謎解きに夢中になっているかぎり、ターゲットはあなたの支配下にある。

一七六五年、カサノヴァはクレメンティーナという若いイタリア人女性と出会った。伯爵である彼女は、二人の姉妹と一緒に城（シャトー）に住んでいた。クレメンティーナは読書を愛し、彼女に群がる男性たちにはほとんど興味を示さなかった。カサノヴァもその取り巻き連中に加わり、彼女の読んだ本を買い、彼女を文学談議に引き込もうとした。しかし彼女は、取り巻きたちに対するのと同じように、カサノヴァに対しても無関心だった。ある日、カサノヴァは彼女たち家族全員を小旅行に招待した。行き先は告げなかった。彼女たちは馬車に揺られながら、道中ずっと行き先はどこだろうと謎解きを楽しんでいた。数時間後、馬車はミラノの街に入った。「まあ、うれしい！」——初めてこの地を訪れた三姉妹は大喜びした。カサノヴァは彼女たちを自分のアパートメントに招き入れた。そこにはドレスが三着用意されていた。彼女たちがこれまで見たこともないような美しいドレスだ。「それぞれに一着ずつ用意したんだ」、カサノヴァは言った。そして「緑のドレスはクレメンティーナのもの」と続けた。彼女は驚き、すぐにドレスを身につけた。よく似合っており、彼女の顔がパッと明るくなった。サプライズはこれで終わりではなかった。おいしい食事とシャンパン、そしてゲームが用意されていた。夜遅くまで遊び、彼女たちがシャトーへ戻る頃には、クレメンティーナはどうしようもないほどカサノヴァに恋していた。

理由は簡単だ。サプライズは相手が無防備になる瞬間を生み出すので、新しい感情が入り込む隙ができる。サプライズが楽しいものであれば、相手が気づかないうちに、誘惑という毒が体中に回ってしまう。どんな突然のサプライズでも、同じような効果が得られる。守りに入らず、自分の感情を直接相手にぶつけるのだ。レイクたちはこうしたパワーを知り尽くしているのである。

一八世紀のフランス、ルイ十五世の宮廷に仕えていた一人の若い既婚女性の話である。彼女は、若くてハンサムな廷臣が自分に視線を送っているのに気づいた。最初はオペラで、次は教会だった。調べさせると、それはフランスでもっとも悪名高いレイク、リシュリュー公爵だということがわかった。この男にかかわると、どんな女性も安全ではいられないと彼女は警告された。「彼に抵抗することはできない。あらゆる手を使って彼を避けるべきだ」と。「馬鹿げているわ」と彼女は答えた。「わたしは幸せな結婚をしているのだから、そのかすことなどできはしない」と。次に彼に会ったとき、彼女はそのしつこさを笑った。あるときは物乞いに変装して公園にいる彼女に近づいた。またあるときは四輪馬車で彼女の馬車に近づき並走させた。彼は決して攻撃的ではなく、さほど害はなさそうに思えた。彼女は公爵が宮廷で話しかけることを許した。彼は魅力的で機知に富んでいた。そして、彼女の夫に会いたいとさえ言うのである。

数週間が経ち、彼女は自分が間違いを犯していることに気づいた。公爵に会うのを楽しみにするようになっていたのだ。彼女はガードを緩めてしまっていた。こんなことはやめなくてはならない。彼女は公爵を避けるようになった。公爵も彼女の気持ちを尊重してくれているようだった。彼女をわずらわせるのをやめたのだ。そして、さらに数週間が経ったある日、彼女が郊外の友人邸に滞在していると、不意に公爵が姿を現わした。彼女は赤面して身体を震わせながら、その場を立ち去った。彼の予期しない出現が不意打ちを食らわせた。この一撃で分別が吹き飛んでしまった。数日後、彼女はリシュリュー公爵の犠牲者の一人に加えられていた。もちろん、すべては彼の計画のうちだった。偶然を装った出会いで驚かせることまで。

不意打ちは相手に揺さぶりをかけるだけでなく、誘惑の手練手管を巧妙に隠す効果もある。予期しないところに現われたり、不意に何かを言ったり行なったりすると、あなたの行動が計算されたものだと理解する時間がない。偶然思いついたように、ターゲットを行ったことのない場所に連れていこう。そして、不意に秘密を打ち明けるのだ。感情的に隙だらけになった相手は、あなたの本当の姿に驚き、当惑するだろう。突然起こったことはすべて自然に見え、自然に見えるものは誘惑的な魅力を持っているのだ。

一九二六年、パリに着いてわずか数か月後、ジョセフィン・ベーカーは大胆なダンスでフランス国民を完璧なまでに魅了し、誘惑した。しかし、一年も経たないうちに大衆の興味が薄れてきていることを感じた。彼女は子供の頃から、自分の人生を意のままにできないと感じることが我慢ならなかった。なぜ気まぐれな大衆に自分が左右されなければならないのか？　彼女はいったんパリを去り、一年後に戻って来たときには、様子がガラッと変わっていた。彼女はエレガントなフランス女性という役柄を演じていた。そういう女性が、たまたま独創的なダンサーであり、パフォーマーであるかのように振る舞ったのである。フランス国民は再び彼女に恋をした。彼女は再びパワーを自分のものとしたのだ。もしあなたが人々の視線にさらされているなら、こうしたサプライズの秘訣を覚えておかなければならない。人間は飽きっぽいものだ。自分の人生はもちろんのこと、人々から飽きられないように努力している人にさえも飽きてしまうのだ。次に何をするのか予想できると感じた瞬間に、人々は生きたまま食われるようなひどい苦しみをあなたに与えるだろう。

芸術家アンディ・ウォーホルは変幻自在に姿を変えつづけた。次にどうなるか誰も予測できなかった。芸術家、映画製作者、社交界の花形――。驚くような切り札を常に隠し持っていたのだ。大衆の関心を引きつけておくために、解くべき謎を与えつづけよう。モラリストたちに、「生き方に芯がない」と非難されても言わせておけばいい。彼らはあなたが人々に見せている自由で茶目っ気いっぱいの姿に嫉妬しているだけなのだ。

最後にもう一つ。あなたは気まぐれな印象を与えるより、自分自身を信頼のおける人物に見せたほうが賢明だと考えるかもしれない。もしそうなら、はっきり言ってそれは単にあなたが臆病であるということだ。誘惑を上手く進めるには勇気と努力が必要なのである。信頼は人々を引きつけるには申し分ない。しかし、信頼できる人のままでいると退屈な人になってしまうのだ。犬は信頼できるが、誘惑者はそうであってはならない。反対に、あなたが即興で何かをすることを好むとしよう。計画したり計算したりすることは、サプライズの精神に反していると考えている。もしそうなら、あなたは重大な間違いを犯していることになる。いつも即興で行き当たりばったりというのは、ただの怠け者だし、自分のことしか考えていないということだ。何より人を誘惑するのは、自分の利益のために努力してくれているという感覚なのである。そのことを大げさに吹聴する必要はない。ただし、プレゼントを贈るとき、小旅行を計画するとき、あるいは誘惑に引き込むために相手をからかうときには、このことをはっきりと意識して取り組もう。このような小さな努力が、誘惑した相手の心を射抜き、思いどおりにできるという大きな報酬となって返ってくる。

イメージ

ジェットコースター。コースターがゆっくりと頂上へ向かっていく。そして突然、ものすごいスピードで突っ走り、右へ左へ上へ下へと振り回され、あらゆる方向へ投げ出される。乗客たちは笑い、叫んでいる。別の誰かの支配を受け入れて、行くがままに身を任せるのは何というスリルだろう。予想もつかないところに連れていってくれるのだ。次のコーナーでは、どんな新しいスリルが待ち受けているのか？

例外

同じサプライズを繰り返していると、はじめは驚かせることができても相手はすぐに驚かなくなるだろう。江青は夫の毛沢東を驚かせようと急に気分を変えた。厳しい態度から急に優しくなったり、また厳しい態度に戻ったりするのだ。はじめは彼も心を奪われた。次にどうなるかわからない感覚を好んでいた。しかし、そうしたことが何年も続き、いつも同じパターンだった。やがて、毛夫人の気まぐれなのだが想像のつく気分の振幅は、夫を苛立たせるだけのものになった。サプライズの方法は、いろいろと変えることが必要だ。ポンパドゥール夫人がルイ十五世の愛人だったとき（王は慢性の〝退屈病〟だった）、彼女は会うたびに違うサプライズを用意していた——新しい娯楽、新しいゲーム、新しいファッション、新しいムード——。次に何が起こるのか、王は決して予想できなかった。そして王が次のサプライズを待っているあいだ、彼の意志の力は一時停止されたのだ。ポンパドゥール夫人に夢中になったルイ十五世ほど、女性のとりこになった男はいないだろう。方向を変えるときには、新しい方向へ舵を切ること。偽りなく本物の新しい方向でなければならない。

私はフランス国民を驚きによって支配しようとした。大胆な行動は国民の平常心を奪い、驚愕のあまり唖然としてしまうのだ。

ナポレオン・ボナパルト

（エミール・ルートヴィヒ『ナポレオン』で引用）

ダンディな男が心掛けるのは、予想されることを決してしない、いつも予想を裏切るということだ（中略）期待を裏切るというのは見せかけに過ぎないが、それが彼の非凡さの象徴となるのだ。アルキビアデスは人々を驚かせるために飼い犬の尾を切り落とし

た。友人たちが尾を切り落とされた犬を凝視する様子を見て、「これこそが、まさに私の望んでいたことだ。アテネ人たちがこのことを噂するかぎり、私のことを悪く言わないだろう」

注目を集めて気を引くだけがダンディな男の目的ではない。予想を裏切り、注目を集め続けたいのだ。たとえ滑稽であっても。アルキビアデスに続いて、飼い犬の尾を切り落としたダンディな男たちが何人いたことか！　たとえば、サン・クリーク男爵のアイスクリームブーツだ。ある暑い日、彼はカフェ・トルトーニでアイスクリームを二つ注文した。バニラ味は右側のブーツに、ストロベリー味は左側のブーツに入れてもらった。（中略）サンジェルマン伯爵は友人を劇場に連れていくのが好きだった。彼の乗り心地のよい馬車はピンク色のサテン地で内装され、馬車を引く二頭の黒毛馬は豊かな尾を持っていた。伯爵は友人に独特の声音でたずねた。「どういった劇がお好みですかな？　ヴォードヴィル、またはバラエティーショー、それともパレロワイヤル劇場？　どこであれ、みなさんにボックス席をご用意いたしますよ」。行き先が決まると、伯爵は横柄な態度で、他の使わないチケットを取り出し、くるくると巻いて燃やし、それで葉巻に火をつけた。

モード・ドゥ・ベルロッシュ
『ダンディな男からプレイボーイまで』

弟のシャハザマーン王が、王様の宮殿の庭園に面している窓から外を眺めていると、城門がさっと開かれ、二〇人の女奴隷と二〇人の男奴隷が姿を現わした。兄であるシャハリヤール王のお妃もその者たちに囲まれて歩いてくるのである。その美しさ、優しさはたとえようもないほどだった。一同は噴水のほとりに着くと、そこでみな衣服を脱ぎ、芝生の上に座った。やがて妃が、「マスウードや」と声をかけると、一人の黒人奴隷がすぐにそばにやって来て、妃の首を抱き、息もつけないようなキスをして妃にのしかかった。この奴隷が妃と戯れているとき、ほかの奴隷も、女奴隷たちと同じように戯れにふけっていた。こうして日暮れまでやめなかった。

（中略）弟のシャハザマーン王は、目撃した一部始終を兄のシャハリヤール王に話した。（中略）

シャハリヤール国王はすぐに遠征のおふれを出した。軍勢は天幕を携えて都の外へと出ていった。王様も一緒に街を出た。そして、しばらく天幕の中に座った後、奴隷に誰も王の天幕へ入れぬように言いつけた。そして、自身は姿を変え、密かにそこを出て、弟君が待つ宮殿へ舞い戻った。そして、二人は庭園に面した窓辺に座を占めた。しばらくすると、妃と女奴隷たちが男奴隷たちとともに入ってきて、弟シャハザマーン王が話したような所業に及んだ（中略）

宮殿に入るやいなや、兄王はその妃の首をはね、また女奴隷や男奴隷どもの首をも同様にはねた。それ以来、シャハリヤール王は毎晩、無垢の乙女を娶り、一夜をともにした翌朝には殺してしまうようになった。こういうことを三年も続けてやめなかったので、民は恐れをなし、娘たちを連れて逃げてしまう者も出てきた。

さて、この大臣には二人の娘があった。姉は名をシェヘラザード、妹はドゥンヤザードといった。姉のほうはすでにいろいろな書物・年代記・昔の諸王の伝記などを読んでいた。

ある日、シェヘラザードは父の不安げな表情に気づき、何を悩んでいるのか尋ねた。大臣は娘に自分の窮地を話して聞かせた。すると娘は、「後生ですから、このわたしを王のところに嫁がせてくださいまし。イスラム教徒の娘さんの身代わりになって命を落とすかもしれませんが、もし生きながらえれば、王の御手から娘さんたちを救ってあげられるでしょうから」と言いだした。大臣は、そんな恐ろしいことはやめてくれと嘆願したが、シェヘラザードの決意は固く、父の嘆願も叶わなかった。（中略）

そこで大臣は娘に花嫁衣装を着せ、宝石で飾り立てて盛装させ、王に嫁がせる準備を整えた。

一方、姉は妹に別れを告げるとき、次のように言った。「わたしが王の御もとに上がったら、あなたを迎えに人を出します。そうして王がわたしへのご用を済ませるのを見たら、こう言葉をかけてください。『ねぇ、お姉さま、夜を楽しく過ごせる何か珍しいお話をしてくださいませんこと』って。そうしたらわたしは、あなたに何かお話をします。アラーの思し召しがあったら、そのお話の中から救いが出てくるかもしれませんからね」と。

いよいよ大臣は姉娘を連れて王のもとに参内した。王はシェヘラザードを連れて寝室に入られた。すると、花嫁は泣きながら言う。「王様、わたしには妹が一人おります。あの子に別れを言いたいのでございます」

王が使いをやると、妹はすぐに姉のもとにやって来て二人は抱擁し、並んで座った。

そのときドゥンヤザードはシェヘラザードに向かって、「お姉さま、お願いがございます。ぜひ何かおもしろいお話をしてくださいませ。眠れぬ夜が楽しくなるほどに」と言うと、姉も「王様がお許しくださいますなら、喜んでいたします」と答えた。

王は自分も眠れぬ夜を持て余していたため、シェヘラザードの物語が聞けるのを喜び、許しを与えた。シェヘラザードの話が始まった。「昔むかし、バスラの街に裕福な仕立屋がおりました。仕立屋は身体を動かしたり、陽気に騒いだりするのがたいそう好きでした。（中略）

約三年が経った。この間にシェヘラザードは国王の御子たちを三人産んだ。千一夜目の晩、彼女はこの物語を語り終えると両足ですっくと立ち、国王の御前にひれ伏して、「偉大なる国王様、千一夜にわたり、先人たちの物語や古代王の伝説をお話ししてきました。そこで差し出がましいのですが、私のたっての願いをお聞きくださいませ」と申し出た。

国王が、「おお、シェヘラザード、望みのものをとらせよう」と応じると、シェヘラザードは乳母に、「子供たちをここに連れて来てください」と告げた。

（中略）「これら三人の男児はアラーより授かりました王様の御子でございます。この幼子らを哀れと思し召され、どうか私の命をお助けいただきたくお願い申し上げます。万一、王様が私を殺害なされば、このいたいけな子らは母無し子となり、立派に養育する女手を失うことになります」と訴えた。

これを聞くと、国王は泣いて、子らを胸にひしと抱きしめ、「おお、シェヘラザードよ、神に誓って申すが、余はこの子らが生まれる前からそちを許していたのだ。貞淑かつ思いやり深く、賢く雄弁なそちをかけがえのない者と思っておる。そちと、そちの父母並びにその祖先と末裔に至るまで祝福を賜らんことを。ああ、シェヘラザード、この千一夜目はいままででもっとも輝かしい一夜となるぞ」

『千夜一夜物語』

10

言葉の魔力を使い、戸惑いの種を蒔け

人に耳を傾けさせるのは難しい。自分自身の考え事や欲望で頭がいっぱいで、あなたのために割く時間があまりないのだ。耳を傾けさせるコツは、相手の聴きたいことを言うことである。何であれ相手にとって心地良い言葉で、耳をいっぱいにしてやるのだ。これが誘惑的な言語の本質である。本当の意図を隠した含みのあるフレーズで、相手の気持ちに火をつけよう。おだててやろう。不安を和らげてやろう。甘い言葉と約束で、相手をファンタジーの世界に優しく包み込んでやろう。そうすれば、ターゲットはあなたの話に耳を傾けるだけでなく、抵抗する意思さえ失ってしまうだろう。あいまいな言葉を使うこと。そうした言葉のなかから、相手が自分の欲しているものを勝手に読みとるように仕向けるのだ。相手の妄想をかき立てるためや、あなた自身の理想化された肖像を創るためなら、文を書いて伝えるほうがいいだろう。

誘惑的雄弁術

一九五八年五月一三日、右派のフランス人入植者とその軍部内の支持者が、アルジェリアを支配下に置いた。この国はすでにフランスの植民地の一つだった。彼らは、現行の社会主義政権がアルジェリアの独立を承認するのではないかと危惧していたのだ。彼らがアルジェリアを掌握したいま、フランス全土がその支配下に置かれることになるかもしれない。内戦がいまにも起ころうとしていた。

この差し迫った状況で、人々の熱い視線がシャルル・ド・ゴール将軍に向けられた。第二次世界大戦で、ナチスからフランスを解放するという極めて重要な役割を果たした英雄だ。ここ一〇年ほど、ド・ゴールは政治の世界から身を引いていた。様々な政党のあいだで生じる揉め事にうんざりしていたのだ。彼の人気はいまだに高く、国を一つにまとめられる人物だと誰もが見なしていた。一方で、彼は保守主義者でもあり、右派の人々は、もし彼が権力を握れば彼らの大義を援護してくれると確信していた。五月一三日の政変から数日後、フランス政府（フランス第四共和政）は崩壊した。議会が召集され、ド・ゴールに新しい政府（フランス第五共和政）の樹立を要請した。彼は四か月間にわたる全権を要求し、与えられた。六月四日、首相に就任した数日後、ド・ゴールはアルジェリアへと飛んだ。

植民地のフランス人たちは歓喜した。彼らが引き起こした政変が間接的にド・ゴールに権力を与えたのだ。間違いなく彼らはこう考えていた——ド・ゴールは自分たちに感謝の意を表しに来たのだと。そして、アルジェリアはフランスの植民地でありつづけると保証しに来たのだと——。ド・ゴールがアルジェに到着したとき、市の中央広場は何千という人々で埋め尽くされていた。場の雰囲気は最高潮に盛り上がっていた。国旗がはためき、音楽が流れ、フランス植民地のスローガンである「フランス人のアルジェリア」の歌が繰り返し歌われている。突然、広場を見下ろす総督府のバルコニーにド・ゴールが姿を現わした。群衆は熱狂した。極端に背の高い将軍が、両腕を頭上に高々と上げた。群衆の歌がさらに大きくなる。群衆は将軍にも一緒に歌うように求めた。そうする代わりに彼は両腕を下ろし、群衆が静まるのを待った。そしておもむろに両腕を大きく広げ、ゆっくりと抑揚をつけ、独特の低い声で「ジュ・ヴ・ザ・コンプリ（私は諸君を理解した）」と語りかけた。一瞬の沈黙があり、彼の言葉が人々の心に染みこみ、耳をつんざくどよめきとなって返ってきた。彼は群衆を理解した――それこそが、集まった人々の誰もが聞きたかった言葉なのだ。

ド・ゴールはフランスの偉大さについて語りはじめた。さらなる歓声が上がった。彼は新しく選挙を行なうことを約束した。そして、「その選ばれた議員たちとともに、残された課題をどうするか考えていくことになるだろう」。そう、新しい政権だ。それこそが民衆が求めていたものだ――さらに歓声が上がった。彼はフランスの「アンサンブル（国全体の調和）」の中に「アルジェリアの居場所を見つけて」くれるだろう。そこにはきっと「制限も条件もない国家全体としての秩序」があるにちがいない――誰がそれに異を唱えるだろう？　彼は演説の締めくくりに、大声でこう唱えた――「ビヴァ・リパブリック！　ビヴァ・フランス！（共和国万歳！　フランス万歳！）」。それはナチスとの闘いのなかで、自らを奮い起こすために叫ばれていた感動的なスローガンだった。集まった人々も皆その言葉を叫び返した。その後、数日間、ド・ゴールはアルジェリア中で同じような演説を行ない、同じように聴衆を無我夢中にさせた。

ド・ゴールが演説で言った言葉が人々に浸透していったのは、彼がフランスに戻ってからだった。彼がフランス領アルジェリアを維持すると約束したのは一度ではなかった。実際、彼はアラブ人にも選挙権を与えるかもしれないと示唆した。そして、フランスの支配に抵抗したアルジェリアの反逆者に対して、国から恩赦が認められるかもしれないと。しかし、どういうわけか、彼の言葉に酔いしれていた植民地の人々は、それらの言葉が実際に何を意味しているのかに着目することを怠った。ド・ゴールは彼らをあざむいたのだ。現にド・ゴールは、数か月後にアルジェリアの独立を認めてしまった。彼が仕事を完了し、アルジェリアがついに独立を果たしたのは一九六二年のことだった。

〔解説〕ド・ゴールは昔からあるフランスの植民地のことも、それが一部のフランス人にとって何を象徴するかということも、ほとんど気にかけていなかった。そして、彼はアルジェリア戦争の首謀者たちに共感していたわけでもなかった。彼が考えていたのは、フランスを強国にすることだけだった。アルジェに行ったとき、彼には長期的な計画があった。内輪もめをさせて右派勢力を弱体化し、アルジェリアを独立に導こうと考えていたのだ。短期的には、緊張状態を緩和し、時間稼ぎすることを目論んでいた。植民地の住民に、彼らの大義を援護すると言ったのはウソではなかった。それはしかし、フランス本国ではトラブルのもとになるものだった。そこでド・ゴールは〝誘惑的雄弁術〟を用いて彼らを魅了し、言葉で酔わせたのだ。ド・ゴールの有名な言葉、「私は諸君を理解した」は、「私は諸君が言う脅威とは何かを理解した」という意味にも容易に取れる。しかし、歓喜に酔っている群衆は、彼の言う〝援護〟を自分たちの望む〝援護〟だと理解してしまう。彼らを熱狂させておくために、ド・ゴールは感動的なエピソードを織り交ぜた。たとえば、第二次世界大戦時のレジスタンスの話である。そして右派勢力の心を大きく動かした〝秩序〟の必要性への言及である。彼らの耳を約束――新政府の樹立と栄光の未来――でふさぎ、歌をうたわせ、結束を強めさせた。ドラマティックに演説し、聴衆の感情を揺さぶった。かくして彼の言葉は、ある種の錯乱状態を作り出したのである。

ド・ゴールは自分の気持ちを表現しようとはしなかった。また真実を話そうともしなかった。彼は〝効果を生む〟ことだけを考えた。これが〝誘惑的雄弁術〟の秘訣である。一人の人間に対して話すときでも、群衆に対して話すときでも、「自分の考えを話したい」という欲求を少し抑えてみよう。口を開く前に、自分自身にこう問いかけるのだ――どんなことを言ったら、聴き手に一番喜んでもらえるだろうか？　必然的にこのような内容を含んだものになるだろう――相手の自尊心をくすぐること、不安を和らげること、将来へのおぼろげな希望を抱かせること、苦しみに同情すること（「私は諸君を理解した」のように）――。何か相手を喜ばせることから始めると、すべてが簡単に進んでいく。誰もが防御を緩めるからだ。相手が従順になり提案を受け入れやすくなるだろう。あなたの言葉を中毒性のあるドラッグだと考えよう。言葉は人々を感情的にしたり、混乱させたりするものなのだ。ぼんやりとした何とでも取れる言葉を使おう。あとは聴き手が想像力とファンタジーでギャップを埋めてくれる。あなたを無視したり、苛立ったり、壁を作ったりすることなく、また、あなたに黙ってほしくて耐えられなくなったりすることなく、聴き手はあなたの甘く響く言葉を素直に受け入れ、幸せを感じることだろう。

誘惑的文章術

一八三〇年代の終わり頃、春のある午後、コペンハーゲンのある通りでヨハンネスという青年が一人の若く美しい女性を見かけた。自分のことで頭がいっぱいという感じの、天真爛漫な娘だった。彼女に魅了された彼は、そのまま距離をとってあとをつけ、どこに住んでいるのか突き止めた。それから、数週間かけて彼女のことをさらに調べ上げた。コーデリア・ウォールとい名前で、叔母と一緒に住んでいた。二人は静かに暮らしていた。コーデリアは読書を愛し、一人でいることを好んだ。若い女性の誘惑はヨハンネスの得意分野だった。しかし、コーデリアに通用するだろうか。彼女はすでに何人もの望ましい求婚者を断っていたのである。

ヨハンネスはこう考えた――コーデリアは日常生活のほかに何かを渇望しているのかもしれない。彼女が読んだ本に出てくるような何か素敵なことだ。おそらく、そのような白昼夢を見ることで、孤独を癒しているのだろう――と。そして、彼女と知り合うきっかけを作り、エドワードという友人と連れ立って彼女の家をしばしば訪れるようになった。この若い男性もコーデリアに求愛したいという考えをもっていたが、不器用で、彼女の機嫌をとるのにも苦労していた。一方、ヨハンネスはほとんど彼女を無視して、叔母のほうと親しくしていた。四人は、ごくありきたりな話しかしなかった。農家の暮らしのなかで話題になることなら何でも、という感じだ。ヨハンネスは時おり、話の方向を変え、哲学的な論議を持ちかけることがあった。彼が横目で観察していると、そういう話題のとき、コーデリアはエドワードの話を聴いているふりをしながら、自分の話にしっかりと耳を傾けていた。

そういうことが数週間続いた。ヨハンネスとコーデリアはほとんど言葉を交わさなかったが、ヨハンネスは彼女の好奇心が自分に向いているとわかっていた。一方で、エドワードは彼女をひどく苛立たせていた。ある朝、ヨハンネスは叔母がいないことを知りながら彼女の家を訪ねた。コーデリアと二人きりで会うのは初めてのことだった。できるだけさりげなく、そして礼儀正しく、彼はプロポーズをした。言うまでもなく、彼女は驚き、うろたえた。いままで自分にほんの少しの興味も見せなかった男が、突然、自分と結婚したいというのか？ 彼女はあまりにも驚いてしまい、この問題を叔母の判断にまかせることにした。ヨハンネスが予期したとおり、叔母は賛成した。コーデリアが少しでも拒む姿勢を見せたなら、叔母は彼女の意思を尊重しただろう。しかし、彼女は少しも抵抗しなかったのだ。

外見上は何もかもが変わった。二人は婚約した。ヨハンネスは一人で家を訪れるようになり、コーデリアとともに腰かけ、彼女の手を握って話をした。しかし彼は、内面的には物事が前と同じに進むように取り計らった。ある程度、距離を保ち、礼儀正しく振る舞うのだ。ときどき文学の話（コーデリアの一番好きな話題である）をして盛り上げることもあったが、たいていは少し話すと日常的な話題に戻った。そうすることで、コーデリアが欲求不満になることを彼は知っていた。彼女はヨハンネスが並外れた人間であることを期待していたからである。しかし、二人揃って外出するのも、婚約した二人のために催される儀礼的なパーティに連れていくくらいだった。なんて月並みなんだろう！ この早すぎる老いを向かえたような人たちが口にする、家族の話やつまらない将来の話――これが愛と結婚のもたらすものなのだろうか。調子のいいときでさえ人見知りするコーデリアは、ヨハンネスに、もう自分をムリに連れまわすのはやめてほしいと頼んだ。

決戦の準備は整った。コーデリアは混乱し、不安に陥っている。二人が婚約してから数週間経った頃、ヨハンネスは手紙を書いた。彼は、自分の心境と彼女への愛の揺るぎなさを綴った。彼の文章は隠喩をふんだんに用いたものだった。〝手にランタンを持って〟、何年もコーデリアとの出会いを待ちつづけてきたことをほのめかすなど、隠喩が現実にうまく溶けこみ、現実から隠喩へと行きつ戻りつするのだ。文章のスタイルは詩的で、言葉遣いは情熱的。光り輝くような文章だが、全体を読むとすこぶるあいまいだった——何を言っているのか確信が持てなくて、コーデリアが一〇回も読み直したほどだ。翌日、ヨハンネスは返事を受け取った。飾り気のない真っ直ぐな文章だったが、情感が溢れていた。彼の手紙を読んで、とても幸せを感じたとコーデリアは書いていた。そして、彼にこのような一面があるとは想像もつかなかったと。彼は「自分は変わったのだ」と返事を出した。変わった理由やいきさつは書かなかったが、彼女のおかげで変わったのだということをほのめかしたのである。

それからというもの、彼の手紙はほとんど毎日届くようになった。いつも同じくらいの長さの手紙で、詩的なスタイルだが、筆致は錯乱気味。まるで愛に酔いしれているかのようだった。彼はギリシャ神話について語った。コーデリアを乙女の姿をした水の妖精(ニンフ)にたとえ、自分をその乙女と恋に落ちる川にたとえた。彼の魂は、彼女の姿を映し出す川であり、自分にできるのは彼女を見たり思いを馳せたりすることだけだというのだ。そうした手紙のやり取りのなかで、彼はコーデリアの変化を見逃さなかった。彼女の手紙はより詩的になり、感情の抑えが利かなくなっていった。気づかぬうちにコーデリアはヨハンネスの考えをオウム返しするようになり、彼のスタイルを真似、彼が使う想像力豊かな隠喩表現を自分のものとして使いはじめていた。彼女はまた、面と向かって二人で会うときに、そわそわするようになった。彼は、これまでのように超然かつ堂々とした態度を保つことを忘れなかった。しかし、彼女が自分のことを以前と違う目で見ていることに気づいていた。彼女は理解の及ばない彼の心の奥を感じ取ろうとしているかのようだった。人前で彼が発する言葉を、彼女は一言も聞き漏らすまいとした。彼の手紙を暗記するほど読んだに違いない。というのも、二人で話しているとき、彼女はしばしば彼の手紙を引用したからだ。手紙は二人だけの秘密の世界だった。彼の手を握るときも、以前よりしっかりと握るようになった。彼女の目には、じれったさが表れていた。

彼がいつ大胆な行動に打って出るのだろうという期待に満ちているようだった。

ヨハンネスは手紙を短くして、以前よりたくさん、ときには一日に何通も送るようになった。想像力豊かな表現が、より肉体的かつ暗示的になり、スタイルにも一貫性を欠くようになった。自分の考えをかろうじてまとめているかのようだった。ほんの一文、二文だけの走り書きのようなメモを送ることもあった。一度など、コーデリアの家で催されたパーティの席で、彼女の編み物道具入れのなかに手紙を入れておいたこともある。彼女は顔を赤らめ、手紙を読むために慌てて部屋を飛び出していった。彼女の手紙からは感情の高まりと動揺が読み取れるようになった。彼が前に手紙でほのめかしたことに同調して、彼女も婚約に関わるすべての雑務が嫌いだと書いてきた――それは二人の愛にそぐわないと。

準備はすべて整った。望んでいたとおりの方法で、すぐに彼女は彼のものになるだろう。彼女は婚約を解消した。田舎では男女が密会することは簡単だった――実際、それは彼女から申し出たことだった。ヨハンネスのもっとも巧みな誘惑術は、こうして実を結んだのである。

〈解説〉ヨハンネスとコーデリアは、デンマークの哲学者セーレン・キルケゴールの自伝的小説『誘惑者の日記』（一八四三年）の登場人物だ。ヨハンネスは経験豊かな誘惑者で、彼はターゲットの心を操ることに長けていた。コーデリアに袖にされた求婚者たちの敗因は、まさにここにある。彼らはまず自分たちを売り込むところから始めるという典型的な間違いを犯しているのだ。われわれはターゲットに対して粘り強く、熱烈に口説くことで、相手に自分の愛情を信じさせることができると考えがちだ。しかし、実際は、じらして不安にさせたほうが、愛情を信じさせることができるのである。攻撃的な求愛は、相手を喜ばせはしない。なぜなら、それが自分だけに向けられるとは思えないからだ。こうした振る舞いは、抑制のきかない性的衝動（リビドー）のなせるわざである。これではターゲットに見透かされてしまう。賢いヨハンネスは、見え透いた始め方はしなかった。まず一歩引いて、少し冷たい態度を取ることで、コーデリアに好奇心を抱かせた。そして堅苦しいが、どこか秘密めいた男という印象を注意深く植えつけた。最初の手紙で彼女を驚かせるためだけに、そこまでしたのだ。明らかにコーデリアが考えていた以上のものが、彼にはあった。そして、一度それを信じるようになると、彼女の想像力はとめどなく広がっていった。そして、彼は手紙を書いて彼女を夢中にさせた。どこにいても付きまとう幽霊のような存在となっていったのだ。彼の言葉は、二人が共有するイメージや詩となり、常に彼女の心の中にあった。これこそ究極の誘惑術だ。女性の身体を征服する前に、その心を自分のものにしてしまうのだから。

ヨハンネスの物語は、誘惑者の武器庫に手紙を加えることができるということを示している。しかし誘惑のなかに、どのように手紙を組み込むかを学んでおくことが重要だ。手紙のやりとりを初めからやるのはよくない。少なくとも最初の出会いから数週間後が望ましい。ターゲットにあなたの印象を植えつけよう――魅力的な人物だが、まだ自分に特別の興味を抱いているわけではないと。そして、ターゲットがあなたのことを考えていると感じ取ったら、そこが最初の手紙を出してアタックを開始するタイミングだ。あなたが表現するどんな欲望も、相手の驚きとなるだろう。虚栄心がくすぐられ、もっと欲するようになるだろう。それから手紙を頻繁に出すようにする。実際に会う回数よりも多いくらいが良い。相手にあなたを理想化する時間と余裕を与えること。これはしょっちゅう顔を合わせていてはできないことだ。相手があなたの魔法にかかったら、必ず一歩引くこと、つまり手紙を減らしていくのだ。あなたの関心が薄れたのではないかと思わせ、相手をもっと欲しがらせるのである。

手紙は相手へのオマージュを込めたものにしよう。あなたの書くすべての言葉を、相手の存在を思い起させるものにするのだ。相手のことで頭がいっぱいでほかに何も考えられない――無我夢中なのだと思わせよう。何か逸話を語るなら、何とかして相手に関連する話にすること。あなたの手紙は相手に向けて捧げ持つ鏡のようなものだ。相手はあなたの望むとおりに自分自身を映し出す。もし何らかの理由で相手があなたのことを好きではないとしても、好かれているかのように手紙を書こう。あなたが書く手紙のトーンが相手の身体にしみ込んでいくのだということを覚えておこう。あなたが高尚で詩的で独創的な褒め言葉を並べれば、相手の意に反してでも、それは感染していく。決して、文句を言ったり、自己弁護をしたり、心なく相手を批判してはならない。あなたの魔法は一瞬で解けてしまうだろう。

話題をあちこちに飛ばしたりして、手紙が混乱しているように見せることで、あなたの感情をほのめかすことができる。実際、物事をはっきりと考えることは困難になっているだろう――愛でタガが外れてしまっているのだから。混乱した思考は刺激的な思考でもある。実体験の報告などで時間を無駄にしてはならない。感覚や気持ちに注意を向けて、〝含蓄〟という実が、木にいっぱい熟しているような表現を使うこと。自分のことを説明するのではなく、思わせぶりな書き方をして、ヒントという種を蒔き、相手のなかに考えを植えつけるのだ。教え諭すような言葉は禁物である。自分を理知的に見せたり、相手より優れているように見せたりしないこと。そんなことをしても気取ったやつと思われるだけで、相手を退屈させてしまう。それならば手紙などより日常会話をしたほうが、はるかにましだ。やはり詩的で鋭い表現を使って、書き言葉を陳腐な決まり文句以上のものに高めたい。感情的になりすぎるのもよくない。相手を疲れさせるし、直接的すぎるからだ。あなたの気持ちをまくしたてるよりも、ターゲットがあなたに与えている影響をほのめかすほうがよい。あいまいで、どっちつかずのところでとどめること。想像したり夢想したりする〝余白〟を、相手に与えよう。手紙を書く目的は、あなた自身について表現することではなく、相手を感動させて、混乱と欲望を燃え広がらせることなのだ。

相手があなたの考えを鏡のように反映しだしたら、手紙の効果が適切に表れてきている証拠だ。それは、あなたが手紙に書いた言葉を、自分自身の手紙で使ったり、面と向かっておうむ返ししたりするようになることでわかるだろう。ここが、より肉体的でエロティックな段階に移行するタイミングである。性的な意味を暗示するゾクゾクするような言葉を使おう。また、もっとうまくやるなら、手紙をより短く、より頻繁に、そしてより支離滅裂にすることで、性的な興奮をほのめかそう。突然もらう短い手紙ほど、エロティックなものはない。あなたの考えは仕上がっていない。それを完結できるのは、あなた自身ではなく別の人間なのである。

スガナレル（ドン・ファンに向かって）：「さて、何と言うべきなのか……どう言ったらいいのかわからない。あなたは言葉を巧みに使って、物事をあべこべにしてしまった。あなたが正しいように見える。とはいうものの、それが真実かといえば、あなたは正しくない。わたしが世界中で一番洗練された考えを持っているのに対して、あなたの言葉は、慌ててかき集めたようなものではないか」

――モリエール

誘惑の秘訣

われわれは会話をする前に、いちいち考えをまとめたりはしない。最初に頭に浮かんだことが口から出てくるのは、人間にとって自然なことだ。そして、たいてい一番に浮かぶのは自分自身のことだ。われわれは基本的に自分の感情や考え、意見を述べる（文句を言ったり、議論をしたりもする）ために言葉を使う。これは、われわれが一般的に自己完結型の思考を持っており、自分の考えに没頭しがちだからだ。自分に一番関心を持っているのは、われわれ自身なのだ。ある程度、これは避けられないことだし、人生の大部分においては不都合は生じない。この方法でうまく生きていくことはできる。しかし、誘惑においては、われわれの可能性を限定してしまうのだ。

あなた自身という〝殻〟の外に出て、ほかの人の内面に入り込み、心理状態を見抜く能力がなければ、誘惑することはできない。〝誘惑的言語〟を操る秘訣は、どんな言葉を発するかではない。魅惑的な声のトーンでもない。あなたの物の見方や習慣を劇的に変えることである。まず、頭に浮かんだことをそのまま言うのを止めなければならない。とにかく話したい、意見をぶちまけたいという衝動をコントロールできるようになること。言葉をツールと見なすことがカギとなる。自分の本当の考えや気持ちを伝えるためではなく、相手を惑わせ、喜ばせ、酔わせるために言葉を使うのだ。

普通の言語と誘惑的言語は、たとえるなら雑音と音楽ほどに違う。雑音は現代生活につきものだ。煩わしさに、できることなら耳から追い出したいと思う。われわれが普段使っている言語は雑音のようなものなのだ。自分のことばかり話していても、半分くらいは聴いているかもしれない。しかし、そのあいだ、相手の思考は一〇〇マイルの彼方へ飛んでいってしまっている。そしてときどき何か相手に関する話題に触れたときだけ、聞き耳を立てるのだ。しかしそれも、われわれ自身についての別の話にまた戻るまでのあいだしか続かない。われわれは小さな子供の頃から、こうした雑音（特に、両親からの小言）を耳から追い出す術を身につけているのだ。

一方、音楽は誘惑的で、われわれの〝身体〟に入り込んでくる。音楽は喜びをもたらす。聴いてから何日間も、メロディやリズムが〝血〟のなかに残り、気分や雰囲気を変えたり、リラックスさせたり、興奮させたりする。雑音を出すのではなく音楽を奏でるためには、相手を喜ばせることを言わなければならない。相手の生活に関わることや虚栄心をくすぐるようなことを言うのだ。もし相手がたくさんの問題を抱えているなら、そこから気を逸らすことで同じ効果を生み出せる。機知に富んだ面白いことを言ったり、将来が明るく希望に満ちたものに見えてくるようなことを言ったりして、彼らの関心が自分自身の問題にばかり集中しないようにするのである。約束と褒め言葉は誰の耳にも心地良い音楽だ。誘惑的言語は人々を感動させ、抵抗を弱めるために考案された言語である。ただし、あくまでも相手のためのものであって、相手を〝指揮〟するものではない。

イタリアの作家、ガブリエーレ・ダヌンツィオは醜男だったが、女性は彼に抗うことができなかった。「ドン・ファンのようだ」という評判を知っていたとしても、そのために彼を嫌っていたとしても、（例えば、女優のエレオノーラ・ドゥーゼやダンサーのイサドラ・ダンカンのように）彼の魅力に屈してしまうのである。その秘訣は、女性を包み込む流暢な言葉だ。彼の声は音楽のようで、発せられる言葉は詩のようだった。何よりも、どうしたら女性が喜ぶかを知っていた。彼はまさに女性の弱いところに狙いをつけた。彼女が本当は認めてほしいと思っているようなところを褒めて喜ばせるのだ。どんなに美しい女性でも、自分の機知や才能にはどこか自信を欠いているものではないか？　彼はいつも必ず、女性の美しさに魅せられているのではなく、彼女の内面に魅せられていると言うのだ。相手を小説の主人公になぞらえたかもしれない。あるいは慎重に選んだうえで神話の登場人物になぞらえることもあっただろう。彼と話すことで、自尊心が倍に膨れあがるのだ。

褒め言葉を言って相手を喜ばせるのは、〝誘惑的言語〟のもっとも純粋な型である。真実や本当の気持ちを表現することではなく、相手に影響を与え〝効果を生む〟ことが目的なのだ。ダヌンツィオのように、相手の不安をまっすぐ狙ってお世辞を言えるようになろう。たとえば、素晴らしい俳優がいるとしよう。彼自身、自分の演技力に自信を持っているのに、演技を褒めても大した効果は生まれない。むしろ逆効果になるかもしれない。彼は、自尊心への刺激を必要としないほど優れているのだから。あなたの褒め言葉は的外れと思われて単なるお世辞になってしまうだろう。しかし、この俳優がアマチュアとして音楽をやっていたり、絵を描いていたとする。彼は一人で活動していて、プロによるサポートもなく、注目もされていない。それで生計を立てている人たちがいることは、もちろん知っている。こうした場合には、彼が芸術家を自負する面を褒めると彼の頭にまっすぐ伝わり、あなたは倍の点数を稼げるのだ。相手が人から認められたいと思っている部分を察知することが大切だ。上手に褒めて相手を驚かせよう。これまでほかの誰も褒めようとしなかったところ――ほかの誰もが気づかなかった才能や長所を言葉にして伝えること。興奮したような少し震え気味の声で話そう。相手の魅力に完全に圧倒されて、感極まってしまったように見えるだろう。

褒め言葉はある種の前戯にもなる。アプロディーテーの誘惑の力は、彼女が身につけていた飛び切り美しいガードルによるとも言われるが、甘い言葉をともなうものだった。優しい褒め言葉でエロティックな想像を生み出す手管だ。不安や自己不信は性的衝動（リビドー）を萎えさせてしまう。あなたの褒め言葉で、ターゲットを安心させて、心を奪おう。相手の抵抗力など溶け去ってしまうにちがいない。

何らかの素晴らしい約束を聞いて、もっとも大きな喜びを感じることがある。〝ちょっと角を曲がった先に〟はっきりしないが、バラ色の未来があるというような話である。フランクリン・デラノ・ルーズベルト大統領は、演説において不況への具体的な対策についてはほとんど触れなかった。そうする代わりに、扇動的なレトリックを用いて、アメリカの輝かしい未来を描き出したのである。ドン・ファンの数々の伝説においても、この偉大なる誘惑者は女性たちの未来への関心にまっすぐ狙いをつけて、「夢の世界へ連れていってあげよう」という約束をして誘惑を成功させているのだ。ターゲットが抱える固有の問題や独自の空想世界に合わせて、甘い言葉を注文服のように仕立ててあげよう。もしかしたら実現できそうな何かを約束すること。ただし、可能な何かといっても、具体的にしすぎてはいけない。相手を夢のなかへといざなうのだ。もし相手が退屈な日常にうんざりしていたら、冒険について話そう。なるべくなら一緒にできる冒険がいい。どうしたら成し遂げられるかについては話し合わないこと。未来のどこかで、不思議なことにその冒険がすでに実現しているかのように話すのだ。相手の考えを雲の中にいざなおう。リラックスして、抵抗が弱まり、巧みに導いて道に迷わせやすくするのだ。あなたの言葉は、気分を高める麻薬のようなものになる。

もっとも非誘惑的（アンチセダクティブ）な言語の型は口論だ。口論をすることで、どれだけ〝物言わぬ敵〟を作り出してしまうことか。人に話を聴いてもらい、納得してもらうには優れた手法がある――ユーモアと軽いタッチだ。一九世紀のイギリスの政治家、ベンジャミン・ディズレーリはこの〝競技〟の達人だった。告発や中傷への返答に失敗することは、議会において致命的な失態となる。告発された者は沈黙しているのが正解だった。怒りを露わにしたり、議論に持ち込んだりすることは、見苦しい保身としか見られなかった。ところが、ディズレーリはまったく違う戦術を使った。終始、落ち着いて対応したのだ。自分への攻撃に対して返答するとき、彼は演台に向かってゆっくりと歩を進め、一呼吸おいてから、ユーモアや皮肉を交えて言い返した。議場は笑いに包まれた。場を温めておいてから、面白い論評を織り交ぜつつ敵を論破しはじめるのだ。もしくは、そんな低次元のことは反論に値しないというように単に別の話題に移ってしまう。彼はどんな攻撃もユーモアではぐらかす。笑いや拍手はドミノ倒しのように広がるものだ。一度笑うと、次はもっと笑いやすくなる。こうした快活な雰囲気では、聴衆もまた、話に耳を傾けやすいのだ。軽妙なタッチとほんの少しの皮肉が、聴衆を納得させ、味方につけ、敵をあざける余裕を与えてくれる。それが誘惑的な議論の型なのである。

ユリウス・カエサル（ジュリアス・シーザー）暗殺直後、暗殺に加わった一味をまとめていたブルータスは怒れる群衆に向けて語りかけた。彼は群衆を説得しようとして、独裁者の手からローマを救いたかったのだと暗殺の理由を説明する。群衆はすぐに納得した――そうだ、ブルータスは高潔な男だと。続いてマルクス・アントニウスが舞台に立ち、カエサルへの追悼演説を行なう。彼は完全に取り乱しているようだった。彼はカエサルに対する愛を語り、カエサルのローマ人たちへの愛を語った。そして、カエサルの遺言書があることを口にした。群衆は遺言を聴こうと静まり返った。しかし、アントニウスは読まないと言った。これを読めば、どんなにカエサルが自分たちを深く愛していたか、そしてこの暗殺がどんなに卑怯だったかを思い知ってしまうからと。群衆は再び遺言を読んでくれるよう懇願した。代わりに彼はカエサルの血まみれのマントを持ち上げ、その裂け目に視線を向けた。これは、ブルータスがあの偉大なる将軍を刺した痕だと彼は言う。ここはカッシウスが刺した痕だと続けた。そして、ついに遺言書が読み上げられる。そこには、カエサルがローマ人たちに莫大な遺産を残していたことが書かれていた。それがとどめの一撃となった。群衆は暗殺を企てた者たちの敵に回り、彼らをリンチしようと押し寄せた。

アントニウスは賢い男で、どうやって群衆を動かすかを心得ていた。ギリシャの歴史家、プルタルコスによると、「彼の雄弁が聴衆に魔法をかけ、彼の言葉に深く心を動かされているのを見て、彼はカエサルへの称賛の言葉を並べ立てはじめ、カエサルの悲運に対する同情と憤りを語りだした」のだ。誘惑的言語は人々の感情に狙いをつける。感情的になった人は惑わせやすくなるからだ。アントニウスは様々な手段を使って聴衆を動かした――声を震わせること、取り乱した口調、それから怒りの口調である。感情的な声は、即効性と感染性のある効果を聴衆にもたらす。アントニウスは遺言書の内容を読むのを演説の最後まで延ばして聴衆をじらした。遺言によって人々が分別を失うと知っていたからだ。そしてマントを持ち上げ、刺殺されるカエサルという肉体的なイメージを演出してみせた。

おそらく、あなたには群衆を狂乱へと導くつもりはないだろう。ただ、自分の側についてほしいと願っているだけだろう。戦略と言葉を注意深く選ぼう。あなたの考えを説明して、人々を説得するのが最善の策だと思うかもしれない。しかし、聴衆にとっては、あなたの話を聴いて、その根拠が理にかなったものかどうかを判断するのはとても難しいことなのだ。そのためには集中して話をよく聴かなければならないが、それには多大な努力を要する。人々はちょっとした刺激で簡単に気が散ってしまう。あなたの主張の一部でも聴き逃したら、彼らは混乱し、自分が知的に劣っていると感じ、漠然とした不安を抱いてしまう。人々の頭に訴えるよりも、心に訴えるほうがより説得力があるのだ。感情は皆で分かち合えるものだ。自分たちを感動させている話し手よりも、自分が劣っていると感じる聴き手はいない。その場にいる全員に同じ感情が伝染するという経験を通して、群衆は一体となるのだ。アントニウスがカエサルのことを語ったとき、彼は聴衆をカエサルの視点に立たせて、自分が殺されているかのように感じさせた。これ以上に怒りに火をつけることがあるだろうか？　このように視点を変えさせることで、自分の話している内容を聴衆に感じさせよう。聴衆に与える〝効果〟を巧みに演出しよう。ずっと同じ調子で刺激を与えるよりも、ある感情から別の感情へ動いたほうがより効果的である。アントニウスのカエサルへの親愛の情と暗殺者たちへの憤りという二つの感情のコントラストは、彼がどちらか一方の感情に支配されているよりも力強く訴えかけてくるのだ。

あなたが喚起しようとしている感情は、強いものであるはずだ。友情と仲たがいについて語るのではなく、愛と憎しみについて語ろう。あなたが引き出そうとしている感情から、あなた自身が何かを感じ取ろうとすることが極めて重要だ。そうすることで、あなたはより信用されるだろう。それはそう難しいことではない――愛と憎しみについて語る前に、愛する理由、憎む理由を心に描くこと。必要なら、過去にあなたを激怒させたことを思い起こして考えてみよう。感情は伝染しやすい。あなた自身が泣いていれば、相手を泣かせることはより簡単になる。声を〝楽器〟のように自在に操れるようにしよう。良い〝演奏〟で、感情を伝えられるように訓練しよう。本心からの感情に見えるようになるまでやること。ナポレオンは同時代の偉大な俳優たちの演技を研究して、一人のときに、自分の声に感情を込める練習をしていた。

誘惑的な演説の目指すところは、一種の催眠状態を作り出すことだ。まず、聴衆に気晴らしをさせて警戒心を弱め、こちらの提案を受け入れやすくさせるのだ。催眠術師が行なう〝反復〟と〝断定〟のレッスンから学ぼう。これらは被験者を眠りに導く際にカギとなる要素だ。〝反復〟とは、同じ言葉を何度も何度も繰り返し使うことである。なるべくなら「税金」「自由主義」「偽善者」など感情的な内容を含んだ言葉を使うこと。すると、催眠術をかけるのと同じ効果が得られる――言葉を十分に繰り返すことで、あなたの考えが人々の無意識に恒久的に植えつけられるのだ。〝断定〟とは、催眠術師の指示のように、自信のある強い言葉で言い切ることである。誘惑的言語は大胆不敵なものであり、大勢の過ちを覆い隠すようなものであるべきだ。聴衆はあなたの大胆な言葉に夢中になり、それが真実かどうか考えようともしない。決して「敵陣営に賢明な対案があるとは思わない」などと言ってはならない。「われわれにはもっと価値がある」「あいつらは、へまばかりしている」などと断言するのだ。断定的な言語というのは、動詞の命令形を駆使して短文で表現する〝活動的（アクティブ）〟な言語である。たとえば、「私が思うに」「おそらく」「私の意見では」などの文言はカットすること。聴き手の心に向かって、まっすぐ進もう。

あなたは違う種類の言語を学んでいる。ほとんどの人々は象徴的な言語を使う。彼らの言葉は現実にある何か――感情だったり、意見だったり、信念だったり――を表している。または、現実世界に存在する具体的な事柄を表している（「象徴的な（symbolic）」という単語は、「物事を一緒にする」という意味のギリシャ語から派生している。ここでは、「言葉」と「現実の何か」である)。誘惑者はそれを逆手に取り、悪魔的な言語として使う。あなたの言葉は現実の何かを表していない。その言葉が表していると思われる内容よりも、言葉の響きや呼び起こされる感情のほうが重要なのだ(「悪魔的な(diabolic)」の本来の意味は、「分ける、物事を引き裂く」である。ここでは、「言葉」と「現実」である)。人々があなたの聴き心地のいい甘い言葉に夢中になり、幻想や夢想が膨らむにつれて、彼らの現実との接触が少なくなっていく。真実と虚偽、現実と非現実の区別がつかない雲の中に聴衆を導くのだ。あいまいでどちらにも取れる言葉を使おう。そうすれば、聴衆があなたの真意を理解することは決してない。悪魔的な言語で彼らを包み込み、あなたの策略や、誘惑によって起こりうる結果に関心が向かないようにするのだ。聴衆が幻想のなかで自らを見失えば見失うほど、彼らを道に迷わせて誘惑するのは簡単になる。

イメージ

雲。雲の中では、物の正確な形を見分けるのは困難だ。すべてがぼんやりとして、想像力が豊かになり、そこにない物まで見えることもある。あなたの言葉は、人々を雲の中にいざなうものでなければならない。そこで彼らはいとも簡単に自分の道を見失ってしまうだろう。

例外

華やかな言葉を使うことが誘惑だなどと思い違いをしてはならない。華やかな言葉を使うと、うぬぼれているように見え、人々の神経を逆撫でする危険があるのだ。言葉が多すぎるのは利己的であることの表れである。本能的な性向を抑制できないと見られてしまう。たいていの場合、言葉は余計なものがないほうがよい。とらえどころのない、あいまいでどうとでも取れる表現は、好き放題の大言壮語よりも聴くものに想像の余地を残すものである。

あなたはいつもターゲットのことを第一に考えていなければならない。何がいちばん相手の耳に心地良いのかを考えつづけるのだ。沈黙がいちばん効果的なこともしばしばある。何も言わないということは、かえって示唆に富んでおり、雄弁であるとも言える。そして、あなたをミステリアスに見せる。

一一世紀の日本の宮中日誌、清少納言による『枕草子』では、中納言の義懐（よしちか）が、牛車に乗る静かで美しい女性に興味をそそられる。義懐は彼女に短歌を送り、彼女も返歌を送る。その返歌は彼一人しか読んでいないのだが、彼の態度から、女の返歌がいかに趣味の悪いものか、あるいは悪筆だったのかが皆に知れわたってしまった。その歌で、彼女の美しさが人に与える効果が台無しになってしまったのだ。清少納言はこう書いている。「悪い歌を返すくらいなら何も返事をしないほうがはるかによいと、人々がそれとなく言っているのを聞いた」と。あなたが雄弁でなく、誘惑的言語を習得できないのなら、せめて黙っていることを学ぼう。沈黙を使って、謎めいた存在感に磨きをかけよう。

誘惑にはペースとリズムがある。まず、第一段階では、用心深く遠回しにアプローチすること。あなたの意図を偽装する最善策は、当たり障りのない言葉を慎重に選んで、ターゲットを安心させることだ。ありきたりな会話を交わし、相手に少しつまらないと思わせる。第二段階で、あなたはより攻撃的になる。誘惑的言語の出番である。誘惑的な言葉や手紙で相手を包み込み、喜ばしいサプライズを起こすのだ。誘惑的言語はターゲットにこの上ない喜びを与えるだろう。詩的で人を酔わせるような言葉をあなたにインスパイアしたのは自分だと感じられるのだから。

扇動作戦でだめなら、誘惑作戦が使われる。

モーリス・クリーゲル

恋人が扉を閉ざした。（中略）
詩とお世辞という天性の武器を、僕は再び手に取った。
穏やかな言葉が固い扉の鎖を和らげた。
詩の魔法が血の色をした月の角を下ろし、
太陽を呼び戻し、
ヘビは喉を裂きさかれて破裂し、
川は逆流し、水源へ帰る。
扉は詩に魅了され、もっとも頑丈なかんぬきもあっけなく。
だけど叙事詩が僕にとって何の役に立つのか。
足の速いアキレスを歌ったところでどこにも行けはしない。
アトレウスの子らが僕のために何をしてくれるのか。
また二〇年にわたる戦争と同じ長さの歳月を
放浪によって失った人も、
馬に引き回された嘆かわしいヘクトルも。
何もない。だが乙女は惜しみない言葉で美貌を讃えられて、
遅かれ早かれ詩人の許に歌のお礼に自分から来る。
功業には大いなる報酬が与えられる。
さらば、伝説の英雄たちよ。
君らのように報復することは、僕には合わない。
乙女らはみな、僕の愛の歌に恍惚となる。
それが僕の望みだ。

オウィディウス『恋の歌』

彼女が手紙を受け取ったとき、そして甘い毒が彼女の血に回っているとき、愛を一気に燃え上がらせるには一言で十分だ。（中略）僕が目の前にいることが、恍惚状態の妨げになるだろう。僕が手紙の中だけの存在ならば、彼女はたやすく僕に対処できる。彼女の愛の中に宿る万能な創造物と、僕をある程度、混同するのだ。さらにまた、手紙の中では自由に振る舞うことができる。たとえば彼女の足元に跪くことも、誠に堂々とやってのける。そんなことを実際にやったら、まったくもってバカげて見えて、幻想をぶち壊すことになる。（中略）

一般に手紙というものは、若い娘に強い印象を与える手段としては、とても貴重な価値がある。物言わぬ手紙がしばしば、生きた会話よりもはるかに大きな影響を持つのだ。一通の手紙は秘密のメッセージである。手紙の中では状況を操れるし、目の前にいる人から圧力を受けることもない。若い娘は、自分の理想とする相手と二人だけでいることを好むものだと、僕は信じている。

セーレン・キルケゴール『誘惑者の日記』

平らな板にロウを引き、地均しをしよう。君の気持ちをまずはロウに語らせるのだ。その板に、恋する者の甘い言葉をまねて書き連ねるのだ。君が何者であろうと、熱烈な懇願の言葉を添えることを忘れてはいけない。プリアモスの懇願の声に心動かされて、アキレスはヘクトルの骸（むくろ）を返してやった。怒れる神も懇願の声には弱いのだ。約束しなさい。約束したからといって、何の損もないのだから。約束だけなら、誰だって金持ちのまねができるのだ。（中略）もっともらしい言葉を連ねた手紙を送るがいい。それで女の気持ちを探り、道筋をつけるのだ。リンゴに書かれた文字はキュディッペを欺き、彼女は自分の言葉の罠にかかってしまったのだ。

ローマの青年たちに忠告しておく。高尚なる学芸、つまりは雄弁術を学びたまえ。それはただ不安におののく被告人を弁護するためだけのものではない。民衆も、いかめしい裁判官も、民より選ばれた元老院も雄弁には降参し、女も雄弁には膝を屈するだろう。とはいっても、その効力は隠しておこう。人前で雄弁をひけらかすのはやめておけ。大げさな言い回しは避けることだ。心優しい恋人に大演説をぶつ者は大バカ者だ。時には手紙そのものが、書き手が嫌われる強力な原因となったりもする。信頼を得られるような、使い慣れた言葉で書くのだ。あたかも君がその場にいるような調子で、甘い言葉を添えて。女が手紙を受け取らず送り返してきても、諦めてはいけない。

オウィディウス『恋愛指南』

それゆえに、手紙や覚え書きさえ書くことのできない人間は、決して危険な誘惑者になることはできない。

セーレン・キルケゴール『あれか、これか』

黄金の玉座に座すヘラは、オリンポスの突き出た峰に立って見ていた。血を分けた兄弟で夫の弟にもあたる神が、男子が誉れを挙げる戦場で、激しく戦う姿に胸を高鳴らせた。それからイデの峰の頂上に座っているゼウスを見て、ヘラは強い憤りを感じた。そこで牛眼の女神ヘラは、アイギスを持つゼウスをたぶらかすにはどうしたものかと思案した。思いついた最上の策は、化粧をしてイデの山へ出向くこと。さすればゼウスが愛欲の念に駆られるかもしれぬと。（中略）すべてが整うと居間を出て、密かにアプロディーテーを呼び、

「愛しいわが子よ、私の頼みを聴いておくれ。それともトロイ方をひいきしているギリシャ勢の肩を持っている私を怒り、いやだとお言いだろうか」

すると、ゼウスの娘アプロディーテーは、

「クロノスの姫君にして、位高き女神ヘラよ。何でもお申し付けください。それが私にできることならば、ぜひお役に立ちたいと存じます」

その言葉に女神ヘラは、企みを隠し、

「それでは、そなたが神をも人間をも征服してしまう二つの武器、〝愛欲〟と〝情熱〟とを私に与えてくれぬか」（中略）

笑みを浮かべたアプロディーテーは、

「あなたのお申し出をお断りすることなど、どうしてできましょ

う。そんなことがあってはなりません。何といってもあなたは、全能の神ゼウスの腕に抱かれておやすみになる方ですもの」

　そう言うと、胸元の美しく刺繍した飾り帯を解いて外した。この飾り帯には恋の魔力、すなわち愛欲、情熱、それにどんな賢い者の心をもたぶらかす口説き文句が収めてある。（中略）

　一方、ヘラはイデ山でもっとも高いガルガロン峰へ足早に向かった。ゼウスはその姿を見て、たちまち抑えがたい情欲に捕えられてしまった。二人が両親の目を盗んで一つの床に入り、はじめて抱き合ったそのときのように。彼女の前に立つと、優しく言葉をかけた。

「ヘラよ、そなたはなぜ、オリンポスを降りてここへ来たのか。そなたが乗る馬や馬車はどこにあるのだ」

　女神ヘラは胸に企みを秘めて答えた。

「私はこれから大地の果てに行き、神々の祖オケアノスと、母なるテテュスに会いにいくところです。このお二人は私をたいそうかわいがってくださり、御自分の屋敷で養い育ててくださいました。（中略）」

　すると、雲を集めながらゼウスは言った。

「ヘラよ、そちらへはまた後日でも行けるであろう。さあ、われらはここで愛し合おうではないか。相手が女神であれ、人間の女であれ、これほどまで情欲に駆られたことはかつてなかった。（中略）いまこのときほど誰かを慕い、甘い憧れに身も心も捕われたことはなかった」

　企みを胸に秘めた女神ヘラが答える。

「世にも恐ろしい神よ、何ということを仰せられます。いまイデの頂上で愛の交わりをしようなどと。不滅の神々の誰かが見て、ほかの神々に告げ口をしたら、どういうことになると思し召します。二度と寝床から起き上がって、お屋敷へ帰ることはできません。あまりに恥ずかしくて。でも、たってのお望みとあらば、息子ヘパイストスがあなたのために建てた頑丈な扉のある寝室があります。その気がおありでしたら、そこへ行きましょう」

　ゼウスはさらに雲を集めて、答えた。

「ヘラよ、神々や人間に見られることなど案ずるな。そういうことにならぬよう、わしが十分に厚い黄金の雲を周りにめぐらせた。こうすれば眼光鋭いヘリオスですら、われらの姿をのぞき見することはできまい」

ホメロス『イリアス』

アントニウス：友よ、ローマ人諸君よ、わが同胞よ。どうか、耳を貸してくれ。私は、カエサルを葬るためにここへ来た。讃えるためではない。人間が生前に犯した悪事は、往々にして死後も消えることはない。だがその功績は、しばしば遺骨とともに葬り去られる。カエサルもまた、そうなってもやむをえまい。（中略）ブルータスの言葉に反論しようというのではない。私はただ、事実として知っていることを述べているのだ。諸君、君たちはみな、カエサルを深く愛した。それも、当然の理由があったからではないのか。それなら、いかなる理由でいま君たちはカエサルの死を嘆こうとはしないのか？　理性など野獣に投げ与えてしまったとでも言うのか。許してくれ。私の心は、あの棺の中、カエサルとともにある。私の

心が、またこの胸に戻ってくるまで、何も言えぬ。（中略）
平民一：かわいそうに！　目を真っ赤に泣きはらして。
平民二：ローマでもアントニウスほど立派な男はいないぞ。
平民三：ほら、聴こう。また話を始める。
アントニウス：つい昨日まで、カエサルの言葉は全世界を畏怖させるほどの力があった。それがいまは、ただそこに転がっている。そして誰一人、敬意を払おうともせぬ。いや、諸君！もしも私が、君たちの心情と意志を駆り立て、混乱と暴動に向かわせようとするなら、私は公明正大なブルータスやカッシウスを裏切ることになってしまう。彼らを裏切るような真似はできぬ。（中略）ただ、ここに一枚の書面がある。カエサルの判が押してある。彼のクローゼットで、私が見つけた。カエサルの遺言状だ。もしも諸君が、この遺言の内容を知ったならば……。いや、残念ながら、これを読んで聴かせるつもりはない。もし、君たちがこの中身を知ったならば、たちまちカエサルの亡骸に駆け寄り、その傷口に口づけするに違いない。そう、そして、その聖なる血潮にハンカチを浸すだろう。（中略）
平民三：遺言の中身が聴きたい。読んでくれ、アントニウス。
平民たち：そうだ、遺言状だ！　カエサルの遺言を聴かせてくれ！
アントニウス：我慢してくれ、諸君。これを読んではならないのだ。カエサルがどれほど君たちを愛していたか、知ることはない。君たちは木でもない、石でもない。人間だ。そして、いやしくも人間である以上、ひとたびカエサルの遺言を聴こうものなら、たちまち心は火と燃え上がり、狂い立たずにはいられまい。知ってはならないのだ。君たちが、カエサルの遺産を贈られていることを。もしも知れば、どんな恐ろしいことになろう。（中略）もし君たちに涙があるなら、いまこそ流すときだ。みんな、このマントを知っているな。カエサルがはじめてこれを身につけたときのことは忘れもしない。（中略）見ろ、この裂け目を。カッシウスの短剣の痕だ。見ろ、これを。憎しみに駆られたキャスカが短剣を突き立てたその裂け目。そして、これが、カエサルに深く愛されていたあのブルータスの、短剣を突き刺したその刃の痕。その呪われた短剣を引き抜いたとき、見るがいい、カエサルのあとを追ってほとばしったその血しぶきを。（中略）君たちも知っているだろう。カエサルはブルータスを、誰よりも深く愛していた。おお、神々よ、カエサルがどれほど深くブルータスを愛していたか！　この一撃こそ、もっとも非情をきわめた一撃だ。カエサルは、白刃を振りかざすブルータスの姿を見た。この非情、忘恩そのものが、謀反人どものいかなる刃よりも激しく、カエサルの心を打ちのめした。（中略）泣くがいい。哀れみの涙にむせぶがいい。それこそ尊い涙だ。情け深い心だ。しかし、君たちはただ、引き裂かれたマントを見て泣いているにすぎないだろう？　だが見ろ、ここを！　これこそが、謀反人どもに切り刻まれたカエサルの遺体だ。

ウィリアム・シェイクスピア『ジュリアス・シーザー』

11 ディテールに気を配れ

高尚な愛の言葉や大げさなジェスチャーは、疑念を招く恐れがある。なぜ、そこまでして機嫌を取りたいのか？　誘惑では、その細部(ディテール)——微妙なしぐさ、何気ない行動——のほうが魅力的で示唆に富んでいることが多い。喜びを与えるちょっとした儀式を数えきれないほど用いて、ターゲットの心をかき乱す方法を習得しなければならない。ちょっとした儀式とは、相手にぴったりの思いやりのある贈り物、相手を喜ばすためにデザインした衣装や装飾品、相手のために使っている時間や相手への気配りを示す思わせぶりな言動などである。ターゲットのあらゆる感覚は、あなたが巧みに演出する誘惑のディテールに左右されるものなのだ。ターゲットの目をくらますスペクタクルを創り出そう。そうすれば、相手は目に映るものに心を奪われてしまい、あなたの本当の企みに気がつかない。ディテールを通じて、感情や気分を適切に暗示することを学ぼう。

催眠にいざなう効果

一八九八年の一二月、西洋の主要七か国の在中国大使の妻たちは奇妙な招待状を受け取った。六三歳の西太后が北京の紫禁城に彼らを招いて晩餐会を催すというものだった。大使たちは様々な理由から西太后を嫌悪していた。彼女は中国北部の満州族の出身だった。一七世紀初頭に中国全土を征服し、清王朝を建国して三〇〇年にわたって支配を続けてきた民族だ。西洋諸国は中国を後進国と見なし、一八九〇年代までに次々と中国各地を植民地化していた。西洋諸国は中国が近代化することを望んでいたが、満州族は保守的で、あらゆる改革に抵抗した。一八九八年の初め、清王朝第十一代皇帝、光緒帝は、西洋諸国の意見を取り入れて一連の改革（戊戌の変法）を始めた。彼は西太后の甥にあたり、当時二七歳である。改革を始めて一〇〇日ほど経ったころ、西洋諸国の外交官のもとに紫禁城からの通達が届いた。光緒帝が重い病気にかかったため西太后が再び政権を担当するというのだ。外交官たちは、きな臭さを感じた。西太后が改革を止めさせようとして行動を起こしたのだろうと疑った。皇帝は拷問を受けていて、おそらく毒も盛られているだろう。すでに死んでいても不思議ではないと。この異例の訪問の準備をしていた主要七か国の大使の妻たちに向かって、夫たちは「西太后を信用するな！」と忠告した。西太后は、残酷なところのある狡猾な女で、出自もはっきりしないような境遇から前皇帝の側室になり、長年にわたって強大な権力を蓄えてきた。皇帝をはるかに凌ぐ、中国でもっとも恐れられている存在だった。

晩餐会当日、大使夫人たちは、きらびやかに正装した宦官たちが担ぐ輿(こし)に乗せられて、紫禁城に入った。夫人たちも、宦官たちに負けじとばかりに西洋の最新ファッションを着こなしていた――きつく締めたコルセット、ジゴ袖（訳注：肩口部分が膨らんだ羊の脚のようなかたちの袖）のついたベルベットのロングドレス、膨らませたペティコート、そして大きな羽飾りのついた帽子――。紫禁城の住人たちは彼女たちのドレス姿を見て驚いた。特に、胸を大きく突き出して目立たせる服の着こなし方に衝撃を受けた。夫人たちは、晩餐会の主催者たちにも感銘を与えるだろうと確信した。謁見の間で夫人たちはまず、皇子や皇女たちに拝謁した。階級のあまり高くない皇族たちもいた。中国女性は壮麗な満州族の民族衣装に身を包み、髪を高く結い上げて、宝石を散りばめた黒い頭飾りをしていた。民族衣装は階級別に色が決まっていて、虹を見るような色使いには目を奪われるばかりだった。

夫人たちは上品な磁器の茶碗でお茶をふるまわれたのち、西太后の御前へと案内された。彼女たちはその姿に息を呑んだ。西太后は、宝石が散りばめられた〝龍の玉座〟に鎮座していた。いかにも重そうな錦織りの朝袍（ローブ）を身にまとい、髪飾りには巨大なダイヤモンドや真珠、翡翠（ひすい）が並んでいる。胸にはパールをレース状に編んだ大きな首飾りをかけていた。小柄な女性だったが、玉座に腰かけて衣装をまとった姿は非常に大きく見えた。西太后は夫人たちに温かく誠意の込もった微笑みを向けた。彼女の下手に置かれた小さめの玉座に、彼女の甥である皇帝が座っている。その姿を見て、夫人たちは安堵した。皇帝は顔色こそ良くなかったが、彼女たちを熱烈に歓迎した。機嫌が良さそうに見える。本当に病気だっただけなのかもしれないと夫人たちは思った。

西太后は夫人たち全員と握手を交わした。握手のあと、お付きの宦官が夫人たちの手に一つずつ大きな真珠のついた金の指輪を渡していった。挨拶がすむと、夫人たちは別の部屋へ案内され、再びお茶をふるまわれた。それから宴会場となる大広間へと案内された。そこでは明黄色のサテン張りの椅子にかけた西太后が待っていた。明黄色は、皇帝、皇后といった最高権力者を象徴する色だ。西太后はしばらく夫人たちと語り合った。彼女は美しい声をしていた（西太后の声は木の枝でさえずる小鳥のように美しかったと言われている）。会話が終わると、西太后は再び夫人たち一人ひとりの手を取り、感情を込めてこう言った――「一つの家族です、みんな一つの家族です」。次に夫人たちは皇室の劇場で劇を観賞した。最後にもう一度、西太后は彼女たちを迎えた。そして、いまお見せした劇はあなたがたが西洋で観ていたものよりも見劣りするもので申し訳ないと謝った。また、お茶がふるまわれた。このときのことを米国大使夫人が述懐している。西太后は、「私たちに近づかれて、それぞれの茶碗に自ら口をつけて一口飲まれると、今度は反対側を向けて茶碗を持ち上げ、私たちの口をつけさせて、再びこう言われたのです。『一つの家族です、みんな一つの家族です』と」。夫人たちはたくさんのお土産を持たされ、それぞれ輿に乗せられて紫禁城を後にした。

大使公邸に戻った夫人たちは、西太后について本気で信じていたことは全部間違いだったと夫に伝えた。米国大使夫人はこう報告している。「西太后は聡明で楽しい方で、親善の笑みをたたえて表情が輝いていました。無慈悲さのかけらもみえません……彼女の振る舞いは気さくさと温かみに満ちていました……陛下への称賛と中国への期待（で私たちは胸がいっぱいになりました）」。彼女たちの夫である各国大使は、それぞれの本国に向けて、皇帝は健在で西太后は信頼に足るだろうと報告したのである。

〔解説〕中国に派遣されている外国人は、紫禁城で実際に何が起きているのか想像もつかなかった。事実、皇帝は叔母の西太后を拘束して、あわよくば暗殺してしまおうと共謀していたのだ。儒教の教えに背いて大罪を犯そうという、その謀略に気づいた西太后は、皇帝に退位を承諾する書類に無理やり署名させ、彼を監禁し、外部に対しては病気だと偽った。公的な行事に姿を現わし、何事もなかったかのように振る舞うことも処罰の一環だったのである。

西太后は西洋人を野蛮人だとして嫌っていた。当然、大使夫人たちのことも嫌っていた。見苦しいファッションや社交上の作り笑いが我慢ならなかったのだ。この晩餐会は、皇帝がもし殺されたのであれば侵略しようと狙っている西洋諸国をなだめるためのショー、すなわち誘惑だった。この誘惑の目的は単純だ。色彩と壮観と演劇で夫人たちを眩惑することである。西太后は熟練した誘惑術のすべてをこの仕事に注ぎ込んだ。

彼女は細かい演出（ディテール）の天才だった。スペクタクルな〝出し物〟の順番も彼女が決めたものだ。初めに正装した宦官、そして髪飾りを着けた満州族の婦人たち、そして最後に西太后自ら登場する。まるで劇で演じられる世界を実際に体験しているかのようであり、圧巻だった。それから贈り物や温かい歓迎の挨拶で人間味を演出し、皇帝の登場で安堵のため息をつかせ、お茶でもてなし、観劇で楽しませる。このように一つひとつの〝出し物〟を相手の心に刻みつけるようにして事を運んだのだ。どれをとっても西洋に劣るものはなかった。そして西太后は晩餐会の最後に、もう一つの山場を準備していた。一つの茶碗でお茶を分け合う演出だ。さらに、たくさんの贈り物を持たせることまでして追い打ちをかける。夫人たちが紫禁城をあとにするときには、頭の中がぐるぐる回り、めまいがするようだっただろう。実のところ彼女たちは、このように壮麗な異国のものを見たことがなかった。それにこの晩餐会が、西太后自らの手で細部にわたって注意深く計画されていたことなど、思いも及ばなかった。スペクタクルな〝出し物〟に魅了された大使夫人たちは、自分たちの幸せな気分をそのまま西太后の印象にすり替えて、称賛したのである。すべては西太后の望んだとおりだった。

人々の心をかき乱す秘訣は（誘惑とは、心をかき乱すことにほかならない）、相手の目や耳を、ディテール――小さな儀式や色とりどりの物――でいっぱいにすることだ。ディテールこそが物事を偽りなく真に実在するものに見せる。思いやりのある贈り物が、隠された動機を露呈することはない。面白い出来事が次々と起こる儀式は見ていて楽しいものだ。宝石や見事な家具、色鮮やかな衣装が目を惑わせる。人は、大きな絵よりもちょっとしたディテールの面白さに注目しがちだ。子供の頃から変わらないわれわれの弱みである。あなたのセンスを表現すればするほど催眠にいざなう効果は高くなる。あなたが誘惑に使うもの（贈り物や衣服など）、それ自体に語らせよう。もの自体が、あなたのセンスを力強く表現しているのだから。ディテールをおろそかにしたり、偶然に任せたりしてはいけない。一連の誘惑をスペクタクルに演出すること。そうすれば、あなたの意のままに操られているなどとは誰も気づかないだろう。

感覚に訴える効果

ある日、使者が光源氏（一〇世紀後半の日本、平安時代の誘惑者。齢を重ねたとはいえ、まだ途方もない誘惑者だった）のもとへ来て、彼のかつての愛人が幼い娘、玉鬘（たまかずら）を残して突然亡くなっていたことを伝える。光源氏は玉鬘の父親ではなかったが、すぐに彼女を宮中に招いて保護者となることを決めた。すでに年頃になっていた彼女が宮中へ来るとまもなく、もっとも身分の高い貴族たちが彼女に求婚しはじめた。光源氏は、玉鬘のことを生き別れになっていた娘だと説明していた。その結果、玉鬘が美しいと思い込んだのだ。というのも、光源氏が宮中でも屈指の美男子だったからである（当時、男性が結婚前の若い女性の顔を目にすることはめったになかった。文献によると、会話を許されるのは女性が御簾（みす）の向こうにいるときだけだったという）。光源氏は温かい思いやりで彼女を包み込んだ。そして、彼女が受け取る求愛の文（ふみ）を精査するのを手伝い、良縁が結べるように助言を行った。

玉鬘の保護者として、光源氏は彼女の顔を見ることができた。実際、彼女は美しかった。彼は玉鬘に恋をした。なんたる屈辱だろうか、と光源氏は考えた。この愛らしい娘をほかの男性にくれてやるなんて――。ある晩、玉鬘の魅力に耐えられなくなった光源氏は、彼女の手を取って、かつて彼が愛した彼女の母親に本当に生き写しだと告げた。彼女は震えた――喜んだわけではなく、怖かったのだ。彼は父親ではないが、自分を守ってくれる保護者だと思っていた。求婚者ではないのだ。彼女のお付きの者はすでに下がっていた。美しい夜だった。光源氏は香を焚きしめた羽織をそっと脱ぎ、玉鬘を引き寄せた。彼女は泣きはじめ、抗うしぐさをした。光源氏はいつ、いかなるときも紳士だ。彼はこう告げた。自分は彼女の気持ちを尊重する。いつも彼女のことを大事にしてきたのだから、何も恐れることはないと。そして、自分の非礼を丁寧に詫びた。

数日後、光源氏は玉鬘に寄せられる恋文の返事を手伝っていた。数多の求婚者からの恋文にまじって、光源氏の弟である蛍宮（ほたるのみや）（兵部卿宮（ひょうぶきょうのみや））からの文があった。蛍宮は、玉鬘が直接会って彼の思いを伝える機会を与えてくれないことをとがめていた。玉鬘は返事をしなかった。宮中の作法に慣れていない彼女は気後れしてしまい、すっかり怖気づいていたのだ。助け舟を出すように、光源氏は召使いの一人に玉鬘の名前で蛍宮宛ての返事を書かせた。優雅に香を焚きしめた紙にしたためられたその返事は、温かく彼を招待するものだった。

　蛍宮は約束の時間に現われた。彼は魅惑的な香の香りに迎えられた。とても神秘的で誘惑的だった（この香には光源氏のものも混じっていた）。蛍宮は波立つような興奮に包まれた。後ろに玉鬘が座っている御簾に近づき、愛の告白をした。玉鬘は音も立てずに、さらに奥の御簾の向こうへと後退した。不意に小さな灯りが明滅した。たいまつの炎が風で揺らめいたようだ。蛍宮はその灯りで御簾の向こうに玉鬘の姿を透かし見ることができた。彼女は蛍宮が想像していたよりも、はるかに美しかった。二つの出来事が蛍宮を歓喜に導いた――突然の怪しげな光の点滅と、一瞬、垣間見えた愛しい人の姿。蛍宮は正真正銘、恋に落ちてしまった。

　蛍宮は根気強く彼女に言い寄りはじめた。その間、もう光源氏に自分を口説くつもりはないと安心した玉鬘は、ますます頻繁に彼に会うようになっていた。そして、彼女は些細（ディテール）な違いに気づかずにはいられなくなっていた。光源氏の衣（ころも）はこの世のものとは思えないほどの名人技で染めたかのように、光り輝くような鮮やかな色をしていた。対照的に蛍宮の衣はくすんだ色だった。さらに、光源氏の衣にはうっとりするような香が焚きしめられていた。そんな香りをさせている人は、ほかに誰もいない。蛍宮の文は礼儀正しく、字も丁寧だった。しかし、光源氏の文は色を染めて香りが焚きしめられた上質な紙が使われており、詩の引用が書かれていた。毎回驚かされるような内容だったが、それぞれの場面にふさわしいものだった。光源氏は、例えばナデシコのような花を育てたり集めたりして、贈り物とした。彼自身の魅力を花に見立てて表現したのである。

　ある晩、光源氏は琴を教えてあげようと提案した。玉鬘はとても喜んだ。彼女は恋愛ものの物語を読むのが大好きで、光源氏が奏でる琴の音を聴いていると、まるで物語の世界に入り込んでしまったような感覚になるのだった。光源氏よりもうまく琴を奏でられる者はいなかった。その光源氏から琴を習うことができるのは誉れ高いことだった。二人はますます頻繁に会うようになった。彼の教え方はとても簡単だった。彼女が曲目を選び、彼が琴を奏でるのを見て、それを真似するというものだ。演奏が終わると、二人は琴を枕にして並んで寝ころび、月を見上げた。光源氏は前もって、たいまつを準備させており、その明かりが庭を柔らかく照らし出した。

宮中を見渡すかぎり、蛍宮や自分に群がる求愛者たち、そして天皇自身も含めて、光源氏と比べものになる人物はいないことを玉鬘は悟った。光源氏は彼女の保護者だ。そう、それは間違いない。だが、彼と恋に落ちるのが本当に罪なことなのだろうか？　彼女は混乱した。そして気づくと、彼がいきなり始めた愛撫や接吻を受け入れていた。それに抗う力はもう残されていなかった。

〈解説〉光源氏は、一一世紀に紫式部によって書かれた小説『源氏物語』の主人公。作者は平安時代の宮中に仕えていた女性だ。この主人公は実在の誘惑者、藤原伊周をモデルにしたものだと言われている。

玉鬘を誘惑する光源氏の戦略は単純なものである。自分がどんなに魅力的で抗しがたい存在かを、遠回しに彼女に気づかせるのだ。語られないディテールの積み重ねによって、彼女をじわじわと包み込んでいく。自分の弟と会うように仕向けたのも戦略の一部である。くすんだ服を着た堅い弟と自分を比べさせることで、自分の優越性をはっきりさせたのだ。蛍宮が初めて玉鬘のもとを訪れた夜、光源氏は蛍宮の誘惑を応援するふりをして、すべてをセッティングした——神秘的な香り、御簾の向こうに灯った光の明滅（その光は奇抜なアイデアの産物だ。その日の夕方、光源氏は何百匹という蛍を集めて布袋に入れておき、然るべきときにそれを解き放ったのだ）。しかし、光源氏が蛍宮の求愛を後押しするのを見た玉鬘は、自分の保護者に対する警戒心を緩めた。そして、この誘惑の達人の影響力で自分の心を満たしたいという気持ちを抑えなかったのだ。光源氏は可能なかぎり細部（ディテール）の演出に工夫を施した——香りを焚きしめた紙、美しい色に染めた衣、庭にともさせた灯り、ナデシコの花、詩的な文（ふみ）、そして二人の感情の調和を生まずにはおかない琴の稽古——。玉鬘は、自分が官能の渦の中に巻き込まれてしまったことに気づいた。内気や用心深さという壁を避けて通ろうというときに、言葉や行動は、状況を悪化させるものでしかない。光源氏は自分と一緒にいる喜びを象徴する物や景色、音、香りで彼女を包み込んでいった。自らが目の前にいるよりも、そのほうが効果的だと考えたのだ――実際、彼の存在は彼女にとって脅威でもあった。彼は若い女性の感性が一番攻略しやすいポイントであるということを知っていたのだ。

光源氏の細部にわたる見事な演出の秘訣は、誘惑するターゲットに対する思いやりである。光源氏のように、あなたは自分の感覚をターゲットに合わせなければならない。相手を注意深く観察し、相手の気持ちに合わせるのだ。相手が警戒して後ずさりするのは、いつかを感じとる。また、自分を受け入れて積極的になるのは、いつかを感じとる。そのあいだで、あなたがセッティングするディテール――贈り物や遊び、あなたが着る服やあなたが選ぶ花――は、相手の好みや趣向を正確に狙ったものでなければならない。光源氏は、恋愛物語を好む若い女性の扱い方を心得ていた。ナデシコの花も琴の演奏も詩的な文も、すべて物語の世界を彼女の生活の中に再現したものなのだ。ターゲットの行動や欲求に常に寄り添おう。気配りの行き届いたディテールで相手を包み込み、あなたが呼び起こしたいと望んでいる気持ちで、相手をいっぱいにしてしまうのだ。あなたの言葉には反論できても、自分の心のなかに呼び起こされた〝効果〟には反論の余地がない。

以上のことより私の見解を示すと、求愛者が自分の愛を告白したいと望むなら、彼は口頭でそれを述べるよりも行動でそれを示すべきである。時として人間の気持ちは、行動によってよりはっきりと伝わるのだ。たくさん言葉を費やしても、敬意を表すしぐさや、ちょっとした恥じらいには敵わないのである。

――バルダッサーレ・カスティリオーネ

誘惑の秘訣

子供の頃、われわれの感覚はより活発だった。新しいおもちゃの色やサーカスのようなスペクタクルな見せ物がわれわれをとりこにした。匂いや音にも魅了されたものである。自分で考えだした遊び――その多くは大人の世界で、より小さな規模になって再現されている――、その細かい部分(ディテール)をうまく組み合わせてやりきったときの何という喜び。われわれは何もかも気がついていたのだ。

だが、成長するにつれて、われわれの感覚は鈍くなっていく。もはや、さほど多くのことを気にとめることもない。物事を早く終わらせて、次の仕事に移ろうと常に急いでいるからだ。誘惑においては、常にターゲットを輝いていた子供時代に引き戻すように努めること。子供は理性が未熟で、欺きやすい。さらに子供は、感覚的な喜びに対する感受性がより優れているのだ。ターゲットと一緒にいるときには、日常生活における現実にいる感覚、つまり何事にも急かされ、冷酷で、われを忘れているような感覚を与えてはならない。時間をかけて慎重に物事を進め、相手を無邪気だった子供時代に戻してやるのだ。ディテール――色彩、贈り物、ちょっとした儀式など――を、相手のセンスに合わせて巧みに演出すること。われわれが大自然に魅了されるのとよく似た、子供の頃の楽しさを呼び覚ますことに狙いを定めるのである。相手の感覚は楽しいことでいっぱいになり、物の道理や合理的な考え方を受け入れにくくなる。

ディテールに気を配ろう。ゆっくりしたペースで進めること覚えるのだ。そうすれば、ターゲットはあなたの秘められた意図（性的な関係に進むこと、優位に立って従わせること、その他）に目を向けることはないだろう。なぜなら、あなたは思慮深く、配慮の行き届いた良き理解者に見えているからだ。自分の感覚の子供っぽさが残る領域を包み込まれることで、ターゲットは、現実とはまったく異なる別の世界にいざなってくれるのはあなた以外にない、という感覚を明確に持つようになる。これこそが、誘惑に欠かせない重要な要素なのだ。より小さな物事に目を向けさせるほど、相手はあなたが向かうより大きな方向性に気づきにくくなるということを覚えておこう。誘惑は、催眠状態でゆっくりと進んでいく宗教的な儀式のようなものである。ディテールが際だって重要であり、儀式めいたことで満ちあふれているのだ。

八世紀の中国で、玄宗皇帝は宮中の池のほとりで髪を梳いている、若くて美しい女性を見初めた。彼女の名は楊貴妃といった。彼女は皇帝の息子の側室であったが、皇帝は自分のものにしてしまった。皇帝のやることは誰にも止められない。皇帝は実務的な男だった。たくさんの側室がいて、それぞれに魅力的だったが、一人の女性に夢中になってしまうようなことはなかった。ところが、楊貴妃はほかの女たちとは違った。彼女の身体からはこの上なく素晴らしい香りが漂っていた。そして、ごく薄いシルクで織ったガウンのような衣を身にまとっていた。そこには季節の花々が刺繡されていた。歩くときには、小さな足取りは衣の下に隠れて見えず、まるで浮いているかのようだった。彼女の踊りは完璧だった。皇帝のために歌を詠み、見事に歌いあげた。じっと見つめて、皇帝の血を欲望で煮えたぎらせる術を心得ていた。彼女はすぐに皇帝のお気に入りとなった。

楊貴妃は皇帝の心を乱した。皇帝は彼女のために宮殿を建て、いっときたりとも彼女のそばから離れなかった。そして、彼女の気まぐれをすべて満たした。まもなく彼の帝国は財政破綻し、崩壊した。楊貴妃は、出会った男性すべてに圧倒的な効果を及ぼす巧みな誘惑者だった。彼女にはたくさんの魅力が備わっていた――香り、声、物腰、機知に富んだ会話、狡猾な視線、刺繡を施した衣、こういった楽しいディテールが強大な帝国の皇帝を、取り乱した赤ん坊のようにしてしまったのだ。

太古の昔から女性たちは知っている。どんなに冷静に見える男性も、その男にふさわしい性的な誘惑で感覚をいっぱいにすることによって、野獣になるように導けるということを――。その秘訣はできるだけ多くの〝前線〟で攻撃を仕掛けることである。あなたの声やしぐさ、歩き方、服装、眼差しを、ないがしろにしてはいけない。歴史に名を連ねる魅惑的な女性たちは、それがすべて幻想だとは気づかせずに、官能的なディテールを演出して男性たちの心を惑わせてきたのだ。

一九四〇年代から六〇年代の初めごろ、パメラ・チャーチル・ハリマンは、世界でもっとも著名で大金持ちの男性たちと浮名を流した――エーヴリル・ハリマン（後に彼女が結婚する男性）、ジャンニ・アニェッリ（フィアット社の未来の相続人）、ロスチャイルド家のエリー・ド・ロチルド男爵など――。彼らを魅了し、とりこにしつづけたのは、彼女の美しさでもなく、家柄でもなく、陽気な性格でもなかった。彼女はディテールへの気配りに並外れて長けていたのだ。相手の話を聴きもらすまいとする注意深い眼差し。まるで、あなた色に染まりたいといわんばかりだ。彼女があなたの住所を知ったなら、あなたの家はお気に入りの花でいっぱいになるだろう。そして、もっとも高級なレストランでしか味わえないようなディナーを作りに料理人が訪れる。好きな芸術家の名前をどこかで口に出したなら、数日後にはあなたの催すパーティにその芸術家が参加しているだろう。あなたのために完璧なアンティークを見つけてくるだろう。そして、あなたが一番喜び、興奮するような服を着て現われるだろう――。あなたが何も言っていないのに、彼女はそれをやってのけるのだ。第三者から情報を集めたり、あなたが誰かと話しているのを立ち聞きしたりして、スパイのように密かに探り出すのだ。

ハリマンのディテールにわたる気配りは、彼女の出会うどんな男も夢中にさせる効果を持っていた。そこには母親が自分の子供を甘やかすのと同じものがあった。母親のように、整理整頓された快適な生活を与えてくれるし、どんなわがままにも応じてくれるのである。人生は苛酷で、常に競争にさらされている。ディテールに気を配るということは、ある意味、他者の心を癒し、あなたに依存させることである。気づかれないようにして、相手の願望を探り出すことがカギとなる。そうしておいて、まさに相手の求める行動を取ると、まるであなたが相手の考えを読んだかのような印象を与える。何とも神秘的だ。これがターゲットを子供時代に引き戻すもう一つの方法である。子供の頃のように、欲しがるものを全部与えてやるのだ。

一九二〇年代、世界中の女性の視線は〝みんなの恋人〟ルドルフ・ヴァレンティノに釘づけだった。人気の背景には、〝プリティ・フェイス〟といってもいいようなハンサムな顔立ち、ダンスの腕前、不思議なほどにはらはらさせる冷淡な演技などがあった。しかし、愛された一番の理由は、求愛の際のじっくりと時間をかけるアプローチにあったのではないだろうか。彼は出演した映画で、ディテールに気を配りゆっくりと女性を誘惑していく男性として描かれていた。花を贈ったり（毎回、相手の心に誘発させたい気分に合わせて、いろいろな花を選ぶ）、彼女の手を取ったり、彼女のタバコに火をつけたり、ロマンティックな場所に連れ出したり、ダンスをリードしたり……。無声映画の時代で、観客は彼の話す声を聞くことができなかった。彼の身振りがすべてだった。男性たちはみな彼を毛嫌いするようになった。妻や恋人たちが、ヴァレンティノのような、ゆっくりとした気配りの行き届いた扱いを期待するようになったからだ。

ヴァレンティノには女らしいところがあった。まるで女性が女性に求愛しているようだと言われた。しかし、ここで解説している誘惑のアプローチでは、女らしさを当てにする必要はない。一七七〇年代初頭、グリゴリー・ポチョムキン公爵はロシア帝国の女帝エカチェリーナと情を交わし、その関係は何年も続いた。ポチョムキンは男らしい男性だったが、決してハンサムではなかった。しかし、彼は小さな気配りをたくさん積み上げて、女帝のハートを何とか射止めた。そして、二人の関係が始まってからもそうした気配りを長いあいだ続けた。素晴らしい贈り物で彼女を喜ばせ、疲れを知らずに長い手紙を書き送り、彼女のために様々な余興を用意し、彼女の美しさを歌にした。だが、裸足で髪も梳かず、皺だらけの服でいる女帝の前に現われることもあった。彼の行動には、そうした細やかな気遣いはなかった。とはいえ、女帝のためなら地の果てまでも駆けつけるという彼の意志は、はっきりと伝わった。女性の感覚は男性よりも洗練されている。女性にとって、楊貴妃のあからさまに官能的な誘惑は、何か急かされるようで直接的すぎるだろう。すべての男性は本当にゆっくりと事を進めなくてはならない。誘惑を、ターゲットへの小さな気配りでいっぱいの儀式に仕立てるのだ。男性がしっかりと時間をかければ、女性はすっかり言いなりになるだろう。

誘惑では、あらゆることが相手への〝サイン〟となる。服装はその最たるものだ。だからといって風変わりな服や上品な服や挑発的な服を着る必要があるということではない。ターゲットのための服装でなければならない。ターゲットの趣味に訴えかけるのだ。クレオパトラがマルクス・アントニウスを誘惑したとき、彼女は色気を醸すようなあざとい衣装は身につけなかった。ギリシャ神話に出てくる女神のようなドレスを着ていた。そうした幻想的な装いが好きだという彼の弱みを知っていたのだ。ルイ十五世の愛人、ポンパドゥール夫人も、〝退屈病〟という王の弱みを知っていた。彼女は会うたびに違う服装をした。服の色はもちろんスタイルもまったく変えて、常に王の目を楽しませたのだ。パメラ・ハリマンは抑え気味の地味な服装をしていた。上流社会の〝芸者〟という役割にふさわしく、彼女が誘惑した真面目な男性たちの好みを反映した服装をしたのだ。コントラストをつけるのも効果的だ。仕事での、または家での服装に、あなたは無頓着かもしれない──たとえば、マリリン・モンローも、家ではジーンズにTシャツだった。しかし、ターゲットに会うときには、まるで舞台衣装のように手の込んだ装いをするのだ。シンデレラのように変身を遂げる姿はターゲットの興奮を呼び起こし、自分のためだけに頑張ってくれているという気持ちにさせる。あなたの気配りが相手の個性に合っていれば（誰も着ないような服を着る必要はない）、いつまでも誘惑効果を持ち続けるのである。

一八七〇年代、ヴィクトリア女王は、時の首相であったベンジャミン・ディズレーリから求愛された。ディズレーリは女王を言葉で褒めるだけでなく、巧みにほのめかすこともした。花やバレンタインカードや贈り物も贈ったが、世の男性がよく贈るような、ただの花や贈り物ではなかった。彼は二人の純真で美しい友情を象徴するプリムローズの花束を贈ったのだ。それ以来、ヴィクトリア女王はプリムローズを見ると、ディズレーリのことを思い浮かべた。バレンタインカードにはこう記した──「もはや日が落ちて彼はたそがれの中にあり、これから不安と苦難の人生に直面しなければならない。しかしながら、彼がもっとも上品なお方のために働いているということを思い出すとき、彼の人生はロマンスになる！」。あるときは、小さな箱を贈った。箱には送り主の名前がない。しかし、矢がハートを射抜いている絵が書かれていた。また箱の別の面には、「忠実なる僕（しもべ）」とか「忠実に」という言葉が書かれていた。ヴィクトリア女王はすっかり恋に落ちてしまった。

贈り物には計り知れない誘惑力がある。しかし、贈り物そのものよりも、贈るときのジェスチャーや贈ることで伝わる繊細な想いや感情のほうが大切だ。贈り物に何を選ぶか？　ターゲットの過去に何らかの関連があるものや、二人の関係を象徴する何かを選ぶだろう。または、単にターゲットに喜んでもらうために、どれだけ時間を費やそうとしているかを示すだけのものかもしれない。ヴィクトリア女王を感動させるためにディズレーリが費やしたのはお金ではない。彼女にぴったりな贈り物を見つけたり、ぴったりなジェスチャーを考えたりするための時間だった。高価な贈り物に愛着が湧くことはほとんどない。高価な物をあげても、いっときの興奮はあるかもしれないが、すぐに忘れ去られてしまう。子供が新しいおもちゃにすぐ飽きてしまうようなものだ。贈り主の気配りを反映したものは、そこに想いが宿り、持主がそれを見るたびに贈られたときの想いが蘇るのだ。

一九一九年、イタリアの作家であり第一次大戦の英雄、ガブリエーレ・ダヌンツィオが何とか寄せ集めた軍隊を率いて、アドリア海沿岸の都市フィウメ（現在はスロベニア領の一部）を占拠した。彼らはそこに独立政府を樹立し、一年にわたって統治した。ダヌンツィオは一連の政治的な演出を始めた。これは世界中の政治家に大きな影響を与えた。彼は、街の中央広場を見下ろすバルコニーから住民に語りかけた。色とりどりの幟（のぼり）や国旗、異教徒のシンボル旗を手にした人で広場はいっぱいだった。夜になると、旗がたいまつに変わった。演説の際には長蛇の列ができた。ダヌンツィオは決してファシストではなかったが、彼がフィウメで行なったことは、ベニート・ムッソリーニに重大な影響を及ぼした。ムッソリーニは、ダヌンツィオのローマ式敬礼やシンボルを使うこと、そして公衆に向けた語り方などを取り入れたのである。それ以来こうした政治的な演出は、世界中の政府で、民主的な国家でさえも行なわれるようになった。こうした演出全体から受ける印象は壮大かもしれないが、ディテールを巧みに演出しなければ上手くいかない。たくさんの人間の感覚に訴え、様々な感情を揺さぶる。人々の心をかき乱すことを目指すなら、豊かなディテールほど効果的なものはない。花火や旗、音楽、制服、行進する軍人たち。これらによって群衆の感情が一つにまとまるのだ。特にシンボルやディテールが愛国心を焚きつけてしまうと、筋道を立てて考えることは困難になる。

誘惑では言葉が重要だ。混乱を招き、心をかき乱し、ターゲットの虚栄心に火をつける大きな力を持っている。しかし、長期的に見て、もっとも誘惑的なのは、何も言わないこと、そして遠回しに伝えることだ。言葉は簡単に口にされる。だから人々は信用しない。誰だって正しい言葉を口にすることができる。そしていったん発せられた言葉は、何の拘束力も持たない。きれいさっぱり忘れ去られてしまうことさえあるだろう。ジェスチャーや思いやりのある贈り物、ディテールへの気配りは、言葉よりリアルで実体があるものだ。どんなに高尚な愛の言葉をささやくよりも魅力的なのである。なぜなら、これらの行動それ自体が雄弁に語っており、誘惑される者にそこにある以上のものを読み取らせるからである。決して、あなたが感じていることを相手に言ってはいけない。あなたの眼差しやしぐさから、相手が察するように仕向けるのだ。このやり方には言葉よりも説得力がある。

イメージ

晩餐会。あなたの栄誉のために準備されたご馳走。すべては入念にコーディネートされている。花や飾り付け、招待客の顔ぶれ、踊り子たち、音楽、五品のコース料理、途切れることなく注がれるワイン。晩餐会はあなたの口を軽くし、警戒心も緩めてしまう。

例外

これには例外はない。ディテールへの気配りは誘惑を成功させるのに不可欠なものである。ディテールを決してないがしろにすべきではない。

> 彼女の乗った舟は、光り輝く玉座のように水面に照らされていた。船尾は金の板が張られ、帆は紫でかぐわしい香がたちこめ、風も恋に落ちる。櫂は銀、笛の音に合わせてそれを引く。その愛撫を受けようと、水はわれ先にと櫂を追いかける。彼女はというと、これはもう筆舌に尽くしがたい。身を横たえるその天蓋たるや、絹と金糸のまぜ織り。絵に描いたヴィーナスよりも美しく、まさに自然を超えた芸術。その両側には、微笑むキューピットにも見紛う美少年が可愛いえくぼを浮かべて立ち、虹色の扇で風を送っている。目を覚ましたばかりの美しい頬がほんのりと赤らむ。（中略）お付きの女官は、海の精のように、または人魚のように、彼女の前にかしずき、腰を屈めて、御主人の美しさを引き立てる。人魚に扮した女官が一人舵を取る。その花のように可憐な手に触れられると、絹の帆が膨れ上がる。舟からは、えもいわれぬ香が流れて、岸壁に立つ人の鼻をくすぐる。彼女を見るために街中の人々が集まってしまった。アントニウスは広間の玉座に一人座り、空中に向かって口笛を吹いている。その空間さえも、できることなら、クレオパトラを見物に出かけて、自然に大きな穴を開けたかったでしょう。
>
> ウィリアム・シェイクスピア『アントニウスとクレオパトラ』

> 江戸の色町が盛んな頃、坂倉という職人が、太夫の千歳に入れ揚げていた。この女は大酒飲みで、いつも肴に、東北の最上川で捕れる花蟹を塩漬けにしたものを好んだ。あるとき、坂倉は、狩野の絵師に、この蟹の小さな甲羅に金粉で笹の丸の定紋を描かせた。この絵代を一つにつき金子一歩と決め、それを、一年を通して千歳のもとへ贈り届けた。
>
> 井原西鶴『好色一代女』

色事に修練を積んだ男性は口を揃えて、着衣のままの行為ほど良いものはないという。金や銀の糸で刺繍を施された衣装、真珠やさまざまな宝石で盛装した彼女を、惜し気もなく床に押し倒し、もみくちゃにし、かき乱す。いやが上にも男性の情熱と満足を増すことは間違いない。どんな身分の高い女性だろうと羊飼いの女性だろうと、比較にならないくらい違ってくる。

かつてヴィーナスが絶世の美女として、渇望の的になったというのも、その美貌だけではなく、彼女が優雅な衣装を身にまとい、百歩先からでも香るほどの芳香を身に焚きしめていたからではないか。匂いは恋情を強烈に刺激すると、昔から言われている。

そんなわけで、ローマの女帝や貴婦人は、香水を大いに愛用していた。現代におけるフランスの社交界の女性も同様である。スペインやイタリアの女性たちも、昔からずっと香水や衣装に気を遣い、お洒落で凝り性なため、フランスはその二国からデザインや職人の技法を模倣している。しかし、スペインやイタリアのご婦人もまた、今日なおイタリアやスペイン各地に散在する数多の遺跡から発掘される、ローマ時代の貴婦人の彫像を手本にしたのである。ローマの貴婦人の髪かたちや衣装を細かく観察すれば、恋情をそそるように完璧なことがわかるだろう。

ブラントーム『好色女傑伝』

楊貴妃が宮中に入ってから数年経つと、たくさんの侍女たちが特別に季節に合わせた花をあしらった衣装を彼女のために用意するようになった。たとえば、新年（春）には杏や李、水仙の花、夏には蓮の花、秋には芍薬、冬には菊の花を刺繍させた。宝石は真珠をこよなく愛し、世界でもっとも質の良い真珠を彼女の寝室へと続く通路に飾ったり、彼女のおびただしい数の衣装に刺繍させたりした。

楊貴妃は愛らしさと贅沢さを体現していた。どんな皇帝であれ、皇子であれ、廷臣であれ、卑しいお付きの者であれ、彼女を一目見た者はとりこにならずにいられなかった。加えて彼女は、ここぞというときに自分の美貌を巧みに使う術を心得ていた。（中略）帝国の最高位にあった玄宗帝は、国中から何千人という美しい少女を集めていたが、楊貴妃の完全なとりことなってしまった。（中略）昼も夜も彼女をそばに置き、彼女のために帝国を崩壊させた。

シュウ・チャン『楊貴妃　中国のもっとも有名な美女』

それから宝玉は、晴雯（せいぶん）を呼び出し、「黛玉（たいぎょく）がどうしているか見てきてくれ。彼女が私のことを尋ねたら、よくなったと言ってくれ」と命じた。晴雯は「何かもっとよい理由づけをしてください。お届け物をするとか、借りる物とかないのでしょうか。ただ訪ねるなんてバカみたいです」と言った。

宝玉は少し考えて、枕の下から二枚のハンカチを取り出して晴雯に投げた。「では、それを差し上げます、と言え」と答えた。

「おかしな贈り物です」と晴雯は笑った。「こんな使い古しのハンカチが何になりましょう。またお怒りになって、からかうのもいいかげんにしろと言われます」。

「心配するな」、宝玉は断言した。「黛玉にはわかる」

晴雯が館に着くと、黛玉はすでに床に入っていた。「こんな時間にどうしたの？」、黛玉は尋ねた。

「宝玉がハンカチを黛玉に差し上げるようにとのことです」

黛玉は、どうして宝玉がこんな時間にこんな贈り物を届けさせたのか、しばらく考えていた。彼女は、「きっと誰かから贈られた特別なものなのでしょう。ご自分で持っていたほうがよろしいわ。私は要りません」と言った。

晴雯は「これは特別なものではありません。普通のハンカチで、ご主人様の手近にあったものです」と言った。黛玉はますますわからなくなったが、やがて、はっと思いついた。宝玉は、私が彼のために涙を流していることを知り、自分のハンカチを持ってこさせたのだ。

「では、置いていきなさい」と黛玉に言われ、晴雯は帰ったが、どうして黛玉が気分を害さなかったのか、わからずじまいだった。

一方で、黛玉はハンカチの意味がわかり、幸せな気持ちと悲しい気持ちが交互に表れた。宝玉が私の苦しい気持ちをよく慮ってくれたと思うと、幸せだった。しかし、期待が最高潮に達したところで現実が厳しかったことを思いだすと、悲しかった。自分の未来や過去のことを考えると、眠れなかった。そこで、帝王の嘆願書をよそに、灯りを点け、詩を作り始めた。そして、宝玉が贈った二枚の古いハンカチに直接、筆を走らせた。

曹雪芹『紅楼夢』

12

〝詩的な存在〟になれ

大事なことは、ターゲットが一人のときに起きる。あなたがいないことで、ほんの少しでもほっとするようになったら、もうおしまいである。親しみやすさと過度の露出がこうした反応を招く。とらえどころのない人間であり続けよう。そうすれば、あなたがいないとき、相手はもう一度あなたに会いたくてしかたなくなるだろう。そしてあなたのことを、楽しい想いとだけ結びつけるだろう。共に過ごす刺激的な時間と距離をおいた冷却期間、すなわち喜びに満ちたひとときと計画的な不在期間を交互に繰り返すことで、相手の心を占拠してしまうのだ。あなた自身の存在を詩的なものや詩的なイメージを連想させるものにしよう。そうすれば、あなたのことを考えるときに、相手は理想化された後光（オーラ）を通してあなたを見るようになる。あなたの姿が心に浮かべば浮かぶほど、相手は誘惑的な幻想であなたを包み込むだろう。とらえどころのない矛盾した行動をしたり、行動に変化をつけて、こうした幻想を膨らませていこう。

詩的な存在（そして不在）

一九四三年、アルゼンチン軍が時の政権を転覆させた。人気の高かった四八歳のフアン・ペロン大佐は労働福祉庁長官に指名された。ペロンはやもめで、若い女性が大好きだった。仕事上の面会に一〇代の若い女性を同伴して、相手が誰であろうと自分の娘だと紹介するのだ。

一九四四年一月のある晩、ペロンはブエノスアイレスのスタジアムで開催されたアーティストの祭典に、軍部の指導者の一人として出席していた。かなり遅い時間でもあり、彼の周りには空いている席がたくさんあった。どこからともなく二人の若い女優が現われて、座ってもいいかと訊いてきた。からかっているのか、と思いながらも彼は大喜びした。彼は女優の一人を知っていたのだ。エバ・ドゥアルテ。ラジオのメロドラマのスターで、タブロイド紙の表紙をよく飾っていた。もう一人の女優はエバよりも若くてかわいらしかったが、ペロンはほかの大佐と話しているエバから目を離すことができなかった。エバはまったくペロンのタイプではなかった。彼女は二四歳で、彼の好みよりも歳を取りすぎていたのだ。服装も派手すぎた。態度も、どこか冷たい感じがする。しかし、彼女はときどきペロンに視線を送ってきた。その眼差しが彼を興奮させた。ほんの少し目を逸らした隙に、彼女がペロンの隣の席に移動してきていた。そうなることが分かっていて、彼は目を逸らしたのだ。二人は会話を始めた。エバは彼が話す一言一句に聞き耳を立てた。そう、そのとおり。彼が言うことはすべて、まさに彼女が感じていたことだった――貧困層の人々と労働者たち。彼らこそがアルゼンチンの未来を担っているのだと。彼女自身も貧困を知っていた。会話の最後に彼女がこう言ったとき、目には涙が光っていた。「この国にいてくれてありがとう」

それから数日間で、エバはペロンの〝娘〟を追い払い、彼のアパートメントに自分の居場所を確保した。どこにいても、振り返ればそこにエバがいる――日々食事を用意し、病気のときには看病し、政治的なアドバイスもした。ペロンはなぜ、彼女をそばにずっとおいているのか？　普段の彼は薄っぺらで中身のない若い娘をとっかえひっかえしていた。自分にまとわりつくような娘なら、さっさと追い払ってしまうのだ。しかし、エバはうわべだけの女性ではなかった。時が経つにつれて、エバが与えてくれる感情に心を奪われていく自分に気づいた。彼女はとても忠実で、彼の考えを鏡のように自分のものとし、常に彼を得意がらせてくれるのだ。彼女がそばにいることで、ペロンはより男らしく、力を得たように感じた。実際そうなのだ――エバはペロンがこの国の理想的な指導者であると信じていた。彼女のこの信念がペロンに力を与えたのである。彼女は、ペロンが愛してやまないタンゴのバラッド（物語詩）に出てくる女性のようだった。苦難にあえぐ路上暮らしの女たちが〝聖なる母〟となって、男たちの面倒をみるという物語だ。ペロンは毎日彼女を見ていたが、彼女を知りつくしたという気には決してなれなかった。卑猥な話をしたかと思えば、翌日には完璧な淑女になるのだ。彼には一つ心配事があった。それは、エバが結婚を望んでいるのではないかということ、そして、彼女とは決して結婚できないということだ。彼女はいかがわしい過去のある女優なのだ。ほかの大佐たちは、ペロンが彼女の影響を受けていることについて、すでにあきれかえっていた。にもかかわらず、二人の関係は続いていった。

一九四五年、ペロンはポストを追われ投獄された。ほかの大佐たちが、ペロンの日々高まる人気に恐れをなしたのだ。大佐たちは、その人気が彼に大きな影響を与えている〝女主人〟の力によるものではないかと疑った。この二年間で初めて、ペロンは完全に独りきりになり、エバともまったく引き離されてしまった。突然、彼の心に新しい感情が押し寄せてきた。彼は壁じゅうにエバの写真を貼りつけた。外では、彼の投獄に抗議する大規模なストライキが組織されていた。しかし、彼に考えられるのはエバのことだけだった。エバは聖人であり、運命の人であり、ヒロインだった。ペロンは彼女に宛てて手紙を綴った。「人が愛の深さを測ることができるのは、愛する人と遠く離れているときだけだ。君と引き離された日から……私はこの悲しみをなだめることができないでいる……私の計りしれない孤独は、君との思い出で溢れかえっている」。そして、彼は結婚の約束をした。

ストライキは激しさを増してきた。八日後、ペロンは釈放された。彼はすぐにエバと結婚した。そして数か月後、彼は大統領に選出された。エバはファーストレディとして、やや派手めのドレスと宝石を身につけて国の行事に出席した。彼女は大きなワードローブを持つ元女優として見られていた。一九四七年、彼女がヨーロッパ諸国への外遊に旅立つと、アルゼンチン国民は彼女の一挙手一投足に注目した――彼女に熱狂するスペインの群衆、ローマ教皇との謁見――。彼女が国を留守にしているあいだに国民の見方は変わっていった。気高く質素な生き方やドラマを好む傾向といったアルゼンチンの精神をまさに象徴しているのが彼女なのだ。数週間後に帰国したとき、彼女は国民からの熱視線に圧倒されることとなった。

エバもまた、ヨーロッパ諸国の訪問を経て変わっていた。ブロンドに染めた髪を地味なシニョンに結い上げ、あつらえたスーツを着ていた。貧困層の救世主となる女性にふさわしい真面目な格好だった。やがて、そこかしこで彼女の姿が見られるようになった。貧困層のための病院の壁やシーツ、タオルに彼女のイニシャルが刻まれ、もっとも貧しい地区のサッカーチームのジャージに彼女の横顔が刺繍された。エバがスポンサーを買って出たのだ。いくつかのビルの壁には、彼女の笑顔が大きく描かれた。彼女についての個人的な情報を見つけ出すのが不可能になり、手の込んだ伝説が雨後の筍のようにあちこちで語られはじめた。そして一九五二年、三三歳の若さで（キリストが亡くなったのと同じ年齢）癌によってその生涯に幕を下ろすと、国中が嘆き悲しんだ。何百万の人々が列をなして、遺体を見送った。もはやラジオドラマの女優ではなく、妻でもなく、ファーストレディでもない。〝聖人〟エビータであった。

〈**解説**〉エバ・ドゥアルテは私生児として生まれ、貧困の中で育った。女優になるために家出して、ブエノスアイレスにやってきた。生きるために、そして銀幕の世界で道を切り開くために、しかたなく様々な卑しいことに手を染めた。夢は、自分の将来を制約するすべてのものから解放されることだった。そのために激しく野心を燃やしていた。ペロンは彼女の〝犠牲者〟としては完璧だった。彼は自分自身を偉大なるリーダーだと思い描いていた。しかし実際は、背伸びして見せているだけの、もう若くない好色な男で、トップに立つには弱すぎた。エバは彼の人生に詩を注ぎ入れた。彼女の言葉は華やかで芝居がかっていた。ほんとうに窒息してしまうのではと思われるくらいまで、彼を思いやりで包み込んだ。「偉大なる男に女の本分をもって仕える」というのは、模範とされるイメージで、数え切れないタンゴのバラッドの中でも褒め称えられてきたものだ。にもかかわらず、彼女はとらえどころのない神秘的な存在でありつづけようとした――スクリーンではいつも見ているのに、実像はよくわからない映画スターのように。そして、ペロンが投獄され独りになったとき、こうした彼女の詩的イメージや彼女との親交が、彼の心の中で突然はじけたのである。彼は気でも狂ったかのように彼女を理想化した。もはや、彼が気にかけていたような卑しい過去を持つ女優ではなくなっていた。彼女は同じ方法で国全体をも誘惑した。その秘訣は、彼女のドラマティックで詩的な存在感に、とらえどころのないちょっとした距離感が結びついたことである――時を超えて、あなたも彼女の中に、自分の見たいものが何でも見えているだろう。今日に至るまで、人々はエバの実像について空想を巡らせつづけているのだ。

親しみやすさは誘惑を台無しにしてしまう。こうした事態は、相手と知り合ったばかりのときにはめったに起こらない。出会ったばかりの人については知りたいことがたくさんあるからだ。しかし、ターゲットがあなたのことを理想化、あるいは空想しはじめた頃に一つの分岐点が訪れるだろう。その原因はただ一つ。あなたは自分が思い描いていた人物ではないということに気づいてしまうのだ。会う回数が多すぎるとか、簡単に会う都合をつけすぎるとか、そういうことが問題なのではない。実際、もしターゲットとめったに会わないのなら、あなたは何も与えることができない。相手の興味はほかの誰かにいってしまうかもしれない。あなたは相手の心を占拠しなければならない。首尾一貫しすぎること、理解しやすくしすぎること、人間らしくて現実味がありすぎることのほうが問題なのである。もしあなたのことを知りすぎていたら、そして、あなたが残念なほど普通の人間だと気づきはじめたら、相手はあなたを理想化することができない。あなたはある程度、相手との距離を保たなければならない。それだけでなく、空想的でうっとりするような何かがなければならない。その何かが相手の心に喜びをもたらすあらゆる可能性に火をつけるのだ。エバが見せた可能性は、アルゼンチンの文化が理想とする女性――母のように、聖人のように身を捧げる女性――を体現する可能性だった。体現しうる詩的な理想はほかにもたくさんある。騎士道精神、冒険、ロマンスなどである。こうしたものは即効性がある。そしてもし、あなたがそうした匂いをわずかでも感じさせるなら、〝詩的な存在〟となることができる。人々の心の中を夢とファンタジーでいっぱいにできるだろう。どんな犠牲を払ってでも、あなたは何かを体現しなければならない。たとえ、それが悪事や不正であってもだ。それは、「親しみやすい人」とか「普通の人」という汚名を避けるためにはどうしても必要なことなのだ。

私が必要としているのは、何者かである女性だ。つまり、とりたてて美しくもなく、とりたてて優しくもなく、最後の手段として意地悪になるような女性でもなく、才気煥発でもなく、まぬけでもなく、しかし何者かである女性だ。

――アルフレッド・ド・ミュッセ

誘惑の秘訣

人はみなセルフ・イメージというものを持っている。それは、たいてい真実の姿より良いイメージだ。われわれは自分のことを実際よりも、寛大で、無欲で、誠実で、親切で、頭が良くて、かっこいいと思っている。自分の限界や弱みについて正直でいるのは極めて難しい。われわれは自分自身を理想化したくてたまらないのだ。作家のアンジェラ・カーターが書いているように、実の祖先である高等霊長類よりも、むしろ天使と一直線につながるものとして、われわれ自身を見なしているのだ。

こうした理想化への欲求は、恋愛関係がもつれることにも波及する。なぜなら、われわれが恋に落ちたり、誰かに魅了されたりするとき、自分自身の姿を相手に投影して見ているからである。誰かと恋愛関係になることを決める選択が、心の奥底にある自分自身にとって重要な何かを暴き出すのだ。われわれは、安っぽくて悪趣味で、味気ない誰かを好きになったとしても、それを認めることには抵抗がある。なぜなら、自分自身の悪い面が映し出されているからだ。そのうえ、どこか自分に似た人を好きになる傾向がある。その人が不完全であったり、何よりも悪いことに、平凡だったりしたならば、自分も同じように不完全であり、平凡だということなのだ。いや、ダメだ。とにかく自分自身の自尊心のために、どんな犠牲を払ってでも、愛した相手は過大評価され、理想化されなければならない。加えて、苛酷で失望の多い現実世界にいると、好きになった相手について空想を巡らせるのは、とても楽しいことなのである。

人々が誰かについて空想する機会を待ち望んでいるならば、誘惑者の仕事はたやすい。自分を露出しすぎて、または親しみやすくなりすぎて、この千載一遇のチャンスを台無しにしてはならない。平凡すぎて、ターゲットにあなたはこんな人だと見定められてしまうようなことがあってはならないのだ。あなたは天使である必要はない。道徳的な模範である必要もない。それはまったくつまらないことだ。あなたは相手に合わせて、危険な人にも、いたずら好きな人にも、ときには鼻持ちならない人にもなることができる。しかし、決して平凡な人や、月並みな人になってはならない。詩の世界（現実の対極にある）は、〝何でもあり〟なのだ。

誰かに魅了されるとすぐに、われわれは相手がどんな人物で、どんな喜びを与えてくれるだろうかというイメージを頭の中で膨らませる。一人になったときに相手のことを考えていると、そのイメージはどんどん理想化されていく傾向がある。小説家、スタンダールは『恋愛論』の中で、この現象を〝結晶化〟と呼んでいる。オーストリアのザルツブルクでの話だ。真冬に、誰も入る者のない岩塩坑の奥まったところに、葉のついていない枝を投げ入れておく。数か月後、その枝を引き出してみると、それは見事な結晶で覆われていたのだという。われわれの頭の中で、愛する人に起きているのはこういうことなのだ。

スタンダールによれば、結晶化には二つのパターンがあるという。一つは、初対面の相手に対して起きる。だが、二つ目のパターンがより重要だ。それは頭に何か〝ちょっとした疑問〟がよぎったときに起きる。あなたは相手を欲しているが、相手はそれを避けている。あなたは相手が自分のものになるかどうか確信を持てない。こんなとき、この〝ちょっとした疑問〟が重要となる。それはあなたの想像力を二倍働かせて、あなたの存在を詩的にするプロセスを深めてくれるのだ。

一七世紀の偉大なレイク、ローザン公は、もっともスペクタクルなものとして歴史に残る誘惑を見事にやり遂げた。それはルイ十四世のいとこであり、フランスでもっとも裕福で絶大な権力を持つ女性である〝グランド・マドモアゼル〟（モンパンシエ公爵夫人）に対する誘惑だった。彼は、宮廷で偶然、何回か出会った際に、彼女の想像力を刺激した。機知に富んだ大胆で落ち着き払った視線を彼女に投げかけたのだ。彼女は一人でいるときに、彼のことを考えるようになった。そして前より頻繁に宮殿内で彼と鉢合わせするようになり、軽く会話を交わしたり、散歩をしたりするようになった。彼と会ったあと、彼女には疑問が残される――私に興味があるのかしら。それともないのかしら。この疑問が、彼にもっと会いたいと思わせるのだ。彼女は、現実とは不釣り合いなほど、公爵のことを理想化しはじめる。現実の彼は手に負えない悪党なのだが……。

もし、あなたが簡単に手に入ってしまったら、あなたにはそれだけの価値しかないということを覚えておこう。簡単に手に入ってしまう人間について詩的なイメージを持つのは難しい。もし、相手が最初に興味を持ったあとも、あなたをこんな人間だと決めつけられないということがはっきりしたなら、そして〝ちょっとした疑問〟を相手の心に引き起こしたなら、ターゲットは、あなたについて、何か特別で、気高く、自分には手の届かないものがあると想像するだろう。あなたのイメージが、相手の頭の中で〝結晶化〟されたのである。

クレオパトラは、自分がほかの女性と何ら変わるところはないと知っていた。実際、顔は特別美しいわけではなかった。しかし彼女は、男性には女性を過大評価する傾向があることも知っていた。ここで必要とされるのは、自分には何か違うところがあるとほのめかすことだ。壮大な何か、詩的な何かと結びつけて考えさせるのである。彼女はカエサルに、エジプトの過去の偉大な王や王女たちと彼女のつながりに気づかせた。アントニウスには、彼女が愛と美の女神、アプロディーテーの末裔であるかのような幻想を抱かせた。彼らは強い意志を持つ一人の女性とではなく、言わば〝女神〟と戯れたのだ。こうした関連づけを見事にやってのけるのは、現代では難しいかもしれない。しかし、人々は今なお、小さい頃に夢想したファンタジーと何か別のものを関連づけることから、深い喜びを得ているのである。

ジョン・F・ケネディは、自分自身を騎士のような人物――気高く、勇敢で、魅力的な――に見せようとした。パブロ・ピカソは、若い女性に目のない偉大な画家であるだけでなく、ギリシャ神話のミーノータウロス（訳注：ピカソが好んで作品のモチーフにした怪物）、あるいは女性たちにとって非常に誘惑的な、いたずら好きのトリックスター（訳注：神話や物語に登場し、秩序を破る存在。善と悪などの二面性を持つのが特徴）だった。ただし、このようなイメージの関連づけは、タイミングが早すぎてはいけない。ターゲットがあなたに魅力を感じはじめてから、ようやく効果を発揮するようになるのだ。クレオパトラと会ったばかりの男性なら、アプロディーテーの末裔など、ばかげたことだと見破るだろう。しかし、恋に落ちた男性なら、だいたい何でも信じてしまう。その秘訣は、あなたの着る衣装やあなたの話す言葉、あなたが訪れる場所を通して、あなたのイメージを神話で語られる何かに関連づけることである。

フランスの小説家、マルセル・プルーストの『失われたときを求めて』に登場するスワンは、まったくタイプではない女性からじわじわと誘惑されていることに気づく。彼は美術に造詣が深く、より洗練されたものを愛していた。彼女は下層階級の出身で、洗練されてなく、つまらない部類の女性だった。彼の心の中で、彼女を〝詩的な存在〟にしたのは、一緒に過ごした喜びあふれるひとときだ。そのとき以来、スワンは彼女と交際するようになったのである。そのうちの一つは、あるサロンでのコンサートに二人で参加したときのことだ。彼はソナタのある一節のメロディに魅せられた。彼女のことを考えるときはいつでも、彼はその一節を思い出すようになった。彼女がくれたささやかな贈り物や、彼女が触れたり持ったりした物は、生命が吹き込まれたかのように、いきいきして見えた。芸術的なものでも精神的なものでも、何かを高める経験は、普通の経験よりもはるかに長く記憶に残るものだ。あなたはそんな体験をターゲットと一緒に味わう道を探らなければならない。コンサートや演劇、スピリチュアルな体験――それがあなたたちを高めるものならば何でもいい。喜びあふれる時間を一緒に過ごすことは、誘惑を進めるのに計り知れない力となる。前章で解説したように、どのような対象にも、詩的な響きやセンチメンタルな関連づけをまとわせることができる。贈り物であれ、そのほかの物であれ、対象物にあなたの〝存在感〟をまとわせることができるのだ。もし、それが楽しい思い出につながるものであれば、それを見ることで相手はあなたをずっと感じつづけることになり、あなたを〝詩的な存在〟にするプロセスが加速される。

愛する者の不在は心に愛情を育むというが、時期が早すぎると、結晶化のプロセスにとって致命的であるということがわかるだろう。エバ・ペロンのように、ターゲットに関心を集中させ、思いやりで包み込まなければならない。そうすれば、相手が一人になる大事な時間に、彼らの頭はあなたの残像を追い求めてフル回転する。ターゲットにあなたのことを考えつづけさせるために、あなたにできることをやり尽くそう――手紙、贈り物、思い出づくり、予期せぬ出会いの演出――。こうしてあなたは遍在するようになる。すべてのものがあなたを思い起こさせなければならない。

ターゲットがあなたを気高く詩的な存在と見るようになったなら、今度は相手の番だ。自分自身も気高く詩的な存在だと相手に感じさせることで、誘惑のプロセスをさらに前に進めることができる。フランスの作家、シャトーブリアンは、女性に彼女自身が女神であるかのように感じさせた。彼女によって彼自身が多大なる影響を受けたように見せた。彼女がいることで創造力をかき立てられたような詩をいくつも送ったのだ。ヴィクトリア女王に、彼女が誘惑的な女性であり、偉大なリーダーであると感じさせるために、ベンジャミン・ディズレーリは彼女を神話に出てくる神々やエリザベス一世のような偉大な先人たちと比較した。このように相手を理想化すると、今度は相手があなたを理想化するようになる。なぜなら、あなたも自分と同様に高く評価されるべき素晴らしい存在でなければならないからである。あなたの中にも自分の良い素質をすべて見いだしたいのだ。こうした互いを高め合う感覚に、ターゲットもしだいにおぼれるようになるだろう。

イメージ

後光（オーラ）。ターゲットが一人でいるとき、ゆっくりと、彼または彼女はあなたの頭の後ろから、ほのかな光が射してくるのを想像しはじめる。その光は、あなたが与えてくれるあらゆる喜びへの期待からなっている。あなたの高められた存在感と気高い資質の輝きである。オーラはあなたをほかの人々から切り離し、特別な存在にする。親しみやすく平凡になることで、その光を失ってはならない。

例外

これと反対の戦術は、あなたのすべてを明らかにすることであるといってもよいだろう。自分の欠点にも長所にも、徹底して誠実に向き合うのだ。このような誠実さは、バイロン卿の持つ資質の一つであった。彼は自分のみだらで醜い本質をさらけ出すことに、まるで快感を覚えているかのようだった。晩年には、異母姉と近親相姦の関係にあった事実を人々に打ち明けることすら厭わなかった。こうした危険な香りがする親密さは、この上なく誘惑的だ。ターゲットはあなたの悪徳やそれをさらけ出した正直さを、詩的なものとしてイメージするだろう。そして、そこにある現実以上のものを見出すようになるのだ。言い換えるなら、理想化のプロセスは避けられないものなのである。だが、ただ一つ理想化できないものがある。平凡さだ。平凡な人には何ら誘惑的なところがない。ファンタジーの創造や詩的なイメージなしに誘惑を成功させる道はない。

彼女に見られたくないものが視界に入らないように、彼女を取り囲むことのできない者、自分の望むものがすべて彼女自身から生じてくるくらいに、自分を彼女の中に詩的に作り込むことのできない者は不器用なのだ。(中略) 彼女の中に自分を詩的に作り込むことは、一種の芸術である。

セーレン・キルケゴール『誘惑者の日記』

他には? 君の意中の女性が輿に寝そべって運ばれていくのを見かけたら、君は何気ないふりをして近づくのだ。誰かに聞き耳を立てられてもいいように、如才なくできるだけあいまいな言葉で思惑を表に出さないことだ。

その女性が柱廊の辺りをゆっくりと歩いていたら、君も散策に付き合うといい。先に立って歩いたり、あとからついて行ったり、足を速めたり、ゆっくり歩いたりするのだ。大胆になるのだ。円柱の周りを歩いたり、並んで歩いたりするのを、恥ずかしいと思ったりしてはならない。そして彼女を円形劇場に連れていくのを忘れてはならない。彼女の美しさを眺めるのだ。特に肩より上を見ること。もっとも喜ばしい瞬間は、彼女に愛らしい視線を投げられたときだ。眉で彼女は多くを語っているだろう。女役のダンサーには惜しみなく拍手したまえ。恋する者を演じている役者には、声援を送ることだ。彼女が立ち去るときには君も立ち去り、彼女が座っているあいだは、君も座っているがいい。彼女の気紛れに付き合って、君も時間を潰すがいい。

(中略) 彼女が君に慣れるようにすることだ。慣れ親しんでいることがカギになる。その域に達するまでは、どんなことでも耐え忍ぶのだ。絶えず彼女の視界に入るようにし、絶えず君の言葉が耳に入るようにすることだ。夜となく昼となく彼女に姿を見せておくがいい。君がいないと彼女が寂しがるという確信が持てたら、また、君の不在が彼女をやきもきさせると思ったら、彼女に一息つかせることだ。畑だって、休ませれば収穫が増えるだろう。からからに乾いた土は、雨をよく吸い込むではないか。

デフォモンがそばにいるとき、ほどほどに胸をときめかせているだけだったピュリスも、彼が帆を揚げて去ってしまうと、恋の炎に激しく身を焦がした。知謀に長けたオデュッセウスは、不在だったからこそペネロペイアの心を苛んだのだ。プロテシラオスの旅立ちがラオダメイアを火中に投じた。しかし、離れている時間は短くしておくほうがいい。離れていれば恋心も薄らいで、新しい相手に場所を奪われてしまう。

メネラオスが留守にしているあいだ、独り寝に嫌気が差して、ヘレネは客人の温かいベッドに潜り込んだのだ。メネラオスよ、何という愚を犯したのか。

オウィディウス『恋愛指南』

愛の誕生について考える。

心の中で起きるのは次のことだ。

一、憧れ。

二、「彼女にキスし、彼女からキスされたらどんなに素敵だろう」と思う。

三、希望。

彼女がどんなに理想の相手に近いか気づく。女性が最高の肉体的快楽を味わいたいのなら、このときが最高だ。どんなに控え目な女性でもこの瞬間には目が赤くなる。激しい情熱と鋭敏な快楽が、間違いなく本性を現わす。

四、愛が生まれる。

愛とは、相手を見て、その人に触れて、できるかぎりそばに寄り、あらゆる感覚を通して相手を感じて楽しむことである。

五、第一の結晶化が始まる。

相手の女性に愛されていると確信したら、彼女に限りない理想を与え、自分がいかに恵まれているかを考えるのがこの上ない喜びとなる。最後には、相手をやたら過大評価し、彼女を天から降ってきた、よくわからないものだと考える。だが、確かに彼女は自分のものに違いないのだ。

愛する男の頭の中を二四時間、自分のことでいっぱいにしておくがよい。次のようなことが起こる。

ザルツブルクの岩塩坑では、冬季に葉が落ちた木の枝を廃坑に投げ込んでおく。二、三か月後に引っ張り出すと、枝は結晶に覆われてきらめいている。小鳥の鉤爪くらいの一番細い枝までもが、ダイヤモンドのようにきらめいている。もとの小枝の形はわからない。

私が結晶化と呼んでいるのは、精神作用のことである。それは、愛する者に新しい理想を見出す。

(中略)

愛に捕われた男は、愛する相手にあらゆる理想を見つける。しかし、注意力が緩むのは避けられない。人は変化のないものには、たとえ完全な幸福であっても飽きてしまうのだ。

そして次のようなことが起こり、注意力が戻る。

六、疑惑が忍び寄る。

(中略) あまりに自信過剰な男は、相手から無関心や冷淡、あるいは怒りをもった対応を受ける。(中略) 愛する男は、確信していた幸せな未来を疑いはじめ、希望と思っていたことに対して厳しく吟味しはじめる。

彼はほかの快楽に気を向けようとするが、バカげたことだと気づく。恐ろしい不幸に陥るのではないかと心配になると同時に、深い注意力が生まれる。

七、第二の結晶化。

このとき「彼女は僕を愛している」という確信が何層にも重なっ

て結晶を厚くしていく。

男は夜じゅう疑惑に苛まれ、恐ろしい一瞬が恋人たちのあいだに訪れる。男は数分ごとに自分を励ます、「彼女は僕を愛している」と。結晶化によって彼女の新たな魅力を見つける。そしてもう一度、疑惑の刺々しい目に射抜かれ、彼は立ちすくむ。息をするのも忘れ、彼は呻く、「いや、本当に彼女は僕を愛しているのだろうか」。疑惑と歓喜の狭間で胸を引き裂かれ、哀れな恋人は、彼女以外にこの喜びを与えてくれる者はいないと確信するのだ。

スタンダール『愛について』

恋に落ちると、無意識に狂気に足を踏み入れがちだ。放っておけば、極限まで走ってしまうだろう。

両方の性の〝征服者たち〟はこれをよく知っている。一度、一人の女の注意がある男に向けられると、彼女の頭の中を支配するのは簡単なことだ。引っぱったり緩めたり、しつこくしたり冷たくしたり、そばにいたり離れたり、すべてこの組み合わせだけでいい。この反復技法は、女性の意識にポンプのように作用し、ついには残りの世界もすべて彼女から吸い出して空っぽにしてしまう。スペイン人の言う「人の脳みそを吸い取る」は、これをうまく言い表している。実際、一つの対象に引き寄せられ、吸い込まれるのである！　ほとんどの「恋愛」は、愛される者の意識に働きかける、愛する者の意識によって、支配されているのである。

外から受ける激しい衝撃や、第三者からのお節介だけが、恋に落ちた者を救い出す。しばらくいなくなるとか、長旅に出ることは、恋に落ちた者たちにはいい治療になる。確かに離れることで注意力が回復するのである。愛する対象から遠く離れることで、私たちの注意力はいやが上にも呼び覚まされる。旅することで、物理的に自分自身の殻から出て、多くの細々とした問題を解決する。また日々の習慣から抜け出すことで、無数の予期せぬ対象に出会う。こうして、旅は狂人の楽園を破壊し、強固な意識の殻に穴をあける。この穴から外気とともに、正常な見方が飛び込んでくる。

ホセ・オルテガ・イ・ガセット
『オルテガ著作集6　愛について』

親しくなりすぎると、結晶体が壊れることがある。十六歳の魅力的な少女が、同じ歳の美少年に夢中になった。彼は毎日、日暮れどきになると、彼女の窓の下を通る。母親はその少年を郊外の家に招いて、彼らと一週間過ごした。ずいぶん大胆なやり方だ。それは認める。少女は夢見がちな性質で、美少年のほうはすこし鈍感だった。三日後には、少年は少女にすっかり嫌われていた。

スタンダール『恋愛論』

13

戦略的に〝弱さ〟や〝傷つきやすさ〟を見せて、武装解除させよ

あなたの作戦を巧妙に遂行しすぎると、不信感を呼び起こしてしまうかもしれない。あなたの意図を隠す一番いい方法は、相手のほうがあなたより強く、上手（うわて）だと感じさせることである。もし、あなたが弱く傷つきやすい人間で、相手に夢中になっていて自制が利かない、という印象を与えることができたら、あなたの行動を、より自然で計算のないものに見せることができるだろう。涙を見せることや、はにかんだり青ざめたりする表情など、目に見える弱さも効果的である。さらなる信頼を勝ちとるために、正直さを強みに変えよう。あなたの罪深い行動の一部を告白することによって、あなたの誠実さを実証するのである。それが真実である必要はない。誠実さは善良さよりも重要なのだ。〝犠牲者〟を演じよう。そしてターゲットの同情を愛に変えよう。

〝犠牲者〟になるという戦略

一七七〇年代、うだるように暑い八月、トゥールベル法院長夫人は古くからの友人であるローズモンド夫人が暮らす城（シャトー）を訪ねた。夫は家に残してきた。彼女は、平穏で静かな田舎暮らしでも、自分の日々の暮らしと同じくらいには楽しめるだろうと思っていた。しかし、田舎の質素な娯楽が好きになり、すぐにシャトーでの日々の暮らしに心地良い生活のリズム――ミサへの出席や田舎道の散歩、近隣の村での慈善活動、夜のカードゲームなど――ができ上がった。ローズモンド夫人の甥が訪ねてきたとき、法院長夫人は居心地の悪さを感じたが、同時に好奇心もそそられた。

甥のヴァルモン子爵は、パリでももっとも悪名の高い放蕩者（リバティーン）だった。たしかにハンサムだったが、彼女が期待していたほどではなかった。彼は悲しげで、何となく虐げられたような顔つきをしていた。何より意外だったのは、彼女に少しも関心を示さなかったことだ。法院長夫人はコケットではなかった。流行を気にかけることもなく、地味な装いをしていた。そして夫を愛していた。それでも、まだ若く、美しかったので、男性の関心を受け流すようにしていた。彼がほとんど自分に目をとめないということが、心の奥底でかすかな混乱を生じさせていた。そして、ある日のミサで、彼女はヴァルモンが一心不乱に祈っているのを目撃する。その姿を見て、彼は自己反省の真っ最中なのではないかという考えが頭に浮かんだ。

ヴァルモンが同じシャトーに滞在していることが知れわたりはじめるとすぐに、法院長夫人はある友人から、この危険な男に警戒するようにとの手紙を受け取る。しかしすでに彼女は、彼を受け入れてあげるのは世の中にもう自分だけしかいないと思うようになっていた。そのうえ、彼は自らの忌まわしい過去を悔いているところなのだ。自分は彼を良い方向に導くことができるだろう。神様にとって何とも素晴らしい勝利になるだろう。それから法院長夫人はヴァルモンの外出時と帰宅時の様子を書きとめ、彼の頭の中でいったい何が起きているのかを理解しようとした。何かおかしい。たとえば、彼はよく朝から狩りに出かけるのだが、いつも手ぶらで戻ってくるのだ。ある日、彼女は自分の召使いにちょっとした偵察を行なわせることにした。そして、ヴァルモンが猟には行っていないということを知り、驚くとともに大喜びした。彼はある村を訪ね、家を追い出されそうになっている貧しい家族にお金をあげていたというのだ。そう、彼女は正しかった。彼の情熱的な魂は、情欲から美徳へと動かされつつあるのだ。その事実から彼女がどれほど幸せを感じたことだろう。

その夜、ヴァルモンと法院長夫人は初めて二人きりになった。突然、ヴァルモンは驚くようなことを告白しはじめた。法院長夫人を愛してしまったというのだ。いままで経験したことのないような愛を感じているという——彼女の美徳、善良さ、美しさ、優しさに完全にまいってしまったのだと。その日の午後、貧しい人に向けた寛大な心も、彼女の影響によるものだ——おそらく彼女に触発されたのだろう……いや、何かもっと不純な動機かもしれない——。この告白が彼女に感銘を与えた。このような告白をしたことは今までなかった。しかし、彼女と二人っきりでいることで自分の感情をコントロールできなくなってしまったのだという。それから彼はひざまずき、惨めな自分を導き、救ってください、と彼女に懇願した。

法院長夫人は完全に警戒を解き、泣きはじめた。ひどく狼狽したまま部屋を飛び出し、それから数日間、病気だといって部屋に閉じこもってしまった。そしてヴァルモンからの手紙に、どう反応してよいかわからないでいた。彼は許してほしいと懇願していた。彼女の美しい顔と美しい魂を褒めちぎり、自分の人生を再考するのを手伝ってほしいと書いていた。こうした感情的な手紙は心をかき乱すものだったが、法院長夫人は自らの冷静さと思慮深さに自信を持っていた。シャトーを出ていくように彼に強く言うべきだと彼女はわかっていて、そう返事をしたためた。彼はしぶしぶ承諾した。だが、一つ条件を出した。パリから手紙を書くことを許してほしいと。彼女は無礼な手紙でなければ、と同意した。彼がローズモンド夫人にパリに帰ると告げたとき、法院長夫人の心は罪悪感で傷んだ。彼の叔母は寂しげで、彼の顔色も青白く見えた。彼が傷ついていることは明らかだった。

ヴァルモンからの手紙が届きはじめると、法院長夫人はそれを許したことを後悔した。恋愛についての話題は避けるようにとの言いつけを彼は無視した。それどころか、彼女に永遠の愛を誓うのである。ヴァルモンは、彼女が冷たく無関心だと非難した。そして、自分がいままでしてきた悪業について述べた。それは彼自身が悪いのではなく、進むべき方向を見失っていて、ほかの誰かに悪の道に導かれたのだと。彼女の助けがなくては、以前いた世界にまた堕ちてしまうだろう。どうか邪険にしないでほしい、と書いていた。あなたが私を誘惑したのだから。私はあなたのとりこだ。あなたの魅力と善行の〝犠牲者〟なのだ。私と違って強い人だから、あなたには恐れるものが何もない。やがて、トゥールベル夫人はヴァルモンに対して同情を示すようになってきた――彼はとても弱々しく、自制心を欠いているようだ。どうしたら彼を救えるのだろうか？　なぜ自分は、彼のことを考えようともしなかったのだろう？　そして、なぜ今は彼のことばかり考えるようになってしまったのだろう？　幸せな結婚をしているというのに……いや、もうこんなうんざりする文通はやめにしなければならない。愛について語るのをやめないなら、もう返事は出さないと彼女は返信した。彼からの手紙が止まった。彼女は安堵した。平穏な静けさがようやく戻った。

ところが、ある晩、彼女がディナーのテーブルにつくと、突然、背後から、ローズモンド夫人を呼ぶヴァルモンの声が聞こえる。急に思いついて少しの間だけ戻ってくることにしたのだと彼は言った。彼女は背すじに震えがくるのを感じ、顔を赤らめた。ヴァルモンが近づいてきて、隣に座った。彼が顔を覗き込むと、彼女は顔を背け、すぐに中途で退座する詫びを言って部屋に戻ってしまった。しかし、それから数日ものあいだ、完全に避けつづけることなどできそうもない。彼は前よりも青ざめて見えた。彼は礼儀正しかった。そして、彼を見ないまま丸一日がすぎる頃、その〝不在〟が逆説的な効果を生んだのである。トゥールベル夫人は何が起きているのか理解した。彼女はヴァルモンがいなくて寂しかった。彼に会いたかった。美徳と善行の権化のような彼女が、救いがたいレイクに恋していた。真夜中のこと、彼女は恋に落ちてしまった自分に嫌気がさし、誰にも告げずにシャトーをあとにして、パリに向かった。とにかくパリに戻って、このひどい罪を悔い改めようと考えていた。

〔解説〕ヴァルモンは、コデルロス・ド・ラクロの書簡体小説『危険な関係』の登場人物である。一八世紀のフランスで実際に放蕩な生活を送っていた人々をモデルにしている。ヴァルモンの行動は、その効果をすべて計算しつくしたものである――トゥールベル夫人が好奇心を持つようにあいまいな態度を取ったこと、村で慈善を施したこと（彼はあとをつけられているのを知っていた）、突然、シャトーに舞い戻ったこと、そして、青白い顔で現われたこと（彼は若い女をシャトーに連れ込んで、一晩中お祭り騒ぎをして疲れ切っていたのだ）。もっとも効果的だったのは、彼が〝弱き者〟、すなわち誘惑された犠牲者として自分を位置づけたことだ。どうして彼が自分を操っているなどと彼女に想像できようか？　肉体的にだろうと精神的にだろうと、彼が単に彼女の美しさに魅せられているということを、すべてが示しているのに――。彼はペテン師ではない。自分自身について繰り返し語るときに決まって〝真実〟を告白することを忘れないのだ。彼は慈善を施した動機については不純だったかもしれないと認めている。なぜ自分が道を踏みはずしたのかを説明している。そして、自分の感情を彼女に打ち明けて共有しているのだ（もちろん、こうした〝誠実さ〟もすべて計算の上でのことだ）。本質的な部分でヴァルモンは女性的だった。少なくとも当時の女性――感情的で、自分をコントロールできない、いつも塞ぎ込んで、不安を抱えている――に似た要素を持っていた。一方、トゥールベル夫人は男性のように冷静で非情だった。自分を犠牲者として位置づけることは、彼の巧みな操作を隠すだけでなく、同情と心配を引き出した。犠牲者を演じることで、病気の子供や傷ついた動物と同じように、彼女の優しい感情を呼び起こしたのである。このような感情は容易に愛に変わるものだ。法院長夫人がそれに気づいて呆然としてしまったように――。

誘惑とは、疑念や抵抗を減らしていくゲームである。もっとも賢い方法は、相手に自分のほうが強いと感じさせ、自分のほうが主導権を握っていると思わせることだ。疑念はたいてい不安から生まれる。もしターゲットが、自分が優位に立っていて、あなたに危険はないと感じているなら、あなたの動機を疑うことはほとんどないだろう。あなたはあまりに弱々しく、感情的で、何かを企んでいるようには見えない。このゲームを進められるだけ進めていこう。感情をさらけだし、あなたが相手からどれほど深く影響を受けているかを見せびらかすのだ。あなたに対して自分が力を持っていると実感できることほど、相手にとってうれしいことはない。何か悪いことを告白しよう。あなたがしてしまった悪事、あるいは今している悪事をさらけ出してしまうのだ。正直さは善良さよりも重要なのである。一つの正直な振る舞いが、たくさんの欺瞞に満ちた行動を覆い隠してしまうだろう。肉体的にも、精神的にも、感情的にも、弱々しい印象を創り出そう。強さや自信は、相手を恐れさせてしまう可能性がある。〝弱さ〟で相手を安心させて、犠牲者を演じること。相手の及ぼす力の犠牲者でも、境遇の犠牲者でも、もっと広く、人生一般の犠牲者でも構わない。それがあなたの企みを隠すのに、もっとも効果的な方法なのである。

> 知ってるだろ、泣くべきときに泣けない男なんて、何の価値もないのさ。
>
> ――リンドン・ベインズ・ジョンソン

誘惑の秘訣

人はみな精神的な気質として、弱さ、傷つきやすさ、脆さを持っている。内気だったり、神経過敏だったり、〝構ってちゃん〟だったり――。どんな弱さであれ、自分では制御が利かないものだ。われわれは、それをほかのもので補おうとしたり、隠そうとするが、多くの場合、それは間違いである。人は、そこに偽りや不自然さを感じてしまう。何より自然体でいることが、誘惑には欠かせないということを覚えておこう。自分で制御できないような傷つきやすさは、しばしばもっとも誘惑的な資質になることがある。その反面、まったく弱みを見せない人間が、妬みや恐怖や怒りを引き出してしまうこともある。足を引っ張って、引きずり下ろしたくなるのだ。

傷つきやすさを克服しようとしたり、抑えようとしてもがくことはない。逆に利用してみよう。それを力に変えることを学ぶのだ。ゲームは緻密にできている。もしあなたが弱さをたくさん持っていて、自分の〝手札〟を大げさに見せびらかすようなら、あなたは同情（なお悪ければ、哀れみ）を買おうとしているように見えてしまう。そうではなくて、弱々しく脆い面を、必要なときだけ、ちらっと相手に見せるのが一番効果的である。それも知り合ってすぐの頃がいい。あなたを人間らしく見せ、相手の疑念を和らげ、より深い関係へと進む準備を整える。普段は強さと自制心を持っているあなたが一瞬、われを失って弱さに屈し、相手にそれを垣間見せてしまうのだ。

ヴァルモンは自分の弱さをこのように使った。彼はとっくの昔に純粋さを失っていたが、心のどこかには残っていて、自分の来し方を後悔していた。本当に純粋な人に彼は弱かった。法院長夫人への誘惑が成功したのは、彼の行ないすべてが演技だったわけではないからだ。彼には本当の弱さがあり、ときには涙を流すことさえあった。法院長夫人を〝武装解除〟させるために、ここぞというところで自分の弱さを見せたのだ。ヴァルモンのように、演技することと誠実であることは両立できる。あなたが本当に内気なら、ここぞというときにあなたの内気さに重りをつけて、誇張するのである。自分が本来持っている資質に尾ひれをつけるのだから、たやすくできるはずである。

一八一二年、バイロン卿が初めての長編詩を出版すると、彼は一躍、時の人となった。才能ある詩人であるうえに、とてもハンサムで、美しくさえあった。彼の書くものの登場人物のように、考え込むたちで謎めいたところもあった。女性たちはバイロン卿に夢中になった。彼の〝上目遣い〟は有名だった。少しうつむき加減になり、下から顔を盗み見て女性を身震いさせるのだ。さらに、バイロン卿にはほかの面もあった。初めて彼に会ったとしても、その落ち着きのなさ、不似合いな服装、奇妙なほどの恥ずかしがり方、そして、ひどく引きずっている片足に、気づかずにはいられないだろう。この悪名高い男は、あらゆる慣習を嘲笑うような、とても危険な男に見えるが、人間として不安定で傷つきやすい男でもあったのだ。

バイロン卿の詩に出てくるドン・ファンは、女性を誘惑するというよりも、いつも女性たちから追いかけ回されている男だ。その詩は自伝的なものだった。女性たちは、このどことなくはかなげで自分の感情さえ持て余しているような男の世話をしたがった。それから一世紀以上も経って、ジョン・F・ケネディ少年は、バイロンに心を奪われ、彼と肩を並べるような男になりたいと望んだ。彼はバイロンの〝上目遣い〟まで真似ようとした。ケネディ自身、若い頃から身体が弱く、常に健康問題を抱えていた。彼もまた、かわいらしく、友人たちは少し女性らしいところがあると感じていた。ケネディは身体的にも精神的にも弱さを抱えており、自信がなく、内気で、神経過敏だった。しかし、まさにその弱さが女性たちを引きつけたのである。もし、バイロンやケネディが自分の弱さを隠そうとして、男らしく威張って見せたりしていたら、誘惑的な魅力を持たなかっただろう。それよりも、彼らは自分の弱さをどのようにしてさりげなく女性に見てもらうか、自分の優しい一面として感じてもらうかを心得ていたのだ。

それぞれの性に特有の恐怖や不安がある。戦略的に自分の弱さを使うときには、この違いをいつも考慮に入れなければならない。たとえば女性は、男性の強さや自信に引かれるものだが、それが過ぎると恐怖を生み、不自然で、醜いとさえ映ってしまう。特に、威圧という行為は、男性が冷たく無情であるということを意味する。女性は、性交渉だけが狙いで、ほかに何もないのではないかと不安になる。昔から男性の誘惑者は、より女性らしくなることを学んできた。自らの感情を表に出し、ターゲットの人生に興味を持っているように見せるのだ。中世のトルバドゥール（吟遊詩人）は、この戦略を初めてマスターした先駆者たちだ。彼らは女性に敬意を込めて詩を書き、自分の感情を芝居っ気たっぷりに表現しつづけた。そして淑女たちの寝室で長いあいだ過ごし、彼女たちの不平に耳を傾け、スピリットを取り入れた。進んで弱さを演じることの見返りに、トルバドゥールたちは女性に愛される資格を得ていたのだ。

それ以来、ほとんど何も変わっていない。近年の歴史に登場する偉大な誘惑者たち――ガブリエーレ・ダヌンツィオ、デューク・エリントン、エロール・フリン――、女性にかしずくトルバドゥールのように、女性に対して奴隷のように振る舞うことの価値を理解した男たちだ。その秘訣は、できるだけ男らしさを残しながらも、あなたの優しい面を解き放つことだ。ときおり、はにかんで見せるのもいいだろう。哲学者セーレン・キルケゴールは、これを男性にとっての素晴らしい誘惑テクニックであると考えた――女性を居心地良くさせて、優越感さえ感じさせるものだからである。そうは言っても、何事もほどほどにするのが肝心だということを覚えておこう。恥ずかしそうな視線を送るだけで十分だ。やりすぎると、ターゲットは、結局、何から何まで自分でする羽目になるのではないかと心配になり、失望してしまうだろう。

男性の恐怖や不安は、男性らしさの感覚に関係している。男性は、あからさまに自分を操ろうとする女性や、主導権を持とうとしすぎる女性に対して、脅かされているように感じるのが普通だろう。歴史上の偉大な女性の誘惑者たちは、男性の庇護を必要とするかよわい女性を演じることで、自分たちが巧みに操っていることを隠す術（すべ）を知っていた。古代中国の有名な妓女ス・ショウは、際だって青白く弱々しく見えるような化粧をしていた。また歩くときも、はかなげに見えるように歩いた。一九世紀の有名な高級娼婦（クルチザンヌ）コーラ・パールは、文字どおり少女のような服を着て少女のように振る舞った。マリリン・モンローは、生きるために男性の強さに頼っているという印象を与える術（すべ）を知っていた。彼女たちの例からわかるように、女性たちのほうが、力関係を支配下に置き、最終的に男たちをとりこにするために、男らしさの感覚が高まるように仕向けているのである。もっとも効果的なのは、庇護を必要とする存在であると同時に、性的に興奮させる存在であると思わせることだ。男性に究極のファンタジーを与えるのである。

ナポレオン・ボナパルトの妻、ジョゼフィーヌは、出会った当初には計算されたコケットリーで夫を支配した。後年は、ひっきりなしに涙を見せる――必ずしも純粋な涙とはかぎらない――ことで、その支配力をほしいままにした。誰かが泣いているのを見ることには、感情に訴えかけてくる直接的な効果がある。中立ではいられない。同情を感じ、涙を止められるなら、どんなことでもしようとするだろう。普通ならしないようなことまでしてしまうのだ。泣くことは、信じられないほど強力な戦術である。しかし、泣いている者がいつも純粋とはかぎらない。涙の裏には、たいてい何らかの真実が隠れているが、相手に影響を与えようと演技をしていることもありうる（そして、ターゲットに感づかれた瞬間に、この戦術は使えなくなる）。涙が与える感情的な衝撃以上に、悲しみにはどこか誘惑的な要素がある。われわれは他者に安らぎを与えたい。そうした想いは、トゥールベル夫人が経験したように、一瞬にして愛へと変わる。ときどき泣くことを含めて、悲しみを装うことには大きな戦略的価値がある。もちろん男性にとっても同じである。これは、学んで身につけることのできるスキルだ。一八世紀フランスの小説家マリヴォーによって描かれた小説『マリアンヌ』の主人公は、意図的に涙を見せたり、自分を悲しげに見せたりするために、何か過去の悲しい出来事について考えるということをしていた。

涙は、出し惜しみして、ここぞというときのためにとっておこう。おそらく、ターゲットがあなたの動機に疑いを持っているように見えたときや、自分の誘惑が彼または彼女に何の効果ももたらしていないと焦りを感じたときが、そのタイミングだ。涙は、相手が自分にどれほど夢中になっているかを測る確実なバロメーターになる。もし相手が涙を見ていらだったり、エサに食いついてこないなら、成功の見込みは全くない。

社会的または政治的な状況では、野心を剥き出しにしていたり、自己抑制が利きすぎていると、人々に恐怖を感じさせてしまうだろう。こうした状況では、弱い面を見せることがきわめて重要になる。弱さを一つ見せることで、多くの操作を隠すことができる。感情は（また涙も）、ここでも有効だ。誘惑に一番有効なのは、犠牲者を演じることである。ベンジャミン・ディズレーリは最初の議会演説の際に、手の込んだ演説原稿を用意した。しかし、彼が話しはじめると反対派から大声で野次が飛び、大きな笑いが起こって、ほとんど聞き取れなかった。それでも彼は苦労しながら前に進み、用意した演説を最後までやり遂げた。席に戻った彼は、ひどい失敗をしてしまったと感じていた。だが、驚いたことに、同僚たちは、演説は大成功だったと彼に言った。もし、彼が反対派の態度に不平を言ったり、途中でやめていたなら演説は失敗だったと言えるだろう。しかし、彼が最後までやり遂げたことで、ディズレーリは無慈悲で理性を欠いた党派に責められる被害者というポジションを得たのだ。演説を終えたいま、議場にいたほとんど全員が彼に同情を感じている。これは今後、必ず彼の役に立つだろう。卑劣な反対者たちに反撃すると、自分も彼らと同じように醜く見えてしまう。それよりも、彼らの攻撃を甘んじて受け、犠牲者を演じよう。民衆は感情的に反応して、あなたの側につくだろう。そうした感情的な反応が、政治的な誘惑の基礎を築いているのである。

イメージ

欠点（ブレミッシュ）。美しい顔を見るのはうれしいことだ。しかしあまりにも完璧すぎると、冷たく感じ、怖気づいてしまうことさえある。小さなほくろ一つがあることで、人間らしく愛らしい顔になる。まさに〝ビューティ・マーク〟だ。だから、あなたのどんな欠点も隠してはならない。それはあなたを弱く見せ、相手の優しさを引き出すのに必要なのだ。

例外

誘惑においては、タイミングがすべてだ。常にターゲットを観察し、あなたの魔法にかかるサインを見逃してはならない。恋に落ちた人間は、相手の弱さを無視したり、かえって愛しく感じたりする傾向がある。一方、誘惑されていない理性のある人間は、はにかんでいる姿や、感情を爆発させている姿を見て痛ましく思うだろう。誘惑的な価値のない弱さもいくつかあるのだ。たとえターゲットがどれほどあなたに恋していようとも、そういう弱さは何の役にも立たない。

一七世紀の有名な高級娼婦（クルチザンヌ）、ニノン・ド・ランクロは男性の弱い面を愛した。しかし男性が度を越してしまい、彼女が自分のことを十分に愛してくれない、気紛れで自立しすぎている、そして自分を虐げ、不当に扱っているなどと不平を言うこともあった。そんな態度をとられると、ニノンはすっかり魔法から覚め、即座に関係を終わりにしてしまうのだ。不平を言ったり、すねたり、愛情を求めすぎたり、積極的に同情を引こうとしたりするのは、ターゲットに対して魅力的な弱みを見せるというより、ネガティブなパワーで、巧みに操ろうとしているように映ってしまう。犠牲者を演じるときはさりげなく、宣伝過多にならないように気をつけよう。あなたを愛らしく見せる弱さだけが、演ずる価値のあるものだ。ほかの欠点は、何としても抑えつけ、根絶しなくてはならない。

かよわい女性は人の心を支配する。聡明で、強引な女性は要らない。私自身、弱くて優柔不断な性格だ。女性は物静かで慎ましくて、男の意志にすべて任せるような人に魅力を感じる。男はそうした人を自分の思いのままに気に入るように成長させていければよいと思う。

紫式部『源氏物語』

クロノスとレアの娘ヘラは、サモス島（一説によるとアルゴス）に生まれ、アルカディアでペラスゴスの息子テメノスに育てられた。〝季節〟が彼女の乳母だった。ヘラの双子の弟ゼウスは、父親のクロノスを追放したあと、ヘラを捜してクレタ島のクノッソス（一説によるとアルゴリスの、いまはカッコウ山と呼ばれているトルクナクス山）まで行き、彼女に求愛したが、最初はうまくいかなかった。彼がカッコウに姿を変え、びしょ濡れになってヘラの前に現われると、彼女は同情して、優しく抱擁し温めてやった。その瞬間、ゼウスは元の姿に戻り、彼女を犯した。これを深く恥じ入ったヘラは、ゼウスと結婚した。

ロバート・グレイヴズ『ギリシャ神話』

誘惑の戦略（？）とは、相手を自分の弱点の領域（同時にそれは相手の弱点の領域でもある）に引き込むことである。計算された弱点や、計算できない弱点が、相手を引き込もうと挑発してくる。（中略）

誘惑とは、弱さを見せることである。誘惑とは、弱点を差し出することである。われわれは、自らの弱さによって誘惑するのだ。強い象徴や力によってではない。誘惑においてわれわれは弱さを演じ、それが誘惑に強さを与える。

われわれは、自らの死によって、自らのもろさによって、われわれを常に悩ませるむなしさによって誘惑する。その秘訣は、視線や身ぶり、知識、感覚の代わりに、死をうまく利用することだ。精神分析では、もろくて消極的な態度を取ることが、宗教的な表現では、それらが精神のバランスを保つための服従と容認の形に変わるといわれる。それに反して誘惑は、得意満面で弱さを利用し、自らのルールに則ってゲームを進める。

ジャン・ボードリヤール『誘惑』

昔のアメリカのことわざに、「もし誰かをペテンにかけたいなら、まず相手から信用されろ。少なくとも相手のほうが優れていると思い込ませろ」（信用と優越感は結びつく）というのがある。そうすることで、相手の警戒を弱めるのだ。このことわざは、テレビのコマーシャルについての解説にも応用できる。大衆がバカでないなら、彼らがテレビのコマーシャルに対して優越感を持つことで自分は影響を受けていないと信じる。この自由意志を持っているという幻想がある限り、コマーシャルなど怖くはない。大衆は自分が影響下にないと信じていることを頭から信用してしまいがちだ。（中略）

テレビのコマーシャルはバカバカしくて無様で、効果があるとは思えない。それは、意識の上ではバカにされて拒絶されるようにわざと作られているのだ。（中略）　ほとんどの広告マンは、一番ひどいコマーシャルが一番売れると、長年の経験から確信している。効果的なテレビのコマーシャルは、意図的に視聴者の意識的な知性を見くびって作られており、そうすることで彼らのガードを突き崩すのだ。

ウィルソン・ブライアン・キイ『潜在意識の誘惑』

恥じらいを利用するにはかなりの技術を必要とするが、得るものは大きい。私は何度も若い女性たちとの駆け引きに恥じらいを装った。たいてい若い女性ははにかんでいる男と話すとき、冷たい態度を取るものだ。だがそういう相手を密かに気に入っているのだ。適度に恥ずかしがることで若い少女の虚栄心がくすぐられ、女性は優越感を味わう。これが金になる。女性が完全に油断したところで、私が恥じらうあまりに消え入りそうになっていると女性が信じ込んだところで、こちらは恥じらいからはまったく縁遠くて、実は自信に溢れているということを見せつけてやるといい。恥じらいは男性らしさを失わせる。それゆえに、両性の関係を中性化する意味において、それは比較的有効な手段だ。

セーレン・キルケゴール『誘惑者の日記』

さらに別の慈善の形がある。女気を断たれた憐れな囚人に対し、しばしば行われてきた。看守の妻や、戦争で捕虜を預かった女城主などが、囚人に慈悲をかけるあまり、愛までも授けるのである。（中略）

そういうわけで、看守の妻や女城主は、囚人にお情けを施すのである。囚人たちは惨めな捕われの身となっていても、栄光の日々を忘れられないのと同様、やっぱり肉の疼きをごまかすことはできない。

（中略）

　これを裏づけるため、前にも一、二度述べたガリー船の隊長ビューリー船長から聞いた実例を一つ挙げよう。船長はフランス修院長ロレーヌ家の故提督に仕え、慕われていた。あるとき、提督のいるマルタ島へアリゲート艦で赴く途中、シチリアのガレー船に捕まり、パレルモのカステル・アマールに護送されて、そこのひどく狭くて薄暗く汚い牢獄へぶちこまれ、三か月後には病気になってしまった。たまたまそこの城守はスペイン人で、二人の美しい娘がいた。二人は囚人が呻き、嘆く声を聞いて、善なる神の名誉にかけて囚人を訪ねる許可を父に求めた。父は寛大に許可を与えた。ビューリー船長は誠に堂々とした紳士で、話題も豊富だったので、最初から娘たちの心をすっかり掴んでしまった。娘たちは父親にさらに許しを乞い、船長は汚い牢獄からこざっぱりした部屋へと移され、より良い待遇を受けることになった。そのうえ娘たちは毎日、自由に彼に会いに行って、お喋りをする許しまで得た。

　事はうまく運んで、娘は二人ともすっかり彼に惚れ込んでしまった。彼はさほどの美男でもなかったが、娘たちのほうはとびきりの美人だった。そうなってしまうと、もっと厳しい牢屋に入れられようと、死の危険を冒そうと、彼はもはや何も考えずに無性に誘惑されて、二人の娘たちと思う存分、肉欲の喜びを楽しんでいた。この喜びは何の醜聞もなく続けられた。丸八か月間、彼は二人の娘を征服した幸運に有頂天になっていた。その間、スキャンダルも起こらなければ性病に罹ることもなく、発覚もせず、また不意打ちも食らわず、都合の悪いことは何一つなかった。それというのも、姉妹が互いに助け合って交互に見張っていたので、首尾よく事が運んだのである。

　彼は親しい友人である私にこう打ち明けてくれた。娑婆（しゃば）で自由にしていたときには、前述の牢獄ほど素晴らしい思いをしたことはなかった。またあんなに激しい情熱と欲望で、あれに夢中になったこともかつてなかった。誰もがそんな結構な牢獄があるはずはないと言うだろうが、まったく夢のような思いをしたと、話してくれた。

　この楽しい八か月を過ごすうちに、アンリ二世と皇帝との間に和睦が成立し、すべての捕虜が釈放されて自由な身となった。あの楽な牢獄を出ることもさることながら、並々ならぬ好意を示してくれた娘たちと別れることほどつらかったことはない。彼女たちもまた、別れ際にはひどく嘆き悲しんだということである。

ブラントーム『好色女傑伝』

14

願望と現実とを混同させよ

――完璧なイリュージョン

日常生活の苦労を埋め合わせるために、人々は長々と空想に耽（ふけ）り、冒険、成功、ロマンスがいっぱいの未来を想像する。もし、あなたを通じて夢が叶うという幻想を創り出すことができたら、相手はあなたの意のままになるだろう。ゆっくりと始めることが大切だ。まずは信頼を得て、相手の願望にマッチしたファンタジーを徐々に創りあげていくこと。過去に頓挫したり、心の底に抑えているような〝秘密の願望〟に狙いを定めよう。抑えの利かない感情を呼び起こし、理性の力を鈍らせるのだ。完璧なイリュージョンは現実から大きくかけ離れたものではないが、白昼夢のように非現実の香りが漂うものである。もはや幻想と現実の区別がつかない混乱の境地へと、ターゲットを導こう。

肉体的なファンタジー

一九六四年、ベルナール・ブルシコという二〇歳のフランス人が、フランス大使館の会計士として中国の北京に赴任した。最初の数週間は予想とはまるで事情が違った。ブルシコはフランスの地方出身で、旅行と冒険を夢見ていた。中国への異動を命じられると、紫禁城やマカオの賭博場を思い描き、彼の胸は高鳴った。しかし、中国は共産主義国である。当時、西洋人と中国人が交流することはほとんど不可能だった。ブルシコは北京市内に駐在するほかのヨーロッパ人たちと交流するしかなかった。なんて退屈で排他的な連中だろうと思った。彼はだんだん孤独になり、辞令を受けたことを悔やみ、北京を離れる計画を立てはじめた。

その年のクリスマスパーティでのこと、ブルシコの視線が部屋の隅にいる若い中国人男性に釘づけになった。こういった行事で中国人を見かけるなど、めったにないことだったからだ。彼はその男に興味をそそられた。細身で背が低く、少し内気そうではあったが、人を引きつける存在感があった。ブルシコは彼に近づき、自己紹介をした。彼の名は時佩璞（シー・ペイ・プー）といい、京劇の脚本家をしていた。また、フランス大使館の職員に中国語を教えていた。二六歳で、フランス語を完璧に話した。ブルシコは彼のすべてに魅了されてしまった。優しくささやくような声は、まるで音楽のようであり、彼についてもっと知りたいと思わせずにはおかなかった。普段は内気のブルシコだが、電話番号を教え合うことをしつこく求めた。おそらくペイ・プーは、中国語の家庭教師を依頼されると思っただろう。

数日後、二人はレストランで会った。その店に西洋人はブルシコただ一人だった――本物の異国情緒をやっと味わえるのだ。ペイ・プーは京劇界では名の知れた俳優でもあり、かつてこの国を統治していた清王朝につながる家柄だということがわかった。いまは労働者についての作品を書いているそうだが、このことを彼は皮肉交じりに話した。二人は定期的に会うようになり、ペイ・プーはブルシコを北京の名所に案内してくれた。ブルシコはペイ・プーの話が好きだった。ペイ・プーはゆっくり話す。話が進むにつれて、歴史的な事柄がまるで現実のように甦ってくるのだ。ペイ・プーの両手は、彼の言葉を美しく色づけするために動いていた。たとえば、ここは明王朝最後の皇帝が首を吊った場所だという話をするとき、彼はその場所を指さしながら、同時にその物語を語るのである。また、前に二人で食事したレストランの料理人は、中国最後の皇帝の宮殿で仕えていたという話をしたかと思うと、また別の壮大な話へと続くのだ。北京の京劇界についても話してくれた。男性が女性役を務めることが多く、それで有名になる者がときどきいるのだそうだ。

二人の男は友人になった。中国人が外国人と接触することは制限されていたが、彼らは何とかして会う方法を見つけ出した。ある夜、ペイ・プーが子供たちの家庭教師としてフランス人職員の家を訪ねる際には、ブルシコも同行した。彼は、ペイ・プーが子供たちに京劇の物語『ザ・ストーリー・オブ・ザ・バタフライ』を話すのを聴いていた。――少女は公立学校に通いたいと思っていたが、その学校では女子の入学が許されていなかった。そこで彼女は男の子になりすまして受験し、合格する。その後、一人の学生が彼女に恋をし、彼女もその学生に引かれていく。ついに彼女は自分が本当は女子であることを打ち明ける。よくある物語と同じように、この物語の結末も悲劇的なものだった。ペイ・プーの語り口には並々ならぬ感情が込められていた。まるで主人公の少女を演じているかのようだった。

それから数日後の夜、二人で天安門の前を歩いているとき、ペイ・プーが『ザ・ストーリー・オブ・ザ・バタフライ』の話を振り返った。「僕の手を見て」と彼は言った。「それから僕の顔を。バタフライのあの話は、僕の物語でもあるんだ」。ゆったりとしたドラマティックな話し方で、「母の最初の子供二人は女の子だった」と彼は続けた。中国では、男子のほうが重要だと考えられていた。もし三人目も女子だったら、父親は別の女性を後妻に迎えなければならなかった。三人目の子供が産まれた。また女子だった。しかし、母は恐ろしくてそのことを打ち明けられず、産婆と口裏を合わせて男子だと伝えることにした。そうして、その子を男子として育てていくことにした。その三人目の子供が、ペイ・プーだったのだという。

長年にわたって、ペイ・プーは自分が女性であることを必死に隠し通さねばならなかった。公衆浴場には入らなかったし、頭が禿げてきているように見せるために、生え際の髪の毛を引き抜きつづけた。ブルシコはこの話に引き込まれた。そして、救われたような気持ちになった。というのも、バタフライの物語に登場する男子学生のように、彼もまたペイ・プーに強く引かれていたからだ。すべてがいま、はっきりした――小さな手、高い声、ほっそりとした首――。ブルシコは彼女に恋をしていた。そして、その想いは報われた……かのようだった。

ペイ・プーはブルシコのアパートメントを訪れるようになり、まもなく二人はベッドをともにするようになった。彼のアパートメントでもペイ・プーは男装をしていたが、いずれにしても中国の女性たちは男性用の服を着ているものだった。ペイ・プーは彼がそれまでに出会った中国人女性の誰よりも女性らしかった。ベッドでは恥じらいながらも、彼の両手を導くのだ。そのしぐさは刺激的で、まぎれもなく女性だった。あらゆるものをロマンティックにして、その価値を高めてくれる。彼女と離れて一人でいるときにも、彼の心には彼女の言葉としぐさが一つ一つ鳴り響いた。この情事をいっそう激しいものにしたのは、二人の関係を決して知られてはならないという、二人が直面する現実だった。

一九六五年一二月、ブルシコは北京からパリへ戻ることになった。その後、関係を持った女性はいたが、彼の心の中にはいつもペイ・プーがいた。中国で文化大革命が起こり、彼女との連絡が途絶えた。ブルシコが北京を離れる前、ペイ・プーに自分の子を身ごもっていることを告げられたが、その子が無事に産まれたのかどうかもわからなかった。彼女への想いは募るばかりだった。そして一九六九年、彼は姑息な手を使って、北京での政府関係の仕事を新たに得た。

最初に訪れたときよりも外国人との接触は難しくなっていたものの、何とかペイ・プーを捜し出すことができた。一九六六年に息子が生まれて、ブルシコにそっくりだと彼女は言った。中国では外国人を忌み嫌う気運が高まっており、彼女自身も自分が女性であることを隠しつづけなければならないため、ロシアとの国境に近い辺鄙な集落に送り出したとのことだった。そこの寒さは厳しく、息子はもう死んでいるかもしれない。そう言って、彼女はブルシコに息子の写真を見せた。自分に似ているところがいくつかあった。それからの数週間、二人はあちこちで会う時間を作った。ブルシコにはある思いがあった。彼は文化大革命に共感を覚えており、ペイ・プーと自由に会うことを妨げている禁止令に何とか抜け道を作りたいと思っていた。そこで、ブルシコはスパイになることを提案したのだ。その提案は然るべき人間に伝えられ、まもなく彼は共産主義者のために書類を盗み出すようになる。ベルトランと名づけられた息子は北京に呼び戻され、ブルシコはついに息子との対面を果たした。いまや、ブルシコの人生は三つに折り重なる冒険に彩られていた。ペイ・プーを誘惑したこと、スパイとしてスリルを味わうこと、そして非嫡出子をもうけたこと。ブルシコは息子をフランスへ連れて帰りたいと考えていた。

一九七二年、ブルシコは北京を発った。その後、数年のあいだ、ペイ・プーと息子をフランスに連れてこようと繰り返し試みた。ついに一〇年後、その願いが叶った。三人はようやく家族となったのだ。しかし一九八三年、フランス当局が大使館職員と中国人男性との関係を疑いはじめる。ちょっとした捜査で、いとも簡単にブルシコのスパイ活動が暴かれた。彼は逮捕され、ほどなくして驚くべき証言をしはじめた。同居していた男性というのは、実は女性だったというのだ。当惑したフランス当局はペイ・プーの身体検査を命じた。しかし、検査の結果は、まぎれもなく男性だった。ブルシコは投獄された。

ブルシコは元恋人自身の告白を聞いたあとですら、ペイ・プーは女性だと信じて疑わなかった。その柔らかな身体、二人の濃密な関係――自分が間違っていることなんてありえない。しかし、ペイ・プーが同じ刑務所に収監され、否定しようのない男性の証しを目にしたときには、さすがにブルシコも男性だと認めざるを得なかった。

〔解説〕ブルシコと出会ったとき、ペイ・プーは、誘惑の〝完全な犠牲者〟を見つけたことを実感した。ブルシコは独り者で、日々の生活にうんざりし、自暴自棄になっていた。ペイ・プーは自分に対する反応を見て、ブルシコがホモセクシャルかバイセクシャルだろうと判断した──少なくとも性に対してあいまいな印象を受けた（ブルシコは実際、若い頃にホモセクシャルの体験があったことを認めている。そのことに罪悪感を覚え、抑えようとしてきたのだ）。ペイ・プーは以前、女性役を演じたことがあり、それを得意としていた。痩せていて女性的な身体つきのため、肉体的にも問題はなかった。とはいえ、いったい誰がそんな話を信じるというのだろう。少しも疑わないということがあるだろうか？

ペイ・プーの誘惑における決定的な構成要素は、一人のフランス人男性に人生の冒険というファンタジーをもたらしたことだ。それはゆっくりとはじまり、犠牲者の心の中で形づくられていった。完璧なフランス語で（そうは言っても、中国人ならではの興味深い表現もいっぱいあった）、ブルシコに様々な物語を聴かせるようにした。あるものは真実で、あるものはそうでない。しかし、彼の話はすべてドラマティックで、まことしやかに語られるのだ。そして、自身の『ストーリー・オブ・ザ・バタフライ』で異性に扮装するというアイデアを植えつける。彼が自分の性について〝真実〟を打ち明けた頃には、ブルシコはすっかり彼のとりこになっていた。

ブルシコがあらゆる疑念を寄せつけずにいたのは、ペイ・プーの話を信じたいと望んでいたからである。あとは簡単だった。ペイ・プーは生理のふりをした。自分たちの息子だと偽ってどこかから子供を連れてくることにも大して金はかからなかった。それより重要なのは、ペイ・プーがそのファンタジーでの自分の役を徹底的に演じ切ることだった。彼自身の過去を、それどころが二人のあらゆる体験をも、歴史の刺激的な断片のなかに包み込む。そうすることで、とらえどころのないミステリアスな（西洋人がアジアの女性に期待しているものだろう）存在でありつづけるのだ。ブルシコは後にこう語っている。「ペイ・プーが頭から離れないんだ……想像のなかでいつも僕たちは愛し合っていた。夢の中でもそうだ。ずいぶん長いあいだ、現実から離れていたみたいだった」

ブルシコは、エキゾティックな冒険、永遠に終わらないファンタジーを経験しているのだと考えていた。あまり意識せずに、抑えられていたホモセクシャルのはけ口としたのだろう。ペイ・プーは、そのファンタジーを肉体的に与えてくれた。まず心に働きかけることによってそれは実現した。人の心には二つの流れがある――信じることで楽しくなるものなら信じたいが、その一方で自己防衛のために疑り深くなることも必要なのだ。はじめから芝居がかりすぎて、ファンタジーを創り出すことに一生懸命になりすぎると、相手の心を疑い深くする流れになってしまう。いったんそうなると、決して疑いが晴れることはない。そうでなく、ゆっくりと始めなければならない。まずは信頼を築き、相手の好奇心をくすぐるような不思議なことや刺激的なことを、さわりだけ見せるようにする。作り話を織り交ぜた物語を聴かせるのはそれからだ。信頼関係の土台が築けたなら、ファンタジーであれ夢であれ、あなたが相手を包み込むものが、信じられるものになる。

人は途方もないことほど信じたがるものである、ということを覚えておこう。ちょっとした土台づくりと精神的な前戯によって、人はあなたの創り出した幻想に引き込まれるだろう。もし現実で何か齟齬が生じたら、本当らしく見せる小道具（ペイ・プーがブルシコに会わせた子供のようなもの）を使おう。言葉に空想的なニュアンスを付け加えたり、あるいは時おり、自分を少しだけ非現実的に見せるしぐさをしてみるのもいいだろう。相手が乗ってきたと感じたなら、さらに深くファンタジーの世界に引き込むことができる。その時点ではもう、現実らしさなどに気をとられる必要もないほど、相手はその世界にどっぷりと浸かっていることだろう。

願望の実現

一七六二年、ピョートル三世の妻エカチェリーナ二世は無能な夫に反旗を翻し、自身がロシアの女帝に即位することを宣言した。それから数年間、エカチェリーナは一人で国を統治していたが、そのあいだも愛人の存在が途切れることはなかった。彼らはロシア語で“vremienchiki”、つまり〝時の人〟と呼ばれていた。一七七四年の〝時の人〟はグリゴリー・ポチョムキンだった。陸軍中尉の彼は当時三五歳で、エカチェリーナより一〇歳年下であり、愛人の候補者には一番ふさわしくないと思われた。ポチョムキンは粗野な男で、まったくハンサムではなかった（事故で片目を失明していた）。しかし、彼は、エカチェリーナを笑わせる術（すべ）を心得ており、彼女を熱烈に崇拝していた。ついに女帝は落ち、まもなく彼は生涯の愛人となったのである。

　エカチェリーナはポチョムキンをどんどん昇格させ、やがて白ロシア（ウクライナを含めた広大な南西地域）の知事を任せるほどになった。知事に任命されたポチョムキンはサンクトペテルブルクを離れ、南部に赴任しなければならなかった。ポチョムキンは、エカチェリーナが男性との交際なしではやっていけないことを知っていた。そこで彼女の新しい〝時の人〟選びを自ら買って出た。彼女はこの配置換えを手放しで認めたわけではない。というのも、ポチョムキンが一番のお気に入りだということは、常にはっきりしていたからだ。

　エカチェリーナはトルコに戦争を仕掛け、ロシア正教会のためにコンスタンティノープルを奪回し、トルコ人をヨーロッパの外へ追い出すことを夢見ていた。そこで神聖ローマ帝国を統治するハプスブルク家の若き皇帝ヨーゼフ二世に、この〝十字軍〟を共同で送ることを申し出る。しかし、ヨーゼフは共同参戦するという協定になかなか署名しようとしなかった。業を煮やしたエカチェリーナは、一七八三年にクリミアを併合した。クリミアは南部の半島で、住人のほとんどがイスラム教徒のタタール人で占められていた。そして、ウクライナでしたのと同様のことをクリミアでもするようにとポチョムキンに命じた——敵兵の排除、道路の整備、港の近代化、貧者の救済である。彼がそうした仕事を完遂すれば、クリミアはトルコとの戦いの際に、完璧な駐屯地になるだろう。

　クリミアは開発の遅れた荒れ地だったが、ポチョムキンはこの挑戦に前向きだった。数多くの異なる計画を進めながら、自分がこの地で奇跡を成し遂げるというビジョンに夢中になっていった。ドニエプル川流域にエカチェリノスラフ（〝エカチェリーナの栄光〟の意）という首都を置こうと考えた。サンクトペテルブルクと肩を並べる都市にし、ヨーロッパ随一の素晴らしい大学を建てるのだ。農村地帯は、トウモロコシ畑がどこまでも広がり、東洋で採れる珍しい果物を栽培する果樹園や養蚕場がある。新しい街の市場は賑わうだろう。一七八五年にエカチェリーナに謁見した際、ポチョムキンはこうした構想がすでに実現しているかのように話した。彼の説明は生き生きしていて、その情景が心に鮮明に浮かんでくるようだった。この話を聴いて、女帝はたいへん喜んだが、大臣たちは懐疑的だった――ポチョムキンが話し好きなのはわかる、だが……。大臣たちの諫言などお構いなしに、一七八七年、エカチェリーナはクリミアを視察することにした。ヨーゼフ二世にも同行を求めた。クリミアの近代化に感銘を受ければ、対トルコ戦争の協定にすぐに署名する気になるだろうと考えたのだ。当然、ポチョムキンがすべてを取りしきることになった。

その年の五月、ドニエプル川に張った氷が溶けた後、エカチェリーナはウクライナのキエフからクリミアのセバストポルへの旅の準備を始めた。ポチョムキンはエカチェリーナとその随行員らを乗せるために七艘の豪華船を調達した。船が動きだし、エカチェリーナとヨーゼフ、それに廷臣たちは両岸を眺める。壁を塗ったばかりで小ぎれいな街並みには凱旋門が建ち、よく肥えた家畜が牧草を食んでいた。道には軍隊が列をなして行進し、至るところに建物が建てられていた。夕方には、鮮やかな服を着た農民たちと、笑みを浮かべ、髪に花を挿した少女たちが岸辺で踊りを披露し、彼らを楽しませた。エカチェリーナは何年も前にこの地方を訪れたことがあったが、一帯の農民の困窮ぶりは目も当てられないほどだった。そのとき、彼らのこの状況を何とかして変えようと彼女は決心したのだ。そしていま、目の前に広がるあまりの変化に彼女は圧倒されていた。そして、ポチョムキンを批判する者たちにこう言い放った。「私が心から信頼する人が成し遂げたことを見てごらんなさい。何という奇跡でしょう！」

一行は三つの街に立ち寄った。どの街でも、豪華な宮殿に滞在した。どの宮殿も建てられたばかりで、英国風の庭園に人工の滝をしつらえている。上陸して村々を見て回り、活気のある市場に立ち寄った。農民たちは、建物を建てたり修繕したりと、楽しそうに働いている。彼らはどの街でもスペクタクルでいっぱいの夜を過ごした――踊りやパレード、神話劇、ムーア風庭園を照らす人口火山などが目を楽しませてくれるのだ。旅の目的地であるセバストポルの宮殿で、エカチェリーナとヨーゼフはトルコ戦争について議論した。ヨーゼフは自分の懸念を繰り返すばかりだった。不意に、ポチョムキンが口を挟んだ。「私には一〇万の兵士がいます。彼らは私の『出陣せよ！』という命令を心待ちにしているのです」。そのときを待っていたかのように砲声がとどろいた。宮殿の窓が開き、見渡すかぎりの兵士の隊列と、港を埋め尽くすほどの船団が目に入ってきた。その光景を目の当たりにして、ヨーゼフ二世はトルコ人から東ヨーロッパの都市を奪回するイメージに心を躍らせた。そして、ついに協定に署名したのである。エカチェリーナは狂喜し、ポチョムキンへの愛はよりいっそう深いものになった。彼は女帝の夢を叶えたのだ。

エカチェリーナは、自分が目にしたもののほとんどすべてが、まったくの偽物だったとは露ほども疑わなかった。おそらく、一人の男によって作り上げられたものとしては、最高に手の込んだ幻想であると言えるだろう

〈解説〉ポチョムキンはクリミアの知事を務めた四年間、ほとんど功績を挙げることができなかった。この地域を発展させようとしたら、何十年もかかるのだ。とはいえ、エカチェリーナが訪れる前の数か月間で、彼は以下のことをやってのけた――道路や河岸に面した建物を全部塗り替えた。景観の悪いところを隠せるように造りものの樹木を用意しておいた。壊れた屋根はタイルに見えるように塗装した薄い板を使って修理した。一行が出会いそうな人々には一番上等な服を着て楽しそうに振る舞うように、また老人や病人には家の中にいるように命じた――。ドニエプル川を下りながら一行が目にした新しい村々は、その建物のほとんどが〝書き割り〟だった。家畜の群れは遠方から船で運ばれてきたものであり、夜のうちにまた旅の行程を先回りして運ばれ、次の牧草地に放されていた。踊っていた農民たちは、一行を歓待するために踊りの訓練を受けており、〝公演〟が終わると荷馬車に乗せられて、より下流の新たな土地へと急いで運ばれていたのだ。至るところにいるように見えた兵士たちも同じだった。新しい宮殿の庭は、よそから移し替えられた木々で

いっぱいだったが、数日後には枯れてしまった。宮殿自体も急ごしらえで粗悪なものだったが、きらびやかな装飾品のおかげで誰にも気づかれなかった。要塞の一つは砂で作られており、一行が立ち去った直後に豪雨で崩れてしまった。

この広大な幻想には、巨額の費用が費やされた。トルコとの戦争は失敗に終わったものの、ポチョムキンは目的を達成した。もちろん厳しい目で見ていれば、すべてが見えているとおりではないということを示す何らかの徴候に気づいただろう。しかし、女帝自身が、すべては本物であり、見事だと断言したとき、大臣たちもそれに賛同するしかなかった。誘惑の本質がここにある。エカチェリーナは、国民から愛される進歩的な統治者でありたいと猛烈に望んでいた。それはトルコ人を打ち負かし、ヨーロッパを解放することのできる統治者だ。だからこそ、クリミアの変化の兆しを見たとき、彼女の心はそのイメージに占拠されてしまったのである。

感情が絡んでくると、物事をありのままに捉えることに支障が出ることがよくある。愛はわれわれの目を曇らせ、目にした出来事を自分の願望と同一視させる。創り上げた幻想を信じさせるには、相手の感情を制御しきれないほど高ぶらせる必要がある。それには、相手の満たされない願望、泣き叫ぶほど成就させたい願望を突きとめることが一番である。おそらく自分のことを立派だとかロマンティックだと思いたいのに、現実がそれを邪魔しているのだろう。あるいは冒険を望んでいるのかもしれない。もし、こうした望みを叶えるのに有効なものがあるとすれば、感情に身を委ね、理性を明けわたすことである。ほとんど幻覚を見るくらいの境地になるしかない。

覚えておこう。相手をゆっくりと幻想の中に包み込んでいくことが大事なのだ。ポチョムキンは決して壮大なスペクタクルを見せることから始めたわけではなく、まずは草を食む家畜という地味な景色を見せることから始めた。そして、一行を上陸させてからドラマをだんだん盛り上げていき、いよいよ計算されたクライマックスが訪れる。窓を開け放って、強大な軍事力を誇示するのだ。そこには数千の兵士たちと何艘もの軍艦が、それ以上の数に見えるような隊列でずらりと居並んでいた。ポチョムキンのように、ターゲットを何らかの旅に連れだそう。実際に旅行に出てもいいし、精神的な〝心の旅〟でもいい。一緒に冒険するときの感覚は、ファンタジーを連想させるもので満ち満ちている。深く望んでいたものに関連する何かを目の当たりにしている、あるいはその望みが実現しているかのような感覚を与えよう。そうすれば、〝書き割り〟の村でさえ、豊かで活気ある村に見えてくる。

ポチョムキンのおとぎの国への旅が始まった。まるで夢のようだ。思考を現実化する秘密を発見した魔法使いの白昼夢なのだ。……エカチェリーナとその一行は現実の世界をあとにした……。彼らの会話は、イピゲネイア（訳注：アガメムノンの娘で女神アルテミスへの生贄に供されたが、アルテミスは彼女の命を救い、女神官にした）と古代の神々との会話そのものだ。エカチェリーナは、自分がアレキサンダー大王であり、クレオパトラ女王であるかのように感じていた。

――ジーナ・カウス

誘惑の秘訣

現実の世界は容赦のないものである。自分ではコントロールしきれないことが起こるものだ。他の人々はこちらの気持ちなど無視して、自分の欲しいものを追求することに没頭している。われわれが願望を実現する前に時間切れとなってしまうのだ。もし立ち止まって、完全に客観的な見方で、現在と未来を見つめたなら、おそらく人は絶望してしまうだろう。幸運なことに、われわれは遠い昔から夢見る習慣を身につけてきた。このもう一つの世界、内なる精神世界では、未来はバラ色の可能性に溢れている。明日、素晴らしいアイデアを人に売り込もうとしているかもしれないし、人生を一変させるような人と出会うかもしれない。われわれの文化は、信じられない出来事や幸せなロマンスのイメージや物語を継続的に提供することで、こうしたファンタジーに活力を与えているのである。

問題なのは、こういったイメージやファンタジーはわれわれの心の中や映像の中にしか存在しないことだ。しかし、それでは物足りない――果てしのない白昼夢や、映像から受けるちょっとした興奮ではなく、誰もが〝本物〟を求めているのだ。誘惑者としてのあなたの仕事は、ターゲットのファンタジーに血肉を与えて生命を吹き込むことだ。そのためには空想上の人物像を体現したり、あるいは相手の夢に酷似したシナリオを創る必要がある。密かに抱えていた願望に生命を吹き込んで目の前に置かれたら、それを拒む者などいないだろう。まず、ターゲットを選ぶことが大事である。抑圧された感情や実現されない夢を持っている相手を選ぶこと。そういう人たちがもっとも誘惑の犠牲者となりやすい。ゆっくりと徐々に、幻想世界を作り上げていく。すると相手はそこに自分自身の夢を見て、感じて、やがてその世界を生きていくようになる。いったんそういう感覚をもってしまうと、相手は現実からしだいに離れ、あなたの描くファンタジーより現実的なものはほかにないと考えはじめるだろう。そうして現実との接触を絶つと、あとはもう（バイロン卿の犠牲になった女性を表現したスタンダールの言葉を借りれば）「丸焼きにしたヒバリを口の中にほうり込んだようなものである。

たいていの人は幻想について思い違いをしている。マジシャンなら誰でも知っていることだが、何も大がかりな仕掛けや演出をする必要などないのだ。大がかりな仕掛けというのは実は有害で、あなた自身やあなたの企みに注目を集めすぎてしまうのだ。そうではなくて、普通らしく見せるのである。（異常なことなど何もないと）安心させてしまえば、ターゲットを欺く余地が生まれる。ペイ・プーはいきなり自分の性についてウソをついたわけではない。時間をかけてブルシコのほうから寄ってくるように仕向けたのだ。ブルシコがそのウソにひっかかったあとも、ペイ・プーは男性用の服を着つづけた。ファンタジーに生命を吹き込む際には、実物大よりも大げさなイメージを抱いてしまうことが、大きな失敗につながる。わざとらしくなると、相手を退屈させはしないものの、誘惑的な効果は薄れてしまう。そうではなくて、フロイトが言うところの〝不可思議なもの（アンカニー）〟を目指すのである。アンカニーとは、不思議でありながらもどこか懐かしく、〝デジャヴュ〟あるいは子供の頃の記憶――ちょっぴり不合理で夢のような――を呼び覚ますようなものである。現実と非現実が入り交じったこのアンカニーは、われわれの想像をはるかに超える絶大な力を持っている。ターゲットを包み込むファンタジーは、奇想天外なものであったり並外れたものであってはならない。不思議なもの、演劇的なもの、超自然的なもの（オカルト）（たとえば運命の話など）から何かを暗示しつつも、現実に根差したものでなければならない。幼少時代の思い出や映画や本の登場人物を何となく思い出させるのだ。ペイ・プーの話を聴く前から、ブルシコはごく普通の風貌をした男性に、目をとめずにはいられない幻想的な何かがあるという、アンカニーな感覚を抱いていた。こうしたアンカニーの効果を創りだす秘訣は、とらえどころのない思わせぶりな接し方を崩さないことである。

一八世紀のイングランドで、エマ・ハートはごく普通の家庭で育った。父は鍛冶職人だった。エマは美人だったが、ほかに自信の持てる才能はなかった。しかし、彼女は後に歴史上もっとも偉大な女性誘惑者の一人として名を馳せることとなる。在ナポリ英国公使であるウィリアム・ハミルトン卿を最初に誘惑し、その後（ウィリアム卿夫人、レディ・ハミルトンとして）ネルソン提督を夢中にさせた。彼女と出会った男が感じるアンカニーな感覚ほど奇妙なものはない。ギリシャ神話や古代史に登場するような女性が、過去から飛び出してきたかのような不可思議な感覚に包まれるのだ。ウィリアム卿は古代ギリシャやローマ遺跡の出土品の収集家だった。彼を誘惑するために、エマは機転を利かせて、古代ギリシャの彫像や神話をモチーフに描かれた絵画を思わせるような容貌をしてみせた。髪型や服装だけでなく、ポーズや身のこなしまで真似たのである。その姿はまるで、彼が収集している絵画に生命が吹き込まれたかのようだった。やがてウィリアム卿はナポリの邸宅でパーティを開くようになり、エマはそこで衣装を着てポーズをとり、神話や歴史に登場する女性のイメージを再現してみせるようになった。数々の男性が彼女に恋をした。子供の頃から思い描いてきた一分の隙もなく美しい女性のイメージを、彼女が体現していたからだ。こうしたファンタジーを創りだす秘訣は、文化的なものとのつながりを共有することである――神話や、クレオパトラのような歴史に名を残す誘惑者たちのイメージだ。あらゆる文化は遠い過去、あるいはそれほど遠くはない過去から、こうしたイメージを蓄積してきている。内面も外見も、文化的なものとあなたが似ていることをほのめかすのである――ただし、あなたは生身の人間である。われわれを幼少時代の記憶へと引き戻すような幻想的な存在が、生きて目の前に現われるのだ。それ以上にスリリングなことなどあるだろうか？

ある夜、ナポレオンの妹ポーリーヌ・ボナパルトは自宅で祝賀パーティ（ガラ）を開いていた。その庭で、整った顔立ちのドイツ人将校が彼女に近づき、皇帝に請願書を届ける橋渡しをしてもらえないかと頼んだ。ポーリーヌは「最善を尽くすわ」と、この申し出を受けた。そして意味ありげな視線を投げかけ、「明日の夜、またこの場所に来ていただけるかしら」と言った。次の夜、将校は約束どおりやって来た。若い女性に出迎えられ、庭の近くのいくつかの部屋を案内された。そして最後に案内されたのは、豪奢な浴槽を備えた壮麗なサロンだった。しばらくして、薄い衣をまとった別の若い女性が入ってきた。ポーリーヌだった。ベルが鳴らされ、ロープが引かれると、女中が何人か現われた。入浴の準備をして、将校にガウンを渡し、引き上げていった。将校は、「おとぎ話のなかにでもいるような夜だった」と後に語っている。また彼は、ポーリーヌが意図的に神話に登場するような魅惑的な女性を演じていると感じていた。ポーリーヌは美しく強い女性であり、狙った男性は必ず手中に収めていた。単に相手をベッドに誘い込むことに興味があったわけではない。ロマンティックな冒険へといざない、相手の心（い）を誘惑したかったのだ。この冒険で重要なのは、彼女が自分の役を演じて、ターゲットをファンタジーの世界へいざない、それを共有しているという感覚である。

役割を演じること（ロールプレイング）ほど楽しいものはない。その魅力は子供時代にまでさかのぼるものだ。われわれは、子供時代に違う役割を演じることのスリルや、大人や物語の登場人物の真似をする楽しさをはじめて学んだ。成人し、社会によって自分の役割が固定されるようになると、かつて味わったその楽しさ、いろいろな仮面をつけて役割を演じる楽しさを懐かしく思うようになる。われわれはまだ、人生において違う役割を演じるというゲームを続けたいのだ。ターゲットのこうした願望を満たしてやろう。最初に自分が役割を演じていることをはっきりさせておいて、相手をファンタジーの世界へいざない、それを共有するのだ。芝居や小説のように進めていくといいだろう。ポーリーヌがどのように誘惑をはじめたのか思い出してほしい。彼女はまず将校に、次の夜にもう一度訪問するようにという謎めいた依頼をした。そして別の女性が、幻想的な部屋へと将校を案内する。遅れて部屋にやって来たポーリーヌは、ナポレオンへの請願書の件はもちろん、現実的なことを一切口にしない。彼女には優美な雰囲気が漂っており、将校はまるでおとぎの国へいざなわれたようだった。その夜の出来事はたしかに現実だが、官能的な夢に似たアンカニーな体験だった。

カサノヴァのロールプレイングは、さらにその上をいくものだった。彼は山ほどの衣装と小道具を持って旅をしていた。所持品のなかには扇子や宝石類、ほかの装飾品などターゲットへの贈り物もあった。小説や人に聞いた話からアイデアを拝借した品もいくつかあるのだという。彼はロマンティックな雰囲気で女性を包み込んでしまうのだ。誇張されてはいるが、女性の感覚からすると、かなり真に迫るものであった。カサノヴァのように、この世界をある種の舞台と捉えなければならない——自分が演じる役には、一定の軽やかさを織りまぜていこう。ドラマや幻想のなかにいるような感覚を創り出そう。小説などから拝借し、ちょっとした非現実的な言葉やしぐさで相手を惑わそう——。つまり日常生活における最高の俳優になるのだ。われわれの文化では、俳優は崇敬の対象となっている。様々な役を演じる自由があるからだ。それは誰もがうらやむことなのだ。

何年もの間、ロアン枢機卿はマリー・アントワネット王妃によく思われていないのではないかというのが心配の種だった。彼の顔を見ようともしてくれないのだ。一七八四年、ラ・モット＝ヴァロア伯爵夫人が彼に耳打ちした。王妃はこの状況を変えようとされており、それればかりでなく実は彼の友人になろうとされているのだという。ラ・モット＝ヴァロア夫人の話では、王妃は次回の公式レセプションでこのことをお示しくださるだろうとのことだった――特別なやり方でうなずいてくださるだろうと。

レセプションのあいだ、ロアンは王妃の自分への態度がいつもと少し違うことに気づいた。まれにだが、自分に視線を投げかけてくださっている。彼は有頂天だった。そして、伯爵夫人から王妃との手紙のやり取りを提案され、王妃への初めての手紙を何日もかけて何度も直しながら書きあげた。うれしいことに、王妃からの返事が来た。何と、次はヴェルサイユ宮殿で個人的に面談をしたいとのことだった。ロアンは幸せと不安が入り交じり、われを忘れてしまった。夕暮れに宮殿の庭で王妃と面会し、ロアンは倒れ込むようにして王妃のドレスの裾にキスをした。「これまでのことは水に流してほしいと思っているのね」と彼女は言った。このとき、誰かが近づいてくる声がした。枢機卿とこうして会っているところを見られることを恐れ、王妃は従者と素早く立ち去ってしまった。しかしロアンは、まもなく王妃から頼み事の手紙を受け取った。今回もまた伯爵夫人を通した手紙だった。これまでに作られたことがないような、この世で一番美しいダイヤモンドの首飾りをどうしても手に入れたいのだという。しかし王が高価すぎると考えているため、誰かに代理購入してもらう必要があった。そこでロアンに白羽の矢が立ったのだ。枢機卿は一も二もなく快諾した。この仕事を引き受ければ、忠誠心の証しとなり、王妃はこの先ずっと自分に恩義を感じてくれるだろう。ロアンは首飾りを買った。伯爵夫人が王妃にそれを渡す手はずだった。ロアンは王妃からの礼を心待ちにし、その後ゆっくりとだろうが代金を支払ってもらえるものと考えていた。

しかし、待てど暮らせどそんな日は訪れなかった。伯爵夫人はとんでもない詐欺師だったのだ。王妃は特別なやり方でうなずいてなどおらず、それは彼の空想でしかなかった。王妃からの手紙はすべて偽物で、どれもお粗末なものだった。宮殿の庭で面会した女性は、ドレスを与えられて王妃役を演じていた娼婦だった。首飾りはもちろん本物だ。しかし、ロアンが買い取って伯爵夫人に渡したあとに、どこかへ消えてしまった。細かく部品に分けられて、莫大な価格でヨーロッパ中に売り払われていたのだ。ロアンがついに王妃に申し立てると、このぜいたくな買い物のニュースは瞬く間に広がった。国民はロアンの話を信じた――王妃が首飾りを買ったのに、買っていないふりをしていると。このでたらめなニュースをきっかけに、王妃の評判が失墜していくことになったのである。

人は誰も人生で何かを失い、失意に打ちひしがれる。だからこそ、失った何かを取り戻すことができる、そして犯してしまった間違いを正すことができるという考えは、この上なく誘惑的なのだ。ロアンは自らが犯した間違いを王妃が許してくれるという言葉に心を揺さぶられ、幻覚――実際にはなかったうなずき、お粗末な偽物の手紙、マリー・アントワネットになりすました娼婦――が見えるようになってしまったのだ。心は暗示を受けやすいものだ。その暗示が自分の強い願望に関わるものなら、なおさらである。過去を変えたい、間違いを正したい、失望を癒したいという願望以上に強いものはない。あなたのターゲットが秘めている、こうした願望を見つけ出そう。そうすれば、信じやすいファンタジーを創り出すことがたやすくなるだろう。心から信じたいと思っているものが、実は幻想だと見破ることのできる力を持った人など、数えるほどしかいないのだ。

イメージ

シャングリラ。誰もが心に理想郷のビジョンを持っている。そこで暮らす人々は親切で気品があり、彼らの夢は実現され、願いは叶えられる。そして人生は冒険とロマンスにあふれている。ターゲットを旅にいざない、山々にかかる霧を通してシャングリラをちょっとだけ見せてやろう。そうすれば、彼らは恋に落ちるだろう。

例外

例外はない。幻想を創り出すことなく、誘惑を前に進めることはできない。幻想とは、この世界は現実（リアル）だが、現実（リアリティ）らしさとは切り離されているという感覚である。

恋する者や気がふれた連中は、頭の中が沸き立ち、幻想を作り上げるものだ。そのあげく、理性の及ばぬことを思いつく。

ウィリアム・シェイクスピア『夏の夜の夢』

彼は性別を超えた存在だった。まるで……雲から降りてきたような。人間ではなかった。男友達とか女友達という言葉で片づけることはできない。とにかく、ほかの誰とも違う。……どこかほかの惑星からやって来た友達という感じ。地上の生物とはかけ離れ、すばらしい魅力があった。

「ベルナール・ブルシコの告白」
（ジョイス・ワドラー『リエゾン』所収）

ポーリーヌ・ボナパルトに再びロマンスが訪れていた。若きドイツ人将校コンラート・フリードリヒ大尉が彼女にある頼みごとをするためヌイイの邸に赴いた。ポーリーヌからナポレオンに、教皇領へフランス軍を派兵してくれるよう進言してもらいたかったのだ。一目で彼は王女に魅了された。彼女は庭を案内し、やがてロックガーデンに入るや足を止め、謎めいた瞳で将校の目をじっと見つめた。そして明日もう一度、同じ時間にこの同じ場所に来るよう命じた。そのときにはきっと、良いお知らせができるでしょうと。若い将校はお辞儀をして立ち去った。……彼はポーリーヌとの最初の出会いのあとに起きた出来事をつぶさに思い返した。

「私はまた同じ時間にヌイイに向かい、ロックガーデンの同じ場所に立って待っていた。しばらくして、一人の女性が現われた。彼女は笑顔で挨拶をすると、ロックガーデンから屋内に通じるドアを開け、案内してくれた。部屋や回廊がいくつもあり、豪華な広間には贅を凝らした浴槽がある。冒険が始まる予感がした。おとぎ話のようにこの上なくロマンティックで、この先何が起こるのだろうと胸が高鳴った。そのとき、麻の薄いローブをまとった女性がドアから入ってきて、ここがお気に召しましたかと微笑みながら尋ねた。すぐにそれはナポレオンの美しい妹だとわかった。非の打ち所のない身体のラインが、ローブが揺れるたびにくっきりと浮かび上がる。彼女は手を差し出して私にキスをし、カウチの隣に座ってと言った。ここではまだ、私は誘惑者ではなかった。……少しして、ポーリーヌはベルを鳴らし、仕えの女性に入浴の支度をするよう命じ、私に一緒に入らないかと尋ねた。最高級のリネンのバスローブを着て、私たちは透き通るような青い湯の中に一時間ほど入っていた。それから別室で豪華な夕食をご馳走になり、夕暮れまで一緒に過ごした。帰る際には次の逢瀬を約束し、それから何度も王女との午後をこうして過ごすようになった」。

ハリソン・ブレント『ポーリーヌ・ボナパルト――恋多き女』

高級娼婦は想像の中ですらぼんやりとした、謎めいた雰囲気がある。彼女についてはその経験の記憶であり、夢が現実へ、または現実が夢へ変わる狭間にいる。明るい色は褪せ、彼女の名はこだまとなっていく。その名は古代人からもらったものだから。高級娼婦は喜びの庭である。そこで恋人たちは散歩し、花々の匂いを嗅ぐ。しかしこの芳しい香がどこから来るのかはわからない。なぜ高級娼婦は謎に満ちているのだろう？　自分が何者か知られたくないが、影響を与え合うことは厭わない。彼女は自身の真の姿を見せる。いや、自身に沸き上がる情熱を。そして彼女自身と喜びの一時間を与えてくれる。彼女を見ていると、愛が蘇ってくる。それでは不十分だろうか？　彼女は幻想を作り出す力であり、願望を誕生させる場であり、肉体美を瞑想する入口なのだ。

リン・ローナー『愛人の生活――ルネッサンスの肖像』

三月一六日のことだった。グロスター公はウィリアム卿に手紙を送った。ゲーテがエマの〝アティテュード〟と呼ばれるパフォーマンスを絶賛している。それがどんなものか、われわれもすぐに確かめよう。アティテュードは目だけを巧みに使ったショーだということだ。

……ヴィンケルマンの門弟であるゲーテはこの日、人間の身体に衝撃を受けたそうだ。エマとウィリアム卿が長い冬の夜に作り上げた古典的ドラマの理想的な観客だった。ゲーテの隣の席に腰を据え、彼の受けた衝撃がどれほどのものだったか、われわれの目で確かめようではないか。

「ウィリアム・ハミルトン卿……芸術や自然の研究から離れてずいぶん経ちますが、美しい顔に完璧な身体をした二〇歳のイギリス人女性に喜びの極みを感じております。ギリシャの衣装をまとった彼女はたとえようもなく素晴らしい。その衣装で髪を下ろし、ショールをかけ、さまざまなポーズや身振りをし、いろいろな表情を見せてくれる。観客は自分の目が信じられないほどです。目の前で繰り広げられているものを見て、数多の芸術家はその動きや驚くべき変容に釘づけになるでしょう。立ち上がり、跪き、座り、横たわる。真面目な、悲しげな、無邪気な、恍惚とした、悔恨の、魅惑的な、恐れた、不安げな表情。休む間もなく次から次へとポーズが変化する。雰囲気に合わせてどうベールの折り目を変えればいいのか、どうやってベールを頭飾りにかぶせればいいのか熟知しているのです。老いた騎士は彼女を崇拝し、彼女の一挙手一投足に歓喜する。彼女の中に古代を、シチリアの硬貨に描かれた横顔を、ベルヴェデーレのアポロンさえも見出すのです。これだけは確かです。彼女のパフォーマンスは、誰もがこれまで見たどんなものとも違うということ。われわれはもう二晩も楽しませていただきました」

フローラ・フレイザー『エマ、レディ・ハミルトン』

この〝不可思議なもの（アンカニー）〟とは、何も目新しいものでも異質なものでもなく、昔から現実に存在する馴染み深いものだ。心の中で生まれながらも、抑圧される過程でしだいに置き去りにされている。抑圧の要因と関連づけることで、シェリングが定義づけるアンカニーについて理解を深めることができる。それは隠されて然るべきだったものが明るみに出てしまったのである……もう一つ付け加えるべき大切なことは……想像と現実の区別がはっきりしないときに、よりアンカニーが生じやすいということである。いままで想像上のものだと思っていたものが目の前に現われたり、象徴的なものが現実に取り入れられていたり、という具合に。このことはアンカニーを呪術的実践に結びつけることにほとんど影響しない。ノイローゼ患者にも特徴が見られるこの幼児性は、物質的現実より心理的現実を強調するもので、思考の無限性を信じる態度と密接に結びついた特徴である。

ジークムント・フロイト「不可思議なもの（アンカニー）」
（『心理学に関する著作及び書簡』所収）

15 ターゲットを孤立させよ

孤立した人間は弱い。ターゲットをゆっくりと孤立させることにより、あなたの影響をより受けやすくなる。ここで言う孤立とは心理的なものである。楽しい気配りをたくさんすることでターゲットの視界をふさいでしまい、心のなかからあなた以外のあらゆるものを締めだすのだ。相手はあなただけを見て、あなたのことだけを考える。また、身体的な意味での孤立も有効だろう。普通の環境（友人や家族や家）から引き離すのだ。相手を社会から取り残されたような気持ちにさせよう。〝宙ぶらりん〟になったターゲットは一つの世界を去り、新たな世界へと入っていく。こうして孤立すると、外からの助けもなく、心が混乱し、導かれるまま簡単に道を踏みはずしてしまうのだ。慣れ親しんだものが何もない、あなたの〝巣の中〟にターゲットを誘い込もう。

孤立化戦略①――エキゾティックな魅力がもたらす効果

紀元前五世紀、呉の王夫差は戦いの末、長年の敵である越の王勾践を破った。勾践は捕虜となり、夫差の厩で番人として仕えることとなった。やがて帰還が許されたものの、毎年、夫差に多大な金品を貢ぎつづけなければならなかった。この貢ぎ物は何年にもわたって続けられ、呉は繁栄し、夫差は富を蓄えていった。

ある年、勾践は夫差に使節団を送った。彼らは、貢ぎ物の一部として、二人の若く美しい娘という贈り物を受け取ってもらえるかどうかを知りたがっていた。夫差は好奇心をそそられ、この申し出を受け入れた。数日後、期待の高まるなかで娘たちがやって来た。王は彼女らを宮殿に迎えた。二人が玉座に近づいてきた。髪は〝随雲髻（雲のような髻）〟と呼ばれるスタイルに見事に結い上げられ、真珠の髪飾りとカワセミの羽根で飾られていた。二人の歩みに合わせるように、腰につけられた翡翠の帯飾りが繊細な音を響かせた。辺りには芳しい香水の匂いが漂っている。王は天にも昇る心地だった。一人の娘がもう一人よりはるかに美しい。西施という名の娘だった。彼女は何の恥じらいもなく王の目をまっすぐ見つめた。実際、彼女は自信あふれる艶めかしい女性だった。王はこんな若い娘に出会ったことがなかった。

夫差は歓迎の宴を用意させた。宮殿の広間は酒盛りする人たちであふれた。酒でほんのり顔をあからめた西施が王の前で踊りを披露し、そして歌った。その歌声も美しかった。白翡翠の寝台に横たわる彼女は、まるで女神のように見えた。王は彼女のそばを離れることができなかった。翌日、王は彼女がどこへ行こうとついて回った。驚いたことに、彼女は機知に富み、明晰で、古典にも彼以上に精通していた。公務を執るために離れていなければならないときも、頭の中は彼女のことでいっぱいだった。やがて王は、会議に彼女を連れてくるようになり、重要な問題について彼女に助言を求めるようになった。家臣たちの意見にはできるだけ耳を貸さないほうがいいと彼女は言った。王は誰よりも賢く、その判断は優れているのだからと。

西施の力は日増しに強まった。それでも彼女を喜ばせるのは容易ではなかった。自分の望みが聞き入れられないと、彼女の目は涙でいっぱいになるのだ。すると王の心はやわらいで、彼女の言うがままを受け入れてしまうのだった。ある日、彼女は都の外に自分のための宮殿を建ててほしいと王に頼んだ。もちろん、王はこの願いを聞き入れた。でき上がった宮殿を訪れた王は、自分が資金を拠出したにもかかわらず、その壮麗さに度肝を抜かれた。西施が贅を尽くした調度品で宮殿をいっぱいにしていたのだ。庭には大理石の橋が掛けられた人造湖まである。夫差はここで過ごすことが多くなり、湖畔に座っては西施が湖面を鏡代わりにして髪を梳く姿を眺めていた。あるいは、彼女が宝石の散りばめられた鳥かごの鳥たちと戯れる姿や、宮殿のなかをただ歩く姿を見つめていた。彼女はそよ風に揺れる柳のように歩くのだ。数か月が過ぎ、王はまだ宮殿にいた。会議にも顔を出さなかった。家族や友人も顧みず、公務も放り出してしまった。時がたつのを忘れてしまったようだ。緊急事態を告げに家臣の代表者たちが面会に来たときも、まるで聞く耳を持たなかった。西施のこと以外に時間を使うと、彼女を怒らせてしまうのではないかと気が気でなかったのである。

危機的状況が迫っているという知らせが、ようやく王の耳に入った。宮殿の建設に莫大な資金をつぎ込んだことで国庫が底をつき、民衆は不満を募らせていた。王は都に戻ろうとしたが、時すでに遅し、越の軍が呉に侵攻し、都に迫っていた。すべてが失われた。夫差には愛しい西施と再会する時間すらも残されていなかった。かつて厩の番人をさせていた勾践に捕えられるくらいならと、夫差は自決した。

何年ものあいだ勾践は呉への侵略を企んでおり、西施の見事な誘惑がその計画の根幹をなす部分であったことを、夫差は知らなかった。

〔解説〕勾践は呉への侵略を、決して失敗しない確実なものにしたかった。攻略すべき敵は、夫差の軍や富、資源ではなく、彼の心だった。もし夫差がひどく取り乱して、彼の心が国を治めること以外の何かに占拠されるようなことがあれば、熟れた果実の如く簡単に落ちるだろう。

勾践は領地でもっとも美しい娘を見つけ出した。それから三年間にわたって、あらゆる技芸を身につけさせた――歌や踊りや書だけでなく、服の着こなしや話し方、そして〝コケット〟の誘惑術（第1部「コケット」の章を参照）まで徹底的に仕込んだのである。それが功を奏した。西施は夫差に一息つく間も与えなかった。彼女にまつわるあらゆることが異国風（エキゾティック）で新鮮だった。その髪や雰囲気、眼差し、身のこなしに見惚れるほど、しだいに国の統治や軍事のことを考えなくなっていった。夫差は彼女に駆り立てられて、乱心してしまったのだ。

今日のわれわれは、人生という小さな領地を守る王である。あらゆる責任に押しつぶされており、大臣や顧問に囲まれているかのようだ。われわれの周りには壁が築かれている。他人からの影響は、ほとんど受けない。というのも、われわれの心はすでに占領されているからだ。西施のように、優しくゆっくりと、ターゲットの心を占拠している事柄から離れるように、誘い出さなければならない。相手を〝城〟の外へ誘い出す一番の方法は、エキゾティックな一撃である。相手をうっとりさせ、目を釘付けにするような、何か目新しいものを提供しよう。あなたの外見や物腰で違いを演出し、ゆっくりと相手を別の世界に引き込んでいくのだ。コケットのように気まぐれに気分を変えて、ターゲットを平静ではいられなくしよう。あなたが引き起こす混乱が、相手を感情的にさせることを心配する必要はない――ターゲットが弱くなってきている証拠なのだから。ほとんどの人間は〝両価的（アンビバレント）〟である。一方では日常の習慣や職務に居心地の良さを感じながら、もう一方では退屈していて、エキゾティックで刺激的なものを求めている。ターゲットはじたばたしたり、疑念を抱くかもしれないが、エキゾティックな喜びには抗えない。あなたの世界に引き込めば引き込むほど、ターゲットは弱くなっていく。呉王のように、何が起きているか悟ったときには、もう手遅れなのだ。

孤立化戦略②――〝あなただけ〟がもたらす効果

一九四八年、ハリウッドの〝愛の女神〟として知られる二九歳の女優リタ・ヘイワースは、人生最悪の時を過ごしていた。オーソン・ウェルズとの結婚生活は破綻し、母を亡くし、女優としてのキャリアは頭打ちの状態だった。その夏、彼女はヨーロッパへ向かった。当時、ウェルズはイタリアに滞在しており、彼女は心のどこかで彼とやり直すことを夢見ていたのかもしれない。

　まずフランスのリヴィエラに立ち寄った。男性（特に裕福な男性）からの〝お誘い〟が殺到した。当時、彼女は世界一美しい女性として名を馳せていたのだ。アリストテレス・オナシスやイラン国王からも毎日のように、デートに誘う電話がかかってきた。彼女はそれらをすべて断っていた。しかし到着して数日後、社交界の重鎮、エルザ・マックスウェルからカンヌでのパーティの招待を受ける。リタはためらったが、マックスウェルが押し切った。そして、新しいドレスを買い、少し遅れてきて堂々と入ってくるようにと言った。

　リタは言われたとおり遅刻し、白いギリシャ風のロングドレスを着てパーティに現われた。露わになった肩には、豊かな赤毛がかかっている。幼い頃から慣れ親しんだ反応が彼女を迎えた。男性も女性もイスに座ったまま一斉にこちらを向き、すべての会話が止む。男性たちはうれしい驚きに目を見張り、女性たちは嫉妬の眼差しを向けるのだ。そこへ一人の男性が彼女のそばに急ぎ、テーブルまでエスコートをする。アガ・カーン三世の息子で、三七歳のアリー・カーン王子だった。アガ・カーン三世はイスラム教イスマーイール派の最高指導者で、世界でもっとも裕福な実業家の一人でもあった。放蕩息子（レイク）として悪名高いアリー・カーンの評判は、リタの耳にも入っていた。しかしあろうことか、二人の席は隣同士で、王子は彼女のそばを離れようとしなかった。次から次と王子は彼女に質問を投げかけた――ハリウッドについて、彼女の趣味について、等々。彼女はしだいにリラックスし、打ち解けはじめた。王女や女優など、ほかにも美女はたくさんいた。それでもアリー・カーンは、まるで女性は彼女一人とでもいうように見向きもしなかった。そして、彼女をダンスフロアに連れ出した。彼は熟練したダンサーだったが、リタは少し不愉快な感じがした――彼があまりにも身体を密着させてくるのだ。それでも、ホテルまで送らせてほしいという王子の申し出を受け入れた。二人は海沿いの街道〝グラン・コルニッシュ〟をドライブした。美しい夜だった。この夜ばかりは、リタは自分が抱えている様々な問題を何とか忘れることができた。感謝の気持ちがあふれてきた。しかし、まだウェルズのことを愛しており、アリー・カーンのようなレイクと新たな関係を築こうなどとは思いもしなかった。

アリー・カーンは数日間、海外出張に行かなければならなかった。彼は自分が戻ってくるまでリヴィエラに留まってほしいとリタに頼んだ。出張先からは何度も電話をかけてきた。彼女の部屋には、毎朝抱えきれないほど大きな花束が届けられた。電話の様子では、イラン国王が彼女に言い寄っていることにひどく気を揉んでいるようだった。そして、押しに負けてとうとう受けてしまったデートを、彼女がすっぽかすことを約束させた。この間に、ジプシーの占い師がホテルを訪ねてきた。リタはそのジプシーが自分を占うことに同意した。「あなたにとって人生最大のロマンスが訪れようとしています」とジプシーは言った。「相手はあなたがよく知っている人……折れるところは折れて、彼にすべてを委ねなさい。そうすれば、末永い幸せが訪れるでしょう」。この相手というのが誰なのかわからなかったが、リタは神秘的(オカルト)なものを信じやすいタイプだった。彼女はもうしばらく滞在を延ばすことにした。そして、アリー・カーンが帰ってきた。彼はこう言った――地中海を臨む城(シャトー)は報道陣から身を隠し、いろいろな問題を忘れるのには最高の場所だ。いまから自分の運転でそこに行こうと。彼女は折れた。シャトーでの生活はおとぎ話のようだった。どこにいても、振り返るとそこにはインド人のメイドがおり、どんな要望にも応えてくれるのだ。夜になるとアリーは、彼女をとても大きなダンスホールへ連れていき、二人だけでダンスを踊る。占い師が言っていた相手とは、この人なのだろうか?

アリー・カーンは友人たちを招いて彼女に会わせた。見知らぬ仲間たちに囲まれて、リタは再び孤独を感じ、意気消沈してしまった。そしてシャトーを離れようと決意した。そんな心を読んだかのごとく、アリー・カーンは彼女をスペインへ連れ出した。彼女がもっとも魅力を感じていた国である。二人の関係を察知した報道陣が、スペインまで追いかけてきて二人を悩ませはじめた。リタにはウェルズとの間に娘が一人いた――これが母親の取るべき行動なのか? アリー・カーンの悪評は何の助けにもならなかったが、アリーは彼女のそばに立ちはだかり、報道陣から守るべく最善をつくした。彼女はこれまで以上に孤独になり、ますます彼に頼るようになった。
　スペイン旅行が終わる頃、アリー・カーンはリタにプロポーズした。しかし、彼女は断った。結婚するのにふさわしい相手とは考えられなかったのである。それでも彼は、彼女についてハリウッドへ行った。旧友たちはリタに対して、どこかよそよそしくなっていた。でも彼女には、アリー・カーンがいる。なんてありがたいことだろう！　一年後、彼女は根負けし、女優としてのキャリアを捨ててアリー・カーンのシャトーに引っ越した。そして、ついに結婚したのだ。

〈解説〉アリー・カーンは多くの男性と同様に、一九四八年に公開された映画『ギルダ』を見た瞬間からリタ・ヘイワースに恋していた。何としても彼女を誘惑しようと心に決めていた。リヴィエラに彼女がやって来ると聞いた彼は、友人のエルザ・マックスウェルをおとりにして、彼女をパーティに呼び、隣の席に座らせたのである。離婚を経験して、彼女がどれほど傷つきやすくなっているか、彼にはわかっていた。彼の戦略は、リタの世界から余計なものを締め出すことだ――彼女が抱える様々な問題、彼以外の男たち、彼自身への疑念や下心への警戒心などである。彼は最初に、彼女の人生に並外れた関心があるように見せることから始めた。毎日の電話も、花や贈り物も、すべて彼女の心に自分の存在を意識させつづけるためだった。彼女の心に種をまくために、占い師まで差し向けた。そして、彼女が自分に傾きだしたと見るや、自分の友人たちを紹介した。友人たちに囲まれて彼女が疎外感を感じることがわかっていて、そうしたのだ。思惑どおり、リタは彼に頼るようになる。スペイン旅行で彼女の依存心はさらに増した。そこは彼女にとって見知らぬ土地であり、報道陣に囲まれて、彼にすがりつくよりほかなかったのである。こうして彼は、ゆっくりと彼女の心を支配していった。どこにいても、彼女が振り返ると必ず彼がいた。ついにリタは屈した。弱っているところに付け入られたのと、アリーが自分に示した献身によって虚栄心が高められたために負けたのだ。彼の魔法にかかり、リタは彼の悪評を忘れてしまい、彼から自分を守ってくれる唯一のものである〝疑念〟

を手放してしまったのである。

アリー・カーンは、その富や容貌によって、偉大な誘惑者になったわけではない。実際、彼はそれほどハンサムではなかったし、その富は、彼の悪評を埋め合わせるほどのものではなかった。成功の秘訣は戦略にあった。相手に気づかれぬよう、ゆっくりと巧妙にターゲットを孤立させるのだ。相手の女性に並外れた関心を示すことで、一瞬でも、彼の目には自分がこの世で唯一の女性であるかのように映っているのだと感じさせる。こうした孤立は、喜びとして経験される。女性は彼に依存させられていくことに気づかない。どのような方法によって自分の心が彼の気配りで満たされ、ゆっくりと友人たちや日常の環境から孤立させられたのかわからないのだ。女性が男性に対して抱く自然な疑念は、自尊心を酔わせることでかき消されてしまった。アリー・カーンはほとんどいつも、女性を〝魔法の場所〟に連れていくことで、誘惑の仕上げをした。その場所とは、自分はよく知っているが、相手は道に迷ったように感じる場所である。

心配したり、疑ったり、あるいは抗ったりする時間と場所をターゲットに与えてはいけない。洪水のような気配りで相手の心を満たし、あなた以外のあらゆる考えや不安や問題を締め出してしまうのだ。覚えておこう――人は誰でも、どこに向かうのかを知っている誰かに導かれて道を踏みはずしたいと、心のどこかで望んでいるものなのである。誘惑がゆっくりと優雅にやり遂げられたなら、相手にとって自分を手放すことが喜びになるとも言えるのだ。そして、孤独や弱さを感じることさえ喜びとなるだろう。

これを往く所なきに投ずれば、死すとも且た北げず（訳注：人は逃げ場のない危機的状況に追い込まれても、いったん慣れてしまえば恐怖を感じなくなる）。

――孫子『兵法』

誘惑の秘訣

あなたの周りの人間は、多かれ少なかれ人生をコントロールするだけの強さを持っているように見えるかもしれない。しかし、たいていそれは見せかけでしかない。内面は意外に脆いものだ。彼らを強く見せているのは、彼らの〝巣〟であり、自らを包み込んでいるセーフティネットである——友人や家族、毎日の決まった仕事（ルーティーン）、そういったものが継続して安全にコントロールできているという感覚を与えているのだ。突然、彼らの足もとの〝ふかふかのじゅうたん〟を取り去り、見慣れた案内標識もない外国に一人で置き去りにしたら、そこにはまるで別の人間が現われるだろう。

強くて地に足のついたターゲットを誘惑するのは難しい。しかし、どんなに強い人でも、〝巣〟やセーフティネットから孤立させれば、誘惑を受け入れやすくさせることができる。常に自分の存在を意識させて、ターゲットの心の中から友人や家族を締め出そう。そして、これまで慣れ親しんだ世界から遠ざけ、日常生活から引き離し、見知らぬ場所へと連れ出すのだ。そして、あなたの世界でともに時を過ごさせよう。時間をかけて相手の習慣を中断させ、いままでにやったことのないことをさせるのだ。相手はしだいに感情的になり、たやすく道を踏みはずすようになるだろう。こうした作戦のすべてを、次々と起こる楽しい経験でうまく覆い隠そう。ある日、あなたのターゲットは居心地の良い日常のすべてが、遠く離れたものになってしまったことに気づくだろう。そして、灯りが消えた暗闇で母親に泣いてすがる子供のように、あなたに助けを求めるだろう。誘惑とは、戦争の最中にあるようなものであり、孤立したターゲットは弱く、攻撃を受けやすくなるのである。

一七四八年に発表されたサミュエル・リチャードソンの『クラリッサ』で、レイクのラヴレースは美しいヒロインを誘惑しようとする。クラリッサは若くて清らかな娘で、家族に大事に守られていた。しかし、ラヴレースは悪知恵の働く狡猾な誘惑者だ。初めに、彼はクラリッサの姉アラベラに言い寄った。二人の相性は良さそうだった。しかし突然、彼は興味の対象をクラリッサに移したのである。妹への対抗心を刺激して、アラベラを怒らせせようとしたのだ。姉妹の兄ジェームズは、ラヴレースの心変わりに激怒した。そして彼と決闘して、負傷してしまう。こうして家族みなが結束してラヴレースと敵対することになった。ところが、ラヴレースは密かにクラリッサへ手紙を送り、彼女が友人宅にいるときを見計らって訪ねていったのだ。それを知った家族に、クラリッサは責め立てられる。クラリッサに非はなかった。ラヴレースの手紙も訪問も、彼女がそうさせたわけではない。しかし両親は、娘を裕福な年上の男と結婚させることにした。世の中に私の味方は誰もいない――ぞっとするような男と結婚させられそうになって孤独を感じたクラリッサは、この騒動から自分を救い出してくれるのはラヴレースだけだと考えるようになる。結局、ラヴレースはロンドンへ連れ出すことで彼女を救った。クラリッサはおぞましい結婚から逃れることができた。しかし、ロンドンでの彼女は、絶望してしまうほど孤独だった。このような状況で、ラヴレースに対する彼女の警戒心は弱まっていった。これらはすべてラヴレースが周到に計画したものだった。家族内の騒動を引き起こし、結果としてクラリッサが家族から疎外される――すべてが彼のシナリオだったのだ。

誘惑の際にもっとも厄介な敵になるのは、ターゲットの家族や友人であることが多い。彼らはあなたに魅力を感じているわけではない。あなたの目の届かないところで、ターゲットに理性的なアドバイスを与えるかもしれない。あなたは静かに、そして巧妙にターゲットを彼らから遠ざける必要があるのだ。ターゲットにこんな考えを植えつけよう――自分を見つけた幸運にみんな嫉妬しているのだ。あるいは、親というのは冒険心を失ってしまった人たちなのだ、と――。後者のように〝冒険心〟を論拠にすると、若者には実に効果的である。彼らのアイデンティティは流動的で、権威的な者、とりわけ親に対して、反抗したくてしかたがないのである。友人や親たちが慣習や退屈を象徴するのに対して、あなたは興奮や活力の象徴となるのだ。

シェイクスピアの史劇『リチャード三世の悲劇』で、リチャードは、まだグロスター公だった頃、ヘンリー六世とその息子エドワード皇太子を殺害する。その後すぐ、彼はエドワード皇太子の未亡人アン王妃に言い寄った。しかしアンは、自分にもっとも近しい二人の男性に彼が何をしたのか知っており、彼を憎んでいた。一人の女性として当然のことだ。それでもリチャードは執拗に彼女を誘惑しつづけた。彼のやり方は簡単だ。自分がしたことを正直に話し、すべて彼女への愛ゆえのことだったと打ち明けたのだ。あなたの人生に自分以外の男は誰もいてほしくなかった。その思いは、自分を殺人に駆り立てるほど強いものだったのだと。もちろん、アン王妃はこうした言い訳を拒絶したばかりでなく、逆にぞっとするような嫌悪感を抱いた。それでも彼は誘惑しつづけた。アンの心はいまにも崩れ落ちそうなくらい脆くなっていた。この世にたった一人、支えてくれる人など誰もいない。彼女の悲しみは頂点に達していたのだ。信じがたいことに、リチャードの言葉が功を奏しはじめた。

殺人は誘惑の戦術ではない。しかし、誘惑者はそれに近いことを常に行なっている――心理的な殺人だ。過去への執着は現在への障壁となる。自分を置き去りにした相手でさえ、心をつかまえて離さないということもありうるのだ。誘惑者のあなたは、過去には手出しできない。それまでの相手と比べられたら、劣って見えてしまうだろう。そんなことをさせてはいけない。現在のあなたの心配りで、過去を押しのけてしまおう。必要であれば、ターゲットの過去の恋人たちを貶めるような方策を見つけ出すこと――さりげなくやるか、大胆にやるかは状況による。古い傷をこじあけてでも、相手の心に痛みを甦らせ、それに比べれば現在はどれほど幸せだろうと思わせるのだ。過去から切り離すことができれば、それだけ相手は現在のあなたに深く心を傾けていくだろう。

孤立化の原則は、文字通りターゲットをエキゾティックな場所へ連れ去ることである。アリー・カーンのとった方法がまさにそうだ。そのほかの世界から切り離された絶海の孤島がベストで、そうでなくとも島であることが望ましい。官能的な喜びの追求を連想させる場所だからだ。ローマ皇帝ティベリウスがいったん居を構えてから、酒色にふけり堕落した日々を送ったのが、カプリ島である。旅行の危険は、ターゲットがあれこれと詮索してくるようになることである。そうなると謎めいた雰囲気を維持するのが難しくなる。それでもターゲットの気を逸らすのに十分なほど魅力的なところへ連れていけば、あなたの平凡なところに注目されずに済むだろう。クレオパトラはユリウス・カエサルを、ナイル川を下る旅へと誘った。エジプトの奥深くに分け入っていくにつれ、カエサルはローマから遠く離れ、孤立していく。そして、クレオパトラの誘惑はさらに強まっていった。二〇世紀初頭のレズビアン誘惑者、ナタリー・バーネイは、女流詩人ルネ・ヴィヴィアンと付き合ったり別れたりを繰り返していた。彼女の愛を取り戻したいと考えたナタリーは、ルネをレスボス島への旅行に誘いだす。それまでナタリーが度々訪れていた島である。旅に連れだすことで、彼女はルネを孤立させただけでなく、自分から気を逸らせ〝武装解除〟させることができた。この島が伝説的なレズビアンであり、女流詩人のサッポーの故郷であるという連想が功を奏したのである。ヴィヴィアンは、ナタリーがサッポーその人だとさえ想像しはじめるようになった。ただターゲットをどこかへ連れだせばいいというものではないのだ。もっとも効果的な連想を呼び起こさせる場所を選ぼう。

孤立化の誘惑力は、性的な領域を越えても発揮されるものである。マハトマ・ガンディーの熱心な支持者として教団に新たに加わった人々は、過去（家族や友人）とのつながりを一切絶つことを奨励される。何世紀ものあいだ、こうした〝出家〟が多くの宗派で求められてきている。このように孤立させられた人々は、心が脆くなり、影響や説得を受けやすくなるのだ。カリスマ政治家は、国民の疎外感を利用し、それに油を注いでさえいるのである。ジョン・F・ケネディがこの手法で最大の効果を挙げたのは、アイゼンハワー政権を巧妙に批判したときだった。一九五〇年代の心地良さは、アメリカの理想に妥協したものだと示唆したのだ。彼は危険と冒険に満ちた〝ニュー・フロンティア〟精神を掲げ、自分と一緒に新しい生活に踏み出すように国民を誘った。とりわけ若者たちにとって、これはきわめて誘惑的なエサであり、ケネディは若者たちに熱狂的に支持されたのである。

最後になるが、誘惑のどこかの時点で、何かしらの危険が伴うことを暗示しておくことも必要だろう。ターゲットに、あなたに従えば大きな冒険を体験できると感じさせるのは良いのだが、それは同時に何か——相手の過去の一部や、大事にしてきた安らぎ――を失うことでもあるのだ。そうしたアンビバレントな感情を積極的に喚起させよう。不安はちょうどいいスパイスとなる。過度な不安は人を衰弱させるものだが、ちょっとした不安は生きている実感を与えてくれる。まるでスカイダイビングのようなものである。スリルがあって興奮を覚えるのと同時に、少し恐怖も覚える。落下を止める、あるいは落ちてくる相手を受け止めるのはただ一人、あなただけなのだ。

イメージ

ハーメルンの笛吹き男。赤や黄色の衣装に身を包んだ陽気な男が、楽しげな笛の音色で子供たちを家から誘い出す。子供たちは夢中になり、どこまで歩いたのか、どれほど家族から遠く離れてしまったのか気づかない。気づかぬままに歩きつづけ、やがて洞穴のなかへと導かれていく――永遠にそこに閉じ込められてしまうとも知らずに。

例外

この戦略に伴うリスクは単純だ。相手を急速に孤立させると、最後には逃げられてしまうかもしれないという不安に襲われる。あなたが仕掛ける孤立化は、段階を経て、ゆるやかに進めるものでなければならない。あなたを知るという楽しさで覆い隠しながら、ゆっくりと日常から引き離すのである。どんな場合でも、援護のある〝基地〟から切り離されることに対して脆すぎる人はいる。現代の偉大なる高級娼婦(クルチザンヌ)パメラ・ハリマンは、この問題の解決策を持っていた。ターゲットを家族（現在の妻や前の妻たちを含む）から孤立させ、昔からのつながりを断つかわりに、自分が即座に新しい恋人のお気に入りになってしまうのだ。そして、相手を圧倒するほどの気配りをし、あらゆる希望に応えるのである。のちに結婚した大富豪のアヴェリル・ハリマンのときも、パメラは彼のために文字どおり〝新しい家〟を設けた。それは過去とは何のつながりもなく、現在の喜びが詰まったものだった。ターゲットを長いあいだ、馴染み深さや居心地の良さが全くないところに宙ぶらりんにさせておくのは賢明ではない。そうではなく、あなたが切り離した馴染み深いものを、新しい家、つまり居心地のいい新たな場所に取り替えてしまうのだ。


　呉では、二人の美女のために盛大な歓待が計画されていた。王はあらゆる大臣や廷臣たちの前で二人を受け入れた。彼女たちが王のそばに近づくと、腰帯に飾られた翡翠のペンダントが心地良い音を鳴らし、ガウンの芳しい香りが辺りに漂った。髪には真珠の装飾品とカワセミの羽根が挿されている。

　呉の王夫差は西施（紀元前四九五～四七二年）のきれいな瞳に見惚れ、民衆や自国のことなど頭から吹き飛んでしまった。いまや西施は、三年前に湖のほとりでしたように、顔を赤らめて立ち去ることもなかった。彼女はまさに誘惑の達人であり、王を引きつける術を心得ていた。もう一人のしとやかな魅力を持った娘は、夫差の眼中になかった。王の目は西施に釘づけだった。宮廷に集まった家臣たちはその姿を見て思った。西施はきっと権力を持ち、良かれ悪しかれ王に影響を与えることになるだろうと……。

　大宴会で盛り上がる広間で、西施はその魅力によって王をとりこにした。……「ブドウ酒で頬を赤く染め、歌いはじめる。呉の歌は愚かな王を喜ばせた。さらにリズミカルで官能的な踊りが続いた」……。しかし、ただ歌や踊りで王を楽しませただけではなかった。ウィットに富み、政治的な話題でも王を驚かせた。涙を浮かべてお願いをされると、王は心を打たれて何も断ることなどできなかった。というのも、越の軍人である范蠡（はんれい）が言ったように、西施はどんな相手でも引きつけてしまう唯一無二の魅力を持った女性だったからだ……。

　彼女の周りには、サンゴや宝石が散りばめられ、刺繍の施されたシルクのカーテン、翡翠や真珠層が嵌め込まれた家具類や衝立など、贅を尽くしたものが溢れていた……。宮殿近くの丘の頂には、きれいな水を引いた人工湖があり、呉王の湖として知られていた。王が恋人である西施を喜ばせるために作ったもので、彼女が水面を鏡代わりにして化粧をしたり、髪を梳くのを、王はうっとりと眺めていた……。

エロイーズ・タルコット・ヒバート
『刺繍のガーゼ――名高い中国人女性のポートレート』

カイロでアリーは歌手のジュリエット・グレコに再会した。彼は踊らないかと誘った。

「あなたについては、あまりいい噂は耳にしないのよね」、彼女は答えた。「少し離れて座りましょう」

「明日は何をしている？」、彼は食い下がった。

「ベイルート行きの飛行機に乗ってるわ」

彼女が飛行機に搭乗すると、アリーはすでに座席に座り、驚く彼女に微笑みかけた……。

黒いタイトなレザーのスラックスと黒いセーターに身を包んだグレコは、パリの自宅にある肘掛け椅子で物憂げに寛ぎ、話し始めた。「私が危険な女だと人は言うけれど、アリーは危険な男ね。特別な魅力があって、女性の扱いに長けているの。たとえばあなたをレストランに連れていって、そこへ絶世の美女が入ってきたとしても、そちらには一瞥もくれようとしない。あなたをまるで女王のような気分にさせてくれるの。もちろん、私だってわかっていたわ。そんなこと信じてはいなかった。笑いながら、その美女が来たことを教えてあげるの。でも、美女は私だって……女性ならそういうことを言われれば、とても幸せな気分になるものよね。虚栄心をくすぐられて、こう思うの。『この人にとっては私だけ、ほかには誰もいないんだ』って。

……アリーにとって、目の前の女性がどう思うかが一番大事なの……彼は魅力があり、誘惑の達人だった。相手を気分よくさせ、何もかもたやすいと思わせてくれる。何も問題はない、心配することも後悔することも何もないと。絶えず『何かできることはない？』、『飛行機やチケット、車や船など必要なものは？』と気にかけて、まるでピンクの雲に乗っているかのような気分にさせてくれるの」

レオナード・スレーター
『世界一のプレイボーイ――アリー・カーンの生涯』

アン：お前はヘンリー六世を殺してはおらぬのか？
リチャード：それだけは言い訳のしようもありません……。
アン：お前にふさわしいところは、地獄以外にない。
リチャード：確かに。しかし、もう一つあります、口にしてよろしければ。
アン：どこかの地下牢か。
リチャード：あなたの寝室です。
アン：どこであろうと、お前の寝るところには不安が忍び込むだろう。
リチャード：おっしゃるとおり、あなたとともに寝るまでは。
……ところで、アン殿、こうしてプランタジネット家のヘンリー王とエドワード、二人を死に至らしめた張本人こそ、死刑も同然、憎んでも憎みきれぬ奴とは思いませんか？
アン：その事の起こりはお前であろう。
リチャード：それを申すなら、その美しさが事の起こりです。寝ても覚めてもその美しい面影は心を去らず、どんな男をも手にかけようと思い詰めました。たとえ一時でもいい、その優しい胸に抱かれたいと。

ウィリアム・シェイクスピア『リチャード三世』

わが子よ、わが妹よ、
どんなに快いことだろう。
彼処（かしこ）に往き、二人ともに暮らし、
心ゆくまで愛し合い、
愛し合って、死んでいく、
君を思わせる、かの国に往くのだ！
この曇った空から降り注ぐ陽光が、
私の心に働きかけるその魅力、
それはいとも不可思議に、
不実な君の、涙に濡れつつ、輝く瞳さながら。
彼処では、すべてがただ気品と美しさ、
豊かさ、静けさ、そして喜び。

（中略）

見よ、あの運河の上に眠るいくつもの船、
航海への思いを秘めて眠る船。
君の望みは、どんなささやかなものでも見逃さず、
それを充たすため、
船たちは世界の果てからやって来る。
陽光は、野や畑を、運河を、
そして都会の隅々を、黄金に、
紫に、染めていく。
世界は温かい光に包まれて眠りこむ。
彼処では、すべてがただ気品と美しさ、
豊かさ、静けさ、そして喜び。

シャルル・ボードレール「旅への誘い」

第3段階　断崖絶壁——過激な手段で効果を深めよ

この段階の目標は、すべての効果をよりいっそう深めていくことである。すなわち、ターゲットの心に与える効果、そして愛情や緊張感を深めていく。心の奥深くに仕掛けた釣り針に、相手が弱って食いついてくるまで、希望と絶望のはざまで揺さぶるのだ。気高く騎士のように振る舞いつつ、ターゲットのためならどこまでも行くという姿を見せれば（16「自分の価値を証明せよ」）、相手は激しく心を揺さぶられ、やがては好意的な反応を見せてくるだろう。誰もが、心の傷や抑圧された欲望、子供時代にやり残したものを抱えているものである。こうした欲望や傷を表面化させ、子供の頃には決して手に入らなかったものを今まさに手に入れようとしているかのように思わせよう。そうすれば、心の奥深くまで入り込めるだろう。ターゲットの感情を抑えきれないほど揺さぶるのだ（17「退行を引き起こせ」）。次に、彼らの心の〝暗黒面〟を露わにさせたり、誘惑に危険な感じを付け加えたりすることで、あなたは、ターゲットが限界を踏み超えるように導くことができる（18「限界を超え、タブーを冒すように焚き付けろ」）。

ここで必要なのは、相手にかけた魔法をさらに深めることである。神秘的（スピリチュアル）な〝飾り付け〟ほど、相手を混乱させ、魅惑するものはない。ターゲットが引き寄せられるのは欲望ではなく、運命や神様の思し召（おぼ）し、そして、高い精神性を持つものすべてなのである（19「スピリチュアルな魅力で誘い込め」）。スピリチュアルなものには、エロティックなものが必ず潜んでいる。さて、ターゲットを料理する準備は整った。細心の注意を払ってターゲットを傷つけ、不安や恐れを植えつけていこう。断崖絶壁に連れていき、そこから簡単に突き落とせる状況をつくるのだ（20「喜びに痛みを調合して与えよ」）。ターゲットは、極限の緊張状態に陥り、心から救いの手を求めてくるだろう。

16 自分の価値を証明せよ

たいていの人は誘惑されることを望んでいる。あなたのアプローチに相手が抵抗するとしたら、それは彼らの疑念を十分に拭い去ることができていないからにちがいない。どうして誘ってくるのか、どれくらい本気なのか――様々な点で疑いを持たれているのだ。一度でよい。絶妙のタイミングで、自分がどれほど相手を想っているのかを見せることができれば、相手の疑いを一掃することができるだろう。愚かに見えることや失敗することを気にしてはいけない。相手のためにする自己犠牲の行為であれば、どんなことでも彼らの感情を圧倒できる。もう、ほかのことには一切見向きもしなくなるのだ。たとえ抵抗されたとしても、落胆した態度をみせたり、不平を言ったりしないこと。思いも寄らない行動や、騎士のような振る舞いで対処しよう。簡単には手の届かない、誘惑を受けて立つ価値のある人間として振る舞うことで、逆にターゲットが自分自身の価値を証明することを促すのである。

誘惑のエビデンス

大風呂敷を広げることは誰にでもできる。自分の気持ちを大げさに言うことはたやすい――相手をどれほど気にかけているか、さらには、地球上のすべての虐げられた人々をどれほど気にかけているか、口ではいくらでも言えるのである。しかし、その言葉を裏づけるような行動がなければ、皆、本心は知れたものではないと疑いを抱きはじめるだろう。ペテン師、ないしは偽善者、あるいは卑怯者と見なされるだろう。お世辞や聞こえのいい言葉は独り歩きするものだ。しかし、いずれは言葉と行動を一致させ、裏づけ（エビデンス）として相手に示さなければならない時が訪れるだろう。

この種のエビデンスには二つの働きがある。一つは、あなたに対する疑いを和らげる働きである。もう一つは、あなたの長所を明らかにする行動、それ自体がこの上なく誘惑的なのである。勇敢な行動や私心のない行動には、強く前向きな感情が返ってくる。このプロセスでは、すべてを投げ捨てるほどの勇敢さや無私が必要なわけではないので、心配には及ばない。毅然とした態度を見せるだけでも十分な効果がある。実際、人々は考えすぎ話しすぎている。こういう世界では、どんな行動も〝筋交い〟で補強されたようなもので、誘惑的な効果を与えることがあるのだ。

誘惑する過程で、一度は抵抗されるのが普通である。もちろん、立ちはだかる障壁が多ければ多いほど、その先に待つ喜びは大きくなる。しかし、多くの人は誘惑に失敗する。なぜなら、ターゲットが抵抗する理由を正しく読み取れていないからだ。たいていの場合、いとも簡単に諦めてしまう。まず、誘惑の基本法則を理解しよう――抵抗とは、ターゲットが誘惑のプロセスに引き込まれて心を動かしたしるしである。あなたが唯一、誘惑できない相手は、よそよそしく冷淡な人である。抵抗は感情的なものであるから、相手の力を巧みに利用して倒す〝柔術〟のように、逆転させることが可能だ。もし、あなたを信用できないという理由で相手が抵抗しているのなら、明らかに私心のない行動で、何としても自分の価値を証明したいという意志を示すことだ。それが何よりの特効薬となるだろう。貞操観念が強いという理由や、ほかに意中の人がいるという理由で抵抗しているなら、まだ与しやすい。貞操観念や抑圧された欲望は、行動によって突破することが容易だからだ。偉大なる女性誘惑者、ナタリー・バーネイは著書の中でこう述べている。「貞操を守ることとは、多くの場合、より大きな誘惑を求めることである」と。

自分の価値を証明するには二つの方法がある。一つは、自発的な行動を取ること。ターゲットが助けを必要としている状況に直面したとする。解決しなければならない問題を抱えていたり、あるいはただ単に、あなたの好意を求めていたりする場合である。そうした状況を前もって予測することはできないが、いつでも助けられるように準備しておかなければならない。そういう場面はいつでも起こりうるからだ。必要以上に手を尽くして、ターゲットの心にあなたの印象を強く植えつけよう——相手が期待する以上にお金や時間を費やし、努力を惜しまぬこと。ターゲットはあなたを試すために、こういった状況をしばしば利用する。でっちあげることさえあるのだ。そうなったら、あなたは身を引くのか、それとも立ち向かうのか？　一瞬たりとも、ためらったり尻込みしたりしてはいけない。さもなければ、すべてが台無しになるだろう。必要とあらば、実際以上に、相手のために労力を費やしているように見せることもしよう。その際、決して言葉には出さず、遠回しにやること——疲れた様子を見せたり、第三者を通して伝わるようにしたり、手段は選ばない。

自分の価値を証明する二つ目の方法は、勇敢な行動を取ることである。前もって計画しておき、自分がここだと思うタイミングで実行に移すのだ。なるべくなら、何とかしてターゲットを誘惑に持ち込んだものの、あなたへの疑念はまだあり、最初の頃よりも危険な状況になっているときが好ましいだろう。ドラマティックで困難な行動を選んで、相手を巻き込もう。危険はこの上なく誘惑的なものになりうる。ターゲットを巧妙に危険な状況に導こう。あるいは、それとなく居心地の悪いところへ追い込もう。そうすれば、あなたは救出者すなわち〝勇敢な騎士〟を演じることができる。この行動が引き出した、ターゲットの強い気持ちや感動は、容易に愛情へと書き換えられるだろう。

様々な実例

1 一六四〇年代のフランスで、マリオン・ド・ロルムは男なら誰もが恋い焦がれる高級娼婦（クルチザンヌ）だった。美貌の持ち主として名を馳せ、リシュリュー公爵をはじめ、著名な政治家や軍人たちとの恋愛を重ねていた。彼女とベッドをともにすることが、成功者の証しでもあったのだ。

数週間ものあいだ、レイクのグラモン伯爵に口説かれていたロルムは、とうとうある夜に彼と会うことを約束した。伯爵は胸を躍らせて彼女と会う用意をしていたが、約束の当日、彼女から一通の手紙を受け取る。そこには礼儀正しく思いやりのある言葉で、「本当にひどい頭痛で、今夜はベッドから起き上がれそうもありません」と綴られていた。約束は先延ばしにせざるをえないだろう。誰か別の男に押しのけられたのだなと伯爵は感じた。というのも、ロルムはその美しさと同じくらいに、ひどく移り気だったからだ。

グラモンはためらわなかった。夕暮れになると、ロルムの住むマレー地区に馬を走らせ、辺りを見張っていた。彼女の家の近くの広場を、一人の男が歩いてこちらに向かってくる。自分を押しのけて、今夜ロルムとベッドをともにするのはこの男だと、グラモンは直感した。ブリサック公爵だった。グラモンに気づいたブリサック公は気まずそうな様子だったが、グラモンは大急ぎで近づいて、こう言った。「ブリサック公爵、友人として、お願いがあります。非常に大事なことなんです。実は、この近くに住んでいるご婦人と約束がありまして。ちょっとした問題の解決策を話し合うのです。といっても、それほど時間をかけるつもりはありません。そこで、できれば外套をお借りしたいのです。それから、戻ってくるまで私の馬を少し歩かせておいていただければと。とは言っても、あまり遠くへは行かないでください」。相手の返事を待たずに、グラモンは公爵の外套を奪い、馬の手綱を渡した。振り返ると、ブリサックがこちらを見ている。そのため、近くの家に入り、裏口からすぐに抜け出て、誰にも見られることなく、ロルムの家に着いた。

グラモンがドアをノックすると、公爵と勘違いした使用人に中へ通された。グラモンはまっすぐロルムの部屋へ向かった。彼女は薄いガウンを着てカウチに寝そべっていた。グラモンがブリサックの外套を脱ぎ捨てると、彼女はぎょっとした。「愛しい人よ、どうされました？」と彼は尋ねた。「頭痛はもうよろしいようですね？」。彼女は困惑した様子で、「まだ少し頭が痛いのでお引き取りいただけないかしら。約束をするのも破るのも私が決めることですから」と言った。「マダム」、彼は冷静に語を継いだ。「あなたが困惑されるのも無理はありません。私がブリサックと鉢合わせしやしないかと、ひやひやしているのでしょう。ですが、ご心配には及びません」。そう言って、彼は窓を開けた。そこには、まるで世話係の少年のように馬を引いて広場を行き来しているブリサックが見えた。実に滑稽な姿だった。ロルムは笑いだし、グラモンに腕を回して声を上げた。「愛しき騎士様。もう焦らしたりしません。こんなに面白くて突飛な方なんですもの！　大目に見てあげましょう」。グラモンは一部始終を話した。彼女は「公爵なら一晩中でも馬の訓練をしているだろう」と言い、部屋に招き入れたりしないと約束した。それでも二人は、あらためて翌日の晩に会うことにした。広場に戻ったグラモンは、公爵に外套を返して、長時間待たせたことを詫び、礼を言った。どこまでもお人好しなブリサックは、グラモンが馬に乗るのを手伝ってやり、手を振って見送ったのである。

〔解説〕 グラモン伯爵はよく知っていた――たいていのえせ誘惑者は、気まぐれや素っ気ない態度を自分に関心がないしるしと受け取り、簡単に諦めてしまうのだ。実際は、その裏に様々な意味が隠されているのである。たとえば、あなたが本気かどうかを疑って、試そうとしているのかもしれない。棘のある振る舞いがまさにそうだ。この最初の難関でサジを投げてしまうようなら、あなたはそれほど相手を欲していなかったのである。相手があなたのことをよく知らない、もしくはあなたと誰か別の人のあいだで揺れ動いているということもあるだろう。いずれにしても、簡単に諦めてしまうのは愚の骨頂だ。自分がどれほど本気かということを明らかに証明しさえすれば、あらゆる疑念を拭い去ることができるだろう。ライバルを打ち負かすこともできる。なぜなら多くの人々は臆病で、自分が愚かに見えてしまわないかと心配ばかりしているからである。彼らがリスクを冒すことはめったにないのだ。

難しいターゲットや強く抵抗するターゲットを誘惑する場合、グラモンのやり方が一番の解決策となる。驚くような行動を突然すると、相手は感情に影響されやすくなり、緊張がほぐれるものである。そして、もっとも重要なのは、情報収集をこつこつ積み重ねる（ちょっとしたスパイ活動）のもいいアイデアだ。そして、もっとも重要なのは、自分の価値を行動で示そうという精神（スピリット）である。もしあなたが陽気で冗談好きな性格なら、ターゲットを笑わせることで自分の価値を証明できるし、同時に相手を楽しませることもできる。失敗しようが、インチキくさいと思われようが大きな問題ではない。あなたが作り上げた楽しい雰囲気をきっと相手は受け入れてくれる。ここに注目しよう――伯爵は決して泣き言を言わず、怒ったり身構えたりもしなかった。彼はただカーテンを開け、馬を引いて歩く公爵を見せただけなのだ。それだけのことで、ロルムの抵抗は笑いとともに溶け落ちてしまったのである。考え抜かれた一つの行動によって、彼女から一夜の愛を受ける価値が自分にあることを、グラモンは証明してみせたのだ。

2

ナポレオンの妹、ポーリーヌ・ボナパルトは何年ものあいだ、医師が彼女の健康を心配するほど数々の男と関係を持っていた。一人の男と数週間以上、関係が続かない――目新しい相手からしか、喜びを得られないのだ。一八〇三年、ナポレオンにカミッロ・ボルゲーゼ王子と結婚させられたあとも、重ねる情事の数は増える一方だった。一八一〇年に血気盛んな軍人、ジュール・ド・カヌヴィル大佐と出会ったときも、これまで同様、長くは続かないだろうと誰もが思っていた。もちろん大佐は勲章を授与された軍人であり、教養があって踊りがうまく、軍のなかでも際立ってハンサムだった。それでも当時三〇歳のポーリーヌは百戦錬磨で、こうした経歴を持つ男たちとも数多く関係を重ねてきたのだ。

カヌヴィルとの関係が始まって数日後、皇室の歯科医がポーリーヌの家を訪れた。夜も眠れぬほど歯が痛むと言う。医師は、その場ですぐに虫歯を抜く必要があると診断した。麻酔などない時代である。医師が次々と器具を出しはじめると、ポーリーヌは恐ろしくなった。痛みがあるにもかかわらず、彼女は心変わりして、歯を抜きたくないと言いだした。

カヌヴィル大佐はシルクのローブを着て、カウチに横になっていた。一連のやり取りを見ていた彼は、医師の治療を受けるように彼女を勇気づけようとした。「痛いのはほんの一瞬さ。それでもうおしまい……子供だって大丈夫。そんなに大騒ぎしないで」。「じゃあ、あなたがやってみせて」と彼女は言った。カヌヴィルは立ち上がり、医師のところへ行った。そして口を開けて奥歯を指差し、抜くように頼んだ。虫歯のないきれいな歯が抜かれたが、カヌヴィルは瞬き一つしなかった。このあと、ポーリーヌは医師に歯を抜いてもらうことができた。そればかりでなく、カヌヴィルに対する彼女の想いも変わっていた――私のためにここまでしてくれた男はこれまでいなかったと。

二人の関係は数週間経ってもまだ続き、終わる気配がなかった。ナポレオンはいい顔をしなかった。ポーリーヌは人妻なのだ。火遊び程度なら見て見ぬふりもできるが、関係が深くなりすぎるとそうもいかない。ナポレオンは、カヌヴィルをスペインにいる将軍のもとへ使者として送った。この任務には数週間を要するため、彼の不在の間にポーリーヌは別の男を見つけるだろう――。

しかし、カヌヴィルは普通の恋人とは違った。飲まず食わずで眠りもせずに、昼も夜も馬を走らせ、たった数日で目的地のサラマンカに到着したのだ。任務を果たした彼は、これ以上その場に留まる必要はないと判断した。そしてさらなる指示を待つことなく、護衛もつけずに敵の支配地を抜けて、パリへと馬を走らせたのだ。彼がポーリーヌと会えたのは、ほんのわずかな時間だった。ナポレオンがすぐにスペインへ送り返したからだ。ついに帰還が許されたのは数か月後のことだった。しかし彼が帰るとすぐに、ポーリーヌは二人の関係を再開したのである――彼女がこれほどの忠誠心を持つのは、これまでにないことだった。業を煮やしたナポレオンは、カヌヴィルを今度はドイツに送った。そしてついにはロシアへ送ったのだ。一八一八年、カヌヴィルはロシアで命を落とした。彼こそが、ポーリーヌが待ちわび、その死を嘆き悲しんだ、ただ一人の恋人だった。

〔解説〕 誘惑では、ターゲットの気持ちが自分に傾きはじめたと感じることがよくある。しかし、突然また離れていってしまう。あなたの動機が疑わしいものに見えはじめるのだ――肉体目当てや金目当てで近づいてきたのか、あるいは自分を支配したいだけかもしれない――。こうした不安や疑念を抱いた相手は、誘惑のために作り上げた幻想を台無しにしてしまうのだ。ポーリーヌ・ボナパルトの場合は、快楽のために男を利用することに慣れていたし、同様に自分が利用されていることもよく心得ていた。非常に醒めた女性だったのだ。しかし人は、しばしばシニシズムによって不安を隠すものなのである。ポーリーヌが密かに抱えていた不安は、これまでに付き合った恋人たちが誰一人として自分を本当に愛してはくれなかったということだった。相手の男たちはみな、単に彼女とセックスをしたかったか、あるいは政治的に取り入ることが目当てだった。カヌヴィルは彼女のために身を捧げること――健康な歯、軍での経歴、そして人生――を具体的な行動で示し、手のつけられないほどわがままな女性を献身的な恋人に変えてみせたのだ。といっても、彼女が完全にわがままでなくなったということではない。カヌヴィルの一連の行動が彼女の自尊心を大いに高めたのだ。こうした行動をカヌヴィルから引き出せたのだから、彼女自身はそれにふさわしい価値のある存在でなければならない。カヌヴィルが彼女の気質の気高い側面に訴えかけてきたなら、それに見合うくらいに気高く振る舞い、彼に対して忠誠心を持ちつづけることで、自分自身の価値を証明しなければならなかったのである。

まるで騎士のように勇敢な行動を示すことで、誘惑を新たな段階へ進めることが可能となる。相手の感情を激しく揺さぶり、あなたの下心をうまく隠すこともできるのだ。あなたが払う犠牲は、目に見えるものでなければならない。犠牲について話したり、それがどれほど大変なことだったかを説明したりすると、自慢のように聞こえてしまうからだ。夜も眠れず体調を崩した、貴重な時間を費やした、経歴を危険にさらした、借金してまでお金をつぎ込んだ——こうしたことを、効果を高めるために大げさに言うこともできる。しかし、自慢しているように見えてはいけないし、逆に、後悔しているように見えてもいけない。どれほど苦労したかを、ありのままに見せればいい。ほとんどの人間は、何らかの思惑をもって行動しているように見えるものだから、あなたの高潔で私心のない行動をただ見せるだけで十分、魅力的に映るのである。

3

一八九〇年代から二〇世紀初頭にかけて、ガブリエーレ・ダヌンツィオはイタリアを代表する小説家、劇作家の一人として知られていた。しかし多くのイタリア人には、この男が我慢ならなかった。華美な文体で、登場人物に彼自身がたくさん投影されていて、あまりにも演出過剰——裸で馬に乗って浜辺を疾走したり、ルネサンス的な教養人を気取ったり、そんな場面ばかりが続くのだ。戦争を舞台にした小説が多く、死に直面し、それを乗り越えて勝利するという物語を好んで書いた——戦争を実際に体験していない読者を楽しませるような作品だった。そのため、第一次世界大戦が勃発した際に、ダヌンツィオが「イタリアは連合国側で参戦すべき」という呼びかけを主導しても、誰も驚かなかった。彼はどこにでも現われ、いつも戦争賛成の演説をしていた。その遊説は、一九一五年、イタリアがついにドイツとオーストリアに宣戦布告をすることで実を結んだ。ここまでのダヌンツィオの役割は完全に予測できるものだった。しかしイタリア国民を驚かせたのは、この五二歳の男が次に取った行動である。何と彼は軍に志願したのだ。これまでに軍隊経験がなく、船酔いするたちだったが、その決意は固かった。彼が戦闘に加わらないよう願いつつ、軍司令部は騎兵隊への配属をついに認めたのである。

イタリアには戦争の経験が少なく、軍はやや混乱した状態にあった。将軍たちは、どういうわけかダヌンツィオの行動を把握しきれなくなっていた。いずれにせよ、彼は騎兵隊を離れ、独自の小隊を率いようと決めていた（ダヌンツィオは結局のところ芸術家であり、軍の規律に従うことができなかったのだ）。彼は自らを〝司令官〟と呼ぶようになった。船酔いを克服し、真夜中にモーターボートの一団を率いてオーストリアの港に侵入し、停泊していた戦艦を魚雷で奇襲した。また、戦闘機の操縦を習得し、危険な出撃の先陣を切るようになっていった。一九一五年八月には、当時オーストリア領だったトリエステ上空を飛行し、イタリア国旗とビラを撒いた。市民に希望をもたせるメッセージを込めたビラには、彼独自のスタイルでこう書かれていた。「苦難の終わりは近い！ 喜びの夜明けがすぐに訪れると固く約束しよう。イタリアの翼に乗って、はるか天空より、心からのメッセージを贈ろう」。彼は前代未聞の高度を飛んで、敵の激しい攻撃をかいくぐっていた。オーストリア軍は彼の首に懸賞金をかけることにした。

一九一六年の任務で、ダヌンツィオは飛行中に自らの機関銃に顔を打ち付けてしまい、片目を失明し、もう片方にも重症を負った。そして、戦闘機と別れを告げ、ヴェネツィアの自宅で過ごし、快方に向かったと伝えられている。その当時、イタリアでもっとも美しく洗練された女性は、ドイツ皇帝（訳注：ドイツ帝国の最後の皇帝、ヴィルヘルム二世のこと）の元愛人、モロシーニ伯爵夫人だと言われていた。彼女の邸宅はカナル・グランデ（大運河）に面して、ダヌンツィオ家の対岸にあった。やがて彼女のもとには、作家兼軍人から手紙や詩が殺到するようになった。手紙には、空中戦での手柄話や彼女への愛の告白が綴られていた。ヴェネツィアが空襲されている最中でさえも、彼は運河を渡り、自分の最新の詩を彼女に送り届けた――ほとんど目が見えないにもかかわらずに――。ダヌンツィオはモロシーニよりずっと身分が低く、単なる作家にすぎなかったが、彼女のためなら何事にも勇敢に立ち向かう強い意志が彼女の心を鷲づかみにした。いつ命を失っても構わないというような、彼の向こう見ずな行動が誘惑を加速させたのは、まぎれもない事実である。

ダヌンツィオは医師の助言を無視して再び戦闘機に乗り、以前にも増して多くの攻撃を指揮するようになった。第一次大戦が終結する頃には、イタリアでもっとも勲章を受けた英雄になっていた。国中のどこへ行っても、彼の演説を聴こうと聴衆が広場を埋め尽くした。その後、彼は義勇軍を率いてアドリア海沿岸の都市、フィウメへ向かった。戦後処理の交渉中、イタリア人はみな、この街が割譲されると信じていた。しかし敵が同意しなかったのだ。ダヌンツィオ率いる部隊は街を制圧した。こうして、この詩人は街の指導者となり、一年以上ものあいだフィウメを自治区として統治したのである。国民の誰もが、デカダン派作家として中途半端に輝いた彼の過去を忘れてしまっていた。いまや、彼はやましいことなど何もない〝無謬の人〟になっていた。

〔解説〕 誘惑が相手を引きつけるのは、お決まりの日常から離れて、ワクワクするような未知なる経験を味わえるからである。未知なる経験の究極が、死である。無秩序(カオス)や混乱、死を前にすると(中世ヨーロッパで大流行した疫病、フランス革命の恐怖政治、第二次世界大戦中のロンドン大空襲を思い起こそう)、人々は常日頃の用心深さを手放して、別の状況なら決してしない行動をしてしまうものだ。ある種の錯乱状態にいるのである。危険なものや未知なるものに立ち向かうのは、とても誘惑的で人を引きつけるものがある。あなたが、向こう見ずで大胆な資質を持っていることを示そう。そして、ふだんから死を恐れてなどいないことを示そう。そうすれば、人類の大半の心を一瞬で奪うことができるだろう。

この瞬間にあなたが相手に対して証明しているのは、あなた自身の価値である。あなたがどのように感じているかはどうでもよいのだ。あなたは困難な状況に立ち向かおうとする強い意志を持っている。どこにでもいるような口先だけの人間や、ただのほら吹きではないのだ。これは即席でカリスマをつくる方法ではない。チャーチルやドゴール、ケネディといった偉大な政治家たちには、戦場で自分の価値を証明してきたという誰にも太刀打ちできない魅力があった。ダヌンツィオは気取った女たらしだと思われていたが、戦場での活躍によって、英雄の輝き、ナポレオンのようなオーラを与えられたのだ。実際、彼は腕のいい誘惑者だった。それが戦場での活躍を経て、悪魔のように魅力的な存在になったのである。あえて死の危険に身をさらす必要はない。ただ、死と隣り合わせのところに身を置くことで、あなたの魅力はより高められるだろう(この手法をうまく誘惑の中に取り入れるには、相手にうれしい驚きをもたらすようなやり方をするとよいだろう）。あなたは、未知の世界に自ら進んで足を踏み入れようとしている。死の恐怖を払いのけた人間以上に誘惑的な人間はいない。人々はあなたに引きつけられるだろう。そして、あなたの冒険心が自分に向けられることを心待ちにするだろう。

4

「アーサー王伝説」のある版によると、偉大なる騎士、ランスロット卿が、あるときアーサー王の妃であるグィネビアを一目見た。恋に落ちるのにはそれで十分だった——彼は王妃に一目惚れしたのだ。そのため、グィネビア王妃が一人の邪悪な騎士に誘拐されたという知らせを受けたときも、ランスロットはためらわなかった。騎士としての役目を全部投げ出し、急いで救出に向かったのだ。追跡中に馬を乗り潰すと、その先は自力で走りつづけた。もう少しで追いつくところまで迫ったものの、彼の疲労はとうとう極限に達し、それ以上前へ進めなくなってしまった。そのとき、一台の馬車が通りかかった。胸が悪くなるような容貌の男たちが鎖につながれて、馬車の中に押し込められていた。当時は、犯罪者——人殺し、裏切り者、卑怯者、盗人——をこのような馬車に乗せ、見せしめのために街中を走り回るという慣習があった。いったんこの馬車に乗せられたが最後、残りの人生についての一切の権利を手放すことになる——すなわち死だ。この馬車は恐怖のシンボルであり、空の馬車を目にした人々が恐怖に震え、胸の前で十字を切るほどだった。それでもランスロットは御者に声をかけた。御者はこびと（ドワーフ）だった。「どうか教えてほしい。この道を王妃が通るのを見かけなかったか？」。「この馬車に乗りたいと願うなら」とドワーフは言った。「明日までには王妃がどうなっているかわかるだろうさ」。ドワーフは馬車を前に進めようとする。ランスロットは一瞬ためらったが、馬が二歩進むあいだに走り出し、馬車に飛び乗った。

馬車は行く先々で、街中の人々に罵られた。その中に混じっている騎士に対しては、特に好奇の目が向けられた。いったいどんな罪を犯したのか？　どのようにして死刑に処されるのか——鞭打ち？　それとも水責め？　あるいは火あぶり？——。ようやくドワーフは、彼を馬車から降ろした。しかし王妃の居場所については何も言わなかった。状況は悪くなる一方で、もう誰もランスロットに近づいたり話しかけたりしなくなった。あの馬車に乗っていたのだから無理もない。それでも彼は王妃を捜しつづけた。道中ずっと、ほかの騎士たちから罵（ののし）られ、唾を吐かれた。そして決闘を挑まれた。あの馬車に乗ったことで、騎士道を汚したからだ。だが、誰も彼の歩みを止めることも、遅らせることもできなかった。そしてついに、王妃を誘拐したのが悪名高いマリアガンス（訳注：ブラデメイガス王の息子）であることを突き止める。彼はマリアガンスに追いついた。二人の決闘が始まった。長きにわたる追跡で消耗していたため、ランスロットは敗色濃厚だった。しかし王妃がこの決闘を見ていると聞いて、力を取り戻した。マリアガンスが降参を申し出たのは、ランスロットがまさにとどめを刺そうとしたときだった。グィネビア王妃は彼の手に引き渡された。

ランスロットは王妃の無事な姿を見て、喜びを内に秘めておくことができなかった。ところが、意外にも王妃は腹を立てているようで、彼のほうを見ようともしなかった。彼女はマリアガンスの父にこう言った。「陛下、彼は本当に無駄な努力をしましたね。彼に対する感謝の念なんて、これっぽっちもないのですから」。ランスロットは心を痛めたが、不満を言うことはなかった。それからさらに、数え切れないほどの試練を経て、王妃の気持ちはついに和らぎ、二人は恋人同士となった。ある日、ランスロットは王妃に尋ねた。マリアガンスに誘拐されていたとき、自分が馬車に乗ったいきさつや、そのためにどれほど騎士道精神を汚してしまったかを聞いていたのかと。だからこそ、あの日、自分にあんなに冷たい仕打ちをしたのではないかと。王妃は答えた。「馬が二歩進むあいだ、あなたは馬車に飛び乗るのをためらったでしょう。本当のことを言うと、あなたに会いたくなかったのも話したくなかったのも、それが原因よ」

〈解説〉私心のない行動を取る機会はたいてい突然、訪れるものだ。まさにそのとき、その瞬間に、自分の価値を示さなければならない。それは、相手が困っている状況のときに、役立つ物を提供したり、役立つ行動をすることかもしれない。あるいは突然の求めに応じて、すべてを投げ出し、助けに駆けつけることかもしれない。拙速な行動になろうが、失敗しようが、愚かなことをしてしまおうが、ここでは大した問題ではない。自分の利益を考えたり、結果がどうなるのかを考えるのではなく、相手のためだけを考えて行動することが重要なのである。

このようなときに、たとえ一瞬でも躊躇してしまうと、積み上げてきた誘惑の努力が水の泡になってしまう。あなたが自分第一に考えていることや、騎士道精神に反すること、あるいは臆病なことが見透かされてしまうからだ。少なくとも、これは一二世紀にクレティアン・ド・トロワが書いた、ランスロットの物語から得られる大切な教訓である。覚えておいてほしい――何をするのかだけでなく、それをどのように実行するかが重要なのだ。自分第一に考える傾向があるなら、それをうまく隠す方法を身につけよう。できるだけ自然に振る舞いながらも、取り乱し、極度に興奮してみせて、相手の影響力を誇張しよう。愚かに見えるくらいでいいのだ――愛ゆえに、あなたがそこまでするのだと相手に思わせることが重要である。グィネビア王妃のために馬車に飛び乗らなければならないのなら、あなたが何のためらいもなく乗り込むところを確実に見てもらうべきなのだ。

5

一五三一年頃のローマで、トゥリア・ダラゴーナという名の若い女性が世間を賑わせていた。その当時の基準では、トゥリアは決して正統派の美人とは言えなかった。背が高く細身の女性だったのだが、その頃はふっくらとして肉感的な女性が理想とされていたのだ。また、男性の気を引こうとする若い女性なら誰もが身につけている、甘ったるい仕草や、クスクス笑いができなかった。彼女の魅力はその気品だった。ラテン語を完璧に操り、最新の文学を論じることができ、リュート（訳注：一四～一七世紀に多用されたギターに似た弦楽器）を演奏しながら弾き語りもできた。言い換えれば、彼女は目新しい存在だったのだ。多くの男性がこうした新鮮な女性を探し求めていて、しだいに彼女のもとを訪れはじめた。彼女には外交官の恋人がいた。一人の男が彼女の肉体を独占しているということが、男たちの心を嫉妬に狂わせた。男性たちは彼女の関心を引こうと躍起になり、彼女に捧げる詩を書き、お気に入りになろうと張り合った。誰も成功する者はいなかったが、彼らは諦めなかった。

もちろん、公衆の面前で「ただの高級娼婦にすぎない」と言い放ち、彼女の気分を害するような者も中にはいた。彼らはこんな噂（真実かもしれないが）まで流した――リュートに合わせて年上の男性たちを踊らせ、踊りが気に入られた男性は彼女を腕に抱くことができるのだと。トゥリアの熱心な信奉者はみな家柄がよく、これを根も葉もない中傷と捉えた。彼らは次のような文書を作成し、広く配布した。「誉れ高き良家の生まれである、われらがトゥリア・ダラゴーナ嬢。その気品を凌駕する女性は過去にも現在にもいない。そして未来永劫、現われることはないだろう……本声明文に異を唱える者には、以下に署名した騎士の一人と闘うことを、ここに要求する。その騎士は通例に則ったやり方で、その者を納得させるであろう」

一五三五年、トゥリアはローマを離れ、ヴェネツィアに向かった。ヴェネツィアでは詩人のタッソーが彼女の恋人となった。次に彼女はフェラーラに向かった。その当時のイタリアでもっとも洗練された宮廷が統治する街だ。そこでも彼女は見事な輝きを放った。声や歌はもちろん、詩までもが絶賛された。彼女は自由思想を理想に掲げる文学学校を開き、自分自身を〝ミューズ〟（訳注：芸術家の創作意欲を刺激する女性のこと）と称した。ローマと同じように、若い男たちが彼女の周りに集まってきた。街中をついて回り、街路樹に彼女の名を彫りつけた。そして、彼女に捧げる愛の詩を書き、誰にでも歌って聴かせた。

ある若い貴族が、この彼女を賛美する狂信的なグループによって、心をかき乱されていた。誰もがトゥリアを恋い慕っているというのに、彼女から愛を返してもらえる者が一人もいなかったのだ。この若者は彼女を連れ去って、結婚しようと決めた。そして彼女を巧みに言いくるめて、夜に訪問することを許された。彼は永遠の愛を誓い、宝石や贈り物の数々を見せてプロポーズした。彼女は断った。若者が短剣を抜いて迫っても、首を縦に振らない。すると彼は、その短剣で自分自身を突き刺してしまった。彼は一命を取り留め、トゥリアの評判は以前にも増して高まるばかりだった。どんなにお金持ちでも、彼女の愛情を金で買うことはできないのだ（あるいは、そう見せているだけかもしれないが）。月日が流れ、その美貌に翳りが見えはじめても、彼女の身を案じて訪ねてくる詩人や知識人があとを絶たなかった。彼らのほとんどは、一度たりとも現実をじっくり考えたことなどなかっただろう。実のところ、トゥリアはもっとも人気のある高級娼婦の一人であり、その道のプロとして、よく稼いだだけなのだ。

〔解説〕 誰もが何かしらの欠点を持っている。生まれながらのもので、どうしようもないものもある。トゥリアにもたくさんの欠点があった。肉体的に見て、ルネサンス時代の理想とはほど遠い女性だった。母親もまた高級娼婦であったため、彼女は非嫡出子だった。それでも、彼女の魅力に取りつかれた男たちにとって、そんなことはどうでもよかった。彼らの心を激しくかき乱したのは彼女のイメージだった――手の届かない女性、勝ち取るために戦わなければならない女性というイメージである。彼女のお高くとまった態度は、中世からそのまま抜け出してきたかのようだった。騎士や吟遊詩人（トルバドゥール）が活躍した時代である。当時の女性は、結婚に際して、騎士が何とかして自分の価値を証明し、愛に偽りのないことを示すまで、操を守った。そうすることで、男女間の力関係を支配することができたのである。そのため騎士は、探求の旅に出されたり、世捨て人に混じって暮らすことを余儀なくされたり、結婚相手の名誉のために命がけの決闘をさせられることもあった。しかも何の不平も言わずに、成し遂げなければならないのだ。トルバドゥールの時代は遠く過ぎ去ってしまったが、その行動様式はいまも受け継がれている。男は自分の価値を証明することに喜びを感じ、無理難題を挑まれることを愛した。進んで互いに競い合い、数々の試練を乗り越えて、女を勝ちとるのだ。男にはマゾヒスティックな一面、すなわち苦痛を愛する側面がある。とても奇妙なことに、相手の女性からの要求が多ければ多いほど、その女性に、より価値があるように見えてくる。簡単に手に入る女性には、あまり価値を感じないものなのである。

あなたの愛を掛けて人々を競わせよう。そして、何らかの手段で自分自身の価値を証明するように仕向けよう。そうすれば、彼らが困難に挑戦する姿を目にすることができるだろう。そうした挑戦によって、相手の誘惑にかける情熱がさらに燃え上がるのだ――「本当に私を愛していることを行動で示していただけるかしら」――。ある人（性別は問わない）が、機に乗じてこうした挑戦をやり遂げたときに、もう一人、別の人に対して同じ挑戦を要求するというのもよくある手だ。誘惑がますます強力になる。相手に自分自身の価値を証明させることによって、あなた自身の価値も高められる。そして同時に、あなたの欠点をうまく隠すことにもなる。ターゲットは自分の価値を証明することに手いっぱいで、あなたの欠点に気づくには忙しすぎるのである。

イメージ

馬上槍試合（トーナメント）。鮮やかなのぼり旗が立ち並ぶ競技場。盛装した馬に乗り、自分に求婚する権利を賭けて戦う騎士たちを貴婦人が見つめている。彼らが跪（ひざまず）いて愛を誓うのを、彼女は聞いた。終わりのない歌に心地良い約束。彼らはみな、そういったことが得意なのだ。しかし、トランペットが鳴り響けば、戦いが始まる。このトーナメントには、戦うふりやためらいの入る余地はない。彼女に選ばれし騎士は、顔から血を流し、手や足の骨をいくつか折っていなければならないのだ。

例外

あなたが価値ある存在だと証明する際には、ターゲットによって物事を捉える視点が違うということを忘れないでおこう。肉体的な強さに価値を置いていない人にそれを見せたところで、強い印象を与えることはできないだろう。それではただ、注目されたくて自分を誇示しているようにしか映らない。誘惑者は、相手の疑念を払拭するために、相手が受容しやすいやり方を選んで、自分の価値を証明しなければならない。相手によっては、勇敢な行動より素敵な言葉のほうが適していることもあるのだ。こういった相手には、あなたの強い想いを手紙の文字に込めよう。文字に書くことは、全く異なる種類の証明のやり方だが、少しばかり人目を引くような行動よりも詩的で、人の心を動かす力がある。ターゲットをよく知り、彼らの疑いやためらいの根源にあるものを狙って、〝誘惑のエビデンス〟を示そう。

恋愛はある種、戦争のようである。のろのろしている兵士は必要ない。この軍旗は臆病者には守れない。凍てつく冬の夜や、果てしない行軍、あらゆる苦労が待ち構えているのだ。突然の豪雨に見舞われることもあるだろうし、むき出しの地面で野営することもある。（中略）愛を長続きさせたいなら、プライドをすべて捨てることだ。安全でまっすぐな道が閉ざされ、扉が施錠されていたら、屋根や高い窓から忍び込め。そんな危険を冒したのも自分のためだと知れば、彼女は喜んでくれるだろう。これこそが、意中の女性に対する確かな愛の証となるだろう。

オウィディウス『恋愛指南』

男：「……自分で栽培した果実は、他人の手によるものよりずっと美味しく感じられるものだし、簡単に入手したものよりは、多大な苦労の末にようやく手に入れたもののほうが価値のあるものだと思います。ことわざにあるように、不断の努力なくして尊いものは得られないのです」

女：「不断の努力なくして尊いものは得られないなら、望むものを手に入れるためには、より一層の努力を払わなければならないわけですね。あなたは、より尊いものをお望みでしょうから」

男：「努力さえすればあなたの愛をくださるということであれば、これほどうれしいことはありません。いかなる男性であれ、最大限の努力を払わないかぎり、あなたのような気高き女性の愛を受けるなど、あってはならないことです」

アンドレーアース・カペルラーヌス『宮廷風恋愛について』

ある日、サンプルイユはいつにも増して食い下がった。女性からの最上の喜びを与えてほしいとマダム・デ・ラ・メゾンフォールに訴え、そう訴えながら言葉以上の行為に及ぼうとした。夫人は彼の行き過ぎた言動に、二度と自分の前に現われないよう命じた。彼が夫人の部屋をあとにした一時間後、夫人はバニョレの壮観な運河沿いをいつものとおり散歩していた。そのとき、サンプルイユが生け垣の陰から裸同然で現われ、夫人の前に立ちはだかった。「これが最後です、マダム。さようなら！」。そう叫ぶや、彼は真っ逆さまに運河に身を投げた。その光景に恐れをなした夫人は泣いて自宅に駆け戻り、家にたどり着いたとたん失神した。意識を取り戻すとすぐに、使いをやってサンプルイユの身がどうなったのか確かめた。サンプルイユは実際、運河にはそう長いことおらず、そそくさと服を着てパリへ逃れ、数日間身を隠していた。その間、彼が死んだという噂が広まった。マダム・デ・ラ・メゾンフォールは、自分への思いを証明するために取った常軌を逸した行動に深く心を動かされた。夫人にとって彼のこの振る舞いは、至上の愛の証しだった。裸の彼には、服を着ているときには見えなかった魅力があるように思われ、夫人は自分の残酷さを悔いた。彼女が喪失感を抱いていることは知れ渡り、サンプルイユの耳にも届いた。彼はすぐに再び姿を現わし、この機会を利用して夫人からの好感を得たのだった。

ビュシー・ラビュタン伯爵『ガリアの恋人たち』

レディの臣下となるためには……トルバドゥールは四つの段階を経なければならなかった。それはすなわち、熱望者、懇願者、聖職志願者、そして恋人だ。最後の恋愛関係の段階に達すると、彼は忠誠の誓いを立て、その宣誓はキスによって封印される。

貴族階級のあいだで理想とされていた騎士道精神からなる宮廷恋愛の中で、恋愛というものは一種のたしなみと考えられていた。一方で、その後の儀式や最終的に結ばれる契約（もしくはナイトの爵位授与と同等のもの）は、その貴族の修練や功績に関連していた。真の恋人であることと、完璧な騎士であることは、ほとんど同一のことだった。君主に仕える騎士のように、恋人はレディに仕え、従わなければならなかった。いずれの場合も、誓約は神聖なものだった。

ニーナ・エプトン『愛とフランス人』

フランス王国のある大都市に、学問修行中の良家の貴族がいました。彼は徳と誉れを得て多くの優れた人々と肩を並べ、知識を極めようと思っていました。そして、まだ十七、八という若さにして、学芸に秀でたひとかどの人物と思われるまでになったのです。ところが、ここでも例によって、彼が日々の学業を終えると、愛の神様が彼に愛の歌を聴かせたのです。この神様は自分の言葉をよりしっかりと相手に届かせるため、たまたま都にやって来ていた、ある美しい貴婦人の顔とその目の中に身を潜めました。ところが、彼がこの貴婦人の美貌に釘づけになったとき、すでに彼女の心もこの若者に奪われていました。地位や身分に関係なく、彼の容貌、気品、思慮、弁舌に敵うものがいないとわかったからです。

恋の炎というものは、心の片隅に取りつくやいなや、あっという間に燃え広がっていくものなのです。この二人の男女もご多分に洩れず、愛の神に見込まれたとたん、たちまちその術中にはまってしまいました。そして、思うこと、望むこと、話すこと、すべてが燃え立ち、二人は眩いばかりの光に満たされてしまったのです。若者は内気だったので、控え目に求愛しました。ところが、すでに愛の神様に征服されてしまっている貴婦人は、何の力もいらないほどだったのです。とはいえ、彼女は女性らしく恥じらいながら、できるだけ気持ちを抑えていました。しかしついに、砦は崩れ、彼女は一度も断ることなく承諾したのです。

けれども、恋人の忍耐と忠実さと愛情を試すため、一つ難しい条件を出しました。それを守れたら、あなたのものになるが、守れなかったら永久にお別れする、と。その条件というのは、二人とも下着一枚でベッドに入り、語り合うだけで、言葉と接吻以上のものを求めてはならない、というものでした。その夜、彼はどんなに喜びを感じて承諾しました。その夜、彼はどんなに彼女に愛撫されても、どんなに激しい衝動が起こっても、決して誓いを破ろうとはしませんでした。煉獄にも劣らぬほどの苦しみでしたが、このような苦痛の先には必ず大いなる愛があるものと信じ、最後までこらえました。そして、相手の気分を害さないよう、起き上がったのです。

貴婦人はおそらく、彼の立派な態度に喜ぶよりはむしろ驚いてしまったのでしょう。彼の愛情がそれほど強くないのだろうか、あるいは自分に幻滅しているのではないかと疑いました。誓いを守った彼のこの上ない正直さ、忍耐強さ、忠実さについてはあまり考えなかったのです。そのため、約束したものを彼に与える前に、もう一度彼の愛情を試してみることにしました。

さて、貴婦人には、若くて美しい召使いがおりました。貴婦人は彼の愛情を試すため、こう頼みました。あなたは召使い目当てで私の宿をたびたび訪れていると思われるよう、この召使いに言い寄ってもらいたいと。貴婦人の愛情を確信していた若者は、あっさり従いました。そして心ならずも、この召使いに愛の言葉を囁いたのです。ところが、容貌も弁舌も優れた若者から言い寄られた召使いは、まんまと彼の言葉に騙されてしまいました。そして自分が心から愛されているものと信じ、彼にありったけの愛情を捧げたのです。

しかし若者は依然として、貴婦人に約束を果たしてほしいと迫ります。ついに彼女は承諾し、「長きにわたるあなたの忍耐に報いてさしあげたいので、夜中の一時頃おいでなさい」と言いました。彼が喜び勇んで、約束の時刻にやって来たことは想像に難くないでしょう。

ところが、貴婦人はさらに彼の愛情を試そうと、召使いにこう言いました。

「私には、あの方がお前を愛していることも、お前があの方を愛していることもお見通しです。だから、二人で存分に話し合える機会を作ってあげようと思います」

召使いはすっかりうれしくなって思わず顔を赤らめました。そして、ぜひお願いします、と答えたのです。貴婦人に言われるまま、衣服を脱いで、きれいなベッドに入りました。貴婦人は部屋の扉を開け、この娘の美しい顔がはっきり見えるよう明かりを灯しました。そして、出ていくふりをして、ベッドのそばに身を潜めたのです。

若者は約束どおり貴婦人が待っているものと思い、そっと部屋に忍び込みました。扉を閉めて衣服と毛皮のついた靴を脱ぐと、恋い慕う女性がそこに横たわっているものと、ベッドに入っていきました。そして、相手が貴婦人でないことにも気づかず、彼女を抱きしめようとしました。すると、哀れな召使いは彼が自分に会いにやって来たものと思い込み、夢中になって愛の言葉を囁いたのです。彼はその声を聞いてはっとなりました。よく見ると、何とそこにいたのは召使いではありませんか。愛ゆえに大急ぎでベッドに入った彼は、愛ゆえにさらに大急ぎで飛び起きました。そして、恋人も召使いも憎らしくなり、こう言い放ちました。

「あなたたちは何てつまらぬことをするんだ。あなたをここに寝かせる奥さんも奥さんだが、あなたもあなただ。そんなことをされたって、僕は自分の気持ちに嘘はつけない。あなたはこれから誠実な女になるよう、せいぜい心がけることだ。僕のせいで傷がついたらおしまいじゃないか」

若者は怒り心頭に発して部屋を飛び出し、しばらくは貴婦人のところに姿を見せませんでした。しかし、恋する者から希望を奪わぬ愛の神様は、彼の愛が強ければ強いほど、また多くの試練に耐えれば耐えるほど、あとの楽しみはそれだけ長く、しかも幸福になることを彼に教えたのです。彼の気持ちを人づてに聞いた貴婦人は、いかなることにも決して変わらぬ彼の大きな愛情がようやくわかり、うれしさに頬を染めました。それまで愛を試すためにさんざん苦しめたことを詫びようと思ったのです。再会したとき、彼女は若者に愛情溢れる言葉をかけました。彼はいままでの苦痛も忘れました。苦しんだおかげで自分の愛情も栄冠を得ることができ、揺るぎないものとなって成就したことを幸せに思ったのです。

このとき以来、恋人からは、望みのものを何の妨げもなく、心ゆくまで叶えてもらうようになりました。

マルグリット・ド・ナヴァル『エプタメロン』

兵士は都市を、恋する男は意中の女の邸宅を包囲する。
兵士は城門を、恋する男は女の邸宅の扉を打ち砕く。
戦と同じように、恋愛も予測不能だ。
敗者が再び立ち上がり、無敵と思われていた者が倒れる。
だから恋愛を甘く見ている者は、考え直すがよい。
まずは、求愛することだ。
アキレウスは連れ去られたブリセイスの不在を嘆き悲しむ。
トロイア人（びと）よ、いますぐアルゴスの城門を打ち破れ。
ヘクトルは妻アンドロマケに抱擁され、
兜をかぶせてもらい、戦に出る。
総大将アガメムノンは、カサンドラの流れるような髪に、
感嘆のため息を洩らす。
マルスもまた、鍛冶職人に捕えられた。
天上の神々にとって、これほど不面目な話はなかった。
僕自身は無気力で、身なりはだらしなく、
物陰でする書き物が、僕の気持ちを和らげていた。
美しい乙女に対する恋が、怠惰な僕を行動へと駆り立てた。
ほら、見るがよい。僕は夜の戦をうまく戦っている。
無気力から脱したい者は、恋をするがよい。

オウィディウス『恋の歌』

17 退行を引き起こせ

心に残る楽しい出来事を過去に経験した人は、もう一度それを味わいたい、再現したいと思うものだ。一般に、もっとも心に深く根差し、もっとも楽しかった思い出は幼少時代にある。そして、無意識のうちに親と関連づけられたものであることが多い。ターゲットをその時点に引き戻してやろう。あなた自身を〝エディプスの三角形〟の一角に置き、ターゲットを愛に飢えた子供のポジションに置くのだ。そうした感情がどうして生じるのかわからないまま、ターゲットはあなたに恋をしてしまうだろう。反対に、あなた自身が退行し、子供を守り育てる親の役割をターゲットに与えることもできる。どちらの場合にも、究極のファンタジーが現出する。マミーやダディ、息子や娘とのあいだに親密な関係を築くチャンスなのだ。

エロティックな退行

大人になると、どうしても幼少時代を美化してしまう。無力さゆえ親に依存しなければならないことを、ただ堪え忍んでいたというのに――。成長するにつれて、そういったことを都合よく忘れ、過ぎ去りし過去がまるで天国だったかのように懐かしむ。苦痛を忘れ、楽しいことだけを覚えているのだ。なぜだろう？　大人の人生には常に責任がつきまとい、それが時おり重苦しい重圧に感じられる。そのため、誰かに依存していた子供時代を心密かに懐かしみ、何かと世話を焼き、気遣ってくれた存在を恋しく思うのである。こうした空想は官能的（エロティック）な要素を色濃く含んでいる。というのも子供が親に依存しているときの感情には、性的な意味合いが内包されているからだ。誰かに守られている、依存している子供時代と同じような感情を、相手の心に呼び起こそう。そうすれば、相手はあらゆる種類のファンタジーをあなたに投影するようになるだろう。何かほかに理由があると相手が考えているような愛情や性的魅力といったものも、実はそこに含まれるのである。われわれは自分で認めることはないにしても、退行することを切望している。大人という〝鎧〟を脱ぎ捨て、その下に眠っている子供らしい感情を発散したいと密かに望んでいる。

精神分析医となってまもない頃、ジークムント・フロイトは奇妙な問題にぶち当たった。女性患者の多くが彼に恋してしまうのだ。彼は何が起きているのか把握できていると考えていた。――フロイトに促されて、患者は子供時代を掘り下げていく。もちろん、精神疾患や神経症の原因がそこにあると考えられるからである。彼女たちは父親との関係について話した。父親に初めて優しさや愛を感じた経験や、初めて無視されたり傷つけられた経験である。そのプロセスは感情や記憶を激しく揺さぶるものであった――。

ある意味、彼女たちは自分の子供時代に没入したのだ。こうした効果を増幅させた背景には、フロイト自身はあまり話さず、少し距離を保って冷静に振る舞ったという事実があった。冷静な態度でありながらも気を配っている――つまり、昔ながらの父親像そのものだったのだ。受け身の姿勢で無防備にカウチに横たわっている患者は、その状況を親と子の役割に重ね合わせていた。やがて彼女は混乱した感情が生じていることを、フロイト自身に対して訴えはじめる。無意識のうちに、フロイトと自分の父親を結びつけ、退行して、恋に落ちてしまうのだ。フロイトはこの現象を〝転移〟と呼んだ。これが彼のセラピーのなかで効力を発揮するようになる。患者の抑圧された感情をセラピストに向けて転移させることによって、問題を表面化させることができる。そうすることで患者は、問題を潜在意識のレベルから引き出して意識的に処理できるようになるのだ。

〝転移〟の効果は絶大だが、患者を過去に没入させることができず、うまくいかないこともよくあった。実際、〝転移〟は感情的なつながりを作り出す（それは、あらゆる誘惑が目指すことでもある）強力な方法である。この手法は精神分析以外の分野でも幅広く応用できる。実生活で実践するには、あなたがセラピストの役割を演じる必要がある。子供時代について話をするよう相手に促すのだ。たいていの人は、とても楽しげに応じて思い出話をしてくれるだろう。その頃の記憶は鮮明で感情を揺さぶるものだから、幼少時代について話をするだけで退行してしまう人もいる。話をする過程で、思わず秘密を洩らしてしまうこともある。その人の弱さや隠れた本心など、価値ある情報が明かされるのだ。それらにしっかりと耳を傾け、記憶しなければならない。ただし、ターゲットの言葉を額面どおりに受け取らないこと。子供時代の出来事というのは、しばしば美化されドラマティックに語られるものだからだ。むしろ相手の声の調子や、表情の微妙な変化（神経性のチック症状等）に注意を払おう。とくに相手が話したくなさそうにしたり、否定したり感情を高ぶらせたりしたときは要注意である。現に言葉とは裏腹なもので、逆のことを意味している場合も多い――たとえば、父親が大嫌いだという言葉の裏に、たくさんの失望が隠されているのは確かなことだろう。本当は父親を愛しすぎているだけなのに、自分が満足するだけの愛情を得られなかったのだと考えられる。繰り返される話のテーマや内容に、注意深く耳を傾けよう。そして相手の感情的な反応を分析し、言葉の裏にあるものを見抜けるようになろう。それがいちばん大事なことなのだ。

相手が話しているあいだ、セラピストの姿勢を崩さないこと――静かに傾聴し、当たり障りのない言葉を時おり発するくらいがいい。目配りしながらも距離を置くこと――もっと言えば、存在感をなるべく消すこと――そうすることで、相手はあなたに対してあれこれと感情移入を始め、ファンタジーを投影するようになるだろう。相手の子供時代に関する情報を集め、信頼も築いた。いよいよ退行を引き起こすときだ。相手が、親や兄弟姉妹、教師など、過去に心酔していた誰かとのあいだに強いつながりを持っていることを、あなたは発見しているだろう。現在も相手の人生に影響を及ぼしている人だ。どのような人が相手に強く影響を及ぼしているのかがわかれば、今度はあなたがその役割を担うことができる。あるいは、相手の子供時代に大きな欠落――たとえば、面倒を見てくれない父親――があるのを知ったかもしれない。だとしたら、その親の役割を演じるのだ。もちろん、無視したりせずに関心を向け、本当の親が決して与えなかった愛情を注ぐのである。子供時代に途中でやめてしまったことが誰にでもある。そこには、失望、満たされぬ想い、つらい記憶が伴う。やりかけたことをやり遂げさせてやろう。ターゲットが手に入れられなかったものを見つけ出そう。それが誘惑を揺るぎないものにするための大切な要素となる。

ただ単に、思い出を話すことが大事なのではない。それでは不十分なのだ。ターゲットに何が起きているのか気づかれることなく、過去に抱えていた問題を現在の行動として再現させるのである。誘惑で効果が見込める〝退行〟は、主に四つのタイプに分類される。

〔幼児期への退行〕 生まれてはじめての結びつき――母親と子供の結びつき――はもっとも強力なものである。ほかの動物とは違って、人間の子供は母親から自立するまでのあいだ無力でいる期間が長い。そのあいだにその先の人生に影響を及ぼす愛情が育まれる。この退行を引き起こす秘訣は、母親がわが子に抱く〝無償の愛〟を再現することである。ターゲットを評価したりせず、悪いことも含めて何でも相手の望みどおりにさせてやること。深い愛情を持ってかいがいしく世話をし、息もつけないほどの居心地の良さでくるんでやるのだ。母親が常にそばにいて何もかも面倒を見てくれた、幼児期のもっとも初期の段階まで退行する人もいるだろう。幼児期への退行は、ほとんどすべての人に対して効力を発揮する。なぜなら無償の愛は、もっとも手に入りにくい、宝物のような愛の形だからだ。相手の子供時代に合わせて、何か特別な行動をとる必要はない――誰しもが同じ経験をしているのだから。あなたが相手の心の中に呼び起こしている感情が、さらに強まるような雰囲気――心温まる環境、遊び心あふれる活動、明るく楽しげな色づかい――を創りだそう。

〈エディプス期への退行〉 母親と子供の結びつきのあとに形成されるのが、母親、父親、子供をそれぞれ頂点とする〝エディプスの三角形〟である。この三角形は、子供が初めて性的な空想を体験する時期（エディプス期）に形成される。男児は母親を、女児は父親を自分だけのものにしたいと思うものだが、その願いは決して叶わない。親には配偶者やほかの大人たちとのつながりもあり、常に競合しているからである。無償の愛は消えてしまった――いまや親は、ときとして当然のように子供の願いを拒絶しなければならない。このエディプス期にターゲットを連れ戻そう。この時期の親の役割を演じよう。愛情を注ぎながらも、ときには叱り、しつけをする親だ。実は子供は、適度にしつけられるのが好きなのである。大人が自分を大事にしてくれていると感じるのだ。優しさのなかに厳しさやお仕置きを少しだけ混ぜて接すれば、大人になりきれていない人たちもゾクゾクするような興奮を味わうだろう。

幼児期への退行とは違って、エディプス期への退行はターゲットによってアプローチを変えなければならない。どれだけの情報を集めたかが重要である。相手のことを十分に知らないまま、子供扱いし、ときどき叱ったりしても、子供時代の嫌な記憶を呼び覚ましているにすぎないということもある――相手は厳しすぎるほどしつけられていたかもしれないのだ。あるいは大嫌いな親の記憶を呼び覚ますことになれば、その記憶をあなたに重ね合わせてしまうだろう。相手の子供時代について、できるかぎり知りつくすまで、退行を進めてはいけない。何が十分で、何が欠けていたのか――情報をしっかり集めることである。もしターゲットが親に強い愛情を抱いていながらも、それを部分的に否定するところがあるようなら、エディプス期への退行はよりいっそう効果的な戦略となりうる。人は誰でも、親に対して相反する(アンビバレントな)感情を抱いている。心から愛している一方で、依存しなければならないことを腹立たしく思っているのだ。このアンビバレントな感情が呼び覚まされても、心配することはない――両親と強く結びついていることを否定するものではないのだから。また、親として行動する際には、性的な要素を入れることを忘れないでほしい。ターゲットは、いまや母親や父親を独り占めしているだけでなく、それ以上のもの――子供時代には禁じられていたが、いまでは許されているもの――を手に入れようとしているのである。

〈〝自我理想〟への退行〉 子供時代、われわれは夢や願望から理想像を形成することが多い。まず、ここで言う理想像とは、自分自身が「かくありたい」人物像である。「勇敢な冒険家」というようなロマンティックな姿に、自分自身をイメージするのだ。思春期になると他者に関心が向けられ、そこに自分の理想を投影するようになる。われわれが初めて恋に落ちるのは、自分自身が欲している理想の資質を持っているように見える相手や、一緒にいて自分が理想とする役割を演じられると感じる相手だろう。表には出さないものの、たいていの人はこうした理想を肌身離さず持っている。そして歳を重ねるにつれて、どれほど妥協しなければならなかったか、どれほど理想像のレベルを落としてきたのかと、心の内で落胆しているのだ。若き日の理想像どおりに生きている、なりたかった人物像に近づいている、ということをあなたのターゲットに実感させよう。そうすれば、別の退行を引き起こすことができるだろう。思春期を懐かしむような感情を呼び覚ますのだ。この場合、あなたとターゲットは前述した二つの退行よりも対等な関係にある――どちらかというと兄弟姉妹が互いに抱く愛情に近い。実際、兄弟姉妹を手本にして理想像が形成されるのも、よくあることである。こうした効果を生み出すために、若き日の情熱あふれる純真な雰囲気を再現するように努力しよう。

〈親への逆退行〉ここでは、退行するのはあなたのほうだ。あなたが慎重に演じる役割は、かわいらしくて誰からも好かれる、また性的にも魅力あふれる子供である。歳を重ねた人たちはいつも、若者のことをとても誘惑的だと感じている。若者と一緒にいると自分も少しだけ若さを取り戻したような気持ちになるからだ。しかし実際はそうではなく、若者といるときに覚える躍動感は、彼らの母親や父親の役割を演じている楽しさであり、それを混同しているのである。子供が親に対してエロティックな気持ちを抱いたとしても、その気持ちはすぐに抑えられる。そして親も同様に対処しなければならない。しかしながら、ターゲットとの関係性のなかであなたが子供の役割を担うと、相手がその抑えていたエロティックな感情を表に出すようになる。この戦略には、年齢に差があることが必要とされるように思えるかもしれない。しかし意外にも年齢は重要ではない。マリリン・モンローの誇張された少女らしさは、同世代の男性たちをも見事に魅了したではないか。自分の中の弱い面や傷つきやすい面を強調して、ターゲットに保護者の役割を演じるチャンスを与えよう。

様々な実例

1 一八〇二年にヴィクトル・ユーゴーが生まれてまもなく、彼の両親は離婚した。ヴィクトルの母親ソフィーは、夫の上官の将校と浮気をしていたのだ。母親はユーゴー家の三人の子供たちを父親から奪い、自分一人で育てようとパリに逃れた。息子たちは荒れた生活を余儀なくされた――貧困にあえぎながら、一家は転居を繰り返し、そのうえ母親は将校との関係を続けていた。兄弟の中で、ヴィクトルが一番母親に懐（なつ）いており、母親の考えやいらだちをすべて自分のものとして受け入れた。とりわけ父親に対する憎悪を自分のものとした。しかし彼の子供時代はひどく混乱していて、自分の慕う母親から十分な愛情を注がれているいると感じたことはなかった。それでも、一八二一年に貧困と借金苦の中で母親が他界したとき、彼は悲しみに打ちひしがれた。

　その翌年、ヴィクトル・ユーゴーは子供時代から想いを寄せていた幼なじみのアデールと結婚した。彼女は身体の特徴が彼の母親と似ていた。しばらくは幸せな結婚生活を送っていたものの、すぐに彼女は別な面でも母と似てきた。一八三二年、フランス文学者のサント・ブーヴと関係を持っていることがわかったのだ。そして、なんと彼はユーゴーの親友でもあった。ユーゴーはいまや著名な作家となっていたが、計算高いタイプではなく、普段から心の内を隠さず口にしてした。それでもアデールの情事は誰にも打ち明けることができなかった。それほど屈辱的なことだったのだ。彼にとって唯一の解決法は、女優や高級娼婦や既婚女性を相手に自分も浮気をすることだった。ユーゴーは並外れた性欲の持ち主で、一日に三人の女性と関係を持つこともあった。

　一八三二年が暮れる頃、ユーゴーの戯曲が上演される運びとなり、彼は配役を任された。ジュリエット・ドルエという二六歳の女優が端役のオーディションを受けた。普段は女性の扱いが巧みなユーゴーだったが、ジュリエットの前ではなぜか口ごもってしまうことに気がついた。彼女はそれまで出会った誰よりも美しく、その落ち着きはらった物腰に気圧されてしまうのだ。当然のごとくジュリエットは役を勝ちとった。ユーゴーは四六時中、彼女のことを考えるようになった。彼女に恋慕の眼差しを向ける取り巻きが常にいて、どう見ても自分には関心がなさそうだ――ユーゴーはそう思っていた。それでも、ある夜、上演を終えたあと、ユーゴーは彼女を家まで追っていった。ユーゴーを見つけた彼女は怒りも驚きもしない。それどころか自分のアパートメントに招き入れたのだ。ユーゴーは彼女とともに一夜を過ごし、まもなくほとんど毎晩そこで過ごすようになった。

　ユーゴーは再び幸せを感じていた。うれしいことに、ジュリエットは女優を引退し、昔の友人と会うことも止め、料理を習いだした。彼女はもともと着飾ったり、パーティに出掛けることが好きだった。それがいまやユーゴーの秘書役となり、彼が用意してくれたアパートメントからほとんど出ることなく、ただ彼が訪れるのを待つために暮らしているようだった。それでもしばらくすると、ユーゴーはまた昔と同じような暮らしに戻り、別の女性たちと秘密の情事を重ねるようになった。ジュリエットは文句の一つも言わなかった。ユーゴーが常に自分のもとに帰ってきてくれさえすれば――。それどころか、ユーゴーはどんどん彼女に依存するようになっていったのである。

一八四三年、ユーゴーは愛娘を事故で亡くし、悲嘆に暮れていた。彼の知るかぎり、この悲しみから立ち直る方法は、誰か新しい女性と関係を持つことしかなかった。その後まもなく、彼は若い貴族の女性と恋に落ちる。レオニー・ドーネという名の既婚女性だった。そして、ジュリエットと会うことがしだいに少なくなっていった。数年が経ち、ユーゴーが自分のほうを好いていると確信したレオニーは〝最後通牒〟を突きつけた。「ジュリエットとは金輪際、会わないで。それができないならわたしとの関係を終わりにして」と迫ったのだ。ユーゴーはこの要求を拒んだ。そして二人を競わせることにして、「この先も二人と会いつづけるつもりだ。数か月も経てば、どちらのほうが本当に好きなのか自分の心が教えてくれるだろう」と告げた。レオニーは激怒したものの、ほかの選択肢はなかった。ユーゴーと関係を持ったことで彼女の結婚生活はすでに破綻し、社会的地位も失っていた。ユーゴーに頼らなければ生きていけなかった。それはさておき、レオニーが負けることなんてありうるだろうか？　女性として最高のときを迎えているのだ。それにひきかえ、ジュリエットの髪にはいまや白いものが混じりはじめている。だからこそ、レオニーはこの競い合いに賛成するふりをしたのだ。しかし時が経つにつれ、レオニーはそのことに腹を立て、不満を漏らすようになった。反対にジュリエットは、まるで変わったことなど何もないかのように振る舞っていた。彼が訪れるときはいつでも、それまでと同じように接し、母親のように世話を焼いた。彼の居心地を良くするために全力を尽くしたのだ。

この競い合いは数年続いた。一八五一年、ユーゴーはルイ＝ナポレオンとのあいだにトラブルを起こしていた。彼はナポレオン・ボナパルトの甥で、当時フランス大統領の職にあった（訳注：後に皇位に就き、ナポレオン三世を襲名した)。ユーゴーはこの大統領の独裁的傾向を新聞紙上で辛辣に批判したのだ。無謀とも言える批判だった。ルイ＝ナポレオンは執念深い男だったからである。ユーゴーの生命に危機が迫っていると感じたジュリエットは、彼を何とか友人の家に匿(かくま)った。そして、偽造パスポートを用意し、変装させ、ブリュッセルまでの安全な抜け道を手配した。すべてが計画どおりに運んだ。ジュリエットは数日後に、彼にとっていちばん大切な荷物を抱えて合流した。この勇敢な行動が彼女の勝利を決定づけた。

にもかかわらず、新しい生活の物珍しさが薄れてくると、ユーゴーは再び女遊びを始めてしまう。彼の健康を気づかい、また、もう二〇歳のコケットと張り合うこともできないだろうという心配もあって、ついにジュリエットは平静を装いながらもユーゴーに厳しい要求を突きつけた――「もう女遊びは終わりにして。できないなら私はあなたのもとを去ります」と。完全に不意をつかれたうえに、彼女が本気であることは間違いない。ユーゴーは取り乱し、すすり泣いた。すでに年老いたユーゴーはひざまずき、「もう決して道を踏みはずしたりしない」と聖書に誓った。それから自身の代表作『レ・ミゼラブル』にも誓いを立てた。ジュリエットがユーゴーにかけた魔法は、彼女が亡くなる一八八三年まで、決して解けることはなかった。

〈解説〉 ユーゴーの〝恋愛人生〟は、母親との関係によって決定づけられた。彼は母親から十分に愛されていると感じたことがない。彼が関係を持った女性はほとんどみな、身体の特徴が母親と似ていた。膨大な数の女性と関係を持つことによって、母親からの愛情の欠如を何とか埋め合わせようとしたのだ。ジュリエットが彼と出会ったとき、そんなことなど知る由もなかったが、おそらく二つのことを感じとっただろう――妻に対してひどく失望していること、そして本当の意味で大人になりきれていないことである。ときどき感情を爆発させるし、何かと世話が焼ける。大人の男性というより男の子だった。ジュリエットは、ユーゴーがどうしても手に入れられなかったものを与えることで、彼が残りの人生を終えるまでずっと主導権を握ることができた。母の愛、すなわち無償の愛を与えたのである。

ジュリエットはユーゴーを評価したりしなかった。また、大人気ない行動を批判したりもしなかった。ただ彼を思いやり、惜しみなく愛を与えたのだ。彼女のもとを訪れるのは、子宮に帰るようなものだった。実際、彼女と一緒だと、ユーゴーはますます子供っぽくなるのだ。そうしなければ永遠の別れとなるのに、彼女の願いを拒むことなど、どうしてできよう？　このままなら別れると彼女に迫られて、とうとうユーゴーは母を求めて泣き叫ぶ幼児に戻ってしまった。なんだかんだあっても結局、ジュリエットは彼に対して絶対的な力を持っていたのである。

無償の愛はそう簡単に見つかるものではない。しかし誰もがそれを切望している。なぜなら、かつて経験したことがあるか、あるいは自分も経験したいと願ったことがあるからだ。あなたはジュリエット・ドルエのようなことまでする必要はない。献身的に気配りすること、恋人をありのままに受け入れること、相手のわがままに応じること――これらを少しほのめかせば、相手を幼児のポジションに置くことができるだろう。依存しているという感覚が相手を少し怯えさせるかもしれない。そのため心の奥にアンビバレントな感情を抱き、定期的に自分を強く主張する必要に駆られるかもしれない。ユーゴーは女遊びによって自分を主張していた。しかし、あなたのもとに必ず戻って来るだろう。母の愛を取り戻すという幻想によって、二人はそれほど強く結びついているのだ。永遠に失ってしまったか、決して手に入れることができないものなのに――。

2　二〇世紀初頭、ドイツの小さな町の大学で教鞭を取っていたムート教授は、学生たちを激しく嫌悪しはじめていた。ムートは五〇代後半で、この学校に長年勤めていた。ギリシア語とラテン語を教えており、古典学者として名を馳せていた。常々学生たちに厳しい規律を課す必要性を感じていたが、事態は悪化する一方だった。話は単純で、学生たちがホメーロスに何の興味も示さないのだ。彼らは醜悪な音楽を聴き、現代文学だけを好んだ。彼らは反抗的だった。甘やかされており、しつけが悪いのだとムートは考えていた。彼は学生をこらしめ、生きる厳しさを味わわせてやりたかった。騒ぎ立てる学生に対処するいつもの方法は、いじめ抜くことだった。たいていはそれでうまくいった。

ある日、ムートが嫌っている一人の学生――ローマンという名の、傲慢で身なりのよい男だ――が授業中に立ち上がり、こう言った。「先生、こんな教室で授業を受けるのは耐えられません。泥のような悪臭がひどいので」。「マッド」というのは学生たちがムート教授につけたニックネームだ。教授はローマンの腕を掴んでひねり上げ、教室から追い出した。その後、ローマンが教室にノートを置き忘れていることに気づいた。それをぱらぱらめくっていると、ローザ・フローリヒという女優についての一節が書かれているのを見つけた。そのとき、ある策略が閃いた――ローマンがこの女優とはしゃぎまわっている証拠を押さえよう。評判の悪い女であることは疑う余地がない。そうすれば、こいつを学校から追い出すことができるだろう。

まず、この女優が出演しているステージがどこにあるのか見つけ出さなければならなかった。手当たりしだい探し回り、ついに「ブルー・エンジェル」というナイトクラブの外に彼女の名前が張り出されているのを見つけた。中に入ると煙が立ち込めており、彼がいつも見下している労働者階級の客で溢れている。ちょうど上演中で、ローザはステージに立って歌っていた。観客の一人一人を見つめる彼女の目つきは、かなり挑発的だったが、どういうわけかムートは、その目つきに敵意がないことに気づいていた。やや緊張がほぐれ、ワインを少し飲んだ。彼女のステージが終わると、ムートは楽屋へ向かった。ローマンのことで質問攻めにするつもりだった。いざ楽屋へ足を踏み入れると、妙に居心地が悪かった。それでも勇気を振りしぼり、学生を誤った道に誘い込んだことを責めた。そして、警察を呼んで店を閉鎖させると脅した。ところが、ローザはまったく動じなかった。彼女はムートの言葉をそっくりそのまま返した。学生を誤った道に誘い込んでいるのは、彼のほうだと言うのだ。なだめすかすような口調で、からかっているようでもあった。「そう、たしかにローマンは花束とシャンペンを持ってきてくれた。でも、それが何だっていうの？」――ムートに対してこんな話し方をする者は、これまで誰もいなかった。有無を言わさぬ権威的な口調に、たいがいの相手は屈してしまうのだ。彼は怒りを感じて当然だった。相手は女性で、階級も低い。他方、自分は教授である。

それなのに、ローザはまるで二人が対等であるかのように話しているのだ。しかし彼は怒ることも立ち去ることもなかった――何かが無理やり彼をそこに留まらせていた。

彼女は黙っていた。ストッキングを手に取り、彼のことを無視するかのように繕いはじめた。ムート教授は、彼女の一挙手一投足を目で追った。特にむきだしの膝をこすり合わせるしぐさに見入っていた。それから再びローマンのことを持ち出した。続けて警察の話もした。「ここでの生活がどんなものか、何もわかっていないのね」と彼女は言った。「ここに来る人はみんな、自分が浜辺に転がるただの石ころみたいなものだって思っているの。もしあなたが彼らの欲しがるものを与えないなら、彼らが警察を使ってあなたを脅すでしょうよ！」。彼は、「レディのお気持ちを傷つけたことを私は間違いなく後悔しています」と恥ずかしそうに答えた。彼女がイスから立ち上がろうとして、二人の膝が触れ合うと、教授の背筋に震えが走った。彼女はまた優しくなり、彼にワインを注いでくれた。それから、「また来てね」と言い残し、次のナンバーを歌いにステージへと戻っていった。

その翌日、ムート教授は彼女の言葉やその姿についてまだ考えていた。授業中に彼女のことを考えるのは、いたずらをしているようなスリルがあった。その夜、ナイトクラブを再び訪れたとき、彼はまだローマンを現場で捕まえようという決意を持っていた。しかし気がつくとまたローザの楽屋にいて、ワインを飲んで妙におとなしくしていた。ドレスを着るのを手伝ってほしいと言われると、それがとても誇らしいことに思えて、喜んで手を貸した。コルセットをつけたり化粧をするのを手伝っていると、ローマンのことなどすっかり忘れてしまった。新しい世界に足を踏み入れているように感じた。彼女は教授の頬をつねり、顎を撫で、ストッキングを穿きながら、むきだしの脚を見せたりした。

いまやムート教授は、夜ごと店に現われてはドレスを着るのを手伝い、彼女のステージを見るようになっていた。彼は不思議な誇らしさを感じていた。教授が足繁く通うようになってから、ローマンやその友人たちは姿を見せなくなった。彼らの居場所を奪ったのだ――彼女に花束を贈り、シャンペンの代金を支払うのは教授の役目となった。彼女に仕えるのは自分なのだ。そう、自分のような年老いた男が、若きローマンを打ち負かした。あいつは自分が洗練されているとうぬぼれていたにすぎないのだ！　彼はローザに顎を撫でられるのが好きだった。そうしながら、きっちり仕事をこなすことを褒めてくれるのだ。しかし、彼女に叱られると、よりいっそう興奮した。化粧用パフを顔に投げつけられたり、イスから押し倒されたり——それはローザが彼を好きだということを意味しているからだ。そして、しだいに彼女が気まぐれで買うものの代金をすべて支払うようになっていった。出費がかさんだが、彼女にほかの男を近づけたくなかった。やがてムート教授は彼女にプロポーズした。二人は結婚したが、それがスキャンダルに発展した。教授は職を失い、無一文になった。彼が最後に行き着いた先は刑務所だった。しかし最後の最後まで、ローザに怒りを向けることはなかった。むしろ罪悪感を覚えていた——彼女のために十分なことをしてやれなかった、と。

〔解説〕 ムート教授とローザ・フローリヒは、一九〇五年に刊行されたハインリヒ・マンの小説『嘆きの天使』の登場人物である。本作は後にマレーネ・ディートリヒ主演で映画化された。ムートを誘惑したローザの手法は「エディプス期への退行」を応用した典型的なものである。まず女性は相手の男性に、母親が子供に対するように接する。小言を言うのだが、威圧的にではない。優しくしながらも、からかうような調子で言うのだ。まるで母親のように、自分が弱い相手を扱っているのだということをよく心得ている。相手はバカげた振る舞いをやめられない子供なのだ。からかいのなかに、承認や褒め言葉をたくさん織り交ぜる。相手の男がいったん退行を始めたら、肉体的な興奮を与える——性的なものを匂わせた肉体的な接触だ。退行の報酬として、ついに彼は自分の母親とベッドをともにするワクワク感を得られるだろう。しかし、そこには常に競争という要素があり、心に描く母親像への想いは高まりつづけていく。彼は女性を自分だけのものにしようとする。父親の存在が邪魔になって叶わなかったことである。他者を遠ざけ、彼女を勝ちとらなければならないのだ。

この退行を使う際の秘訣は、ターゲットを子供として扱うことである。相手がどれほどの権力を持っていようと、どれほどの社会的地位にあろうと怯むことはない。自分のほうが優位に立っていると感じていることを、はっきりと態度で示すこと。これを成功させるには、相手の子供時代を想像し、視覚化することが役立つだろう。想像の中でターゲットを退行させることができれば、どんなに力強い人でも、不意にそれほど強くなく、威圧的でもないように見えてくるものなのだ。この「エディプス期への退行」に導きやすいタイプの人々がいることを覚えておこう。ムート教授のような、一見、成熟した大人――厳格で真面目だが、少しうぬぼれの強い――にみえるターゲットを見つけよう。彼らは退行しやすい自分の傾向を抑えようともがき、自分の弱さを無理に補おうとしている。欲望や感情をもっとも自制している人が、もっとも退行しやすいというのはよくあることなのだ。実際、そういう人々は、心の奥底で退行を待ち望んでいる。なぜなら彼らは、自らの権力や地位、責任を、喜びというよりも重荷に感じているからである。

3

一七六八年生まれのフランスの作家、フランソワ＝ルネ・ド・シャトーブリアンは、ブルターニュにある中世の城で育った。城は寒く陰鬱で、まるで過去の亡霊が棲みついているようだった。一家はそこで半ば隠遁生活のような暮らしを送っていた。シャトーブリアンは、ほとんどの時間を姉のリュシルと過ごしていた。姉への愛情が強く、近親相姦の噂が広まるほどだった。しかし十五歳の頃、彼の前に新たな女性シルフィードが現われた。彼が空想の中で創り出した女性だった。読んだ書物に登場するヒロインや女神、高級娼婦（クルチザンヌ）をすべて合わせて生み出したものだ。彼の心の中には絶えず彼女の姿が見えていて、その声が聞こえていた。そのうち一緒に歩きながら、会話をするようになった。空想上の彼女は純真で気高かったが、ときには二人で純真とは言えないようなこともした。この関係は、彼がついにパリに旅立つまで丸二年のあいだ続いた。そこでシルフィードは、生身の女性に置き換えられたのである。

一七九〇年代の恐怖政治に疲れきっていたフランスの民衆は、シャトーブリアンの処女作に新しい精神を見出し、熱狂的に支持した。彼の小説は、吹きさらしの城や思い悩む英雄たち、情熱的なヒロインでいっぱいだった。ロマンティシズムの匂いに満ちあふれていた。登場人物たちにはシャトーブリアン自身との共通点があった。彼はそれほど魅力的な容姿ではなかったが、女性たちは彼に夢中になった――小説の中では、彼と一緒に退屈な結婚生活から逃れ、彼の描く身悶えするようなロマンスを生きることができたのだ。シャトーブリアンのニックネームは〝うっとりさせる人（エンチャンター）〟だった。彼はすでに結婚しており、敬虔なカトリック教徒だったが、年を経るにつれて情事の回数が増えていった。彼は一所に留まっていられない性分で、中東やアメリカ、そしてヨーロッパ中を旅して回った。どこに行っても彼の探しているものは見つけられず、女性についてもそれは同じだった。女性との関係に真新しさがなくなると、すぐに別れてしまうのだ。一八〇七年までに数え切れないほどの情事を繰り返したが、彼の心は満たされなかった。そして、生まれ故郷に隠居することにした。ヴァレ・オ・ルー（オオカミの谷）と呼ばれたその土地を、彼は世界中から取り寄せた木々でいっぱいにし、自分の小説から飛び出したかのような景色に作り変えた。それから回想録を書きはじめた。それが自らの代表作となることを、彼は思い描いていた。

しかし一八一七年までに、シャトーブリアンの生活は崩壊してしまう。金銭トラブルを抱えて、ヴァレ・オ・ルーの売却を余儀なくされた。五〇歳を間近にして不意に老いを感じ、ひらめきも枯れてしまったように思えた。その年、作家のスタール夫人を訪ねた。彼女は長患いをして、死の淵にあった。シャトーブリアンは夫人の親友ジュリエット・レカミエとともに、夫人のベッドサイドに数日のあいだ付き添った。レカミエ夫人の恋愛遍歴は広く知られていた。かなり歳の離れた夫がいたが、しばらく前から別居していた。彼女はヨーロッパ中の著名人を袖にしてきた――その中にはメッテルニヒ公（訳注：オーストリア帝国の政治家。外相としてウィーン会議を主宰した）やウェリントン公爵（訳注：英国の軍人・政治家）、作家のバンジャマン・コンスタンといった人たちが含まれる。数多く浮き名を流しているにもかかわらず、彼女はまだヴァージンだという噂もあった。四〇歳を目前にしていたが、実年齢にかかわらず若々しく見えるタイプの女性だった。スタール夫人が亡くなった悲しみに引き寄せられたかのように、二人は友人となった。レカミエ夫人は彼の話に熱心に耳を傾け、機嫌を取り、彼の気持ちに共感した。シャトーブリアンもまた、ついに自分を理解してくれる女性と巡り会えたと感じていた。レカミエ夫人には浮世離れした優美な雰囲気があった。歩き方、声、眼差し――そこに天使の姿を見た男性は一人にとどまらない。ほどなくシャトーブリアンは、彼女の肉体を自分のものにしたいという欲望に身を焦がすようになった。

二人の友情が始まったその年に、彼女はあることをしてシャトーブリアンを驚かせた。なんと友人を説得してヴァレ・オ・ルーを買わせたのだ。その友人が数週間、留守にするというので、そこで一緒に過ごそうとシャトーブリアンに申し出た。彼は喜んでこの招待を受け入れた。夫人を案内しながら、区画ごとに施した修繕の意味を説明した。記憶がどんどん呼び起こされていく。若かりし日の感覚が蘇ってくるようだった。すっかり忘れてしまっていた感覚だ。記憶をさらに掘り下げ、子供時代の出来事まで話した。レカミエ夫人と一緒に歩き、その優しげな瞳を見つめていると、自分を認めてもらっているように感じ、身震いするほどだった。だが、なぜそうした気持ちになるのかはわからなかった。ただ、脇に置いていた記憶をたどる必要があるということはたしかだった。「残された短い人生で、若かりし日々のことを書くつもりです」と彼は言った。「若さの本質が自分の中にはっきり残っているかぎり――」

レカミエ夫人は、シャトーブリアンの愛を受け入れたものの、これまでのように精神的な関係にとどめておこうと努力しているようだった。しかし、彼は〝エンチャンター〟というニックネームをつけられるほどの男である。彼の詩心、もの悲しい風采、そして粘り強さで、ついに勝利を得た。彼女は屈服した。おそらく人生で初めてのことだったろう。いまや二人は恋人として別ちがたい関係になった。ところが、シャトーブリアンはいつもどおり、時がたつと一人の女性では飽き足りなくなった。一所に留まっていられない性分が、ぶり返してきたのだ。彼は再びほかの女性とも関係を持つようになり、まもなくレカミエ夫人と会うことはなくなった。

一八三二年、シャトーブリアンはスイスを旅していた。彼の人生は、ふたたび下向きになっていた。今回は、肉体的にも精神的にも本当に老いてしまっていた。アルプスにいると、若い頃の思い出が不思議と浮かび上がってきた。ブルターニュの城で暮らした日々の記憶だ。そんなとき、レカミエ夫人が近くを訪れているという知らせが届いた。彼女とは何年も顔を合わせていなかった。彼は夫人が滞在している宿に駆けつけた。彼女は昔と変わらず優しかった――昼間はずっと一緒に散歩をし、夜になると深夜までおしゃべりをして過ごしたあの頃のように――。

ある日、シャトーブリアンはレカミエ夫人に、ついに回想録を書き上げる決心をしたと告げた。そして、告白したいことがあると言い、少年時代に頭の中で創り上げた理想の恋人、シルフィードについて話をした。かつては現実の世界でシルフィードのような女性と出会いたいと願っていたが、実際に出会った女性たちはシルフィードと比べるとみな色あせて見えた。この理想の恋人のことは長いあいだ忘れていた。しかし老人となったいま、彼女への想いが甦っただけでなく、その顔を見、声を聞くことができる。こうして記憶をたどっているうちに、シルフィードと実際に出会っていたのだと気がついた――レカミエ夫人、その人だ。顔も声もそっくりだった。それ以上に重要なのは、彼女の落ち着きと純真で無垢な気質だ。書き上げたばかりのシルフィードへの祈りの言葉を読み聞かせ、「ふたたび若い頃に戻りたい。あなたと会うことで、私は若さを取り戻しているのです」と彼女に告げた。レカミエ夫人とよりを戻し、彼はまた回想録に取りかかった。それは後に、『墓の彼方の回想』というタイトルで出版され、多くの評論家に「彼の最高傑作だ」と絶賛された。本書の献辞はレカミエ夫人に捧げられた。一八四八年に亡くなるまで、シャトーブリアンは彼女への愛を貫き通した。

〔解説〕 われわれはみな心の中に、出会って愛したいと恋い焦がれる理想のタイプを持っている。そのタイプはたいてい、若い頃に出会った様々な人々のイメージを少しずつ組み合わせてできたものである。小説や映画の登場人物も含まれるだろう。強く影響を受けた人物（たとえば教師など）もありうる。その特徴は表面的に興味を引くようなものではない。むしろ無意識的なものであり、うまく言い表せないようなものである。

われわれがこの理想のタイプをもっとも熱心に捜し求めるのは思春期だ。この時期の人間は、より理想主義的なのである。たいていの初恋は、その後の恋愛よりも理想主義的な傾向が強い。人里離れた城に家族と住んでいたシャトーブリアンの初恋は姉のリュシルだった。彼は姉を深く愛し、理想化した。しかし姉との恋愛など叶うわけもない。そこで彼は姉の長所――気高さ、無垢さ、勇敢さ――をすべて持つ理想像を創り上げたのだ。

レカミエ夫人はシャトーブリアンの理想のタイプなど知るよしもなかったが、出会う以前から彼のことをよく知っていた。彼の著作をすべて読んでおり、その登場人物には彼自身が色濃く投影されていたからだ。彼が〝なくしてしまった青春〟に執着していることも見抜いていた。いつまでも続くが決して満たされることのない数々の女性との情事や、どうしても一所に留まっていられない気質は誰もが知っていた。レカミエ夫人は鏡になって相手を〝反射〟し、その人のスピリットに入り込む術を心得ていた。彼女が最初に取った行動は、ヴァレ・オ・ルーにシャトーブリアンを連れていくことだった。そこは彼が青春の一部を置き忘れてきたと感じている場所だった。記憶が息を吹き返すと、彼は子供時代に退行していった。城に住んでいた日々である。そのように導いたのは、レカミエ夫人なのだ。もっとも重要なのは、彼女は生まれながらに身につけていた精神性を体現したのだが、それがシャトーブリアンの若き日の理想――純真さ、気高さ、優しさ――と合致したことである（多くの男が彼女に恋をしたという事実は、それだけ多くの男が同じ理想を抱いているということを示唆している）。レカミエ夫人はリュシルであり、シルフィードだった。シャトーブリアンがそう理解するまでには何年もの歳月がかかった。しかしそれを理解した瞬間、彼にかけた夫人の魔法は完璧に仕上がったのである。

人の理想像を完璧に体現することは、不可能に近い。しかし、そこに十分近づき、その理想とするスピリットをいくらかでも喚起できれば、相手をより深い誘惑に導くことができる。この退行を施すには、あなたはセラピストの役割を担わなければならない。ターゲットが自分の過去を打ち明けるように導こう。特に過去の恋愛について聴きだすこと。もっとも大事なのは初恋である。失望を表す言葉に注意しながら、初恋の相手が望みを叶えてくれなかった顛末について、じっくり耳を傾けること。そして、相手の青春が呼び起こされるような場所に連れていこう。この退行においてあなたは、依存されたり甘やかしたりというような関係を築いているのではなく、初恋に秘められた青春時代のスピリットを喚起しているのだ。そこには、ほのかに純真な関係がある。大人の世界には妥協や黙認がつきものであり、タフでなければ生きられない。そうしたものを排除して、理想的な雰囲気を創り出そう。大人の鎧を一緒に脱いで、ある意味〝共同無力〟のような状態に引き入れて、相手の中から純真無垢なスピリットをもういちど引き出すのだ。ターゲットを夢のような体験にいざなおう――まるで初恋をもういちど体験しているようなのだが、まだどこか信じきれていないというような――。こうしたプロセスをゆっくりと進めていこう。相手が理想とするものを、会うたびに少しずつ見せていくのである。喜びに満ちあふれていた過去を、もういちど生きているという感覚には、そう簡単に抗えるものではない。

4　一六一四年夏のこと。カンタベリー大主教を含めたイングランドの上級貴族たちが、サマセット伯の処遇を決めるべく会合を開いた。彼は当時四八歳の王、ジェームズ一世の寵愛を受けていた。王のお気に入りとなって八年、若き伯爵は富を蓄積し、権力をほしいままにしており、数々の称号を叙されていた。ほかの者には何も残されていないような状況だ。しかし、この強大な権力を持ちすぎた男をどう排除したものか？　時間が経つばかりで、共謀者たちの誰も答えを出せなかった。

数週間後、宮廷の厩舎を視察していた王が一人の若者に目をとめた。ジョージ・ヴィリアーズという二二歳の男で、最近、宮廷に出仕しだした下級貴族だった。その日王に随行していた廷臣たちは、王の目がヴィリアーズを追っているのを見て取った。そして、この若者について尋ねる様子から、王がいかに興味を覚えているのかを知った。誰が見てもとてもハンサムな若者であり、天使のような顔だちで、子供っぽいしぐさが魅力的だった。実際、王がヴィリアーズに関心を持ったという一報が共謀者たちに届いたとき、捜し求めていたものをついに手にしたことを即座に悟った。王を誘惑し、恐るべき寵臣サマセット伯に取って代わることのできる若者だ。とはいえ、自然の成り行きに任せていては、誘惑は行なわれないだろう。自分たちがお膳立てしなければならない。そこで、彼らはヴィリアーズ本人には計画を知らせずに、手助けすることにした。

ジェームズ一世は、スコットランドのメアリー女王の息子だった。子供時代はよく悪夢にうなされた――父も、母の寵臣も、自らの摂政たち（訳注：彼は一歳のときにスコットランド王位に就いた）も、みな次々に暗殺されていったのだ。母は追放され、後になって処刑された。子供の頃、ジェームズは疑いの念を持たれないように愚者を演じていた。剣を目にすることを嫌悪し、ほんの些細な言い争いにも耐えられなかった。一六〇三年に縁者であったイングランド女王、エリザベス一世が崩御し、継承者がほかにいなかったため、イングランド国王に即位した。

ジェームズは自身の周りに明るく朗らかな若者を置いた。少年たちと一緒にいることを好んだようだ。一六一二年に息子のヘンリー王子が死去し、王は悲嘆に暮れた。彼には気晴らしと励ましが必要だった。お気に入りのサマセット伯は、もうそれほど若くも魅力的でもない。誘惑のタイミングとしては完璧だった。共謀者たちは宮廷内での昇進を支援しているように装って、〝ヴィリアーズ計画〟に着手した。彼らはヴィリアーズに上等な衣装や宝石、きらびやかな馬車など、王の目を引くようなものを与えた。それから、乗馬、フェンシング、テニス、ダンス、猟犬を使った狩りのスキルに取りかかった。会話の技術も教え込んだ――いかに褒め、ジョークを言うか、そして、ため息をつくタイミングまで教えた。幸いなことに、ヴィリアーズはこれらのことを簡単にやってのけた。もともと柔軟に何でもこなすタイプで、何ごとも苦には感じていないようだった。同年、共謀者たちはヴィリアーズがワインの給仕に任命されるように手配した。毎晩ワインを注いでいれば、王が間近でヴィリアーズを見られるわけだ。数週間後、王は恋に落ちていた。若者は、愛情と優しさを求めているようだった。それはまさに、王が差し出したいと望んでいたものだった。彼に影響を与え、育て上げることができたら、どんなに素晴らしいだろう。それに、この若者の容姿の完璧さといったら！

　共謀者たちはヴィリアーズを説き伏せ、若い女性との婚約を破棄させた。王は愛を与えることにひたむきで、競争相手がいることに耐えられなかった。やがてジェームズは常にヴィリアーズと一緒にいたがるようになった。彼には王が好む資質、つまり純真さと陽気な心があった。王はヴィリアーズと二人きりになれるよう、彼を寝室担当の侍従に任命した。ジェームズをとりわけ強く惹きつけたのは、ヴィリアーズが何の見返りも求めてこなかったことである。だからこそ、彼を甘やかすことが楽しくてしかたないものになったのだ。

　一六一六年までに、ヴィリアーズは完全にサマセット伯に取って代わっていた。いまではバッキンガム伯爵の称号を叙され、枢密院のメンバーにも名を連ねた。しかし、彼がサマセット伯よりもさらに急速に特権を付与されていったことに、共謀者たちは狼狽した。王は公衆の面前でヴィリアーズを「恋人（スウィートハート）」と呼び、ダブレット（訳注：体に密着した男性用の上着、一五～一七世紀にヨーロッパで用いられた）を着せてやり、髪を梳（す）いてやった。ジェームズは、この若者に純真なままいてほしくて、彼を庇護することに執心した。若さゆえの気まぐれに、いちいち応じているうちに、いつしか彼の奴隷のようになっていた。実際のところ、王は退行しているように見えた。スティーニー（王がヴィリアーズにつけたニックネーム）が部屋に入ってくるといつでも、王は子供に戻ったかのように振る舞うのだった。二人の別ちがたい関係は、一六二五年に王が亡くなるまで続いた。

〔解説〕 どうしてそうなのか、その全容を理解することはできないが、われわれは両親から、永遠に消えない影響をはっきりと刻みつけられている。しかし両親も、同じように子供から影響を受け、誘惑されている。彼らは保護者の役を演じているのかもしれないが、そのプロセスで子供のスピリットやエネルギーを吸収し、自らの子供時代をもういちど生きているのだ。そして、子供が親への性的な感情と戦っているのと同じように、親もまた子供への愛情の根底に横たわる官能的な感情を抑えなければならない。人を誘惑する際に、もっとも有効かつ最良の方法は、あなた自身を子供の立場に置くことである。自分のほうが強く、主導権を握っていると思えば、あなたが張ったクモの巣に、進んで誘い込まれるだろう。相手は、恐れることなど何もないと感じているはずだ。あなたの未熟さや弱さを強調しよう。「親になって、あなたを守る」というファンタジーで、相手の心を満たしてやろう――人は誰でも大人になるにつれ、こうした願望が強くなるものなのだ。

徐々に心に入り込み影響を与えているのは、あなたのほうなのだということに、相手は気づいていない。大人を支配しているのは子供なのだ。あなたの純真さが、相手にあなたを守りたいと思わせる。しかし、それは性的な欲求の高まりでもある。純真さは大いに誘惑的なものである。だからこそ、純真な人を堕落させる役を演じたいと切望するような人もいるのである。相手の心の底に眠っている性的な感情を呼び起こそう。そうすれば、強烈だが抑圧されたファンタジー――子供のような相手と寝ること――が叶うという期待感によって、相手に道を誤らせることができる。そのうえ、あなたの子供っぽくて陽気なスピリットに影響され、相手は退行しはじめるだろう。

こういったことをヴィリアーズは自然にやってのけたが、あなたは注意深く計算して行動しなければならないだろう。幸いなことに、誰の心の中にも子供っぽい傾向はある。それを引き出して誇張するのは容易なことだ。わざとらしくない自然な振る舞いに見せよう。性的な含みのある仕草はどれも、他意なく無意識に出てしまったように見せなければならない。ヴィリアーズがそうであったように、愛情を強要してはいけない。親というものは、物をねだらず聞き分けのよい子供を甘やかすのが好きなのだ。周りの物事に批判的な態度を取らずに、ありのままに受け入れるようにすると、あらゆる行動をより自然なものに見せられるだろう。楽しく朗らかに振る舞いつつ、ときどき悪のりして見せよう。そして、自分の中に弱さやコントロールできないものがあることを強調しよう。

覚えておいてほしい。ほとんどの人が子供の頃を懐かしく思っている。しかし逆説的に言うと、子供時代に強い愛着を抱いている人は、つらい幼少期を過ごしてきたという場合が多いのだ。実際、子供でいることが許されない環境で育った人は、本当の意味で大人になりきれておらず、幼少時に経験できなかった〝至福のとき(パラダイス)〟に強いあこがれを抱くようになる。ジェームズ一世はまさにこのカテゴリーに属する人間だ。このタイプは〝逆退行〟の絶好の標的となる。

イメージ

ベッド。ベッドに一人横たわり、子供は誰にも守られず不安で、愛情に飢えている。隣室には両親のベッドがある。そのベッドは大きく、使うことを禁じられている。知ることすら許されていないものが、その場所にある。誘惑の相手をベッドに寝かせ、眠りに導きながら、無力感と背徳感という二つの感情を与えよう。

例外

退行戦略を逆手に取るには、誘惑された当事者が、誘惑プロセスのあいだ大人のままでいなければならない。こうしたやり方はまれであるだけでなく、あまり楽しいものではない。誘惑とはファンタジーを現実化することなのである。成熟した責任ある大人でいることは、ファンタジーではない。義務である。さらに言えば、あなたとの関係性において常に大人のままでいる人を誘惑するのは難易度が高い。あらゆる種類の誘惑――政治的な誘惑、メディアによる誘惑、対個人の誘惑――において、ターゲットを退行させる必要がある。退行における唯一の危険は、依存することに嫌気が差した子供が、親に背を向け反抗することだ。あなたはこれに備えておかなければならない。親とは違って、決して自分個人に対する反抗と受け取ってはいけない。

（日本では、）伝統的に子供を受け身で依存するように育てるようだ。子供は昼夜を問わず、一人きりになることはほとんどない。というのも、たいていは母親と一緒に眠るからだ。さらに、子供は一人で世間と対峙させられることはなく、乳母車に乗せられるか、母の背中に抱っこ紐でしっかりと結びつけられる。母がお辞儀をすると、子供もお辞儀をする格好になる。そのため母の鼓動を感じながら、自然と社交マナーが身につく。このように、情緒の安定は母親の肉体的存在によるところが大きい。

（中略）子供は依存しているようにみせることが愛情を得られる一番の方法だということを学ぶ。これを日本語で〝甘える〟という。辞書には「他者の愛情を当てにすること」とある。精神科医の土居健郎によると、これは日本人の特性を理解するうえで重要なカギとなる。大人社会でも同じようなことが見られるからだ。会社では部下が上司に、または女性が男性に、男性が母親やときには妻に、というように。（中略）

「ヤングレディ」という雑誌（一九八二年一月号）に、「美しく見せるには」という特集が掲載されている。つまり、いかに男性を魅了するかということである。欧米の雑誌では、いかにセクシーに見せるかということと、そのためのさまざまな化粧品を紹介することがほとんどだ。しかし「ヤングレディ」はそうではない。記事には「もっとも魅力的なのは、母性に溢れた女性である。母性に欠ける女性は、男性が結婚したいとは思わないタイプなのだ……つまり女性は母親の目で男性を見なければならない」とある。

イアン・ブルマ
『仮面の裏側――性の達人、聖なる母、異性服装趣味、暴力団、ホームレス、その他、日本の文化的ヒーロー』

恋人は理想自我の代わりになると、私は説いてきた。愛し合う二人の人間は、互いの理想自我を交換しているのだ。愛し合うということは、相手の中にある自身の理想像を愛しているということとである。この錯覚がなければ、この世に愛など存在しないだろう。人が恋に落ちるのは、理想の自分、最高の自分を得られないからだ。この考えに基づくと、愛そのものは、ある程度の文化レベルや、人格形成が成されてからでないと、存在できないのかもしれない。理想自我の形成は、人間的な発達を意味する。実際の自分に十分満足していれば、そこに愛は存在しない。
理想自我を他者に反映することは、もっとも典型的な愛の特徴である。

テオドール・ライク『愛と欲望について』

私は〝シルフィード〟に、村のある娘の目と、もう一人の娘のいきいきとした顔とを与えた。客間に飾られたフランソワ一世、アンリ四世、ルイ十四世の時代の偉大な淑女たちの肖像画がまた別の顔を作り出し、私は教会の聖母マリア像の美しさを拝借する。この魔法の創造物はどこへでも私を追ってくる。私はまるで彼女が本当に存在するかのように言葉を交わす。彼女は私の心のありようによって姿を変える。ベールを被っていないアプロディーテー、淡青色とバラ色の布をまとったディアナ、喜劇のマスクを持ったタレイア、若さの杯を掲げたヘーベー、そしてまたあるときは妖精になり、自然を統べる力を与えてくれる。……この錯覚は二年続き、その間、私の魂はこれ以上ない高みへ昇りつめた。

シャトーブリアン『墓の彼方の回想』

18

限界を超え、タブーを冒すように焚き付けろ

人の行動には、常に社会的な限界がつきまとう。何世紀も昔にさかのぼれるような、もっとも基本的なタブーもあるが、それとは別に、さほど深い意味はなく、単に礼儀正しく、好ましい振る舞いを定めているだけのものもある。そうした限界を超越したところへあなたが連れていってくれると相手に感じさせることが、誘惑するのに非常に効果的だ。人はみな自分の〝暗黒面〟を探ってみたいと強く望んでいる。ロマンティックな恋愛のすべてが、思いやりや優しさで満たされているわけではない。あなたに非情な――もっと言えばサディスティックな――傾向があることをほのめかそう。長幼の序、結婚の誓い、家族の絆を重んじていては何も始まらない。一線を超えたいという欲望で、あなたに引き寄せられてしまえば、ターゲットにとって立ち止まることは困難だ。相手の想像をはるかに超えたところまで連れていこう――罪と共謀の意識を分かち合えば、そこに強力な絆が生まれる。

失われた自己

一八一二年三月、二四歳のジョージ・ゴードン・バイロンは『チャイルド・ハロルド』という初の長編詩を出版した。ゴシック的なイメージ——荒れ果てた修道院、放蕩、ミステリアスな東洋への旅——が詰まった物語詩である。この作品が類似の作品と一線を画していたのは、主人公のハロルドが悪役でもあるということだった。ハロルドは堕落した生活を送り、社会的な慣習を軽蔑しながらも、なぜか罰せられることなく生きてきた男だった。そのうえ、詩の舞台は遠く離れた異国などではなく、同時代のイングランドだった。『チャイルド・ハロルド』は、ちょっとした騒ぎを巻き起こし、ロンドン中で大評判となった。初版はすぐに完売し、わずか数日のうちに噂が広まっていった。放蕩に耽る若い貴族が主人公のあの詩は、実は自叙伝なのだと。

社交界の主役たちがこぞってバイロンに会いたがり、ロンドンの彼の住まいに名刺を残していった。するとまもなく、彼らの家にバイロンが現われた。不思議なことに、バイロンは彼らの予想をはるかに凌ぐ男だった。驚くほどハンサムで、カールした髪を持ち、天使のような顔立ちをしていた。黒い服がその青白い顔を引き立てている。口数は少なく、独特な雰囲気があった。口を開くと、眠りを誘うような低い声で、ほんの少し侮蔑的な響きがあった。足が少し不自由だったため（生まれつき内反足だった）、オーケストラがワルツを演奏しはじめると（一八一二年にはダンスが流行していた）、壁際に佇んで遠い目をしていた。貴婦人たちはバイロンに夢中になった。彼と会ったレディ・ローズベリーはあまりにも動悸が激しくなり（不安と興奮が入り混じり）、その場を立ち去らなければならなかった。女性たちは誰がバイロンの隣の座に就くか、誰が彼の興味を勝ちとることができるか、誰が誘惑されるかを競い合った。はて、物語詩の主人公のように、彼が秘密の罪を犯したというのは本当のことなのだろうか？

ウィリアム・ラム（メルバーン子爵の子息）の妻、レディ・キャロライン・ラムは、社交界できらびやかに輝く若い女性だったが、心の奥深くに不幸を抱えていた。まだ若い彼女は、冒険やロマンス、旅を夢見ていた。上品な若妻の役割を演じることを期待されていたものの、それは自分らしくなかった。レディ・キャロラインは『チャイルド・ハロルド』を真っ先に読み、斬新さを超えた何かに強く心を揺さぶられた。ある晩餐会で、女性に囲まれているバイロン卿に出くわした彼女は、その顔を一目見ただけで、立ち去ってしまった。その夜、彼女は日記にこう書き記している。「無謀、最悪、やばすぎる……」。さらに続けて、「あの青白く美しい顔の男が、わたしの運命の人だと気づいてしまうなんて」と。

翌日、驚いたことにバイロン卿が彼女を訪ねてきた。どうやら晩餐会で立ち去ったことに気づいていて、彼女の奥ゆかしさにそそられたようだ――バイロンは、常にまとわりついてくる積極的な女性が好きではなかった。というのも彼は、自らの成功を含めて、あらゆるものを軽蔑しているようなのだ。やがて、彼は毎日のようにレディ・キャロラインのもとを訪れるようになった。彼女の私室に入り浸り、子供たちと遊び、その日のドレス選びに付き合った。彼女はバイロンに、彼の人生について話してほしいとせがんだ。彼は語った。厳しい父、一家への呪いかと思えるほど早すぎる父の死、彼が相続した荒れ果てた修道院、トルコやギリシャへの冒険旅行――彼の人生はまさに、チャイルド・ハロルドのようにゴシック的だった。

数日のうちに二人は恋人になった。しかし、形勢は逆転した。攻守が入れ替わり、今度はレディ・キャロラインのほうが淑女らしからぬ積極性でバイロンを追いかけるようになった。お供の少年に変装をして彼の馬車に乗り込んだり、ひどく情熱的な手紙を書き送ったり、彼との情事を誇示するかのように行動した。ついに、少女時代から夢見ていたロマンティックな役割を演じるチャンスが訪れたのだ。そこで、『チャイルド・ハロルド』の女を疎ましく感じはじめていた。彼女にショックを与えたいと考えた。バイロンはそんな彼女なかでほのめかしている秘密の罪について告白した――旅行中のホモセクシャルな情事についてである。そして残酷な言葉を投げつけ、冷淡な態度を取るようになった。しかし、それだけでは彼女を遠ざけることはできなかった。彼女は慣習として一房の毛髪をバイロンに送った（実は彼女の陰毛だった）。また、通りで彼をつけ回し、公衆の面前で騒ぎを起こすようになった。ついに彼女の家族は、さらなるスキャンダルを避けるために彼女を海外に送り出す。バイロンが、二人の関係が終わったことをはっきりさせると、彼女は気がふれたようになり、その状態は数年のあいだ続いた。

一八一三年、ジェームズ・ウェブスターは旧友のバイロンを田舎にある彼の邸宅に招待した。ウェブスターには若く美しい妻がいた。レディ・フランシスだ。バイロンが名うての誘惑者だという評判はウェブスターの耳にも入っていた。しかし、彼の妻はおとなしく貞淑だ――バイロンのような男の誘惑に屈してしまうはずもない。ウェブスターは安堵した。バイロンがフランシスにほとんど話しかけず、彼女もバイロンにまったく興味がないように見えたからだ。ところがバイロンが滞在して数日経った頃、彼女は偶然を装い、ビリヤードルームでバイロンと二人きりになった。そこで彼女は尋ねた。「こちらの想いに気づいていない男性に、女性のほうからそれを伝えるにはどうしたらいいのかしら?」――バイロンは一枚の紙切れに淫らな答えを走り書きした。それを見た彼女は、ぱっと顔を赤らめた。それからしばらくして、バイロンは自分が所有する荒れ果てた修道院に夫妻を招待した。礼儀正しく取り澄ましたレディ・フランシスの前で、バイロンは人間の頭骸骨でワインを飲んで見せた。二人は修道院の秘密の寝室で夜更かしをし、詩を読んだりキスをしたりして過ごした。バイロンと一緒に〝大人の関係〟を探求することを、レディ・フランシスは何よりも切望していたようだった。

同年、バイロンの異母姉のオーガスタが、夫から逃れるためロンドンにやって来た。夫は金銭問題を抱えていた。バイロンは、しばらくのあいだオーガスタと会っていなかった。二人は肉体的に似たもの同士だった。同じ顔だちに同じ癖――彼女は女性版バイロン卿だった。それに、バイロンの彼女に対する振る舞いには、姉に対する以上のものがあった。自宅に喜んで迎え入れ、観劇やダンスに連れ出した。オーガスタが今すぐにでも帰ってしまうかのような親密さで、彼女に接したのだ。実際、バイロンが彼女に注いだ愛情は、まもなく肉体的なものに発展していった。

オーガスタは三人の子を持つ献身的な妻だったが、異母弟の誘いに屈してしまった。どうして自分を抑えることなどできよう？　バイロンは彼女の中にある奇妙な感情を呼び覚ました。ほかの男性はもちろん、夫にすら感じたことのない強い感情だった。バイロンにとって、オーガスタとの関係は究極のものであり、自らの経歴の頂点にくる罪だった。彼は友人たちに向けてすぐ手紙を書き、包み隠さず告白した。そのうえ、彼らのショックを受けた反応に大喜びし、兄妹の近親相姦を、長編物語詩『アビドスの花嫁』のテーマとしたのである。バイロンとオーガスタとの関係が噂となり、広がりはじめた頃には、彼女はバイロンの子を身ごもっていた。上流社会は彼を遠ざけた――しかし、女性たちは以前にも増して彼に引きつけられ、彼の著作はそれまで以上に人気を博していった。

レディ・キャロライン・ラムのいとこ、アナベラ・ミルバンクは、一八一二年の初頭にバイロンと出会った。その頃の数か月間は、彼がロンドンで時の人となっているときだった。アナベラは、地に足のついた真面目な女性で、科学や宗教に興味を持っていた。しかし、バイロンにはどこか彼女を引きつけるものがあった。そして、この感情は報われるかのように見えた。二人は友人になっただけでなく、バイロンが彼女に別の種類の興味を示し、あるときプロポーズにまで及んだのだ。彼女は戸惑った。バイロンとキャロライン・ラムが、まさにスキャンダルの渦中にあったからだ。アナベラはこのプロポーズを真剣に受け止めなかった。それからの数か月間、アナベラは少し距離を置いて彼の様子を窺っていた。すると近親相姦の噂が耳に入ってきた。それでも一八一三年に、彼女は伯母に宛てて手紙を書いている――「彼との交友はとても魅力的なので、遊びのための〝浮気女〟と呼ばれる危険をあえて冒してみようと思います」。バイロンの新しい詩を読んでいた彼女は、その中の一節を引用して「恋について言葉にすることで、もう、わたしは恋に落ちてしまっている」と記した。彼女の頭の中はバイロンのことでいっぱいになっていた。このことはすぐに彼の知るところとなり、二人は友人関係を再開した。一八一四年に、バイロンは再びプロポーズした。今度はアナベラも承諾した。堕天使のバイロンを、彼女が改心させるはずだった。

しかしそんなにうまく事は運ばなかった。バイロンは、結婚生活が自分を落ち着かせてくれるだろうと思っていた。しかし、式の後で自分が間違っていたことに気づいた。彼はアナベラに告げた。「いまに君は自分が悪魔と結婚したことに気づくだろう」。数年のうちに結婚生活は終わりを迎えた。

一八一六年、バイロンはイングランドを離れ、二度と戻ることはなかった。しばらくイタリアを旅していた。この国でも、誰もが彼の物語――女性関係、近親相姦、恋人たちへのむごい仕打ち――を知っていた。しかしどこへ行っても、イタリアの女性、とりわけ貴族の既婚女性は彼を追いかけ回した。バイロンの次の被害者になる準備がいかにできているかを、それぞれのやり方ではっきり示しながら彼に迫ってくるのだ。事実、女性たちは侵略者となっていた。バイロンは詩人のシェリーにこう言っている。「哀れなこの僕ほど攻撃にさらされている者はいないだろう。トロイ戦争以来、僕は誰よりも頻繁に襲われているんだ」

〔解説〕 バイロンの時代の女性は、社会的に与えられているものとは違う役割を演じたがっていた。彼女たちは慎み深く、道徳的な存在であるべきだと見なされていた。男性だけが秘められた衝動に対するはけ口を持っていた。こうした女性への社会的制約の背景には、おそらく女性の精神の非道徳性や御しがたさへの恐れがあったのだろう。

抑圧され不安を覚えていたこの時代の女性たちは、ゴシック小説や恋愛小説に熱狂した。物語に登場する女性たちは冒険心にあふれており、男性と同じように善良さと邪悪さの両方を持っていたのである。こうした書物は、レディ・キャロラインのような女性が反乱を起こすのを助長した。彼女は、少女時代に思い描いていたファンタジーを、少しだけだが行動として表現することができた。こうした行動が、ある程度までなら許されるようになってきていた。バイロンは、ここぞというときに舞台に現われた。女性たちの言葉にできない願望のための避雷針となったのだ。彼と一緒なら、社会が決めた限界を超えていくことができた。ある女性にとっては不貞行為が魅力であり、別の者にとっては空想上の反乱であった。あるいは理性を失い、野蛮になるチャンスということもあった（彼を改心させたいという願望は、ただ単に真実を覆い隠したものにすぎない——実のところは、彼に屈服させられたいという願望であった）。どの場合でも禁じられたものが魅力になっており、そこには小手先の誘惑以上のものがある。いったんバイロン卿と深い仲になると、想像し望んでいる以上のところまで連れていかれてしまう。彼は限界などないと看破しているのだ。女性たちはただ彼に恋するのではなく、人生を引っくり返され、ときにはめちゃめちゃにされることも厭わない。彼女たちは結婚という安住の地よりも、そうした悲運のほうを選ぶのである。

ある意味において、こうした一九世紀初めの女性の状況は、二一世紀初めになって一般化してきている。男性の悪しき振る舞いのはけ口——戦争、汚職にまみれた政治、愛人や高級娼婦の制度——は姿を消しつつある。現代では、女性だけでなく男性も、優れた教養を持ち理性的であることが期待されている。そして多くの人々は、こうした期待に応えるために耐えがたい日々を送っているのである。子供の頃は誰でも、自分の性格の〝暗黒面〟をぶちまけることができる。しかし社会（最初は両親というかたちをとる）からの圧力を感じて、自分の性格の良からぬ面を徐々に抑え込んでしまうのだ。行儀の悪いところや反抗的なところ、そしてへそ曲がりなところなどである。成長するにつれて、人は自分の〝暗黒面〟を抑えることを学んでいく。それは一種の自己喪失であり、われわれの精神の一部が、洗練された体面の下に埋葬されてしまったのだと言えよう。

われわれは、〝失われた自己〟——より旺盛な冒険心があり敬意に欠けていた子供時代に、われわれの一部だったもの——を取り戻したいと密かに願っている。それゆえ、大人になっても失われた自己を生きている人に引きつけられる。たとえ悪事や破壊に巻き込まれることになったとしても構わないのだ。バイロンのように、あなたもこうした願望のための避雷針となることができる。しかし、その潜在的なパワーをコントロールすること、そして戦略的に使うことを学ばなければならない。あなたの周りに漂う禁断のオーラによって、ターゲットをクモの巣に誘い込めたとしても、自分の危険さを大げさに演じすぎてはいけない。それでは恐怖を感じて逃げ出してしまうだろう。ターゲットがあなたの魔法にかかっていると感じたら、手綱を緩めて自由にさせること。レディ・キャロラインがバイロンを真似たように、相手があなたと同じような行動を取りはじめたら、誘惑をさらに先に進めよう――冷酷な仕打ちを時おり与えながら、罪深いことやタブーとされる行動に巻き込んでいくのだ。心の奥深くに眠っている失われた自己を解き放ってやろう。相手がそれを行動化すればするほど、あなたの支配力は根深いものになる。ただし、その行動が中途半端だと魔法が解けて、相手が〝大人の自分〟を意識しだしてしまうだろう。できるかぎり徹底的にやりつくせるように相手を導いていこう。

人はみな、卑劣なものに魅せられてしまう。

――ヨハン・ヴォルフガング・ゲーテ

誘惑の秘訣

社会や文化の基礎には限界というものがある――この種の行為は受け入れられても、あれはダメだという境界線である。こうした限界は時代とともに変化するが、常に存在している。そうでなければ、すべては無秩序・無法状態となり、われわれは不安に苛まれてしまう。しかし人間は奇妙な生き物だ。肉体的なものだろうが精神的なものだろうが、どのような種類のものでも限界を強いられた瞬間に、それを知ってみたくなるのだ。中には限界の先まで行き、禁じられたものを探究したいと望む人たちもいる。

子供の頃、森のなかでこの先には行ってはいけないと言われると、まさにそこが行きたい場所だったことがあるだろう。ところが大人になって教養を身につけ、分別がつくようになると、境界線がどんどん増えてくる。とはいえ、節度を守ることを幸せと勘違いしてはいけない。望まぬ妥協によるフラストレーションを包み隠しているにすぎないのだ。罰を受けたり排除されたりせずに、自分の暗い影の部分を探究することなど、どうしてできよう？　だがそれは、夢の中に滲みでてくる。殺人、近親相姦、不貞、暴力などの夢を見て、罪悪感で目覚めることは誰にでもある。やがて、自分以外の誰も、その罪悪感について知る必要はないのだと理解する。それでもなお、あなたと一緒なら、無難で節度ある行動では行き着けないところを探究するチャンスがありそうだという感覚を与えよう。また、あなたと一緒なら、封印してしまった自分をさらけ出すことができるという感覚を与えよう。そうすることで、より深く強力な誘惑に引き込むための材料を創りだすのだ。

あなたはまた、とらえどころのないファンタジーで相手をじらすという段階を乗り超えなければならないだろう。あなたが提供するものに真実味があるからこそ、相手に衝撃を与え、誘惑する力が生じてくるのである。バイロンのように、ある時点で、相手の望んでいるところよりさらに先へ、誘惑を押し進めることさえできるのだ。もし相手がほんの好奇心からあなたについて来たのなら、恐れやためらいを感じるかもしれない。それでもいったんついて来た以上、途中で抗うのは難しいと気づくだろう。いったん境界線を踏み越えて、その先に行ってしまうと、そこから戻るのは至難の業だからだ。もっともっと追い求め、立ち止まるときを知らない――それが人間というものだ。彼らがいつ立ち止まるかを決めるのは、あなたなのである。

何かが禁じられていると感じた瞬間から、それが欲しくてたまらなくなる人がいる。それゆえ、男女問わず既婚者が、実に美味しいターゲットになるのである――禁じられていれば、それだけ欲望は大きくなっていくものだからだ。バッキンガム公ことジョージ・ヴィリアーズは、ジェームズ一世の寵愛を受け、後に彼の息子チャールズ一世にも寵臣として仕えた。彼の自由にならないことなど何もなかった。一六二五年にフランスを訪れた際、彼は美しいアンヌ王妃に会い、どうしようもないほど恋してしまった。敵国の王妃――これ以上いかんともしがたく、手の届かない存在などあるだろうか？　これまでしてきたように、ほかの女性なら、ほぼ誰でも手中に収めることができるだろう。しかし、相手は王妃という禁断の存在である。このことが彼の心をすっかり燃え上がらせた。とうとう彼は、公衆の面前で王妃にキスをしようとして、自身と祖国を辱めてしまうのだった。

　禁じられたものがどうしても欲しくなるのなら、どうにかしてあなた自身を禁断の存在に見せなければならない。もっとも露骨なやり方は、暗くて近寄りがたいオーラを感じさせるような行動をとることである。そうした行動をとるあなたは、理屈の上では敬遠すべき人間だが、実はあまりにも強く人を引きつけるものがあり、抗うことができない。俳優のエロール・フリンの魅力はまさにそれだった。バイロンと同じように、自分が追いかけるタイプの人間というより追いかけられるタイプの人間であることに気づいていた。フリンは飛びぬけてハンサムな顔立ちだったが、それだけではなかった。彼には犯罪者のような影があった。荒んだ少年時代を過ごし、あらゆる種類の裏稼業に手を染めていた。一九五〇年代にはレイプ事件で訴えられ、無罪を勝ちとったものの、彼の名声に永遠に消えない汚点を残した。しかし、女性からの人気は衰えるどころか増すばかりだった。あなたの〝暗黒面〟を誇張して見せよう。そうすれば、彼と同じような効果が得られるだろう。あなたと関係を持つことで、ターゲットは、自分の限界を超えていくことができる。そして、行儀が悪く、（社会にとって、友人知人にとって）受け入れがたい何かをすることができる。多くの人にとって、それこそがエサに食いつく理由なのだ。

　一九二八年に刊行された谷崎潤一郎の『卍』の主人公、柿内園子は高名な弁護士の妻だった。彼女は日々の生活に退屈し、そこから逃れるために美術学校に通うことにした。そこで彼女は一人の美しいクラスメート、光子に心を奪われてしまう。二人は仲良くなり、やがて光子は彼女を誘惑する。園子は、光子との関係や彼女との度重なる密会について、夫に嘘をつき続けなければならなくなる。光子はゆっくりと彼女をあらゆる種類の不埒な行為に巻き込んでいく。それには風変わりな若い男との三角関係も含まれていた。園子が禁断の喜びにのめり込んでいくたびに、光子はもっと深いところへ、もっと深いところへと彼女を導こうとする。園子はためらい、罪の意識に苛まれる——退屈につけ込まれ、悪の道へ導かれていることに、悪魔のような若き誘惑者の魅力に取り憑かれていることに、自分でも気づいていた。それでも結局は、光子の導きに従わずにはいられない――罪深い行為に及ぶたびに、それ以上のものが欲しくなるのだ。いったんターゲットが禁断の魅力に引き寄せられたら、思い切って、どこまで限界を超えて行動できるかをあなた自身と競わせよう。挑戦はどんなものでも誘惑的なのだ。ただし、ゆっくりと事を進めること。挑戦の効果が高まるのは、相手があなたに屈したという様子を見せた後である。あなたの魔法にかかったターゲットは、どれほど大きな危険を冒しているのかさえ気づきもしないだろう。

一八世紀の偉大なレイク、リシュリュー公爵は少女を偏愛しており、罪深い行動に巻き込むことで、しばしば誘惑の効果を高めていた。若い世代は、とくに感化されやすいのだ。たとえば、少女の家に忍び込む方法を探り出し、彼女のベッドで待ち伏せした――両親が階下の広間にいるということが、絶妙なスパイスとなった。ときに彼は、わざと見つかりそうな行動をとることもあった。一瞬の恐怖が行為全体のスリルをさらに強く感じさせるのである。すべてのケースにおいて、彼は少女たちを両親と敵対させようと試みた。両親の信仰への熱情、紳士淑女ぶり、偽善的な振る舞いを嘲るように仕向けたのだ。公爵の戦略は、ターゲットのもっとも大事にしている価値観を攻撃することだった――価値観はまさに限界の最たるものだ。若者の中にある家族との絆、宗教との結びつき、その他同様のものが誘惑者にとって役に立つ。若い人たちは、ただ単に反抗する理由を必要としているだけなのだ。とはいえ、こうした戦略は、どのような年代の相手にも適用できる。誰もが心の奥に持っている価値観には必ず影の部分があり、自分の価値観に対する疑念や、その価値観が禁じているものを探究したいという欲求を含んでいるからである。

ルネサンス期のイタリアでは、娼婦が貴婦人のドレスを着て教会へ行った。男性にとって、妻や家族、友人、聖職者に囲まれたなかで、自分だけが娼婦だと知っているその女性と視線を交わすことほど興奮することはなかった。それぞれの宗教や価値観が〝暗黒面〟を創り出す装置なのだ。影の領域をすべて禁じているからである。ターゲットをからかい、家族の価値観から逸脱するようなことに面白半分で手を出すように仕向けよう。そうした価値観は、情緒的だが形式的なものであることが多い。なぜなら、それは自発的なものでなく押しつけられたものだからだ。

二〇世紀において、もっとも誘惑的な男性の一人が、〝性の脅威（セックス・メナス）〟として知られるルドルフ・ヴァレンティノだ。女性が感じる彼の魅力には二つの要素があった。彼は優しく思いやりに溢れていた。しかし一方で、残酷さも醸しだしているのだ。いつでも彼は、危うさを感じさせるほどに大胆になれた。暴力性すら感じさせるほどだった。映画会社はこの二面性を最大限に誇張した——たとえば、彼が妻を虐待していると報道されたときにも、その話を巧みに利用した。男らしさと女性らしさ、あるいは乱暴さと優しさの二つが混じり合っていると、人は罪深さを感じつつも、心を引きつけられてしまう。

愛は優しく繊細なものと考えられている。しかし実際は、暴力的な感情や破壊的な感情を解き放つこともありうるのである。愛の暴力性は、正常な分別を破壊するというやり方で、まさに人を引きつけるものなのだ。誘惑が終盤のステージに差し掛かり、ターゲットを手中に収めたと感じたら、優しい愛情の中に時おり残酷な仕打ちを混ぜることで、ロマンスの暴力的な面の攻略に取りかかろう。高級娼婦（クルチザンヌ）のローラ・モンテスは、暴力をよりどころにしていることで知られていた。ときどき鞭を使うのだ。ルー・アンドレアス・ザロメは男性に対して異様なほど冷酷で、男をたらしこむゲームに興じているようだった。冷淡になったり厳しく要求したりを交互に繰り返すのだ。彼女に冷酷な仕打ちをされると、ターゲットはもっと欲しくなって、必ず彼女のもとに戻ってくる。マゾヒスティックな関係は、大きく限界を超えて自己を開放するものとして説明できる。

あなたの誘惑から感じとれるものが、反道徳的であればあるほど、その効果はますます高まっていく。二人で一緒に罪を犯しているという感覚を、ターゲットに与えよう。罪の意識をあなたと共有させるのだ。そして人が集まるなかで、周りの誰も知らないことを二人だけが知っているという状況を創りだそう。それは、二人だけに通じる言い回しや目くばせを創ることだとも言えるだろう。秘密にするのだ。バイロンがレディ・

フランシスを誘惑できたのは、彼女の、夫との親密さによるところが大きかった――たとえば、夫といるときに、バイロンからのラブレターをひそかに胸に忍ばせていたのだ。セーレン・キルケゴールの『誘惑者の日記』の主人公ヨハンネスは、晩餐会のさなか、若きコーデリアにメッセージを送った。彼女はそのメッセージが彼からのものだと、ほかの客たちに明かすことができなかった。というのも、そうなれば何らかの説明をしなければならなかったからだ。また彼は、彼女にとって特別な意味を持つことを大勢の前で話してしまうかもしれない。これまで受け取った手紙の一つに、そうしたことが書かれていたのだ。たとえ罪深いことであったとしても、秘密を共有しているという感覚を相手に与えることで、二人の関係にスパイスが加えられる。このような緊張感を公衆の面前で刺激することが重要だ。そうすることで、世の中に対して共謀して罪を犯しているという感覚を創りだすのである。

中世の伝説をまとめた『トリスタンとイゾルデ』の中で、この有名な恋人たちは、まさにタブーを冒すことで、この上ない幸せと歓びを手に入れた。イゾルデはマルク王と婚約しており、既婚者となる日が迫っていた。トリスタンは、マルク王に仕える忠実な騎士である。王は彼の死んだ父親と同じ年齢だった。この物語のモチーフは、父親から花嫁を奪いとりたいという感情なのだ。西洋における愛の概念を縮図化したこの伝説は、時代を超えて多大な影響を与えつづけている。ここで重要なのは、障害がなければ、そして罪の意識がなければ、恋愛が水っぽくて味わいのないものになってしまうという考えである。

今日、人々は各人の行動から制約を取り除き、あらゆることを自由にしようと懸命に努力している。しかしそうした努力によって、誘惑はより難しくなり、そこから得られる興奮も少なくなっている。背徳感や罪悪感を呼び覚ますために、あなたができることをやろう。そうした感覚がただ単に心理的なものであっても、あるいは幻想のようなものであっても構わない。誘惑を完全なものとするには、乗り越えるべき障害、侮蔑すべき社会規範、破るべき法律が不可欠なのである。寛容な社会には、限界などほとんどないように思えるかもしれない。それでも何か見つけよう。限界や〝聖なる牛〟や行動規範は、これからも常に存在しつづけるにちがいない――限界を超えタブーを冒すように、ターゲットを焚き付けるための〝弾薬〟が尽きることはないのだ。

イメージ

森。子供たちは、わが家という安全な領域の向こうに広がる森に入ってはいけないと言われている。そこには規則などなく、手つかずの自然と野生動物と罪人だけが存在している。しかし、冒険するチャンスであり、暗闇には心を奪う魅力がある。何より禁じられたことに抗うのは不可能なのだ。そしていったん足を踏み入れると、もっともっとと、どんどん奥へ行きたくなるのだ。

例外

タブーを冒すように焚き付けることとの反対は、限界を超えずに受け入れてもらえる振る舞いでとどめておくことだ。そうすると、誘惑がひどく冷めたものになるだろう。とはいっても、不道徳な振る舞いや野蛮な振る舞いだけが誘惑的というのではない。人徳や慈悲深さ、スピリチュアルなオーラといったものがこの上なく魅力的たりうるのは、それらが類まれな資質だからなのだ。しかし、ゲームの本質は変わらないということに注目しよう。社会が定めた限界を超えない範囲で、人徳や慈悲深さ、優れた精神性を持った人というだけでは、人の心を動かす力が弱い。いちばん先まで行くことのできた人たち――ガンジーやクリシュナムルティ――にわれわれは誘惑される。彼らがそのスピリチュアルな生活様式を説明することはめったにない。彼らはあらゆる物質的な快適さを排除して、禁欲主義的な理想を体現している。限界を超えて、社会が許容できる振る舞いから逸脱している。なぜ、そうなるのかと言えば、誰もが限界の先まで行ってしまったら、社会が機能しなくなることをみなが知っているからだ。境界や限界を尊重しても、誘惑においてはまったく無力なのである。

ある種の感情の問題である。それは圧倒されるということである。相手に圧倒される恐怖を抱いている人は多い。その相手とは、たとえば、意に反して笑わせたり、死ぬほどどくすぐったり、正しいと感じていながらも確信が持てないこと、あるいは偏見や常識を超えたことを言う人たちのことである。つまり、こういう人たちは誘惑されることを望んでいないのだ。誘惑とは、誘惑者が思わず鼻白むような、自らの限界を知り、揺るぎない人々に立ち向かうことにほかならないからだ。誘惑とは、圧倒され、遠くまで連れ去られたいという願望なのである。

ダニエル・シボニー『無意識の愛』

つい先日、手綱を絞られた種馬を見た。
口輪を噛まされ、飛び出した。稲妻のように。
しかし手綱が緩んだ瞬間、そいつはたてがみを振り立て、
さらに自由になったのに、いきなり立ち止まる。
僕らは束縛を嫌い、禁じられれば一層燃え上がる。
欲望は、手の届かないものに対して燃え盛る。
警備の厳しい屋敷ほど盗人は闘志を燃やすものだ。
愛を強固にするのはライバルの存在だ。
恋敵をその気にさせるのは、妻の美貌ではなく、夫の妻に対する情熱なのである。
その女には、それだけの価値があるに違いない、と。
夫に束縛されている妻は、追いかけ回される存在となる。
美しい肢体よりも、彼女の心の不安こそが男を引きつけるのだ。
無謀な情熱こそが、良かれ悪しかれ、恋愛を甘くする。
「怖いわ」と言う女こそが、僕をその気にさせるのだ。

オウィディウス『恋の歌』

女性にとって、官能的な行為とタブーの間に形成された関係をあとで元に戻すことは、ほとんど不可能だ。官能的な行為が受け入れ可能となったとき、こうした女性は精神的不能、すなわち精神的な不感症となる。これは、多くの女性がしばらくのあいだ、ちゃんとした関係であっても秘密にしておきたいという願望を抱いているからであり、密かな企みによって禁じられた関係が復活するとすぐに沸き起こる正常な感覚を感知するからである。彼女たちは夫にウソをつき、愛人との誓いを守ることができる。
私が考えるに、女性の性生活が禁じられているという状況は、男性の性的欲求を抑えるのと同じように必要なことである。

……教養のある女性はたいてい、待っているあいだ性行為に踏み出さない。このように、彼女たちは禁欲と性欲のあいだを自由に行き来できるのだ。……

はじめに性的な楽しみを奪われると、十分な満足が得られないと感じ、性的欲求は後に結婚という願望に繋がる。しかし一方で、はじめから性的に抑制がないと、あまりよい結果には結びつかない。当たり前のことだが、簡単に充足感を得られれば、性的欲求はすぐに冷める。性的衝動（リビドー）を高めるには、何らかの障害が必要だ。いつの時代もどんなところでも、満足に限界はない。人間は恋愛を楽しんできた。それはどこの国の人も同じである。古代文明が衰退した時期がそうだったように、性的な満足に対する障害がなければ、愛は価値のないものとなり、人生は虚しいものとなる。絶対不可欠な愛の価値が回復される前に、強い反動形成が必要となるだろう。

ジークムント・フロイト「愛の心理学について」

モークレール氏は娼婦に対する男性の態度をこう分析している。「男が社会的名声に影響を及ぼさずに自身を卑しめる楽しみを味わいたいというときに、情熱的で育ちのよい婦人の愛も、尊敬に値する女性との結婚も、娼婦の代わりはできない。報いや良心の呵責や責任という恐れがなく、下品で諧謔的なことを何でも言い、することができる、この奇妙で強烈な楽しみに取って代われるものなど何もない。それは秩序立った社会や、きちんとした教養のある自分自身、とりわけ信仰心に対する完璧な反逆である」。モークレール氏は、ボードレールによって詩に綴られたこの暗い情熱の中で、悪魔の呼ぶ声を聞いている。「娼婦はわれわれの責任を脇に追いやることのできる潜在意識を表している」

ニーナ・エプトン『愛とフランス人』

心と目はいつも喜びを与えてくれるところへ向かっていく。それを邪魔しようとすると、彼らがその遊びにますますのめり込んでいくことは間違いない。……トリスタンとイゾルデの場合もそうだった。欲望と楽しみがスパイや見張りによって禁止され、二人から取り上げられると、二人の苦痛は増した。手に届かぬ渇望がかつてないほどに彼らに苦痛を与えた。お互いを求め合う気持ちが強く、差し迫っているほど苦しみも深まるのだった。

禁止されると、婦人たちはあまたの行為を犯す。禁じられていなければ、おそらくやることもなかったであろう。（中略）神様はイブに向かい、果物でも花でも草でも、楽園にあるものは何でも好きなようにしてよいとお許しになったが、ただ一つだけを死の罰によって禁じた。（中略）イブは果物を取ることでその禁を犯し、神の命に背いて身を滅ぼしたのである。禁じられさえしなかったら、イブは決してそんなことはしなかったろうと、私はいまでも固く信じている。

ゴットフリート・フォン・シュトラスブルク
『トリスタンとイゾルデ』

レオポルド・スターンの友人の一人は、独身者用の住居を借りた。そこで彼は妻を女主人としてポートワインとプチフールでもてなし、〝経験豊富で、ひりひりするような大人の興奮〟を供した。
彼はスターンにこう言った。妻を寝取られたような刺激的な楽しさがあった、と。

ニーナ・エプトン『愛とフランス人』

19 スピリチュアルな魅力で誘い込め

人は誰でも、疑念や不安を抱いている。身体面や、自分自身の価値、性的指向などについて自信が持てないでいるのだ。もしあなたの誘惑が現実的な物質面ばかりに向いていると、そうした疑念を呼び覚ましてしまうだろう。ターゲットに、自分を意識させすぎてしまうのだ。そうではなく、何か神々しくスピリチュアルなこと――宗教的体験、孤高の芸術作品、超自然的なもの（オカルト）――に目を向けさせて、不安な状態から誘い出すようにして誘惑しよう。あなたが神から授かった資質を強調すること。世俗的な事柄に不満があるような雰囲気を装うこと。占星術や運命、誘惑のターゲットをあなたと結びつける見えない糸について語ること――。相手はスピリチュアルな霧に惑わされて、不安が軽減し、解き放たれたように感じるだろう。性的な絶頂を迎えることとは、二つの魂のスピリチュアルな結合だ――そう思えるようにターゲットを導いて、誘惑の効果を深めていこう。

崇拝の対象

リアーヌ・ド・プジーは、一八九〇年代のパリでナンバーワンに君臨する高級娼婦（クルチザンヌ）だった。ほっそりしていて中性的な彼女は、当時の女性としては珍しい存在であり、ヨーロッパ中の富豪たちが彼女を自分のものにしようと競った。しかし九〇年代の終わり頃になると、彼女はそうした生活にうんざりしてしまった。「なんて退屈な人生なのかしら」、彼女は友人への手紙にこう綴っている。「いつも同じことの繰り返し。ブローニュの森、競馬、衣装選び、そして気の抜けた一日の終わりは……晩餐会よ！」。何よりも彼女をうんざりさせたのは、男たちからの求愛だった。彼女の魅力的な肉体を独占することを求めて、ひっきりなしにやってくるのだ。

一八九九年のある春の日、リアーヌは無蓋馬車に乗ってブローニュの森を通り抜けようとしていた。彼女がそばを通ると、男たちはいつものように帽子をひょいと上げて挨拶した。しかし、そのうちの一人に彼女ははっとさせられた。長いブロンド髪の若い女性が、熱く崇拝するような視線を送ってきたのだ。リアーヌが微笑みかけると、その女性も笑みを浮かべてお辞儀を返した。

数日後、リアーヌは、ナタリー・バーネイという二三歳のアメリカ人女性から手紙や花束を贈られるようになった。ブローニュの森で出会ったブロンドの女性だと名乗り、ぜひ会いたいという。リアーヌはナタリーを自宅に招待することにした。ただ、気晴らしがしたくて、ちょっとした悪ふざけを思いついた。自分に代わって友人に暗い寝室のベッドに横たわってもらい、リアーヌは仕切りの陰に隠れていることにしたのだ。ナタリーは約束の時間に現われた。フィレンツェ派の絵画に登場するような小姓（ペイジ）（訳注：一〇代半ばくらいまでの騎士見習いの少年）の衣装を身につけ、花束を手にしている。ベッドの前でひざまずき、フラ・アンジェリコ（訳注：一五世紀前半のフィレンツェを代表する画家）の絵画と見紛うほどだとリアーヌを讃えはじめた。そのとき、誰かの笑い声が聞こえた――ナタリーは自分がからかわれたことに気づいて立ち上がった。顔を真っ赤にしてドアに向かう。急いで仕切りの陰から飛び出したリアーヌを、ナタリーは非難した。「あなたは天使の顔をしているのに、どうも心はそうではないようですね」。申し訳なく思ったリアーヌは、小声でそっとこう告げた。「明朝もう一度お越しください。一人でお待ちしています」

ナタリーは翌日、同じ服装で現われた。彼女は機知に富んでいて、元気いっぱいだった。緊張のほぐれたリアーヌは、クルチザンヌの〝朝の儀式〟のあいだも一緒にいるように誘った。化粧を丁寧に施し、衣服と宝石類を身につける。街なかへ出ていくための準備だ。ナタリーはその様子を崇めるように見つめ、「わたしは美を崇拝しています」と言った。そして、「あなたはこれまで出会ったなかでもっとも美しい女性です」と続けた。ナタリーは、小姓（ペイジ）の役を演じながら馬車のところまでリアーヌについていった。それからおじぎをしてリアーヌにドアを開けてやり、日課となっているブローニュの森への道中のお供をした。公園に入るとナタリーは床に膝をつき、リアーヌに帽子を上げて挨拶をする男性から身を隠した。そして、リアーヌのために書いた詩を暗誦し、「あなたが身を落としている堕落した職業から救い出すのが、わたしの使命だと考えています」と告げた。

その夜ナタリーは、サラ・ベルナールの演じる『ハムレット』を一緒に観るために、彼女を劇場に連れていった。幕間の休憩中、ナタリーは、ハムレットと自分を同一視しているのだと言った。彼の崇高なものへの渇望や、絶対権力への嫌悪に共鳴している。彼女にとって、絶対権力とは男性が女性に対して行使しているものなのだと――。それから数日間、リアーヌは毎日、ナタリーからの花束を受け取った。そして、リアーヌに捧げる短い詩が綴られた電報が届いた。崇拝の言葉と眼差しは、ゆっくりと肉体的なものへと発展していった。偶然を装ったボディタッチから愛撫へ、さらにキスへと――そのキスはこれまでリアーヌが経験したものとは、まるで違うように感じられた。ある朝、リアーヌは入浴の支度をしていた。彼女がナイトガウンを脱ぐと、ナタリーが不意に彼女の足元に近寄って足首にキスをした。リアーヌは思わず身をかわして浴槽に飛び込んだ。しかし、ナタリーが服を脱いで一緒に浴槽に入ることになっただけだった。数日のうちに、リアーヌ・ド・プジーがナタリー・バーネイという新しい恋人を得たことが、パリじゅうに知れわたることとなった。

リアーヌはこの新たな関係を隠そうとせず、小説『サッポーの田園詩』を出版した。そのなかで、ナタリーの誘惑の一場面一場面を詳細に描いている。彼女はそれまで女性と恋愛したことがなく、ナタリーとの関係は神秘体験のようなものだったと述懐している。長い人生が終わりを迎える間際でさえ、もっとも強烈な経験としてこの関係を思い起こすほどであった。

若いイギリス人女性ルネ・ヴィヴィアンは、パリに来て詩を書いていた。彼女がパリに来たのは、父親が決めた結婚から逃れるためでもあった。ルネは四六時中、死について考えていた。自分はどこかおかしいと感じており、強い自己嫌悪に陥ることもよくあった。一九〇〇年、ルネは劇場でナタリーと出会った。ナタリーの優しい眼差しから何かを感じとったのだろう。いつもは控えめなルネが、知らぬ間に心を許し、ナタリーに詩を書き送りはじめた。ナタリーからも自作の詩で返事が返ってきた。二人はすぐに友人になった。ルネは、ほかの女性とも親密な関係をもったことはあるが、プラトニックな関係だったと告白した――肉体関係を結ぶことなど、考えただけで嫌悪を感じた。ナタリーは、女性同士の愛だけが無垢で純粋な愛だと賛美している、古代ギリシアの詩人サッポーについて話した。対話を重ねて触発されたルネは、ある夜、チャペル風に模様替えした自宅にナタリーを招待した。部屋はろうそくと白いユリの花で埋め尽くされていた。この花は彼女がナタリーをイメージしたものだ。その夜、二人は恋人となり、すぐに一緒の家に引っ越した。しかしルネは、ナタリーが自分だけを愛することはないと悟ってしまうのだ。彼女の愛は憎しみに変わった。ルネは二人の関係を解消して家を出た。そして、ナタリーとは二度と会わないと誓ったのである。

それから数か月のあいだ、ナタリーはルネに手紙や詩を送り、彼女の新しい家に姿を見せた――が、何をしてもムダだった。ルネにはもう、彼女と関わるつもりは少しもなかった。ところがある夜、ナタリーは、オペラの劇場で彼女の隣に座り、彼女を讃える詩を手渡したのだ。そこには過去への後悔とともに、簡単な頼み事が綴られていた。サッポーの故郷、ギリシアのレスボス島へ二人で巡礼に行きたい。二人の関係を浄化できるのは、その場所しかないと。ルネには、抗うことができなかった。二人はレスボス島でサッポーの足跡をたどり、多神教徒（ペイガン）に逆戻りしたかのように、古代ギリシアの汚れなき日々に思いを馳せた。ルネにとって、ナタリーはサッポーそのものになっていた。二人が旅を終えパリに戻ると、ルネは彼女に手紙を書いた。「ブロンドの愛しいセイレンよ、あなたには地上に住む、ほかの人のようになってほしくないのです……あなたはあなたでいてほしいのです。わたしにかけてくれた魔法が解けてしまうことのないように――」。二人の関係は、ルネが亡くなる一九〇九年まで続いた。

〈解説〉リアーヌ・ド・プジーとルネ・ヴィヴィアンは似たような抑圧に苦しんでいた。二人とも自己に没頭しがちであり、自意識過剰だった。リアーヌのこうした性向の原因は、男たちから常に肉体を求められていたことにあった。男たちの視線から逃れることができずに、その重苦しさに悩まされていたのだ。一方、ルネもまた、自分自身の問題について重く考えすぎていた――同性愛や死への欲求を抑圧していたのだ。彼女は自己嫌悪に苛まれていた。

反対に、ナタリー・バーネイは明るく楽天的で、自分を取り巻く世界に没頭していた。彼女の誘惑――人生が終わりを迎える頃までに、その数は数百人にものぼっていた――は、いつも同質のものだった。相手を自己への執着から解放し、その関心を、美や詩、そして同性愛の純潔さに向けさせる。高潔なものを崇拝する一種の〝信仰（カルト）〟に彼女たちを引き入れたのだ。カルトらしさを高めるため、彼女はちょっとした儀式をした――お互いを新たな名前で呼び合うこと、毎日、電報で互いの詩を送り合うこと、衣装を身にまとうこと、聖地への巡礼を行なうこと――である。必然的に二つのことが起きた。まず、女性たちがナタリーに対して抱いている崇拝の念を〝信仰〟のほうにも向けはじめた。彼女は気高く美しく、崇拝されて当然の存在だった。そしてもう一つは、こうしたスピリチュアルな領域に入って楽しく気を紛らわせることにより、彼女たちは、肉体や自我、アイデンティティについて感じていた重苦しさを軽減したのである。性的な欲求への抑圧はしだいに溶け去っていった。ナタリーがキスや愛撫をする頃までには、そうした行為が無垢で純粋なものに感じられるようになる。まるで人が堕落する前のエデンの園に戻ったかのようだった。

宗教は人生において大きな慰めとなる。なぜなら、われわれを自分自身の外に引きだし、何か大きなものと結びつけてくれるからだ。崇拝の対象（神や自然）について沈思黙考していると、心の重荷が雲散霧消していく。大地から浮き上がったように感じる人もいるだろう。こうした軽さを体験するのは素晴らしいことだ。どんなに時代が進歩したと言っても、われわれの多くは自分の肉体や動物的な衝動を不快に思っている。肉体的なものに焦点を当てすぎる誘惑者は、相手の自意識を呼び覚ましてしまうだろう。嫌悪感の残滓が浮いてくるのだ。そうならないように、何か別のものに焦点を当てよう。何か美しいものを崇拝するようにターゲットを誘い込もう。自然や芸術作品、あるいは神（もしくは神々）。異教信仰（ペイガニズム）は決して廃れることはない）――人は何かを信じたくてたまらないのだ。ちょっとした儀式も加えよう。あなたが崇拝しているものに自分自身を近づける――飾り気がなく自然で、美的感覚に優れていて、気高く、堂々としている存在になる――ことができれば、ターゲットは崇拝の対象をあなたに移すことになるだろう。宗教やスピリチュアルなものには、性的な潜在要素がいっぱいある。いったんターゲットの自意識を失わせてしまえば、そうした要素を表面に引き出すことができる。スピリチュアルな絶頂から性的な絶頂へ至るには、ほんの小さなステップを一つ踏むだけなのだ。

戻ってきて、わたしを連れ去って。早く。どこか遠いところへ。神聖な愛という大いなる炎でわたしを清めて。動物のようにならないで。あなたがそう欲すれば、あなたがそう感じれば、あなたのすべてが魂となるの。わたしを肉体から解き放ち、遠くまで連れ去って。

――リアーヌ・ド・プジー

誘惑の秘訣

　宗教は人類が生み出したもっとも誘惑的なシステムである。人類にとって、最大の恐怖は死だ。人類は不死であり、われわれの中にある何ものかが生きつづけるだろう、という幻想を宗教は与えてくれる。巨大で冷淡な宇宙の中のちっぽけな存在でしかない、と考えるのは恐ろしいことだ。宗教は宇宙を擬人化し、大切で愛すべきものだと感じさせてくれる。われわれは、制御不能の衝動に支配された動物ではない。これといった理由もなく滅んでいく動物でもない。神が自身のイメージに似せておつくりになられた創造物なのだ。また、気高く、理性を持ち、徳のある存在になることもできる。願望や望んでいた幻想を満足させるものは、何であれ誘惑的である。この点において宗教に匹敵するものは何もない。

　快楽はターゲットを自分のクモの巣に誘い込むエサとなる。しかし、あなたがどんなに抜け目のない誘惑者であっても、ゲームの最終段階として肉体的な結びつきを目指していることに、相手は心のどこかで気づいているものだ。あなたはターゲットが抑圧されておらず、快楽に飢えていると考えるかもしれない。しかし、ほとんど誰もが自分の中の動物的な本能に、潜在的な不安を抱えているのである。この不安に対処しないかぎり、短期間はうまくいったとしても、あなたの誘惑は深みのないものになり、長続きしないだろう。そうではなく、ナタリー・バーネイのように、ターゲットの魂をつかまえるように意識しよう。そして、誘惑がより深く長続きするものになるように、その土台をしっかりと築こう。スピリチュアルな魅力で、クモの巣の奥深くまでターゲットを誘い込もう。肉体的な快楽が、崇高かつ超越的なものであるように思わせるのだ。スピリチュアルなものは、あなたが操っていることを巧みに隠してくれるだろう。そして、あなたとの関係が永遠であることをほのめかし、ターゲットの心の中に絶頂を感じるためのゆとりを創りだす。誘惑は精神的なプロセスであるということを忘れないでほしい。宗教、スピリチュアルなもの、超自然的(オカルト)なもの以上に、人を陶酔させるものはないのだ。

ギュスターヴ・フローベールの小説『ボヴァリー夫人』の登場人物、ロドルフ・ブーランジェは、田舎の医師、ボヴァリー氏の家を訪れ、そこで医師の美しい妻エマに引かれる。ブーランジェは「残忍で抜け目のない男だった。数々の女性と関係を持ってきており、女性に関しては〝目利き〟と言えた」。エマは日々の生活に退屈しきっているようだった。一週間後、彼は村の祭りで偶然、会ったように装い、彼女と二人きりになる場面をうまく作った。そして、悲しく意気消沈したようなふりをしてこう言うのだ。「月明かりの中、墓地を通るたびに心の中で何度、問いかけたことだろう。ここで安らかに眠っているほうが幸せなのだろうかと……」と。自分の悪い評判のことを話し、そう言われてもしかたがない、と彼は言う。しかし、自分は過ちを犯したのだろうか？「絶え間なく苦しみ続ける魂が存在することを、あなたはご存じないでしょう？」――彼は何度かエマの手を取った。そのたびに彼女は行儀よく手を引っ込める。彼は愛について話した。磁石のように二人の人間が互いを強く引きつけ合う。それは二人の魂が前世で別の肉体に宿っていたときの記憶に根差しているのかもしれない。「たとえば私たち。なぜ私たちは出会うことになったのでしょう？どのようにして、そんなことが起きたのでしょう？私たちの中に何か特別な〝傾斜〟があって、遠く離れた私たち二人を徐々に近づけさせているにちがいありません。二つの川がやがて一つになるように」――そう言って再び彼女の手を取った。今度は彼女も手を引っ込めなかった。

祭りのあとの数週間、彼はエマを避けていた。それから突然、姿を見せて言った。「あなたとは会わないようにしていましたが、これは運命なのです。運命が私を引き戻したのです」と。そして、エマを乗馬に連れ出す。森の中で彼がついに行動を起こすと、エマは怯えた様子で彼の求愛に抗った。「あなたは誤解していますと彼は抗議した。「私にとって、あなたは聖母マリアのようなものなのです……どうか、お願いです。私の友、私の妹、私の天使になってください！」。その言葉が彼女に魔法をかけた。エマは、彼が自分を抱いて森の奥深くに入っていくのに身を任せた。そこでついに屈服したのだ。

ロドルフの戦略には三つのポイントがある。一つ目は、悲しみや憂うつ、不満について話すこと。そうすれば、自分をほかの人よりも気高く見せることができる。まるで誰にも共通する、物ばかり追い求めるような物質主義的な暮らしには満足できないというように――。次に、運命について話すこと。磁石のように二つの魂が互いを引きつけ合うというものだ。こう話すことによって、エマに向けられた彼の関心が一時の衝動というより、永遠のもののように感じさせた。永遠に続く星々の動きのようなものを連想させたのである。そして最後に、天使すなわち気高く荘厳な存在について話すこと。すべてをスピリチュアルなレベルに引き上げて、エマの気を肉体的なことから逸らし、目をくらませたのだ。そうすることで、数か月はかかる誘惑のプロセスを、数回会うだけのプロセスに圧縮したのである。

ロドルフの手法をここで紹介しても、今日の基準では陳腐なものに見えるかもしれない。しかし、この戦略自体が古くなることはないだろう。ただ単に、いまの時代のオカルト的なものの流行に適合させれば使えるからだ。ありふれた日常への不満を表すことで、スピリチュアルな空気を醸しだそう。あなたを突き動かしているのは、お金やセックスや成功ではない。そんなさもしいものではなく、もっと深いものがあなたを突き動かしているのだ。それが何かはどうでもいい。とにかく、あいまいにしておこう。あなたの心の奥深くをターゲットに想像させるのだ。星、占星術、運命といったものが、相手の心に訴えかけるのに役立つ。あなたとターゲットを恋人同士にさせたのは運命なのだという感覚を創りだそう。そうすることで、あなたの誘惑を、より自然なものにできるだろう。

あまりにも多くのものが管理され、操作されている。こうした世界では、運命や必然、あるいは何らかの高次のパワーによって、あなたの人間関係が支配されているという感覚が、誘惑の効果を倍増させる。誘惑に宗教的なモチーフを織り込みたいなら、かすかに異教（ペイガン）の匂いがする遠い異国の宗教を選ぶのが最良の方法だ。ペイガン信仰では、スピリチュアルなものと現実との距離が近く、その移行が容易なのである。大切なのはタイミングだ。ターゲットの魂を呼び覚ましたなら、すぐさま肉体的な局面に移行しよう。性行為は、あなたが与えているスピリチュアルな波動の延長でしかない、と思わせるのだ。換言すれば、スピリチュアルな戦略を用いるなら、できるだけすばやく大胆な行動に出ることが肝要なのである。

スピリチュアルとは、必ずしも宗教的なもの、あるいはオカルト的なものだけを言うのではない。あなたの誘惑に、時を超越した崇高な特質を付加するものなら何でもスピリチュアルなのだ。現代社会では、ある意味において文化や芸術が宗教に取って代わっている。芸術を誘惑に用いるには二つの方法がある。一つは、ターゲットのためにあなた自身が芸術作品を創ることだ。ナタリー・バーネイは詩を書いて、ターゲットに〝集中砲火〟を浴びせた。多くの女性にとってピカソの魅力のうちの半分は、彼の絵画の中で永遠の存在になることへの期待だった――古代ローマの格言のように、〝アルス・ロンガ、ウィータ・ブレウィス（芸術は長し、人生は短し）〟なのだ（訳注：もともとは〝医学の父〟ヒポクラテスが医術について語った言葉とされる）。あなたの愛がつかの間の想いにすぎないとしても、芸術作品の中に表現することによって、それが永遠に続くような幻想を与えることができる。

芸術を用いる二つ目の方法は、あなたの誘惑に気高さを与え、ターゲットとの関係を高尚なものにすることだ。ナタリー・バーネイは、劇場、オペラ、美術館、そのほか歴史や芸術の趣を感じられる場所へターゲットを連れていった。このような場所では、スピリチュアルな波長を合わせて、互いの魂を共鳴させることができる。もちろん、現実的なものや通俗的なものは避けるべきである。あなたの下心に対する注意喚起になりかねない。演劇や映画、書籍は現代物でもいいだろう。たとえ少々生々しく現実的であっても、高尚なメッセージを含んでいて、正当な主義主張に結びついたものであるかぎりは効果がある。政治的な運動でさえも、スピリチュアルな高揚をもたらしうるのだ。あなたが用いるスピリチュアルな魅力を、ターゲットに適合させることを忘れてはいけない。ターゲットが現実的な皮肉屋なら、ペイガニズムや芸術のほうが、オカルトや信心深い行為よりも効果的だろう。

ロシアの神秘家ラスプーチンは、その聖人のような雰囲気と癒しの力で崇敬されていた。特に女性たちがラスプーチンに夢中になり、スピリチュアルな導きを授かろうとサンクトペテルブルクの彼のアパートメントに押しかけた。彼はロシアの小作人階級の純朴さや、神の寛大さ、そのほか高尚な話題について話した。しかしその舌の根の乾かぬうちに、まったく異質な話題――その女性の美しさや、誘惑的な彼女の唇、彼女が男性に抱かせる欲望――を差しはさむのだ。種類の異なる愛――神への愛、友人同士の愛、男女間の愛――についても話したが、まるでそれらが同じ一つのものであるかのように話して、相手を混乱させた。それからまた、スピリチュアルな話題に戻したかと思えば、突然、女性の手を取ったり、耳元で囁きかけたりするのだ。こうしたことのすべてに女性を夢中にさせる効果があった――女性たちはある種の大渦巻きに引きずり込まれて、スピリチュアルな高揚と性的な興奮の両方を味わうのだった。何百人もの女性が、こうしたスピリチュアルな経験をしている最中に彼の手に落ちた。というのも、彼はまた、罪を犯さなければ悔い改めることはできない、もし罪を犯すならラスプーチン以上の相手がいるだろうか、と説いたのである。

ラスプーチンは、性的なものとスピリチュアルなもののあいだに密接なつながりがあることを理解していた。神への愛というスピリチュアルなものは、性的な愛を昇華させたものにほかならない。中世の宗教的神秘主義者の言葉は、官能的なイメージで満ちあふれている。神について、あるいは崇高な存在について沈思黙考することで、ある種の精神的な絶頂感（オルガスム）を得ることができる。スピリチュアルなものと性的なもの、高次のものと低次のものの組み合わせ以上に誘惑的な〝醸造酒〟はない。スピリチュアルなことを話すときは同時に、表情や態度で性的な関心をほのめかそう。宇宙の調和や神との結びつきを、二人の人間のあいだの肉体的な調和や結びつきと混同してしまうように相手を導こう。誘惑の最終段階を、スピリチュアルな体験として相手に示すことができれば、肉体的な快楽はより激しいものとなり、深い効果が長続きする誘惑となるだろう。

イメージ

空に輝く星々。何世紀にもわたって崇拝の対象にされており、気高さと神々しさの象徴である。そうしたものについて沈思黙考しているあいだ、われわれは世俗的なあらゆるものから解き放たれ、身軽さを感じる。ターゲットの心を星々の輝く天上へと引き上げてやろう。そうすれば彼らは、地上で起こっていることに注意を向けたりしなくなるだろう。

例外

ターゲットに対するあなたの愛情が、つかの間のものでも、うわべだけのものでもないと感じさせれば、相手をより深い魔法にかけることができる。しかし、相手の不安を駆り立ててしまうこともありうるだろう。深入りしてしまう恐怖や、閉所恐怖症を起こしてしまうような出口のない窮屈な関係に発展する恐怖が不安を駆り立てるのだ。スピリチュアルな誘い込みが、相手をそうした方向に導いているように思わせてはいけない。遠い将来に意識を集中することが、暗に彼らの自由を制限してしまうかもしれない――つまり、結婚の申込みをせずに誘惑を進めなければならない。あなたの望みは、いま現在のあなたの張りつめた想いが永遠に続く深い想いであることをターゲットに体感させ、我を忘れさせることである。宗教的恍惚は、凝縮された強烈な体験であり、時間的な拡張性があるものではないのだ。

ジョヴァンニ・カサノヴァは、彼の誘惑にスピリチュアルな魅力をたくさん使っていた――オカルトはもちろん、高次の感性を呼び起こすものなら何でもだ。付き合っているあいだ、女性は自分のためにカサノヴァが何でもしてくれると思い、はじめから捨てるつもりで付き合っているなどとは思いもよらない。しかしまた、二人の関係を終わりにするのに具合がいいとなれば、彼は涙を流してとびきりのプレゼントをくれて、静かに立ち去るだろう、ということも彼女は知っていた。多くの若い女性がこうしたことを求めていた――結婚生活や抑圧的な家族をいっとき忘れて、つかの間の気晴らしをしたいのだ。はかないものだとわかっているからこそ、最高の喜びを味わえるのである。

ああ！　愛する者を自由気ままに愛することができるなら！

最後の逢瀬のように、あなたにすべてを捧げて過ごすことができるなら！

私だけがあなたを苔むした床に横たわらせ、想像上のサテュロス（訳注：ギリシア神話に登場する半身半馬の森の神。酒色を好む）からあなたを守ることができたなら。……

私たちはレスボスの島で再会するのです！

そして日が沈んだら、この時代に帰る道を忘れ、森の奥へと参りましょう。

この不滅の魅惑の島に、私たちがいる姿が見える。

私の目に、その島はとても美しい。いらっしゃい。

女たちの切ない恋の話をしてあげましょう。

街の喧騒から遠く離れて、〝美のモラル〟以外はすべてを忘れてしまうのです。

ジャン・シャロン
『レスボスの女王　誘惑者ナタリー・バーネイの肖像』

恐るべきナタリー、彼女は愛の地を破壊する者。

恐るべきナタリー、彼女は世の夫たちを恐れさせる。

何人たりとも彼女の誘惑には抗えないから。

このレスボス島の妖婦(キルケ)に従うため、女性はどうやって夫や家庭や子供を捨てたのだろう。

キルケのやり方は魔法の媚薬を作り出すこと。

ナタリーは詩を綴ることを好んだ。

彼女は肉体と精神を混ぜ合わせる術を心得ていたのだ。

ジャン・シャロン
『レスボスの女王　誘惑者ナタリー・バーネイの肖像』

昔、バルベリアのカプサという町に大金持ちが住んでいた。この人の子供の中に、アリベックという優美な娘がいた。彼女はキリスト教徒ではないものの、町のキリスト教徒たちが、キリストの信仰や神への奉仕を声高に称賛しているのを耳にして、ある日のこと、いったいどうしたら手間暇かけずに神に奉仕できるかと、町の男に尋ねてみた。するとその男は、テバイダの砂漠の僻地へ出かけていった人たちのようにすればよい、世の俗事から距離を置けば置くほど神によく奉仕できると答えた。

十四歳のいたって無邪気なその娘は、別にはっきりした考えがあるわけではなく、子供らしい衝動に駆られ、誰にも言わず、あくる朝たった一人でテバイダの砂漠を目指して出立した。数日後、疲労困憊しながらも娘はその僻地に到着した。娘は遠方に一軒の小屋を見つけ、ようやくそこにたどり着いた。すると、その戸口に一人の聖者が立っていた。聖者は、こんな遠隔の地に娘がやって来たのをいぶかしんで、何をしているのかと尋ねた。娘は、神様に導かれ、奉仕したいと思うのだが、そのやり方を自分に教えてくれる人を探しているのだと答えた。

聖者は、娘が年若く、しかも非常に美しいのを見て、もしこんな娘を自分のところに置いたりしたら、悪魔に試されるに違いないと心配になった。そこで娘のよい心がけを褒めて、草の根やリンゴやなつめ椰子の実を少々と水を与え、こう言った。

「娘さん、ここからさほど遠くないところに、一人の聖者がおられる。その方は、私などよりはるかに優れた先生で、あなたを助けてくださるでしょう。その方のところへお行きなさい」

娘はまた旅立った。しかし二番目のその聖者もまったく同じ言葉を口にした。仕方なく、さらに奥へ進んでいくと、一人の若い隠者の小屋にたどり着いた。この人はルスティコという名前の、信仰心の厚い善良な人だった。娘は、ほかの聖者にしたのと同じ質問をした。ところが彼は、自分の鉄の如き信念を試さんものと、これまでの聖者のように彼女を追い返したり、よそへやったりせず、自分の小屋に留めおくことにした。夜になると、部屋の片隅に棕櫚（しゅろ）の枝で間に合わせの寝床を作り、その上で休むように言った。するとさっそく、誘惑が手を替え品を替え、この隠者の意志の力に戦いを挑んできた。しばらくは彼も抵抗を試みたものの、とても敵わず誘惑にあっさり降参してしまった。

神聖な考えも、祈祷も規律もかなぐり捨て、その娘の若々しさと美しさにひたすら思いを馳せるようになった。そのあげくに、自分がふしだらな男であると気づかれることなく、自分の望んでいるものを手に入れるにはどうしたらいいかと、考えるようになった。そしてまず、娘にいろいろと尋ね、まだ男を知らない、見かけどおりのうぶな娘であることがわかった。そこで神様に仕えることを口実に、自分の思いを叶えようと心に決めた。まず、いかに悪魔が神様の強敵であるかを説き、神様が一度は突き落とした地獄の中へその悪魔を追い返してやることが、一番神様の意に叶う奉仕であると言葉を尽くして説明した。

若い娘は、どうしたらそれができるのかと尋ねた。ルスティコは彼女に、「すぐにわかる。私のするとおりにしなさい」と言いながら、着ていた衣服を脱ぎ捨て、真裸になった。それを見て、娘も同じようにした。それから彼はお祈りをするときのように跪き、反対側に彼女を跪かせた。

こうすると、滴るばかりに美しい彼女の肢体が目の前に迫り、欲望は火のように燃え上がって、肉棒が天を差した。アリベックは驚いて尋ねた。

「ルスティコさま、あなたさまの身体の外にこんなに突き出ているのは何でございましょう。私にないものでございます」

「ああ、娘さん。これが先ほど話した悪魔です。見ておわかりでしょう。もう私もどうにも我慢ができません」とルスティコは答えた。

すると娘が、「ああ、神様、ありがとうございます。私のほうがあなたさまより幸せのようでございますね、私にはそういう悪魔がありませんもの」と言う。

ルスティコが言うには、「なるほど、ごもっともです。しかしその代わり、あなたは私の持ってないものを持っているではありませんか」

「まあ、何でございましょう」とアリベックは尋ねた。

ルスティコは答えて、「あなたは地獄を持っている。神様は私の魂の救済のために、あなたをここへ遣わしたのだと、私は信じています。ですから、この悪魔がたとえ私に、このような苦しみを与えつづけようとも、あなたさえ私を憐れみ、悪魔を地獄へ追い返す手助けをしてくれる気持ちがあれば、私に大きな慰めを与えるだけでなく、もしあなたが自分で言ったように、そもそもそのためにこちらへ来たのなら、あなたの行為はこの上なく神様の思し召しに叶い、神様にお仕えすることになるわけです」

無邪気そのものの娘は、「まあ、神父さま。私が地獄を持っているのでございましたら、いつでもお好きなときに、悪魔をお戻しくださいませ」と言った。するとルスティコが言うには、「娘さん、神様のお恵みがありますように。では今後、悪魔が私を苦しめることがないように、地獄へ追い返してやるとしよう」

こう言うと、彼は娘を粗末な寝床へと連れていき、神様に呪われた悪魔を地獄に追い返す術を彼女に教えた。

いままで一度も悪魔を地獄へ入れたことがなかった娘は、最初は少し痛みを感じて、ルスティコにこう言った。

「神父さま、たしかにこの悪魔は悪いやつに相違ございません。本当に神様の敵でございます。人間を害するばかりか、悪魔を追い返されたおかげで地獄までが痛みますもの」

ルスティコは言った。「娘さん、いつもそうだとはかぎりません」

そしてまたこんなことが起こらないようにしようと、二人は寝床から出る前に、六回も悪魔を地獄へ追い込んだ。そのときには、さすがに悪魔の高慢な鼻もへし折れて、その日はおとなしく静かになった。

しかし、その後、数日のうちに、悪魔はたびたび高慢な鼻をもち上げ、娘はそのたびにいつも従順に、それをなだめようと精を出した。ところがそのうちに、娘はこの戯れに喜びを見出すようになってきた。そしてルスティコにこんなことを言いだした。

「神様にお仕えすることは、とても喜ばしいことだと、カプサの有徳の方々が申しておりましたが、それが本当であることがよくわかりました。たしかに悪魔を地獄へ追い込むことくらい、私にとって楽しく、気持ちのよいことはいままでほかに覚えがございませんもの。私が思いますに、神様にお仕えすること以外に心を向けるような人は、本当におバカさんですわ」

（中略）

ですから、神様のお恵みを必要とする若いご婦人のみなさん、悪魔を地獄へ追い込むことを覚えましょう。と申しますのも、それは紛れもなく神様の思し召しに叶うことであり、事に励む二人の歓びであり、多くの幸せがそこから生まれ、続くかもしれないからです。

ジョヴァンニ・ボッカッチョ『デカメロン』

20

喜びに痛みを調合して与えよ

誘惑における最大のミスは、〝いい人〟になりすぎることだ。おそらく初めのうちは優しさも魅力なのだろうが、すぐに単調でつまらなくなる。相手を喜ばせようと無理をしすぎていると、心の中の不安が見透かされてしまうのだ。ターゲットを優しさで参らせてしまわないように、少し痛みを与えてみよう。集中的な心配りで相手を誘い込んだら、別の方向に舵を切ろう。突然、興味を失ったふりをするのだ。ターゲットに罪悪感や不安感を抱かせよう。さらに別れをけしかけて、たたみ込む。虚しさや痛みを与えることで、あなたは相手を操る余裕を手にできるだろう――さあ、和解のときだ。謝罪して、以前の優しいあなたに戻れば、相手はもう立っていられなくなる。基点を低くすればするほど、頂点は高くなるものだ。エロティックな興奮を最高のものにするために、恐怖による心の動揺を引き起こそう。

感情のジェットコースター

一八九四年の夏、ある暑い日の午後、セビリャに住む三八歳のドン・マテオ・ディアスは、田舎のタバコ工場を訪れることにした。知り合いがいたため工場を見学させてもらえたが、別にビジネス上の興味があったわけではない。ドン・マテオは若い娘が好きだった。工場には何百人もの娘がいる。その日は暑く、まさに彼の期待したとおり、彼女たちはほとんど裸に近い状態で働いていた――壮観な眺めだった。彼はしばらくその眺めを楽しんでいた。やがて騒音と高温に辟易し、ドアに向かいかけたところで、十六歳くらいの女工に呼び止められた。「だんなさん（カバリェロ）、一ペセタくれたらあなたのために一曲歌いますよ」

娘の名はコンチータ・ペレスといい、若く純真で、もっとはっきり言えば美しかった。その瞳はキラキラと輝いており、冒険好きであることをほのめかしていた。完璧な獲物だ。彼はコンチータの歌を聴き（どことなく思わせぶりな響きがあった）、彼女の月給と同じ額のコインを一枚ぽんと放り、帽子を上げて挨拶して、その場をあとにした。いきなりやりすぎるのは禁物だ。通りを歩きながら、どうやって彼女を誘惑しようかと構想を練りはじめた。そのとき不意に、誰かに腕を触れられた。そちらに顔を向けると、彼女が並んで歩いていた。「暑すぎてもう働いていられないわ、家まで送ってくださらない？」。「もちろん。恋人はいるのかい？」と彼は尋ねる。「いないわ」と彼女は答える。「まだ子供（モジータ）だもの」――純潔な娘、つまりヴァージンということだ。

コンチータは街なかの荒れた地域で、母親と暮らしていた。ドン・マテオは母親と挨拶を交わし、いくらかのお金をそっと渡して（母親の機嫌を損ねないために、それがどれほど重要なのか、経験上知っていた）、家をあとにした。何日か間をあけようと考えていたが、我慢できなくなって翌朝ふたたび家を訪ねた。母親は外出していた。彼とコンチータは前日のような楽しいおしゃべりをまた始めた。驚いたことに、コンチータは座っている彼の膝の上に跨り、身体に腕を巻きつけてキスをした。彼の戦略は窓の外へ吹き飛んでしまった。彼女を抱きしめてキスを返した。すると彼女は急に立ち上がった。その眼差しは怒りに燃えていた。「からかっているのね」と彼女は言った。「手軽なスリルを味わうためにあたしを利用して」。ドン・マテオはそんなつもりはなかったと否定し、行き過ぎた振る舞いを詫びた。立ち去ろうとするが、すっかり混乱していた――仕掛けてきたのは彼女のほうだ。なぜ自分が罪悪感を覚えなければならないのか？　とはいうものの罪悪感はたしかにある。若い娘は気まぐれなものだ。じっくり時間をかけて攻略するのがベストだろう――。

それからの数日間、ドン・マテオは完璧な紳士だった。毎日、彼女の家を訪ね、彼女とその母に贈り物をした。口説く素振りも見せなかった――少なくとも、初めのうちは――。いまいましい小娘はすっかり懐いて、彼の前で平気で着替えたり、ナイトガウンのままで挨拶をするようになっていた。彼女の身体をちらっと見るだけで、彼の心は狂おしいほど燃え上がった。ときには不意を突いてキスをしたり身体に触れようとしたが、ただ押しのけられ、叱られるだけだった。数週間が過ぎた。そのあいだに彼は、いっときの気まぐれではないということをはっきりと証明してみせた。が、先の見えない求愛に嫌気が差していた。ある日、彼はコンチータの母親をそばに呼び、コンチータに彼女自身の家を提供したいと申し出る。彼女を女王のように扱い、望むものは何でも与える（もちろん、母親にも）つもりだと。この申し出は、間違いなく二人の女性を満足させるだろう。翌日、コンチータから手紙が届く。しかしそこに綴られていたのは感謝ではなく、非難の言葉だった――彼女の愛をお金で買おうとしていると責めるのだ。「もう顔も見たくない」、手紙はそう締めくくられていた。すぐさま彼女の家に急いだものの、まさにその日の朝、母と娘は引っ越していた。別れの言葉もなく、どこかへ行ってしまったのだ。

ドン・マテオはひどく後悔した。そう、たしかに自分は田舎者のような振る舞いをした。この次は大胆になる前に、数か月、いや必要とあらば数年でも待とう。しかしすぐに、別の考えが彼を襲ってきた――コンチータとはもう二度と会えないのではあるまいか。そのとき初めて、自分がどれほど彼女を愛していたのかを悟った。

冬が過ぎた。ドン・マテオにとって人生最悪の時だった。春のある日、通りを歩いていると、誰かが自分の名前を呼ぶ声が聞こえた。顔を上げると、コンチータがショーウィンドウのそばに立ち、顔を上気させて微笑んでいた。彼女はドン・マテオに向かってかがむような仕草をした。彼はうれしさのあまり我を忘れて、コンチータの手にキスをした。「なぜ、突然いなくなったんだい？」と尋ねると、「急に決まったことだったの」と答えた。コンチータは不安を抱いていた――彼の意図について、そして自分自身の気持ちにも。しかしこうして再会して、彼を愛しているのだと確信できた。そう、彼の愛人になる心の準備ができたのだと。コンチータはそれを証明しに、彼のもとへやってくるだろう。しばらく離れていたことで二人とも変わったのだと彼は思った。

数日後の夜、約束どおりコンチータが彼の家に現われた。二人はキスをし、服を脱ぎはじめた。彼はゆっくりと事を進め、一分一秒を味わいたいと思っていた。ところが、檻に閉じ込められた雄牛がついに解放されたときのような気持ちになった。彼女を追ってベッドに入り、全身をまさぐった。彼女の下着を脱がせはじめたが、それは複雑に編み上げられたものだった。結局、起き上がってじっくり見なければならなくなった。手の込んだ奇妙な作りのキャンバス地の下着で、それまで見たこともないような種類のものだった。どんなに強く引っ張っても、脱げないのだ。彼はコンチータをぶってやりたい気分になった。ひどく取り乱していて、彼女をぶつどころか泣きだしてしまった。彼女は説明した。「あなたと一緒にどんなこともしてみたいけれど、まだモジータでいたいの」と。この下着は彼女の防御策だったのだ。彼は激昂してコンチータを家に送り返した。

それから数週間も経たないうちに、ドン・マテオはコンチータに対する考えを改めはじめた。彼女がほかの男といちゃつく姿や、バーで挑発的なフラメンコを踊る姿を見かけたのだ。彼女がモジータのわけがない、と思った。金のために自分をもてあそんでいるのだ。それでも彼女を放っておくことはできなかった。別の男に自分の場所を奪われてしまうだろう――そんなことには耐えられない。決して無理強いはしないと約束しさえすれば、彼女は自分のベッドでともに夜を過ごさせてくれた。そんなとき彼女は裸でベッドにもぐり込むのだ（おそらくは暑いから）。まるで、理不尽な拷問を受けているかのようだった。ほかの男は誰もこんな特権を味わえないと思えば、こういった仕打ちにも耐えられた。

しかし、ある夜、欲求不満がついに限界に達した彼は、怒りを爆発させてしまう。そして〝最後通牒〟を言い渡した――私が望むものを与えてくれるか、私と二度と会わないか、どちらかにしてほしいと。コンチータは急に泣きだした。彼女の泣き顔を初めて目にしたドン・マテオは心を動かされた。こんな関係はもう嫌だと彼女は言う。その声は震えていた。もしまだ間に合うなら、前に拒絶した申し出を受け入れる準備ができている。家を買ってもらって一つ屋根の下に暮らせば、自分がどれほど献身的な愛人になれるかわかってもらえるだろう、というのだ。

ドン・マテオは時間をムダにしなかった。さっそく邸宅を買い与え、調度類を揃えるために多額のお金を渡した。八日後、新宅の準備が整った。真夜中には彼女がそこで迎えてくれることになっていた。どんな楽しみが彼を待ち受けているのだろう。

ドン・マテオは約束の時間に現われた。中庭に通じる鉄格子の扉が閉まっており、彼は呼び鈴を鳴らした。扉の向こう側に彼女がやってきた。「両手にキスをして」、格子越しに彼女は言った。「スカートの裾にも、それから室内履き（スリッパ）の中の足先にも――」。彼は言われるままにキスをした。「いいわ」、彼女は続けた。「じゃあ、帰って」。ショックを受けたドン・マテオの顔を見て、彼女は笑った。笑い終えると最後に言い放った――「あなたのことなんて大嫌い！」と。この邸宅は彼女の名義になっており、ついに彼女はドン・マテオから自由の身となったのだ。彼女が声をかけると、中庭の暗がりから若い男が姿を現わした。ドン・マテオが見ているその目の前で、二人は愛の営みを始めた。あまりの驚きに、彼は身動き一つ取れなかった。

翌朝、コンチータはドン・マテオの家を訪れた。自分の想像どおり彼が自殺しているかどうか確かめにきたのだ。驚いたことに、彼は自殺していなかった。それどころか、彼はコンチータに平手打ちを見舞った。あまりに強く叩いたため、彼女は床に倒れ込んでしまった。「コンチータ」、彼は言った。「君はこれでもかというほど私を苦しめてきた。精神的な拷問を編み出しては、君のことを心の底から愛している唯一の男に対して、それを与えてきた。力ずくで君をものにすることを、いまここに宣言しよう」。「あなたのものになんか絶対になるもんか」とコンチータは叫んだ。しかし、ドン・マテオは何度も何度も彼女を殴った。コンチータの涙にはっとして、ようやく彼は手を下ろした。彼女は愛おしそうな眼差しを向けている。「過ぎたことは忘れて」と彼女は言った。「あたしがしたことは全部忘れてほしいの」と。彼に殴られて、自分は彼の心の痛みを知ることができた。そして、本当に自分のことを愛しているのを確信したのだ、という。自分はまだモジータのままで――前夜の若い男とのことはただの悪ふざけで、彼が立ち去ってすぐに止めた――いまでもあなたのものなのだと。「力ずくでものにしなくたっていいの。だってあたしは、こうしてあなたを待ち望んでいるんだもの」。やっと彼女が正直になってくれた。コンチータが本当にまだヴァージンだと知り、彼はこの上ない喜びに浸るのだった。

〈解説〉ドン・マテオとコンチータ・ペレスは、一八九六年に出版されたピエール・ルイスの小説『女と人形』の登場人物だ。この物語は実話――カサノヴァの『回想録』にある「ミス・シャルピオン」のエピソード――に基づいており、二つの映画のベースになっている。一つはジョゼフ・フォン・スタンバーグ監督、マレーネ・ディートリヒ主演の『西班牙(スペイン)狂想曲』、もう一つはルイス・ブニュエル監督の『欲望のあいまいな対象』である。ルイスの小説によれば、コンチータは、プライドが高く精力的な年上の男を手玉に取り、数か月のうちに卑屈な奴隷へと変えていく。彼女のやり方はシンプルだ。できるだけ多くの感情を刺激するのである。そこには痛みをたくさん味わわせることも含まれる。まず男の欲望をかき立てておいて、彼女に付け入ろうとしていることに後ろめたさを覚えさせる。また、男に保護者の役割を演じさせておいて、彼女を金で買おうとしていることに罪悪感を抱かせる。さらに、突然いなくなることで、男に苦痛――彼女を失った心の痛み――を与える。そうしておいて、ふたたび姿を現わし（決して偶然ではない）、強い喜びを感じさせる。しかし、その喜びをすぐに涙に変えてしまう。嫉妬と屈辱をたっぷりと味わわせてから、ようやく最終局面に進み、男にヴァージンを捧げる（小説ではこの後も、彼女は様々な手を使って男を苦しめつづける）。彼女が呼び起こした心の痛み――罪悪感、絶望、嫉妬、虚無感――が、より強烈な喜びを味わうための〝落差〟を生み出すのだ。そうして相手はどんどん深みにはまり、摂取と中断を繰り返す麻薬中毒者のようになっていく。

あなたの誘惑は、喜びや調和に向かう一本道を登っていくようなものであってはならない。あまりに早く頂上に達してしまい、喜びが物足りないものになるだろう。人が物事のありがたみを強く感じるのは、そこに至るまでの苦しみがあればこそなのだ。死にかけることで生への想いは強くなり、長旅の後は家に帰る喜びがよりいっそう大きくなる。あなたの仕事は、相手に悲嘆や絶望や憤怒を感じさせる時間を創ることであり、著しく大きな解放をもたらすような緊張を創ることである。相手を怒らせても気にしないこと。怒りは、相手があなたの誘惑に食いついたことを示すものだからだ。自分のことを扱いが面倒な人間と思わせてしまったら、相手が逃げてしまうのではないか、と心配することもない――人が見捨てるのは、自分を退屈させる人だけなのだ。ターゲットをものにするまでの道のりには、紆余曲折があったほうがいい。ただし、決して退屈させないこと。あらゆる手を使って、ターゲットの感情を揺さぶり、ハラハラさせておこう。持ち上げては落とし、感情の〝落差〟を創りだそう。そうすることで、かすかに残った相手の意志を消耗させ、消し去ってしまえるだろう。

厳しさと優しさ

一九七二年、リチャード・ニクソン大統領の補佐官（国家安全保障問題担当）ヘンリー・キッシンジャーは、著名なイタリア人ジャーナリスト、オリアーナ・ファラーチからのインタビュー要請を受諾した。キッシンジャーがインタビューを受けることはめったになかった——最終的な記事の内容まではコントロールできないからだ。彼の立場からすれば、不用意な発言が世に出てしまうのは許されないことだった。しかし彼は、ファラーチによる北ベトナム軍のある将軍へのインタビュー記事を読んでいた。その記事はとても有益なものだった。彼女はベトナム戦争についてよく取材していた。逆に彼女からうまく話を引きだせれば、キッシンジャーにとっても貴重な情報収集の機会になるだろう。そこで、まず会って話せないかと打診することにした。打ち合わせにかこつけた、いわば予備面接だ。様々な問題について質問を浴びせ、テストに合格すればインタビュアーに適任だと認めることにしたのである。実際に対面して、彼は感銘を受けた。彼女は頭脳明晰で、しかもタフだった。彼女を出し抜いて自分のほうがタフだと知らしめるのは、楽しい挑戦となるだろう。彼は、数日後に短時間のインタビューを受けることに同意した。

キッシンジャーはインタビューの冒頭から苛立ちを覚えた。ファラーチが「北ベトナムとの平和交渉が遅々として進まないことに落胆していますか?」と切りだしてきたのだ。交渉に関して議論するつもりはない——打ち合わせではっきりと釘を刺しておいた。にもかかわらず、彼女は同じ方向性の質問を続けた。少し怒りがこみあげてきて、「もういいだろう」と彼は言った。「ベトナムについてはこれ以上話したくない」。彼女も簡単には引き下がらない。質問の調子をいくぶん和らげて、「南ベトナム、北ベトナム、双方の指導者に対して個人的にどういった感情を抱いておられますか?」と訊いた。彼はうまくかわした。「私は感情に左右されるような人間ではない。感情には何の意味もないのだ」。すると彼女は、より大きく哲学的な問題——戦争や平和について——に話題を変えた。中国との和解において彼が果たした重要な役割を称賛したのだ。

自分でも気づかないうちに、キッシンジャーは心を許しはじめていた。ベトナム戦争に対処する際の心の痛みや、権力を行使する喜びについて話した。すると、いきなり厳しい質問が返ってきた——「あなたはニクソンの追従者にすぎないと、多くの人が考えているようですが、どう思われますか?」。上へ下へと揺さぶるように、彼女は噛みついたり褒めたりを繰り返した。キッシンジャーの目的は、自分のことは何も明かさずに、彼女から情報を引き出すことだった。しかし結局、彼女は何の情報も提供せず、彼のほうが自分の考えを披露するはめになった。人前で話すのが恥ずかしいような内容──たとえば、女性が男性のおもちゃにされることへの見解や、自分が国民から人気を得ているのは、一種の〝孤独なカウボーイ〟つまり、自分一人で難問を解決する英雄として見られているからだ、といったこと──も含まれていた。このインタビューが出版されたとき、キッシンジャーのボスであるニクソン大統領が激怒したのは言うまでもない。

一九七三年、イラン皇帝モハンマド・レザー・パフラヴィー（訳注：当時、日本の報道等ではパーレビ国王と呼ばれることが多かった）は、ファラーチからインタビューを受けることを承諾した。記者の扱い方は心得ていた──態度をあいまいにして言質を与えないこと、一般論を話すこと、毅然としていながらも丁寧に対応すること。これまでに何度も上手くいったアプローチだった。ファラーチは個人的な話題から始め、皇帝になるのは、そして暗殺の標的になるのはどんな気分なのか、またどうして皇帝はいつも悲しげに見えるのか、といった質問をした。彼は、皇帝という地位の重責と自身が感じている痛みや孤独について話した。皇帝という〝職業〟にまつわる問題について話すことには、ちょっとした解放感があるようだった。彼が話しているあいだ、ファラーチはほとんど口を挟まなかった。その沈黙が、彼の話を引き出しているようだった。

それから彼女は唐突に話題を変えた。皇帝は第二夫人とのあいだに問題を抱えている。そのことで彼は胸を痛めていないか？──痛いところを突いた質問に、パフラヴィーは腹を立てた。彼は話題を変えようとしたが、ファラーチはそのたびに話を元に戻してしまう。「なぜ妻や女性について話をして、時間をムダにするのかね」と彼は尋ねた。そして、女性一般のことを非難しはじめた。女性は創造性に欠けている、女性は残酷極まりない──と。ファラーチが切り返す。皇帝には独裁的な傾向があり、彼の国は基本的な自由を欠いている──と。ファラーチの著書は、イラン政府のブラックリストに載り、発売禁止になっていたのだ。この事実を聞いて、皇帝は少し気が動転した──もしかすると、いま対峙している作家は危険人物なのではないか。しかしそれから、彼女の口調はふたたび和らぎ、皇帝がこれまでに成し遂げた偉業の数々について質問した。

こうしたパターンの繰り返しだった。皇帝がリラックスして話していると、鋭い質問で不意打ちを食らわす。そして皇帝が感情を害したと見るや、場の空気を軽くする。キッシンジャーと同様に、彼は自分の意に反していつの間にか心を開き、後々後悔するとわかっていることを話してしまった。石油の価格を上げるつもりだ、などということにまで言及したのである。皇帝はゆっくりとファラーチの魔法にかかり、彼女を口説く素振りさえ見せはじめた。「たとえ君が私の政府のブラックリストに載っていたとしても――」、インタビューの終わりに皇帝は言った。「私の心のホワイトリストに君を載せよう」

〔解説〕 ファラーチがインタビューするのは、そのほとんどが有力な指導者たちだった。情報漏洩を避けるために状況をコントロールする必要に迫られた男性あるいは女性だ。そのため、彼女とその取材対象者は対立関係にあった。彼らに心を開かせる――感情的にし、自分をコントロールできなくする――ことが、まさにファラーチの望みだったからだ。色仕掛けやお世辞といった古典的な誘惑のアプローチでは、とうてい彼らに太刀打ちできなかっただろう。すべてを見透かされてしまう。そうではなく、ファラーチは彼らの感情を揺さぶり、厳しさと優しさを交互に繰り出した。彼女は、取材対象者の心の奥深くにある不安に触れるような残酷な質問を投げかけた。そうすることで相手を感情的にし、守勢に立たせるのだ。それと同時にさらに心の深いところで、何か別のものが呼び起こされた――自分は、彼女が質問というかたちで暗に示した批判にあてはまるような人間ではないとファラーチに証明したい、という願望だ。無意識のうちに、彼女を喜ばせたい、自分のことを好きになってもらいたいと思うようになる。彼女の口調が変わり、婉曲的に褒められると、今度は彼女を打ち負かしたと感じ、心を開く勇気が湧いてくる。そうして知らず知らずのうちに、感情の手綱を緩めてしまう。

社会生活において、人はみな仮面をつけて自分の守りを固めている。なんだかんだ言っても、自分の本当の気持ちを明らかにするのは恥ずかしいものなのだ。誘惑者として、あなたは相手の抵抗を弱める術を見つけなければならない。お世辞や心配りといった〝チャーマー〟の使うアプローチ（第1部「チャーマー」の章を参照）も、こうした場面では効果的――不安に対しては特に――だが、効果が出てくるまでに数か月を要し、裏目に出てしまう可能性もある。すぐに結果を出すには、そして、ガードの堅い相手を攻略するには、厳しさと優しさを交互に繰り出すほうが、より効果的であると言えるだろう。厳しくされることで心の中に緊張が生じ、ターゲットはあなたに反発するかもしれない。しかし、自分自身にこう問いかけてもいる――何か気に障るようなことをしてしまっただろうか？　そのとき、あなたが優しく語りかければ、彼らは安堵する。しかし、またあなたを不機嫌にしてしまうかもしれないという懸念は残る。

このパターンを使って、ターゲットを綱わたりのような状態にしておこう。あなたの厳しさを恐れて、優しいままでいさせようと心を傾けているような状態だ。優しさや厳しさを巧妙なやり方で見せること。皮肉や褒め言葉を遠回しな表現で伝えるのがベストだ。精神分析医の役を演じよう。相手の〝無意識的動機〟について痛烈な意見を言い（それができるのはあなたしかいない）、あとは黙ってじっと耳を傾けること。その沈黙が相手をばつの悪い告白に駆り立てるのである。批評という〝酵母〟を、褒め言葉という〝パン生地〟に混ぜてふくらませよう。そうすれば、相手はあなたを喜ばせようと躍起になるだろう。まるで犬のように――。

愛は高価な花だ。しかし人は、断崖絶壁に咲くその花を摘みたいと望まずにはいられないものなのだ。

――スタンダール

誘惑の秘訣

程度の差こそあれ、ほとんど誰もが礼儀を弁(わきま)えている。われわれは幼いころから、自分の本当の考えを人に言わないほうがいいということを学んでいる。相手のジョークに笑い、話や悩み事に興味があるふりをする。それが人と一緒に生きていく唯一の方法だからだ。そうしていくうちに、これが習慣となる。本当に必要がないときでさえも、われわれは〝いい人〟でいる。他人を喜ばせようとし、不愉快にさせないようにし、口論や対立を避けようとするのだ。

しかし誘惑において、〝いい人〟であることは、最初は相手を引きつけるかもしれないが（一緒にいると落ち着けて、気分が和らぐ）、その効果はすぐに消えてしまう。〝いい人〟すぎると、文字どおりターゲットを遠ざけてしまうことになるのだ。エロティックな感情は、緊張感を創りだせるかどうかに左右される。緊張感がなければ、そして不安や緊迫感がなければ、解放感は得られないし、本当の意味での快楽や喜びも感じられない。あなたの仕事は、ターゲットの心の中に緊張感を創りだすこと、不安を刺激すること、そして右往左往させることである。そうすることで、誘惑のクライマックスを心のこもった強烈なものにできるだろう。そのためにはまず、対立を避けようとするやっかいな習慣をやめにしよう。そうした習慣は、とにかく人として不自然なのだから——。〝いい人〟の人当たりの良さというのは、内面の良さが自然と出るものではなく、人を不愉快にさせることへの恐れや不安に起因することが多い。こうした恐れを乗り越えて進んでいこう。そうすれば、見える景色も変わってくる——相手の心の中に痛みを生みだし、それを魔法のように消し去ることに、何の遠慮もいらないのだ。あなたの誘惑力が一〇倍強くなるだろう。

あなたが苦痛を与えるようなことをしても、相手は想像していたほど逆上したりしないだろう。今日、われわれは、もっと何かを経験してみたいと無性に感じることがある。たとえ、それがネガティブなものだとしてもだ。あなたが与える痛みは、ターゲットを元気づけているとも言えるのだ。その痛みによって生きていることを、より強く実感できるのだから――。彼らには何か文句を言いたいことがあり、すぐに犠牲者を演じはじめる。したがって、痛みを喜びに変えた時点で、何のためらいもなくあなたを許すだろう。ターゲットの嫉妬心を呼び起こそう。不安を感じさせておいて、あとでライバルよりもターゲットを選ぶ。そうすると、自我を肯定された相手の喜びは二倍になる。忘れないでほしい。あなたが、より危惧しなければならないのは、ターゲットを退屈させてしまうことであって、混乱させることではない。人を傷つけると、その人との結びつきは優しくするよりも深いものになる。緊張感を創りださなければ、それを緩めることもできない。やり方が思い浮かばないなら、ターゲットがあなたをもっとも苛つかせる欠点を見つけて、それを〝治療のための対立〟のきっかけとして利用しよう。あなたの残酷さが真に迫るほど、ターゲットに与える効果は大きい。

一八一八年、当時ミラノに住んでいたフランス人作家スタンダールは、メチルダ・ヴィスコンティーニ伯爵夫人と出会った。彼は夫人に一目惚れした。夫人はプライドが高く、少し気難しいところのある女性で、スタンダールを威圧していた。彼は、くだらないことを言ったりみっともないことをして、夫人を不快にさせないかびくびくしていた。ある日、いてもたってもいられなくなったスタンダールは、ついに彼女の手を取って愛を告白した。夫人は嫌悪感を露わにし、すぐに立ち去って、もう二度と自分の前に現われないようにと告げた。

スタンダールはヴィスコンティーニ伯爵夫人に、許しを乞う手紙を何通も送った。ついに彼女が折れた。会ってもいいが、条件があるという――訪問は二週間に一度、一時間以内で、二人きりにはならないというものだ。スタンダールは承諾した。というより選択肢はなかった。いまや、彼はその二週間に一度の逢瀬（おうせ）のために生きていた。一緒に過ごす時間は、激しい不安と恐怖の連続だった。彼女が心変わりして、永遠の別れを告げられるのではないかと気が気でなかったのだ。こうした状況が二年以上も続いた。そのあいだ夫人が、彼に対してほんのわずかでも好意を示したことは一度もなかった。スタンダールには、なぜ夫人がこうした取り決めを強く主張したのか、わからなかった――彼の気持ちを弄んでいたのか、あるいは少し遠ざけておきたかったのか。彼にわかっていたのは、夫人への愛が強くなる一方だということだけだった。もはや耐えがたいほど強烈になっていた。とうとう彼はミラノを立ち去らざるをえなくなった。

この悲しい恋愛から立ち直るために、スタンダールは有名な『恋愛論』を執筆した。その中で彼は、恐れが恋愛感情にもたらす影響について述べている。まず第一に、恋する相手を恐れていると、親密な関係を築くことはできない。相手は謎めいた存在のままであり、あなたの想いは強まるばかりだ。第二に、恐れには何か恋愛感情を煽るものがある。心を揺さぶり、意識を覚醒させる。恐れは強烈にエロティックなものなのだ。スタンダールによると、崖の端まで連れていって平気で置き去りにできる人だと感じさせるような相手に近づけば近づくほど、あなたはふらふらになり自分を見失ってしまうだろう。恋に落ちると言うけれども、文字どおり「落ちる」のである――感情をコントロールできなくなり、恐怖と性的興奮が混じり合うのだ。

この知見を逆の立場から適用しよう。ターゲットをあまり居心地良くさせすぎないこと。恐れや不安を感じさせる必要がある。ときどき冷たく扱おう。予期していない瞬間に怒りをぶつけるのもいい。必要に応じて理不尽な態度をとろう。切り札は常にある――別れだ。あなたを永遠に失ってしまうのではないかと感じさせ、あなたを引きつける力を失うことを恐れさせよう。そうした恐怖をしばらく味わわせておいて、崖っぷちから引き戻すのだ。仲直りは情熱的なものとなるだろう。

紀元前三三年、マルクス・アントニウスはある噂を耳にした。数年来の恋人であるクレオパトラがライバルのオクタウィアヌスを誘惑しようと決意し、自分に毒を盛ることを計画しているというのだ。クレオパトラは、それまでに何人もの人間を毒殺していた。事実、彼女はその道の達人だった。妄想に取りつかれたアントニウスは、ある日ついに意を決して彼女と対面する。クレオパトラは無実を主張したりしなかった。「ええ、そのとおり、いつでもあなたを毒殺することはできる、どんなに警戒してもムダよ」というのだ。「あなたを守ることができるのは、あなたへのわたしの愛だけ」。それを証明するために、彼女は花を摘んで彼のワインに入れた。アントニウスはためらったものの、杯を口に持っていこうとする。そのとき、クレオパトラが彼の腕を掴み、押しとどめた。連れて来させた囚人にワインを毒味させると、囚人はその場に倒れ、瞬く間に事切れた。アントニウスはクレオパトラの足元にくずおれてしまい、「これまでにも増してあなたを愛しく思う」と告げた。アントニウスがそう言ったのは、臆病風に吹かれたからではない。彼以上に勇敢な男はいなかった。クレオパトラが彼に毒を盛ろうとするなら、彼女のもとを離れ、ローマに戻ってしまうこともできたのだ。つまり、彼をあえて危機に立ち向かわせ、それを乗り越えさせたのは、彼女に感情だけでなく生死までも支配されているという感覚だった。アントニウスは彼女の奴隷だった。支配力を見せつけるクレオパトラのデモンストレーションは、効果的であるだけでなくエロティックでもあった。

アントニウスと同じように、多くの人はマゾヒスティックな願望を、自覚することなく内に秘めている。痛みを与えてくれる相手がいることで、心の奥深くに抑圧された願望が表面化する。あなたは、隠されたマゾヒスティックな願望のタイプを見分ける術（すべ）を学ばなければならない。どのような種類の痛みを楽しんでいるかは、人それぞれだからだ。たとえば、自分の人生には何もいいことがないと感じている人たちがいる。成功とは無縁で、自分で自分をダメにしているタイプだ。まずは優しく接し、褒めてやろう。そうすると、彼らは居心地の悪さを感じる。あなたが思い描く理想像に、自分はそぐわないと考えているからだ。こうした自己破壊型には、ここで少し罰を与えると、もっとうまくいく。叱りつけ、自分の欠点に気づかせるのだ。彼らは、自分が非難を受けるにふさわしいと感じ、それと同時に安堵感を抱く。罪悪感を覚えさせることも簡単だ。彼らの楽しみの裏には罪の意識が潜んでいるからである。

あなた以外の人々には、現代生活における責任や義務が重荷のようにのしかかっており、すべて投げ出してしまいたいと望んでいる。こうした人々は崇拝する対象――主義、宗教、導師（グル）――を求めている。彼らにあなたを崇拝させよう。なかには殉教者を演じたいと望んでいる人々もいる。彼らは、何が正義で何が不正かを感じとり、苦情を申し立てることに喜びを見出している――それなら彼らに苦情を申し立てる理由を与えてやろう。外見は人を欺くものだ、ということを覚えておこう。もっとも強そうに見える人々――キッシンジャーやドン・マテオ――も、心の内では誰かに罰せられることを望んでいるのだ。とにかく喜びを与えたら、痛みで追い打ちをかけよう。そうすれば、相手があなたに依存する状態を創りだし、その状態を長く維持できるだろう。

イメージ

崖。断崖絶壁で、人は眩暈（めまい）を感じる。恐ろしさのあまり、目がくらんでしまうのだ。その瞬間、真っ逆さまに落ちていく自分を想像する。それと同時に、心のどこかに落ちていきたい誘惑に駆られる自分がいる。ターゲットをできるだけ絶壁に近づけよう。そして、そこから連れ戻そう。恐怖なくして感動は味わえない。

例外

多くの痛みや喪失感を経験している人々は、あなたがそれ以上のものを与えようとしても逃げてしまうだろう。もう十分すぎるほど経験しているからだ。このタイプを攻略するには喜びを与えたほうがはるかにいい。それだけで魔法にかけてしまえるだろう。痛みを与える手法が、もっとも効果を発揮するのは、さしたる苦労もなく生きている人や、権力を握りながらも少しだけ問題を抱えている人を相手にする場合である。快適な生活を送っている人は、まるで何かを持ち逃げしてきたかのような罪悪感に苦しめられてもいる。本人は自覚していないかもしれないが、罰を受けることを密かに求めている。自分を現実に引き戻してくれるような、精神的なむち打ちを適度に受けることを欲しているのだ。

また、喜びと痛みを交互に繰り出すこの戦術は、誘惑の早い段階で用いるものではない、ということを覚えておこう。歴史上の偉大な誘惑者たち――バイロン、江青（毛沢東夫人）、ピカソ――には、サディスティックな性向があり、精神的な拷問を加えることに長けていた。もし彼らの犠牲者が前もって自分がどんな窮地に立たされるのか知っていたら、彼らは安全な場所に逃げこんでいただろう。実際、多くの誘惑者たちは、自分が優しさと思いやりの手本であるかのように見せて、ターゲットをクモの巣に誘い込むのだ。バイロンでさえ、初対面は天使のように見えるため、女性たちは彼の悪魔のような評判を疑ってかかる傾向があった――悪評自体が誘惑的なのだ。なぜなら彼のことを本当に理解しているのは自分だけだと女性に思わせるからである。彼の残酷さは後になって露見するが、そのときにはもう手遅れだった。犠牲者の心はすっかり魅了されており、バイロンの厳しさは彼女の愛情をさらに燃え上がらせるばかりなのだ。

初めのうちは子羊の仮面をつけておこう。相手を楽しくさせて、あなたの蒔いたエサに興味を持たせるのである。まずは相手の心に入り込み、それから荒っぽいドライブに連れていこう。

多くの人に好かれれば好かれるほど、人は深く好かれないものである。

スタンダール『恋愛論』

楽しい遊びに紛れて、たまには拒絶するがいい。男を門の前で立たせ、閉じられた扉を嘆かせるがいい。男に懇願させ、心の晴れるまで脅させてやるがいい。甘いものは受けつけないから、苦い汁を飲んでさっぱりしよう。順風の中で沈没する小船がよくある。世の亭主につけ込むのがまさにそこだ。亭主の望みに、妻がやすやすと応じるからなのだ。戸を立てて締め出し、いかつい顔の守衛に容赦なく「お帰りください」と言わせたらいい。締め出しをくらえば、欲求不満となり、男のほうに恋しい気持ちが募るだろう。切れない剣は捨て、真剣で闘うがいい（いずれ、自分が授けた武器で狙われることになるのは百も承知だ）。捕まえたばかりの恋人が罠にはまっているうちに、あなたの寝室に入れるのは自分だけだと信じさせるがいい。恋敵がいることや、男がほかにもいることなどは、あとで教えてやればいいのだ。こういう手立てを避けて通ると、愛は衰えてしまうものだ。競走馬も、併走したり追いかけてくる馬がいるときには、止め柵を外すと勢いよく走り出す。消えかかった恋の炎も、何らかの怒りに遭ってまた燃え上がるではないか。私にしても、痛い目に遭わなければ愛する気が起きないことを白状しよう。とはいえ、相手を悲しませる原因はなるべくあからさまにしないことだ。相手が知っている以上のことがあるのかもしれないと、気を揉ませてやるがいい。使用人に相手のやること為すことを逐一チェックさせたり、ひどいやきもち焼きの亭主がいるという事実を明らかにすることが、恋の炎を煽るのだ。安全に手に入る快楽というものは、楽しみは少ない。あなたがタイス（訳注：アレクサンドロス大王の寵愛を受けたアテナイの名高い遊女）のように自由な身でありたいと思うなら、恐れているふうを装うがいい。戸口から何事もなく入れるような場合でも、窓から忍び込ませるといい。そして恐れているような表情を浮かべるのだ。機転のきく召使いにあたふたと駆け込ませて、「追手が来ます！」などと言わせ、震えている若者をどこでもいいから隠してやるのだ。しかしながら恐れおののく若者には、危険のない愛の交わりをも加えてやらねばならぬ。あなたと過ごす夜が、危険を冒すほどのものではないと思わせないために。

オウィディウス『恋愛指南』

「もちろんだ」と私は叫んだ。「何度も申し上げたとおり、私にとっては、苦痛の中にこそ妙な魅力があって、暴虐や残酷さほど私の情熱の炎を煽り立ててくれるものはない。それもとりわけ美しい女の薄情さに勝るものはないのだ」。

レーオポルト・フォン・ザッハー＝マゾッホ『毛皮を着たヴィーナス』

「彼らが私を恐れているかぎり、憎まれるに任せればよい」。それはまるで恐れと憎しみだけがつながっていて、恐れと愛とはお互いに何の関係もないようだ。また、愛を魅力的なものにするのは恐れではない、とでも言っているようだ。いったいどのような愛があれば、自然を抱くことができるのか？　その愛の中には隠された不安や恐怖がある。なぜなら、自然の美しい調和は無法則性と荒々しい混乱の中から、そして自然の信頼性は不誠実の中から立ち現われてくるのだから。まさしくこの不安こそが、人をもっとも強く捉えるのだ。愛に関しても、それがもし魅力的なものであるならば、事情は同じである。愛の背後には、深い、不安に満ちた夜が控えていなくてはならない。そこからこそ愛の花が咲き乱れるのだ。

セーレン・キルケゴール『誘惑者の日記』

美しく冷酷な貴婦人ヴィーナスはくしゃみをして、肩に羽織った黒テンの毛皮をしっかりとかき合わせた。

「古典学の講演を、ありがとう」そう私は答えた。そして、「でもこれだけは否定しようがない。男と女とは、あなたがたの明るい太陽光が燦々と降り注ぐ平和な世界でも、この霧深い北方の地でも、生まれつき宿敵同士なのです。愛は、ほんのわずかな一時だけ、一つの考え、一つの感情、一つの意思へと両者を結びつけてくれますが、それもすぐに離ればなれになってしまう。そして

──あなたのほうがよくご存知でしょうが──それからは征服する術を知らないほうが、たちまち相手の足に踏みつけられることになる……」と。

「もちろん、男のほうが女の足にね」。ヴィーナス夫人が勝ち誇ったように言う。「その辺のことは、あなたのほうが私よりご存知でしょうけど」

「その通りです。ですから私はいかなる幻想も抱いてはおりません」

「ということは、あなたはいま私の奴隷で、私が情け容赦なくあなたを踏みつけてもいいわけね」

「マダム！」

「私という女がまだおわかりにならないのね？　私が残酷なことは認めるわ。あなたはこの残酷という言葉だけでもう悦んでいる。私には残酷になる資格があるとは思わなくて？　男は欲望を抱くもの、女は欲望を抱かれるもの、女の取り柄はそれしかないけれど、でもこれは決定的なのよ。男は欲情に縛られる、そこを狙って自然は女に男を与えたのよ。男を跪かせ、奴隷にし、玩具にさえして、最後には男を裏切ってせせら笑ってやる。そんな才覚もない女はバカだわね」

「しかしマダム、あなたのその信条は……」私は異を唱えた。

「そう、何千年もの経験に裏打ちされた信条よ」。ヴィーナス夫人は黒い毛皮にその真っ白な指を滑らせながら、小馬鹿にしたように言った。「女が尽くせば尽くすほど、男は冷めて支配的になるものよ。でも女が残酷で不実になり、男を虐待したり、無神経にもてあそんだり、無慈悲な顔を見せると、男の欲情をかき立てられ、女を愛し、崇拝するようになるのだわ。ヘレナとデリラの昔からエカテリーナ二世とローラ・モンテスに至るまで、いつの時代もそうだったのよ」

レーオポルト・フォン・ザッハー＝マゾッホ
『毛皮を着たヴィーナス』

本質的に、エロティシズムは暴力の領域であり、違法行為の領域である。（中略）

エロティシズムそのものは、人間の深く心に秘めた核心を突き、一瞬、心臓が止まる状態になることをいうのである。（中略）エロティシズムそのものは、日常生活における参加者の自己充足的な特性を破壊することにある。（中略）

まず、愛は無上の喜びをもたらす一方で、不安と錯乱とを引き起こすものであることを忘れてはいけない。あり余る情熱そのものが激しい不安を引き起こし、それゆえに幸福といっても、それは楽しむことができる類のものではなく、幸福の反対、すなわち苦悩に似たものになってしまうのである。（中略）苦悩だけが愛する相手の十全な存在意義を明らかにする。したがって、それだけ苦しむ可能性も増すのである。

ジョルジュ・バタイユ『エロティシズム』

「いつも鎮めることを余儀なくさせられるかすかな疑い、それが情熱的な恋愛を飢えた状態に留めおくのです……この上なく激しい不安が常につきまとうのですから、その楽しみは決して水を差されることはありません」

（中略）

かつてフランス随一の歴史家だったサン・シモンはこう言っている。

「ベリ公爵夫人は、一時の出来心でさんざん恋愛をしたあげく、ビロン夫人の姉妹の子で、エイディ家の末子リオンに夢中になった。彼は顔もぱっとせず、頭も空っぽだった。太ってて背も低く、下ぶくれの青白い顔には、たくさん吹出物があって、まさに見本のようなあばた面だった。取り柄は美しい歯だけ、そんな自分がまさかこんな情熱を、どんないちゃつきも浮気も意に介さず、抑えもきかず、それでいて長続きする情熱を喚起しようとは夢にも思っていなかった。（中略）

彼は相手を興奮させておきながら、相手の情熱には応えようとせず、彼女を嫉妬させると同時に、自分も嫉妬しているようなふりをし、彼女を泣かせることもたびたびだった。いつの間にか、彼が許さなければ、彼女は何一つ、つまらないことさえもできないようになってしまった。オペラへ行こうとしたのに許さなかったり、行きたくないところへ無理やり行かせたりした。彼女は自分で衣装を選ぶこともできなかった。すっかり用意が整っているのにおもしろがって、時間ぎりぎりまで衣装を替えさせた。これがあまりに度重なり、ときには人前もはばからずにやるので、ついに彼女は、前夜に翌日の服装と予定を聞いておく習慣を身につけた。しかし翌日になると、またそれをすっかり替えさせるのだった。夫人はただ泣くしかなく、ついには、気の利いた召使いを彼のもと（彼のリュクサンブールでの滞在先）へ遣るようになった。化粧しているあいだ、どんなリボンをつけ、どんな衣装をまとい、どんな飾りをつければいいのかと、何度も召使いを往復させて尋ねるのだが、たいてい彼は、夫人の嫌がるものを身につけさせた。どんなに些細なことでも彼の許可なしにすると、彼はまるで召使いのように夫人を扱うので、彼女は数日間も泣き続けるのだった。

（中略）

彼が人前でこのような乱暴な返答をするので、周りの人々はうつむき、夫人も顔を赤くした。それでも、彼に対する情熱が減じるようなことはなかった」

要するに、リオンは、公爵夫人にとって退屈凌ぎの妙薬だったわけである。

スタンダール『恋愛論』

第4段階　近づいて、とどめを刺す

まず、あなたは相手の心に働きかける――すなわち精神的な誘惑だ。続いて相手を混乱させ、心をかき乱す――感情的な誘惑である。ついに接近戦のときがやって来る――肉体的な誘惑だ。この段階までにターゲットは弱り、その欲望は熟しきっている。ここであなたは少し冷たく無関心な態度を取ることで、相手の心にパニックを引き起こす――もどかしさとエロティックな活力に溢れた相手は、あなたを追ってくるだろう（21「熟して落ちるのを待て――追う者から追われる者へ」）。相手を〝沸騰〟に導くには、思考を眠らせて感覚を燃え上がらせる必要がある。何らかの含みのある合図を送り、相手を欲望のなかに誘い込むのが、もっとも効果的である。毒薬のように相手の体内にしみ込んで、性的な欲望を広げていくだろう（22「肉体的な魅力で誘い込め」）。ターゲットが欲望でいっぱいになったときこそ、攻撃に出て、とどめを刺す瞬間だ。しかし、クライマックスを迎えることを、あらかじめ意識してはいけない（23「〝大胆な一手〟を習得せよ」）。

いったん誘惑が終わると、自然に魔法がとけて、それまでの努力が台無しになるような危機がやって来る（24「余波に注意せよ」）。二人の関係をさらに進めていくなら、絶えずターゲットを〝再誘惑〟しなければならない。緊張感を創りだし、それを解放してやるのだ。相手を切り捨てるなら、後腐れなく速やかに（肉体的にも精神的にも）自由の身となり、次のターゲットに乗り換えたほうがいい。また一からゲームを始めるのだ。

21

熟して落ちるのを待て
――追う者から追われる者へ

もしターゲットが、あなたの攻撃に慣れてしまうと、二人の関係にあまりエネルギーを注がなくなり、緊張感も緩んでくるだろう。あなたは相手の目を覚まさなければならない。立場を逆転させよう。相手が魔法にかかったら、一歩引くことだ。すると相手のほうが、あなたを追いかけはじめるだろう。まずは、よそよそしい雰囲気を漂わせたり、会う約束を突然キャンセルしたり、そろそろ飽きはじめていることをほのめかしたりしよう。そして、ほかの誰かに興味があるふりをして、相手の心をかき乱そう。こうしたことを露骨にやる必要はない。ほんの少しだけ感じさせれば、あとは相手の想像力が仕上げてくれる。やがて相手は、あなたの肉体を手に入れたくなり、自制心をかなぐり捨ててしまうだろう。誘惑者のほうが誘惑されているという幻想を創りだすのである。

誘惑の引力

一八四〇年代初め、フランス芸術界の注目を一身に浴びていたのは、アポロニー・サバティエという若い女性だった。彼女には自然な美しさがあり、その美しさは彫刻家や画家がこぞって自分の作品に彼女を永遠に閉じ込めようとするほどだった。そのうえチャーミングで話しやすく、自己充足的なところも魅力だった──男性たちはみな彼女に引きつけられた。パリのアパートメントは作家や芸術家の溜まり場となり、サバティエ夫人──未婚にもかかわらず、そう呼ばれるようになっていた──は、フランスでもっとも有力な文学サロンの女主人となった。ギュスターヴ・フローベールやアレクサンドル・デュマ・ペール（大デュマ）、テオフィル・ゴーティエといった作家たちが常客のなかにいた。

一八五二年の終わり頃、三〇歳となったサバティエ夫人は匿名の手紙を受け取る。手紙の差出人は彼女のことを深く愛していると告白していた。自分の想いがばかげたものだと彼女に気づかれてしまうことに怖じ気づいたのか、手紙の中でも名前を明かしてはいなかった。それでも自分の深い想いを伝えずにはいられなかったのだ。サバティエ夫人は好意を寄せられることには慣れていた──男性たちは、次から次へと彼女に恋していた。しかし、この手紙は違った。この男性の中に、何か宗教的なものに似た心酔を感じた。筆跡を偽装したような手紙には、彼女に捧げる詩が綴られていた。『あまりにも陽気すぎる人へ』というタイトルが付されている。彼女の美しさへの賛美に始まり、こう締めくくられていた。

そこである夜、夕闇が悦びの刻（とき）を知らせる頃、
私は、臆病者の泥棒のように、
ふくよかで、なめらかな宝物、
あなたのからだに、こっそり近づきたい……

そして、目くるめく歓喜のとき！
生意気にも私の胸を高鳴らせ、
日増しに私好みになっていく、
あなたの唇のなかに――
悪意という毒を吹き込もう。

彼女への恋慕の中に、奇妙な欲望が混ざっているのは明らかだった。そこはかとなく残酷さが滲みでている。彼女にとって、この詩は好奇心をそそるものであり、また心をかき乱すものでもあった。でも、差出人にはまったく心当たりがないのだ。

数週間後、また別の手紙が届いた。前回と同じように差出人は、サバティエ夫人を狂信的に崇拝していた。肉体も精神も、両方を賛美している。またしても詩が添えられていた。『すべてはあなたのなかに』というタイトルだ。

単一の美は至高のものではない
彼女はすべての美であり、神より授かりし一輪の花なのだから……
おお、なんと神秘的な変容(メタモルフォーゼ)なのか！
私の感覚が流れ込んで、一つの感覚になり――
彼女が話すと、その声は香りとなり、
その吐息は、ほのかで低い音楽となる！

差出人は明らかにサバティエ夫人の幻影に取り憑かれていた。彼女のことが頭から常に離れないのだ。しかしいまや、取り憑かれているのは彼女のほうだった。いったいどんな男性なのだろうと、彼のことを日夜考えるようになっていた。その後も届きつづける手紙は魔法の呪文のようだった。彼が美しさ以上のものに魅了されているということが何よりうれしかった。また逆に、彼女の肉体に全く魅力を感じていない、というわけではないのもうれしかった。

ある日、サバティエ夫人に一つの考えが浮かんだ。差出人はあの人かもしれない——ここ何年かサロンに出入りしている、シャルル・ボードレールという若い詩人だ。彼は内気そうに見えた。実際、彼女に話しかけることはめったになかった。しかし、夫人は彼の詩を読んだことがあった。手紙の詩のほうが洗練されているものの、作風が似ているのだ。彼女のアパートメントで、ボードレールはいつも礼儀正しく、部屋の隅のほうに座っていた。しかし、いま振りかえってみると、ボードレールはぎこちなく神経質そうな微笑みを彼女に投げかけてきていたように思えた。それは恋に落ちた若者の表情だった。次にボードレールが訪ねてきたとき、夫人は注意深く彼を観察した。見れば見るほど彼が差出人だという確信が強まった。それでも自分の直感を確かめようとはしなかった。面と向かって彼に告げるようなことはしたくなかったのだ——内気とはいっても相手は男、いずれどこかで、彼のほうから告白しにくるべきだろう。彼女はボードレールがそうするものと確信していた。それから、手紙がぱたりと途絶えてしまう——なぜそうなったのか、サバティエ夫人には理解できなかった。というのも、一番新しい手紙には、それまでに届いたどの手紙よりも熱い想いが綴られていたからだ。

数年が過ぎた。彼女は、よくこの匿名の求愛者からの手紙について思い返していた。しかし、それから二度と手紙が届くことはなかった。ところが一八五七年、ボードレールが『悪の華』という詩集を出版する。サバティエ夫人は、その中に収められたいくつかの詩を自分がすでに知っていることに気づいた——それらは彼女のために書かれたものだった。それがいま衆目のもとにさらされている。しばらくして、詩人から贈り物が届いた。特装版の書籍に手紙がつけてある。今度は彼の名が記されていた。「そう、あの匿名の手紙の差出人は私だったのです。どうかかつての怪しげな振る舞いをお許しいただけませんか?」と彼は書いた。それればかりか、彼女への思いはより強くなっているというのだ。「私があなたのことを忘れたなんてお考えにならなかったでしょう?……私にとってあなたは夢にまで現われる大切な偶像なのです。あなたを崇拝しているのです……永遠に愛しいひと、私だけの特別なひと！　さようなら、愛しのマダム。心の底から愛を込めて、あなたの両手にキスを贈ります」

この手紙は、それまでの手紙以上にサバティエ夫人の心に強い衝撃を与えた。子供のような素直さからだろう。彼女への正直な想いを直接的な表現で書き綴っていた。彼女を愛していると書いているが、ほかの男たちと違って何も求めてはこない。彼女の知っている男たちは、みな何か見返りを求めているのが途中でわかってしまうのだ。手紙のことはともかくとして、夫人は無性に彼に会いたくなった。そして翌日、彼一人だけをアパートメントに招いた。ボードレールは約束の時間に現われた。緊張した様子でイスに座り、大きな目でじっと彼女を見つめている。ほとんど話さず、たまに発する言葉もどこか他人行儀でよそよそしかった。少し距離を置いているような印象だ。彼が帰ると、サバティエ夫人は、ある種のパニックに襲われる。その翌日、彼にはじめて手紙を書いた。「今日はいくぶん落ち着き、火曜の夜に二人で過ごしたときのことをはっきり感じることができます。大げさだとお思いになるかもしれませんが、その危険をかえりみずに申し上げます。わたしは地球上でいちばん幸せな女です。これまでに感じたことがないほど、本当にあなたのことを愛しているからです。あなたほど美しく、魅力的な方とは、これまで出会ったことがありません。なんて素敵な方！」

サバティエ夫人がこのような手紙を書いたのは初めてだった。彼女は常に追われる側だったからだ。それがいまや、ふだんの冷静さをすっかり失っていた。事態は悪くなる一方だった――ボードレールがすぐに返事をしてこないのだ。次に二人が会ったとき、彼は以前にも増して冷淡だった。夫人は、ほかに誰かいるのではと感じていた。きっとボードレールのかつての愛人、ジャンヌ・デュヴァルが再び彼の前に現われて、無理やり彼を自分から引き離したのだろうと——。ある夜、夫人は積極的な行動に出た。自分から彼を抱きしめてキスをしようとしたのだ。しかし彼は応じずに、言い訳をしてそそくさと帰ってしまった。なぜ、急によそよそしくなってしまったのだろう？　夫人は手紙を何通も書き、彼に会いにきてほしいと懇願しはじめた。彼が姿を見せるのを一晩じゅう待っていて、一睡もできなかった。これほどの絶望を経験したことはなかった。何とかして彼を誘惑しなければならない。彼を手に入れて、そのすべてを自分のものにするのだ。サバティエ夫人はあらゆる手を尽くした——手紙を書くだけでなく、思わせぶり（コケットリー）に誘ったり、ありとあらゆる約束事も提案した。しかし、ようやくもらったボードレールの返事には、「私はもうあなたを愛していません。そういうことです」とだけ綴られていた。

〔解説〕ボードレールは知的な誘惑者だった。サバティエ夫人を言葉で圧倒し、思考を支配し、恋に落とそうと望んだ。肉体的な魅力では、ほかの求愛者たちと張り合うことはできないとわかっていた——彼は内気で臆病で、特別ハンサムでもなかった。だから自分の強みに頼ったのだ。詩である。匿名の手紙で彼女を悩ませることには、倒錯したスリルがあった。やがては自分が差出人だ——誰も彼のようには書けないのだから——と彼女にもわかるだろうとは考えていたが、彼女に独力で謎解きしてほしかった。手紙を出さなくなったのは、別の女性に興味を抱くようになったからだった。しかし、夫人が彼のことを思い、戸惑い、おそらく待つようになるだろうと彼にはわかっていた。そして自分の本を出版したとき、再び手紙を書くことにした。かつて注入した毒を今度は直接かき回すのだ。二人きりになると、彼が何か行動を起こすことを夫人が待っていること、彼に抱擁してもらいたがっていることが見て取れた。しかし、彼はそういうタイプの誘惑者ではなかった。それどころか、自分を抑えていることに喜びすら感じていた。女性にそこまで欲しがらせることができる自分の影響力を楽しんでいたのだ。夫人が性的な欲求を露わにして積極的になったところで、彼にしてみれば誘惑は終わりだった。彼女を恋に落とす、それだけで十分だったのだ。

ボードレールの〝押して引く戦術（プッシュ・アンド・プル）〟がサバティエ夫人に与えた壊滅的な効果は、誘惑における重要な教訓をわれわれに与えてくれる。まず、ターゲットと一定の距離を保つことが一番大切である。必ずしも匿名のままでいる必要はないが、あまりにも頻繁に相手の前に姿を現わしたり、でしゃばりすぎたりしないこと。あなたが〝攻撃者〟として、いつも目の前にいると、相手は受身でいることに慣れてしまうだろう。そうすると誘惑に必要な緊張感が薄れてしまう。手紙を使って相手に自分のことを四六時中考えさせよう。想像力にエサを与えるのだ。謎めいた雰囲気に磨きをかけよう——相手があなたの正体を突きとめようとするのを食い止めること。ボードレールの手紙は楽しげで、あいまいなところがあった。肉体的なものと精神的なものが入り混じっていた。いかようにも解釈できる多義性がサバティエ夫人を悩ませたのである。

相手の欲望と興味が熟し、あなたが行動に出ることを期待している——あの日、サバティエ夫人が自分のアパートメントで期待したように——と思われたところで、一歩後退しよう。相手の予想に反して、距離を置くようにするのだ。親しくはありながらも、それ以上の進展はないというように——そう、性的な関係には進まないということだ。一日か二日、相手の気分を沈ませておこう。あなたが後退することによって相手は不安になるだろう。この不安を鎮めるには、あなたを追い自分のものにするしか道はない。一歩後退することで、熟れた果実のように相手があなたの腕の中に落ちてくる。地球の引力のようなもので、あなたのほうに引き寄せられていることに気づいてもいないのだ。あなたを追って懸命になればなるほど、エロティックな効果が深みを増していく。自分の誘惑力をあなたに向けて使うようにターゲットを刺激すること。相手が反応すれば立場は逆転し、今度は相手が死にもの狂いの勢いであなたを追いかけるようになるだろう。

私は後退する。そうすることで、私を追いかけることが勝利につながると彼女に教える。私は後退しつづけ、その後方に向けた動きの中で彼女に教える。エロティックな愛のパワーのすべてを、私を通して知ることができるのだと。その胸をかきむしるような想いを、その情熱を、その切望するものを、そして希望を、さらには抑えきれない期待を――。

――セーレン・キルケゴール

誘惑の秘訣

人は生まれつき頭が固く自分勝手な生き物であり、他人の動機に疑いをもつ傾向がある。そのため、どのような誘惑のプロセスでも、ターゲットが何らかの方法であなたに抗おうとするのは自然なことだ。したがって、誘惑が簡単に運ぶことはほとんどない。誘惑には後退がつきものなのだ。しかし、ターゲットが疑いを払拭し、あなたの魔法にかかりはじめたら、タガが外れるところまで行き着くだろう。あなたに導かれているると気づいていながらも、それを楽しんでいるのだ。物事が複雑になったり、難しくなることを好む人はいない。ターゲットはすぐに〝最後まで行く〟ことを期待するだろう。とはいえ、ここがポイントなのだ。あなたはここで踏みとどまることができるように自分を鍛えなければならない。どん欲に待ち望んでいる快楽の絶頂を相手に与えることは、自然な性向に負けて、あっさりと誘惑を終わらせてしまうことである。これでは、緊張感を徐々に高め、二人の関係をより熱いものにする機会を逸してしまう。あなたが求めているのは簡単におもちゃにできるような受身のターゲットではない。自らの意志で全身全霊を傾けて、あなたの誘惑に挑んでくるような相手である。誘惑のプロセスに、相手を積極的に参加させたいのだ。あなたのクモの巣にかかって為す術もなくなるように追いかけてほしいのだ。こうしたことを成功させる唯一の方法は、いったん後退して相手を不安にさせることなのである。

あなたは戦術上、いったん後退したが（「12 〝詩的な存在〟になれ」参照）、今回はそれとは違う。ターゲットは、もうあなたを好きになっており、あなたが後退したことで頭の中がパニックになるだろう――あなたは興味を失っている、自分のせいにちがいない、何か失敗してしまったのだろうか――と。あなたが自分の意志で拒絶していると考えるよりも、自分のせいと解釈したがる。そのため、自分がしたことが原因なら、行ないを改めさえすればいい。自分にはあなたを取り戻すパワーがある、とターゲットは考える。反対に、ただ単にあなたが拒絶しているのなら、相手には為す術がない。人はいつでも希望を失いたくないものだ。今度は相手のほうがあなたに言い寄ってくる。積極的になり、策略を巡らしてくるようになる。エロティックな感情も高ぶってくるだろう。人の意志はリビドー、つまり性的欲求と繋がっているということを理解しよう。ターゲットが受身であなたを待っているときは、エロティックな欲望は低いレベルにある。それが一転して追う立場となり、追いかけるプロセスで緊張と不安に苛まれると、そのレベルはぐっと上昇する。このようにして、相手の欲望のレベルをできるだけ引き上げていこう。

後退するときは、巧妙に実行しよう。不安を徐々にしみ込ませていくのだ。ターゲットが一人きりになってから、あなたの冷たさやよそよそしさに気づきはじめるのが望ましい。彼らの誇大妄想が自己生成されていくだろう。巧みに後退することで、相手はあなたを自分のものにしたいと切望し、自分の意志で、あなたの腕の中に飛び込んでくる。うながされてそうするわけではないのだ。これは「20　喜びに痛みを調合して与えよ」で扱った戦略とは異なる。そこで解説したのは、相手に深い傷を負わせて、痛みと喜びを交互に繰り出すパターンを創りだすことだった。ターゲットを弱らせ依存させることが、その目的である。しかし、ここで目的としているのは、ターゲットを能動的かつ積極的にさせることなのだ。どちらの戦略を選択するかは（両方同時に使うことはできない）、あなたが求めているものやターゲットの性癖による。

セーレン・キルケゴールの『誘惑者の日記』のなかで、ヨハンネスは若く美しいコーデリアに誘惑の狙いを定める。どちらかと言えば知的に接することからはじめ、ゆっくりと好奇心を刺激していった。それから、ロマンティックで誘惑的な手紙を何通も送る。彼の手紙に魅了された彼女は、恋という花を咲かせた。ヨハンネス自身はまだ少し距離を置いていたが、コーデリアは彼の中の深い想いを感じとり、自分のことを愛していると確信していた。ある日、二人で話しているときに、コーデリアは違和感を覚えた。彼の様子がどこか違うのだ。彼女でなく何か別のことに興味があるように見える。それから数日のあいだに、この疑念はどんどん膨らんでいった――手紙も少しロマンティックさに欠け、物足りなく感じた。不安になった彼女は、しだいに積極的になり、追われる者から追う者へと変わった。いまや誘惑が、より刺激的なものになった。少なくともヨハンネスにとっては――。

ヨハンネスの後退は巧みだった。興味の向け方が前日より少しロマンティックさに欠けたものになっているという印象を、コーデリアに与えただけなのだ。知的な接し方に戻しただけだった。これにより、自然な魅力や美しさだけでは、彼に与える効果が足りないのではないか、という余計な心配を彼女に呼び起こしたのである。もっと頑張らなければいけない。性的な挑発をして、彼を引きつける魅力が自分にあることを示そう。彼女は性的な欲求を募らせていった。ヨハンネスが巧みに愛を後退させたことによって、そうした状況がもたらされたのである。

男女それぞれが相手を誘惑するための魅力を持っている。人は自然とそれに引き寄せられるものなのだ。こちらが興味を示しているのに相手が異性としての反応をしてくれなければ、あなたは困惑し、課題を与えられたと感じるだろう――相手にあなたを誘惑する方法を見つけ出してもらうことだ。この課題を解決するには、まず、ターゲットに興味を抱いていると示すこと。手紙を書いたり、巧みにほのめかしたりする。ただし、相手を目の前にしているときには、中性的であいまいな態度をとること。友達のように親しいが、それ以上ではない。こうしてあなたは、相手が自らの性に自然に備わった魅力で武装するように駆り立てる――まさにあなたの望むところだ。

誘惑の最終段階に入ったら、あなたが誰か別の人に心変わりしているとターゲットに感じさせよう――これはまた違ったかたちの後退である。ナポレオン・ボナパルトは一七九五年に若き未亡人ジョゼフィーヌ・ド・ボアルネと出会い、そのエキゾチックな美貌とその眼差しに魅了される。彼は週一回、開かれる彼女の夜会に通いはじめた。ジョゼフィーヌはほかの男たちには見向きもせずに、そばでじっと彼の話に耳を傾けている。彼にはそれがうれしかった。彼はジョゼフィーヌに恋しており、彼女も同じ気持ちでいることは疑いようがなかった。

ある日の夜会で、彼女はいつものように親しげに細やかな気配りをしていた。ただ一つ違ったのは、そこにいた別の男性にも親しげにしていたことだった。ジョゼフィーヌと同じく貴族の出で、礼儀作法やウィットにおいて、ナポレオンにはとうてい太刀打ちできないような男性だ。疑惑と嫉妬が彼の心をかき乱しはじめた。軍人として、攻撃の重要性は熟知していた。それから数週間、彼女を独り占めするべく猛アタックをかけ、ついに結婚にまでこぎ着ける。もちろん賢い誘惑者であるジョゼフィーヌがすべてを仕組んでいたのだ。ほかの男性に興味があるとは口にしなかったものの、彼女の家にいるときのその男性の様子、彼女の視線の動きやさりげない仕草などがそう思わせたのである。あなたが欲望を失いかけているとほのめかすことほど、強力なものはない。とはいえ、ほかの人に興味がある素振りをあからさまに見せると、期待に反した結果になることもある。いまは自分を残酷に見せようとすべき状況ではない。あなたが追求すべきものは、疑念と不安がもたらす効果なのだ。誰か別の人に興味があるかのように見せるのは、肉眼ではほとんど視認できないくらいにしよう。

いったん誰かがあなたに恋したら、しばらく会えないことが相手を不安にさせるだろう。文字どおり〝スペース〟を創るのだ。ロシア人の誘惑者ルー・アンドレアス・ザロメには強烈な存在感があった。男性は彼女のそばにいると、その目で射抜かれているように感じる。そして、そのコケティッシュな仕草や精神に魅了されてしまう。しかしそこで、必ずといっていいほど何か問題が生じる――彼女はしばらく街を離れなければならなくなるか、忙しくてなかなか会うことができなくなるのだ。彼女に会えないあいだに、男性たちはどうしようもないほどに彼女に恋い焦がれ、この次、会うときはもっと積極的になろうと心に誓う。誘惑のこの段階で、あなたが姿をくらませることは、少なくとも多少は理にかなったものに見せる必要がある。あからさまに拒絶しているように見せずに、かすかな疑念を少しずつ抱かせるのだ――あなたには留まる理由がなかったのかもしれない、自分に興味を失いかけているのかもしれない、あるいはほかに誰かいるのかもしれない――と。会えないうちに、あなたへの想いはどんどん募っていく。あなたの欠点など忘れ、あなたの罪も許してくれるだろう。そして戻ってきたときには、あなたが望んでいたとおり、彼らはあなたを追いかけるだろう。まるで死の淵から生還したかのように――。

精神分析医のテオドール・ライクによると、拒絶によってのみ人は愛することを学ぶのだという。われわれは、幼児期に母親からたっぷりと愛情を注がれる――ほかのことは何も知らない。しかし少し成長すると、母の愛は無条件のものではないと感じはじめる。行儀良くしなかったり、機嫌を損ねたりしてしまえば、母親に手を引かれてしまうこともありうるのだ。母親から愛情をもらえなくなるかもしれないという考えが、われわれの心を不安でいっぱいにしてしまう。それはまず怒りとなって表れる。癇癪を起こすのだ。しかし、それが効を奏することは決してない。そして、ふたたび拒絶されないためには母親を真似るしかないのだと、われわれはゆっくりと学んでいく。母親のように優しく愛情深く――。こうして、もっとも深い結びつきが、母親とのあいだに築かれるのである。その後の人生でも、このパターンはしっかりと根づいている。拒絶や冷たさを経験することで、われわれは機嫌を取ることや追いかけることを学ぶ。すなわち愛することを学ぶのだ。

この基本パターンを、あなたの誘惑で再現しよう。まず、ターゲットにたっぷりと愛情を注ごう。あなたの真意がどこにあるのかは知るよしもないが、彼らは喜びを感じ、あなたの愛情を決して失いたくないと思うだろう。そして、あなたの〝戦略的後退〟によって、これが失われると、彼らは不安や怒りを覚える。おそらく癇癪を起こすか、同様の子供じみた反応を示すだろう。あなたを取り戻し、確実に自分のものにする唯一の方法が、基本パターンとしてすでに示されている。すなわち、あなたを真似て、優しく愛を与える存在になることである。拒絶されることへの恐怖が、立場を逆転させたのだ。

このパターン自体は、恋愛や人間関係で自然と繰り返されているものである。一方が冷めれば、もう一方が追いかける。そのまた反対……というように続いていく。誘惑者は、これを自然に任せていてはいけない。自ら創りだそう。母親が子供に背を向けることで、愛情を取り戻す術を教えたように、あなたも誘惑者になることを相手に教えていると言える。自分のためにも、互いの役割を入れ替えることの楽しさを学んでいこう。追われているふりをするのではなく、追われることを楽しもう。そして相手に屈服しよう。ターゲットに追われる喜びは、狩りのスリルをも凌ぐものになるだろう。

イメージ

ザクロ。手間ひまかけて栽培したザクロが熟れはじめている。収穫するのが早すぎたり、無理やり摘み取ったりしてはいけない――その実はまだ硬く苦いのだ。ずっしりと重く果汁たっぷりになるまで育つのを、一歩退いて見守ろう。自然と実はあなたのもとに落ちてくる。一番おいしいのは、そのときなのだ。

例外

相手とのあいだに距離を置いて〝スペース〟を創る、すなわち姿をくらますチャンスは何度か訪れるだろう。誘惑の成否を分けるような時期に会わなくすることは、あなたへの興味を失わせることになりかねない。それは、あまりにも多くのチャンスを逃すことでもあるのだ――あなたがいないあいだに、ターゲットは誰か別の人を見つけてしまうかもしれない。あなたへの想いから気を逸らすためにだ。クレオパトラはいともたやすくマルクス・アントニウスを誘惑したが、出会ってすぐに彼はローマに戻った。クレオパトラはミステリアスで魅惑的だった。とはいえ、もしあまりにも時間を置きすぎていれば、アントニウスはその魅力を忘れてしまっただろう。そのため、彼が進軍してきたときに、いつもの手練手管（コケットリー）を全開にして、彼の後を追った。クレオパトラにはわかっていたのだ。彼女の姿を一目見さえすれば、アントニウスは魔法にかかり、彼女を追いかけるだろうと。

姿をくらますのは、ターゲットの愛情があなたに向いていると確信しているときに限る。そしてあまり長期間にならないこと。誘惑の最終段階で実行するのがもっとも効果的だ。また、あまり距離を置きすぎないこと――めったに手紙を出さない、冷たくしすぎる、誰か別の人に興味がある素振りを過剰に見せる、といったことをしてはいけない。これは20章で詳述した、「喜びに痛みを調合して与える」戦略であり、ターゲットをあなたに依存しきった犠牲者にするか、完全に参らせてしまうことになる。

なかには、いつまでも頑なに受身のままの人もいる――あなたがもっと大胆な行動に出ることを待っており、そうしてこないのは、あなたが弱いからだと考えるのだ。そのような相手から得られる喜びは、より積極的な相手から得られる喜びに比べて物足りなく感じられることだろう。しかし、そのようなタイプと関係を持ったなら、やれることをやったうえで、関係を終わらせ、次に移ることである。

省略、否定、偏向、欺瞞、逸脱、卑下――それらのすべてが、第二のステージである本当の誘惑術を引き出す。通俗的な誘惑がしつこさによるのに対して、本当の誘惑は不在による。（中略）それはフェンシングに似ている。つまり、フェイントをかけるための空間が必要なのだ。その段階では、誘惑者（ヨハンネス）は相手に近づこうとはせず、さまざまな策を用いて、この距離を維持しようと努める。相手と直接話さず、会話の相手は彼女の伯母だけ、その話題は取るに足りないバカげたことにし、皮肉と見せかけの知性ですべてを中和する。女性的、もしくはエロティックないかなる身ぶりにも反応せず、愛の魔力を無効にする、喜劇的な求婚者であることを彼女に思い知らせる。そしてついには、彼女自身が婚約破棄のイニシアティヴを取るようにさせるのだ。それによって誘惑の作業は完成し、相手を無理なく棄てるという理想の状況が作られる。

ジャン・ボードリヤール『誘惑の戦略』

噂は至るところに広まり、晩餐の席についていた王妃（グィネビア）の耳にも入った。ランスロットの死という忌まわしい話を聞かされた彼女は、自殺しそうな面持ちとなった。それが真実だと信じた王妃の狼狽は激しく、口もきけないほどだった。（中略）すぐに席を立ち、誰にも悟られないように一人悲しみをぶちまけた。それから自らの首を何度も締めては、命を絶とうとした。しかしやがて正気に戻ると、かつての行ないを悔い、神に許しを請うた。いつも自分に仕え、自分のために生きてきた者への罪深い仕打ちに対し、彼女は自分を責めた。（中略）非情な振る舞いの一つ一つが思い出される。「なんてひどいことをしたのでしょう！　私は何を考えていたのか。恋人が目の前に来てくれたのに、ろくに歓迎もせずに話も聞かなかったなんて！　話をすることを拒み、見もしなかったわ。愚か者ね。どうか助けてください、神様。私は残酷でずるい女でした！……あの人を死に追いやったのは、紛れもなくこの私です。彼が私の喜ぶ姿を期待してやって来たとき、私は彼を遠ざけ、見向きもしなかった。このせいで彼は命を落とすことになったの？　私が口をきかなかったせいで、彼の心と命を断ってしまった。そのせいで彼は死んでしまったんだわ。殺し屋の手を借りずに。

ああ、神様！　こんな罪を犯した私は許されるのでしょうか？　決して許されないわ！　それより先にあらゆる川と海が干上がることでしょう！　ああ、恐ろしい！　死ぬ前にもう一度彼をこの腕に抱きしめることができたら、どれほどの安らぎと癒しがもたらされたことでしょう。どうやって？　そう、裸で隣に横たわり、十分彼を楽しませてあげるのに……」

（中略）ブラデメイガス王の城から三〇キロほどのところまで彼らがやって来たところで、ランスロットについての知らせが、王の耳に届いた。この知らせに王は喜んだ。ランスロットは生きており、元気な姿で戻ってきたという。彼は王妃にこのことをきっちりと知らせた。「よかったですわ」、彼女は答えた。「あなたがおっしゃるのですから、そうなのでしょう。もし彼が死ねば、私はもう二度と幸せにはなれないのですから」

（中略）ランスロットはいまや、あらゆる望みを叶えた。王妃が愛情を示してくれ、彼は王妃を、王妃は彼を抱きしめていた。王妃は彼を優しく慈しみ、キスを浴びせた。二人はこれまで知らなかった喜びを感じていた。しかし、これ以上は秘密にして、筆をおくことにしよう。最上の喜びとは語られず、ほのめかす程度がよいのだ。

クレティアン・ド・トロワ『アーサー王のロマンス』

ある時は、彼はとても理性的で、私が女性として無視されていると感じるほどですが、またある時は、欲望を露わに、荒々しくて情熱的で、私は身体が震えるほどです。ときには私を見知らぬ女のように扱い、ときには私に完全に降伏します。そういうときに私が彼の身体に腕を回すと、すべてが一変して、まるで雲を抱いているようになるのです。

セーレン・キルケゴール『誘惑者の日記』

われわれはかつて愛されたという無意識の記憶がなければ、人を愛することはできない。しかし、愛されたという記憶が苦しみを伴わず、もしくは愛されていることを実感できなければ、やはり人を愛することはできない。つまり、愛されたことがなかったり、愛されているという確信が持てなければ、愛することは不可能なのである。……

愛されたいという欲求はもともと備わっているものではない。それは幼少期の体験によって得られるものである。あるいはこう言ったほうがいいだろう。多くの経験によって、あるいは同じような経験の繰り返しによって得られる、と。ここでいう経験とは、どちらかというと苦々しいものだ。子供は愛されない、もしくは母の愛は無条件のものではないのだと、やがて気づくようになる。母が不満を抱くこともあり、母の望むように振る舞わなければ愛情を与えてもらえず、怒られたり拒まれることもあるということを赤ん坊は学ぶのだ。この経験は幼児の心に不安を芽生えさせる。母の愛情を失うかもしれないという不安は、地震よりも強い衝撃を子供に与える……。

母の不満と愛情の喪失を目の当たりにした子供は、最初この脅威に恐れおののく。そして、かんしゃくを起こすことや攻撃的になることで失ったものを取り戻そうとする……。こうした変化は失敗したあとに訪れる。つまり子供は、そのような努力が徒労に終わることを悟るのだ。そして奇妙なものが、それに取って代わられる。正常な思考とはまるで無縁の、子供っぽいやり方である。対象を直接つかみ、積極的なやり方で自分のものにするのではなく、子供は以前、体験した状態へと遡る。かつて楽しかったときに母が自分にしてくれたこと、そしてそのとき自分は何をしたかを思い出し、子供はそれを繰り返そうとするのだ。そのプロセスは非常にわかりやすい。というのも、愛とはそのような経過をたどるものだからだ。少年は母にどうしてほしいのか、自分がどうされたいのかを自ら行動で表現する。かつて自分に注いでくれた優しさや愛情を表現することで、この願いを伝えるのだ。母の役割を演じることで、絶望や喪失感に打ち勝とうとする。少年は行動することで、自身の願望を表す。同じように、あなたも私に優しく愛情深く接してほしい、と。もちろんこの行為はよく考えじっくり計画を立てられた末のものではなく、自然な役割の変化によって母を導いて自分の願望を叶えたいという、無意識のうちに抱いた感情に突き動かされた結果である。子供はどのように愛されたいのか、自らの行動で表現する。これは、相手にどのようにされたいのかをやってみせるという、立場を逆転させる原始的なやり方である。この行動には、かつて母や愛する人から受けた優しさや愛情の記憶が息づいているのだ。

テオドール・ライク『愛と欲望について』

22 肉体的な魅力で誘い込め

活発な知力を持つターゲットは危険だ。あなたの操作を見抜いて、急に疑いはじめるかもしれない。思考の働きを徐々に落ち着かせ、相手の心の中に眠っている感覚を呼び覚まそう。そのためには、自然体で無防備な態度と、性的魅力に溢れる態度を組み合わせることだ。あなたのクールで無頓着な雰囲気が相手の思考を静め、抑制を弱めさせる一方で、あなたの視線、声、物腰——性的刺激と欲望がにじみ出るような——が相手の心を揺さぶり、その体温を上げていく。肉体的なことを強制してはいけない。そうでなく、ターゲットを熱い興奮に巻き込んで欲望の渦へと誘い込もう。道徳も、分別も、将来への不安も、すべて溶け去ってしまい、肉体が快楽に屈服する——そういう強烈な瞬間にターゲットを導くのである。

体温を上げる

一八八九年、ニューヨーク随一の劇場支配人、アーネスト・ジャーゲンズはフランスを訪れる。有望な才能をスカウトするための視察旅行の一つだった。ジャーゲンズは、きな臭いエンターテインメントの世界には珍しい誠実な人柄と、非凡な才能を見出す目利きであることで知られていた。その夜はマルセイユで過ごすことになり、古びた港の埠頭を歩いていた。そのとき、労働者階級のキャバレーから興奮したどよめきが聞こえてきた。彼は店に入ってみることにする。カロリーナ・オテロという二一歳のスペイン人ダンサーが踊っていた。ジャーゲンズは彼女を一目見たとたん、別人になった。それくらい彼女の容姿に驚かされたのだ――一八〇センチ弱の身長、燃え立つような黒い瞳、腰まである長い黒髪、コルセットを着けた見事にくびれたボディ――。しかし何よりその踊りに、彼の胸は高鳴った。身体じゅうのエネルギーをほとばしらせて、ファンダンゴ（訳注：三拍子のスペインの舞踏）を踊る姿は、灼熱の炎の中で動物が身悶えしているかのようだった。プロというにはほど遠く、荒削りではあったものの、彼女自身が楽しんで踊っている。踊り方などどうでもいいという感じで自由奔放に踊るのだ。キャバレーの男たちが口をぽかんと開けて彼女に見入るのもうなずけた。

ショーが終わると、ジャーゲンズは楽屋へ行って自己紹介をした。ニューヨークのことや彼の仕事のことを話すと、オテロの目が輝いた。頭から足の先まで見つめられて、ジャーゲンズは自分の身体が熱く疼くような感覚にとらわれた。彼女の声は低くかすれ気味で、Rの発音をすると巻き舌になる。オテロはドアを閉め切り、どうしても一言、話したいとドアをノックして懇願する客たちには見向きもしなかった。「ダンスは自然に身についたものなの」と彼女は言った――母親がジプシーだったのだ。そして、ジャーゲンズに帰り道をエスコートしてもらえないかと頼んだ。ジャーゲンズがコートを着せかけると、彼女はバランスを失ったかのように軽く彼にもたれかかった。それから二人は腕を組んで街を歩いた。彼女が時おりジャーゲンズの耳元で囁(ささや)く。ジャーゲンズはいつもの自制心がしだいに消えていくのを感じ、彼女を強く抱きしめた。彼には家庭があり、妻を裏切ることなどそれまで一度も考えたことがなかった。しかし後先も考えずに、オテロをホテルの部屋に連れて帰ってしまう。彼女は衣服を脱ぎはじめた。コート、手袋、帽子――ごく普通のことなのに、彼女の脱ぐ様子を見てジャーゲンズは完全に我を失った。普段は臆病なジャーゲンズが自ら攻撃を仕掛けた。

翌朝、ジャーゲンズはオテロと契約を交わした。彼女に有利な契約で、アマチュアでしかないことを考えれば大きなリスクがあった。ジャーゲンズは彼女をパリに連れていき、最高の指導者をつけた。そしてニューヨークに舞い戻り、この謎めいたスペイン美女についての記事を新聞各社に送った――やがてこの地に舞い降りて街を席巻するだろうと。ライバル新聞社がすぐに呼応して書き立てる――アンダルシアの伯爵夫人だ、ハーレムから逃げ出したアラブの娘だ、長老(シャイフ)の未亡人だ、等々――。ジャーゲンズはパリにいる彼女のもとへ何度も足を運んで、湯水のようにお金や贈り物を貢いだ。家族のことなどすっかり忘れていた。

一八九〇年一〇月、オテロはニューヨークで鮮烈なデビューを果たした。ニューヨーク・タイムズ紙には「オテロ、奔放に舞う」という見出しで、こう書かれていた。「その柔らかくしなやかな肢体を、彼女はヘビのようにくねらせる。なんと優美な曲線だろう」。わずか数週間のうちに、彼女はニューヨーク社交界で一躍人気者となり、私的なパーティに呼ばれては夜遅くまで踊った。大物実業家ウィリアム・ヴァンダービルトは、彼女に高価な宝石を贈り、夜のクルージングに招待した。ほかにも多くの富豪がこぞって彼女の気を引こうと張り合った。一方、ジャーゲンズは彼女への贈り物の支払いのために、会社の金に手をつけはじめていた――彼女を自分のものにしておくためなら、どんなことでもしただろう。ただ彼が直面していたのは苛烈な競争だった。数か月後、横領が明るみに出て、彼は破産した。そして結局は自殺に追い込まれた。

オテロはパリに戻った。そして数年を経て、美しき時代(ベル・エポック)におけるもっとも悪名高い高級娼婦(クルチザンヌ)となった。噂がたちまち広がった――ラ・ベル・オテロ（当時はその名で知られていた）との一夜は、世界中のどんな娼薬より効果があると。彼女は怒りっぽくて、わがままだったが、それはむしろ期待されたことだった。自分の精力に自信を失っていたモナコ大公アルベール一世は、オテロと一夜をともにして、自分が飽くことを知らないトラになったように感じた。オテロは彼の愛人になった。ほかの王族たちもあとに続いた――ウェールズのアルバート公（後のイギリス王エドワード七世）、ペルシア国王、ロシア帝国のニコライ大公――。それほど財力のない男たちの銀行預金は底をつき、ジャーゲンズの後に続く自殺者が何人も出ることになった。

第一次大戦中、二九歳のアメリカ人兵士フレデリックはフランスに駐留していた。彼は、四日間さいころ賭博（クラップス）をして、三万七〇〇〇ドル勝った。次の休暇でニースへ行き、最高級のホテルに泊まった。最初の夜、ホテルのレストランでオテロが一人でテーブルについているのが目に入った。一〇年前にパリで彼女の踊りを見て以来、彼女のことが頭から離れなかった。その彼女がいま、十五メートルほど先にいるのだ。以前よりもずっと魅惑的になっていた。給仕に金を握らせて、彼女と同席させてもらった。しかし、ほとんど話すことはできなかった。彼をじっと見つめる眼差し、イスに座り直す仕草、立ち上がったときにそっと触れた身体の感触、自分の姿を見せつけるかのように彼の前を歩く姿――。それから二人は大通りを散歩し、宝石店の前を通りかかった。彼は店に入り、次の瞬間にはダイヤモンドのネックレスに三万一〇〇〇ドルを支払っていた。三夜のあいだ、ラ・ベル・オテロは彼のものだった。これまでの人生で、これほどまで自分を男らしく感じたことも、衝動に突き動かされたこともなかった。数年が過ぎてもなお、支払った金額にあまりある経験だったと彼は信じていた。

〔解説〕ラ・ベル・オテロはたしかに美しかったが、彼女より美しい、あるいは魅力や才能がある女性はいくらでもいた。しかし、オテロは常に燃えたぎっていた。男たちは、彼女の目の中に、身体の動きに、その他いろいろな身振りに、その炎を読み取った。彼女から発散される熱は、内なる欲望から来るものだった――性に対して貪欲なのだ。しかしまた、熟達した計算高い高級娼婦でもあり、自分の性的魅力（セクシャリティ）を効果的に用いるにはどうすればいいかをよく心得ていた。舞台上で自由奔放に踊り、すべての男性客に活力を与えた。それでも、当の本人は客よりも冷静だった。あるいは冷静な部分を少し残していた。男性は、女性が燃え上がるのは、彼女自身が性に貪欲だからではなく、自分がそうさせているのだと感じるほうが好きなものだ。オテロは、眼差しやスキンシップ、物憂げな声の調子、生意気なコメントを使って、自らのセクシャリティを特徴づけ、男たちが自分を熱くしているように演出したのだ。回想録の中で彼女は、アルベール大公がもっとも不相応な恋人だったと明かしている。それでも、ほかの男たち同様、彼女と一緒にいるときの大公は、自分がヘラクレスだと信じていた。彼女のセクシャリティは自身の内面から生じたものだったが、相手の男が〝荒ぶる侵略者〟だという幻想を創りだしたのだ。

ターゲットを誘惑の最後の行為に誘い込む秘訣は、それをあいまいなままにしておくことだ。（行為に及ぶ、もしくは行為を受け入れる）準備ができているなどと決して言わないこと。頭で考えるのではなく感覚で、二人の想いをすべて一致させなければならない。ターゲットに対して、あなたは言葉や行動からではなく、身体からきっかけを読み取ってほしいと望んでいる。あなたは自分の身体を欲望で燃えたぎらせる必要がある――もちろんターゲットに対する欲望だ。あなたの欲望は、目や声の震えや身体を寄せ合ったときの反応から、相手に読み取ってもらうべきなのである。

こうした身体をトレーニングでつくることはできないが、同様の効果をもたらしてくれる〝正しい犠牲者〟を選ぶ（1章参照）ことで、すべてが自然にうまくいくだろう。誘惑のあいだ、犠牲者の好奇心をそそり、欲求不満にさせるために、あなたは自制していなければならない。その過程で、あなた自身も欲求不満になり、もうすでにウズウズしている状態だろう。ターゲットがあなたを好きになり、引き返せなくなっていると感じたら、満たされずに溜め込んだ欲望を血液中に流れるままにさせよう。そうして自分を熱くするのだ。ターゲットに触れたり、肉体を求めるような素振りを見せたりする必要はない。ラ・ベル・オテロはよく理解していたが、性的な欲望は人から人へ伝染していくものなのだ。あなたの熱を受け取った相手は、あなたと同じように熱くなる。最初に行動を相手が起こすように導こう。そうすれば、あなたの企みをうまく隠すことができる。二つ目、三つ目の行動は、どうぞご自由に――。

オテロについて語るなら、大文字でＳＥＸと綴りなさい。彼女は身体中からそれを発散している。
――モーリス・シュヴァリエ

抑制を弱める

一九三一年のある日、ニューギニアのある村に住むトゥーパーセライという若い娘がうれしい知らせを耳にした。数か月前に家を出てタバコの大規模農園（プランテーション）で働いていた父アラマンが帰ってくるというのだ。トゥーパーセライは父親を出迎えるために駆け寄った。父親はこの辺りでは見慣れない白人男性と一緒だった。タスマニアからやって来た二二歳のオーストラリア人で、農園の所有者だという。エロール・フリンという名前だった。

フリンはトゥーパーセライに優しく微笑みかけた。彼女の剥き出しの胸に特別な興味を示したようだった（当時のニューギニアの風習で、草でつくったスカートを身につけているだけだった）。英語まじりの片言で彼女の美しさを褒め、きれいな発音で彼女の名を繰り返した。ほかにはほとんど何も言わなかったため――というのも、彼女と同じ言葉は話せなかったのだ――彼女はそこで別れを告げ、父親と歩いて帰った。しかし、その日遅くわかったことだが、驚いたことにフリン様が彼女を気に入り、豚二頭、イギリス硬貨数枚、そして貝貨数枚で、父親から彼女を買っていたのだ。家族は貧しく、父親はこの対価に満足していた。村に恋人がいて離れたくなかったものの、トゥーパーセライはあえて父親に反抗しようなどとは思わなかった。彼女はフリン様と一緒にタバコ農園に発った。とはいえ、この男と親しくするつもりはなく、そのために手荒い扱いを受けるだろうと覚悟していた。

最初の数日間、トゥーパーセライは村がひどく恋しかった。慣れない場所に緊張し、意気消沈していた。しかしフリン様は礼儀正しく、穏やかな口調で語りかけてくれる。彼女はリラックスしはじめた。そして、彼が距離を置いて接してくれるので、トゥーパーセライは彼に近づいてもきっと安全だと思い込むようになった。白い肌は蚊に狙われやすいので、毎晩いい香りのする野生のハーブで彼の身体を洗い、蚊を防いだ。しだいに彼女はこう考えるようになった。フリン様は孤独で、仲間がほしいのだ。だから自分を買ったのだと――。夜になると、彼はたいてい読書していた。その代わりに彼女は歌と踊りで彼を楽しませはじめた。彼はときどき英語まじりの片言に身振りを交えてコミュニケーションを取ろうとした。何を言いたいのか彼女には見当もつかなかったが、思わず笑みがこぼれた。そしてある日、彼女は〝泳ぐ〟という単語の意味を理解した。一緒にラロキ川に泳ぎに行こうと誘われて、彼女は喜んでついていった。しかし、川にはワニがたくさんいる。彼女は万一に備えて自分の槍を持参した。

川を目にしたとたん、フリン様は元気が湧いてきたようだった――服を脱ぎ捨て、川に飛び込んだ。彼女も続いて飛び込み、あとについて泳いだ。彼はトゥーパーセライの身体に腕を回し、キスをした。二人は流れに身をまかせて下流へと漂う。彼女はフリン様にしがみついた。ワニのことなど忘れていた。父親や恋人や村のことも忘れていた。あらゆることを忘れて、頭の中が真っ白になっていた。川が曲がったところでフリン様は彼女を抱き上げ、土手のそばにある人目につかない木立のなかに連れていった。すべてがあまりに突然で、トゥーパーセライにとっては目くるめくような出来事だった。以来、この儀式――川で泳ぎ、木立のなかで過ごすこと――は、タバコ農園が立ち行かなくなり、フリン様がニューギニアを去るまで二人の日課となった。

それから一〇年ほど経ったある日、ブランカ・ローザ・ウェルターという若い娘がメキシコシティのリッツ・ホテルで催されたパーティに参加した。友人を捜してバーを歩いていると、背の高い男性が目の前に立ち、魅力的な口調で言った。「ブランカ・ローザだね」。自己紹介するまでもなかった――彼は有名なハリウッド俳優、エロール・フリンだったからだ。彼の顔はポスターになって至るところに貼られていた。彼はパーティの主催者デーヴィス夫妻の友人で、翌日十八歳になるブランカ・ローザの美しさを夫妻が褒めるのを耳にしていたのだという。彼はブランカを隅のテーブルに連れていった。その身のこなしは優雅で自信に満ちていた。話を聞いているうちに、ブランカは友人のことなど忘れてしまった。フリンは彼女の美しさを褒め、彼女の名を繰り返し、「僕が君をスターにしてあげる」と言った。何が起きているかわからないうちに、彼女はアカプルコに一緒に来るように誘われた。フリンはそこで休暇を過ごしていた。共通の友人であるデーヴィス夫妻も付き添いとして同行できるという。「それは素敵だわ」と彼女は言った。「でも母が許してくれないでしょう」。「心配はいらないさ」とフリンは答えた。そして翌日、彼は美しい贈り物を持って、彼女の家に現われた。ブランカの誕生石のついた指輪だった。彼の素敵な笑顔にほだされて、ブランカの母は計画に同意した。その日遅く、ブランカはアカプルコ行きの飛行機に乗っていた。まるで夢のようだった。

ブランカの母親から頼まれて、デーヴィス夫妻は彼女を目の届かないところへはやらないようにしていた。そのためフリンは彼女をいかだに乗せて海へ連れ出し、岸から遠く離れたところまでいった。彼の甘い言葉が耳に心地良く、ブランカは手を握り頬にキスしてくる彼に身を任せていた。その夜、二人で踊ったあと、フリンは彼女を自室までエスコートし、部屋の前でセレナーデを歌って別れた。完璧な一日がこうして終わった。真夜中、自室のバルコニーから彼が自分の名前を呼ぶ声がして、ブランカは目覚めた。いったいどうやって来たのだろう？　彼の部屋は上の階だった。飛び降りたのか、ロープか何かにぶら下がって降りたのか、いずれにしても危険な手を使ったのだろう。彼女は声のほうに近づいた。恐れはまったくなく、好奇心でいっぱいだった。フリンは彼女を優しく抱き寄せ、キスをした。彼女は身体を震わせた――海でのこともあり、生まれてはじめての感情が押し寄せてきて、泣きだしてしまったのだ。「幸せすぎて」と彼女は言った。フリンはキスをしてなだめ、説明しにくい方法で来たときと同じように自室に戻っていった。いまやブランカはどうしようもないほど彼に恋をし、彼の望むことは何でもしようと思っていた。数週間後、彼女はフリンと一緒にハリウッドへ向かった。そして実際に、リンダ・クリスチャンという女優となって活躍するのである。

一九四二年、十八歳のノラ・エディントンはロサンゼルスの郡裁判所で、臨時職員としてタバコの販売をしていた。当時そこは騒々しい場所で、タブロイド紙の記者で溢れ返っていた。二人の少女がレイプの罪でエロール・フリンを告発していたのだ。当然ノラもフリンのことは知っていた。背が高くて颯爽としており、彼にタバコを売ったこともある。しかし、当時の彼女は若き海兵隊員の恋人に夢中だった。数週間後、フリンが無罪放免となって裁判は終わり、裁判所も落ち着きを取り戻した。ある日、彼女は裁判中に出会った男性に呼び出された。彼はフリンの右腕をつとめる人物で、フリンに代わってマルホランド・ドライブにある家に招待したいというのだ。ノラはフリンには興味がなく、むしろ少し怖いと思っていた。しかしフリンに会いたがっている女友達に、招待を受けて自分を同伴してほしいと説得された。いったい何を失うっていうの？　ノラは同意した。その日、フリンの友人が車で現われ、丘の上にある大邸宅まで送ってくれた。彼らが到着したとき、フリンはプールサイドにシャツを脱いで立っていた。彼はとても優雅に――まるで猫のようにしなやかな動きだった――近づいてきて、ノラと友人を出迎えてくれた。そのリラックスした物腰に、ノラの緊張もだんだんほぐれていった。それから家の中を案内してもらうと、様々な場所への船旅で得た工芸品や美術品が溢れていた。フリンはあまりにも楽しそうに冒険への愛について話す。ノラもそんな冒険をしてみたいと思った。フリンは非の打ち所のない紳士で、ノラが自分の恋人のことを話しても、嫉妬する素振りなど全く見せなかった。

翌日、恋人がノラを訪ねてきた。しかし、どういうわけか、いままでのようには興味をひかれなかった。二人はケンカをし、二度と会わないことにした。その夜、フリンは彼女を街に連れだし、モカンボという名の知れたナイトクラブに行った。彼は酒を飲みジョークを飛ばしている。ノラも楽しい気分になって、喜んで彼に手を触らせていた。不意に彼女はパニックに襲われる。「わたしはカトリックでヴァージンなの」と口走った。「いつかヴェールをかぶってヴァージンロードを歩くの。もし、あなたがわたしと寝ようと考えているなら、それは間違いよ」。フリンは落ち着き払って、「心配することは何もないよ」と言った。「僕はただ、君といるのが好きなんだ」と。彼女は落ち着きを取り戻し、手を離してほしいと丁寧に頼んだ。それから数週間、ほとんど毎日二人は顔を合わせた。彼女はフリンの秘書となり、やがて週末の夜を彼の邸宅で過ごすようになった。彼はノラをスキーや船旅に連れていった。フリンは依然として非の打ち所のない紳士だった。しかし、彼に見つめられたり、手に触れられると心がウキウキするのをノラは抑えられなかった。ひどく暑い日に冷たく針のようなシャワーを浴びるのに似た、肌がうずくような感覚だった。やがて彼女の足は教会から遠のき、これまでの生活とは疎遠になっていった。表面上は二人のあいだに何も変化はなかったが、ノラの内面では彼への抵抗感がしだいに消え去っていった。ある夜、パーティのあとで彼女はついにフリンの手に落ちた。二人はついに婚約し、嵐のような結婚生活が、その後七年のあいだ続いた。

〈**解説**〉エロール・フリンと関係を持った女性たち（生涯で数千人にものぼる）は、彼に対して疑いを感じる確固たる理由を、それぞれに持っていた。彼は現実世界でドン・ファンにいちばん近い男だった（実際、映画のなかでこの伝説的誘惑者を演じている）。常に多くの女性に囲まれていたが、女性たちはフリンとの関係が長続きしないことを知っていた。それから彼が激しやすいことも、危険や冒険を好むことも、有名だった。それでも、ノラ・エディントン以上に彼に抵抗する理由のあった女性はいないだろう。二人が出会ったとき、フリンはレイプ事件で訴えられていたのだ。それに彼女自身には恋人がいて、敬虔なカトリックでもあった。しかし、彼女もまた、ほかの女性たち同様、彼の魔法にかかってしまった。内面で相手を魅了し、自分のものにしたいという欲求を焚き付ける誘惑者――たとえばD・H・ローレンス――もいるが、フリンは肉体で魅了する。つねに平然として落ち着き払った態度が、女性たちに〝伝染〟し、抵抗感を薄れさせた。出会った瞬間に効力を発する、ドラッグのようなものだった。彼は女性たちと気楽に接し、優雅で自信に満ちていた。女性たちは彼と一緒にいるのが楽しくて、彼の作り出した流れに身を任せ、現実世界やその背後に潜む重苦しさに別れを告げるのだ――そこにはもう彼と自分しかいない。そのとき――同じ日かもしれないし、二、三週間後かもしれない――彼の手に触れられ、熱い眼差しを向けられると、身がうずくように、あるいは震えるように感じ、危険な肉体的興奮を覚える。その興奮は、彼女たちの目、頬の赤らみ、はにかむような微笑みに表れる。そして、彼はとどめを刺そうと襲いかかるのだ。エロール・フリンより変わり身の早かった者は一人としていないだろう。

誘惑を肉体的な段階に進めるにあたって、いちばんの障害はターゲットの教養である。つまり、相手が、どれほど文明化および社会化されているかということである。教養は肉体を抑制し、感覚を鈍らせ、心を疑念と不安でいっぱいにさせようと企てる。フリンには、女性をより自然な状態に戻す力があった。欲望や快楽やセックスを、ネガティブなものに結びつけて考えることのない状態だ。彼は、言葉で表現するのではなく、抑制されていない開放的な態度によって女性たちを冒険へと誘い込んだ。そうした態度が女性の心に〝伝染〟したのだ。

すべてはあなたから始まる――ということを理解しよう。誘惑を肉体的な段階に進めるときが来たら、自らの抑制や疑念、やっかいな罪悪感や不安といったものをすべて手放せるように心を鍛えよう。あなたの自信や落ち着きには、どんな酒よりも相手を酔わせる力がある。陽気な気分を表に出そう――思い煩うことも怯むことも何もない、そんなことは気にもとめないという雰囲気を創りだすのだ。文明生活の重荷を下ろし、あなたのリードやあなたが創りだした流れに従うようにターゲットを誘っているのである。過去や未来についての話は一切しないこと。とくに仕事や結婚の話をしてはいけない。ほかの多くの人々はそうするかもしれない。しかしそうはせずに、我を失って目の前のことに没頭するという、めったに経験できないスリルを味わわせるのだ。眠っていた感覚が呼び覚まされ、思考が置き去りにされる瞬間である。

彼にキスされたとき、これまで知らずにいた、想像すらしたことのない反応が私のなかに生じた。五感のすべてがくらくらしているような感じだった。どんな警告ものともせず、理性による監視も役に立たないほどの本能的な喜びだった。その喜びは、はじめて経験する抗いがたいもので、私を完全に飲み込んだ。誘惑――導かれるという意味を含んだ言葉だ――は、とても穏やかで優しいものだった。

――リンダ・クリスチャン

誘惑の秘訣

今日では以前にも増して、われわれの思考は常に混乱した状態にある。絶え間なく浴びせられる情報に、右往左往させられているのだ。われわれの多くは何が問題か認識している。しかし、それについて記事が書かれても、研究成果が公表されても、理解すべき情報がさらに増えることになるだけである。活動しすぎる頭脳を止めることはほとんど不可能であり、そうした試みはさらなる思考を誘発するだけなのだ――鏡ばりの迷宮から抜け出せなくなるようなものである。われわれは、アルコールやドラッグや運動――思考を鈍らせて、いまこの瞬間により深く生きる手助けとなるもの――に頼るかもしれない。われわれの不満は、巧みな誘惑者に無限のチャンスをもたらす。あなたの周りの〝海〟には、頭への過度な刺激から解放を求める人が溢れている。重荷から解放してくれるような肉体的な快楽でおびき寄せれば、ターゲットを釣り針に食いつかせることができるだろう。しかし、それも海辺を歩き回って海の様子に注意を払っていてこその話だ。

混乱した頭を落ち着かせる唯一の方法は、一つのものに焦点を合わせることだ、ということを理解しよう。催眠術師は、左右に揺れる懐中時計に意識を集中させることを被験者に求める。被験者はそこに焦点を合わせるうちに思考が落ち着き、感覚が呼び覚まされる。そして身体があらゆる種類のいままでにない感覚や暗示に影響を受けやすくなるのである。誘惑者としてのあなたは、催眠術師であり、ターゲットに集中させようとしている対象は、あなた自身なのだ。

誘惑のプロセスを通じて、あなたはターゲットの心を満たしてきた。手紙、思い出の品、共有した経験は、目の前にいなくても常にあなたを感じさせる。誘惑を肉体的な段階へ移行させるにあたっては、いままで以上に頻繁にターゲットに会わなければならない。相手への関心を、より強烈なものにするのだ。エロール・フリンはこのゲームの達人だった。彼はいったんあるターゲットに的を絞ると、ほかのすべてのものを投げ出してしまうのだ。相手の女性に、ほかのものはすべて――仕事も友人も何もかも――彼女よりも下位にあると思わせるのである。そして彼女をちょっとした小旅行に連れ出す。海などの水辺が好ましい。二人以外の世界がはるか後方へとしだいに消えていき、フリンが主役に躍り出るのだ。ターゲットはあなたのことを考えれば考えるほど、仕事や義務について考え、気を散らすことが減っていく。一つのことに集中すると頭は落ち着く。そして頭が落ち着くと、われわれがいつも悩まされがちな誇大妄想的な考え――相手が自分を愛しているのか、自分は本当に賢いのか、あるいは美しいのか、将来はどうなるのだろうか――がきれいさっぱり消えてしまう。

あなたがいなければ何も始まらない、ということを覚えておこう。気をそらさずに、いまこの瞬間を生きよう。そうすれば、ターゲットはそれに倣うだろう。催眠術師の真剣な眼差しが被験者に同じ反応をもたらすように――。

ターゲットの活動しすぎる頭脳がいったん落ち着きはじめたら、彼らの感覚が息を吹き返し、あなたの肉体的な魅力は効果を倍増させるだろう。いまや熱い視線を向ければ、相手は頬を赤らめる。あなたは肉体的な魅力を使って、視覚に訴えがちであろう。われわれの文化では、ほとんどの人が視覚に頼っているからだ。肉体的な外見は重要な意味を持つ。しかしあなたは、相手の感覚を刺激するのに誰もが使える一般的なものを求めている。ラ・ベル・オテロは、自分の胸や容姿、香水、歩き方に男性が釘づけになっていると確信していた。どれかが突出しているということはなかった。すべての感覚は相互に繋がっているのだ——嗅覚が刺激されれば触れたくなり、触覚が刺激されれば今度は見たくなる。さりげない、または〝偶発的な〟接触——いまはまだ力を入れて触るよりも肌にさっと触れる程度のほうがいい——が驚きを与え、視覚を刺激するだろう。声の調子を少し低くしよう。ゆったりした深みのある声にするのだ。活発になった感覚が、理性的な思考を閉め出してくれるだろう。

一八世紀にクレビヨン・フィスによって書かれた放蕩小説（リバティーン・ノベル）『心と精神の迷い』の中で、リュルゼ夫人はメルクールという年下の男を誘惑しようとする。彼女の武器はいくつかあった。ある夜、自身が催したパーティでのこと。彼女は透けたロングドレスを着て、髪が少し乱れていた。彼女はメルクールに熱い視線を投げかける。その声はかすかに震えていた。二人きりになると、さりげなく彼を隣に座らせ、ゆっくりと話す。そのうちに彼女は泣きだした。メルクールには彼女を拒む理由がいくつもあった。同年代の娘に恋をしていたし、リュルゼ夫人に不信感を抱くような噂を何度も耳にしていた。しかし、彼女のドレス、ルックス、香水、声、ぴったりと寄せられた身体、そして涙——そのすべてが彼を圧倒しはじめる。「言い表しようのない興奮に五感をかき乱されて」、メルクールは夫人に屈した。

一八世紀フランスの放蕩者（リバティーン）たちは、これを〝その瞬間（ザ・モーメント）〟と呼んでいた。誘惑者は、ターゲットが肉体的な興奮を無意識に見せるところまで導いていく。ターゲットの興奮は様々な兆候から読みとれる。そうしたサインが表れたら、誘惑者はすばやく動いて、ターゲットがその瞬間に没頭するようにプレッシャーをかけなければならない——過去も未来も、道徳的なためらいといったものも、すべてが跡形もなく消えてしまう瞬間だ。いったん相手が我を失えば、すべては決着する——知性も良心も、もう取り戻すことはできない。身体は快楽に負けている。リュルゼ夫人は、メルクールの五感すべてを混乱させることでその瞬間に誘い込み、まともに考えられないようにしたのだ。

その瞬間にターゲットを導く際には、いくつかのことを覚えておこう。まず、乱れたルックス（リュルゼ夫人は髪を少し乱し、肌が露わになるドレスを着ていた）は、きちんとした身なりより、相手の感覚を刺激するのに効果的だということ。その姿は寝室を連想させた。二つ目は、肉体的な興奮に注意を払うこと。顔を赤らめること、声を震わせること、涙、いつもと違う大きな笑い声、リラックスした身体の動き（鏡のように、あなたの仕草を無意識に真似する）、思わず口走った言葉――これらは相手がその瞬間に入っているサインである。あなたのプレッシャーが適切に働いたということなのだ。

一九三四年、中国のサッカー選手、李は、上海で藍蘋という若い女優と出会った。試合を観戦しに来て、自分を応援してくれる彼女の姿をよく見かけるようになったのが始まりだ。広報の仕事で顔を合わせる機会があり、彼女がこちらを〝切望するような一風変わった眼差し〟で見つめていたかと思うと、さっと目を逸らすことにリーは気づいた。ある夜、レセプションで二人の席が隣同士になった。ランピンの脚が彼の脚に触れてきた。二人はおしゃべりをし、彼女のほうが近くの映画館で一緒に映画を観ないかと誘った。映画館で、彼女はリーの肩に頭をもたせかけ、映画について耳元で何か囁いた。街へ出て、通りを歩いているあいだ、ランピンは彼の腰に腕を回した。それからレストランに行き、ワインを飲んだ。リーはホテルの自分の部屋に彼女を連れていった。そこで彼は、抱擁と甘い言葉ですっかり我を忘れた。ランピンは彼に撤退する余裕も、頭を冷やす時間も与えなかった。三年後、ランピン――まもなく江青と名を変えた――は同様の手口で毛沢東に近づいた。やがて、彼女は毛沢東の妻となった――悪名高い毛夫人、〝四人組〟のリーダーである。

誘惑は、戦争と同じように、距離を取ったり接近したりの駆け引きでもある。最初は敵とのあいだに距離を保っている。あなたの主要な武器は、視線と謎めいた雰囲気だ。バイロンには例の〝盗み見〟という武器があったし、毛夫人には〝切望するような眼差し〟があった。ここでの秘訣は、ここぞというときに視線を投げかけ、すぐに逸らすことだ。人をかすめて空を切る長剣のように――。欲望を視線に込めて、そのほかの表情は平静のままにすること（笑顔は効果を台無しにしてしまうだろう）。相手が熱くなったら一気に距離を詰め、接近戦に持ち込む。撤退する余裕や、自分が置かれている状況について考える時間を敵に与えてはいけない。不安要素を取り除いてやるために、甘い言葉を振りまこう。ターゲットをより男らしく、もしくは女らしく感じさせよう。その魅力を褒め称えよう。あなたが肉体を求めてそこまで積極的になるのは、相手のせいなのだ。ターゲットに自分のほうが誘惑しているのだと感じさせることで、肉体的な魅力がより効果的になる。覚えておこう――アプロディーテーの腰帯は、えもいわれぬ誘惑のパワーを彼女に与えていたが、そこには甘い賛辞を送られることも含まれていたのである。

　肉体的な行為の共有は、素晴らしく魅力的なものだ。ロシアの神秘家ラスプーチンは、スピリチュアルな魅力を使った誘惑から始める――宗教的な経験の共有を約束するのだ。しかしパーティではターゲットを射るように見つめ、そして当然のようにダンスに誘い、ますます挑発的になってターゲットに近づいていく。何百人もの女性がこの手法の餌食となった。フリンの手法は、水浴びや帆走に誘うことだった。こうした肉体的な行為のあいだは、頭脳の働きが止まり、身体は本能にしたがってありのままに機能する。ターゲットの身体は、あなたのリードに従い、そして鏡のようにあなたの動きを真似する。あなたの望むままに身をゆだねてくるだろう。

　その瞬間、道徳的な考えはすべて消え去り、身体が汚れのない〝まっさらな〟状態に戻る。向こう見ずな態度が、わだかまりを生んでしまうことも、ある程度はありうる。世間のこと、あるいは自分が人にどう思われるかを、あなたは気にしていない。だからあなたは、何があろうともターゲットを評価したりしない。フリンの魅力の一つは、女性のすべてを受け入れたことだった。彼は、女性の体型、人種、学歴、政治的信条には、まるで興味がなかった。相手の、女性としての存在そのものに恋したのだ。そして、彼女を冒険にいざない、社会からの非難や道徳的な判断から解放した。彼と一緒なら、ファンタジーを行動化し、そのなかに生きることができた――多くの女性にとって、積極的に規範を逸脱する、あるいは危険を犯すチャンスだった。だから、人に道徳を説いたり、正しさを判断したりする傾向を、あなた自身のなかから取り除こう。あなたは、ターゲットをつかの間の快楽の世界にいざなっている――優しい心配りを忘れずに、規則やタブーはすべて、窓から捨て去ってしまおう。

イメージ

いかだ。海に浮かび、流れのままに漂っている。やがて海岸線が視界から消え、あなたたちは二人きりになる。水が不安や心配事をすべて忘れさせ、二人だけの世界に没頭させてくれる。過去から切り離され、錨もなく方向も見失って漂いながら、あなたたちは興奮の渦に呑み込まれ、あらゆる抑制が、しだいに失われてしまう。

例外

その瞬間に落ちていくのを感じとると、パニックになる人がいる。たいていは、スピリチュアルな魅力を使うことで、誘惑が肉体的なものに傾いていくのを覆い隠すことができるだろう。レズビアン誘惑者、ナタリー・バーネイのやり方がそうだ。彼女が人気の絶頂にいた二〇世紀初頭、レズビアン・セックスは極めて異端であり、女性たちはよく知らないままに、その行為を恥ずべきもの、あるいは汚らわしいものと感じていた。相手を肉体的な行為に誘うとき、バーネイは詩や神秘体験でそれを包み込んだ。そうすることで相手はリラックスし、その行為によって自身が清められると感じたのだ。今日では、自分が性的であることに嫌悪感を抱く人はさほど多くない。しかし、多くの人は自分の肉体に気まずさを感じている。あまりに露骨な肉体的アプローチは、相手を怯えさせ、混乱させるだけである。そうではなく、スピリチュアルで神秘的なものに結びついているように見せること。そうすれば、肉体的な行為に導こうとするあなたの操作に相手が気づくことはないだろう。

一九〇七年のことだ。ラ・ベル（オテロ）は十数年ほどのあいだに国際的に名が知れてきていた。モーリス・シュヴァリエは語っている。

「私はまだ駆け出しで、フォリーの初舞台に立とうとしていた。オテロは数週間そこで花形を務めていた。もちろん彼女のことは知っていたが、ステージでもそれ以外でも実際、会うのははじめてだった。

私は頭を下げて何か考えながら先を急いでいた。そのとき顔を上げると、ラ・ベルがほかの女性と一緒にこちらに向かって歩いてきた。当時オテロは四〇歳近くだったはずで、私はやっと二〇代に入った頃だった。それはもう、とてもきれいだった！

背が高くて黒髪で、いまの女性のように華奢じゃなく、当時の女性らしい豊満な身体つきだった」

シュヴァリエは微笑んだ。

「もちろん現代の女性も好きだが、オテロには何か決定的な魅力があった。私たち三人はちょっとのあいだ何も言わず立ち尽くしていた。私はラ・ベルに見惚れていた。かつてのように若くはなく、美しさに翳りはあるかもしれない。それでもなお、とびきりの女性だった。

彼女は私を見据え、それから一緒にいた、おそらく友人の女性に英語で話しかけた。私には英語がわからないと思ったんだろう。ところが、私にはわかっていた。

『このハンサムな若者は誰？』、彼女は尋ねた。

『シュヴァリエよ』、友人が答えた。

『とてもきれいな目をしてるわね』、ラ・ベルは私の頭から爪先までじっと見つめた。

彼女のあけすけな感じに、私は参ってしまった。

『私とベッドをともにしてくれるかしら。訊いてみましょう！』

こんな繊細な物言いではなかった。彼女はもっと率直だった。

私は一瞬の判断を迫られた。ラ・ベルが私のほうに近づいてくる。自己紹介をしてこの状況に身を任せる代わりに、彼女の言ったことがわからないふりをして、フランス語で軽く挨拶をして楽屋に移動した。

通り過ぎるとき、私の奇抜な衣装にラ・ベルが微笑むのが見えた。遠ざかる獲物を眺める艶やかな雌トラのように。その瞬間、彼女がついてくると思った」

彼女が追いかけるようなことをシュヴァリエはしたのだろうか？シュヴァリエは下唇を尖らせた。フランス人特有の仕草だ。それから、にやりと笑みを浮かべた。

「彼女が追いつくように、足を緩めたのさ」

アーサー・H・ルイス『ラ・ベル・オテロ』

あなたは私にぜひともパーティに連れていってもらおうと期待している。そしてここでも、私からの助言を求めている。パーティには遅れて行き、ランプが灯されてから、優雅に入っていくほうがいい。遅くなること自体が魔力を持ち、遅れるということが、男女の取り持ち役を果たすのだ。並の女であっても、ほろ酔い加減の者たちには美人に見えるだろうし、ほの暗い灯りと影があなたの欠点をうまく隠してくれるだろう。食べ物は優美に指でつまむがいい。食べる仕草も、バカにしてはならない。油でべたべたした手で顔中を汚してはならないし、家で先に食べておくのもよくない。食欲に任せてたらふく食べたりせず、適当なところで抑えておくことだ。プリアモスの子パリスにしても、ヘレネがガツガツと貪り食っている姿を見たら、嫌になって、「あの女をさらってきたのはバカだった」と言うだろう。（中略）

女性は、それぞれ自分を知り、自分の身体に合うスタイルを見つけるべきだ。一つのスタイルがすべての女に合うわけではない。美貌の女は、仰向けに寝るのがよい。背中に自信があるなら、後ろから見てもらうのがいい。（中略）メラニオンはアタランテの脚を肩に担いでいたものだが、脚がきれいなら、こういう姿勢を取るのが当然だ。小柄な女は馬乗りになるといい。とても背が高かったテーバイ生まれの嫁（アンドロマケ）は、ヘクトルに馬乗りになることは最後までなかった。ファッションモデルのようにほっそりとしている女なら、寝台の上に膝をつき、少しうなじを傾けるといい。すらりと脚が伸び、胸もふくよかで美しい女は、男を立たせ、自分は寝台に横たわるのがいい。恍惚となった女のように、髪を解くことに恥じらいを見せてはならず、乱れた髪をまっすぐに伸ばした首の周りに垂らすのがいいだろう。

オウィディウス『恋愛指南』

「どうやって男性を魅了するんですか?」一九一〇年七月三日、ストックホルム・ブラーデット紙のパリ特派員はラ・ベルに尋ねた。

「できるだけ女性らしく見せることね。自分の身体の中でもっとも注意を引くところが際立つような服を着るの。そして、いずれ時機が来たら身を委ねると、相手にそれとなくほのめかす……」

「男性の心を掴む秘訣はね」、それから少しして、オテロはヨハネスバーグのモーニング・ジャーナル紙の記者に語った。「その男に会うたびに新しく熱烈な興味を持ち、抑えきれないほどの情熱に突き動かされ、相手からの性急な行動が待ち遠しくてならないというように振る舞うことよ」

アーサー・H・ルイス『ラ・ベル・オテロ』

「若い頃は精神的な刺激を欲していた」と彼は答えた。「でも流れ作業のように女性と関係を持つようになってから、人が必要としたり欲したり、あるいは体験すべきことは肉体的なことだけだとわかったんだ。単純に肉体的なことだけで、精神的なものなどいらないのさ。女性の精神は邪魔にしかならないだろうね」

「そうでしょうか?」

「私にとっては……これは私自身の話であって、男性全般のことを言ってるわけじゃない。私が見つけたこと、必要なものについて話しているんだ。身体、顔、仕草、声、女性らしさ、女性という存在……それ以外は何もいらない。それが最高なんだ。その中には独占欲も何もない」

私はまじまじと、彼を見つめた。

「まじめに言ってるんだよ」と彼は言った。「これが私の見方であり、感覚なのさ。単に肉体的に、女性であるということだけでいい。それ以上のものは何もない。それを理解したなら、少しのあいだも、それを忘れないことだ」

アール・コンラッド『エロール・フリン――回想録』

ドレスの甘美な乱れは、ドレスそのものに
自由奔放な趣を与える。
肩に掛けた薄衣は、
見える者の目をもてあそび、
レースはさまよい出て
あちこちで真っ赤な胸衣に科(しな)を送る。
袖口がこれ見よがしに開き、そこから
斜帯がためらいがちに額を覗かせる。
ひらひらするペチコートの魅惑的なひだは、
人の目を捕えずにはおかない。
靴紐を少しだらしなく結わえたところに、
私は奔放な上品さを見て取る。
このような乱れ方こそが、
きちんと物差しで計られた服装よりずっと好ましい。
ロバート・ヘリック『乱れる――衣装美学』

ウシマレス王の息子サトニは、寺院の平らな石の上に立つ美しい女性に目を留めた。小姓を呼んで言った。「彼女のところに行って、私は国王の息子で、一時間一緒に過ごせば金貨一〇枚をやると言ってくるのだ」

「私は貞節を守っており、それほど卑しい者ではありません」、サバイというその女性は答えた。「私と楽しみたいなら、ブバスティスの家へどうぞ。そこには何でも揃っていますから」

サトニは船でブバスティスへ向かうことにした。二階の床には、ラピスラズリとターコイズが敷き詰められており、ベッドには高級なリネンが掛けられ、テーブルには金の鉢がいくつも置かれていた。「お食事を召し上がってください」、サバイは言った。

「私は食事をしに来たのではない」、サトニは答えた。奴隷たちが香を焚き、辺りに芳香が漂った。「ここへ来たからには、それなりのことをしてもらわないとな」、サトニは繰り返した。

「まずは私の生計を立てるための証文をいただかなくてはなりません」、サバイは続けた。「それからあなたの全財産を持参金とすることを書面で証明してください」

サトニはそれにしぶしぶ同意した。「書記を連れてきてくれ」

サトニが言われたとおりにすると、サバイは立ち上がり、高価なリネンのローブを身にまとった。リネンを通して、彼女の四肢が透けて見えた。サトニの興奮は高まった。しかし、彼女は言った。「私と楽しみたいというのが本当なら、私の子供たちといさかいを起こさないという、あなたの子供たちの証文をいただきたいわ」。サトニは子供たちを呼びにやった。「私と楽しみたいというのが本当なら、私の子供たちといさかいを起こさないように、あなたの子供たちを殺していただけないかしら」

　サトニはまたしても首を縦に振った。

「おまえの望みどおり、あの子たちにあらゆる罪をかぶせよう」。それを聞いて、「さあ、あの部屋にお入りください」とサバイは言った。いくつもの小さな亡骸は野良犬や猫の前に放り投げられた。

　サトニはついに象牙と黒檀のベッドに横たわった。ようやく彼の愛は報われたようだった。サバイは彼の隣に身を横たえた。「かくして」と物語は控え目に述べている。「魔法とアーメンの神の出番となった」

　女神の魔力に抗うことなど、とうていできるはずがない。たとえ〝賢者たち〟が彼女たちを排除しようとあらゆる手を講じようとも、あっという間にその手中に収められてしまうのだ。


G・R・タブア『ツタンカーメンの私生活』

セリア：どんな瞬間に、どうやってそれがわかるんです？　正直に申し上げて、あなたのことがよくわからないのです。
公爵：ある種の感覚的なことです。それは無意識かつ本能的なもので、隠すことができる女性もいるが、それを利用しようとする者には見破ることができる。そして女性は、それまで考えたことがないほどの危険に自ら入り込んでしまうのです。

クレビヨン・フィス『炉辺の戯れ』

秋の夕暮れに、両目を閉じて、
暖かく豊かな君の乳房の匂いをかぐと、
私の前には、不変な蒼穹に輝く、目くるめく
炎に照らされて、幸福の岸辺が広がっていく。
その穏やかで怠惰な島には、珍しい樹木が生い茂り、
甘い果物を実らせる。
男たちの身体は、ほっそりとしなやかで、
女たちの目は無邪気に、そして大胆に人を射る。
君の匂いは風のように私を運び、
私は見る、海原の波になぶられていまもなお
うんざり顔の帆や帆柱がひしめく港を。
すると、緑のタマリンドの香りが、
水夫たちの歌声に混じって漂いきて、
私の魂は香りと楽の音に満たされる。

シャルル・ボードレール「異国の香り」

23

〃大胆な一手〃を習得せよ

時は来た。犠牲者は明らかにあなたを求めている。しかし、まだそれを率直に認める心の準備もできていないし、ましてや行動に移すことなど、とても無理だ。いまこそ、騎士道精神も、優しさも、思わせぶり(コケトリー)もかなぐり捨て、〃大胆な一手〃で勝負を決めるときである。相手に結果について考える時間を与えてはいけない。相手の心に混乱を生じさせ、緊張感を高めよう。そうすることで、〃大胆な一手〃が大いなる解放感をもたらすものになる。ためらいやぎこちなさを見せると、あなたが自分のことを考えていると相手に思わせてしまう。相手の魅力に心を奪われているのとは正反対だ。「正しく思いやりのある人間でありたい」という信念のもと、自分を抑え込んだり、相手に歩み寄ったりしてはいけない。政治ではなく、誘惑をしているのだから――。いまや、どちらか一方が攻撃に出なければならない。それはあなただ。

完璧なクライマックス

相手を欺くための一連の作戦行動――自分は善人に変わったのだと見せかける行動――を通して、レイクのヴァルモン子爵は、トゥールヴェル法院長の若く貞淑な夫人を執拗に口説きつづけた。その愛の告白に困惑した夫人はついに、二人が客として滞在していた城（シャトー）から出ていくように子爵に迫った。彼は言われたとおりにした。ところが、彼はパリから次々と、夫人への愛を強烈な表現で書き綴った手紙を送ってきた。トゥールヴェル夫人は手紙を送らないように懇願し、今回も彼は従った。それから数週間後に、彼は予告もせずにシャトーを訪れる。彼と一緒にいると、トゥールヴェル夫人は顔を赤らめ、おどおどと落ち着かず、常に視線を逸らしていた――彼の誘惑が効いている証拠だ。夫人はまたしても、彼にシャトーを出ていくように頼んだ。「何を恐がっているのですか?」と彼は応じた。「私はいつだってあなたの頼みに従ってきた。あなたに何かを無理やり迫ったことは一度もなかったでしょう」と。ヴァルモンが少し距離を保っていると、しだいに彼女も落ちついてきた。彼が部屋に入ってくると入れ替わりに退室することもなくなり、彼の目をまっすぐ見られるようになった。散歩に誘われても断らない。「お友だちですもの」と彼女は言った。二人で歩きながら、友人らしい仕草で、腕を組んでくるようなことさえするのだった。

ある雨の日、二人はいつものように散歩に行くことができなかった。ヴァルモンは廊下で、自室に入ろうとしている夫人と出会う。彼女は初めてヴァルモンを部屋の中へ招き入れた。夫人はリラックスしているようだった。ヴァルモンは同じソファに並んで腰かけ、彼女への愛について語った。彼女は、消え入りそうな声で異議を唱えた。彼が夫人の手を取る。彼女は手を握られたまま、ヴァルモンの腕にもたれかかる。その声は震えていた。彼女がヴァルモンを見つめると、彼は胸の高鳴りを覚えた――彼女の眼差しは優しく、愛に満ちていた。彼女が話しはじめる――「そうなのよ!　ええ、わたし……」――すると突然、彼の腕の中へくずおれ、泣きだした。弱さをさらけ出した瞬間だった。それでもヴァルモンは自分を抑えた。彼女は激しく泣きじゃくりながら、「わたしを助けてください。恐ろしい過ちを犯してしまう前にこの部屋から出ていってください」と懇願した。彼はそのとおりにした。翌朝、ヴァルモンが目を覚ますと、思わぬ知らせを耳にした。彼女が、体調が悪くなったからと言い残し、真夜中のうちにシャトーをあとにして自分の邸へ戻ったというのだ。

ヴァルモンは、彼女をパリまで追うようなことはしなかった。ただ、夜遅くまで起きているようになり、みるみるうちにやつれていった。しかしその顔を白粉（おしろい）で隠そうとはしなかった。毎日礼拝堂へ行き、しょんぼりと足を引きずるようにして、シャトーの周りを歩いた。シャトーの女主人が、夫人に宛てて手紙を書くはずであり、自分の惨めな様子が彼女の耳に届くと確信していたのだ。次にパリの教父（訳注：洗礼の際の名付け親）に手紙を書き、トゥールヴェル夫人への伝言を頼んだ——自分の人生を良い方向に変える準備ができた。ついては、彼女に別れを告げ、この数か月のあいだにもらった手紙を返すために、最後にもう一度だけ会いたい——と。教父が二人の面会の場を設けた。こうして、ある午後、ヴァルモンは、パリにあるトゥールヴェル夫人の邸の一室で、ふたたび二人きりになる機会を得ることができた。

法院長夫人は明らかに緊張していた。彼の目を見ることもできない。儀礼的な挨拶を交わし終えると、ヴァルモンが辛辣な口調でこう告げた。「あなたは、残酷な仕打ちを続けてきた。私を不幸にしようという意図をもっていたのは明らかだ。だが、それも今日までのこと。あなたの望みどおり、今日かぎりでお会いすることはないのだから」と。トゥールヴェル夫人が反論する。「わたしは夫のいる身です、そうする以外にないでしょう」。ヴァルモンは口調を和らげて、謝罪した。「これほど強い感情に駆られたのは初めてで、自分を抑えることができなかったのです」と。「どちらにしても、もう二度とあなたを困らせることはないでしょう」。そう言って、返そうと思って持参した手紙をテーブルの上に置いた。

トゥールヴェル夫人が彼に近づいた。自分の出した手紙を見ると、二人が演じた騒動の記憶がすべて甦ってきて、心が強く揺さぶられた。「あなたが放埓（リバティーン）な生き方を捨てると決意されたのは、自ら進んでそうされたのだと思っていましたわ」と彼女は言った――まるで自分が捨てられることを腹立たしく思っているかのように、少し皮肉めいた口調だ。「いいえ、自ら進んで決意したのではありません」と彼は答えた。「あなたに拒絶されたからです」。そう言うと突然、近寄って、彼女を抱きしめた。彼女は抵抗しなかった。「かわいらしいひとよ！」。彼が叫ぶように言う。「あなたは、ご自分がどれほど愛をかき立てているのか、わかっていないのだ。私がどれほどあなたを崇拝したかも知らず、あなたへの気持ちが命よりも大切だということもご存じないのだ！　……あなた（の毎日）が、私から奪った幸せに恵まれますように！」。ヴァルモンは彼女を放し、立ち去ろうと背を向けた。

突然トゥールヴェル夫人が激高した。「わたしの話をお聴きなさい。よろしいこと」と言って彼の腕を掴んだ。彼は振り向き、二人は抱き合った。彼はもう待たなかった。彼女を抱き上げて足乗せソファ(オットマン)へ運びながら、キスを浴びせ、いま自分がいかに幸せを感じているかを甘く囁(ささや)きかけた。突然、彼の愛情表現に包み込まれ、夫人は抵抗するのを止めた。「いま、この瞬間から、わたしはあなたのものです」と彼女は言った。「あなたが、わたしの唇から拒絶や後悔を聞くことは、もう二度とないでしょう」。トゥールヴェル夫人はその言葉に忠実だった。ヴァルモンがうすうす気づいていたことが正しかったことも証明されることになった。つまり、彼女から勝ちとった快楽は、ほかのどの女性を誘惑したときよりも、はるかに大きいものだった――。

〈解説〉ヴァルモン――コデルロス・デ・ラクロによる一八世紀の小説『危険な関係』の登場人物――は、一目見ただけで法院長夫人についていくつかのことを感じとることができた。彼女は内気で神経質だ。彼女の夫は、ほぼ間違いなく彼女に敬意を持って接している――おそらく敬意を持ちすぎているだろう。神や信仰に関心を持ち、貞淑を重んずる彼女の中には、実は情熱的な女性が隠れている。ロマンティックに誘惑されたり、熱心な求愛者にちやほやされたりすることに弱い女性だ。夫を含めて、彼女をそうした気持ちにさせてくれる男性は、これまでいなかった。なぜなら、彼らはみな彼女の貞淑そうな外見に気後れしてしまうからだ。

次にヴァルモンは、遠回しなやり方で誘惑を開始する。トゥールヴェル夫人が彼の悪い評判に、密かに魅了されていることはわかっている。生き方を変えようと真剣に考えているかのように振る舞うことで、彼を改心させたいと夫人が望むように仕向ける――その願望は、彼を愛したいという無意識の願望の表れなのである。ほんの少しでも心を開いたとみるや、彼女の虚栄心を突く。彼女は、これまで一人の女性として誰かに求められたことがなかった。心のどこかで彼の愛を喜ばずにはいられない。当然、彼女は葛藤し、抵抗しようとする。しかしそれは、彼女が気持ちを掴まれてしまった証拠でしかない（誘惑において、もっとも有効かつ唯一の抑止力は無関心である）。

誘惑をゆっくり進めること、そして好機があっても大胆な一手を打たないことで、ヴァルモンは彼女の中に偽りの安心感を植えつけた。また、忍耐強くあることで、自分の価値を誇示した。最後の訪問を装いながらも、彼女の準備が整っていることを彼は感じとっていた――憔悴し、混乱し、姦通の結果もたらされる苦しみよりも、誰かに求められるという麻薬のように病みつきになった感情を失うことを恐れている。ヴァルモンはわざと彼女を感情的にさせ、芝居がかった演出で彼女からの手紙を見せた。そして押しては引くという駆け引きで緊張感を生み出し、ついに夫人が腕を掴んだ瞬間、いまが一撃を見舞うときだと判断する。素早く行動に移し、彼女に疑ったり、再考したりする隙を与えなかった。だが、それは欲望ゆえの行動ではなく、愛ゆえの行動だと映る。これまで、拒絶や緊張を山ほど積み上げてきたのだ。ついに身をゆだねる喜びがどれほど大きいことか。いまこの瞬間、大いなる解放感となって、クライマックスが訪れたのだ。

恋愛や誘惑において、虚栄心が果たす役割を侮ってはいけない。性急すぎてセックスがしたくてウズウズしているようでは、単に性的衝動（リビドー）に駆り立てられているようにしか見えない。ターゲットの魅力とはまったく無関係だというメッセージを伝えてしまうことになる。だから、クライマックスはできるだけ先延ばしにしたほうがいい。じっくりと口説いたほうが、相手の虚栄心は満たされる。また、あなたの大胆な一手の効果も、より力強く永続的なものになる。ただし、相手を待たせすぎると、また別の種類の不安をかき立てることになる。欲望を見せただけでは勝負に出るには臆病すぎるという印象を与えかねないのだ。「わたしを欲しいと思っているのに、あなたは欲望を叶えるための行動を起こさない。きっと、そこまではわたしに興味がないのだろう」と。このような疑念は、あなたのターゲットの虚栄心を侮辱するものであり（あなたが興味を持たないということは、わたしに魅力がないのかもしれない）、誘惑の最終段階で致命傷となる。気まずさや思い違いが不意に生じてしまいかねないのだ。

ターゲットの様子から、準備が整った——目の輝きに表れたり、あなたの仕草を鏡のように真似たり、あなたがそばにいることで生まれてはじめての緊張感を覚えているように見えたりする——と読みとったなら、攻撃に打って出るべきである。自分の魅力があなたを錯乱させ、大胆な一手に駆り立てたのだと感じさせよう。そうすれば、相手は無上の喜びを得られるだろう。身体的にあなたに身をゆだねながら、心理的に虚栄心が高められるからである。

恋人が臆病さを見せれば見せるほど、わたしたちはますますプライドを燃やして相手を駆り立てようとするのよ。こちらの抵抗に相手が敬意を示せば示すほど、わたしたちはさらに深い敬意を求めるの。わたくしたち女性から、喜んであなたがた男性に申し上げましょう。「ああ、お気の毒だけど、わたくしたちがそれほど貞淑だなんて思わないで。あなたがたはわたくしたちに貞淑を求めすぎているのです」と。

——ニノン・ド・ランクロ

誘惑の秘訣

誘惑とは、一つの別世界に足を踏み入れることだと考えよう。現実世界から切り離された別の世界だ。ルールが違うのだ。日常生活ではうまくいくことが誘惑ではまったくの逆効果となりうる。現実世界では、民主化、平準化しようとする衝動が重要な役目を果たしている。あらゆるものを少なくとも平等に近いものに見せる必要があるのだ。パワーのあからさまな不均衡、パワーへのあからさまな欲求は、嫉妬や恨みを呼び起こしてしまう。そこでわれわれは、少なくとも表面上は、親切で礼儀正しく振る舞うことを学ぶ。実際にパワーを持っている人たちでさえ、通常は控え目で謙虚な行動を心がける――他人を怒らせたくはないのだ。

一方、誘惑においては、そうした考えはすべて捨て去っていい。あなたの〝暗黒面〟をさらけ出し、誰かに少し痛みを与えても構わない――とにかく、もっと自然に振る舞おう。この点においては、あなたのありのままの姿そのものが、誘惑的なのである。ここで問題となるのは、われわれが何年ものあいだ現実世界で生きるうちに、ありのままの自分でいる能力を失ってしまったことだ。われわれは、臆病に、謙虚に、そして過剰に礼儀正しくなってしまっている。あなたの仕事は、子供の頃の資質を取り戻し、こうした偽りの人間性を根絶やしにすることなのだ。取り戻すべきもっとも重要な資質は、「大胆さ」である。

生まれつき臆病な人間はいない。「臆病さ」というのは、われわれ自身が編みだした防御策なのである。リスクを冒して何かをやってみなければ、失敗するにしても成功するにしても、その結果に耐える必要はない。優しく控え目にしていれば、他人を怒らせてしまうこともない――むしろ、聖人のような好感の持てる人間に見られるだろう。だが実際のところ、臆病な人間は自己に没頭しがちで、他人が自分をどう思っているかばかりを気にする。決して聖人ではないのだ。そして「謙遜さ」は、社会的には意味のあることかもしれないが、誘惑においては命取りになる。ときには謙虚な聖人を演じることも必要になる――ただし、それはあなたがかぶる仮面なのだ。誘惑では、その仮面を脱ぎ捨てよう。「大胆さ」は誘惑を支える〝筋交い〟だ。エロティックで、誘惑を完遂するためには絶対に欠かせないものである。これを正しく使おう。そうすれば、あなたのいつもの自制心がターゲットのせいで失われたのだと伝えることになる。さらに、同様にして構わないのだというメッセージにもなる。

人はみな、自分のなかの抑圧された面を行動に表す機会を渇望している。誘惑の最終段階では、大胆さが気まずさや疑いをすべて取り払ってくれるのだ。ダンスを踊る際には、二人がともにリードすることはできない。どちらか一方が先導し、相手がそれに従う。誘惑は平等主義ではない。仲良く意見が一致するようなものではないのだ。相手の気持ちを害するのを恐れて、最後の最後に思いとどまったり、主導権を分かち合うのが公平だと考えたりするのは、大惨事を招く処方箋なのである。ここは政治のためではなく、快楽のために用意された舞台なのだ。男性であれ女性であれ、どちらか一方が大胆な一手を炸裂させる必要がある。それでも、どうしても他人のことが気にかかってしまうのなら、征服する側よりも降伏する側のほうが、しばしば大きな快楽を得られると考えて、自分自身を慰めるしかない。

俳優のエロール・フリンは若い頃、手に負えないほど大胆だった。そのせいで度々トラブルに巻き込まれた。魅力的な女性が近くにいると、積極的になりすぎるのだ。やがて極東を旅するあいだに、タントラ教（訳注：タントラと呼ばれる経典を奉じる、インドの神秘主義的教団）におけるアジア式のセックスの技法に興味を持った。すなわち、男性が射精しないで勃起した状態を維持するための鍛錬を重ね、性行為のプロセスにおいて双方の快楽を高めるものだ。後にフリンはこの原理を誘惑にも応用し、生来の大胆さを抑制して誘惑が結実するのをできるかぎり遅らせる方法を自ら編みだした。つまり、大胆さは驚くべき効果をもたらす一方で、手に負えないほどの大胆さは誘惑的でないどころか、相手を怖がらせてしまうものなのだ。自らの意志によって大胆さのスイッチのオンとオフを切り替えられるようになり、どの局面で使うかを学ぶことが必要である。タントラ教と同様に、お決まりの結末を遅らせることで、より大きな快楽を生み出すことができる。

一七二〇年代のこと、リシュリュー公爵は、とある公爵夫人に心を奪われた。人並み外れて美しい女性で、誰もがこぞって求愛した。しかし、彼女はかなり艶っぽい女性だったが、愛人を持つには貞淑すぎた。リシュリューは、じっくりと好機をうかがった。彼女と近づきになり、その優れた機知で彼女を魅了した。これまでも多くの貴婦人たちにそうして慕われてきたのだ。ある夜、彼を慕う貴婦人たちのグループ（公爵夫人も含まれていた）は、彼にいたずらを仕掛けることにした。ヴェルサイユ宮殿の自室から、彼を全裸のまま外へ追い立てようというのだ。いたずらは完璧に成功した。貴婦人たちはみな彼の生まれたままの美しさを堪能し、逃げていくのを眺めて悦に入った。リシュリューには身を隠すことのできる場所がいくつもあった——なんと彼が選んだのは、公爵夫人の寝室だった。数分後、彼女が部屋に入ってきて服を脱ぐのを眺め、ろうそくの火が消されたところで、彼女のベッドに忍び込んだ。彼女は抵抗し、悲鳴を上げようとした。その口を彼がキスで塞ぐ。やがて公爵夫人は、幸せそうに彼を受け入れた。リシュリューがそのタイミングで大胆な一手を打つ決心をしたのには、いくつかの理由がある。第一に、公爵夫人は徐々に彼に好意を抱くようになっており、心の中では密かに彼を求めてさえいた。彼女は絶対にそれを行動に移したり、認めたりしないだろうが、彼女にその気があることを彼は確信していた。第二に、リシュリューの裸を見て、それが彼女の目に焼きついているにちがいなかった。第三に、彼にいたずらを仕掛けたことや、それにより彼が窮地にあることに、彼女は同情しているはずだった。熟練の誘惑者であるリシュリューには、これ以上考えられないほどに完璧なタイミングだったのだ。

大胆な一手では、相手に喜ばしい驚きを与える必要がある。しかし驚きが大きすぎてもいけない。ターゲットがあなたに恋しているサインの読み取り方を会得しよう。あなたに対する彼あるいは彼女の態度に、変化が見られるはずである——より従順になったり、あなたの言葉や態度を鏡のように真似たりする——それでも、まだ少し緊張や不安が残っているだろう。内心ではすでに誘惑に屈しているものの、あなたが大胆な一手を打ってくるとは考えていない。手を打つなら、今だ。あまりにも長く待ちすぎて、相手が欲望を自覚し、あなたの大胆な一手を期待するところまでいってしまうと、いきなり驚かせるというピリッとした刺激が失われる。あなたが欲しいのは、ある程度の緊張感と感情の交錯（アンビバレンス）である。それがあってこそ、あなたの一手が大いなる解放感をもたらすのだ。降伏することにより相手は、まるで待ちわびていた夏の嵐が訪れたかのように、緊張を和らげるだろう。大胆な一手を、あらかじめ計画してはいけない。計算づくに見えては台無しだからだ。リシュリューのように、好機が訪れるのをじっくり待とう。得意な状況を見逃がさないこと。そうした状況なら、その場に合わせて臨機応変に即興で動く余裕ができる。あなたが創りだそうとしている、突然、欲望を抑えられなくなったのだという印象をより強く与えることもできるだろう。もし相手が大胆な一手を期待していると少しでも感じとったら、一歩後退しよう。そして、偽りの安心感を与え、なだめてから、一気に攻めかけよう。

一五世紀、作家のバンデッロは、ヴェネツィアのある若い未亡人が突然ハンサムな貴族に欲望を覚えるという物語を書いている。彼女は父親に頼んで、仕事の打ち合わせのために彼を城へ招いてもらう。しかし、打ち合わせの途中で父親が中座しなければならなくなり、彼女は若者に城の中の案内を申し出た。若者は彼女の寝室に興味をそそられた。彼女が城の中でいちばん素晴らしい部屋だと伝えつつ、部屋の中に入れることなく通り過ぎたからだ。彼はぜひ部屋の中を見たいと頼み、彼女はその願いを叶える。彼は魔法にかかったように魅了された。ヴェルヴェット、希少なオブジェ、挑発的な絵画、繊細な白いろうそく——。魅力的な香りが部屋に満ちている。未亡人は一本を残してすべてのろうそくを消してから、若者をベッドへと導く。ベッドはあらかじめ寝床用あんか（ウォーミング・パン）で温めておいた。若者はあっという間に彼女の愛撫に屈した。この未亡人のケースを見倣おう。あなたの大胆な一手には、演劇の要素を取り入れるべきである。そうすることで、忘れられないものになり、あなたの積極性を好ましいものに見せることもできる。まるでドラマの一シーンのように——。劇的な演出は、舞台づくりから始めることができる——エギゾティックな場所、または官能的な場所を選ぶのだ。あるいは、あなたの行動でも演出できる。この未亡人は、自分の寝室について謎かけをすることで犠牲者の興味を煽った。そして、不安の要素——たとえば、誰かに見つかるかもしれないというような――は、緊張感を高めてくれるだろう。忘れないでほしい。あなたが演出するこの瞬間は、変わりばえのしない日常生活の中で、ひときわ輝くものでなくてはならないのだ。

ターゲットを感情的にさせておくことによって、抵抗を弱めると同時に、その瞬間のドラマ性を高めることができる。そして相手を感情的なままにしておく最良の方法は、あなた自身の感情を〝伝染〟させることだ。ヴァルモン子爵が法院長夫人を落ち着かせたり、怒らせたり、あるいは優しくさせたいと思ったとき、まず彼がその感情を示すと彼女がそれを鏡のように真似た。人は、周りにいる人の気分に影響されやすいものである。これは誘惑の最終段階で特に著しくなる。ターゲットが抵抗を緩め、あなたの魔法にかかっている状態だ。大胆な一手を繰り出すときが来たら、あなたがターゲットに抱かせたいと思う、どのような感情でも伝染させられるようになろう。言葉を使って示唆するのではない。ターゲットの無意識にアクセスしたいのだから、感情を伝染させて、意識的な抵抗を迂回するのが最善策となる。

大胆な一手は、男性が打つものと思われがちだが、成功を納めた大胆な女性は、歴史上いくらでもいる。女性の大胆さには主に二つの形態がある。一つ目は、より伝統的な形である。コケティッシュな女性が男性の欲望をかき立て、完全に主導権を握る。そして、犠牲者を沸騰寸前にさせておいて最後の瞬間に身を引き、男性に大胆な一手を打たせるのだ。女性がすべてをお膳立てし、受け入れる準備ができているという合図を眼差しや仕草で送る。いつの時代も、高級娼婦（クルチザンヌ）たちはこの手法を使ってきた。クレオパトラがアントニウスに仕掛け、ジョゼフィーヌがナポレオンを誘惑し、ラ・ベル・オテロがベル・エポックに莫大な財産を築いた方法だ。この方法なら、女性が真の侵略者であるにもかかわらず、男性は自分が男らしいという幻想を抱きつづけることができる。

女性の大胆さの二つ目の形態は、そうした幻想など全く気にかけない。単純に女性が主導権を握り、最初のキスを仕掛け、犠牲者に飛びかかる。これはマルグリット・ド・ヴァロワ、ルー・アンドレアス・ザロメ、それに毛沢東夫人が実践した方法である。それでも、多くの男性は男らしさが奪われると感じないばかりか、大いに興奮を覚える。すべては犠牲者の不安や性癖しだいなのだ。この種の大胆さは、一つ目よりも稀であるために魅力を持つのだが、そもそも、どのような大胆さも稀なのである。大胆な一手は、気のない夫や臆病な恋人、ためらいがちな求愛者などが繰り出す通常の手段に比べると、常に際立つだろう。それこそ、あなたの望みどおりだ。誰もがみな大胆であれば、大胆さは、たちまちその魅力を失ってしまう。

イメージ

夏の嵐。毎日毎日、暑い日が続いている。終わりは見えない。土はカラカラに渇ききっている。すると、あたりが静まりかえる。どんよりとして重苦しい――嵐の前の静けさだ。突然、風が吹きはじめ、稲妻が光る。興奮と恐怖が襲う。反応したり、走って雨宿りする余裕もなく、雨が降りだす。そして同時に解放感がもたらされる。ついに来たかと。

例外

二人の人間が互いに合意のもとで結ばれるのなら、それは誘惑ではない。考察すべき例外はない。

さらに、もう一つ得なことがあった。私の心を捕えて離さぬ、涙に濡れた、かつて見たことのないほどに美しい顔を、心ゆくまで拝むことができたのだ。私の全身を駆け巡る血は燃えたぎり、もはや自分を制御することもできず、いっそこの場で思いを遂げたい、と念じたほどだった。

私としたことが、かねての計画も忘れ、持久戦のおもしろさ、敵方惨敗の一部始終を見る楽しみを味わうことなく、ただただ勝利を急ごうとしてしまった。トゥールヴェル夫人の征服者をもって任ずる身が、情欲に駆られ、あげく苦労しがいのない女をまた一人、手に入れてしまうところだった。人間とは、いかに時の運に振り回される弱い存在であることか。彼の女よ、わが腕に身を委ねよ。されど戦え。たとえ自分を克服する力がなくとも、抵抗する力を持ってほしい。自分の弱さを十分に思い知らせ、切羽詰まって兜を脱がせたい。シカを騙し打ちにするのは卑しい密猟者の業。真の狩人というものは、シカを手捕りにしなければならないのだ。

コデルロス・デ・ラクロ『ヴァルモン子爵』

ご存知でしょう。女には自ら身を任せるにも口実がいるのです。男の暴力に屈したように見せかけるほど、女に都合のいい口実はありません。たとえば私にとって一番ありがたいのは、力に任せた、しかも迷いのない攻撃です。こちらがつけ込むべき立場にあるところを、あべこべに尻拭いせねばならぬような、そんな間の悪い思いを決してさせない攻撃。女が許すことにさえ、さも暴力を振るうように見せかけ、女の喜ぶ二つの欲望、すなわち守る誇りと敗れる喜びをともに満足させてくれる攻撃です。

コデルロス・デ・ラクロ『メルトゥイユ侯爵夫人』

多少なりとも良識ある男なら、接吻に必ずや甘い言葉を添えるもの。女が接吻で応えずとも、構うことなく奪うのだ。はじめのうちはきっと抗って、「なんて失礼な！」と叫ぶだろう。だが抗いつつも、女は征服されることを望んでいる。ただし、無骨なあまり、女の柔らかい唇を傷つけたりせぬように。乱暴はやめて、と女が文句を言う間を与えないことが肝心だ。接吻を奪っておきながら、それ以上を奪おうとしない男など、結局は手にしたものを失って当然だ。

接吻を奪ったなら、満願成就まではあと一歩だったというのに。悲しいかな、節度と野暮は表裏一体である。

オウィディウス『恋愛指南』

私はこれまであらゆる快楽を体験し、種々の幸運に恵まれてきた。王君との親交、勝ち得た財産、失ったものを探し出した喜び、長い別れの後の回帰、恐怖の後に手にした安全、財産の完全な保護などなど。しかし、そのいずれも愛の成就がもたらす歓喜には及ばない。その愛が永らく拒否と断絶を経てきたのなら、なおさらだ。なぜなら、葛藤の中で熱情は炎となって燃え盛り、募る思いは激しいまでに増すからだ。

イブン・ハズム『鳩の頸飾り』

私はかつて、兄弟である二人の某大公と親しくしていた。二人とも血筋も教養も文句のつけようのない紳士だったが、二人ともそれぞれに貴婦人を恋人にしていた。とはいえ、一方の恋人は、あらゆる点でもう一方の恋人よりはるかに優れた高位の貴婦人であった。ある日、兄弟そろってこの貴婦人の部屋に入っていったところ、彼女はまだベッドに横たわっており、兄弟はそれぞれ別々に自分の恋人と恋の口説に打ち興じたと思っていただきたい。

兄のほうは何しろ相手が高位の貴婦人でもあり、心よりの敬意を込めて、恭しくその両手に口づけをしたり、礼を込めた賛辞を繰り返すものの、それ以上そばへ近づく素振りも見せず、彼女の鉄壁の防御に攻撃を仕掛けることもなく、ただひたすらにかしこまる始末だった。

一方、弟のほうは、しかつめらしいレディファーストも、優しい口説き文句もなく、恋人を窓際へ引っぱり込むや、力に任せて彼女の下着をいきなり引き下げた。剛勇をもって聞こえていたこの弟には、目は口ほどに物を言い、とか、表情や言葉で相手にそれとなく知らせるなどという、スペイン式の口説き作法などはどこ吹く風で、それよりも、真に女に惚れた男なら、こうしたいと思っている至極単刀直入のやり方で女を愛撫するほうがいいということを、そのものずばりで相手にわからせたのである。

さて弟は、行為を終えると、それ以上、弾を込めることを止めた。しかし帰り際に、自分の相手にも聞こえるような大声で、兄に向かってこう言った。

「兄さん、僕のようにやらなければ何もできませんよ。よそへ行ったら勇敢な荒武者で、したいことならなんでもやってしまうなんて大口を叩いていますが、こういうときこそ、その勇敢さを見せなければ、荒武者の名が廃れるってものですよ。ここは礼儀第一の場所なんかじゃなく、兄さんがどう出てくれるか、期待に胸をときめかしているご婦人をお相手する場なんですから」

こう言って、弟は兄を置いてきぼりにして出ていったが、兄のほうも差し当たって、あらためて攻撃を仕掛けるでもなく、満を持して、成果は他日に譲ることにした。しかし、だからといって相手の貴婦人が彼を見直し、尊敬するわけではさらさらない。むしろ、なんて冷淡な殿方なのとか、度胸のない意気地なしねとか、あるいはどこか身体に悪いところでもあるのではないかしら、などといろんな憶測を巡らすのが落ちである。

ブラントーム『好色女傑伝』

女が次のようなサインを送るときは、自らの愛をほのめかしているのだから、男は敢然と女に迫らねばならない。すなわち、男に話しかけられる前に、自分から呼びかけるとき。ほかに人のいないところで男の前に姿を現わすとき。話す声が震え、言葉がはっきりしないとき。喜びで顔が輝き、手や足の指が汗ばんでいるとき。まるで何かに驚いたかのように、あるいは疲れてよろけたかのように、男の身体に両の手をつくとき――。

（中略）

女がサインや動作で自らの愛を男に表したなら、男は即座に彼女を征服するためにあらゆる手段を尽くすべきだ。臆したり躊躇してはならない。隙が見つかれば、それを最大限利用すること。チャンスを前に怖気づいて台無しにするような男には、女は間違いなく嫌気が差すものだ。大胆さは鉄則である。それによって得られるものしかなく、失うものは何一つないのだ。

エドワード・ウィンザー編『ヒンドゥーの恋愛術』

24 余波に注意せよ

危機は誘惑が成功した直後にやって来る。感情の盛りあがりが最高潮に達したあとに、その反動――倦怠感、不信感、失望感――が生じるのはよくあることだ。別れを長く引き延ばすことのないように注意しよう。不安になった犠牲者は、あなたにしがみついて離れない。それでは二人とも苦しむことになる。もし別れるつもりなら、一刻も早いほうがいい。もし必要なら、相手にかけた魔法をゆっくりと解いていこう。もし関係を続けるつもりなら、衰えていく活力や、忍びよるなれなれしさに気をつけよう。ファンタジーを台無しにされてしまう。ゲームを続けるなら、二度目の誘惑が必要になる。あなたがいて当然と、相手に思わせてはいけない――会わない期間をつくり、痛みと混乱を与え、相手をハラハラさせておこう。

魔法を解く

誘惑は一種の〝魔法〟である。誘惑するときには、あなたはいつものあなたではない。自らの存在価値を高め、複数の役割を演じ、悪いクセや不安を戦略的に隠している。あなたは意図的にミステリーやサスペンスを創りだし、犠牲者にドラマのような現実を体験させてきた。あなたに魔法をかけられて、誘惑された相手は仕事や責任に縛られたこの世界から、どこかへ連れ去られた気分になれる。

あなたは望むかぎり、あるいはできるかぎり、この状態を続けていくだろう。緊張感が高まり、感情はかき立てられるばかりだ。そして、ついに誘惑が完遂する瞬間が訪れる。その後は、ほぼ否応なしに魔法が解けはじめる。緊張から解放されると、興奮が冷め、活力も低下していく。実際には感情の自然な流れにすぎないとしても、相手があなたに直接、嫌悪を向けるという形さえ取りうるのだ。まるでドラッグの効果が切れていくように、ありのままのあなたの姿が見えるようになり、そこに必ずある欠点に落胆してしまう。あなたのほうも、おそらくターゲットをどこか理想化しがちであり、いざ欲望が満たされると、相手が弱く見えてしまうだろう（とにかく、相手はあなたに屈したのだから）。あなたもまた、落胆するかもしれない。たとえ最高の状況にあるとしても、あなたはいまファンタジーではなく現実と向き合っているのである。炎はゆっくりと消えていくだろう。あなたが二度目の誘惑を始めないかぎりは――。

ターゲットを切り捨てるつもりなら、こうしたことは全く関係ないと考えるかもしれない。だが、ときとして関係を終わらせようとすることで、軽率にも相手にかけていた魔法の効力を甦らせてしまうことがある。それが彼あるいは彼女を執拗にあなたにしがみつかせる原因となる。いずれにしても――相手を切り捨てるにしても、カップルとしてまとまるにしても――魔法を解くことを考慮に入れなくてはならない。誘惑後に必要となる〝ポスト誘惑術〟というものが存在するのである。

望まぬ余波を避けるために、次に述べる戦術を習得しよう。

〈惰性に立ち向かえ〉あなたが以前ほど力を向けていないと感じとるだけで、相手を幻滅させるには十分だ。誘惑の過程であなたが何をしたかを振り返り、巧みに操作されていたことに気づくだろう。あのときのあなたは何かを欲し、そのために手を尽くしたが、いまは自分を軽く見ているのだと。一度目の誘惑が終わったら、そのときこそ、これで終わりではない――自分の価値を証明し、相手に興味を集中し、誘惑しつづけたいのだ――と示そう。相手に魔法をかけつづけるには、それで十分だ。物事が心地良く型どおりに落ち着いてしまう傾向に立ち向かおう。相手を挑発しよう。たとえ、それが痛みを与えたり後退したりの再演になっても構わない。また、身体的魅力には決して頼らないこと。何度も目に触れれば、美しささえ魅力を失うものである。惰性を撃退するには戦略を立てて努力するしかない。

〈謎を維持せよ〉誘惑において、なれなれしさは死を意味する。もしターゲットがあなたのことを何もかも知ってしまえば、二人の関係は快適といえるレベルに達するものの、ファンタジーや不安という要素を失う。不安とほんの少しの恐怖心がなければ、エロティックな緊張感は消えていく。現実は誘惑的ではない、ということを覚えておこう。あなたの性格にいくつか秘密の部分を残しておこう。そして相手の期待を裏切ろう。会わない期間をつくって、すがりつきたい、所有したいという相手の引力を粉砕してしまうのだ。そうしないとなれなれしさの侵入を許してしまう。何らかの謎を維持すること。でなければ軽く見られてしまう。その結果がどうなろうと、責めるべきは自分自身以外にない。

〈軽さを維持せよ〉誘惑はゲームであり、生死を賭けるようなことではない。〝誘惑後〟の段階では、物事をより深刻かつ個人的に受け止め、あなたを楽しませない振る舞いについて文句を言うようになりがちだ。そうならないように全力を傾けよう。なぜなら、それはまさにあなたが望まない効果を生みだすからだ。文句を言ったり、不満を伝えたりすることでは、他人をコントロールすることはできない。相手を守勢に立たせ、問題を悪化させるだけである。以前と変わらず感じよく接しているほうが相手をうまくコントロールできる。遊び心――相手を喜ばせ、楽しませようとするちょっとした策略など――や、相手の過ちに対する寛大さが、ターゲットを従順で扱いやすくしてくれるだろう。相手を変えようとしてはいけない。そうではなく、あなたのリードに従うように仕向けるのだ。

〈ゆっくりと燃え尽きるのを回避せよ〉 一方の魔法が解けたにもかかわらず、別れる勇気に欠けているというのはよくあることだ。そこで別れる代わりに、彼あるいは彼女は心の中に閉じこもってしまう。この心理的な後退には、会わないことと同じ効果があり、これによって、うっかり相手の欲望にもう一度、火をつけ、追いかけては退くというもどかしいサイクルが再び始まるかもしれない。どんなものも、ゆっくりと崩壊していく。魔法が解けたと感じ、おしまいだと確信したのなら、関係を素早く終わらせよう。詫びの言葉など不要である。そんなものは相手を侮辱するだけだ。素早く別れたほうが克服しやすい場合が多い――相手に対して、もう魅力を感じていないのではなく、あなたが誠実でいることが難しくなったかのように見えるからだ。いったん本当に魔法が解けてしまえば、もう戻ることはできないのだから、不誠実な哀れみの気持ちから関係を続けていてはいけない。きっぱりと別れるほうが思いやりがある。それが不適切だとか見苦しいと感じるなら、非誘惑的（アンチセダクティブ）な振る舞いをして意図的に魔法を解いてしまおう。

相手を切り捨てた事例およびカップルとしてまとまった事例

1 一七七〇年代のこと、ハンサムな騎士のベルロッシュは年上の女性、メルトゥイユ侯爵夫人との情事を始めた。二人は頻繁に逢瀬（おうせ）を重ねていたが、やがて彼女がケンカを仕掛けてくるようになった。予測のつかない彼女の気まぐれによって魔法にかけられたベルロッシュは、何とか彼女を喜ばせようと手を尽くした。愛情や優しさを浴びせるように注いだのだ。ようやくケンカもなくなり、日が経つにつれて、ベルロッシュはメルトゥイユに愛されていると確信していった。ところがある日、訪ねてみると、彼女が自宅にいない。使用人がベルロッシュをドアで出迎え、「パリ郊外にあるメルトゥイユの秘密の別宅へお連れします」と伝えた。メルトゥイユは、はじめて見せるコケティッシュな雰囲気で待っていた。彼女は、まるでそれが二人にとって初めての逢引きであるかのように振る舞った。これほど情熱的な彼女を見るのは初めてだった。

ベルロッシュは、これまで以上に深く恋に落ち、夜明けとともに去った。しかし数日後、二人はふたたびケンカをする。それ以来、侯爵夫人は冷たくなり、パーティで別の男に色目を使っているのをベルロッシュは目撃する。彼は身震いするような嫉妬を感じた。しかし以前と同様、彼の選んだ解決法は、ますます侯爵夫人を思いやり愛情を注ぐことだった。気難しい女性をなだめる方法として彼に考えられるのは、これしかなかったのだ。

さて、メルトゥイユは郊外の別宅で処理すべき仕事があり、そこで数週間、過ごさなければならなくなった。彼女はその長期滞在にベルロッシュを誘った。彼は喜んで同意した。前回そこに泊まったことで、二人の関係に新しい命が吹き込まれたことを思い出したのだ。また彼女に驚かされた。彼女の愛情が、そしてベルロッシュを喜ばせたいという欲望が甦っていたのだ。だが今回は、翌朝になっても彼女のもとを去る必要はない。そのまま何日かが過ぎた。彼女は来客をもてなすことを拒んだ。外の世界に二人の邪魔をされたくない。そして今回は、冷たい雰囲気もケンカもなく、ただただ陽気で愛に満ちている。にもかかわらず、ベルロッシュは侯爵夫人に少しずつ飽きはじめた。パリのことや顔を出せないパーティのことが気になった。一週間後、彼は仕事を口実に滞在を切り上げ、急ぎパリへと戻った。どういうわけか、以前ほど彼女が魅力的だとは思えなくなっていた。

〔解説〕 コデルロス・デ・ラクロの小説『危険な関係』の登場人物の一人、メルトゥイユ侯爵夫人は熟練した誘惑者だ。彼女は情事をずるずると長く続けることはしない。ベルロッシュは若くてハンサムだが、それだけの男でしかない。彼に対する興味が薄れだすと、彼女は秘密の別宅へ彼を招き、関係に目新しさを注入することにした。しばらくは効果があったものの、十分ではない。この騎士とは終わりにしよう。彼女は冷たくし、怒りをぶつけ（ケンカになればいいという願いから）、おまけに別の男に興味を示すことまでやって見せた。これらはただ、彼の執着を強めただけだった。このまま彼を捨てることはできない――復讐心に燃えるか、あるいは彼女を取り戻そうと、よりいっそう励むかもしれない。解決策はというと――彼女は溢れんばかりの心配りをすることで意図的に魔法を解いたのだ。優しさと冷たさを交互に繰りだすパターンを捨て、どうしようもなく愛しているふりをする。来る日も来る日も彼女と二人きりでは、ファンタジーを膨らませる余地がなくなる。そうしているうちに、ベルロッシュには彼女が魅力的に映らなくなり、彼のほうから関係を断つことにした。もとより、これは彼女が望んだ結果だった。

相手と別れるのがあまりに厄介か、非常に困難であるなら（あるいは、あなたにその度胸がないなら）、次善策を取ろう。彼あるいは彼女をあなたに結びつけている魔法を意図的に解くのだ。よそよそしい態度や怒りは、ただ相手の不安を呼び覚まし、ぞっとするような執着心を生みだしてしまう。そうではなく、愛情や心配りで相手を包み込み、息もつけないほどにしてやろう。あなた自身が執着心や独占欲の強さを示し、恋人の長所や一挙手一投足をうっとりと見つめ、この単調な愛がいつまでも続くと感じさせよう。もはや何の謎も残されていない、コケトリーもない、逃げ場もない――ただ永遠に続く愛があるのみだと。そのような〝脅し〟に耐えられる者など、ほとんどいない。数週間もすれば立ち去るだろう。

2 イングランド王チャールズ二世は、根っからの放蕩者（リバティーン）であった。常に複数の恋人がいた。一番お気に入りの愛人として貴族階級の女性が一人と、より下級な身分の無数の女性たちだ。彼は様々なタイプの女性を求めていた。一六六八年のある夜、王は劇場を訪れ、ネル・グウィンという名の若い女優を一目見て欲情を覚えた。彼女は愛らしく純情そうに見え（当時まだ十八歳だった）、頬には少女らしい赤みが残っていた。しかし舞台の上で暗唱するセリフは慎みがなく、生意気なものだった。激しく興奮した王は、何が何でも彼女をものにしようと決心する。公演が終わると、王は彼女を連れ出した。そして酒を飲んだり騒いだりした後、王宮のベッドへと連れていった。

ネルは魚屋の娘で、初めは劇場でオレンジを売っていた。女優の地位に昇れたのは、脚本家や劇場関係者の男たちと寝たからだ。そのことを恥じてはいなかった（彼女の付き人が誰かに「娼婦なんかの下で働きやがって」と言われてケンカになったとき、こう言って収めた。「そう、わたしは娼婦よ。どうせケンカをするなら、もっとましなことでおやりなさい」と）。ネルのユーモアと生意気な言葉づかいが王を大いに楽しませた。しかし、彼女は生まれが卑しい上に女優であり、一番のお気に入りにすることはとてもできない。〝愛らしく賢いネル〟と幾夜かともに過ごしたあとで、彼は一番の愛人のところへ戻った。フランスの名門貴族の女性、ルイーズ・ケルアイユのもとへ――。

ケルアイユは如才のない誘惑者だった。彼女は手に入りにくい女性を演じ、爵位を授けると約束するまで処女を捧げるつもりはない、とはっきりと告げた。女性を追いかけることが好きだったチャールズ王はこれを楽しがり、彼女をポーツマス公爵夫人に叙した。だが、やがて彼女の欲深さと気難しさに嫌気が差してきた。気分転換のために、王はふたたびネルのもとへ戻った。王が訪ねるといつも、ネルは、食事や酒、それに素晴らしいユーモアで大いに楽しませてくれる。王は退屈しているのか、それとも何か悲しいことでもあるのだろうか？　彼女は王を連れて酒を飲みにいったり、ギャンブルをしたり、あるいは田舎へ連れ出して魚釣りを教えたりもした。いつも楽しいサプライズを隠し持っていた。王が何よりも愛したのは彼女の賢さであり、お高くとまったケルアイユの物まねをしてからかうのが好きだった。公爵夫人は、他国の貴族が逝去した際に、まるで自分の親族であるかのように喪に服すのが習慣だった。ネルもまた、黒服に身を包んで王宮に現われ、さも悲しそうな面持ちで、〝タタールのチャム〟や〝オルノーコのブーグ〟――彼女自身の大切な親戚らしい――の死を悼んでいると言うのだ。公爵夫人の作り笑いや物悲しそうな雰囲気から、本人に面と向かって〝スクインタベラ〟（訳注：スクイントは目を細める、ベラは美女の意）や〝ウィーピング・ウィロー〟（訳注：シダレヤナギの意。ウィーピングは涙を流すこと）と呼んだ。やがて王は公爵夫人よりもネルと多くの時間を過ごすようになる。ケルアイユが一番の座から転落したころには、ネルは実質上、王の一番のお気に入りになっており、王が亡くなる一六八五年まで変わることはなかった。

〔解説〕 ネル・グウィンは野心家だった。権力と名声を欲していたものの、一七世紀において、女性がそれらを得るには男性を介さなければならなかった――王に勝る相手がいるだろうか？　だが、チャールズ王と関係を持つのは、危険なゲームだ。飽きっぽく、多様なタイプの女性を必要とする彼のような男性は、彼女を火遊びの相手として利用したあと、別の女を探しにいくだろう。

この問題に対するネルの戦略は単純だった。王に好きなだけほかの女と会わせ、決して文句を言わなかったのだ。ただし、彼女に会いに来てくれたときには、王が十分に楽しみ、気晴らしできるように計らった。王の五感を快楽で満たし、彼を愛するのに国王という身分はまったく関係ないかのように振る舞った。多様な女性たちの相手をするのは、神経をすり減らすものであり、多忙な国王を疲弊させる。女性たちはみな王に対して多くの要求をした。もし、そのような多様性をたった一人の女性が提供できるとしたら（女優であるネルは、異なる役を演じ分けることができた）、その女性は大きな強みを持つことになる。ネルは決してお金を求めなかったが、チャールズは財産を与えつづけた。彼女は一番のお気に入りになりたいとは言わなかった――どうしてそんなことが言えよう？　彼女は平民なのだ――。それでも、王は彼女をその立場に引き上げた。

あなたのターゲットの多くは、王や女王のようなものだ。すぐに飽きられてしまう。いったん誘惑が終わってしまえば、あなたを理想化するのが難しくなるだけでなく、別の相手に気持ちが移るかもしれない。よく知らない相手は、刺激的で詩的に見えるものなのだ。気晴らしにほかの相手を求めるターゲットが、多様性によってその欲求を満たすのはよくあることである。文句を言ったり、自己憐憫に陥ったり、特権を要求したりして、〝退屈した王族〟の術中にはまってはいけない。そんなことをすれば、誘惑が終わったあとで自然に魔法が解けるのを促すだけだ。そうではなく、あなたが実は彼らが思っていたのとは違う人間だというところを見せよう。新しい役を演じ、相手を驚かせ、尽きることのない楽しみを提供する――これは楽しいゲームなのだ。何の見返りも求めずに快楽を与えてくれる人間を拒絶するなど、ほとんど不可能である。あなたと一緒にいるときには、常に相手を軽く陽気な気分にさせよう。あなたの性格の中で彼らが喜ぶ面を誇張しよう。ただし、あなたのことなら分かりきっているなどと感じさせてはいけない。最後には、あなたが力を支配し、傲慢な王や女王は落ちぶれた奴隷となるだろう。

3

偉大なるジャズ作曲家のデューク・エリントンは、どこかの町を訪れるたびに必ずバンドメンバーとともに注目の的になった。特にその地域の女性たちの関心を集めた。彼女たちは、もちろん音楽を聴きに集まるのだが、会場に行くと〝ザ・デューク〟その人に心を奪われてしまうのだ。舞台上のエリントンは、落ち着いていて優雅で、大いに楽しんでいるように見えた。とてもハンサムな顔だちで、誘惑するような眼差し（ベッドルーム・アイ）は悪名高いものだった（ほとんど眠らない彼の目の下では、いつも涙袋が腫れていた）。公演が終わると、必ずと言っていいほど女性客の誰かが彼をテーブルに招待し、別の女性客が楽屋に忍び込み、また別の女性客が帰ろうとする彼に駆け寄るのだ。エリントンは近づきやすい存在でいるように心がけており、女性の手にキスをするときには、一瞬、目を合わせるのだった。客が関心を示す目くばせを送ってくることもあり、彼は返す視線で、準備万端だと伝えていた。ときには彼のほうから意味深な視線を送ることもあった。その眼差しに抗える女性はほとんどいなかった。たとえ、その女性が最高に幸せな結婚生活を送っていたとしてもである。

その夜に聴いた音楽の余韻が耳に残ったまま、その女性はエリントンのホテルの部屋にやって来る。彼は流行りのスーツ――彼は良質な服装を好んだ――に身を包んでおり、部屋の中は花で溢れかえっている。隅にピアノがある。彼は何か弾いて聴かせる。その演奏と、さりげなく洗練された彼の仕草は、女性に、まるで自分が演劇作品の中にでもいるかのように感じさせる。さっき見たばかりの公演が、うれしいことにまだ続いているように感じるのだ。公演がすべて終わって、エリントンがその町を発たねばならなくなると、彼は女性に心のこもった贈り物をする。彼女のもとを去るのは、あくまでも演奏ツアーのせいでしかない、そう彼女に思わせるのだ。数週間後、彼女はラジオから流れるエリントンの新曲を聴くかもしれない。すると、その歌詞が自分を想って書いたものに思えてくる。もし万が一、彼が再びその地域を通るようなことがあれば、女性は何としてでも駆けつけ、エリントンは、たとえ一晩だけであっても、女性とよりを戻すのだった。

一九四〇年代のある日、アラバマに住む二人の娘が社交界デビューの舞踏会に参加するためにシカゴへやって来た。エリントンはバンドとともにそこで演奏していた。二人にとって、エリントンはお気に入りの音楽家であり、ショーが終わると彼にサインを求めた。彼があまりにも感じよく魅力的なので、娘のうちの一人がつい、どのホテルに滞在しているのかを尋ねてしまった。彼は歯を見せて大きく笑い、宿泊先のホテルを教えた。二人はホテルを移り、その日遅く、エリントンの部屋に電話をかけて、「わたしたちの部屋で一緒にお酒を飲みませんか」と誘った。彼は承諾した。二人は買ったばかりの美しいネグリジェを身につけていた。部屋にやってきたエリントンは、二人の熱烈な歓迎がまったく普通のことであるかのように、ごく自然に振る舞った。最終的に三人で寝室に行くことになるのだが、そのとき、娘の一人があることを思いついた。彼女の母親がエリントンのファンだったのだ。どうしてもいますぐ母親に電話をかけ、エリントンと話をさせてあげたかった。少しも気分を害することなく、エリントンはその申し出に協力した。数分間その母親と電話で話し、彼女が育てた魅力的な娘を惜しみなく褒めそやし、「お嬢さんのことはご心配なく、私がちゃんと面倒を見ますから」と言った。娘が電話を代わり、「わたしたち、エリントンさんとご一緒だから大丈夫よ、彼ほど完璧な紳士はいないもの」と言った。電話を切るや否や、三人は途中になっていた良からぬ行為を再開した。二人の娘にとって、無邪気な、だが決して忘れることのできない楽しい一夜となった。
ときには、こうした愛人たちが、あちこちから同じコンサートに現われることもあった。エリントンは陽気に振る舞い、彼女たちにそれぞれ四回ずつキスをした（こうした窮地のために、彼が編みだした習慣だ）。すると女性たちはみな、彼が本当に思いを込めてキスをしたのは自分一人だと思い込むのだった。

〔解説〕デューク・エリントンには、情熱を向ける対象が二つあった。音楽と女性である。この二つは相関関係にあるものだ。果てしなく繰り返される情事は、彼の音楽にインスピレーションを与えつづけた。また彼は、そうした情事をまるで演劇のように扱った。彼にとっては、それ自体が一つの芸術作品なのだ。女性と別れるときが来ると、いつも彼は芝居がかった演出をする。気の利いた一言と贈り物で、彼にとってその情事はとても終わりにできるものではないというように思わせたのだ。一緒に過ごした夜について歌った歌詞は、彼が街を去ってから長い時間が経っても、芸術的な気分の高揚を女性たちに与えつづけるだろう。彼女たちがそれ以上のものを求めて、また戻ってきてしまうのも不思議ではない。これは不純な情事、すなわち一夜かぎりの火遊びなどではなく、精神的に高められた経験であり、その女性の人生における大切な瞬間なのだ。そして、彼の気楽な態度のおかげで、女性たちは罪の意識を感じることがなかった。だから母親や夫のことを思い出しても、幻想が台無しになることはない。エリントンは、女性に対する飽くなき〝食欲〟について、決して弁解したり謝罪したりしなかった。彼が浮気性なのは、あくまでも彼の持って生まれた性質であり、女性に非があるわけではないのだ。したがって、彼が欲望を抑えられないとしても、どうして彼を責められようか？　そのような男に恨みを抱いたり、その行動に文句をつけることなど不可能だ。
エリントンは、〝エステティック・レイク〟（美意識の高い放蕩者）といって、多様性を追求しつづけることでしか、女性に対する執着心を満足させることのできないタイプなのだ。一般的な男性なら、女性を追いかけ回していれば、いずれは窮地に陥るものだが、エステティック・レイクが女性の心に険悪な感情を引き起こすことはめったにない。女性を誘惑したあと、カップルとしてまとまることも、相手を切り捨てることも、どちらもしない。期待を持たせたまま、相手を宙ぶらりんにさせておくのだ。翌日になっても魔法は解けない。なぜなら、エステティック・レイクは、別れを楽しく、優雅にさえ感じるような経験にしてしまうからだ。エリントンが女性にかけた魔法は、自然に解けるものではない。

ここでの教訓は単純だ。誘惑して別れたあとの時間も、それまでと同じトーンを維持すること。意識を高めて、美を愛し、感じよくする――。無責任な行動に対して、罪の意識があるように振る舞わなければ、相手は怒りを感じにくい。誘惑は、その瞬間に、すべてのエネルギーを費やす陽気なゲームである。別れも、陽気でかっこいいほうがいい。あなたには、仕事だったり、長旅だったり、何かしらの恐ろしい責務があって、相手から引き離されてしまうのだ。忘れられない体験を創りだして、それから先に進もう。そうすれば、犠牲者は十中八九、別れではなく楽しかった誘惑のほうを覚えているものだ。あなたは敵を作ることなく、一生涯続く〝愛人のハーレム〟を手に入れるだろう。そうしたいと思ったら、いつでもそこに戻ってくることができるのである。

4

一八九九年、二〇歳の男爵令嬢、フリーダ・フォン・リヒトホーフェンは、イギリス人のアーネスト・ウィークリーと結婚した。ウィークリーはノッティンガム大学の教授であり、彼女はすぐに教授夫人という役割に収まった。ウィークリーは妻を大事にしていたが、彼女は平穏な生活と夫の気のないセックスに退屈していった。フリーダはドイツへの里帰りの際に何回か浮気をした。しかしそれもまた、彼女の求めていたものではなく、ふたたび貞淑な妻であり、三人の子供の献身的な母であるという生活に戻った。

一九一二年のある日、ウィークリーの元教え子であるデイヴィッド・ハーバート・ローレンスが夫妻の家を訪ねた。芽の出ない小説家だったローレンスは、教授に専門家としてのアドバイスを求めに来たのだ。教授はまだ帰宅していなかったため、フリーダが相手をした。彼女はローレンスほど熱意に溢れる若者には会ったことがなかった。彼は貧しかった幼少時代のことや、女性を理解する能力が自分に欠けていることについて話した。また、彼女の抱えている不満にもじっと耳を傾けた。おまけに不味い紅茶を淹れたことで彼女を叱った――男爵令嬢であるにもかかわらず叱られたことが、どういうわけか彼女を興奮させた。

ローレンスは、その後も訪問を繰り返したが、ウィークリーではなく、フリーダと会うためだった。ある日、彼は、「あなたを深く愛してしまいました」とフリーダに打ち明けた。彼女も同じ気持ちだと認め、「どこか逢引きのできる場所を探しましょう」と提案した。だが、ローレンスは別の提案をした。「明日、ご主人を置いて家を出てください」――自分のために夫と別れてほしいというのだ。「子供たちのことはどうするの？」とフリーダが尋ねると、ローレンスが答える。「僕たちの愛よりも大事なら、お子さんたちと一緒にいてあげなさい。ですが、数日以内に僕と駆け落ちしていただけないのなら、二度とお目にかかることはないでしょう」と。フリーダにとって、その選択肢はぞっとするものだった。夫のことは何とも思わなかったが、子供たちは彼女の生きがいだった。それでもなお、その数日後、彼女はローレンスの申し出に屈した。こんなに多くのものを要求し、こんなに大きな賭けに打って出る覚悟をした男性に、どうして抗えようか？　もしも拒絶したなら、この先ずっと、あれこれ考えてしまうだろう。こんな男には、一生に一度しか巡り会えないのだから――。

二人はイギリスを出てドイツに向かった。ときどきフリーダは、どれほど子供たちが恋しいかを口にするのだが、ローレンスには、それが我慢できなかった。「いつでも自由に子供たちのところへ戻っていいのですよ」と彼は言った。「ですが、ここに残るのなら、過去を振り返ってはいけません」と。ローレンスは、アルプスへの過酷な登山旅行に彼女を連れていった。男爵令嬢のフリーダは、そのような苦難を経験したことがなかった。しかし、ローレンスは断固として譲らない――二人の人間が愛し合っているというのに、どうして物事を快適にする必要があるのだろう？

一九一四年、フリーダとローレンスは結婚した。しかし、その後、数年間は同じようなパターンが繰り返された。ローレンスは、彼女の怠惰な性格、子供たちを恋しがって落ち込むこと、それに家事能力のひどさを叱った。お金をほとんど持たずに彼女を連れて世界中を旅した。彼女が切に願ったにもかかわらず、どこかに定住することはなかった。二人はケンカが絶えなかった。アメリカのニューメキシコ州でのことだ。あるときローレンスは、友人たちの面前で彼女を怒鳴りつけた。「口にくわえている汚いタバコを捨てろ！　それから、太った腹を突き出すな！」。「そんなことを言うのは、やめたほうがいいわよ、でないとわたしもあなたの悪いところをみんなに言うわ！」と彼女は怒鳴り返した（彼女はローレンスと同じやり方で彼に仕返しすることを学んでいた）。二人は揃って外へ出た。友人たちは、暴力沙汰になることを心配して見守っていた。二人は、友人たちの視界から姿を消したかと思うと、またすぐに現われた。なんと二人は腕を組み、笑いながらうっとりと見つめ合っている。ローレンス夫妻について、いちばん当惑させられるのはその点である。結婚して何年も経っているのに、二人はしばしば互いに夢中の新婚夫婦のような行動を取ったのだ。

〈解説〉ローレンスが初めてフリーダに会ったとき、すぐに彼女の弱点が何かを感じとることができた。彼女は閉じ込められているように感じていたのだ。自分を愚かだと感じてしまうような夫婦関係と、甘やかされた生活に——。彼女の夫は、世のほかの夫たちと同様に、優しくはあるものの、妻に十分な関心を向けない。彼女はドラマや冒険を渇望しながら、自らそれを実現させるには怠惰すぎた。ドラマと冒険とは、まさしくローレンスが提供したものだ。閉じ込められていると感じるかわりに、彼女は、いつでも彼のもとを去る自由を得た。彼女を無視するのではなく、四六時中、彼女を批判した——少なくとも彼女に関心を向け、決して軽く見ることはなかった。快適さや退屈ではなく、冒険やロマンスを与えた。儀式のような頻度で彼が吹っかけるケンカもまた、際限のないドラマを演出するものであり、ドラマティックな仲直りの余地が確保されていた。ローレンスは彼女の中に小さな恐怖を呼び起こした。それにより、フリーダは常に不安定になり、彼のことを信じきれずにいた。その結果、二人の関係は決して色褪せることがなかった。常にリフレッシュしつづけたのだ。

もし、あなたが望んでいるのがカップルとしてまとまることであれば、誘惑を決してやめてはならない。そうでなければ、いずれ退屈が忍び込んでくる。そして誘惑のプロセスを継続させるベストの方法は、断続的にドラマティックな要素を注入することである。これには痛みを伴う可能性がある——古傷を広げ、嫉妬を呼び起こし、関係を少し後退させる（こうした振る舞いを、相手に文句をつけたり、やかましく批判したりすることと混同してはいけない——この痛みは戦略的に与えるものであり、固定化したパターンを打ち砕くことを目的に練られたものなのだ）。その一方で、喜びをもたらすことも可能だ。もう一度自分の価値を証明すること、素敵なディテールに気を配ること、そして新しい誘惑を創りだすことを考えよう。要するに、痛みと喜びの両方を調合するべきである。どちらか一方が多すぎると、誘惑は成立しないのだ。ターゲットはすでに屈しているのだから、一度目と同じ誘惑を繰り返すわけではない。ただ、ちょっとしたショック、言わばモーニングコールのようなものを与えて、二つのことを示すのだ。あなたがいまも努力を止めていないということと、あなたが一緒にいて当然だなどと考えることはできないということである。ちょっとしたショックが、以前与えた毒を混ぜ返し、残り火を煽り立てるだろう。そしてあなたを、スタートラインに立ち返らせてくれる。最高に心地いい新鮮さと緊張感に溢れていた出会いの頃に——。

快適さと安心は誘惑にとって死を意味する、ということを覚えておこう。少しばかりの苦難を伴う二人旅は、高価な贈り物や贅沢な生活よりも、深い絆を創りだすのに役立つものである。愛に関して快適さを気にしない若者たちは正しい。その気持ちに立ち戻ることができれば、若さという火花が再び点火されるだろう。

5 一六五二年、フランスの有名な高級娼婦（クルチザンヌ）、ニノン・ド・ランクロは、ヴィラルソー侯爵と出会い、恋に落ちた。ニノンは放蕩者（リバティーン）だった。彼女にとって、哲学と快楽が愛よりも大事だった。だが、侯爵によって新しい感覚を呼び覚まされた。彼はあまりに大胆で、衝動的だった。彼女は生まれて初めて少し自分を見失った。公爵は独占欲が強く、それは彼女が毛嫌いしていた性質だった。だが彼の場合、それが自然で、魅力的にすら映る――ただ自分を抑えられないだけなのだ。ニノンは彼の出した条件を受け入れた。ほかの男性とは関係を持たないというものだ。そして、彼女からの条件として、彼からはお金も贈り物も受け取らないと告げた。二人に必要なのは愛であり、ほかには何も要らないのだと。

彼女は、パリ市内の、侯爵の邸の向かい側に家を借り、毎日のように二人で会った。ある午後、侯爵が突然やって来て、ほかに愛人がいるだろうとニノンを責めた。彼の疑いには根拠がなく、糾弾されるなど道理に合わない、ニノンはそう伝えた。彼はその答えに満足せず、飛び出していった。翌日、ニノンは侯爵が急病だという知らせを受けた。彼女はひどく心配した。ワラにもすがる思いで、誰もがよく知るその長く美しい髪を切ることを決意し、自分の愛と服従の証しとして彼に届けた。その意思表示が実を結び、侯爵は回復した。そして、二人の関係は回復しただけでなく、よりいっそう情熱的なものになった。友人やかつての愛人たちは、ニノンの献身的な女性への唐突な変身ぶりに不満を漏らしたが、彼女は意に介さなかった――幸せだったのだ。

やがてニノンは、二人で遠くへ行きたいと持ちかけた。侯爵は妻のある身で、自分の城（シャトー）へニノンを連れていくわけにはいかなかった。すると友人の一人が、田舎のシャトーを二人の隠れ家として使ってもいいと申し出てくれた。数週間が数か月になり、短期滞在の予定が長めのハネムーンになった。だが徐々にニノンは、何かがおかしいと感じはじめていた。侯爵がますます夫のように振る舞いだしていたのだ。以前と同じように情熱的ではありながらも、自信たっぷりで、まるでほかの男には望むことすらできない確固たる権利や名誉を自分は得ているのだと勝ち誇っているようだった。かつては魅力的に思えた独占欲の強さが、いまや重荷になりだした。しかも、彼は何の刺激も感じさせてくれない。彼女は、ほかの男をいくらでも手に入れることができるのだ。侯爵に負けないほどハンサムで、侯爵ほど嫉妬深くなく、彼女を肉体的に満足させてくれる男を――。

いったんそう気づくと、ニノンは時間をムダにしなかった。「わたしはパリへ戻ります。もうこれきりにしましょう」と侯爵に告げた。彼は懇願し、感情を込めて自分の言い分を訴えた――どうしてあなたはそこまで冷酷になれるのでしょう？　心を動かされたものの、ニノンの決意は固かった。いくら説明をしたところで、問題をこじれさせるだけだ。彼女はパリへ戻り、高級娼婦としての暮らしを再開した。彼女に突然、出ていかれて、侯爵はひどくショックを受けたように見えたが、どうやら見た目ほどひどくはなかったらしく、数か月後には別の女性と恋に落ちたらしいという噂がニノンの耳に届いた。

〈解説〉女性というのは、恋人の振る舞いのわずかな変化について、何か月も考え込んでしまうものだ。それについて文句を言ったり、怒りをぶつけてくるかもしれない。自分自身を責めることさえあるだろう。文句を言われつづける重苦しさから、男性もしばらくは態度を改めるかもしれないが、やがては醜い主導権争いや、決して一致することのない意見の食い違いが生じる。このケースのポイントはどこにあるのだろうか？　いったん魔法が解けてしまったら、本当に手遅れなのだ。ニノンには、どうして魔法が解けてしまったのかをじっくりと考えてみることもできた。いまではうんざりするハンサムな顔だち、精神的な刺激に欠けていること、軽く見られているように感じること――。しかし、それを突き止めることに、なぜ時間をムダに費やすのか？　魔法が解けた。だから彼女は先に進んだのだ。それを説明したり、ヴィラルソー侯爵の気持ちに配慮したり、別れを優しく、彼の受け入れやすいものにしたりはしなかった。ただ彼のもとを去ったのだ。相手のことを深く思いやっているように見える人間や、問題を取り繕ったり、弁解したりする人間は、本当は臆病なだけなのである。そのようなことで優しくするのは、むしろ残酷だと言える。侯爵は、何もかも愛人の薄情で移り気な本性のせいにすることができた。虚栄心やプライドを損なうことなく、簡単に次の情事へと移り、ニノンを忘れることができたのだ。

恋愛関係の終焉をいつまでも長く引き延ばすことは、パートナーに不要な痛みを強いるだけでなく、あなた自身にも長期的に悪い影響をもたらす。あなたは将来、さらに臆病になり、罪悪感という重荷を背負いつづけるだろう。決して罪の意識を感じてはならない。たとえ、誘惑したのも魔法が解けてしまったのも、どちらもあなただったとしてもだ。それはあなたの落ち度ではない。永遠に続けられるものなど存在しないのだ。あなたは、型にはまった日常から相手を引き出して喜びをもたらした。後腐れなく速やかに別れたほうが、長い目で見れば、相手も感謝するだろう。あなたが謝れば謝るほど、相手のプライドを傷つけ、ネガティブな感情を呼び起こしてしまう。そうした感情は何年も先まで相手を悩ましつづけるだろう。不誠実な説明はなしにしよう。問題を複雑にしてしまうだけである。犠牲者は切り捨てられるべきであって、苦しめられるべきではないのだ。

6

ナポレオン・ボナパルトの統治が始まって十五年が経ち、フランスは疲弊していた。あまりに多くの戦い、あまりに多くのドラマ――。ナポレオンが一八一四年に敗北し、エルバ島に幽閉されたころには、フランス国民は平和と静穏を待ちこがれていた。ブルボン家――一七八九年のフランス革命によって退陣させられていた王家――が再び権力の座についた。王はルイ十八世。太っていて、退屈で横柄な男だったが、少なくとも平和が訪れるはずだった。

すると、一八一五年二月に、ナポレオンがエルバ島から劇的な逃亡を遂げたという知らせがフランスに届いた。七艘の小型船に一〇〇〇人の部下を引き連れているという。彼はアメリカを目指し、そこで一からやり直すこともできた。にもかかわらず、なんとカンヌに上陸したのだ。正気の沙汰とは思えない。いったい何を考えているのだろう? 一〇〇〇人の部隊で、フランス陸軍全体と戦うというのか? ナポレオンは寄せ集めの部隊を引き連れて、グルノーブルを目指して出発した。少なくとも、彼の勇気、そして留まることを知らない栄光への渇望とフランスへの愛国心は、誰もが称賛せざるをえなかった。

フランスの農民たちもまた、かつての皇帝の姿を見て、すっかり魅了されてしまった。何と言っても、彼ら農民に多くの農地を再配分してくれた男なのだ。しかも新しい王は、その土地をまた取り上げようとしていた。彼の軍旗に、かの有名な鷲の記章を見て、彼らは沸き立った。革命時のシンボルが復活したように感じたのだ（訳注：「ゴロワの雄鶏」が広くシンボルとして使われていたが、ナポレオンは鷲に変えていた）。彼らは畑を放り出して、行軍に加わった。ナポレオンはグルノーブル郊外で、ナポレオンを阻止しようと王が送り出した最初の部隊が行く手を阻んでいた。ナポレオンは馬を降り、歩いてその隊列に近づいた。「第五軍団の諸君ではないか！」彼は大声で言った。「余を忘れたのか？　諸君の中に皇帝を殺そうと願う者がいるなら、歩み出て殺すがいい。余はここにいるぞ！」。彼はここを狙えとばかりに、灰色の外套を大きく広げて胸を見せた。一瞬の静寂の後、どの部隊からも一斉に叫び声が上がった。「皇帝陛下、万歳！」。この〝一撃〟で、ナポレオンの軍隊は二倍になった。

行軍は続いた。さらに多くの兵士が寝返った。かつてナポレオンが与えてくれた栄光を覚えている兵士たちだ。リヨンの市民は戦うことなく彼の部隊を迎え入れた。より大きな軍隊を率いる将軍たちが彼を阻止するために送り出された。しかし、自ら部隊を先導するナポレオンの姿を目にするのは、感情を大きく揺さぶられる経験だった。彼らもまたナポレオンに寝返った。ルイ国王はフランスから逃亡し、王の座を手放した。三月二〇日、ナポレオンはふたたびパリに入り、たった十三か月前に去ったばかりの王宮に戻ってきた――たった一発の銃弾も撃つことなく、すべてを成し遂げたのだ。

農民たちも兵士たちもナポレオンを歓迎したが、パリ市民、特に彼の政府で働いていた者たちは、それほど熱狂してはいなかった。彼がもたらすであろう嵐を恐れていたのだ。ナポレオンはフランスを一〇〇日間、統治した後、連合軍に敗北し、国内の敵にも敗れた。そして今度は、遠方のセント・ヘレナ島に送られた。彼は、そこで人生の幕を閉じることになる。

〈解説〉ナポレオンは、常にフランスという国と彼の軍隊のことを、まるで求愛し誘惑すべきターゲットのように考えていた。ナポレオンについて、セギュール将軍はこのように書き記している。「崇高な力を発揮するとき、彼は男のように命令するのではなく、女のように誘惑する」。エルバ島からの脱出の一件では、退屈しきった国家を刺激する、大胆で驚くような行動を計画した。フランスに帰還するにあたって、まずはもっとも彼を受け入れてくれそうな人々のところから始めた。つまり、彼を崇拝している農民たちだ。かつてのシンボル──革命を象徴する三色の軍旗、鷲の記章──を再現し、昔、抱いていた感情を呼び覚ました。彼は自ら部隊の先頭に立ち、かつては部下だった兵士たちに自分を銃で撃てと挑みかかる。彼を権力の座に返り咲かせたパリへの行軍は、まさに演劇作品であり、その一歩一歩がもたらす感情的な効果までも計算されつくしていた。この〝かつての恋人〟と、現在統治している間抜けな王とのあいだには、何と大きな差があることか──。

フランスに対するナポレオンの二度目の誘惑は、通常の段階を踏んだ伝統的な誘惑ではなく、〝再誘惑〟と呼べるものだった。かつて抱いていた感情をもとにして、昔の愛を再燃させたのだ。一度誰か（あるいは国家）を誘惑したあとには、ほぼ必ず小康状態に入り、かすかな落胆を覚えるものだ。ときにはそれがもとで別れてしまう。だが、同じターゲットを〝再誘惑〟するのは、驚くほど簡単である。かつての感情は消え去ってしまったのではなく、休眠状態にある。したがって、ターゲットを不意打ちにして、一瞬でものにできるのだ。

過去を、そして青春時代をもう一度生きること──かつて抱いていた感情を感じること──ができるのは、めったにない喜びだ。ナポレオンがしたように、あなたの〝再誘惑〟にドラマティックなセンスを織り込もう。昔のイメージ、シンボル、言い回しを再現することで、記憶を呼び覚ますのである。フランス国民のように、あなたのターゲットも別れの際の険悪さなど忘れてしまい、よかったことだけを思い出すだろう。この二度目の誘惑は大胆かつ迅速に行なう必要がある。ターゲットに考え直したり、疑問に思ったりする時間を与えないこと。ナポレオンのように、現在の恋人との差異を際立たせよう。あなたに比べて、彼あるいは彼女の振る舞いが臆病で退屈だと思わせるのである。

誰もが〝再誘惑〟を喜んで受け入れるわけではなく、気まずいときもあるだろう。ナポレオンがエルバ島から戻ってきたとき、パリ市民は知的に洗練されていて、彼より一枚上手だった。だから、その魂胆を見抜くことができた。南部の農民たちと違って、ナポレオンのせいで疲れきっていたのだ。そしてナポレオンの帰還は、彼らにとっては早すぎた。ナポレオンのことを熟知していたのである。あなたが誰かを〝再誘惑〟したいのなら、あなたのことを知りすぎていない相手を選ぼう。そして、あなたとの思い出になるべく傷ついてない相手、あまり疑い深くない相手、現状に不満を抱いている相手を選ぼう。また、ある程度、時間を置いたほうがいいだろう。時間は、あなたの輝きを復活させ、あなたの罪を消し去ってくれる。相手と別れたり、切り捨てたりしても、それで終わりだとは考えないこと。ちょっとしたドラマや企画で、時間をかけずに取り戻せるのだから――。

イメージ

残り火。一夜明けた暖炉に、まだ炎が燃えている。そのままにしておけば、残り火はゆっくりと消えるだろう。炎を、自然のまま成り行きにまかせてはいけない。消してしまうなら、水をかけ、空気を遮断しよう。そして燃料をくべないこと。ふたたび燃え上がらせるなら、風を送って、燃料をくべよう。そうすれば、新しい炎が燃え立つ。炎とは、常に用心深く、気を配ることでのみ、燃やしつづけられるものなのだ。

例外

魔法にかかった状態を保つには、絶えず〝再誘惑〟しつづけなければならない。だが、なれなれしさも、少しであれば忍び込ませて構わない。ターゲットはあなたに対する理解がだんだん深まっていると実感したいのだ。あまりに謎ばかりでも疑念を生じさせてしまう。また、謎めいた存在を演じつづけていると、あなた自身も疲れるだろう。何もかも謎にしておくことが重要なのではない。折にふれて、安心しきっているターゲットに刺激を与えることが重要なのである。過去にそうしたように相手を驚かせてやるのだ。首尾良くやれば、ターゲットはあなたについてどんどん知っていく喜びを感じるだろう――ただし、やりすぎてはいけない。

一言で言うなら、おとなしいだけの女には災いあれ、ということ。その単調さは人をうんざりさせる。いつ見ても彫像のようにまったく同じで、彼女にとって男性はいつも正しい。あまりに善人で優しいので、彼女といさかいをする楽しみをまったく与えない。これは実に楽しいことなのに！　彼女の代わりに、生き生きとした女性と一緒にいたらどうか。気まぐれで、ある程度は決然としている女性といると、何もかも違った様相になる。恋人は同じ人間の中に、さまざまな楽しみを発見するだろう。激しい気性は刺激であり、単調さを防ぐ調味料となる。

焦燥感、嫉妬、いさかい、仲直り、意地悪、これらはすべて愛に必要な食物だ。魅力的なメニューだろう？　……というのも、常態化した平穏は死んだような退屈さと同じ。無個性は愛を殺す。秩序が恋愛に混ざると、情熱は消え、続けて無力感が表れ、疲労感が出て、そのあと嫌悪感ですべて終わりとなる。

ニノン・ド・ランクロ
『ニノン・ド・ランクロの人生、手紙、快楽主義的哲学』

年をとってもあの女（ひと）は色褪せない。常に変化し、新鮮さを失うことがない。欲望を満たしてくれるだけのほかの女たちには、男はすぐに飽きるものだが、あの女は男を飢えさせ、それゆえ大いなる満足を与えてくれるのだ。

ウィリアム・シェイクスピア『アントニウスとクレオパトラ』

「万歳」と叫べ。輝かしき勝利にふたたび「万歳」と叫べ。狙った獲物が罠にかかったのだ。（中略）

若者よ、なぜそんなに急ぐのだ。君の船はまだ航海の途中にあり、私の目指す港はまだまだ遠い。詩人たる私の導きによって、君が女を掌中にしたというだけでは不十分なのだ。わが手法によって捕まえた女は、わが手法によって逃さぬようにしなければならない。手に入れたものを守り抜くことは、それを求めるにも劣らぬ勇気を要する。求めるに際しては幸運が幸いすることがあるが、守るには手法が必要である。

息子（アモル）とその母なるキュテーラ女神（ヴィーナス）よ、そして愛の女神の名を持つエラトよ、いつなりと私に恩顧を賜るならば、大いなるわが企てを成就するために、いかにすれば、広大なる世界を自在に飛び回る子供である愛神（アモル）を留めておけるか、その知恵を賜りたまえ。（中略）

愛されるためには、愛されるべき人間になることだ。顔や容姿だけで、そうなれるものではない。たとえ君がホメーロスに愛されたニレウス、あるいはナイアデス（水の精たち）が悪さをしてさらったヒュラスのようだとしても、意中の女性を引き留めておくため、突如の別れを告げられないために、美しい肉体に加えて才気を蓄えるがいい。美貌とははかない長所であって、歳月によって非情にも衰えてしまう。スミレの花も、たおやかに咲き開いたユリもいつまでも咲き誇ってはいない。バラにしても散ってしまえば、硬くなったトゲが残るだけだ。美貌の若者よ、やがて君の髪も白く変わり、君の身体には深いしわができることだろう。いまこそ長きに耐える精神を築き上げ、それを美貌に加えるがいい。強い精神のみが、命果てて荼毘（だび）に付されるまで持続するのだ。機知を研ぎ、教養を深め、ラテン語とギリシア語という二つの言葉を修めることだ。オデュッセウスは弁が立ったが、美男ではなかった。それでありながら、海の女神たちを恋心でもだえさせたものだ。（中略）

如才ない寛容さほど心を捕えるものはない。荒々しい性格は、憎しみと苛烈な争いを生むだけだ。われわれがタカとオオカミを嫌うのは、常に弱者を襲うという、狩人の本能が生むその習性ゆえである。それにひきかえ、ツバメはおだやかな鳥なので人間に罠を仕掛けられることもなく、ハトに至っては小塔付きの小屋に棲まわせてもらっているのだ。争いや苦々しい口ゲンカはもってのほか。愛は傷つきやすいもの、甘い言葉で育まねばならぬ。夫婦のなじり合いは、せいぜい気が済むまでさせるが一番。それは自然の習い、永久不変の姿なのだから。愛する女性には、彼女が聞きたい言葉を聞かせるがいい。（中略）

君の訪れを待ち焦がれさせるには、優しくご機嫌を取ってお世辞を聞かせることだ。

オウィディウス『恋愛指南』

パリのパレ・シャルーでデューク・エリントンのバンドが演奏したときのことだ。前半の演奏を終えると、一時間の休憩（われわれはインターミッションと呼ぶ）に入り、大きな細長いテーブルの上に、数々の料理とコニャック、シャンパン、ワイン、そしてパリの希少品……スコッチなど、素晴らしいビュッフェが用意された。すると、そこにいる人々、貴族と彼らの使用人たちが、床の上で何かを探しはじめた。何人かは四つ這いになってまで。ホステス役の一人である公爵夫人が、大きめのダイヤモンドの一つを失くしたのだ……そのうち公爵夫人は、指輪を見つけようと床じゅう探している人々の姿に飽きてしまった。彼女は横柄な態度で辺りを見回し、デュークの腕を取るとこう言った。「どうでもいいわ。ダイヤモンドならいつだって手に入るけれど、デューク・エリントンのような男を手に入れられるチャンスはめったにないもの」(中略)

彼女はデュークとともに姿を消した。バンドは彼なしにコンサートの後半を始め、最終的には笑顔のデュークが戻ってきてコンサートを締めくくった。

ドン・ジョージ
『スウィート・マン――デューク・エリントンの真実』

けれども、私思うの。男って、自分が女を一人占めにしているとわかると、熱が冷めるものなの。でも、女がつれなくなったと感じたとたんに、この上ない恋人になるの。

二〇年間この道で暮らした経験からあなたに言うべきだと思うの。よかったら、数年前に私が経験したことを教えてあげるわ。

当時、ポイキレーの廊(ストア)の近くに住んでいた金貸しのデーモパントスが私に首ったけだった。この人は一度だって五ドラクメ以上くれたことがないのに、まるで亭主気取りでね。でもね、クリューシス、この人の恋は本物じゃなかったのさ。ため息をつくことも、涙を流すことも、夜中私を待って戸口に立ち尽くすこともしないんだから。あるとき門前払いを食わせたのよ。だってそのとき、家には画家のカリデースがいたからね。そしたら、私の悪口を言って、バンバン、ドアを叩いて帰っていったんだけど、だいぶ日が経って、私のほうは呼び出しもしないし、カリデースがまだ家に居つづけてたときに、デーモパントスがやって来たの。もう興奮しちゃって、すっかりのぼせ上がって、力ずくで家の中に押し入ってきたのさ。泣くやら、私をぶつやら、殺すと脅すやら、私の衣服を引き裂くやら、ありったけのことをやったあとで、とうとう六〇〇〇ドラクマ出して、まる八か月というもの私を一人占めにしたのよ。あの人の奥さんは、私が惚れ薬であの人を惑わせたんだなんて言い触らしてたわね。そのお薬というのは、つまり、やきもちなのさ。だからね、クリューシス、あんたもゴルギアースにやきもちを焼かせなさいな。

ルキアノス『遊女の対話』

子細(しさい)は、その家の内儀、優れて美しさに、それ見るばかりの便(よすが)に、入(い)りもせぬ唐紙(からかみ)を、調えに行くなどをかし。「一生の詠(なが)め物ながら、女の姿過ぎたるはあしからめ」と、祇園甚太が申せしを、何、仲人口と思いしに、男の身にして心がかりなる事のみ。ただ留守を預くるためなれば、あながち改むるに及ばじ。

美女・美景(びけい)なればとて、不断見るには、かならずあく事、身に覚えて、一年、松島にゆきて、はじめの程は、横手を打ち、「見せばやここ、歌人・詩人に」と思いしに、明暮詠(あけくれなが)めて後は、千島も磯くさく。末の松山の浪も耳にかしましく、塩竈(しおがま)の桜も見ずに散らし、金花山の雪のあけぼのに長寝、小島の月の夕べも何とも思わず、入江なる白黒の玉を拾いて、子供相手に六つむさし、気をつくす事にもなりぬ。

井原西鶴『好色五人女　好色一代女』

どんなに好きでも、無分別にしつこくしてはいけない。男はすぐにつけ上がるから。

ルキアノス『遊女の対話』

やっと手にした愛をどう育めばよいか、簡潔に述べよう。恋人たちが会える機会が少なく、かつ困難であればあるほど二人の愛は強くなると言われる。お互い愛の慰めを享受することが困難であれば、それに応じて、愛の渇望が増すからである。愛はまた、恋人たちの一方が相手に怒りの感情を示すと大きくなるものだ。というのは、恋する者は愛する相手の怒りが永久に収まらないのではないかと大いに危惧するから。恋人たちの一方が激しい嫉妬心に取り憑かれたときにも、愛は増大する。嫉妬は愛の育ての親と称される所以である。実際、本物の嫉妬心ではなく卑劣な猜疑心にさいなまれても、愛は増大し深まるものだ。

アンドレーアース・カペルラーヌス『宮廷風恋愛について』

あたかも火が少しずつその勢いを失って弱まり、炎は消え去り、残り火を灰が白く包みだすさま（実はそこに硫黄を乗せてやると消えていた炎がまた燃え上がり、光が戻ってくるのだが）を思い出していただきたい。それと同じことで、心というものも安定すると怠惰になり、安心感を得るとだれてしまうものなのだ。愛は強烈な刺激によって呼び覚まさねばならない。女が君のことを心配でたまらなくするがいい。冷めた心を再び熱く燃え上がらせるのだ。君が過ちを犯したことを匂わせて、青ざめさせるがよかろう。ああ、女を傷つけ悲しませる男こそ、四重にも、いや数え上げられぬほど幾重にも、幸せ者と言える。君の罪深い所業を偶然、耳にしたなら、彼女は卒倒し、哀れや声も顔色も失ってしまうだろう。

私も、怒りに狂った女に髪をかきむしられる男を経験してみたいものだ。柔らかい頬に爪を立てられる男になってみたい。涙が溢れる目で見つめられる男に、ものすごい目で睨みつけられる男に、「あなたなしでは生きていけないの」などと（生きていたいと思っているのにだ）言われる男になってみたいものだ。傷ついた女をどのくらいの期間、嘆かせてよいかって？　それは短いほうがいい。だらだらと引き延ばし、怒りの力を募らせてはいけない。すぐにでも白いうなじに腕を回して、泣いている女を君の胸に抱きしめてやらねばならぬ。平穏が欲しいならば、涙の乾かぬ彼女に接吻し、泣いている最中に愛の営みの喜びを与えてやるがいい。女の怒りを静めるにはこれしかない。

オウィディウス『恋愛指南』

付録A　誘惑に適した環境、時間

誘惑においては、相手にゆっくりと内面の変化を感じさせなければならない。あなたの影響を受けて、彼らは守りを緩め、これまでとは違う行動を取っても、これまでとは違う人間になってもいいのだと感じる。特定の場所、環境、経験が、誘惑相手を変化させよう、変身させようとするあなたの冒険に大きな力を貸してくれるだろう。演劇的で、精神性を高めてくれるような場所——豪華さ、きらびやかな外観、遊び心あふれる雰囲気のある——は、快活で子供っぽい気持ちを生みだし、ターゲットが論理的に考えることを困難にする。別の時間を生きているような感覚もまた、似たような効果——忘れられない、くらくらするような〝極上の瞬間〟、祭礼や遊びのような雰囲気——を生む。ターゲットに、あなたと一緒にいることで現実世界にいるのとは違った体験ができるのだ、と感じさせなければならない。

祭礼のような時間と場所

何世紀も昔、ほとんどの文化において、人の生活は、労働や決まった日課の繰り返しで埋め尽くされていた。だが一年のうちの特定の時間だけ、そうした生活は祭礼によって中断された。祭礼が行なわれるあいだ――古代ローマにおける〝農神祭（サトゥルナーリア）〟（訳注：農耕神サトゥルヌスを祭って一二月に行なう収穫祭）、ヨーロッパにおける〝五月柱祭（メイポール）〟（訳注：春の訪れを祝って花などで飾った柱の回りを踊る祭り）、アメリカ先住民であるチヌーク族の〝ポトラッチ〟（訳注：冠婚葬祭などに際して贈り物をしたり祝宴を開いたりする儀式）など――は、畑仕事や市場の商いは休みとなった。部族や村の全員が、祭礼専用に設けられた聖なる場所に集まる。人々は義務や責任から一時的に解放され、〝我を忘れる〟許しを与えられていた。仮面や衣装をつけることで、何か別のアイデンティティになりきった。ときにそれらは、彼らの文化の偉大な神話を再現する有力な神々の姿であった。祭礼は日常生活の重荷からの大いなる解放だった。人々の時間感覚を歪め、自分自身から離脱する瞬間をもたらした。まるで時間が止まってしまったように感じるのだ。こうした体験に似たものは、世界中に現存する、大きなカーニバルに見ることができる。

祭礼は、日常生活の中断であり、決まりきった日課とは根本的に違う体験を意味していた。より私的なレベルに当てはめて、あなたも誘惑をそのようにイメージするといい。誘惑が進むにつれて、ターゲットは日常生活とは根本的に違う体験をする――仕事や責任から自由になるのだ。快楽と遊びの世界に飛び込んで、いつもと違った行動をし、まるで仮面をかぶるかのように別の人間になることができる。あなたがターゲットと過ごす時間は、ほかの何ものにでもなく、すべて彼らのためだけに捧げられる。仕事と睡眠が繰り返される日常の代わりに、あなたは彼らに壮大でドラマティックな〝極上の瞬間〟を与えている。日常生活の中で目にする場所とはまったく違う場所へ彼らを連れ出す――精神性を高めてくれる場所や演劇的な効果が得られる場所だ。肉体的な環境は、人の気分に強い影響を与える。快楽と遊びのためだけに用意された場所にいると、快楽と遊びについての考えが知らぬ間に意識に刷り込まれていく。ターゲットが日々の職務や現実世界に戻るとき、彼らは大きな落差を感じ、もう一つの場所へ行きたいと切望するようになる。あなたが彼らを引きつけた別世界へ――。本質的に見て、あなたが創りだしているのは、祭礼のような場所と時間であり、現実世界が静止してファンタジーに取って替わる瞬間なのだ。われわれの文化は、もはや、そのような体験を与えてくれるものではなく、人々はそれを渇望している。これこそが、ほとんど誰もが誘惑されるのを待ちこがれている理由であり、あなたが適切に振る舞いさえすれば、彼らを手中に収めることができる理由なのだ。

祭礼のような時間と場所を再現するための主な秘訣は次のとおりである。

〈演劇的な効果を創りだせ〉劇場は、外の世界から隔離された感覚、言わば魔法の世界を創りだす。役者のメーキャップ、作り物とは言え魅力的な舞台装置、少しだけ現実味に欠けた衣装――視覚効果を高めるこれらのものが、演劇のストーリーに沿って、幻想を創りだすのだ。現実世界でこの効果を生みだすためには、服装やメイクや態度を、遊び心があり、工夫を凝らした、際立つものにしなくてはならない――観客を喜ばせるために美しく飾っているのだという気持ちを持つこと。これはマレーネ・ディートリヒを女神のように見せた効果や、ボウ・ブランメルのようなダンディが観客を魅了する効果と同じだ。ターゲットとの出会いもまた、あなたの選んだ舞台装置とあなたの演技を通して、ドラマティックな感覚を伴うものにしなければならない。次に何が起こるかをターゲットが知らないほうが望ましい。幸せな結末へたどり着くまでの紆余曲折を通して、サスペンスを生みだそう。あなたは演者なのだ。ターゲットは、あなたと会うたびに、何となく劇中の登場人物になったような気分になる。二人一緒に仮面をかぶり、自分の人生に割り当てられたのとは別の役を演じるスリルを味わうのだ。

〈快楽に導く〝視覚的言語〟を使え〉ある種の視覚的刺激によって、いまは現実世界にいるのではないという信号が送られる。思考や罪悪感を誘発してしまうような深みのあるイメージは避けたい。むしろ、表面的なものばかりの環境の中で進めるのがいい。きらびやかな品々、鏡、水辺、常にきらめく光――。こうした空間で感覚に過剰な負担をかけることによって、夢の中にいるような、ふわふわした気分が生みだされる。工夫を凝らせば凝らすほど効果的だ。ターゲットに遊び心あふれる世界を見せよう。ターゲットの内なる赤ん坊、あるいは子供を興奮させるような光景や音響に満ちた世界にいざなうのだ。贅沢――お金をかけた、あるいは浪費しすぎたという感覚――もまた、義務や倫理観に縛られた現実世界は駆逐されたのだという印象を付加するものである。きらびやかなネオンで欲望を刺激する歓楽街をイメージして、これを〝娼館効果（ブローセル・エフェクト）〟と呼ぼう。

〈常に混み合った状況、あるいは閉ざされた状況を維持せよ〉群衆となって混み合うと、〝心の体温〟が温室並みに上がる。祭礼やカーニバルは、群衆が作り出す伝染しやすい感情によるところが大きい。ターゲットの通常の防御意識を引き下げるために、そのような環境にときどき連れていこう。同様に、どんなものであれ狭い空間に相手を連れていき長時間一緒にいることも、非常に効果的である。ジークムント・フロイトには、何年にもわたって彼の私的な講義に参加する小規模で結束の固い弟子のグループがいた。そのメンバーたちは、驚くほど多くの情事にも関わっていたのだ。誘惑した相手を混み合った祭礼のような環境に連れていこう。でなければ、閉ざされた世界へターゲットを探しにいこう。

〈神秘的な効果を与えよ〉スピリチュアルな効果、あるいは神秘的な効果は、人々の思考を現実から逸らす。自分が高められたように感じ、多幸感に浸るのだ。ここから肉体的な快楽までは、小さな一歩だけである。手近にある道具を何でも利用しよう――占星術の本、天使のイメージ、どこか遠い文化の神秘的な響きの音楽

――。一八世紀のオーストリアで、偉大なるニセ医者(シャーラタン)のフランツ・メスメルは、自身のサロンでハープの演奏を流したり、エキゾチックな香を焚いたり、離れた部屋で歌う女性の歌声を聴かせたりした。壁には、ステンドグラスや鏡を掛けた。彼のカモたちは施術室でイスに座り、リラックスして気分を高揚させる。治療のパワーがあるとされる磁石を使用すると、何かスピリチュアルなものが電流のように肉体から肉体へと伝わるのを感じた。どんなものであれ、少しでも神秘的なものならば、現実世界を締め出すことに役立つ。そして、スピリチュアルなものから性的なものへ移るのは簡単なことなのである。

〈時間感覚――スピードと若さの感覚――を歪ませろ〉 祭礼の時間は、ある種のスピード感と狂乱を伴っている。そのことが人々に生を、より実感させる。誘惑には、相手の鼓動を速めることが必要だ。すると、相手は時間が経つのを忘れてしまう。身も心も絶えず活動できるような場所へ連れていこう。一緒に旅（のようなもの）に出かけよう。目新しい景色を見せて、相手の思考を逸らすのだ。若さは衰え、失われてしまうものだが、誘惑は相手の年齢にかかわらず、若さの感覚をもたらす。若さの大部分は、活力なのだ。ある時点から誘惑のスピードを上げ、相手の頭をくらくらさせる効果を創りださなければならない。カサノヴァが、ほとんどの誘惑を舞踏会で行なったのも不思議ではない。また一九世紀のレイクの多くが、誘惑の小道具にワルツを選んだのもうなずける。

〈〝極上の瞬間〟を作れ〉 毎日の生活というのは、同じ行動を果てしなく繰り返す苦役である。一方でわれわれは、祭礼とは、何もかもが形を変える瞬間――その瞬間、われわれの生に、永遠なるものや神話がほんの少し入り込む――だと学んだ。あなたの誘惑にも、そのようなピークがなければならない。何かドラマティックなことが起き、違った時間を体験する瞬間だ。ターゲットにそのような瞬間を与えよう。そうした瞬間が自然に起こるような場所――カーニバルや劇場――を誘惑の舞台とするか、でなければ、相手の強い感情をかき立てるようなドラマティックな行動で、その瞬間を創りだすのだ。そうした瞬間は、まったく自由で、楽しいものにすべきである――仕事や道徳などという考えが侵入する余地のないように――。ルイ十五世の愛人だったポンパドゥール夫人は、すぐに飽きてしまう愛人を、数か月おきに〝再誘惑〟しなければならなかった。素晴らしく創造的な彼女は、パーティ、舞踏会、ゲーム、ヴェルサイユ宮殿内の小さな劇場などを立案した。誘惑された相手は、自分に気晴らしを与え、魔法にかけるために、あなたがどれほど努力してくれたのかを感じとり、このような情事を大いに楽しむだろう。

誘惑的な時間と場所が登場する場面

1 一七一〇年ごろ、日本の大阪で繁盛した酒屋の当主を父に持つ若者が、日を追うごとにますます深く夢想に耽っていた。父のもとで昼夜働き通しの彼は、家族の一員として生きる重荷と、それに伴う義務の数々に押し潰されそうになっていた。ほかの若者同様、彼も町にある遊郭――ふつうに幕府の厳しい法を破ることのできる地区――について聞いていた。〝浮世〟という、はかない快楽の別世界であり、役者と高級娼婦が君臨する世界であった。若者が夢想していたのはそのことだ。ある夜チャンスを見つけ、彼は気づかれずに家を抜け出すことに成功する。そしてまっすぐ歓楽街へ向かった。

そこには、食事処、揚屋、茶屋といった建物が密集しており、壮麗さと鮮やかな色合いで、ほかの町並から際立っていた。その中へ足を踏み入れた瞬間、若者は別世界へ来たと感じた。役者たちが、精巧に染められた着物に身を包んで通りをぶらついている。まるで舞台上にいるような立ち居振る舞いだ。通りは活気あふれる喧騒に満ちている。明るい提灯や、近くの歌舞伎の芝居小屋の色彩鮮やかな錦絵が、夜の暗さの中で目を引く。そこの女たちは、まったく違った雰囲気を漂わせている。偉そうな態度で彼をじろじろと眺め、まるで男のように自由に振る舞う。彼は〝女形〟すなわち芝居で女の役を演じる男を見かけた。彼が見たことのある、ほとんどの女よりも美しいその男を、すれ違う人たちは王族か何かのように扱っていた。

若者は自分と似たような若い男たちが、ある茶屋に入っていくのを見て、あとについて行った。そこは高級娼婦の最高位、偉大なる〝太夫(たゆう)〟のいる店だった。数分後に若者が腰を下ろしたところで、何やら騒がしく人の通る音がしたかと思うと、数人の太夫が、楽器を奏でる者や幇間(ほうかん)たちを引き連れて階段を降りてくるところだった。彼女たちは眉を剃り落とし、代わりに太く黒い線を引いている。髪は完璧に結い上げられ、若者が見たこともないほど美しい着物を着ている。太夫たちは、床の上をまるで浮いているかのように進み、何種類かの足取り（思わせぶりなもの、忍ぶようなもの、警戒するようなものなど）を、誰のもとへ近づいているのか、その人物に何を伝えたいのかによって使い分けていた。太夫たちは若者を無視した。彼にはどうやって彼女たちを呼び寄せればいいのか皆目わからなかったが、年上の男たちの中には、ここだけで通用する独特の言葉で彼女たちを冷やかす者もいた。酒が注がれ、音楽が演奏され、ようやく位の低い娼婦が何人か部屋にやって来た。その頃には若者も饒舌になっていた。娼婦たちは気さくで、若者は時間の感覚を失くしていった。あとになって、どうにかふらふらと家に帰りはしたものの、どれほど大金を使ったかに気づいたのは、翌朝になってからだった。これが父親に知られたら……。

だが、若者は数週間後にまた戻ってきた。数々の物語で、この時代の文学を賑わせた日本中の大勢の御曹司たちと同じく、彼もまた、父親の財産を遊郭という〝浮世〟に蕩尽する道を歩みだしていたのだ。

誘惑とは、あなたがターゲットたちを誘い込む別世界のことだ。そこが〝浮世〟のように、日々暮らしている世界と、はっきり切り離されているかどうかにかかっている。ターゲットたちがあなたといるとき、外の世界――そこにある道徳、慣例、責任――は追い払われる。どんなことでも許される。普段、抑圧されているものが何でも許されるのだ。会話は、いつもより軽く、思わせぶりになる。服装や場所も、どことなく芝居がかっている。重圧を感じたり、誰かの批判を受けたりすることなく、いつもと違う行動を取り、別の誰かになることを許されるのだ。それはあなたが他人のために創りだした、凝縮された心理的な〝浮世〟の一種であり、人をとりこにしてしまう。あなたのもとを去って決まりきった生活に戻ったとき、彼らはそこに欠けているものに二倍、気づかされる。彼らがあなたの創りだした環境を求めてやまなくなった瞬間、誘惑は完了する。遊郭同様に、お金はたっぷりと使われるだろう。誘惑的な環境においては、気前の良さと贅沢とが密接に繋がっているのである。

2

それは一九六〇年代初頭に始まった。ニューヨークにあるアンディ・ウォーホルのスタジオを人が次々と訪れ、そこの雰囲気に浸り、しばらく滞在していく。やがて一九六三年にウォーホルがマンハッタンの新しいスタジオに移ると、取り巻きの一人が壁や柱をアルミ箔で覆い、一面あったレンガの壁やその他の物をスプレーで銀色に塗装した。赤いキルトのソファを中央に置き、高さ一五〇センチもあるプラスチック製のキャンディ・バーのオブジェを何本か立てた。そして、いくつもの小さな鏡が散りばめられて、光にきらめくターンテーブルを置き、ヘリウムで膨らませたいくつもの銀色の枕を宙に浮かせた――舞台装置の完成だ。その後、このL字型の空間は〝ザ・ファクトリー〟として知られるようになり、舞台の幕が開けた。ますます多くの人たちが訪れるようになってきた――いっそドアを開放しておこうじゃないか、とアンディは考えた。それで何が起きるか見てみよう、と。昼のあいだ、アンディが絵画や映画の制作に取り組んでいると、俳優、実業家、麻薬ディーラー、芸術家といった人たちが集まってきた。そして、エレベーターが一晩じゅう動きつづけており、美しい人々がこの場所を自分の拠点にしはじめたのだ。こちらでは、モンゴメリー・クリフトが一人で酒のグラスを傾けている。あちらでは、若く美しい社交界の著名人が、女装した男や博物館の学芸員と雑談をしている――。人がどんどんやって来た。その誰もが若く、きらびやかに着飾っている。「まるで、テレビ番組の子供向けショーのようだね」。アンディはあるとき友人にこう言った。「終わりのないパーティに次々とゲストが訪れて、何かしら新しいエンターテインメントが催されるのさ」と。まさしくそのとおりだった――何かシリアスなことが起きているわけではなく、ただ、おしゃべりが交わされたり、思わせぶりに誘ったり、フラッシュが焚かれたり、延々とポーズを取りつづけたりと、誰もがまるで、映画の登場人物のようなのだ。博物館の学芸員が一〇代の若者のように笑いだしたかと思えば、社交界の著名人が薬の売人のように歩き回る。

深夜十二時を回る頃には、スタジオがぎゅうぎゅう詰めになった。身動きすら取れない。バンドがやって来て、軽く演奏を始める。すると、すべてが新しい方向に向かって猛スピードで進みはじめる。どんどん羽目を外していくのだ。そのうち、どういうきっかけかはわからないが、群衆は散り散りに帰っていく。それでも午後になれば、取り巻きたちが少しずつ戻ってきて、また同じことが繰り返されるのだ。〝ザ・ファクトリー〟へ一度しか行かなかった人間は、ほとんどいなかった。

同じような行動を常にしなければならないのは耐えがたいものだ。しかし、あなたは仕事や義務という名のもとに、いつも同じような退屈な役割を演じることを強いられている。仮面をかぶったり、いつもと違う行動をしたり、別の人間になったりできるような場所や時間を、人々は求めてやまない。だからこそ、われわれは俳優たちを賛美するのだ。彼らは自己充足に繋がる自由と遊び心を持っていて、それこそ、われわれが切望するものだからだ。別の役割を演じられる、すなわち俳優になれるチャンスを与えてくれる環境は、いかなるものであれ大いに誘惑的なのである。〝ザ・ファクトリー〟のように、そうした環境をあなたの手で作り出すことが可能なのだ。あるいは、そうした場所にターゲットを連れていくことも可能である。そのような環境にいると、守りを固めてなどいられない。遊び心を誘う雰囲気や、そこでは何でも（シリアスなもの以外なら）許されるという感覚が、あらゆる刺激を無反応に受け入れやすくする。そのような場所にいることが、やがて麻薬と同じ効果を持つようになる。そうした効果を再現するには、ウォーホルが口にした、子供向けショーの比喩を思い出すといい。すべてを軽くて遊び心あふれるものにしておこう。娯楽や、賑やかな音、鮮やかな色彩でいっぱいにし、少しばかりの混沌を加える。重苦しさや責任や評価は持ち込まない。そこは、あなたが我を忘れて夢中になるための場所なのだから――。

3

一七四六年、クリスティーナという十七歳の少女が、神父である叔父とともにイタリアのヴェネツィアへやって来た。結婚相手を探すためだ。クリスティーナは、小さな村の出身とは言え、多額の持参金の用意があった。ところが、結婚を申し込んできたヴェネツィアの男たちは、誰も彼女を満足させることができなかった。相手が見つからないまま二週間が過ぎ、彼女と叔父は故郷の村に帰る準備をはじめた。ゴンドラに乗り込んで腰を下ろし、出発しようとしていたそのとき、クリスティーナは優雅に着飾った若者がこちらへ歩いて来るのを見つけた。「ハンサムな男性がいるわ！」、彼女は叔父に言った。「あの方もこのゴンドラに乗ってくださったらいいのに」。彼女の言葉が聞こえるはずもないのに、その紳士は船に近づくと、ゴンドラの船頭にお金を渡し、クリスティーナの隣に座って彼女を大いに喜ばせた。彼はジャック・カサノヴァと名乗った。その気さくな振る舞いを神父に褒められると、カサノヴァはこう答えた。「きっとこんなになれなれしくすべきではなかったのでしょうが、神父様、あなたの姪御の美しさに魅了されてしまいまして」

クリスティーナは自分たちがヴェネツィアを発とうとしている理由を話した。カサノヴァは笑って彼女をたしなめた――「数日間しか会っていない娘との結婚を決断できる男などいないよ。性格をもっと知らなければ――。それには、少なくとも六か月はかかるだろうね」と。彼自身も妻を探しているところで、クリスティーナが出会った男性たちに失望したのと同様に、彼もまた出会った女性たちに失望した理由を話して聞かせた。カサノヴァには決まった目的地がないようだった。ただ二人と同乗し、機知に富んだ会話でクリスティーナを楽しませつづけた。ゴンドラがヴェネツィアの町外れに着いたとき、カサノヴァは近くのトレヴィーゾの町まで大型馬車を雇い、一緒に乗っていくように二人を誘った。そこから先へは、あなたたちの村まで行く小型二輪馬車をトレヴィーゾで捕まえればいいと。叔父はその提案を受け入れた。大型馬車へ向かいながら、カサノヴァはクリスティーナに腕を差し出した。「こんなところをあなたの愛人に見られたら何と言われるかしら」とクリスティーナが尋ねた。「愛人などいないよ」と彼は答えた。「これからも、もう愛人など作らない、あなたほど可愛い娘には二度と出会えないのだから。ヴェネツィアではね」。カサノヴァの言葉が彼女をうぬぼれさせ、いままで考えたことのないようなことをあれこれと考え、頭がいっぱいになった。そして、それまでの彼女とは、話し方や態度がすっかり変わった。だいぶ図々しくなったのだ。「あなたが女性をより深く知るために必要だとおっしゃった六か月間を、わたしがヴェネツィアで過ごせなくて残念だわ」と彼女はカサノヴァに言った。彼は、何のためらいもなく、クリスティーナと交際するあいだ、彼女がヴェネツィアに滞在するための費用を出そうと言った。馬車に乗っているあいだ、彼女はその提案を頭の中でじっくり考えていた。トレヴィーゾに着くと叔父と二人きりになって話し、一人で村へ戻って、数日後にまた迎えにきてほしいと懇願した。彼女はカサノヴァに恋してしまったのだ。もっと彼のことが知りたかった。彼は完璧な紳士であり、信用できる相手だ。叔父は彼女の願いどおり、一人で村に戻ることに同意した。

翌日、カサノヴァは決して彼女のそばを離れなかった。彼には、相手に異を唱えるというところがまったくなかった。二人は一日じゅう町の中をぶらぶらと歩き、買い物をしたり、おしゃべりをしたりした。夜は観劇に行き、その後カジノへ行った。そこでカサノヴァは彼女に仮面舞踏会の衣装と仮面を与えた。彼にもらったお金を賭けて、勝負に勝った。叔父がトレヴィーゾに戻ってきたときには、クリスティーナは結婚の計画のことなどすっかり忘れていた――カサノヴァと過ごす六か月のことしか頭になかった。それでも、彼女は叔父とともに自分の村へ戻り、カサノヴァが訪ねてくれるのを待った。

数週間後、カサノヴァがチャールズというハンサムな若者を連れて姿を現わした。クリスティーナと二人きりになると、カサノヴァは事情を説明した。チャールズはヴェネツィア中でもっとも結婚相手にふさわしい男であり、自分よりもはるかに素晴らしい夫になるはずだと――。クリスティーナも、実は自分も迷っていたのだと打ち明けた。カサノヴァは、あまりに刺激的すぎて、結婚とは別のこと、恥知らずなことを考えてしまうのだという。このほうがいいのかもしれない。彼女は、自分のために苦労して夫を見つけてくれたことを彼に感謝した。それから数日間、チャールズとクリスティーナは交際し、さらに数週間後に二人は結婚した。だが、カサノヴァの魅力と彼が与えたファンタジーは、永遠に彼女の頭から離れることはなかった。

カサノヴァは結婚するわけにはいかなかった——それは彼の本質にまったく反するからだ。だが、若い娘に無理強いすることもまた、彼の本質に反する。彼女の人生を台無しにするより、自分の姿を完璧なファンタジーの中のイメージとして残したまま去るほうがいい。それに、女性を口説いたり、いちゃついたりすることこそが、彼にとって何よりも楽しいことだった。

カサノヴァは若い娘に究極のファンタジーを与えた。彼女と一緒に過ごすあいだ、すべての時間を彼女に献身的に尽くした。仕事の話をしたりして、ファンタジーを中断させるような退屈な日常の些末な事を割り込ませたりすることは決してなかった。さらに彼は、この上なく演劇的な要素を加えた。きらきらと輝く宝石を散りばめた、とびきり目を引くような衣装に身を包んだのだ。彼女を最高に素晴らしいエンターテインメント——カーニバル、仮面舞踏会、カジノ、目的地を決めない旅——に連れ出した。彼は誘惑的な時間と環境を作り出す偉大なる達人だった。

カサノヴァは、われわれが目指すべきモデルそのものである。あなたと一緒にいるとき、ターゲットたちには何かが違うと感じさせなければならない。時間は、いつもと違うリズムを刻んでいる——彼らは、時間が経過していることにほとんど気づかない。ターゲットたちは、まるで祭礼で日常の活動が一斉に止まるように、何もかもが自分たちのために静止しているような感覚を抱く。こうした遊びから得られる快楽には伝染性がある——一つが次へ、さらに次へと繋がり、いつの間にか後戻りできなくなるものなのだ。

付録B　ソフト・セダクション
——誘惑術で大衆に売り込む方法

あなたが自分自身を含めて、何かを売り込もうとしているとき、相手にはそう見えないほうが好都合だ。セールストークがあからさますぎると、相手に疑念を生じさせてしまう。また、相手を飽きさせてしまう。許されないミスだ。そうではなく、ソフトに、誘惑的に、そして、こっそりとアプローチしよう。ソフトに：遠回しなアプローチを心掛けよう。メディアに取り上げられるようなニュースやイベントを創り出そう。自然な形であなたの名前を広めるのだ。強引でも計算づくでもいけない。誘惑的に：売り込みを楽しいものにしよう。あなたの名前とイメージからポジティブなものをたくさん連想させること。あなたが売っているのは、喜びや将来性なのだ。こっそりと：相手の無意識に狙いを定めよう。いつまでも頭に残るようなイメージを使って、あなたの伝えたいことを視覚に訴えること。あなたの売ろうとしているものが新しい流行の一部なのだと言おう。そうすれば、いずれそのとおりになる。ソフト・セダクションに抗うのは、ほとんど不可能だ。

ソフト・セル――間接的なアプローチで売り込む

誘惑とは、パワーの究極の形である。誘惑に屈する者は、自ら望んで、喜んでそうするのだ。彼らが恨みを抱くことはほとんどない。彼らがいかに操作されようとあなたを許すのは、快楽という、この世でめったに得ることのできないものをあなたに与えてもらったからだ。では、それほどのパワーを自由に使えるあなたが、なぜそれを一人の男や女の征服だけにとどめておくのか？　個人に対して非常に有効なこれらの戦術を、大衆レベルに単純に応用するだけで、群衆、有権者、一国の国民が、あなたの思いどおりに動かせるようになる。この二つの違いは、その目標――セックスではなく、影響力、投票、人々の注目――と緊張の度合いだけだ。セックスが目的であれば、不安感、少しばかりの痛み、紆余曲折を故意に創り出せばいい。だが、大衆レベルでの誘惑は、対象がより広く、ソフトなものである。常に小さな刺激を創りつづけることによって、あなたの提供するものが大衆を魅了するのだ。彼らはあなたに注目する。そうすることが彼らにとって楽しいからである。

仮に、あなたの目標が、あなた自身を売り込むこと――タレントとして、流行の発信人として、あるいは公職の立候補者として――だとしよう。やり方は二通りある。ハード・セル（直接的なアプローチによる売り方）とソフト・セル（間接的なアプローチによる売り方）だ。ハード・セルでは強く、直接的に自説を主張し、あなたの才能が、アイデアが、政治的な訴えが、なぜ、ほかの誰よりも優れているかを説明する。これまでの功績を宣伝し、統計を示し、専門家の意見を紹介する。そして、観衆に無視などされるようであれば、少しばかり怖がらせたりもする。このアプローチは少々攻撃的で、望まない結果を生むかもしれない。一部の人は気を悪くして、あなたのメッセージを拒絶するだろう。たとえ、あなたが真実を訴えていたとしてもだ。ほかの人々は、あなたに丸め込まれているのではないかと感じるだろう――専門家や統計など信じられるのか、どうしてあなたはそんなに熱心なのか、と。そしてまた、人々の神経に障り、不快な気持ちにさせるだろう。大勢の人々に売り込むことが成功の条件である世界においては、直接的なアプローチはあまり効果的とは言えない。

一方、ソフト・セルは、何百万人もの人々を引きつける可能性を持つ。なぜなら、おもしろく、耳に優しく、人々を苛立たせることなく繰り返すことができるからだ。このテクニックは、一七世紀ヨーロッパの偉大なるニセ医者（シャーラタン）たちによって編み出されたものである。不老長寿の薬や錬金術師が調合した万能薬を売り歩くのに、彼らはまずショー――道化師、音楽、ボードヴィルの芸――を見せる。それは売ろうとしている商品とはまったく無関係なものだ。人が集まり、聴衆が笑って緊張がほぐれたところで、シャーラタンが舞台に現われ、手短に、ドラマティックに、薬の奇跡的な効能を説明する。シャーラタンたちは、このテクニックを磨くことにより、十数本売っていたにすぎないその胡散臭い薬が、突然より多く、ときには何百本も売れることに気づいたのだ。

それから何世紀かが過ぎ、宣伝屋、広告屋、政治戦略家やその他の人々によって、この方法は飛躍的な進化を遂げたが、ソフト・セルの基本は変わっていない。まずはあなたの名前やメッセージをポジティブな雰囲気で包み込み、人々を楽しくさせる。温かく、リラックスした気持ちにさせるのだ。何かを売ろうとしているのだと思われてはいけない――それでは、丸め込まれるのではないかと疑われてしまう。そうではなく、エンターテインメント性や心地良さを舞台の正面に据えよう。売り込みは舞台袖からこっそり忍び込ませるのだ。この売り方なら、自分自身のことや特定のアイデアや候補者のことを宣伝しているようには見えない。あなたが売ろうとしているのは、生活スタイルや気分の良さであり、冒険心、流行を先取りしている感覚、あるいは適切に方向付けされた抵抗運動なのだ。

ソフト・セルの主な秘訣は次のとおりである。

〈宣伝ではなく、ニュースとして登場しろ〉 第一印象が肝心だ。観衆から真っ先に、広告や宣伝という文脈の中でやっていることだという目で見られてしまえば、ほかのすべての広告の中に瞬時に埋没してしまう――広告が巧みに人を操作する、ある種の騙しだということは周知の事実なのだ。だからこそ、公衆の面前に最初に登場するときには、何かイベントを仕掛けよう。メディアが〝うっかり〟ニュースとして紹介してしまうような注目を引く状況を作り出すのだ。人々は、ニュースとして報道されることには、より注目するものだ。そのほうが現実的に見えるからである。あなたは突然、ほかのすべてから際立って見える――たとえほんの一瞬ではあっても、その一瞬には、何時間も広告しつづけるよりも信憑性がある。ここでの秘訣は、ディテールに至るまで徹底して練り上げ、ドラマティックな衝撃と展開のあるストーリーを作ることだ。大事なのは緊張と緩和である。メディアはそれを何日にもわたって伝えるだろう。本当の目的――自分自身を売り込むこと――は、どんなことをしてでも隠し通そう。

〈根本的な感情を呼び覚ませ〉 あなたのメッセージを、理論的で直接的な議論によって宣伝しようとしてはいけない。それでは観衆側に考える労力を強いてしまうため、注目が集まらない。頭ではなく、心を狙おう。まず、根本的な感情――欲望、愛国心、家族の価値など――を呼び覚ますように言葉とイメージを構成しよう。まず、それぞれの家族、子供たち、未来を思い描かせることにより、人々の注目を集めて、それをしっかり掴むことが、より容易になる。彼らは感情を呼び覚まされ、高揚した気分になっている。注目されている今だからこそ、あなたの本当のメッセージを植えつける余地が生じているのだ。数日経っても観衆はあなたの名前を覚えているだろう。名前を覚えてもらえれば、目的を半分遂げたことになる。同様に、人々の感情を引きつける磁石のようなもの――戦争の英雄、子供たち、聖人、小動物など何でもいい――のイメージを身にまとう術（すべ）を探そう。あなたが現われると、そういったものと関連するポジティブな感情が起こるようにし、あなたの存在感をさらに高めるのだ。こうしたイメージとの関係性を明確にしたり、そのイメージを自分で創り出したりしてはいけない。また、偶然に任せてもいけない。

〈伝達手段そのものをメッセージにせよ〉 メッセージの中身よりも形態に注意を払おう。言葉よりもイメージのほうが誘惑的である。したがって実際には、視覚的なもの――心を落ち着かせるような色使い、ふさわしい背景、スピード感や動きのある提案――を真のメッセージにすべきなのだ。観衆は、一見あなたが説いている内容や教訓に目を向けているように見える。しかし実際には、視覚的なものを吸収しているのである。彼らの心に入り込み、どんな言葉や説教めいた意見表明よりも長くとどまるのだ。視覚的要素に、催眠効果を持たせること。そうすることで、あなたが達成したい目的に合わせて、人々を幸せな気持ちにしたり、あるいは悲しい気持ちにすることができる。そして視覚的な刺激で気を散らせば散らすほど、彼らはまともに考えるのが困難になり、あなたに操作されていることを見抜けなくなる。

〈ターゲットと同じ言葉で語れ――仲間になれ〉 どんなことをしてでも、観衆よりも上に立っているように見られることは避けよう。自慢げな表情が顔に出たり、難解な言葉やアイデアを語ったり、統計を多く引用しすぎたりすることは、どれも致命的だ。そうではなく、自分はターゲットと同等なのだと思わせよう。親密な間柄であるかのように見せるのだ。彼らのことを理解しているし、彼らと同じ意識、同じ言葉を自分も共有しているのだと――。人々が広告屋や政治家に操作されることに懐疑的なのであれば、そうした態度を、自分に有利なように利用しよう。自分は良くも悪くも、大衆の一人なのだというイメージを作ろう。商売の手の内を明かして、自分も同じ疑いを抱いていることを示すといい。あなたの宣伝をできるだけ素朴で簡潔なものにしよう。そうすることで、競争相手を相対的に上品ぶって、お高く止まっているように見せるのだ。消去法的な選択であっても、あなたの正直さと戦略的な弱さによって人々の信用を勝ちとることができるだろう。あなたは観衆にとって友であり、仲間なのだ。彼らの精神(スピリット)に入り込もう。そうすればリラックスして、あなたの言葉に耳を傾けるだろう。

〈連鎖反応を起こせ――誰もがこぞってやっている〉ターゲットにとって、他人から求められているように見える人間は、ただそれだけで、より誘惑的となる。これをソフト・セダクションにも応用しよう。すでに熱狂的な群衆があなたに引きつけられているかのように振る舞うのである。あなたの振る舞いは、自己達成を予言するものとなる。流行や生活スタイルの最先端にいるように見せよう。そうすれば、大衆は遅れをとることを恐れて、競ってあなたを受け入れるだろう。あなたのイメージを、ロゴマーク、スローガン、ポスターなどとともに拡散し、どこでも目に留まるようにすること。そして、あなたのメッセージを流行だとして公表しよう。そうすることによって、それが流行になる。あなたが提供するものが何であれ、目標とすべきは、ある種の〝感染効果〟を生み出すことである。それを手に入れたいという欲求が、次々と多くの人に広がっていくようなイメージだ。これが、何かを売り込む、もっとも簡単で、誘惑的な方法である。

〈人々に彼ら自身が何者かを知らせろ〉どんな形であれ、個人あるいは大衆と議論をするのは賢い行為ではない。相手はあなたを拒絶するだろう。人々の考えを変えようとするのではなく、彼らのアイデンティティ、現実に対する認識を変えることを試みよう。それができれば、より巧みに、そして長期的に彼らをコントロールできる。彼ら自身が何者であるかを知らせよう。彼らがなりたがるようなイメージやアイデンティティを創り出そう。まずは現状に不満を抱かせること。自分たちは不幸だと思わせることで、新しい生活スタイルや新しいアイデンティティを提案する余地が生まれる。自分たちが何者かを見つけるためには、あなたの言葉に耳を傾けるしかない。それと同時に、彼らの目に入るものをコントロールすることで、外の世界に対する彼らの認識を変えるのだ。彼らの認識に影響を与える総合的な環境を創り出すために、できるだけ多くのメディアを利用しよう。あなたのイメージを、広告としてではなく、彼らを取り囲む〝空気〟の一部として見せなければならない。

ソフト・セダクションのいくつかの事例

1 アンドリュー・ジャクソンは、アメリカの真の英雄だった。一八一四年、ニューオーリンズの戦いにおいて、優勢なイギリス軍に対して、アメリカ兵の寄せ集めの部隊を率いて勝利した。彼はまた、フロリダの先住民も制圧した。ジャクソンの兵士たちは、彼の粗野な生き様を愛した。食料がないときにはドングリで腹を満たし、硬いベッドで眠り、強いリンゴ酒を飲んで酔っぱらう――部下たちと変わらない行動を取った。やがて一八二四年の大統領選で敗北すると（実のところ、一般票では勝っていたのだが、あまりに僅差だったため、決定は下院に一任され、様々な交渉を経て、ジョン・クインシー・アダムズが選ばれた）、テネシー州の農場に隠居し、土を耕したり、聖書を読んだり、ワシントンの腐敗とは遠くかけ離れた簡素な暮らしをした。ハーバードを卒業し、ビリヤードに興じ、炭酸水を飲み、ヨーロッパの装飾品に身を包んで育ったアダムズに対して、ジャクソンは当時の多くのアメリカ国民と同様に、丸太小屋で育った。無教養な男、土に生きる男だった。

何はともあれ、物議を醸した一八二四年の大統領選後の数か月にわたり、アメリカ国民が新聞で読んだジャクソンとは、そのような男だった。こうした記事によって拍車がかかり、国中の酒場や集会場で、人々が、戦争の英雄であるアンドリュー・ジャクソンがいかに不当な扱いを受け、狡猾な支配階級のエリートがいかに国を乗っ取る策略を巡らせているのかを語りはじめた。そこで、ジャクソンが一八二八年の大統領選への立候補――ただし、今回は新しい組織、民主党のリーダーとして――を宣言すると、大衆は興奮に湧いた。主要な政治家として初めてニックネームをつけられたのがジャクソンであり、〝オールド・ヒッコリー〟（訳注：クルミ科の木の一種）と呼ばれた。やがてアメリカ中の都市や町で〝ヒッコリー・クラブ〟が次々と結成されていった。その会合は、信仰復興運動の伝道集会に似ていた。そこでは、当時もっとも話題となっていた問題（関税、奴隷制度の廃止）が議論された。クラブの会員たちは、ジャクソンが自分たちの味方であると確信していた。本当のところは誰にもわからなかったが——彼はそれらの問題については意見をあいまいにしていた——今回の大統領選では、それよりもずっと大きなものが問われていたのだ。つまり、ホワイトハウスに民主主義を取り戻し、基本的なアメリカの価値観を復活させることである。

やがてこれらのヒッコリー・クラブは、バーベキュー・パーティやヒッコリーの植樹祭、ヒッコリーの柱を囲んだダンス大会などのイベントを主催するようになった。誰でも参加できる豪華な宴会を計画し、必ず大量の酒を用意した。都市部ではパレードを行ない、大いに反響を呼んだ。パレードは、しばしば夜間に開催された。そうすることで、都市部の住人たちにも松明（たいまつ）を手に持ったジャクソンの支援者たちの行進が目に留まるようにしたのだ。松明を持たない者たちは色とりどりの横断幕を掲げていた。そこにはジャクソンの肖像画があり、アダムズの風刺画や退廃的な生き方をバカにしたスローガンを掲げたものもあった。そして、どの場面にもヒッコリーがあった。ヒッコリーの棒、ヒッコリーの箒（ほうき）、ヒッコリーの杖、帽子に飾ったヒッコリーの葉——。馬に乗った男性が群衆の中を駆け抜け、人々にジャクソンのために「フレー」のかけ声を上げさせる。群衆に〝オールド・ヒッコリー〟の歌をうたわせる者もいた。

民主党は、この選挙における初めての世論調査を行ない、候補者たちについて一般の人がどう思っているのかを聞き出した。世論調査の結果は新聞に掲載された。ジャクソンが圧倒的に優勢だという結果だった。まさに、新しいうねりが国中を席巻していたのだ。十四年前の勇敢な戦いの記念式典のために、ジャクソンが個人的にニューオーリンズに姿を現わすと、そのうねりは頂点に達した。これは前例のないことだった。大統領候補本人が選挙キャンペーンに参加したことはなく、事実このように姿を現わすことは不適切と考えられただろう。だがジャクソンは新しいタイプの政治家であり、真の国民の代表だった。そのうえ彼は、この訪問の目的はあくまでも愛国心の発露であって、政治的なものではないと断言していた。その光景は忘れられないものとなった——ジャクソンが蒸気船に乗ってニューオーリンズに入ると、それを待っていたかのように霧が晴れ、あちこちから祝砲が撃ち鳴らされた。素晴らしいスピーチの後、いつまでも続く宴——街中がある種の集団的な精神錯乱に陥ったようだった。ある男性はこう言っている。「まるで夢のようだった。誰一人見たことのないような壮大で素晴らしい祝典だった。感謝の気持ちと愛国心が、これほどうまく結合したことはない」

今回は、国民の意志が勝利した。ジャクソンが大統領に当選したのだ。しかも、彼に勝利をもたらしたのは、ある特定の地域だけではなかった。ニューイングランドの住人も、南部の住人も、西部の住人も、商人も、農民も、そして労働者たちも、〝ジャクソン・フィーバー〟に感染していた。

〔解説〕 一八二四年の選挙戦敗北後、ジャクソンと彼の支援者たちは、一八二八年には違うやり方で進めることを決断した。アメリカはますます多様性に富みつつあり、移民、西部の住人、都会の労働者などの人口が増えていた。国民の付託を勝ち取るため、ジャクソンは新たに生じた地域差や階級差を克服しなければならなかった。支援者たちが取った最初にしてもっとも重要なステップの一つは、国中に新聞社を設立することだった。ジャクソン自身は公職から引退したように見えていたものの、これらの新聞によって、不当な扱いを受けた戦争の英雄、犠牲になった国民の代表というイメージが広められた。実際、主な支援者たちと同様に、ジャクソンも裕福であった。彼はテネシー州で最大級のプランテーション農園のオーナーで、大勢の奴隷を所有していた。リンゴ酒より上等の酒を飲み、ヨーロッパ製のリネンを使って柔らかいベッドで眠っていた。そして、たしかに無教養ではあったものの非常に頭が切れた。それは何年も戦場をくぐり抜けてきた中で培われた鋭さだった。

土に生きる男というイメージがこれらすべてを隠したのである。そして、そのイメージがいったん定着すると、アダムズの支配階級的なイメージとの比較対照に利用された。このようにしてジャクソンの戦略家たちは、彼の政治的経験のなさを覆い隠し、選挙の論点を人格や価値観の問題に向けさせた。政治的な問題ではなく、飲酒の習慣や礼拝への出席といった些細な事柄を取り上げたのだ。人々の熱狂を維持するために、彼らは各地で自発的に祝っているように見える一連の見世物を主催したが、実のところ、それらは慎重に演出されていた。ジャクソンへの支援は一つの運動となり、世論調査によって証明された（そして、さらに推進された）のである。例のニューオーリンズ――ルイジアナは選挙の勝敗のカギを握る重要な州であった――でのイベントは、非常に政治的なものであり、愛国的で、宗教的と言っていいほどの気高いオーラをジャクソンの身にまとわせた。

社会は、より細かな単位へと分かれてきている。地域コミュニティは団結を失いつつある。一個人ですら内面の葛藤が増してきているのだ。選挙で勝つ、あるいは何かを大量に売ろうと思うなら、どうにかして、これらの相違点を覆い隠さなければならない――大衆を統合しなければならないのだ。その唯一の方法は、包括的なイメージを作ることだ。人々を根本的な、ほとんど無意識のレベルで引きつけて、興奮させるようなイメージである。あなたが語るのは真実でも現実でもない。神話を築き上げるのだ。

神話はアイデンティティを生みだす。あなたについての神話を構築しよう。そうすれば、一般の人々は、それをあなた自身の性格や約束や大志と同一視する。あなたが彼らをそのような形で同一視するように――。このイメージの中には、欠点を含めるべきである。飛び抜けて弁舌に優れているわけでもなく、最高の教育を受けたわけでもなく、もっとも洗練された政治家でもないという事実を強調しよう。人間臭い、地に足のついた人物に見せることで、イメージの中の作りだした部分を覆い隠すことができる。このイメージを売り込むには、適切なあいまいさが必要だ。問題や、その詳細について話すのを避けるわけではなく――そんなことをすれば中身がないように見えてしまう――問題について話すにしても、性格や価値観や将来展望といった、よりソフトな内容にとどめておくのである。たとえば、家庭を支援したいから減税したいと言う――すると、あなたは家族を大事にする人だとなる。人を共鳴させるだけでなく楽しませなければならない――それが大衆の人気者となり、親しまれるコツなのだ。こうした戦術は、あなたの競争相手を激怒させるだろう。あなたの仮面を剥ぎ取って、神話に隠された真実を暴こうとするはずだ。だが、人々の目には逆に、相手が気取っていて、真面目すぎ、防御的で、お高くとまった人間と映るだろう。今度は、そのイメージが大衆に定着し、相手を沈める一助となる。

2　一九二九年三月三一日、イースターの日曜日、ニューヨークでは、朝の礼拝を終えて教会をあとにした信者たちが、例年のイースター・パレードを見ようと続々と五番街へ繰り出してきた。道路は封鎖され、ここ数年の恒例となっているとおり、人々はいちばん上等な服に身を包み、特に女性たちは最新の春のファッションを見せびらかしていた。だがこの年は、五番街を練り歩く者たちが別のことに気づいた。聖トマス教会の階段を二人の若い女性が降りてきた。下まで降りたところでハンドバッグの中を探り、タバコ――ラッキーストライク――を取り出し、火をつける。それから、それぞれエスコートの男性と並んで、笑いながら、タバコを吸いながら、通りを歩いていった。群衆の中をざわめきが駆け抜けた。当時はまだ、女性が喫煙するようになってから日が浅く、淑女が通りでタバコを吸っているところを見せるのは下品とされていたのだ。そんなことをするのは特殊な女たちだけだった。ところがその二人は、上品でファッショナブルだった。人々は彼女たちに強く目を引かれた。そして数分後、通りに面した別の教会の前に差しかかったところで、もっと驚いた。そこではさらに二人の若い淑女――こちらも上品で育ちの良さそうな娘たち――が教会から出てきて、タバコを手にしている二人に近づき、彼女たちに触発されたかのように、自分たちもラッキーストライクを取り出して火をねだったのだ。

こうして、四人の女性たちは一緒に通りを歩いていった。やがて徐々に人数が増えていき、一〇人の若い女性たちが、ごく当たり前のことだという風情で公共の場でタバコを手にしていた。カメラマンが何人か現われ、その斬新な光景を写真に収めていく。いつもならイースター・パレードに来た人々は、帽子の新しいスタイルや、春の新色について囁き合うものだった。しかしこの年は、誰もが大胆な女性たちと彼女たちのタバコの話をした。翌日の新聞に、彼女たちの写真や記事が掲載された。ユナイテッド・プレス紙の記者によると「フェデリカ・フリーリングハイゼンさんが、人目を引く濃いグレーのあつらえの服に身を包み、聖パトリック教会前の人混みをかき分けて歩いているところへ、バーサ・ハントさんが六人のお仲間とともに、女性解放運動のためにさらなる一撃を繰り出した。五番街をタバコを吸いながら闊歩したのだ。ハントさんは、煙の漂う戦場から次のような声明を出した。『わたしたちの行動が何かのスタートになること、この自由の松明が、特にどの銘柄が好きとかそういうことではなく、女性の喫煙という差別的なタブーを打ち砕くこと、そして女性たちがすべての差別を破壊しつづけることを望んでいます』」

この話は全国の新聞に取り上げられ、すぐにほかの都市でも女性たちが通りでタバコに火をつけるようになった。何週間も激しい議論が続き、いくつかの新聞はこの新しい習慣を非難し、またいくつかの新聞は女性たちを擁護した。だが数か月後には、公共の場での女性の喫煙という行為は、社会的に受け入れられていた。あえて抗議をする人は、もうほとんどいなくなっていた。

〔解説〕一九二九年一月、ニューヨークの社交界にデビューする若い令嬢たちの何人かに、バーサ・ハントという女性から電報が届いた。「男女間の平等という観点から……イースターの日曜日に、わたしは何人かの若い女性たちとともに、タバコを吸いながら五番街を歩くことで、自由の松明をまた一つ灯すつもりです」というものだ。参加することに決めた令嬢たちは、事前打ち合わせのため、ハントが秘書として勤める事務所に集まった。彼女たちは、どこの教会から登場するべきか、どうやってお互いに合流するかなど、細かな点をすべて計画した。ハントがラッキーストライクの箱を配る。決行の日には、何もかもが完璧に遂行された。

だが、令嬢たちは知らなかった。これらがすべて、一人の男によって巧妙に仕組まれていたことを――。ハントの上司であり、ラッキーストライクを製造するアメリカン・タバコ社の広報活動アドバイザーでもあるエドワード・バーネイズ、その人である。アメリカン・タバコ社は、巧妙な広告を使って女性たちに喫煙させようと手を尽くしていた。しかし、消費は限られていた。通りでタバコを吸うのは淑女らしくないとみなされていたからである。アメリカン・タバコ社の経営陣がバーネイズに手を貸してほしいと依頼し、バーネイズは、その後、彼のトレードマークとなる手法を用いることで、これに報いた。メディアがニュースとして取り上げるようなイベントを作って大衆の注目を集めるという手法だ。細かなディテールまで練り上げながらも、まるで偶発的であるかのように見せる。この〝イベント〟のことを耳にした人が広がれば広がるほど、それを真似る行為――今回の場合は、女性が通りで喫煙すること――が誘発される。

バーネイズはジークムント・フロイトの甥であり、おそらく二〇世紀でもっとも偉大な広報活動の天才であった。彼は、何かを売り込むときの基本原理を理解していた。あなたが何かを求めている――投票や売り込み――ということをターゲットに知られた瞬間、彼らは拒絶反応を示す。だが、セールストークをニュースになるようなイベントに偽装することで、この拒絶を回避できるだけでなく、あなたに代わって売り込んでくれる社会の流行を創りだすことができる。これを成功させるには、あなたが仕掛けるイベントを、メディアに取り上げられるほかのすべてのイベントから際立たせなければならない。しかし、その反面、あまりに際立ちすぎると、不自然に見えてしまう。イースター・パレードのケースでは、バーネイズは（バーサ・ハントを通じて）手にタバコを持っていても上品で優雅に見えるような女性を選び出した。だが社会的なタブーを破る、しかも集団でそれを行なう女性たちは、実にドラマティックで驚愕するようなイメージを創りだす。それをメディアが取り上げないわけがなかった。ニュースとして取り上げられたイベントは、それが事実であるというお墨付きがもらえる。

バーネイズが抵抗運動への参加意識や、女性の団結心を生みだしたように、このようにして作られるイベントには、ポジティブな関連づけを与えることが大切である。たとえば、愛国的なもの、少しセクシーなもの、あるいはスピリチュアルなもの――楽しくて誘惑的なら何でも構わない――と関連づけることで、それ自体が一人歩きするようになる。抗える人がいるだろうか？　誰もが群衆に加わろうと、懸命に自分自身を納得させる。何かを売られたことには気づきもしない。積極的に参加しているという感覚は、誘惑には不可欠なものだ。勢いを増す社会のうねりには、誰もが取り残されたくないものなのである。

3

一九八四年の大統領選において、再選を狙う現職大統領ロナルド・レーガンは大衆にこう語った。「アメリカに、ふたたび朝が来た」。自身の大統領就任によって、アメリカの誇りを回復したと主張したのだ。先だってロサンゼルスで行なわれたオリンピックの大成功は、アメリカが強さと自信を取り戻した象徴だ。レーガンの前任者であるジミー・カーターが「停滞の時代」と呼んだ一九八〇年まで、時計の針を巻き戻したいと思う者など誰もいないだろう。

レーガンに挑む民主党候補、ウォルター・モンデールは、レーガンのソフトな手法にアメリカ国民はうんざりしているだろうと考えていた。国民は誠実さを求めているにちがいない。モンデールはそれをアピールしようとした。全国のテレビ視聴者に向けてモンデールは宣言した。「腹を割って本音を言い合いましょう。レーガン氏は増税するでしょう。私もそうするつもりです。彼は決してそれを言いません。私はたったいま言いました」。この率直なアプローチを数えきれないほどの場で繰り返した。すると、一〇月になる頃には、世論調査の支持率が一気に落ち込んだ。

CBSニュースのリポーター、レスリー・スタールは大統領選の取材を続けてきたが、投票日が近づくにつれて落ち着かない気持ちになっていた。レーガン自身が、選挙の争点として現実的な問題よりも感情や雰囲気に焦点を当てていたかというと、それほどでもない。どちらかと言えば、メディアがレーガンに〝ただ乗り〟させているように見える。レーガンと彼の選挙対策チームが、報道陣を巧みに操っているように感じられるのだ。彼らは、いつもレーガンを強く、いかにも大統領らしく見えるような完璧な状況で写真に収めさせていた。活動中のレーガンのドラマティックな映像に、粋な見出しをつけて報道陣に提供した。彼らは大がかりなショーを上演していたのだ。

スタールは、レーガンが自分の政策のネガティブな印象を隠すために、いかにテレビを利用しているのかを、ニュースの特集を組んで国民に伝えようと決意した。そのリポートはレーガンのチームが数年間にわたって緻密に作り上げてきた数々の映像を続けて流すこと（モンタージュ）から始まった。自分の牧場でリラックスしているジーンズ姿のレーガン。フランスのノルマンディー上陸作戦記念式典で堂々と立っているレーガン。シークレット・サービスのボディーガードたちに向かってフットボールを投げているレーガン。スラム街にある学校の教室で座っているレーガン……こうした映像を見せながら、スタールが尋ねる。「ロナルド・レーガンは、テレビをどのように利用しているのでしょうか？　見事に、です。彼は金持ちに味方する大統領だと批判されていますが、テレビの映像はそれを否定しています。七三歳のレーガン氏には年齢に伴う問題点があるかもしれません。しかし、テレビの映像はそれを否定しています。アメリカ国民はもう一度、自分の国に、そして大統領に誇りを持ちたいと感じています。そして、テレビの映像はそれができると伝えています。テレビ報道の編成がホワイトハウスと同化しています。彼らの目的は何でしょう？　大統領の最大の魅力、側近によれば彼の人柄を強調することなのです。彼らは大統領がいかにもリーダーらしく見える映像を提供します。自信に満ち、まるでマールボロ・マン（訳注：タバコCMのキャラクター、カウボーイ姿の屈強な男）のように歩くのです」

車椅子に乗った身体の不自由なスポーツ選手と握手をするレーガン、そして高齢者のための施設のオープニングでテープカットをするレーガン――その映像にかぶせるように、スタールの言葉が続く。「彼らはまた、ネガティブな印象を消し去ろうとしています。レーガン氏は、評判の良くない出来事についての記憶を、注意深く選ばれたイメージを使って消そうとしているのです。実際には大統領の政策と相反するにもかかわらず――。パラリンピックや、老人ホームの開所式典をごらんください。彼が障害者や、政府の補助金つき老人ホームのための予算をカットしようとしたことなど、少しも感じさせません」。リポートはさらに続き、画面に映し出される心地いい映像と、レーガンの実際の行動とのギャップを示していく。「レーガン大統領は

――」、スタールが結論をまとめる。「イメージを強調し、問題を隠すようなキャンペーンを実行していると非難されています。ですが、そうした非難によって彼が傷ついているという形跡はありません。なぜなら、テレビに映る大統領を目にすると、人々はアメリカについて、自分たち自身について、それに彼について、いい気分にさせられるからです」

スタールは、ホワイトハウスに関する報道ではレーガン陣営の好意に頼るしかなかった。しかし、リポートの内容があまりにもネガティブなものだったため、抗議されるのを覚悟していた。案の定、ホワイトハウスの高官の一人が、その夜、電話をかけてきた。「素晴らしいリポートだったね」と彼は言った。「何ですって？」、スタールは驚いて訊き返した。「実に素晴らしいリポートだった」と彼は繰り返した。「私のリポートをちゃんとお聴きになりましたか？」と彼女が尋ねる。「レスリー、君はロナルド・レーガンの素晴らしい映像を四分半もテレビで流してくれた。君の言うことなんて誰も聴いていないよ。あの映像が君のメッセージをかき消していたのに気づかなかったのかい？　映像が君のメッセージと矛盾していたからだ。視聴者は君の話の中身なんて聴いてもいないさ。だから僕たちはこう考えている。あれはロナルド・レーガン再選のための四分半の無料広告だったとね」

〈解説〉レーガン陣営の広報担当者のほとんどが、マーケティングの専門知識を有していた。ストーリーを歯切れよく、はっきりと、良い映像とともに伝えることの重要性を知っていたのだ。彼らは毎朝、その日の見出しを何にすべきか、どうやってその見出しに合った映像をつくり、大統領をそこに登場させるかを話し合った。ホワイトハウスの執務室にいる大統領の背景、世界各国のトップと会談しているときのカメラの構図、自信たっぷりの歩き方を含めた大統領の所作――といった映像のディテールにまで細心の注意を払った。これらの映像は、どのような言葉よりも有効にメッセージを伝えた。レーガン政権のスタッフの一人はこう表現した。「あなたならどちらを信じる？　伝えられた事実か、それとも自分自身の目か――」

通常の直接的な方法で情報発信しなければいけないという束縛から自由になろう。そうすれば、ソフト・セルのチャンスが大きく広がり、あなた自身を広く売り込むことができるだろう。発する言葉は、控え目で、あいまいで、相手をうっとりさせるようなものにすること。映像の中で動くあなた自身を見せることによって、行動する、あるいは前進するという感覚を相手にもたらそう。すべての人の内なる赤ん坊に訴えかけるのである。あれこれ口を挟まずに、メディアにあなたを取り上げさせ、彼らにすべてを委ねているように見せよう。そうしておいて、力関係を逆転させよう——報道陣はドラマや映像を欲しがっているのだろう? なら、それを提供してやればいい。楽しませるような演出をするかぎりは、問題や〝真実〟について議論することも大歓迎だ。言葉が記憶から消え去ったあとも、イメージは頭の中に長く留まるものだということを忘れないでおこう。大衆に向かって説教をしてはいけない。そんなことをしても、効果は全くない。ポジティブな感情や幸せな気持ちを呼び覚ますような映像を通して、あなたのメッセージを表現する術を学ぼう。

4

一九一九年、映画の広報エージェント、ハリー・ライケンバックは、『スタンブールの処女』という映画の公開前宣伝を依頼された。エキゾチックな異国を舞台にした、よくあるロマンティックな娯楽映画の粗悪な作品である。普通なら、魅惑的なポスターや広告でキャンペーンを仕掛けるところだ。だがハリーは決して普通の宣伝活動はしない男だった。彼のキャリアの第一歩は移動遊園地(カーニバル)での呼び込み係だった。人々を自分のテントに誘い入れる唯一の方法は、ほかの呼び込み係よりも目立つことだった。依頼を受けたハリーは、マンハッタンに住むみすぼらしいトルコ人の男を八人見つけ出してきた。そして、映画会社に提供してもらった衣装(海のような青緑色のひらひらした服装に金の三日月のついたターバン)を着せ、セリフや動きのリハーサルを完璧にした後、高級ホテルに宿泊させた。秘密の外交任務を負ったトルコの使節団がニューヨークに到着したという情報が、（ハリーがほんの少し動いただけで）新聞各社に素早く広まった。

記者たちがホテルに殺到した。ニューヨークへ来ていることがもはや秘密ではなくなったことを受け、使節団のリーダー、〝シーク・アリ・ベン・モハメッド〟は、記者たちを自分たちのスイートルームへ招待した。新聞記者たちはトルコ使節団の色鮮やかな衣装、イスラム式の挨拶（サラーム）や儀礼に感銘を受けた。するとシークは、彼らがなぜニューヨークを訪れたのかを説明した。「スタンブールの処女」として知られるサリという名の美しい娘が、シークの兄弟と婚約していた。ところが、通りすがりのアメリカ兵が彼女と恋に落ち、彼女を略奪してアメリカに連れて帰ってしまったのだという。彼女の母親は悲しみのあまり死んでしまった。シークは彼女がニューヨークにいるとの情報を得て、連れ戻しに来たのだ。

シークの鮮やかな語り口とロマンティックな物語にすっかり魅了され、記者たちはそれから数日間、「スタンブールの処女」についての記事で新聞をいっぱいにした。シークはセントラルパークや、ニューヨーク社交界のパーティにいるところを撮影された。ついに〝サリ〟が見つかった。報道陣はシークとその半狂乱の娘（エキゾチックな容貌の女優）の再会を報じた。するとその直後に、映画『スタンブールの処女』がニューヨークで封切られたのだ。映画のストーリーは新聞で報道された〝現実の〟出来事に酷似していた。これは偶然だろうか？　実話をもとに大急ぎで作った映画なのだろうか？　誰も知らないようだった。しかし、大衆は興味をそそられすぎて、そんなことは気にも留めなかった。『スタンブールの処女』は興行記録を塗り替える大ヒットとなった。

一年後、ハリーは『禁断の女』という映画の広報を依頼された。これまで見たこともないほどひどい映画だった。どこの映画館も上映しようとしなかった。ハリーは仕事に取りかかった。十八日間連続して、彼はニューヨークの主要な新聞のすべてに次のような広告を載せた。

「二月二一日の夜、空を見上げろ！　もし空がグリーンなら、キャピトルへ行け。もし赤ければ、リヴォーリへ行け。もしピンクなら、ストランドへ行け。もし青なら、リアルトへ行け。二月二一日の空を見れば、ニューヨークで最高のショーがどこで見られるかを教えてくれるはずだ！」（キャピトル、リヴォーリ、ストランド、リアルトは当時のブロードウェイの四大封切り映画館だった）

ほとんど誰もがこの広告を目にし、その素晴らしいショーとはどんなものだろうと思いを巡らせた。キャピトル劇場のオーナーがハリーに「このことについて何か知っているか」と尋ね、ハリーは秘密を打ち明けた。「これはすべて上映予定の決まっていない、ある映画の奇抜な宣伝作戦なのさ」と。オーナーは『禁断の女』を試しに見せてほしいと頼んだ。上映している最中、ハリーはほとんど宣伝キャンペーンについてしゃべりつづけ、スクリーンに映る退屈な映像からオーナーの気を逸らせていた。オーナーはこの映画を一週間、上映することに決めた。こうして、吹雪が来て街を一面の雪で覆った二月二一日の夜、市民すべての目が空を見上げる中、いくつかの高いビルから巨大な光線が放たれた。目を見張るようなグリーンの光だ。巨大な群衆がキャピトル劇場に集まった。中に入れなかった人たちは、また何度も戻ってきた。どういうわけか、すし詰めになった劇場と興奮した群衆のおかげで、それほどひどい映画だとは感じられなかった。

翌年、ハリーは『法の外』というギャング映画の広報を頼まれた。彼はアメリカ中の幹線道路沿いに大きな文字の看板を設置した。

「日曜日にダンスをするなら、おまえは法の外だ」

ほかの看板では〝ダンス〟という文字が〝ゴルフ〟や〝ビリヤード〟などに置き換えられていた。どの看板も、上の角に〝P・D〟という頭文字の入った盾が描かれている。大衆はそれを〝ポリス・デパートメント（警察署）〟の頭文字だろうと思い込んだ（実際は映画の主演女優、プリシラ・ディーンの頭文字だった）。そして、宗教組織に後押しされた警察が、何十年も前にあった日曜日の〝罪深い〟活動を禁止する法律〝ブルー・ロウ〟を執行する準備を進めているのだと考えた。突然、論争が巻き起こった。劇場のオーナーたち、ゴルフ協会、それにダンス団体がブルー・ロウに反対する運動を起こした。自分たちも看板を立て、これらのことを日曜日にしても、あなたは〝法の外〟ではないと声を上げ、アメリカ人に人生を楽しんでほしいと訴えた。何週間ものあいだ、どこへ行っても〝法の外〟という言葉が目に映り、人々の話題にのぼった。そうした最中に、映画がニューヨークの四つの映画館で同時に――それも日曜日に――封切られた。それは、これまでにないことだった。そして、全国で何か月にもわたって上映された。やはり封切りは日曜日で、この映画は、その年、最大のヒット作の一つとなった。

〔解説〕ハリー・ライケンバックは、おそらく映画史の中でもっとも偉大な広報エージェントである。彼は呼び込み屋だった頃に学んだ教訓を決して忘れることはなかった。移動遊園地（カーニバル）は、明るい光や色や音にあふれ、潮の満ち引きのように群衆が寄せては返すところだ。こうした環境は、人々に深い影響を与える。頭がはっきりしている人間なら、マジック・ショーにはタネがあり、猛獣は調教されており、危険そうに見える軽業（かるわざ）は比較的安全なのだと見破れるだろう。だが、人々は楽しませてもらいたがっているのだ。それは人々の最大の欲求の一つなのである。色や興奮に取り囲まれると、人は猜疑心をいったん停止してしまう。そして、手品や危険が本物だと思い込む。同じ瞬間に偽物にも本物にも見えるものに、心を奪われてしまうのだ。ハリーの広告の奇抜な作戦は、ただカーニバルでしたことの規模を大きくしたにすぎない。彼は色鮮やかな衣装や素晴らしいストーリー、見過ごすことのできない見せ物で人々を呼び入れたのだ。ミステリーや論争など、どんな手を使ってでも、人々の注目を集めつづけた。カーニバルと同様に、まるで熱病にでもかかったかのように、人々はろくに考えもせずにハリーが宣伝している映画に集まってきた。

　今日では、フィクションと現実のあいだ、ニュースとエンターテインメントのあいだの線引きが、ハリー・ライケンバックの頃に比べて、さらにあいまいになっている。それがソフト・セダクションにどれほどのチャンスをもたらすことか！　メディアはエンターテインメント性の高いイベントとそれに付随するドラマを死ぬほど渇望している。ならば、与えてやろう。現実的でありながら、ほんの少し幻想的なもの――映画的なニュアンスのある現実のイベントに大衆は弱い。その弱さを突いてやろう。バーネイズのように、メディアがニュースとして取り上げるようなイベントを企画すること。ただし、あなたは社会的な流行を起こそうとしているわけではなく、より短期的なものを狙っている。人々の注目を集め、瞬間的に心をかき乱し、あなたのテントへと誘い込む。あなたのイベントや宣伝作戦をもっともらしく、かつ、いくらか現実味のあるものにしよう。ただし、色彩を少しだけ鮮やかに、登場人物を現実よりも立派にして、ドラマの格調を高めること。セックスと危険の要素を巧みに織り交ぜたものを提供しよう。あなたは現実生活とフィクションとの〝合流〟――どんな誘惑にとっても核心となるもの――を創りだしているのだ。

だが、人々の注目を勝ちとるだけでは不十分だ。彼らをとりこにしてしまうまでのあいだ、その注目を維持しなくてはならない。これは、ハリーが道徳について議論を巻き起こすことを好んだようなやり方で、論争に拍車をかけることで叶えられる。メディアは、あなたが人々の価値観に与える影響について議論するだろう。そうしながら、あなたの名前をあちこちに広め、いつの間にかあなたに強みを与えてくれるのである。その強みが大衆にとって、あなたをとても魅力的に見せるだろう。

Mandel, Oscar, ed. *The Theatre of Don Juan: A Collection of Plays and Views, 1630-1963*. Lincoln, NE: University of Nebraska Press, 1963.

Maurois, André. *Byron*. Trans. Hamish Miles. New York: D. Appleton & Company, 1930. ──邦訳：アンドレ・モーロワ著『バイロン伝』（大野俊一訳、角川書店〈角川文庫〉、1968年）

___________. *Disraeli: A Picture of the Victorian Age*. Trans. Hamish Miles. New York: D. Appleton & Company, 1928. ──邦訳：アンドレ・モーロワ著『ディズレーリ伝』（安東次男訳、東京創元社、1960年）

Monroe, Marilyn.*My Story*. New York: Stein and Day,1974.

Morin, Edgar. *The Star*. Trans. Richard Howard. New York: Evergreen Profile Book,1960. ──邦訳：エドガール・モラン著『スター』（渡辺淳、山崎正巳訳、法政大学出版局、1976年）

Ortiz, Alicia Dujovne. *Eva Perón*. Trans. Shawn Fields. New York: St. Martin's Press, 1996. ──邦訳：アリシア・ドゥジョブヌ・オルティス著『エビータの真実』（竹沢哲訳、中央公論新社、2001年）

Ovid. *The Erotic Poems*. Trans. Peter Green. London: Penguin Books,1982. ──邦訳：オウィディウス著『恋愛指南──アルス・アマトリア』（沓掛良彦訳、岩波書店〈岩波文庫〉、2008年）

___________. *Metamorphoses*. Trans. Mary M. Innes. Baltimore, MD: Penguin Books, 1955. ──邦訳：オウィディウス著『変身物語〈上下巻〉』（中村善也訳、岩波書店〈岩波文庫〉、1981年、1984年）

Peter, H. F. *My Sister, My Spouse: A Biography of Lou Andreas-Salomé*. New York: W. W. Norton, 1962. ──邦訳：H・F・ペータース著『ルー・サロメ　愛と生涯』（土岐恒二訳、筑摩書房〈ちくま文庫〉、1990年）

Plato. *The Symposium*. Trans. Walter Hamilton. London: Penguin Books,1951. ──邦訳：プラトン著『饗宴』（久保勉訳、岩波書店〈岩波文庫〉、2008年）、別訳：『饗宴』（中澤務訳、光文社〈古典新訳文庫〉、2013年）

Reik, Theodor. *Of Love and Lust: On the Psychoanalysis of Romantic and Sexual Emotions*. New York: Farrar, Strauss and Cudahy, 1957.

Rose, Phyllis. *Jazz Cleopatra: Josephine Baker and Her Time*. New York: Vintage Books, 1991. ──邦訳：フィリス・ローズ著『ジャズ・クレオパトラ──パリのジョゼフィン・ベーカー』（野中邦子訳、平凡社、1991年）

Sackville-West, Vita. *Saint Joan of Arc*. London: Michael Joseph Ltd.,1936.

Shikibu, Murasaki.*The Tale of Genji*. Trans. Edward G. Seidensticker. New York: Alfred A. Knopf, 1979. ──『源氏物語』の現代語訳は、瀬戸内寂聴訳（講談社文庫）、角田光代訳（河出書房新社）など多数あり

Shu-Chiung. *Yang Kuei-Fei: The Most Famous Beauty of China*. Shanghai, China: Commercial Press, Ltd., 1923.

Smith, Sally Bedell. *Reflected Glory: The Life of Pamela Churchill Harriman*. New York: Touchstone, 1996.

Stendhal. *Love*. Trans. Gilbert and Suzanne Sale. London: Penguin Books, 1957. ──邦訳：スタンダール著『恋愛論〈上下巻〉』（杉本圭子訳、岩波書店〈岩波文庫〉、2015年、2016年）、別訳：『恋愛論』（大岡昇平訳、新潮社〈新潮文庫〉、1970年）

Terrill, Ross. *Madame Mao: The White-Boned Demon*. New York: Touchstone, 1984.

Trouncer, Margret. *Madome Récamier*. London: Macdonald & Co., 1949.

Wadler, Joyce. *Liaison*. New York: Bantam Books, 1993.

Weber, Max. *Essay in Sociology*. Ed. Hans Gerth & C. Wright Mills. New York: Oxford University Press, 1946.

Wertheimer, Oskar von. *Cleopatra: A Royal Voluptuary*. Trans. Huntley Patterson. Philadelphia: J. B. Lippincott Company, 1931.

主要参考文献

Baudrillard, Jean. *Seduction*. Trans. Brian Singer. New York: St. Martin's Press, 1990. ――邦訳：ジャン・ボードリヤール著『誘惑の戦略』（宇波彰訳、法政大学出版局〈叢書ウニベルシタス〉、1985年）

Bourdon, David. *Warhol*. New York: Harry N. Abrams, Inc., 1989.

Capellanus, Andreas. *Andreas Capellanus on Love*. Trans. P.G. Walsh. London: Gerald Duckworth & Co. Ltd., 1982. ――邦訳：アンドレーアース・カペルラーヌス著『宮廷風恋愛について――ヨーロッパ中世の恋愛術指南の書』（瀬谷幸男訳、南雲堂、1993年）

Casanova, Jacques. *The Memoirs of Jacques Casanova, in eight volumes*. Trans. Arthur Machen. Edinburgh: Limited Editions Club,1940. ――邦訳：ジャック・カサノヴァ著『カサノヴァ回想録〈全12巻〉』（窪田般弥訳、河出書房新社〈河出文庫〉、1995－1996年）

Chalon, Jean. *Portrait of a Seductress: The World of Natalie Barney*. Trans. Carol Barko. New York: Crown Publishers, Inc., 1979. ――邦訳：ジャン・シャロン著『レスボスの女王――誘惑者ナタリー・バーネイの肖像』（小早川捷子訳、国書刊行会、1996年）

Cole, Hubert. *First Gentleman of Bedchamber: The Life of Louise-Francois Armand, Maréchal Duc de Richelien*. New York: Viking, 1965.

de Troyes, Chrétien. *Arthurian Romances*. Trans. William W. Kibler. London: Penguin Books,1991.

Feher, Michel, ed. *The Libertine Reader: Eroticism and Enlightenment in Eighteenth- Century France*. New York: Zone Books, 1997.

Flynn, Errol. *MY Wicked, Wicked Ways*. New York: G. P. Putnam's Sons, 1959.

Freud, Sigmund. *Psychological Writings and Letters*. Ed. Sander L. Gilman. New York: The Continuum Publishing Company, 1995.

__________. *Sexuality and the psychology of Love*. Ed. Philip Rieff. New York: Touchstone, 1963.

Fülöp-Miller, René. *Rasputin: The Holy Devil*. New York: Viking, 1962.

George, Don. *Sweet Man: The Real Duke Ellington*. New York: G. P. Putnam's Sons, 1981.

Gleichen-Russwurm, Alexander von. *The World's Lure: Fair Women, Their Loves, Their Power, Their Fates*. Trans. Hannah Waller. New York: Alfred A. Knopf, 1927.

Hahn, Emily. *Lorenzo: D. H. Lawrence and the Women Who Loved Him*. Philadelphia: J. B. Lippincott Company, 1975.

Hellmann, John. *The Kennedy Obsession: The American Myth of JFK*. New York: Columbia University Press, 1997.

Kaus, Gina. *Catherine: The Portrait of an Empress*. Trans. June Head. New York: Viking, 1935.

Kierkegaard, Søren. *The Seducer's Diary*, in *Either / Or, Part 1*. Trans. Howard V. Hong & Edna H. Hong. Princeton University Press, 1987. ――邦訳：セーレン・キルケゴール著『誘惑者の日記』（飯島宗享訳、未知谷、2000年、『あれかこれか〈全5巻〉』完訳）、別訳：『誘惑者の日記』（桝田啓三郎訳、筑摩書房〈ちくま学芸文庫〉、1998年）他

Lao, Meri. *Sirens: Symbols of Seduction*. Trans. John Oliphant of Rossie. Rochester, VT: Park Street Press, 1998.

Lindholm, Charles. *Charisma*. Cambridge, MA: Basil Blackwell, Ltd., 1990. ――邦訳：チャールズ・リンドホルム著『カリスマ――出会いのエロティシズム』（森下伸也訳、新曜社、1992年）

Ludwig, Emil. *Napoleon*. Trans. Eden & Cedar Paul. Garden City, NY: Garden City Publishing Co., 1926. ――邦訳：エミール・ルートヴィヒ著『ナポレオン〈上下巻〉』（北澤真木訳、講談社〈講談社学術文庫〉、2004年）

■著者紹介

ロバート・グリーン（Robert Greene）

1959年、アメリカ・ロサンゼルス生まれ。雑誌の編集者や脚本家として経験を積んだのち、ライターとしてエルファーズ氏に持ち込んだ処女作『権力に翻弄されないための48の法則〈上下巻〉』（パンローリング）で、その博識と着想を認められ、ベストセラー作家となる。本書は、エルファーズ氏プロデュースによる２作目の著書。その他の著書として、『マスタリー――仕事と人生を成功に導く不思議な力』（新潮社）、“The 50th Law”、“The 33 Strategies of War”などがある。

ユースト・エルファーズ（Joost Elffers）

オランダ生まれ、ニューヨーク在住のメディア・プロデューサー。書籍を中心に独創的なアイデアで様々な企画を仕掛ける。ベストセラーとなった『誕生日事典』（角川書店）や、『権力に翻弄されないための48の法則』（パンローリング）のプロデューサーとして知られる。“Do You Love Me?”など、児童書の著作もある。

■訳者紹介

齋藤千春（さいとう・ちはる）

同志社大学卒。インターカレッジ札幌で翻訳を学ぶ。札幌市在住。

■翻訳協力：柏艪舎

2018年4月2日 初版第1刷発行

フェニックスシリーズ ⑳

成功者（せいこうしゃ）たちの誘惑術（ゆうわくじゅつ）

——9つのキャラクターと24のプロセス

著　者　ロバート・グリーン、ユースト・エルファーズ
訳　者　齋藤千春
発行者　後藤康徳
発行所　パンローリング株式会社
〒160-0023　東京都新宿区西新宿7-9-18 6階
TEL 03-5386-7391　FAX 03-5386-7393
http://www.panrolling.com/
E-mail　info@panrolling.com
装　丁　パンローリング装丁室
印刷·製本　株式会社シナノ

ISBN978-4-7759-4195-9